Die
Preußischen Kirchengesetze
der Jahre 1874 und 1875

nebst dem Reichsgesetze vom 4. Mai 1874

herausgegeben

mit Einleitung und Kommentar

von

Dr. P. Hinschius,
ord. Professor des Kirchenrechts an der Universität Berlin.

Berlin, 1875.
Verlag von J. Guttentag (D. Collin).

Inhalts-Verzeichniß.

Seite

Einleitung V

I. Die Gesetzgebung des Jahres 1874 V

II. Die Gesetzgebung des Jahres 1875 XIV

I. Reichsgesetz betr. die Verhinderung der unbefugten Ausübung von Kirchenämtern. Vom 4. Mai 1874 1

II. Gesetz wegen Deklaration und Ergänzung des Gesetzes vom 11. Mai 1873 über die Vorbildung und Anstellung der Geistlichen. Vom 21. Mai 1874 17

III. Gesetz über die Verwaltung erledigter katholischer Bisthümer. Vom 20. Mai 1874 . . 41

IV. Gesetz betr. die Einstellung der Leistungen aus Staatsmitteln für die römisch-katholischen Bisthümer und Geistlichen. Vom 22. April 1875 67

V. Gesetz betr. die geistlichen Orden und ordensähnlichen Kongregationen der katholischen Kirche. Vom 31. Mai 1875 81

VI. Gesetz über die Vermögensverwaltung in den katholischen Kirchengemeinden. Vom 20. Juni 1875 105

VII. Gesetz betr. die Rechte der altkatholischen Kirchengemeinschaften an dem kirchlichen Vermögen. Vom 4. Juli 1875 177

Anlagen:

1. Cirk.-Verfügung des Ministers der geistlichen 2c. Angelegenheiten betr. die Ausführung des Gesetzes v. 21. Mai 1874. Vom 19. Juni 1874 36
2. Reglement über das Verfahren bei Wahlen der katholischen Kirchengemeinden in der Provinz Posen 38
3. Verfügung des Königl. Kommissars für die bischöfliche Vermögensverwaltung der Diöcese Paderborn betr. die Beschlagnahme des Kirchenvermögens unbesetzter Pfarreien. Vom 29. April 1875 66
4. Reskript des Ministers der geistlichen Angelegenheiten betr. die Nichtzulassung von Mitgliedern von Orden und ordensähnlichen Kongregationen als Lehrer und Lehrerinnen an öffentlichen Volksschulen. Vom 15. Juni 1872 104
5. Statistische Uebersicht über die altkatholischen Gemeinden und Vereine in Preußen . . . 194
6. Cirk.-Verfügung der Minister des Innern und der geistlichen Angelegenheiten zur Ausführung des Gesetzes vom 31. Mai 1875 betr. die Orden und ordensähnlichen Kongregationen der katholischen Kirche. Vom 26. Juni 1875 215
7. Königl. Verordnung über die Ausübung der Aufsichtsrechte des Staats bei der Vermögensverwaltung in den katholischen Kirchengemeinden. Vom 27. September 1875 219

Nachträge zu dem Kommentar über die Preußischen Kirchengesetze des Jahres 1873 . . . 196

Alphabetisches Sachregister 220

Zusätze und Berichtigungen 230

Einleitung.

I. Die Gesetzgebung des Jahres 1874.

Der Widerstand, welchen die Bischöfe und die von ihnen geleitete katholische Geistlichkeit gegen die im Jahre 1873 erlassenen Maigesetze sofort nach ihrem Inkraftreten begonnen, und welcher schon im Herbst desselben Jahres eine gewisse Ausdehnung erlangt hatte — bis dahin sind die Ereignisse in der Einleitung zu meiner Ausgabe der erwähnten Gesetze S. XLIV ff. verfolgt — nahm noch im Winter des Jahres immer weitere Dimensionen an. Anfangs Dezember waren durch die von den Gerichten wegen gesetzwidriger Anstellungen von Geistlichen ausgesprochenen Straferkenntnisse schon mehrere Bischöfe zu bedeutenden Summen verurtheilt und der Erzbischof von Gnesen-Posen hatte schon unterm 24. November 1873 wegen seines beharrlichen Ungehorsams gegen die Staatsgesetze zur Niederlegung seines Amtes aufgefordert werden müssen (Arch. f. kathol. Kirchenrecht Bd. 31 S. 351 ff.). Gleichzeitig mehrten sich auch die Verurtheilungen der gesetzwidrig angestellten Geistlichen selbst, welche fort und fort die ihnen unter Nichtbeobachtung des staatlichen Einspruchsrechtes übertragenen Aemter ausübten.

Während die Staatsregierung vorläufig nur mit der Königlichen Verordnung vom 6. Dezember 1873 hervortrat, welche die bisherige Form des Bischofseides abänderte, indem sie namentlich in dieselbe auch die Verpflichtung einer gewissenhaften Beobachtung der Staatsgesetze aufnahm (s. Ges. Samml. S. 479, — eine Zusammenstellung der alten und neuen Formel im Arch. f. kath. Kirchenrecht Bd. 31 S. 345 —), brachte die Centrumspartei, wohl von der Voraussetzung beherrscht, daß das bisherige Verhalten des katholischen Klerus auf die Staatsregierung einen einschüchternden und lähmenden Eindruck hervorgebracht habe, im Abgeordnetenhause zwei Anträge ein, welche allzuvoreilig den Sieg der römischen Kurie zu inauguriren bestimmt waren. Der eine, gestellt von Reichensperger und Genossen (Drucksachen Nr. 45. 12. Legisl.-Per. I. Sess. 1873 u. 1874) lautete dahin:

> An die Kön. Staatsregierung die Erklärung gelangen zu lassen, daß der seit dem Jahre 1871 zerstörte kirchliche Friede des Landes nach den ernsten Erfahrungen der Gegenwart nicht durch Verfolgung der Bahnen, welche mit den neuesten, das Kirchenwesen betreffenden Gesetzgebungs- und Verwaltungsakten betreten sind, sondern nur durch die Rückkehr zu den in langjähriger Vergangenheit bewährten Grundsätzen zu erreichen ist;

der zweite, als dessen erster Antragsteller v. Mallinckrodt bezeichnet war, enthielt einen Gesetzentwurf, welcher die Aufhebung der Gesetze vom 11., 12. und 13. Mai 1873 aussprach.

In der Sitzung des Abgeordnetenhauses vom 10. Dezember 1873 (stenogr. Ber. von 1874 Bd. 1 S. 269 ff.), auf deren Tagesordnung die erwähnten Anträge standen, erklärte der Kultusminister bei der Verhandlung des ersten, daß das Zurücknehmen der Gesetze nichts anderes heiße, als Frieden schließen um den Preis der Souveränität des preußischen Staates, und daß die Anträge nicht ohne praktische Antwort bleiben würden (a. a. O. S. 282). Das Abgeordnetenhaus ging über den Antrag „in der Erwartung, daß die Königl. Staatsregierung den bestehenden Gesetzen Achtung verschaffen und den Erlaß der zur Ordnung der kirchlichen Zustände unentbehrlichen Gesetze herbeiführen werde", in namentlicher Abstimmung mit 288 gegen 95 Stimmen zur Tagesordnung über. Noch während der Ermittelung dieses Resultates erfolgte die erste praktische Antwort der Staatsregierung, indem der Kultusminister den Gesetzentwurf über die Beurkundung des Personenstandes und die Form der Eheschließung [1]) einbrachte (a. a. O. S. 293). Nachdem der erste, gegen die Regierung eröffnete Angriff zu einem glänzenden Vertrauensvotum für dieselbe geführt hatte, wurde der v. Mallinckrodt'sche Antrag, freilich nur vorläufig, aber ohne später wiederholt zu werden, zurückgezogen (a. a. O. S. 294). Trotz dieses klerikalen Mißerfolges stellte bald darauf im Herrenhause Graf Brühl einen ähnlichen Antrag: die Staatsregierung zur schleunigen Vorlegung eines Gesetzentwurfes über die Aufhebung der Maigesetze zu ersuchen, welcher das gleiche Schicksal hatte, indem er in der Sitzung vom 10. Februar 1874 mit der überwältigenden Majorität von 129 gegen 15 Stimmen abgelehnt wurde (stenogr. Ber. des Herrenh. S. 225 ff.).

Inzwischen bereitete die Staatsregierung am Schlusse des Jahres die weiteren Vorlagen, deren Richtung und Ziel der Kultusminister bereits in der oben gedachten Sitzung des Abgeordnetenhauses vom 10. Dezember 1873 angedeutet hatte, vor. Die in Fulda eingetretene fortdauernde Vakanz und die bevorstehende Absetzung des Erzbischofs v. Ledochowski von Gnesen-Posen, welche demnächst am 15. April 1874 (das Erkenntniß des Gerichtsh. f. kirchliche Angelegenheiten bei Hartmann, Ztschr. f. Gesetzgebung d. öffentl. Rechts Bd. 1 S. 17) erfolgt ist, machten mit Rücksicht darauf, daß eine Anerkennung der staatlichen Absetzung seitens der Bischöfe und des Klerus nach dem bisherigen Verlauf des Konfliktes nicht zu erwarten war, neue gesetzgeberische Maßnahmen nothwendig, um die Absetzung zur Wirksamkeit zu bringen. Ferner aber bedingte die Auslegung, welche einzelne Gerichtshöfe den §§ 15. 17. 22 und 23 des Gesetzes vom 11. Mai 1873, s. Kirchengesetze S. 150, gegeben hatten, bei den sich stets mehrenden widerrechtlichen Anstellungen der Geistlichen eine Deklaration der betreffenden Bestimmungen in dem richtigen, von der überwiegenden Zahl der Gerichte und nachmals auch von dem Ober-Tribunal und dem Ober-Appellationsgericht zu Berlin festgestellten Sinne (s. unten S. 20. 21), um einmal die Staatsregierung für gewisse Bezirke dem gesetzwidrigen Verhalten der Geistlichen gegenüber nicht wehrlos

---

[1]) Das weitere darüber vgl. in meinem Kommentar zu demselben. Berlin 1874 S. 7 ff.

zu machen und andererseits den Bischöfen die Möglichkeit zu entziehen, ihr Verfahren durch die Berufung auf die widersprechende Gerichtspraxis mit einem gewissen Scheine des Rechts zu umgeben.

Schon am 18. Januar 1874 gelangten die beiden desfalsigen Gesetzentwürfe wegen Deklaration des Gesetzes vom 11. Mai 1873 und über die Verwaltung erledigter katholischer Bisthümer, welche beide theilweise noch über die bezeichneten Gegenstände hinausgreifende Normen (s. darüber unten) enthalten, an das Haus der Abgeordneten (s. Drucksachen Nr. 208. 12. Legislatur-Per. I. Sess. 1873 u. 1874).

Die erste Berathung des Deklarationsgesetzes fand am 5. Februar 1874 (44. Sitzung des Abgeordnetenhauses, stenogr. Ber. S. 1099 ff.) statt. Bei der zweiten Berathung in den Sitzungen (61 u. 62) vom 7. und 8. Mai 1874 (a. a. O. S. 1523. 1537) erlitt die Regierungsvorlage in ihren drei Artikeln nur eine unerhebliche Veränderung (s. unten S. 25. 27 Anm. 16), durch ein Amendement Dr. Wehrenpfennig wurden aber noch 8 weitere Artikel (4—11) hinzugefügt, welche die in dem gleichzeitig vorgelegten Entwurf über die Verwaltung erledigter Bisthümer ausgesprochenen Grundsätze hinsichtlich der Besetzung der geistlichen Stellen durch die Patrone und Pfarrgemeinden, auf gewisse mit dem Deklarationsgesetze in Verbindung stehende Fälle übertrugen, s. unten S. 29 Anm. 30 u. stenogr. Ber. S. 1537 ff. 1567. 1568. Mit dieser Erweiterung nahm das Haus den Entwurf in der dritten Berathung vom 9. Mai 1874 (63. Sitzung, s. stenogr. Ber. S. 1593. 1601) an. Ebenso trat ihm das Herrenhaus in seinen zweimaligen Plenarberathungen vom 13. und 15. Mai 1874 (21. und 22. Sitzung, stenogr. Ber. S. 314. 335) bei.

Der andere Gesetz-Entwurf wurde nach der ersten Berathung im Abgeordnetenhause in der 66. Sitzung vom 7. Februar 1874 (stenogr. Ber. S. 1114. 1163) an eine (die XV.) Kommission verwiesen. Er erhielt hier nur einige, sich als Verbesserungen darstellende Fassungsveränderungen. Bei der zweiten Berathung in der 58. 59. und 60. Sitzung vom 4., 5. und 6. Mai 1874 (stenogr. Ber. S. 1399. 1431. 1463) fanden diese die Zustimmung des Hauses, welches abgesehen von geringfügigen Modifikationen nur den § 13 der Regierungsvorlage als zu weitgehend (s. unten S. 62 Anm. 62) strich. Bei der dritten Berathung (in der 63. Sitzung vom 9. Mai 1874) wurden keine weiteren Aenderungen vorgenommen und bei der Abstimmung über den Entwurf im Ganzen sprachen sich 257 gegen 95 Stimmen dafür aus (stenogr. Ber. S. 1571. 1593).

Das Herrenhaus erledigte den Entwurf in den Plenarberathungen vom 13. und 15. Mai 1874 (21. und 22. Sitzung, stenogr. Ber. S. 301. 319), und nahm ihn in der Fassung des Abgeordnetenhauses mit 81 gegen 46 Stimmen an (a. a. O. S. 335).

Die preußische Regierung, welche durch den fortgesetzten Widerstand des Klerus zu neuen gesetzgeberischen Maßregeln behufs Sicherung und Durchführung der vorgängigen Gesetze gedrängt worden war und bei ihrer Aktion die bereitwillige Unterstützung einer erheblichen Mehrheit der beiden Häuser des Landtages gefunden hatte, sah sich aber ferner genöthigt, zu gleichem Zwecke, noch ehe die besprochenen Gesetzentwürfe von der preußischen Landesvertretung vollkommen durchberathen waren, die Hülfe der Reichsgesetzgebung in Anspruch zu nehmen. Gegenüber der hartnäckigen Renitenz der widerrechtlich angestellten Geistlichen hatte sich die Verhängung von Geld- und Gefängnißstrafen insofern nicht ausreichend gezeigt, als die Geistlichen nicht nur trotzdem in der Ausübung der ihnen im Widerspruch mit den Gesetzen übertragenen Funktionen und Aemter fortfuhren, sondern ihre Bestrafung, namentlich aber ihre Rückkehr aus den Gefängnissen nach verbüßter Strafe, auch von der ultramontanen Partei fortgesetzt zu Anlässen von die Bevölkerung aufregenden Demonstrationen und zur Verhöhnung der Gesetze und der Strafgewalt des Staates benutzt wurde. Zur Verhinderung dieses Treibens blieben als einzig wirksame Mittel die Aufenthaltsbeschränkung, die Expatriation, sowie die Ausweisung aus dem Bundesgebiet übrig, deren Gewährung aber gegenüber dem Bundesgesetz über die Freizügigkeit vom 1. November 1867 (Bundes-Ges. Bl. S. 55) und dem Reichsgesetz über die Erwerbung und den Verlust der Staatsangehörigkeit vom 1. Juni 1870 (Bundesgesetz-Bl. S. 655. 648. 657, Reichs-Ges. Blatt von 1871 S. 89) nicht innerhalb der Kompetenz der preußischen Landesvertretung lag.

In gleicher Weise wie Preußen waren die badische und die hessische Regierung interessirt, von denen die erstere bereits ein auf den Anschauungen der preußischen ruhendes Gesetz vom 19. Februar 1874 (s. unten S. 6. 10 Anm. 22) publicirt, die andere aber solche — die späteren Gesetze vom 23. April 1875 (s. unten a. a. O.) — vorbereitete.

Am 19. März 1874 wurde der vom Bundesrath beschlossene Entwurf eines Gesetzes, betr. die Verhinderung der unbefugten Ausübung von Kirchenämtern, welcher den betheiligten Regierungen die erwähnten Vollmachten und Mittel geben und sie von den durch die Bundes- und Reichsgesetzgebung gesetzten Schranken befreien sollte, beim Reichstage eingebracht (s. Drucksachen des Reichstages 2. Legisl.-Per. I. Session Nr. 103). Der Versuch der Centrumspartei bei der ersten Berathung am 21. April 1874 (37. Sitzung, stenogr. Ber. S. 983), die Erledigung durch Verweisung an eine Kommission hinauszuschieben, scheiterte an dem Willen der Majorität, jede Verzögerung zu verhindern. In der zweiten Berathung (in der 39. Sitzung vom 23. dess. M.) erlitt der Entwurf außer einigen, größere Klarheit bezweckenden Fassungsänderungen (s. unten S. 7 Anm. 4 und S. 8 Anm. 8) insofern eine wesentliche Modifikation, als ein Amendement, dessen Tendenz die Einführung einer Rechtskontrole gegenüber den oben erwähnten, in die Hand der Verwaltungsbehörden gelegten Maßregeln war, angenommen wurde (s. stenogr. Ber. S. 1033 und unten S. 12 Anm. *). Bei der dritten Berathung (41. Sitzung vom 24. April 1874, stenogr. Ber. S. 1126. 1147) stimmten 214 Mitglieder für, 108 gegen das Gesetz.

Was die drei besprochenen Gesetze betrifft, so bezieht sich das Reichsgesetz vom 4. Mai 1874 (s. unten S. 3,) auf sämmtliche Religionsgesellschaften, ist aber in seiner Wirksamkeit auf die katholische und evangelische Kirche beschränkt, weil seine Voraussetzungen nach dem in Preußen, wie in den übrigen deutschen Staaten bestehenden Rechte für die übrigen Religionsgesellschaften nicht eintreten können (s. unten S. 7 Anm. 3).

Von den beiden preußischen Gesetzen betrifft das Deklarationsgesetz vom 21. Mai 1874 (s. unten S. 19) von vornherein ebenso wie das von ihm deklarirte Gesetz vom 11. Mai 1873, nur die vollprivilegirten Kirchen und ist gleichfalls wie das letztere praktisch nur von geringer Bedeutung für die evangelische (s. Kirchengesetze v. 1873 S. XXII und unten S. 20 Anm. 1); das andere, über die Verwaltung erledigter Bisthümer vom 20. Mai 1874 (unten S. 43) ist ausschließlich für die katholische Kirche erlassen.

Der Inhalt der Gesetze, welche sich mannigfach berühren, läßt sich nach folgenden Gesichtspunkten zusammenfassen:

1. Das Deklarationsgesetz und das Gesetz über die Verwaltung der Bisthümer ergänzen das durch das Gesetz vom 11. Mai 1873 begründete Einspruchsrecht.

Das erstere insofern als es deklarirt (Art. 1), daß der Nichtbeachtung des erhobenen Einspruchs gleichsteht: a) die Anstellung eines Kandidaten ohne jede Benennung, b) die Anstellung mit gleichzeitiger oder nachheriger Benennung, c) die Anstellung vor Ablauf der 30tägigen Einspruchsfrist (unten S. 22 Anm. 6).

Das zweite Gesetz dehnt das Einspruchsrecht über seine bisherige Sphäre, die geistlichen Aemter, hinaus auf alle Stellungen aus, welche die Ausübung der aus dem bischöflichen oder päpstlichen Amte fließenden Rechte oder geistlichen Verrichtungen, abgesehen von der Güterverwaltung, in einem erledigten katholischen Bisthume zum Zweck haben, also namentlich auf die mit bloßer Jurisdiktion verbundenen Aemter des Kapitular- und Generalvikars, s. §§ 1—3. 20, und unten S. 48 Anm. 7, S. 64 Anm. 70, jedoch ist das Einspruchsrecht hier insofern modificirt, als die Frist eine 10tägige, ferner der Einspruch nicht dem Oberen, sondern demjenigen, der als Verweser auftreten will, kund zu thun ist, und endlich nicht die bloße Unterlassung des Einspruches die Vornahme der betreffenden Funktionen erlaubt macht, vielmehr dazu noch die Vereidigung des Verwesers auf die Staatsgesetze erforderlich ist (§§ 2. 3).

2. Beide Gesetze erweitern die strafrechtlichen Mittel gegenüber dem bisher bestehenden Recht.

Das Deklarationsgesetz ändert den Thatbestand des § 23 des Gesetzes vom 11. Mai 1873 dadurch, daß es jeden Geistlichen, welcher ohne Beobachtung der Erfordernisse der §§ 1—3 des letzteren Amtshandlungen vornimmt, mit Strafe bedroht, und legt ferner dem Geistlichen den Nachweis auf, daß er vorher den staatsgesetzlichen Anforderungen genügt habe (Art. 2).

Das zweite Gesetz schafft nach Analogie des erwähnten § 23 ein neues Kriminalvergehen, indem es die Ausübung der vorhin (unter Nr. 1 Abs. 2) gedachten Rechte und Verrichtungen durch einen widerrechtlich fungirenden Verweser, einen Stellvertreter (Generalvikar, Offizial und Weihbischof) des abgesetzten Bischofs zuwider den oben erwähnten gesetzlichen Erfordernissen, ferner die Vornahme von Amtshandlungen seitens eines Kirchendieners auf Anordnung oder im Auftrage der vorhergedachten Personen oder eines staatlich nicht anerkannten Bischofs mit Geldstrafe, Haft oder Gefängniß bedroht (§§ 4 u. 5, s. auch unten S. 50 Anm. 18 ff.).

3. Der Durchführung der staatsgesetzlichen Vorschriften über die

Bekleidung von geistlichen, bez. kirchlichen Aemtern gegenüber der Renitenz der Geistlichen dient:

a) das Reichsgesetz vom 4. Mai 1874. Nach demselben (§§ 1 u. 2) kann Geistlichen, welche nach Entlassung aus ihrem Kirchenamte durch staatsgerichtliches Urtheil (unten S. 5 Anm. 3) oder welche nach erfolgter rechtskräftiger Bestrafung wegen Vornahme von Amtshandlungen in einem ihnen staatsgesetzwidrig übertragenen Amte sich noch als Inhaber des ihnen entzogenen, bez. ihnen nicht zukommenden Amtes geriren (s. unten S. 7 Anm. 4), durch die Landespolizeibehörde (in Preußen die Regierung oder Landdrostei), der Aufenthalt in bestimmten Bezirken oder Orten versagt oder angewiesen werden.

Besteht die Handlung, wodurch sich der Betreffende als Inhaber des Amtes gerirt, in der ausdrücklichen Anmaßung oder in der thatsächlichen Ausübung des letzteren, (s. unten S. 8 Anm. 8 ff.), oder handelt der Geistliche der gegen ihn verhängten Aufenthaltsbeschränkung zuwider, so ist die Centralbehörde (in Preußen der Kultusminister und der Minister des Innern) befugt, ihm die Staatsangehörigkeit, womit dieselbe auch in jedem andern Bundesstaat verloren wird (§ 4,) zu entziehen und ihn auch außerdem aus dem Bundesgebiete auszuweisen.

Geistlichen, welche wegen Vornahme von Amtshandlungen in einem gesetzwidrig ihnen übertragenen oder von ihnen übernommenen Kirchenamte zur Untersuchung gezogen werden, kann nach Eröffnung des Hauptverfahrens bis zur rechtskräftigen Beendigung desselben der Aufenthalt in bestimmten Bezirken oder Orten untersagt (nicht aber angewiesen werden, § 5).

b) Ferner gehört hierher die Bestimmung des Art. 3 des Deklarationsgesetzes vom 21. Mai 1873. Dieser gestattet zur Verhinderung der Besitzergreifung des Amtes durch einen gesetzwidrig angestellten Geistlichen die Beschlagnahme des Vermögens der Stelle durch den Ober-Präsidenten 1) wenn das Amt unter Außerachtlassung der §§ 1 bis 3 des Gesetzes vom 11. Mai 1873 (sowie des Art. 1 des Deklarationsgesetzes) übertragen ist, oder 2) Thatsachen vorliegen, welche die Annahme begründen, daß die Uebertragung des Amtes nicht unter Beobachtung der erwähnten Vorschriften erfolgen werde. Die Verwaltung dauert bis zur gesetzmäßigen Wiederbesetzung der Stelle oder gesetzmäßigen Einrichtung einer einstweiligen Vertretung. Geführt wird sie für Rechnung und auf Kosten der Stelle von einem vom Ober-Präsidenten ernannten Kommissarius, welcher auch zugleich alle vermögensrechtlichen Befugnisse des Stelleninhabers -- selbstverständlich abgesehen von dem Nutzungsrecht des letzteren (s. unten S. 28 Anm. 24 u. S. 29 Anm. 27) — ausübt.

4. Das Gesetz vom 20. Mai 1874 [1]) regelt außer dem schon oben (S. IX) hervorgehobenen Punkte noch die Verhältnisse der Bisthümer in folgenden Beziehungen:

a) Es legt dem Domkapitel, um im Falle einer staatlichen Absetzung des Bischofs (s. unten S. 6 Nr. 1) die Vakanz des Bisthums zur Anerkennung zu bringen, die

---

[1]) Eine genauere, systematische Analyse dieses Gesetzes habe ich in Hartmann's Zeitschr. für Gesetzgebung des öffentl. Rechts. Bd. 1 S. 241 gegeben.

Pflicht auf, nach erhaltener Aufforderung seitens des Ober-Präsidenten einen Bisthumsverweser zu wählen (§ 6).

b) Ferner schreibt es indirekt vor, daß jeder, gleichviel auf welche Weise erledigte Bischofsstuhl binnen Jahresfrist mit einem staatlich anerkannten Bischof wieder zu besetzen ist (§ 8).

c) Zur Durchführung dieser Gebote dient die staatliche Verwahrung und Verwaltung des dem Bisthum gehörigen und der Verwaltung des bischöflichen Stuhles oder des jeweiligen Bischofs unterliegenden Vermögens (§ 6).

Diese muß eintreten: 1) wenn im Falle a. der Ober-Präsident binnen 10 Tagen nach seiner Aufforderung keine Nachricht von der zu Stande gekommenen Wahl erhalten oder der gewählte Verweser sich nicht binnen weiteren 14 Tagen hat eidlich auf die Staatsgesetze verpflichten lassen (s. o. S. IX); 2) wenn im Falle der staatlichen Erledigung des Bisthums ein gesetzmäßig angestellter Verweser aus seinem Amte ausscheidet, ohne daß ein neuer staatlich anerkannter Bischof eingesetzt ist; 3) wenn in den andern, d. h. den kanonischen Erledigungsfällen (s. unten S. 46 Anm. 3) Jemand gesetzwidrig (s. o. S. IX) bischöfliche Rechte oder Verrichtungen ausgeübt hat; endlich 4) wenn die Wiederbesetzung des bischöflichen Stuhles nicht innerhalb der zu b. gedachten Frist erfolgt ist, jedoch kann letztere durch den Kultusminister verlängert werden (§§ 6—8).

Eine einstweilige bloße Verwahrung des gedachten Vermögens durch den Ober-Präsidenten kann schon bei der Aufforderung des Domkapitels zur Wahl eines Verwesers in den unter 1 und 2 gedachten Fällen eintreten, in den anderen dann, wenn die Bestellung des Kommissars (s. nachher) sich verzögert (§§ 6—8), weil in den beiden letzteren die Aufforderung zur Wahl nicht erfolgt.

Die Verwahrung und Verwaltung dauert so lange, bis ein Bisthumsverweser gesetzlich angestellt ist oder die Einsetzung eines staatlich anerkannten Bischofs stattgehabt hat (§ 10). Dadurch, daß das Domkapitel während der Vakanz des Bischofssitzes einen besonderen Vermögensverwalter (Oekonom) bestellt oder selbst die Verwaltung übernimmt oder eine besondere bischöfliche Behörde für dieselbe besteht, wird die Zwangsmaßregel nicht ausgeschlossen (§ 11).

Die Verwahrung und Verwaltung führt ein vom Kultusminister ernannter Kommissar auf Kosten des verwalteten Vermögens. Die Bestellung desselben, der Beginn und auch das Ende seiner Amtsthätigkeit ist vom Ober-Präsidenten öffentlich bekannt zu machen (§§ 6. 9 ff.). Der Kommissar ist eine den Königl. Regierungen und Landdrosteien koordinirte, mit denselben Zwangsrechten wie diese ausgestattete Staatsbehörde (s. unten S. 60 Anm. 54). Für seine Amtsthätigkeit ist er nur dem Ober-Präsidenten und dem Kultusminister, nicht aber den kirchlichen Behörden verantwortlich und die von ihm zu legende Rechnung unterliegt der Revision der Königl. Oberrechnungskammer (§ 10 Abs. 2).

Die materiellen Befugnisse des Kommissars gehen erstens auf die Verwahrung und Verwaltung, sowie auf die vermögensrechtliche Vertretung des oben näher bezeichneten Vermögens. Zu Veräußerungen und dauernden Belastungen der Substanz ist er nur befugt, soweit diese innerhalb der Verwaltung liegen, also 1) im Falle rechtlicher Nothwendigkeit, 2) wenn der betreffende Akt sich als Konservationsmaßregel darstellt, wie z. B. die Veräußerung verzehrlicher oder überflüssiger, unbrauchbarer, an Werth unbedeutender Sachen oder solcher erheblicher Werthobjekte, deren Erhaltung und Bewirthschaftung nur Ausfälle ergiebt und anderweite Deckung erfordert, mithin unwirthschaftlich erscheint, 3) zur Deckung der Verwaltungskosten, falls keine verwendbaren Ueberschüsse und Baarbestände vorhanden sind (unten S. 59 Anm. 51).

Außerdem hat aber der Kommissar zweitens auch die obere Verwaltung und Aufsicht über alles kirchliche Vermögen, der Pfarrkirchen, Benefizien u. s. w. in dem ganzen bischöflichen Sprengel, also namentlich zu denjenigen Akten der Vermögensverwaltung, zu denen der Bischof seine Zustimmung zu ertheilen hat (s. unten S. 60), statt dessen die Genehmigung zu geben.

5. Das eben besprochene und das Deklarationsgesetz führen ferner auch eine neue Art der Besetzung der geistlichen Aemter, bez. der Einrichtung einer Stellvertretung in denselben ein.

Sie findet statt:

a. wenn und so lange die kommissarische Vermögensverwaltung eines Bisthums in den S. XI unter lit. c. Nr. 1—3 (nicht aber unter 4) gedachten Fällen (s. unten S. 62 Anm. 63) besteht. (§ 13 des Gesetzes vom 20. Mai 1874).

b. wenn nach Erledigung eines geistlichen Amtes ein Geistlicher wegen Vornahme von Amtshandlungen in Gemäßheit des § 23 Abs. 1 vom 11. März 1873 und des Art. 1 u. 2 des Deklarationsgesetzes rechtskräftig zur Strafe verurtheilt worden ist (Art. 4 des letzteren).

c. Die Einrichtung einer Stellvertretung, aber nur diese, ist zulässig, wenn einem Geistlichen auf Grund des Reichsgesetzes vom 4. Mai 1874 § 5 der Aufenthalt während der Dauer der Untersuchung in dem Bezirke des erledigten Amtes untersagt worden ist (Art. 5 a. a. O., o. S. X).

Die Besetzung oder die Einrichtung der Stellvertretung, und zwar in den Fällen a. und b. nach Wahl, steht demjenigen zu, der auf Grund des Patronates oder eines andern Rechtstitels (s. unten S. 30 Anm. 35) ein Präsentations- oder Vorschlags- oder Nominationsrecht (s. unten S. 30 Anm. 36) besitzt, falls aber derartige Rechte nicht vorhanden sind, der Kirchengemeinde, deren Zwecken das in Frage stehende Amt dient. Auf letztere geht ferner die Befugniß, eine Stellvertretung einzurichten über, wenn der Berechtigte diese nicht binnen zwei Monaten nach eröffneter rechtlicher Möglichkeit, das Recht zur Besetzung, wenn der Berechtigte dasselbe nicht binnen Jahresfrist ausübt (Art. 4—6. 8 des Deklar.-Ges. u. §§ 13. 15 des Ges. v. 20. Mai 1874).

Die Gemeinde ist zur Ausübung ihrer Befugniß auf Antrag von 10 großjährigen, im Besitze der Ehrenrechte befindlichen, einem mitwählenden Familienhaupte nicht untergeordneten, männlichen Mitgliedern durch den Landrath, bez. Amtmann oder Bürgermeister, zusammenzurufen. Ein gültiger Beschluß gilt als gefaßt, wenn mehr als die Hälfte der Erschienenen demselben zustimmt (Art. 9 des Deklar.-Ges. u. § 16 des Ges. v. 20. Mai 1874). Lautet dieser auf Besetzung des Amtes, bez. Einrichtung einer Stellvertretung, so ist ein Repräsentant zu wählen, welcher die Uebertragung des Amtes an den gewählten Geistlichen auszuführen hat (Art. 10 des Dekl.-Ges. und § 17 des Ges. v. 20. Mai 1874).

Die Vorschriften des Gesetzes vom 11. Mai 1873 und des Deklarationsgesetzes zu demselben, insbesondere auch die über das Einspruchsrecht finden auch auf die eben besprochenen Fälle der Besetzung und Einrichtung von Stellvertretungen Anwendung und zwar in der Weise, daß die Pflicht der Benennung dem die erwähnten Befugnisse ausübenden Patron, dem auf Grund eines besonderen Titels Berechtigten und dem Gemeinderepräsentanten obliegt, und diese Personen wegen Verletzung ihrer Pflicht dieselben Strafen, wie die geistlichen Oberen, an deren Stelle sie treten, treffen. (Art. 7. 10 des Dekl.-Ges. u. §§ 14. 17 des Ges. vom 20. Mai 1874).

6. Endlich erweitern alle drei Gesetze die **Kompetenz des königlichen Gerichtshofes für kirchliche Angelegenheiten,**

das Gesetz vom 20. Mai 1874 und das Deklarationsgesetz insofern als an denselben die Berufung wegen der Einsprüche des Ober-Präsidenten gegen die mit der interimistischen Verwaltung erledigter Diöcesen betrauten Personen oder gegen die von den Patronen, Drittberechtigten oder den Gemeinden angestellten oder als Stellvertreter eingesetzten Geistlichen erhoben werden kann (§§ 3. 14. 17 des Ges. vom 20. Mai 1874 und Art. 7. 10 des Deklarationsges.).

Ferner gewährt das Reichsgesetz vom 4. Mai 1874 (§ 3) demjenigen, gegen welchen eine Aufenthaltsbeschränkung oder der Verlust der Staatsangehörigkeit von der Verwaltungsbehörde ausgesprochen worden ist, die Berufung an den Gerichtshof und zwar für den letzteren Fall mit Suspensiveffekt, jedoch kann das Rechtsmittel nur darauf gestützt werden, daß der Berufende die ihm zur Last gelegte Handlung gar nicht begangen habe oder daß sie den die Maßregel rechtfertigenden Thatbestand nicht enthalte.

So viel an dieser Stelle über den Inhalt der Gesetze. Die preußische Staatsregierung hatte damit für die Bekämpfung des ultramontanen und hierarchischen Widerstandes eine Reihe neuer gesetzlicher Waffen unter Zustimmung der überwiegenden Majorität des Landtages erhalten. Wesentlich war dies der klerikalen Renitenz und Agitation gegen die Maigesetze von 1873 zu danken. Diese drängte alle Parteien, welche in dem Ultramontanismus den gefährlichsten Widersacher des preußischen Staates und des deutschen Kaiserreiches unter der Dynastie der Hohenzollern sehen, schon im vorigen Jahre zu immer energischerer Unterstützung der Staatsregierung in dem fortdauernden Konflikte und so wurde es der letzteren, wie namentlich der weitere Verlauf der parlamentarischen Ereignisse des Jahres 1875 gezeigt, dadurch, daß sie Schritt für Schritt und nur im Falle der Nothwendigkeit vorging, leicht, zu Maßregeln, welche bei Anfang des Konfliktes wegen ihrer anscheinenden Schärfe sicherlich in der Landesvertretung auf Widerstand gestoßen wären, die Zustimmung derselben zu erlangen.

II. Die Gesetzgebung des Jahres 1875.

Wie nach dem bisherigen Verhalten der Ultramontanen, für welche die weitere Existenz- und Entwickelungsfähigkeit ihres Systems bei dem gegenwärtigen Konflikte auf dem Spiele steht, nicht anders erwartet werden konnte, gaben dieselben den Kampf noch nicht auf, im Gegentheil suchten sie die Bevölkerung immer mehr durch die Vorspiegelung, daß die Staatsregieruug die katholische Kirche und den katholischen Glauben unterdrücken wolle, aufzuregen. Wurde auch damit bedauerlicher Weise eine Schärfung des konfessionellen Bewußtseins und der konfessionellen Gegensätze erzielt, so waren doch die wenigen Excesse, welche vereinzelt vorkamen, nicht im Mindesten dazu geeignet, irgend wie die Staatsregierung in ihrer bisherigen Politik wankend zu machen, ja dieselbe erhielt durch das Kullmann'sche Attentat, welches mindestens als ein Symptom der durch die ultramontane Agitation in ungebildeten Köpfen angerichteten Verwirrung und Verhetzung bezeichnet werden darf, nur eine weitere Rechtfertigung.

Die Staatsregierung konnte ungehindert die alten und die neuen Maigesetze zur Durchführung bringen. Der Erzbischof von Gnesen-Posen, welcher schon am 3. Februar 1874 zur Verbüßung der gegen ihn erkannten Gefängnißstrafen nach Ostrowo abgeführt war, wurde am 15. April desselben Jahres durch den Gerichtshof für kirchliche Angelegenheiten seines Amtes entsetzt, und demnächst für seine Diöcesen die kommissarische Verwaltung nach dem Gesetze vom 20. Mai 1874 eingesetzt. Im September 1874 erging ebenfalls an den Bischof von Paderborn die Aufforderung, sein Amt niederzulegen, am 5. Januar 1875 erfolgte seine Amtsentlassung durch den erwähnten Gerichtshof und die demnächstige Einrichtung einer kommissarischen Verwaltung seiner Diöcese. Gegen andere Bischöfe, wie z. B. den von Trier, wurden Gefängnißstrafen vollstreckt. Nicht minder verfielen zahlreiche Geistliche den Strafen der Maigesetze und den Maßregeln des Reichsgesetzes vom 4. Mai 1874. Der Widerstand der Bischöfe und des von ihnen geleiteten Klerus war freilich ungebrochen. Von der Befugniß der Besetzung der geistlichen Aemter auf Grund der beiden Maigesetze von 1874 wurde nur in wenigen Fällen Gebrauch gemacht.

Trotzdem konnte die Staatsregierung, welche gegenüber den schlimmen Früchten eines drei Jahrzehnte herrschenden kirchenpolitischen Systems nicht auf schnelle Erfolge rechnen durfte, ruhig die weitere Entwicklung abwarten. Ein Ueberstürzen gesetzgeberischer Maßregeln hätte nur dazu gedient, den Schein zu erwecken, als ob sie selbst kein Vertrauen zu der Wirkung der von ihr vorgeschlagenen Gesetze habe. So beschränkte sie sich denn während des Jahres 1874 auf die Fertigstellung eines Gesetzentwurfes über die Vermögensverwaltung in den katholischen Kirchengemeinden, zu welchen die Vorarbeiten schon im Herbste 1872, gleichzeitig mit denen der ersten Maigesetze, begonnen waren — ein erster vorbereitender Entwurf wurde durch Indiskretion schon damals in ultramontanen Zeitschriften und Blättern, s. z. B. im Archiv für kathol. Kirchenrecht Bd. 29 S. 355 veröffentlicht — dessen Vorbereitung aber wegen der zu berücksichtigenden großen Verschiedenheit der Gestaltungen in den einzelnen Landestheilen (s. unten S. 109 ff.) geraume Zeit in Anspruch genommen hatte.

Dieser Entwurf wurde am 25. Januar 1875 (Drucksachen des Hauses der Abg. 12. Legislatur-Per. II. Sess. 1875 Nr. 16) im Abgeordnetenhause eingebracht und nach der ersten Berathung am 14. und 17. Februar 1875 (14. u. 15. Sitzung, stenogr. Ber. S. 266. 295. 318) an eine (die XIII.) Kommission verwiesen. Diese ergänzte denselben insofern, als sie die Regelung der staatlichen Aufsichtsrechte, welche von der Regierung einem weiteren besonderen Gesetze vorbehalten war, hinsichtlich der Verwaltung des in Frage stehenden Vermögens einfügte (s. Kommissionsber. angef. Drucksachen Nr. 250 S. 39 ff. und unten S. 163) und machte auch sonst mehrere Aenderungen; von prinzipieller Bedeutung war diejenige, welche den Pfarrer als geborenen Vorsitzenden des Kirchenvorstandes beseitigte und seine rechtliche Unfähigkeit zum Vorsitze aussprach (s. unten S. 135 Anm. 74). Die zweite Berathung füllte die Sitzungen (52. 53. 54) vom 24., 26. und 27. April 1875, stenogr. Ber. S. 1436. 1459. 1489) aus, wobei das Haus den Beschlüssen seiner Kommission im Wesentlichen beitrat. Bei der dritten Berathung in der 58. Sitzung vom 1. Mai 1875 (a. a. O. S. 1611. 1638) wurde der Gesetzentwurf in dieser Gestalt mit 238 gegen 82 Stimmen angenommen.

Im Herrenhause, in welchem die Verhandlungen am 21. und 25. Mai 1875 (21. und 24. Sitzung, stenogr. Ber. S. 341. 404) stattfanden, erhielt der Entwurf mehrere Modifikationen, namentlich wurde die Vorschrift der Regierungsvorlage, nach welcher der Pfarrer stets den Vorsitz im Kirchenvorstande führen soll, wiederhergestellt (s. unten S. 135 Anm. 74).

Das Abgeordnetenhaus trat dieser letzteren Aenderung bei der nochmaligen Berathung am 2. und 4. Juni 1875 (71. und 72. Sitzung, stenogr. Ber. S. 1983. 1995) nicht bei, und nunmehr acceptirte auch das Herrenhaus bei der wiederholten Verhandlung am 11. Juni 1875 (33. Sitzung, stenogr. Ber. S. 614 — s. auch unten a. a. O.) die Fassung des anderen Hauses.

Noch ehe das Abgeordnetenhaus den Entwurf einer Berathung unterzogen hatte, trat ein Ereigniß ein, welches den ohnehin starken Konflikt noch mehr zu verschärfen geeignet war und plötzlich seitens der Staatsregierung eine neue Aktion von den schwer wiegendsten Folgen hervorrief.

Am 5. Februar 1875 erließ der Papst eine Encyklika an die preußischen Erzbischöfe und Bischöfe,[1] in welcher er im Hinblick auf die Amtsentsetzung der Bischöfe von Gnesen-Posen und Paderborn die preußischen Gesetze mit folgenden Worten für nichtig erklärte:

„At quamquam ipsis laudis ornamenta potius quam miserantis lacrymae debeantur; contemptus tamen episcopalis dignitatis, violatio libertatis et jurium ecclesiae, vexationes quae non modo supramemoratas illas, sed et alias Borussici regni dioeceses premunt, a nobis flagitant, ut pro apostolico munere, quod nobis quamvis immerentibus, concredidit Deus, querelas nostras contra leges illas, unde tot mala parata sunt et adhuc plura timenda, efferamus, et libertatem ecclesiae

---

[1]) abgedruckt u. A. im Archiv f. kath. Kirchenrechte Bd. 33 S. 373, in den Acta s. sedis Vol. VIII. p. 301 und in den stenogr. Ber. des Abgeordnetenh. S. 881, da der klerikale Abgeordnete v. Wendt bei der Berathung des Einstellungsgesetzes (s. unten S. XIX) am 18. März 1875 unter heftigem Widerspruch des Hauses dieselbe verlas, um sie trotz der Konfiskation der ultramontanen Blätter, welche sie abgedruckt hatten, zur Veröffentlichung zu bringen.

iniqua vi depressam, ea qua possumus ratione et sancta divini juris auctoritate vindicemus. Ad has enimvero partes nostri muneris implendas intendimus per hasce literas aperta testatione denunciantes omnibus, ad quos ea res pertinet et universo catholico orbi leges illas irritas esse, utpote quae divinae ecclesiae constitutioni prorsus adversantur."

Damit war die Selbstständigkeit der preußischen Krone und Legislative in beleidigender und herausfordernder Weise angegriffen. Die Staatsregierung eines deutschen Landes, in welchem die katholische Religion nicht als eine Summe äußerlich zu befolgender Ceremonien aufgefaßt wird, sondern Sache des Herzens und des Gemüthes ist, konnte diese Erklärung des Oberhauptes der katholischen Kirche nicht ungeahndet hinnehmen. Die Kundgebung war nur zu geeignet, der von den Ultramontanen fort und fort gepredigten Theorie von der Verfassungswidrigkeit der Kirchengesetze eine höhere Bekräftigung in den Augen der katholischen Bevölkerung zu geben, eine gefährliche Erregung in derselben hervorzurufen, und den Ultramontanen eine passende Handhabe zur Schürung einer solchen zu bieten. Hatte doch ihr leitendes Blatt, die Berliner „Germania" schon deutlich genug damit gedroht, indem sie in ihrer Nummer vom 16. Februar 1875 erklärte: „Wenn durch die Maigesetze die kirchlichen Verträge verletzt würden, auf denen die Rechte der katholischen Kirche beruhen, so würden dadurch zugleich die Katholiken entbunden von ihrer Gewissenspflicht gegenüber den Verträgen, auf denen der Besitzstand der Hohenzollern beruht."

Der erste Schritt der Regierung war die Einbringung eines Gesetzentwurfes betreffend die Einstellung der Leistungen aus Staatsmitteln für die römisch-katholischen Bisthümer und Geistlichen (Drucksachen des Hauses der Abgeordn. 12. Legisl. Per. II. Sess. 1875 Nr. 109), welcher dem Abgeordnetenhause am 3. März 1875 übersandt wurde.

Am 10. April 1875 folgte der kurze, aber bedeutungsvolle Entwurf über die Aufhebung der Art. 15. 16. 18 der Verfassungsurkunde[1]) (angef. Druck-

---

[1]) Die Motive dazu lauten (a. a. O. S. 5):

„Seitdem in neuerer Zeit begonnen werden mußte, durch die Gesetzgebung des Staates die nothwendigen Grenzen zwischen diesem und der Kirche zu regeln, um dadurch ein festes, für jedes der beiden Gebiete geregeltes Verhältniß herzustellen, hat die Staatsregierung stets und immer von Neuem die Erfahrung gemacht, daß ihren Schritten der Einwand entgegengesetzt wurde, dieselben verstießen gegen diejenigen Bestimmungen der Verfassungsurkunde, welche den Religionsgesellschaften die selbstständige Verwaltung ihrer Angelegenheiten zugewiesen haben. Als sich im Jahre 1873 die Gesetzgebung zum ersten Male dem bezeichneten Gebiete zuwandte, war dies erklärlich. Denn damals bestand der Artikel 15 der Verfassungsurkunde noch in seiner ursprünglichen Fassung, die verschiedener, engerer und weiterer Auslegung Raum gab, und hatte lange Zeit durch das selbstthätige Eingreifen der katholischen Bischöfe und die Zulassung der Organe des Staates eine über seinen wahren Sinn hinausgehende Anwendung erhalten. Diesen wahren Sinn klar zu stellen, war die Aufgabe des Gesetzes vom 5. April 1873 (Gesetzsamml. S. 143); es sollte zum allgemeinen und klaren Bewußtsein gebracht werden, daß auch eine selbstständige Besorgung der kirchlichen Angelegenheiten dem Hoheitsrechte des Staates, seiner Gesetzgebung und Aufsicht unterliege. Dennoch wird jener Einwand weiter und bis in die neuesten Tage gegen jede kirchenpolitische Gesetzesvorlage erhoben. Fort und fort sowohl in den Häusern des Landtages, als in Organen der Presse gegen die Verfassungsmäßigkeit der Maßregeln wiederholt, wiegt er um so schwerer, als er Beunruhigung in die Bevölkerung trägt, die gesetzgebenden Faktoren und die Staatsregierung eines verfassungssachen Nr. 228), und demnächst am 1. Mai 1875 der Entwurf betr. die **Orden und ordensähnlichen Kongregationen der katholischen Kirche** (angef. Drucksachen Nr. 305). Der letzte war allerdings ebenfalls seit mehreren Jahren vorbereitet, seine Einbringung ist aber durch die Encyklika wesentlich beschleunigt worden, und nicht minder sind die einschneidenden Bestimmungen desselben zum großen Theile durch die ultramontane Taktik hervorgerufen worden.

Nachdem die Regierung ihre Aktion begonnen hatte, thaten die kirchlichen Leiter der ultramontanen Bewegung zwei neue, höchst ungeschickte Schachzüge. Der Papst ernannte unter Anspielung auf die Vorgänge in Preußen den abgesetzten Erzbischof von Gnesen-Posen im Konsistorium vom 15. März 1875 zum Kardinal.[1]) Die preußischen Bischöfe beschlossen auf einer Konferenz in Fulda am 2. April 1875 eine Protestadresse an den König gegen den ersterwähnten Gesetzentwurf, in welchen sie u. A. bemerkten (Arch. f. kath. Kirchenrecht Bd. 33 S. 468):

„Wir würden der schuldigen Ehrfurcht gegen Ew. Majestät zu nahe zu treten fürchten, wenn wir die Voraussetzung auch nur für möglich halten wollten, daß es den In-

---

widrigen Verhaltens verdächtigt und die Gesetze, noch ehe sie verkündet werden, als solche bezeichnet, denen mit Recht Widerstand geleistet werden dürfe. Ein solcher Zustand kann in keinem Staate ertragen werden, namentlich in einer Zeit so ernster Bewegungen, wie die gegenwärtige; unabweisbare Pflicht ist es, denselben entschieden, kräftig und so schleunig als möglich zu beseitigen. Dies kann nur gelingen, wenn das Verhältniß zwischen Staat und Kirche nicht ferner durch allgemeine, der Mißdeutung fähige Sätze, sondern lediglich durch eingehende Spezialgesetze geregelt wird, also eine Aenderung der Verfassungsurkunde erfolgt. Vor einer solchen darf um so weniger zurückgeschreckt werden, als die Gesetzgebung freie Bahn bedarf, um den Staat unter allen Umständen zu sichern gegen den seine Hoheitsrechte mißachtenden und angreifenden, und damit ihn selbst gefährdenden, von Rom geleiteten Klerus. Deshalb wird die Aufhebung des Artikels 15 der Verfassungsurkunde vorgeschlagen. Die auf diesem Wege für die Gesetzgebung gewonnene Freiheit soll zur Abwehr jener Angriffe dienen. Anderen Religionsgesellschaften, insbesondere der Evangelischen Kirche gegenüber, bedarf es solcher Abwehr nicht. Soweit die eigene Ordnung ihrer Angelegenheiten gesetzlich bereits geregelt ist, wird es dabei bewenden; soweit dies nicht der Fall ist, die Gesetzgebung diejenige Sicherheit schaffen, welche Korporationen gebührt, die der Rechtsordnung des Staates sich unterwerfen.

Die Aufhebung des Artikels 16 findet ihre Rechtfertigung darin, daß das Vertrauen, unter dem den Religionsgesellschaften der Verkehr mit ihren Oberen ungehindert freigegeben und die Bekanntmachung kirchlicher Anordnungen nur solchen Beschränkungen unterworfen worden ist, welchen alle übrigen Veröffentlichungen unterliegen, namentlich in den letzten Zeiten schwer getäuscht worden ist. Es braucht nur an die Encyklika des Papstes an den Preußischen Episcopat vom 5. Februar d. J. erinnert zu werden, um die Nothwendigkeit darzuthun, daß das Uebermaß freier Bewegung, welches der gedachte Artikel gewährt, in Grenzen zurückgeführt werden muß, welche mit dem Staatswohl verträglich sind.

Die Bestimmung des Artikels 18 enthält die Entwickelung des im Artikel 15 niedergelegten Gedankens für einen einzelnen Fall; die Aufhebung des Artikels 15 führt daher in logischer Konsequenz auch zur Aufhebung des Artikels 18. Ueberdies wird ohne dieselbe es nicht dahin kommen, daß überall einflußreiche kirchliche Stellen von Männern verwaltet werden, welche den Gesetzen des Staates Gehorsam leisten, ein Anspruch, den insbesondere ein Staat nicht aufgeben kann, der vermöge seiner konfessionell gemischten Bevölkerung das höchste Interesse daran hat, daß die verschiedenen Religionsgesellschaften friedlich neben einander leben."

[1]) Die Allokution lateinisch in den Acta s. sedis Vol. VIII. p. 301; deutsch in der „Germania" v. 12. April 1875.

tentionen Ew. Majestät entsprechen könnte, eine solche **Untreue und Pflichtverletzung** von Seiten der bestellten Hüter der kirchlichen Ordnung zu fordern. Deshalb wenden wir uns nicht an die Häuser des Landtages, in welchen das Verständniß christlicher Anschauungen mehr und mehr zu schwinden beginnt, sondern an Ew. Majestät selbst als den Schirmherrn der in Preußen anerkannten christlichen Kirchen, an die Krone, zu welcher die Katholiken auch bei politischen Stürmen, stets mit treuer Loyalität gestanden haben, mit der ehrfurchtvollen Bitte, dem intendirten Gesetze als einer Verletzung wohlerworbener Rechte und einer Quelle unsäglicher Trauer und friedestörender Verwirrung die Allerhöchste Sanktion versagen zu wollen".

Damit war der Krone, mit deren Ermächtigung, wie den Bischöfen nicht unbekannt sein konnte, der Entwurf eingebracht war, in versteckter Weise eine neue Beleidigung zugefügt, und die Immediateingabe erreichte gerade den entgegengesetzten Zweck. Sie wurde dem Staatsministerium zur Beantwortung überwiesen und erhielt durch dasselbe am 9. April 1875 die gebührende, scharfe Abfertigung (a. a. O. S. 468), aus der nur folgende Stellen hervorgehoben werden mögen:

„Ebenso kann es den Herren Bischöfen nicht unbekannt sein, daß die Vorlage, deren Nichtvollziehung sie unter Anwendung verletzender Worte über den Inhalt derselben von Sr. Majestät verlangen, nur mit Allerhöchster Genehmigung an den Landtag gelangen konnte.

Die Forderung, daß Se. Majestät derselben dennoch nach der Annahme durch den Landtag die Sanktion verweigern solle, ist um so befremdender, als die Herren Bischöfe selbst nicht glauben werden, daß die Dotationen, um deren Zurückhaltung es sich handelt, vom Staate jemals bewilligt worden wären, wenn bei der Bewilligung den Bischöfen und Geistlichen das Recht hätte vorbehalten werden sollen, je nach päpstlichem Befinden den Gesetzen des Staates gehorsam zu sein oder nicht.

Wenn die Eingabe das Einstellungsgesetz eine Quelle unsäglicher Trauer und friedensstörender Verwirrung nennt, so wollen diejenigen unter den Herren Bischöfen, welche im Jahre 1870 vor der Verkündigung der vatikanischen Beschlüsse derartige Zustände als die Folge der letzteren voraussahen, und mit beredten Worten öffentlich verkündeten, sich selbst fragen, ob sie nicht vielleicht durch treue und feste Vertretung ihrer Ueberzeugungen unser Vaterland vor den Wirren und Friedensstörungen zu bewahren vermocht hätten, welche sie selbst warnend vorhersagten und die wir jetzt mit ihnen beklagen".

Gegenüber diesen maßlosen Uebergriffen der Hierarchie fand das energische Vorgehen der Staatsregierung bei der Majorität der Landesvertretung ungetheilte Zustimmung, ja es traten sogar die bisher der Kirchenpolitik derselben feindlichen Konservativen des Herrenhauses zum Theil auf ihre Seite über [1]), und die Versuche der Führer der klerikalen Partei im Abgeordneten- und Herrenhause, die neuen Gesetze außer durch wiederholte Variirung ihres beliebten Themas von dem göttlichen Rechte der Kirche auf Selbstständigkeit und der Pflicht des Gehorsams gegen Gott, auch mit philologisch sonderbaren Abschwächungen der Worte leges irritae in der päpstlichen Encyklika [2]) von sich abzuwehren, mißlangen vollständig, nicht einmal das erreichten sie, daß eins der drei Gesetze auch nur in einem der beiden Häuser zu einer Kommissionsberathung verwiesen wurde.

---

[1]) Vgl. die Rede des Frhrn. v. Maltzahn, stenogr. Ber. des Herrenh. v. 1875. S. 236.

[2]) S. die Reden des Abg. Reichensperger, stenogr. Ber. des Abg. H. v. 1875. S. 628. 1269 und des Grf. v. Landsberg, stenogr. Ber. des Herrenh. v. 1875. S. 248.

Der Entwurf betr. die Einstellungen der Leistungen aus Staatsmitteln 2c. wurde durch das Abgeordnetenhaus in erster Berathung am 16. März 1875 (31. Sitzung, stenogr. Ber. S. 823 ff.), in zweiter am 18. und 19. deff. M. (Sitzung 33 u. 34, a. a. O. S. 879. 907) und in dritter am 6. April 1875 (37. Sitzung a. a. O. S. 975), durch das Herrenhaus in erster am 14. und 15. April 1875 (15. und 16. Sitzung, stenogr. Ber. S. 219. 245) und in der Schlußberathung am 17. April 1875 (17. Sitzung a. a. O. S. 265) erledigt [1]). Bei der entscheidenden namentlichen Abstimmung über § 1 im Abgeordnetenhause erklärten sich 264 Mitglieder dafür, 88 dagegen (stenogr. Ber. S. 895). Im Herrenhause ist keine derartige entscheidende Abstimmung vorgenommen worden.

Der Gesetz-Entwurf betr. die Verfassungsänderung gelangte am 16. April 1875 im Abgeordnetenhause zur ersten und zweiten Berathung (46. Sitzung, stenogr. Ber. S. 1261), am 19. deff. M. zur dritten (48. Sitzung a. a. O. S. 1329) und endlich zur wiederholten Berathung am 11. Mai 1875 (66. Sitzung a. a. O. S. 1869), im Herrenhause zur ersten und zweiten, am 20. bez. 22. Mai 1875 (20. u. 22. Sitzung, stenogr. Ber. S. 320. 363) und zur Schluß-Abstimmung am 14. Juni 1875 (35. Sitzung a. a. O. S. 650). Das Abgeordnetenhaus sprach sich bei namentlicher Abstimmung (stenogr. Ber. S. 1352) mit 275 gegen 90, das Herrenhaus (stenogr. Ber. S. 370) mit 69 gegen 24 Stimmen zu Gunsten des Entwurfes aus.

Der Entwurf des Gesetzes betr. die Orden und Kongregationen endlich kam im Abgeordnetenhause am 7. Mai 1875 zur ersten und zweiten Berathung (63. und 64. Sitzung, stenogr. Ber. S. 1749. 1776. 1787) und am 10. deff. M. zur dritten (65. Sitzung a. a. O. S. 1824), im Herrenhause am 22. Mai 1875 zur ersten (22. Sitzung, stenogr. Ber. S. 370) und am 25. deff. M. zur zweiten Berathung (24. Sitzung a. a. O. S. 409). Ohne jede Aenderung nahm das Abgeordnetenhaus den Entwurf mit 243 gegen 80 Stimmen (stenogr. Ber. S. 1849), das Herrenhaus mit 66 gegen 24 (stenogr. Ber. S. 413) an.

Vergleicht man die Zahlen der namentlichen Abstimmungen über die erwähnten Entwürfe mit denen der Abstimmungen über die Kirchengesetze in den Jahren 1873 und 1874 (s. Kirchengesetze S. X. XI und oben S. VII), so zeigt sich ein entschiedener Fortschritt zu Gunsten der kirchlichen Politik der Regierung. Die Partei, welche dieselbe unterstützt, ist durchschnittlich von etwa Zweidrittel auf Dreiviertel beider Häuser gewachsen.

Was den Inhalt und die Bedeutung der vier Kirchengesetze betrifft, welche den Ertrag der parlamentarischen Session des Jahres 1875 bilden, so ist zunächst das wichtigste in Betracht zu ziehen, nämlich das

Gesetz über die Aufhebung der Artikel 15. 16 und 18 der Verfassungsurkunde vom 31. Januar 1850. Vom 18. Juni 1875.
(Ges. Samml. 1875. Nr. 8303. S. 259).

Wir Wilhelm, von Gottes Gnaden König von Preußen 2c. verordnen mit Zustimmung beider Häuser des Landtages Unserer Monarchie, was folgt:

[1]) Ueber die Aenderungen, welche der Entwurf erfuhr, s. unten S. 74. 75. 78 Anm. 33 u. 34.

Einziger Artikel.

Die Artikel fünfzehn, sechszehn und achtzehn der Verfassungsurkunde vom 31. Januar 1850 sind aufgehoben.

Urkundlich unter Unserer Höchsteigenhändigen Unterschrift und beigedrucktem Königlichen Insiegel.

Gegeben Bad Ems, den 18. Juni 1875.

(L. S.) **Wilhelm.**

Fürst v. Bismarck. Camphausen. Gr. zu Eulenburg. Leonhardt. Falk. v. Kameke. Achenbach. Friedenthal.

Von dem ursprünglichen Entwurf (s. oben S. XVI) weicht es darin ab, daß dieser noch einen zweiten Satz des einzigen Artikels enthielt, dahin lautend: „Die Rechtsordnung der Evangelischen und Katholischen Kirche, sowie der anderen Religionsgesellschaften im Staate, regelt sich nach den Gesetzen des Staates," welcher indessen wegen seiner Vieldeutigkeit unter Zustimmung der Staatsregierung vom Abgeordnetenhause gestrichen worden ist (stenogr. Ber. S. 1283. 1296).

Die Aufhebung der angeführten Artikel kann selbstverständlich nur für die Zukunft wirken. Soweit letztere frühere, d. h. vor Erlaß der Verfassungsurkunde bestehende Gesetze beseitigt haben, sind diese durch ihre Aufhebung nicht wieder in Kraft getreten. Der alte Streit über die Tragweite der Artikel und die aus Anlaß des Gesetzes vom 5. April 1873 (s. Kirchengesetze S. XXVIII) neu entstandene Kontroverse, ob dasselbe materiell blos eine Deklaration oder eine Abänderung der Verfassungsartikel sei (vgl. a. a. O. S. XXXV ff.), ist damit für die Vergangenheit freilich nicht beseitigt. In politischer Beziehung ist aber das Aufhebungsgesetz insofern hoch bedeutsam, als es den Fehler, die verschiedenen Religionsgesellschaften ohne Rücksicht auf ihren verschiedenen Charakter mit gleichem Maße zu messen, rückgängig gemacht hat. Ferner sind dadurch Vorschriften aus der Verfassung beseitigt, welche bei ihrer unbestimmten Fassung und Vieldeutigkeit von den Ultramontanen nicht nur als das kanonische Recht im vollen Umfange wiederherstellende Fundamentalartikel ausgegeben werden konnten und ausgegeben worden sind, sondern auch die Handhabe boten, jedes kirchliche Verhältnisse regelnde Gesetz als verfassungswidrig der katholischen Bevölkerung zu denunziren. Weiter war es während der Geltung der fraglichen Artikel möglich gewesen, die Thatsache, daß im Jahre 1848 und 1850 der Staat und die staatliche Gesetzgebung das Verhältniß zu der katholischen Kirche, wenn auch in sehr weitherziger und nachtheiliger Weise, geregelt hatte, vollständig zu verdecken und den Schein zu erwecken, als ob die katholische Kirche nur ein ihr stets unbeschränktes, von selbst gebührendes Recht wieder an sich genommen habe. Unter den obwaltenden Verhältnissen, in denen das unveräußerliche Souverainitätsrecht der Gesetzgebung von dem Oberhaupte der katholischen Kirche angetastet worden war, mußte es daher völlig gerechtfertigt erscheinen, daß die Staatsregierung und die Landesvertretung die Basis der erwähnten Operationen zerstörte, durch einen bedeutsamen Akt, wie der Kultusminister bei den Debatten (stenogr. Ber. S. 1280) treffend bemerkte, den Satz: „die Grenzen zwischen eurem Gebiet und dem unsern regelt das Gesetz, und die Bewegung, die ihr im Rechtsleben des Staates habt, die bestimmt das Gesetz und nichts Anderes" aussprach und in das Bewußtsein des Volkes zurückrief.

Der evangelischen Kirche und den Dissidenten gegenüber lag allerdings keine Veranlassung vor, die erwähnten Artikel aufzuheben. Indessen irgend einen erheblichen Nutzen haben sie für beide nicht gehabt, ja der Artikel 15 hat die Verfassungsorganisation für die evangelische Kirche sogar gehemmt, indem unter dem Ministerium v. Raumer die Auffassung durch ihn gerechtfertigt wurde, daß mit der damaligen Verfassung, dem König als obersten Bischof an der Spitze, und den königlichen Behörden, dem Ober-Kirchenrath und den Konsistorien in den unteren Instanzen, dem verfassungsmäßigen Anspruche der evangelischen Kirche auf Selbstständigkeit Genüge geschehen sei.

Zunächst ist an dem bisherigen Rechte nichts geändert, und die Richtung, welche die neuere Entwickelung genommen hat, giebt die Gewähr dafür, daß weitere gesetzgeberische Akte, welche für die Aenderung des bestehenden Zustandes immer nothwendig bleiben, nicht in einer die berechtigte Autonomie der evangelischen Kirche und der andern Religionsgesellschaften schädigenden Richtung beschlossen werden. In diesem Sinne hat sich auch der Kultusminister in seinem Antwortschreiben vom 23. April 1875 auf eine vom evangelischen Ober-Kirchenrath an ihn aus Anlaß des Verfassungsänderungsgesetzes gerichteten Zuschrift vom 17. dess. M. ausgesprochen.

Das **Gesetz über die Orden und Kongregationen** vom 31. Mai 1875 (s. unten S. 83) schließt im allgemeinen alle Orden und ordensähnlichen Kongregationen der katholischen Kirche vom Gebiete der preußischen Monarchie aus (§ 1) und erkennt nur ein jeder Zeit durch Königl. Verordnung entziehbares Recht auf Fortdauer derjenigen Niederlassungen an, welche sich ausschließlich der Krankenpflege widmen (§ 2).

Die Errichtung neuer Niederlassungen ist ohne Ausnahme untersagt (§ 1 Abs. 2). Die bestehenden, nicht vom Gesetze vorbehaltenen Niederlassungen müssen bis zum 3. Dezember 1875 aufgelöst sein, und allein für diejenigen, welche sich mit dem Unterricht und der Erziehung der Jugend beschäftigen, kann diese Frist durch den Kultusminister bis auf vier Jahre verlängert, und später einzelnen Mitgliedern der geistlichen Genossenschaften die Befugniß zur Unterrichts-Ertheilung gewährt werden (§ 1 Abs. 3). Das Vermögen der aufgelösten Niederlassungen wird vom Staate in Verwahrung und Verwaltung genommen und zunächst zur Unterhaltung der Mitglieder derselben verwendet. Die spätere Verwendung ist weiterer gesetzlicher Bestimmung vorbehalten, jedoch die Einziehung zu Gunsten des Staates ausgeschlossen (§ 4).

Die Niederlassungen, welche nach Maßgabe der eben gedachten Vorschriften noch fortbestehen können, sind der staatlichen Aufsicht unterworfen, für deren Ausübung der Minister des Innern und der Kultusminister die näheren Anordnungen zu erlassen haben (§ 3. § 5 Abs. 3).

Mit diesem Gesetz ist der sich geräuschlos und unter dem Schleier anerkennenswerther Zwecke vollziehenden Propaganda des Ultramontanismus Halt geboten und der Schade, welcher bei der Unthätigkeit der früheren Leiter des Kultusministeriums durch die ungeheure Entwicklung und Ausdehnung des Ordens- und Kongregationswesens erwachsen ist, soweit dies möglich war, beseitigt.

Von nicht geringer Wichtigkeit ist ferner das dritte, das Gesetz über die Vermögensverwaltung in den katholischen Kirchengemeinden v. 20. Juni 1875 (s. unten S. 108). Gegenüber dem bisherigen, äußerst bunten Rechtszustand (s. unten S. 109 ff.), welchen die Bischöfe während der letzten drei Jahrzehnte im Interesse der Beseitigung jeder selbstständigen Mitwirkung der Gemeinden und der staatlichen Aufsichtsrechte umzugestalten verstanden haben, regelt es die lokale Verwaltung des katholischen Kirchenvermögens einheitlich, und zwar von dem Gesichtspunkte aus, daß der Staat den bezüglichen Verwaltungsakten und der Belastung der Gemeindeglieder seine rechtliche Anerkennung, seinen rechtlichen Schutz und seinen rechtlichen Zwang allein dann gewähren könne, wenn die Betheiligten selbst eine entscheidende Mitwirkung bei diesen Angelegenheiten haben.

Das Gesetz schreibt daher die Einrichtung zweier Organe, welche aus der Wahl der männlichen, volljährigen selbstständigen Gemeindemitglieder hervorgehen (§§ 25 ff.), und welche zur Hälfte alle 3 Jahre zu erneuern sind (§§ 33. 34), eines Kirchenvorstandes (§§ 5 ff.) und einer Gemeindevertretung (§§ 20 ff.), vor.

Der Kirchenvorstand, welcher außer aus den gewählten Mitgliedern (für die Regel 4 bis 10) noch aus dem Geistlichen, ferner dem Patron oder einem von diesem ernannten Stellvertreter besteht, und der sich seinen Vorsitzenden, aber als solchen niemals den Geistlichen, wählen kann (§§ 5. 6. 12), verwaltet das kirchliche Vermögen der Pfarrei oder der Kirchengemeinde und die sonstigen näher in den §§ 3 u. 4 des Gesetzes bestimmten Vermögensmassen und hat die vermögensrechtliche Vertretung der Gemeinde und des sonst von ihm verwalteten Vermögens (§ 8).

Ihm zur Seite steht als Kontrolorgan die Gemeindevertretung, deren Mitgliederzahl dreimal so groß sein soll als die der Kirchenvorsteher (§ 20) und welche nur in Ausnahmefällen nicht gebildet zu werden braucht (§§ 35. 36). Die Gemeindevertretung hat zu bestimmten, wichtigen Geschäften, namentlich Veräußerungen, sowie bei der Aufstellung des Etats und Abnahme der Jahresrechnung ihre Einwilligung zu ertheilen (§ 21).

Den Patronen und anderen auf Grund eines speziellen Rechtstitels zur Mitgliedschaft im Kirchenvorstand oder zur Bestellung oder Präsentation von Kirchenvorstehern Berechtigten ist bei der Unmöglichkeit den Patronat gleichzeitig zu beseitigen, die vorhin erwähnte Theilnahme an den neuen Kirchenvorständen eingeräumt (s. § 39). Auch ist den Patronen, sofern sie Patronatslasten zu tragen haben, die ihnen bisher zustehende Aufsicht über die Verwaltung der Kirchenkasse und das Recht der Zustimmung zu den nach dem bestehenden Recht seiner Genehmigung unterliegenden Geschäften der Vermögensverwaltung belassen. Jedoch kann die verweigerte Einwilligung durch die Regierung (in Hannover das königl. katholische Konsistorium) ergänzt werden, sofern es sich nicht um Ausgaben handelt, für welche die Kirchenkasse bisher nicht bestimmt gewesen ist (§ 40).

Die erforderlichen Funktionen der Aufsichtsbehörde bei der Errichtung der Organe, der Beurtheilung von Wahleinsprüchen, der Ablehnungsgründe von Wahlen und hinsichtlich der Berufung der Gemeindeorgane sind theils in die Hände der Staatsbehörde gelegt (§§ 6. 35), theils stehen sie dieser oder auch der bischöflichen Behörde gleichzeitig zu (§ 14), theils beiden, jedoch so, daß jede im Einvernehmen mit der andern zu handeln hat (§§ 38. 42. 53), theils auch nur der bischöflichen Behörde, welche dann aber an das Einvernehmen der Staatsbehörde gebunden ist (§ 32; Wahlordnung Art. 2. 12. 14).

Uebt die bischöfliche Behörde ihre Befugniß nicht aus, so geht diese auf die Staatsbehörde über, und ist das Einvernehmen da, wo es erforderlich ist, nicht zu erreichen, so entscheidet der Ober-Präsident, bez. der Minister der geistlichen Angelegenheiten (§ 45).

Die Entlassung der Kirchenvorsteher und Gemeindevertreter kann sowohl von dem Regierungs-Präsidenten als auch von dem Bischof verfügt, und seitens des Beschuldigten mit der Berufung an den Gerichtshof für kirchliche Angelegenheiten angefochten werden (§ 37).

Die den vorgesetzten Kirchenbehörden gesetzlich zustehenden Rechte der Verwaltung und der Einwilligung zu bestimmten Verwaltungshandlungen sind im Allgemeinen aufrecht erhalten (§§ 47 ff., s. aber § 51), jedoch geht bei nicht erfolgter Ausübung derselben die Befugniß dazu auf die staatliche Aufsichtsbehörde über (§ 49).

Dagegen ist die Nothwendigkeit der Zustimmung und die Aufsicht der staatlichen Aufsichtsbehörden zu gewissen wichtigen Akten der Vermögensverwaltung neu und einheitlich geregelt (§§ 50. 52—54). Damit sind durch das Gesetz die seitens der früheren Praxis so gut wie aufgegebenen desfalsigen Rechte des Staates wieder hergestellt.

Endlich enthält das Gesetz eine Reihe von Vorschriften (§§ 46. 57. 58), deren Tendenz dahin geht, die Durchführung auch gegenüber dem Widerstande des Episkopates und der von diesem beeinflußten Gemeinden und zwar durch Einrichtung von kommissarischen Verwaltungen des Ortskirchenvermögens und durch Uebertragung der Rechte der höheren Kirchenbehörden auf die Staatsbehörden zu sichern.

Das Gesetz bietet somit den Laien die Möglichkeit, bei der Verwaltung ihrer kirchlichen Vermögensangelegenheiten sich dem alles beherrschenden Einfluß des Klerus zu entziehen, und kann der Ausgangspunkt für eine Zurückweisung der klerikalen Bevormundung auch in anderen Beziehungen werden. Dem kanonischen Recht, wonach der Bischof die Organe der Vermögensverwaltung zu ernennen oder zu bestätigen hat, entspricht dasselbe freilich nicht. Indessen hat der Staat die Grenze zu bestimmen, in wie weit er überhaupt die Geltung dieses Rechts anerkennen will. Ueberdies stellt das Gesetz unter weiterer Ausgestaltung nur das verdunkelte frühere Recht des Landrechtes wieder her, und regelt eine Organisation, wie sie in ähnlicher Weise auch in anderen Ländern, z. B. in Baden besteht (s. unten S. 108. 109).

Hinsichtlich der Durchführung des Gesetzes befindet sich der Staat in einer viel günstigeren Stellung, wie bei den übrigen kirchlichen Gesetzen. Die Bischöfe sind durch dasselbe in die Lage gesetzt, entweder die Wahl der Gemeinde-Organe und die Ausübung der ihnen überwiesenen Funktionen und der den Staatsbehörden zugewiesenen Rechte zu toleriren oder anderenfalls die kommissarische und staatliche Verwaltung des gesammten lokalen Kirchenvermögens herbeizuführen und jede Einwirkung auf die Verwaltung des Ortskirchenvermögens zu verlieren. Und so hat denn diese unbequeme Alternative schon die meisten Bischöfe veranlaßt, auf die in Gemäßheit des § 58 an sie gestellte Aufforderung die Erklärung abzugeben, daß sie dem Gesetze Folge leisten werden.

Während die bisher besprochenen Gesetze von einer dauernden Bedeutung für die Regelung des Verhältnisses der katholischen Kirche zum Staat sind, läßt sich das Gesetz betr. die Einstellung der Leistungen aus Staatsmitteln für die römisch-katholischen Bisthümer und Geistlichen vom 22. April 1875 (s. unten S. 69) als Kampfgesetz im eigentlichen Sinne bezeichnen.

Durch dasselbe ist die Einstellung der erwähnten Leistungen (und zwar auch der rückständigen) aus Staatsmitteln ohne Unterscheidung ihres Rechtsgrundes vom 26. April 1875 für alle Bisthümer und Bisthumsantheile in der Monarchie angeordnet (§ 1), bis die jetzt im Amte befindlichen Bischöfe oder Bisthumsverweser sich schriftlich zur Befolgung der Staatsgesetze verpflichtet haben, bez. bis nach der späteren Erledigung eines Bisthums ein neuer Bisthumsverweser und ein neuer Bischof in gesetzmäßiger Weise eingesetzt wird (§§ 2—4).

Trotz der Wiederaufnahme der Leistungen für einen Sprengel kann aber für einzelne Empfangsberechtigte die Sperrung wieder eintreten, wenn diese den Staatsgesetzen den Gehorsam verweigern (§ 5).

Andererseits sind, wenngleich die Einstellung für einen Sprengel stattgefunden hat, die Staatsmittel solchen Berechtigten, welche sich schriftlich zur Erfüllung der Staatsgesetze verpflichten, wieder zu gewähren, auch können die Leistungen denjenigen gegenüber, welche durch konkludente Handlungen ihren Gehorsam gegen die Staatsgesetze an den Tag legen, bis zur Verweigerung des Gehorsams wieder aufgenommen werden (§ 6).

Mit der Einstellung hört ferner das Privileg der exekutivischen Beitreibung der Abgaben und Leistungen für die Bisthümer, deren Institute und die Geistlichen auf, und es ist während dieser Zeit auch den Staats- und Gemeindesteuererhebern nicht gestattet, die Abgaben zu erheben und an die Berechtigten abzuführen (§§ 10. 11).

Jeder, welcher die schriftliche Gehorsamserklärung widerruft oder nach Abgabe derselben die auf sein Amt bezüglichen gesetzlichen Vorschriften verletzt, ist durch den Gerichtshof für kirchliche Angelegenheiten seines Amtes zu entlassen (§§ 12. 14), und wird wegen späterer Vornahme von Amtshandlungen bestraft (§ 14). Auch tritt mit der Amtsentlassung die Einstellung der Leistungen in dem früheren Umfange, also bei der Entsetzung eines Bischofs, wieder für den ganzen Sprengel und für alle Geistlichen desselben ein (§ 13).

Die Geistlichen, welchen gegenüber in Folge ihrer Unterwerfung unter die Staatsgesetze die Leistungen wieder aufgenommen sind, können für den Fall, daß gegen sie eine Disziplinarstrafe seitens der kirchlichen Behörde verhängt wird, sofort die Berufung, welche daneben auch dem Ober-Präsidenten zusteht, an den oben genannten Gerichtshof erheben, und es gilt die Präsumtion, daß die Disziplinarstrafe gegen sie wegen ihres Gehorsams gegen die Staatsgesetze ausgesprochen worden ist (§ 7 u. unten S. 75 Anm. 23).

In erster Linie war das Gesetz durch die Selbstachtung des Staates geboten. Einer Kirche, die den Staat und seine Gesetze in der energischsten Weise bekämpft, kann er selbst unmöglich die materiellen Mittel zur Fortführung des Kampfes gewähren. Weiter war die Maßregel insofern berechtigt, als die unbestreitbare Voraussetzung der

Gewährung der Dotation die Beobachtung der Staatsgesetze ist. Schon von diesem Gesichtspunkte aus verliert der Vorwurf, daß das Gesetz auf den Materialismus und die Eidbrüchigkeit der Geistlichen spekulire, jede Berechtigung. Ueberdies ist dabei auch übersehen, daß bis zum Jahre 1850 in Preußen von den katholischen Geistlichen nicht blos, wie es das Gesetz fordert, eine einfache Erklärung, die Staatsgesetze befolgen zu wollen, sondern die Leistung des Unterthaneneides verlangt wurde (s. Heckert, Handb. d. kirch. Gesetzgeb. Preußens Bd. 1 S. 77) und dieser letztere erst durch eine Cirkularverfügung des Kultusministers vom 14. März 1850 in Fortfall gebracht ist, weil sich die Unterwerfung der Geistlichen unter die Staatsgesetze von selbst verstehe.

Ferner wird bei jenem Vorwurf die unerwiesene Voraussetzung gemacht, daß die gesammte katholische Geistlichkeit lediglich aus Ueberzeugung gegen die Gebote des Staates sich auflehnt, und vergessen, daß ein Theil derselben nur durch das sehr materielle Mittel des Terrorismus seitens der ultramontanen Partei zum Widerstande getrieben wird. Im Ganzen entzieht das Einstellungsgesetz dem katholischen Klerus etwa 4 Millionen Mark, und wenn auch diese Summe keine sehr bedeutende ist, so wird sie doch auf die Dauer kaum von den Gemeinden aufgebracht werden, denn auch diese werden im Laufe der Zeit nicht mehr gewillt bleiben, dem Klerus aus ihrer Tasche die Kriegskosten zu bestreiten. —

Endlich ist noch eines Gesetzes zu gedenken, das seine Entstehung der Initiative des Abgeordnetenhauses verdankt, des aus dem zahlreich unterstützten Antrage des Abgeordneten Dr. Petri (Drucksachen des Abgeordnetenh. 12. Legis.-Per. II. Sess. Nr. 77) hervorgegangenen Gesetzes betr. die Rechte der altkatholischen Kirchengemeinschaften an dem kirchlichen Vermögen vom 4. Juli 1875 (s. unten S. 179). Der Entwurf wurde nach der ersten Berathung am 10. März 1875 (26. Sitzung, stenogr. Ber. S. 621) an eine (XIII.) Kommission verwiesen. Nachdem er hier einzelne Modifikationen und Verbesserungen erhalten hatte, wurde er bei der zweiten und dritten Berathung (59. u. 64. Sitzung vom 3. und 8. Mai 1875, a. a. O. S. 1651. 1808. 1821) mit 202 gegen 75 Stimmen angenommen. Das Herrenhaus verwies den Entwurf ebenfalls an eine (XIII.) Kommission. Diese machte den anerkennenswerthen, aber schwierigen Versuch, das bei der Flüssigkeit der Verhältnisse gebotene freie Ermessen der Verwaltungsbehörden an festere Kriterien zu binden (s. den Bericht, Drucksachen des Herrenh. v. 1875 Nr. 144), ihre Vorschläge, gegen welche sich auch die Staatsregierung erklärte, fanden aber nicht den Beifall des Plenums, sondern dasselbe stimmte dem Entwurf in der Fassung des Abgeordnetenhauses bei (32. Sitzung vom 10. Juni 1875 S. 591. 593. 604. 606).

Das Gesetz sanktionirt stillschweigend die von den Verwaltungs- und Gerichtsbehörden, sowie von dem Landtage bisher vertretene Anschauung, daß die Altkatholiken als Mitglieder der katholischen Kirche zu betrachten sind und ihnen dieselben Rechte, wie den s. g. Neukatholiken, zukommen (s. unten S. 179).

Ausdrücklich regelt es und zwar nur in provisorischer Weise, ohne über die Eigenthumsfrage zu entscheiden (§ 7) den Mitgebrauch, die Mitbenutzung und den Mitgenuß der Altkatholiken am Kirchenvermögen.

Jede vom Ober-Präsidenten als kirchlich organisirt anerkannte altkatholische Gemeinschaft, welche sich innerhalb einer katholischen Kirchengemeinde durch Beitritt einer erheblichen Anzahl von männlichen, volljährigen, selbstständigen, in derselben wohnenden Katholiken gebildet hat (§§ 1. 8) kann die Einräumung des Mitgebrauches der Kirche und des Kirchhofes, die Ueberweisung eines Theils der kirchlichen Geräthschaften zum Gebrauche, und den Mitgenuß des übrigen, zu kirchlichen Zwecken bestimmten Vermögens, namentlich aber auch eine Genußtheilung der Pfründen, wenn mehrere in der Gemeinde vorhanden sind, bei deren Erledigung, verlangen (§§ 2—5). Falls die altkatholische Gemeinschaft in der Kirchengemeinde die Mehrheit erreicht und die Zahl der Neukatholiken nicht mehr erheblich ist, steht ihr das Recht zu, den ausschließlichen Genuß des nicht in Kirchen, Kirchhöfen, kirchlichen Geräthschaften und Pfründen bestehenden Kirchenvermögens zu beanspruchen, und es hat in diesem Falle ferner eine Neuwahl des Kirchenvorstandes und der Gemeindevertretung stattzufinden (§ 4). Ob die altkatholische Gemeinschaft innerhalb der katholischen Kirchengemeinde zugleich einer der bisher organisirten altkatholischen Pfarreien (s. unten S. 181. 188) angehört, ist gleichgültig, jedoch müssen ihre Mitglieder zu der Unterhaltung derjenigen Gegenstände, deren Benutzung ihnen gewährt ist, trotz ihres altkatholischen Parochialverbandes beitragen (§ 5). Ueber die Art und den Umfang der einzuräumenden Rechte entscheidet der Ober-Präsident, dessen desfalsige Anordnungen im Verwaltungswege vollstreckbar sind, vorbehaltlich der Berufung an den Kultusminister.

Mit diesem Gesetze ist eine Forderung der Gerechtigkeit gegen die Altkatholiken erfüllt.[1]) Jedes Hinderniß für ihre Weiterentwickelung wird dadurch aus dem Wege geräumt, und für diese wird von jetzt ab allein die eigene Lebenskraft das Entscheidende sein.

Mit den besprochenen Gesetzen schließt das dritte Jahr des parlamentarischen Feldzuges der Staatsregierung in dem kirchlichen Konflikt ab. Kleinmüthig wird von den der Verhältnisse Unkundigen, welche wie bei Kämpfen mit äußeren Feinden schnelle und glänzende Erfolge erwarten, und welche allein auf die am meisten hervortretende Erscheinung, die fortdauernde Renitenz des überwiegenden Theiles der katholischen Geistlichkeit, blicken, die Frage gestellt, was eigentlich von der Staatsregierung in dem

---

[1]) Bei der Berathung des Gesetzentwurfes hat Herr Reichensperger um seine Bekämpfung desselben zu rechtfertigen eine Reihe von Stellen aus meiner Schrift: über die Stellung der deutschen Regierungen gegenüber den vatikanischen Beschlüssen. Berlin 1871 S. 85 ff. verlesen (stenogr. Ber. des Abgeordn. H. S. 633 ff.). Ich muß meinerseits zunächst bemerken, daß diese Schrift zur Zeit des ersten Altkatholiken-Congresses, wo sich die Bewegung und ihr Verlauf noch nicht übersehen ließ, geschrieben worden ist. Wenn ich damals den Altkatholiken nicht die Rechte einer privilegirten Kirche einräumen wollte, so erklärt sich dies daraus, daß ich gleichzeitig vorgeschlagen habe (S. 62 ff.), der neukatholischen Kirche ebenfalls ihre privilegirte Stellung zu entziehen (womit ja jetzt zum Theil durch Einstellung der Staatsleistungen der Anfang gemacht worden ist). Mein weiterer, von Herrn Reichensperger gleichfalls angeführter Vorschlag über die Vermögenstheilung zwischen beiden Parteien (a. a. O. S. 89) ging auf eine Theilung des Eigenthums, betraf also einen ganz anderen Gegenstand, als das in Rede stehende Gesetz. Diese wesentlichen Momente, wodurch die Citate eine ganz andere Bedeutung erhalten, hat der genannte Herr unbeachtet gelassen, was ich bei dieser Gelegenheit konstatiren wollte.

nun mehrere Jahre andauernden Kampfe durch ihr Vorgehen erreicht worden sei, und das Resultat als Null bezeichnet. Indessen, ist es kein Gewinn, daß die Einsicht sich immer mehr und mehr im Volke befestigt, daß der Ultramontanismus der gefährlichste Gegner des preußischen und des deutschen Staates ist, und daß sich ein immer größerer Theil der Landesvertretung und der gebildeten Schichten der Bevölkerung auf die Seite der Staatsregierung stellt? Hat es keine Bedeutung, daß der preußische Staat sein Kirchenhoheitsrecht wieder zu seinem Schutze ausübt, die Uebergriffe der Hierarchie zurückweist, und den Ultramontanismus aus der bis zum Jahre 1871 eingenommenen Angriffsposition in die Defensive zurückgeworfen hat? Und was hat — die Frage muß weiter gestellt werden, wenn die erste richtig beantwortet werden soll, — der Ultramontanismus gewonnen? Vielleicht eine intensivere Schärfung des ultramontanen Bewußtseins in den Kreisen, welche er vollständig beherrscht, sonst aber nichts. Seine Expansivkraft, die Okkupirung weiteren Terrains, ist gelähmt und gehindert, die Mittel seiner Propaganda, die Einwirkung durch die Schule, durch die klerikalen Erziehungsanstalten und durch die Orden und Kongregationen sind ihm entwunden, und die Hauptkämpfer auf den bischöflichen Stühlen sind theils entsetzt, theils steht ihre Absetzung bevor. Sind diese Verluste nicht ebenso viele Erfolge des Staates? Und müssen sie nicht noch größer erscheinen, wenn man erwägt, daß die ultramontane Propaganda drei Jahrzehnte hindurch Zeit zum ungehinderten Operiren gegen den Staat gehabt, und daß ein Theil der maigesetzlichen Bestimmungen erst nach Jahren Wirksamkeit äußern kann? Ein Grund an dem Siege des Staates zu zweifeln, liegt nicht vor. Täuschen nicht alle Anzeichen, so beginnt schon in der niederen Geistlichkeit, deren Unterwerfungserklärungen auf Grund des Einstellungsgesetzes zunehmen, ein Umschwung sich vorzubereiten. Die Bischöfe endlich haben, während diese Zeilen schon zum Druck befördert waren, gegenüber einem der Gesetze, dem Gesetze über die Vermögensverwaltung (s. oben S. XXIII), ihren Widerstand aufgegeben und sich diesem fügen zu wollen, erklärt. Durch diesen Schritt ist nicht nur die principielle Basis ihres Widerstandes aufgegeben, sondern auch gezeigt, daß nicht wahrhaft religiöse, sondern lediglich hierarchische Interessen ihr bisheriges Verhalten bestimmt haben. Mögen die ultramontanen Blätter diese Unterwerfung immerhin als bedeutungslos darstellen und sich darauf berufen, daß es sich bei dem erwähnten Gesetze nur um äußere Verhältnisse, um das Vermögen, nicht um den Glauben und die Sakramente berührende Gegenstände handelt, das Gewicht der Thatsache, daß dieselben Bischöfe vor einigen Monaten das betreffende Gesetz als mit den wesentlichen und unveräußerlichen Rechten der katholischen Kirche unvereinbar sowie außerhalb der Kompetenz der staatlichen Gesetzgebung liegend bezeichnet [1]) und sich nunmehr, ohne daß der Staat den sonst stets geforderten Weg des Vertrages mit Rom oder mit den Bischöfen beschritten hat, gefügt haben, bleibt dennoch bestehen. Die anderen kirchlichen Gesetze berühren Rechte, welche nach den früheren Erklärungen der Bischöfe nicht mehr und nicht weniger unveräußerlich

---

[1]) Vgl. die Namens des preußischen Episkopates in der Zuschrift des Erzbischofs von Köln vom 10. März 1875 abgegebene Erklärung (in dem Kommissionsberichte des Abgeordnetenh. Nr. 250 S. 45 der angeführten Drucksachen).

sind, als diejenigen, welche das Gesetz vom 20. Juni 1875 betrifft, und haben sie sich dem letzteren, offenbar, um ihren Einfluß auf die Gemeinden soviel wie möglich zu wahren, also aus Zweckmäßigkeitsgründen, unterworfen, so kann die Unveräußerlichkeit der andern Rechte nicht mehr dem Staate als Rechtfertigungsgrund für den sonstigen Widerstand entgegengehalten werden, vielmehr können es nur Gründe der ultramontanen Interessen-Politik sein, welche die Fortsetzung der Renitenz bedingen. Daher ist die Hoffnung nicht unberechtigt, daß wenn sich die Ueberzeugung erst vollkommen Bahn gebrochen hat, daß der Staat, wie auf dem einen Gebiete, so auch auf den anderen der stärkere sei, jene Politik ebenfalls auf den letzteren das Einlenken vorziehen, und auch hier auf den früher als einzig möglich bezeichneten Modus des Vertrages verzichten wird.

I.

Reichsgesetz,

betreffend

die Verhinderung der unbefugten Ausübung von Kirchenämtern.

Vom 4. Mai 1874.

(Reichs-Gesetzblatt 1874. Nr. 1001. S. 43. 44.)

I.

Reichsgesetz,

betreffend

die Verhinderung der unbefugten Ausübung von Kirchenämtern. [1]

Vom 4. Mai 1874.

(Reichs-Gesetzblatt 1874. Nr. 1001. S. 43. 44.)

Wir **Wilhelm**, von Gottes Gnaden deutscher Kaiser, König von Preußen 2c. verordnen im Namen des Deutschen Reichs, nach erfolgter Zustimmung des Bundesraths und des Reichstags, was folgt:

§. 1.

Einem Geistlichen oder anderen Religionsdiener, [2] welcher durch gerichtliches Urtheil aus seinem Amte entlassen worden ist [3] und hierauf eine Handlung vornimmt, aus welcher hervorgeht, daß er die Fortdauer des ihm entzogenen Amtes beansprucht, [4] kann durch Verfügung der Landespolizeibehörde [5] der Aufenthalt in bestimmten Bezirken oder Orten [6] versagt oder angewiesen werden. [7]

Besteht [8] die Handlung desselben in der ausdrücklichen Anmaßung des Amtes, [9] oder in der thatsächlichen Ausübung desselben, [10] oder handelt er der gegen ihn ergangenen Verfügung der Landespolizeibehörde zuwider, [11] so kann [12] er seiner Staatsangehörigkeit [14] durch Verfügung [15] der Centralbehörde [16] seines Heimathsstaats verlustig [17] erklärt und aus dem Bundesgebiete ausgewiesen werden. [18]

[1] **Zweck und Gegenstand des Gesetzes.** Vgl. Motive (Drucksachen des Reichstages, 2. Legisl.-Per. I. Session Nr. 103) S. 5:

„Das Verhältniß des Staates zu den öffentlich anerkannten Kirchen hat im Königreiche Preußen durch die Gesetze vom 11. und 12. Mai v. J. (Preuß. Gesetz-Sammlung von 1873, S. 191 ff.) in wichtigen Beziehungen eine Regelung erfahren, die einerseits den Kirchen auf ihrem eigenen Lebensgebiete die freie Selbstverwaltung zu bewahren und andererseits das oberhoheitliche Aufsichtsrecht des Staates zu voller Geltung zu bringen bezweckt. Es ist bekannt, daß diese Gesetze, welche in ihren Principien der ähnlichen Gesetzgebung der meisten Europäischen Staaten, insbesondere der vorwiegend katholischen, sich anschließen, einen heftigen Widerstand Seitens römisch-katholischer Bischöfe und des von ihnen abhängigen Clerus hervorgerufen haben, welcher je länger desto mehr zu einer offenen Auflehnung gegen die Gesetze und Ordnungen des Staates sich gesteigert hat.

Es ist ferner eine offenkundige Thatsache, daß der Widerstand gegen die Preußischen Maigesetze nicht sowohl gegen einzelne Bestimmungen derselben, als gegen die Gesetze überhaupt sich richtet, weil die Leiter der römischen Kirche nicht anerkennen wollen, daß der Staat das Recht habe, das äußere Rechtsgebiet der Kirchen und ihre Beziehungen zum Staate im Wege der Gesetzgebung zu regeln.

Angesichts dieser außerordentlichen Verhältnisse und zur Abwehr der daraus sowohl für die Rechtsordnung wie für das kirchliche Leben erwachsenden schweren Störungen, hat die Königl. Preußische Regierung den Antrag auf Erlaß eines Reichsgesetzes gestellt, welches der weltlichen Macht diejenigen Mittel gewähren soll, die erforderlich scheinen, um dem Staatsgesetze auch dem Widerstande der Träger der geistlichen Gewalt gegenüber die gebührende Achtung zu verschaffen.

Die verbündeten Regierungen haben sich unter den dargelegten Umständen der Anerkennung nicht verschließen können, daß ein Bedürfniß vorliegt, gegen diejenigen Geistlichen, welche den Staatsgesetzen beharrlich den schuldigen Gehorsam verweigern, mit anderen Zwangsmitteln vorzugehen, als denen, welche die Strafgesetze in die Hand der staatlichen Autorität gelegt haben. Geld- und Gefängnißstrafen, so unentbehrlich sie sind, um die einzelne Gesetzes-Verletzung zu sühnen, vermögen nur rückwirkend dem Gesetze Achtung zu verschaffen. Um einer fortgesetzten Wiederholung unerlaubter Amtshandlungen, welche aus einer grundsätzlichen Verneinung der Staatsgesetze hervorgehen, mit Erfolg zu begegnen, bedarf es Maßregeln von mehr präventiver Wirkung, Maßregeln, welche jener Auflehnung die Mittel und Wege verschließen, mit denen sie die Rechtsordnung zu gefährden in der Lage ist.

Zu diesem Zwecke bietet sich zunächst das Mittel der Aufenthaltsbeschränkung dar. Wird die Staatsbehörde in den Stand gesetzt, den renitenten Geistlichen entweder durch Ortsverweisung aus dem Bezirke seiner amtlichen Wirksamkeit zu entfernen, oder durch Ortsanweisung ihm die Gelegenheit zur Fortsetzung seines gesetzwidrigen Handelns zu entziehen, so wird es in der großen Mehrzahl der Fälle möglich werden, dem Ungehorsam gegen die Staatsgesetze mit voller Wirkung entgegenzutreten. Namentlich wird dies hinsichtlich der Kuratgeistlichen zutreffen, deren Amtsthätigkeit auf der Voraussetzung unmittelbaren Verkehres mit den Gemeindegliedern beruht und durch Entfernung aus dem Amtsbezirk von selbst ein Ende nehmen muß.

Von dem Standpunkte der Reichsgesetzgebung aus wird die Zulässigkeit einer Beschränkung der in der Freizügigkeit begründeten Rechte nicht zu bestreiten sein. Sie ist — auch abgesehen von den Fällen, in denen nach den Bestimmungen des Strafgesetzbuches (cfr. § 38 und 39) die Ortsverweisung eintreten kann — in den Vorschriften des Gesetzes vom 4. Juli 1872, betreffend den Orden der Gesellschaft Jesu, für einen analogen Fall ausdrücklich anerkannt.

Es ist aber zu besorgen, daß die Beschränkung des Aufenthalts nicht in allen Fällen hinreichen wird, der unerlaubten Ausübung kirchlicher Aemter ein Ende zu machen. Insbesondere ist dies hinsichtlich der kirchlichen Oberen, und namentlich der Bischöfe zu besorgen, deren Wirksamkeit einen Amtsbezirk von größerer Ausdehnung umfaßt, deren Verwaltungs- und Jurisdiktionsbefugnisse wesentlich in der Leitung und Anordnung bestehen, deren Funktionen daher von dem Aufenthalt in der Diözese nicht nothwendig bedingt sind. Ein seines Amtes entlassener, oder gesetzwidrig in dasselbe eingetretener Bischof würde durch Internirung nicht gehindert werden können, sein Amt selbst in den wichtigsten Beziehungen noch auszuüben. Würde er der Entfernung aus seiner Diözese ungeachtet in seiner Amtsführung verharren, so hätte die Maßregel der Ortsanweisung ihren Zweck verfehlt. Die Staatsgewalt wäre genöthigt, zu denselben Strafmitteln zurückzugreifen, deren fortgesetzter Anwendung vorzubeugen sowohl im öffentlichen Interesse als auch im wohlverstandenen Interesse der Betheiligten wünschenswerth erscheint.

Es wird daher unerläßlich sein, auch jenen Fall äußerster Widersetzlichkeit in's Auge zu fassen und auf eine geeignete Abwehr Bedacht zu nehmen. Zu diesem Ende wird nichts übrig bleiben, als dem Geistlichen, der nach Erschöpfung aller zulässigen Zwangsmitteln durch fortdauernde Auflehnung gegen die Gesetze grundsätzlich seine staatsbürgerlichen Pflichten verleugnet, auch die staatsbürgerlichen Rechte zu entziehen, ihn also in die Lage eines Fremden zu bringen, der ausgewiesen werden kann, wenn sein Verbleiben im Inlande mit der öffentlichen Ordnung nicht länger verträglich ist. — Daß andere Staaten gerade gegen Geistliche, welche sich mit den Strafgesetzen solcher Maßen in Konflikt setzen, von der Strafe der Verbannung Gebrauch machen, ist bekannt. Es mag genügen, dieserhalb auf die neueren Vorgänge in der Schweiz, sowie für Frankreich und Spanien auf die Bestimmungen des code pénal art. 201, 202, 204 und 205 und des codigo penal von 1870 art. 279 hinzuweisen. (Code pénal Art. 201. Les ministres des cultes qui prononceront, dans l'exercice de leur ministère et en assemblée publique, un discours contenant la critique ou censure du gouvernement, d'une loi, d'une ordonnance royale, ou de tout autre acte de l'autorité publique, seront punis d'un emprisonnement de trois mois à deux ans. — Art. 202. Si le discours contient une provocation directe à la désobéissance aux lois ou autres actes de l'autorité publique, ou s'il tend à soulever ou armer une partie des citoyens contre les autres, le ministre du culte qui l'aura prononcé sera puni d'un emprisonnement de deux à cinq ans si la provocation n'a été suivie d'aucun effet; et du bannissement si elle a donné lieu à la désobéissance, autre toutes fois que celle qui aurait dégénéré en sédition ou révolte. — Art. 204. Tout écrit contenant des instructions pastorales en quelque forme que ce soit, et dans lequel un ministre du culte se sera ingéré de critiquer ou censurer, soit le gouvernement, soit tout acte de l'autorité publique, emportera la peine du bannissement contre le ministre qui l'aura publié. — Art. 208. Si la correspondance mentionée en l'article précédent a été accompagnée ou suivie d'autres faits contraires aux dispositions formelles d'une loi ou d'une ordonnance du roi, le coupable sera puni du bannissement, à moins que la peine résultant de la nature de ces faits ne soit plus forte, auquel cas cette peine plus forte sera seule appliquée. — Código Penal vom 17. Juni 1870. Art. 279. Los ministros de una religion que en el ejercicio de sus funciones provocaren á la ejucucion de cualquiera de los delitos comprendidos en los tres capitulos anteriores, serán castigados con la pena de destierro, si sus provocaciones no surtieren efecto, y con la de confinamiento mayor si le produjeren, á no ser que correspondiere, por otros articulos del Código, mayor pena al delito cometido) Ohne Zweifel ist in diesen Anordnungen ein richtiger gesetzgeberischer Gedanke zur Durchführung gelangt. Gleichwohl wird in Deutschland die Strafe der Verbannung, welche der jetzigen Deutschen Strafgesetzgebung fremd ist, nicht zur Anwendung zu bringen, vielmehr vorzuziehen sein, den Weg einzuschlagen, der durch das Reichsgesetz vom 1. Juni 1870 betreffend die Erwerbung und den Verlust der Bundes- und Staatsangehörigkeit (Bundesgesetzblatt S. 351) bereits vorgezeichnet ist. Nach Inhalt der §§ 20, 22 dieses Gesetzes kann der im Auslande befindliche Deutsche, welcher im Falle des Krieges oder der Kriegsgefahr der vom Bundespräsidium erlassenen Aufforderung zur Rückkehr nicht Folge leistet, sowie der Deutsche, welcher ohne Erlaubniß seiner Regierung in fremde Staatsdienste eingetreten ist, der Aufforderung zum Austritt aus diesem Dienstverhältniß aber nicht nachkommt, durch Beschluß der Landeszentralbehörde seiner Staatsangehörigkeit verlustig erklärt werden.

Diesen Fällen, welche eine schwere Verletzung der Pflichten gegen den Staat zu ihrer Voraussetzung haben, wird sich der hier in Frage stehende Fall mit gutem Grunde an die Seite stellen lassen. Dies um so mehr, als nicht zu leugnen ist, daß ein Bischof, welcher in Widerspruch mit dem richterlichen Urtheil sein Amt fortführt, durch Beispiel und die Macht geistlicher Disciplin auch den ihm ergebenen Klerus zum Widerstande gegen die weltliche Obrigkeit verleiten, und selbst darüber hinaus zu ernstlicher Störung der Rechtsordnung die Veranlassung geben kann."

§ 1. [2]) **Geistlichen oder anderen Religionsdiener.** Das Gesetz folgt in seiner Terminologie dem Sprachgebrauch des Reichs-Straf-G.B. §§ 130a, 337, welches die Religionsbeamten der vollprivilegirten christlichen Kirchen als Geistliche, die der andern Religionsgesellschaften als Religionsdiener bezeichnet, vgl. darüber: Kirchengesetze S. 5 u. 30 ff. Für die Religionsdiener im eigentlichen Sinne hat das Gesetz aber keine praktische Bedeutung, s. folgende Anm.

[3]) **durch gerichtliches Urtheil aus seinem Amte entlassen worden ist.** Mit diesen Worten ist als Voraussetzung der Anwendbarkeit des Gesetzes die Amtsentlassung durch gerichtliches Urtheil hingestellt. Unter dem letzteren ist das Erkenntniß eines staatlichen Gerichtes zu verstehen, vgl. Motive zu § 1 a. a. O. S. 8: „Diese Bestimmung trifft sowohl diejenigen Geistlichen, welche durch besonders dazu bestellte staatliche Verwaltungsgerichtshöfe ihres Amtes entsetzt sind, weil ihr Verhalten im Amte mit der öffentlichen Ordnung unverträglich war — und ein solcher Gerichtshof

ist für Preußen durch das erwähnte Gesetz vom 12. Mai 1873, sowie für das Großherzogthum Baden durch Art. 3 des Gesetzes vom 19. Februar 1874 betr. die Abänderung einiger Bestimmungen des Gesetzes vom 9. Oktober 1860 über die rechtliche Stellung der Kirchen und kirchlichen Vereine in das Leben gerufen — als auch diejenigen Geistlichen, welche durch Kriminal-Erkenntniß zu einer Strafe verurtheilt sind, die den Verlust des bekleideten Amts zur Folge hat." Für diese Auslegung und dagegen, daß das Gesetz auch die Erkenntnisse kirchlicher Disciplinargerichte unter dem Ausdrucke: „gerichtliches Urtheil" begreift, spricht ferner der Zweck des Gesetzes. Dasselbe will die Ausführung der zur Wahrung des staatlichen Aufsichtsrechtes erlassenen Gesetze sichern und den Verletzungen derselben mit zweckentsprechenden Mitteln entgegentreten, nicht aber überhaupt die Vornahme von Amtshandlungen durch abgesetzte Geistliche ohne Rücksicht auf die Gründe der Amtsentsetzung in allen Fällen verhüten. Maßregeln zum Schutze der kirchlichen Disciplinargewalt und zur Ausführung der Erkenntnisse derselben liegen dem Gesetze vollkommen fern, um so mehr, als in dieser Beziehung ausreichende Normen in den einzelnen deutschen Staaten bestehen, s. z. B. preuß. Ges. über die kirchliche Disciplinargewalt v. 12. Mai 1873 § 9; bayr. Concordat Art. 12 lit. c u. d und Religions-Edikt v. 1818 §§ 51 ff., 64 lit. c; würtemb. Gesetz v. 30. Januar 1862 Art. 7; badisches Gesetz v. 9. Oktober 1860 § 16; vgl. ferner Richter-Dove, Kirchenrecht. 7. Aufl. S. 693. Hiernach ist das Gesetz, wie auch die Anführungen der citirten Motive ergeben, vorläufig erst von praktischer Wirksamkeit in Preußen, in Baden, in Hessen und Braunschweig, denn nach dem bestehenden Rechte findet allein in diesen Staaten die Entlassung eines Geistlichen aus seinem Amte durch staatliche Gerichte statt:

1. In Preußen auf Grund des § 24 des Gesetzes vom 12. Mai 1873 über die kirchliche Disciplinargewalt und der §§ 12 u. 14 des Gesetzes, betr. die Einstellung der Leistungen 2c. für d. römisch-katholischen Bisthümer 2c. v. 22. April 1875 (unten unter Nr. IV.) (durch den königlichen Gerichtshof für kirchliche Angelegenheiten) sowie auf Grund des § 21 des Gesetzes v. 11. Mai 1873 bei Verurtheilung zur Zuchthausstrafe, bei Aberkennung der bürgerlichen Ehrenrechte oder der Fähigkeit zur Bekleidung öffentlicher Aemter (durch die ordentlichen Kriminalgerichte).

2. In Baden bei einer Amtsentlassung auf Grund des Art. 3 des citirten Gesetzes vom 19. Februar 1874 (lautend: „Nach § 16 des Gesetzes werden eingeschaltet: .... § 16. d. Demjenigen Geistlichen, welcher wegen Verletzung der Vorschriften dieses Gesetzes oder der Bestimmung der §§ 97, 110, 111, 130, 130 a, 131, 132 des Reichs-Straf-G.B. innerhalb der letzten zwei Jahre zweimal gerichtlich bestraft worden ist, kann, sofern sein Verbleiben im Amte mit der öffentlichen Ordnung unverträglich erscheint, auf Antrag des Ministerium des Innern die Fähigkeit zur ferneren Bekleidung seines Amtes aberkannt und das damit verbundene Einkommen entzogen werden. Die Entscheidung erfolgt durch collegialischen Beschluß der Mitglieder des Staatsministeriums unter Zuzug von fünf Mitgliedern der Gerichtshöfe, welche jeweils für zwei Jahre durch landesherrliche Entschließung bezeichnet werden und von welchen eines den Beivortrag zu erstatten hat"), und bei einer Verurtheilung (durch die staatlichen Kriminalgerichte) unter der Voraussetzung des Art. 14. VII des Gesetzes den Vollzug der Einführung des Reichs-Str.-G.B. betr. v. 23. Dezember 1871 („Die Verurtheilung zur Zuchthausstrafe hat die dauernde Unfähigkeit zur Bekleidung eines Kirchenamtes von rechtswegen zur Folge. — Die Aberkennung der bürgerlichen Ehrenrechte oder der Fähigkeit zur Bekleidung öffentlicher Aemter bewirkt den dauernden Verlust des bekleideten Kirchenamtes und die Unfähigkeit während der im Urtheil bestimmten Zeit ein Kirchenamt zu erlangen. — Die Strafe des Verlustes der bekleideten öffentlichen Aemter erstreckt sich auch auf Kirchenämter und kann auch gegen Angeklagte erkannt werden, welche nur ein Kirchenamt bekleiden").

3. Im Großherzogthum Hessen vgl. Gesetz betr. den Mißbrauch der geistlichen Amtsgewalt vom 23. April 1875 Art. 13 (Großh. hessisches Reg.-Blatt Nr. 21 S. 249): „Kirchendiener, welche die auf ihr Amt oder ihre geistlichen Amtsverrichtungen bezüglichen Vorschriften der Staatsgesetze oder die in dieser Hinsicht von der Obrigkeit innerhalb ihrer Zuständigkeit getroffenen Anordnungen so schwer verletzen, daß ihr Verbleiben im Amte mit der öffentlichen Ordnung unverträglich erscheint, können auf Antrag der Staatsbehörde durch Urtheil des Gerichtshofes für kirchliche Angelegenheiten (Art. 23) aus ihrem Amte entlassen werden. — Eine solche Verletzung liegt insbesondere dann vor, wenn neben einer wiederholten mit Wissen und Willen begangenen Verletzung

der Vorschriften der Staatsgesetze oder der in deren Vollzug innerhalb ihrer Zuständigkeit getroffenen Anordnungen der Obrigkeit aus dem Verhalten des Beschuldigten hervorgeht, daß er im Falle des Verbleibens im Amte sein den Staatsgesetzen und obrigkeitlichen Anordnungen zuwiderlaufendes Verfahren fortzusetzen gewillt ist. — Ebenso können Kirchendiener, welche in Ausübung ihres Amtes zum Ungehorsam gegen die Staatsgesetze oder gegen von der Obrigkeit innerhalb ihrer Zuständigkeit getroffene Anordnungen auffordern, auf Antrag der Staatsbehörde durch Urtheil des Gerichtshofs für kirchliche Angelegenheiten aus ihrem Amte entlassen werden." Art. 23: „Zur Entscheidung über Anträge der Staatsbehörde auf Entlassung von Geistlichen aus dem Amte ist das oberste Landesgericht als Gerichtshof für kirchliche Angelegenheiten berufen. — Es erläßt seine Erkenntnisse in seiner Plenarsitzung in Anwesenheit von wenigstens drei Viertel seiner Mitglieder", und ferner Gesetz betr. die Vorbildung rc. der Geistlichen vom 23. April 1875 (a. a. O. S. 256) Art. 8: „Die Verurtheilung eines Geistlichen zur Zuchthausstrafe, die Aberkennung der bürgerlichen Ehrenrechte und der Fähigkeit zur Bekleidung öffentlicher Aemter hat die Erledigung der Stelle, die Unfähigkeit zur Ausübung des kirchlichen Amtes und den Verlust des Amtseinkommens zur Folge."

4. Für Braunschweig bestimmt die Verfassung vom 12. Oktober 1832 § 229: „Die Suspension der Kirchen- und Schuldiener vom Amte und den Einkünften desselben kann im Disciplinarverfahren nur von den kirchlichen Behörden geschehen, und bedarf jedesmal der Bestätigung der Landesregierung. Die Entlassung oder Absetzung kann nur durch rechtskräftiges Erkenntniß des kompetenten Gerichts und zwar in Straffällen, welche nur die kirchliche Lehre betreffen, auf vorgängiges Gutachten der geistlichen Oberbehörde verfügt werden." Wenngleich diese Vorschrift auf einer bis zur Ausschließung der geistlichen Disciplinargerichtsbarkeit gehenden Ausdehnung des staatlichen Oberaufsichtsrechtes beruht, also einen ganz anderen Zweck wie die eben angeführten neueren Gesetze Preußens, Badens und Hessens verfolgt, so liegt doch nach derselben immer die in Rede stehende Voraussetzung des § 1 des Reichsgesetzes vor, freilich erhält derselbe damit eine Beziehung auf Fälle, auf welche seine Tragweite gar nicht berechnet worden ist.

Hervorzuheben ist weiter, daß eine derartige gerichtliche Entlassung aus dem Amte in Preußen nur hinsichtlich der Geistlichen der vollprivilegirten christlichen Kirchen, nicht hinsichtlich der Religionsdiener stattfinden kann, weil die beiden Maigesetze sich nur auf diese beziehen, s. Kirchengesetze S. XIV. Dasselbe gilt für Baden, denn der Art. 3 ergänzt den § 16 des Gesetzes vom 9. Oktober 1869, welcher dem Abschnitt II.: „Besondere Bestimmungen über die rechtliche Stellung der vereinigten evangelisch-protestantischen und der römisch-katholischen Kirche" angehört. Ebenso für Braunschweig, da der § 229 in dem Kap. VIII. der Verfassungsurkunde: „Von den christlichen Kirchen" enthalten ist. Auch die hessischen Gesetze beziehen sich in den hier entscheidenden §§ nur auf Geistliche, wie ihr Sprachgebrauch (s. einerseits Art. 3, 12 und andererseits Art. 5, 11 des Gesetzes b. Mißbrauch der geistlichen Amtsgewalt betr.), zeigt.

Unter dem Amte, aus welchem der Geistliche entlassen sein muß, ist selbstverständlich ein Kirchen-Amt zu verstehen, gleichviel ob es ein geistliches Amt im Sinne des preuß. Gesetzes vom 11. Mai 1873 § 1 ist, oder ein Amt, mit welchem keine geistlichen Funktionen, namentlich keine Seelsorge, sondern nur jurisdiktionelle oder Leitungsbefugnisse verbunden sind, s. Kirchengesetze S. 100 ff.

[4]) **des ihm entzogenen Amtes beansprucht.** Der Gesetzentwurf lautete: „welcher durch gerichtliches Urtheil aus seinem Amt entlassen worden ist, dieser Entscheidung aber nicht Folge leistet." Die jetzige Fassung: „und hierauf eine Handlung vornimmt, aus welcher hervorgeht, daß er die Fortdauer des ihm entzogenen Amtes beansprucht", beruht auf dem vom Reichstage angenommenen Ammendement Dr. Meyer, Dr. Hinschius und Graf Bethusy-Huc, s. stenogr. Berichte S. 1033 ff., 1059, 1063. Beide Fassungen gehen von dem Gedanken aus, daß die Anwendung der im Gesetze angeordneten Maßregeln nicht allein von der Vornahme wirklicher Amtshandlungen abhängig gemacht werden könne. Dagegen erschienen die Worte der Vorlage zu wenig prägnant und zu vage, weil auch ein rein passives Verhalten, z. B. ein bloßes Verbleiben des Geistlichen nach seiner Entlassung in der bisherigen Amtswohnung darunter verstanden werden konnte. Die vom Reichstage beschlossene Aenderung sollte diese Unbestimmtheit beseitigen, und die

Voraussetzung aufstellen, daß der Geistliche sich mindestens noch als Inhaber des ihm entzogenen Amtes gerirt haben müsse. Demnach fällt nicht das bloße Verweilen in der Amtswohnung, sondern erst das Verbleiben nach erfolgter Aufforderung zur Räumung unter das Gesetz, ferner wird davon betroffen z. B. der weitere Gebrauch des Titels des entzogenen Amtes, die Erklärung, trotz der staatlichen Absetzung noch Inhaber des betreffenden Amtes zu sein oder die Entlassung nicht als gültig anzuerkennen, die Empfangnahme von Deputationen aus Anlaß der Amtsentlassung, wenn die von ihnen ausgesprochene Anerkennung der Fortdauer des Amtes acceptirt wird.

[5]) **Landespolizeibehörde;** dieser, sowie der mit ihm gleichbedeutende Ausdruck: höhere Landespolizeibehörde, s. Schwarze, Kommentar zum Reichs-Strafgesetzbuch. 3. Aufl. S. 93; Rüdorff, Strafgesetzb. f. d. deutsche Reich S. 158 Anm. 4, welcher sich auch im Reichs-Str.-G.B. §§ 38, 39, 284, 362 und in der Bekanntmachung des Reichskanzlers vom 5. Juli 1872 Nr. 3 (Reichs-Ges.Bl. S. 254) findet, bedeutet im Gegensatze zu den mit der lokalen Polizei betrauten Ortsbehörden diejenigen Behörden der einzelnen Bundesstaaten, welchen die Sorge für die Sicherheit ganzer Landestheile obliegt. In Preußen sind dies die Regierungen, bezw. die Landdrosteien; in Baden ist es das Ministerium des Innern. Daß die ihnen vorgesetzten Behörden sie in der fraglichen Richtung mit Anweisung versehen können, ist nicht ausgeschlossen. Diese müssen sogar eingreifen, wenn die Externirung sich auch auf solche Bezirke, für welche die einzelne Behörde nicht kompetent ist, erstrecken soll, sofern nicht etwa die betreffende zuständige Behörde auf Ersuchen die Maßregel ebenfalls eintreten lassen will.

[6]) **Bezirken oder Orten,** d. h. in einzelnen Kommunen oder auch in größeren geographischen Abtheilungen des Staats (z. B. in einzelnen Kreisen oder Provinzen).

[7]) **versagt oder angewiesen werden,** also in der Weise, daß der Betreffende nach seiner Wahl, mit Ausnahme bestimmt bezeichneter Orte oder Bezirke, einen Aufenthaltsort nehmen kann oder auf einen gewissen Bezirk oder Ort konfinirt wird. Eine Versagung des Aufenthaltes in allen Theilen des betreffenden Staates ist aber auf Grund des Abs. 1 des § 1 nicht statthaft. Diese würde ihrem Effekt nach auf die nicht gesetzlich zulässige Ausweisung eines Inländers, s. § 39 Nr. 1 u. 2 des Reichs-Straf-G.B. u. Ges. über die Freizügigkeit vom 1. November 1867 §§ 1, 3 (Bundesges.-Bl. S. 55) hinauslaufen.

Besitzt der Ausgewiesene keine Mittel, um sich an den ihm angewiesenen oder einen andern als den ihm verbotenen Ort zu begeben, und ist er nicht in der Lage, sich dort zu ernähren, so wird er auf Staatskosten dorthin zu transportiren und auch nöthigenfalls zu unterhalten sein. Von einer Anwendung der über die Armenpflege geltenden gesetzlichen Bestimmungen, s. das Gesetz über den Unterstützungswohnsitz vom 6. Juni 1870 (Bundesges.-Bl. S. 360) kann deshalb keine Rede sein, weil die verpflichteten Armenverbände für die Regel die Ueberführung des Hülfsbedürftigen verlangen können, der ausgewiesene Geistliche aber nicht nach seinem Unterstützungswohnsitz, aus dem er in fast allen Fällen gerade ausgewiesen sein wird, zurückgebracht werden kann.

Zur Durchführung der Internirung oder Externirung kann die Landespolizeibehörde sich aller gesetzlich ihr zustehenden Exekutivmittel bedienen, namentlich aber Geldstrafen und unmittelbaren Zwang anwenden; für Preußen vgl. Verordn. v. 26. Dezember 1808 (Ges.-Samml. S. 464) § 48 u. Geschäftsinstruktion für die Regierungen v. 23. Oktober 1817 (Ges.-Samml. S. 248) § 11.

[8]) **Besteht.** Der hiermit beginnende Abs. 2 bis zu den Worten: „der Landespolizeibehörde zuwider", giebt ein ferneres Amendement der Anm. 4 genannten Antragsteller wieder, wodurch die ursprüngliche Fassung: „Handelt er dieser Verfügung zuwider oder befaßt er sich mit Ausübung des ihm entzogenen Amtes" beseitigt worden ist, s. stenogr. Ber. S. 1033, 1059, 1063.

Durch die betreffenden Vorschriften werden aus der Kategorie der im Abs. 1 charakterisirten gewisse Handlungen (s. Anm. 9 bis 11) hervorgehoben, wegen welcher eine schwerere Maßregel als die bloße Versagung oder Anweisung des Aufenthaltes verhängt werden kann, und zwar abgesehen von dem dritten Falle (Anm. 11) sofort, ohne daß Externirung oder Internirung vorher eingetreten zu sein braucht.

[9]) **ausdrücklichen Anmaßung des Amtes,** d. h. einer positiven Erklärung, daß ihm das Amt,

trotz der staatlichen Anerkennung, noch zustehe, also z. B. der ausdrücklichen Anmaßung des bisherigen kirchlichen Amtstitels.

[10]) **der thatsächlichen Ausübung desselben.** Hierunter fällt die Vornahme aller derjenigen Handlungen, welche kraft des entzogenen Amtes ausgeübt werden können, s. Kirchengesetze S. 88 Anm. 2.

Wie zu Anm. 8 bemerkt, kann die Entziehung der Staatsangehörigkeit sofort erfolgen, wenn die erste nach der Verurtheilung vorgenommene Handlung die in Anm. 9 und Abs. 1 dieser Anm. gedachte Qualifikation trägt; andererseits schließt das Gesetz es aber nicht aus, daß wenn zuerst eine bloße Aufenthaltsbeschränkung oder eine Internirung erfolgt ist, und demnächst eine Handlung der schweren Qualifikation vorgenommen wird, die schwerere Maßregel verfügt werden darf.

[11]) **Verfügung der Landespolizeibehörde zuwider,** d. h. wenn der Geistliche den Internirungsort verläßt oder einen ihm versagten Bezirk betritt.

[12]) **kann.** Die Verhängung ist also in das Ermessen der Centralbehörde gelegt.

[14]) **Staatsangehörigkeit,** vgl. dazu auch § 4. Mit der Staatsangehörigkeit gehen auch die dadurch bedingten, also namentlich die politischen Rechte, z. B. das Recht für die Landesvertretung zu wählen und gewählt zu werden, verloren.

[15]) **Verfügung,** dahin ist das Wort „Beschluß" der Vorlage zufolge eines Amendements der Anm. 4 gedachten Antragsteller geändert worden.

[16]) **Centralbehörde,** die oberste leitende Behörde, zu deren Ressort die betreffende Angelegenheit gehört, also in Preußen der Minister des Innern und der Minister der geistlichen Angelegenheiten, im Großherzogthum Hessen das Ministerium des Innern, in Baden das Staatsministerium.

[17]) **verlustig.** Dadurch tritt zu den § 13 Nr. 2 des Reichsgesetzes über die Erwerbung und den Verlust der Bundes- und Staatsangehörigkeit v. 1. Juni 1870 (Bundesges.-Bl. S. 355, s. auch a. a. O. S. 648 u. 657 und Reichsges.-Bl. v. 1871 S. 89) erwähnten Fällen (vgl. noch §§ 20 u. 22), in denen die Staatsangehörigkeit durch Beschluß der Behörde verloren geht, ein weiterer hinzu. Vgl. auch Anm. 44 zu § 4.

[18]) **aus dem Bundesgebiete ausgewiesen werden,** also nicht blos aus dem Gebiete desjenigen Staates, dessen Centralbehörde den Verlust der Staatsangehörigkeit ausgesprochen hat, weil mit der letzteren auch zugleich die Reichsangehörigkeit erlischt, s. § 1 des Ges. v. 1. Juni 1870 (Anm. 17), der Betreffende mithin rechtlich dem Ausländer, nicht dem einen andern deutschen Staat angehörigen Reichsunterthanen gleichgestellt wird. Vgl. auch § 4.

Das Gesetz schreibt nicht vor, daß mit der Entziehung der Staatsangehörigkeit stets die Ausweisung aus dem Bundesgebiet verbunden werden muß oder mit anderen Worten, daß erstere nicht ohne Verhängung der letztgedachten Maßregel statthaft ist. Das Wort „und" bedingt diese Auslegung nicht. Dagegen spricht der Zweck des Gesetzes, welches den Regierungen diskretionäre Mittel je nach Lage der einzelnen Fälle gegen die sich den Staatsgesetzen widersetzenden Geistlichen gewähren will, und für die Anwendung derselben einen gewissen Spielraum lassen mußte. Ferner bemerken auch die Motive zu § 1 S. 8: „Daß die Ausweisung, welche als Folge des Verlustes der Staatsangehörigkeit eintreten kann, wenn sie auch keineswegs in jedem Falle nothwendig eintreten muß, ihre Wirksamkeit auf das ganze Bundesgebiet erstreckt, wird im Hinblick auf analoge Vorgänge der Reichsgesetzgebung keiner besonderen Begründung bedürfen." Auch die Verhängung einer Internirung in Verbindung mit der Entziehung der Staatsangehörigkeit ist zulässig, weil die im Absatz 1 gedachte Befugniß auch für die schwereren in Absatz 2 vorgesehenen Fälle nicht cessirt, sondern für diese allein der Centralbehörde das Recht zu weitergehenden Maßregeln, ohne daß diese die ersterwähnte ausschließen, gegeben wird. Dagegen ist die bloße Ausweisung aus dem Bundesgebiet ohne Entziehung der Staatsangehörigkeit unstatthaft, weil erst durch letztere die Ausweisung rechtlich möglich gemacht wird.

Wenn ein expatriirter und ausgewiesener Geistlicher ohne Erlaubniß zurückkehrt, so unterliegt er der Strafe des § 361 Nr. 2 des Reichs-Str.-G.

§. 2.

Die Vorschriften des § 1 [19]) finden auch auf diejenigen Personen [20]) Anwendung, welche wegen Vornahme von Amtshandlungen [21]) in einem Kirchenamte, das den Vorschriften der Staatsgesetze [22]) zuwider ihnen übertragen, oder von ihnen übernommen [23]) ist, rechtskräftig zu Strafe verurtheilt worden sind. [24])

§ 2. [19]) **Die Vorschriften des § 1,** d. h. die Befugniß der Landespolizeibehörde, einen Aufenthalt zu versagen oder anzuweisen, bez. die der Centralbehörde, die Staatsangehörigkeit zu entziehen und aus dem Bundesgebiet auszuweisen. Im Uebrigen s. Anm. 22 u. 24.

[20]) **Personen.** Der Absicht des Gesetzes nach können mit diesem Ausdruck ebenfalls nur Geistliche oder andere Religionsdiener gemeint sein, und das um so mehr als gegen Laien, welche kirchliche Aemter übertragen erhalten, gar kein Bedürfniß zum Erlasse des Gesetzes vorlag.

[21]) **Vornahme von Amtshandlungen,** s. S. 9 Anm. 10.

[22]) **Den Vorschriften der Staatsgesetze zuwider.** Vgl. Motive S. 8: „Während § 1 diejenigen Geistlichen im Auge hat, welche ursprünglich rechtsgültig angestellt waren, demnächst aber ihres Amtes entsetzt sind, handelt der § 2 von Personen, die im Widerspruch mit den Staatsgesetzen in ein kirchliches Amt eingetreten sind. Es erscheint diese Bestimmung nothwendig, weil gegen solche Personen ein Verfahren auf Amtsentlassung, das stets eine rechtsgültige Anstellung zur Voraussetzung hat, nicht Platz greift, gleichwohl aber durch sie die öffentliche Ordnung in gleich hohem Maße, wie durch einen abgesetzten Geistlichen gestört werden kann. Um dies außer Zweifel zu bringen, genügt ein Hinweis auf den Fall, daß Jemand den Staatsgesetzen zuwider von einem erledigten Bischofssitz Besitz ergreifen könnte."

Die Staatsgesetze, welche in Frage kommen sind:

1. In **Preußen** die Vorschriften der § 23 Abs. 1, §§ 1 bis 3, 15 des Gesetzes über die Vorbildung der Geistlichen vom 11. Mai 1873 (Kirchengesetze S. 99 ff.) und Art. 1, 2, 7, 10 des Deklarationsgesetzes dazu vom 21. Mai 1874 (unter Nr. II.), ferner §§ 1—4 des Gesetzes über die Verwaltung erledigter katholischer Bisthümer vom 20. Mai 1874 (s. unter Nr. III.).

Zu bemerken ist, daß die Vornahme von Amtshandlungen in einem nicht dauernd übertragenen Pfarramte, für dessen dauernde Besetzung das Zwangsverfahren nach Maßgabe des § 18 des Ges. v. 11. Mai 1873, s. auch § 23 Abs. 2 eingeleitet worden ist, nicht unter § 2 fällt. Hier handelt es sich nicht um ein Amt, das den Vorschriften der Staatsgesetze zuwider übertragen ist. Die provisorische Verleihung des Amtes wird dadurch, daß diese den gesetzlichen Vorschriften gemäß nach Ablauf der bestimmten Zeit in eine dauernde zu verwandeln ist, an sich nicht nichtig.

2. Für **Baden** kommen in Frage: Ges. v. 9. Oktober 1860 § 9 Abs. 1: „Die Kirchenämter können nur an solche vergabt werden, welche das badische Staatsbürgerrecht besitzen oder erlangen und nicht von der Staatsregierung unter Angabe des Grundes als ihr in bürgerlicher oder politischer Beziehung mißfällig erklärt werden; und Gesetz vom 19. Februar, die Aenderung einiger Bestimmungen des Gesetzes vom 9. Oktober 1860 betr. Art. 1: „Die Absätze 2 und 3 des § 9 des Gesetzes vom 9. Oktober 1860 werden durch folgende Bestimmungen ersetzt: Die Zulassung zu einem Kirchenamt oder zur öffentlichen Ausübung kirchlicher Funktionen ist durch den Nachweis einer allgemein wissenschaftlichen Vorbildung bedingt..... Die Bestimmungen dieses Paragraphen finden auch Anwendung auf den Capitularvikar, den Generalvikar, die außerordentlichen Räthe und Assessoren des Ordinariats, auf die Vorsteher und Lehrer des Seminars." Art. 3: „Nach § 16 des Gesetzes werden eingeschaltet: Strafbestimmungen. § 16a. Wegen Verletzung dieses Gesetzes wird bestraft: 1) derjenige Geistliche, welcher kirchliche Funktionen, die ihm unter Verletzung der gesetzlichen Bestimmungen übertragen worden sind, öffentlich ausübt, mit einer Geldstrafe von 60 bis 300 Mark, bei einer zweiten Wiederholung mit Gefängniß von 3 bis 6 Monaten."

3. Für **Hessen** ist zu vergleichen Gesetz betr. die Vorbildung und Anstellung der Geistlichen vom 23. April 1875.

Art. 1: „Ein Kirchenamt, welches mit einem Geistlichen zu besetzen ist, darf in einer der christlichen Kirchen nur einem Deutschen übertragen werden, welcher eine wissenschaftliche Vorbildung nach den Vorschriften dieses Gesetzes dargethan hat und nicht von der Staatsregierung unter Angabe des Grundes als ihr in bürgerlicher oder politischer Beziehung mißfällig erklärt worden ist. — Diese Vorschriften finden Anwendung ohne Unterschied, ob das Amt dauernd oder widerruflich übertragen werden soll oder nur eine Stellvertretung oder Hülfeleistung in demselben statthaben soll. Ist Gefahr im Verzuge oder handelt es sich nur um Befriedigung eines vorübergehenden Bedürfnisses, so kann eine Stellvertretung oder Hülfeleistung einstweilen und vorbehältlich des Einspruches der Staatsregierung angeordnet werden."

Art. 4: „Die obere kirchliche Behörde ist verpflichtet, die Person, der ein kirchliches Amt (Art. 1) übertragen oder die zu einer nicht blos vorübergehenden Stellvertretung oder Hülfeleistung in einem kirchlichen Amte verwendet werden soll, dem Ministerium des Innern unter Bezeichnung des Amtes anzuzeigen. Dasselbe gilt bei Versetzung eines Geistlichen in ein anderes kirchliches Amt oder bei Umwandlung einer widerruflichen Anstellung in eine dauernde. — Die beabsichtigte Anstellung oder Verwendung darf ... nicht eher erfolgen, als bis die Staatsregierung erklärt hat, daß sie keinen Einspruch zu erheben gedenke. Im Falle des Schlußsatzes des Art. 1 muß die angeordnete Stellvertretung oder Hilfeleistung sofort zurückgenommen werden, sobald gegen dieselbe von der Staatsregierung Einspruch erhoben wird."

Art. 7 Abs. 2: „Der Geistliche, welcher die Funktionen eines kirchlichen Amtes, die ihm unter Verletzung der gesetzlichen Bestimmungen übertragen worden sind, oder die er, ohne daß den gesetzlichen Erfordernissen genügt ist, übernommen hat, öffentlich ausübt, wird mit Gefängniß bis zu Einem Jahre oder mit Geldstrafe bis zu 300 Mark bestraft."

Art. 11: „Wenn eine erledigte katholische Pfarrstelle innerhalb der im vorigen Artikel genannten" (d. h. innerhalb eines Jahres) „oder der von Unserem Ministerium des Innern verlängerten Frist nicht in einer den Bestimmungen dieses Gesetzes entsprechenden Weise durch die zuständige kirchliche Behörde wieder besetzt wird, so ist derjenige, welchem auf Grund des Patronats oder eines sonstigen Rechtstitels das Präsentations- (Nominations-, Vorschlags-) Recht zusteht, befugt, das Pfarramt mit allen davon abhängenden Rechten und Pflichten auf so lange einem katholischen Geistlichen als Pfarrverweser zu übertragen, bis eine dauernde Wiederbesetzung durch die zuständige Behörde in einer den Bestimmungen dieses Gesetzes entsprechenden Weise erfolgt ist. — Der Berechtigte ist eintretenden Falles zur Ausübung dieser Befugniß durch das Ministerium des Innern einzuladen."

Art. 12: „Ist kein Präsentationsberechtigten vorhanden oder macht derselbe innerhalb zweier Monate vom Tage des Empfanges der Einladung (Art. 11) von der ihm zustehenden Befugniß keinen, den Bestimmungen dieses Gesetzes entsprechenden Gebrauch, so steht die Befugniß zur Ernennung des Pfarrverwesers der katholischen Kirchengemeinde zu, in welcher die Stelle erledigt ist.

Zu diesem Behufe werden die am Orte wohnenden, im Besitze der bürgerlichen Ehrenrechte befindlichen, selbstständigen männlichen Gemeindeglieder, welche das 25. Lebensjahr zurückgelegt haben, zur Beschlußfassung über die Wahl eines Pfarrverwesers berufen. — Zur Gültigkeit der Wahl ist erforderlich, daß mehr als die Hälfte der Erschienenen dem Beschluß zugestimmt hat. — Die näheren Bestimmungen über das Verfahren werden von Unserm Ministerium des Innern erlassen. — Kommt eine gültige Wahl zu Stande, so ist auf demselben Wege ein Bevollmächtigter zu wählen, welcher die Gemeindevertretung der Regierung gegenüber zu repräsentiren und wegen Uebertragung des Amtes an den gewählten Geistlichen das Nöthige zu besorgen hat."

Art. 13: „Die Bestimmungen der Artikel 1, 2, 4, 6, 7 und 9 des gegenwärtigen Gesetzes finden in den Fällen der Art. 11 und 12 entsprechende Anwendung." —

In den übrigen deutschen Staaten bestehen zwar gesetzliche Vorschriften über die Uebertragung von Kirchenämtern, aber die diesen zuwider erfolgte Uebernahme und Ausübung des Amtes ist nicht strafrechtlich bedroht. Daher kann hier die Voraussetzung des § 2, die rechtskräftige Verurtheilung zu Strafe, nicht eintreten und es ist daher für diese Länder das Gesetz vorläufig ohne praktische Bedeutung.

[23]) **von ihnen übernommen.** Damit sollen die Fälle gedeckt werden, wo keine Uebertragung stattfindet, s. Anm. 9 zu Art. 2 des Gesetzes vom 21. Mai 1874 (unten unter II.).

[24]) **verurtheilt worden sind.** Auf Grund der bloßen Verurtheilung kann die Internirung oder Externirung, bz. die Expatriirung noch nicht verfügt werden, vielmehr steht ein solches

§. 3.*)

In der Verfügung[25]) (§§ 1, 2) sind die Gründe[26]) der angeordneten Maßregel anzugeben.

Behauptet der Betroffene, daß er die ihm zur Last gelegten Handlungen nicht begangen habe,[27]) oder daß dieselben den im § 1 bezeichneten Thatbestand nicht enthalten,[28]) so steht ihm binnen acht Tagen nach Zustellung der Verfügung[29]) die Berufung[30]) auf richterliches Gehör offen.

Zuständig ist in denjenigen Bundesstaaten, in welchen ein aus ständigen Mitgliedern zusammengesetzter besonderer Gerichtshof für kirchliche Angelegenheiten besteht, dieser Gerichtshof;[31]) in den übrigen Bundesstaaten[32]) das höchste Gericht für Strafsachen.[33])

Das Gericht entscheidet, ob der Berufende eine der im § 1 bezeichneten Handlungen begangen hat.[34]) Wird festgestellt, daß keine Handlung vorliegt, auf Grund deren dieses Gesetz die angefochtene Verfügung für zulässig erklärt, so ist die letztere durch die anordnende Behörde[35]) aufzuheben.[36])

Die Berufung muß von dem Berufenden in gerichtlich oder notariell beglaubigter Form unterzeichnet[37]) und dem zuständigen Gericht eingereicht werden.[38])

Für das Verfahren kommen die bei dem zuständigen Gericht geltenden Vorschriften zur Anwendung.[39]) Erforderliche Abänderungen und Ergänzungen derselben werden bis zur gesetzlichen Regelung durch das Gericht festgestellt. Die für den Fortgang des Verfahrens gesetzlich vorgeschriebenen Fristen können nach Ermessen des Gerichts abgekürzt werden.

Die Berufung hält die Vollstreckung der angefochtenen Verfügung nur dann auf,[39a]) wenn die letztere den Verlust der Staatsangehörigkeit[40]) ausgesprochen hat. In diesem Falle[41]) kann dem Berufenden bis zur richterlichen Entscheidung[42]) der Aufenthalt in bestimmten Bezirken oder Orten versagt oder angewiesen werden.

Erkenntniß nur dem im § 1 erwähnten Urtheil auf Amtsentlassung gleich, weitere Voraussetzung ist also auch für diesen Fall die spätere Vornahme von Handlungen, aus denen hervorgeht, daß der betreffende Geistliche die Fortdauer des Amtes beansprucht.

§ 3. *) Dieser §, welcher in der Vorlage fehlte, beruht auf dem Amendement Dr. Meyer, Dr. Hinschius und Graf Bethusy-Huc, s. stenogr. Ber. S. 1066 ff., 1074, 1076. Es sollte dadurch für die weitgehenden Befugnisse der Verwaltungsbehörden eine Rechtskontrole eingeführt werden.

[25]) **In der Verfügung**, d. h. derjenigen, welche die Externirung, bz. Internirung oder die Expatriirung, bz. die Ausweisung aus dem Bundesgebiete ausspricht.

[26]) **Gründe**, also vor Allem auch die Bezeichnung derjenigen Handlungen, in welchen die Verwaltungsbehörde das Beanspruchen der Fortdauer, die ausdrückliche Anmaßung oder die thatsächliche Ausübung des Amtes, die Verletzung der Verfügung der Landespolizeibehörde (§ 1) oder endlich das Funktioniren in einem widerrechtlich übertragenen oder übernommenen Amte (§ 2) gefunden hat, weil sonst der von der Maßregel betroffene Geistliche sich nicht darüber schlüssig machen kann, ob er die Berufung (s. Abs. 2) einzuwenden, in der Lage ist.

[27]) **nicht begangen habe**, d. h. daß die verfügende Behörde die Vornahme der Handlung, obwohl sie garnicht stattgefunden, zu Unrecht als thatsächlich festgestellt angesehen habe.

[28]) **Thatbestand nicht enthalten.** Hierunter sind die Fälle begriffen, wo der Geistliche nicht die Vornahme der Handlung, wohl aber bestreitet, daß sie ihrer Qualifikation nach unter §§ 1 und 2 falle, z. B. behauptet, daß in ihr nicht eine Fortdauer des Amtes, eine thatsächliche Ausübung

desselben u. s. w. enthalten sei, weiter, daß er die Verfügung der Landespolizeibehörde nicht verletzt, da dieselbe irrthümlich angenommen habe, der von ihm trotz der Externirung betretene Ort gehöre zu dem Bereiche des ihm versagten Bezirkes, endlich, daß die Handlung wohl die Verhängung der Externirung oder Internirung, nicht aber die der Expatriirung gerechtfertigt erscheinen lasse.

29) **nach Zustellung der Verfügung,** sofern diese der Vorschrift des Abs. 1 entspricht (s. Anm. 26); anderenfalls läuft die Frist nicht.

Bei Berechnung derselben bleibt der Tag der Zustellung außer Ansatz.

30) **die Berufung.** Da das Gesetz schlechthin eine Berufung auf richterliches Gehör gewährt, und diese als einen einzigen Akt auffaßt, so muß die Rechtfertigung zugleich mit der Berufung verbunden werden. Eine besondere Frist dafür ist nicht gewährt. Jedenfalls wird aber eine Berufung, aus welcher die im Abs. 2 gedachten Voraussetzungen derselben erhellen, ausreichen.

Die Berufung ist einzig und allein im Interesse der Rechtskontrole gewährt; daraus folgt, daß die Beschwerde an die vorgesetzte Verwaltungsbehörde nicht ausgeschlossen ist. Weder der Wortlaut noch der Zweck der Vorschrift ergeben, daß die Berufung das einzige Mittel hat sein sollen, etwaige unrechtmäßige Verfügungen zu beseitigen.

31) **dieser Gerichtshof,** also in Preußen der durch das Gesetz vom 12. Mai 1873 §§ 32 ff. (s. Kirchengesetze S. 89) und im Großherzogthum Hessen der durch das Gesetz, betr. den Mißbrauch der geistlichen Amtsgewalt vom 23. April 1875 Art. 23 (s. oben S. 7 Anm. 3) errichtete Gerichtshof für kirchliche Angelegenheiten, welcher indessen mit dem höchsten Landesgerichtshof, dem Ober-Appellationsgericht zu Darmstadt, identisch ist. Das nach dem badischen Gesetz vom 19. Februar 1874 Art. 3 § 16. d (s. oben S. 6 Anm. 3) durch 5 zugezogene Richter verstärkte Staatsministerium ist aber kein besonderer Gerichtshof im Sinne dieses §, weil seine richterlichen Mitglieder nicht ständig sind, sondern wechseln, s. auch stenogr. Ber. S. 1067, 1068.

32) **in den übrigen Bundesstaaten.** Vorläufig können nur in Frage kommen Baden und Braunschweig, wegen des Großherzogthums Hessen, s. vorige Anmerkung.

33) **das höchste Gericht für Strafsachen,** mag dieses auch nicht das Plenum des höchsten Gerichtshofs, sondern nur eine einzelne Abtheilung desselben sein.

34) **begangen hat.** Die Entscheidung des Berufungsgerichtes hat sich allein auf die in den Anm. 27 und 28 gedachten Umstände zu erstrecken, also auf die Frage, ob die inkriminirte Handlung vorgenommen worden und ob sie den Thatbestand der §§ 1 oder 2 bildet, d. h. nur auf das Vorliegen der rechtlichen Voraussetzungen, nicht aber auf die Zweckmäßigkeit der von der Verwaltungsbehörde verhängten Maßregel, s. auch stenogr. Berichte S. 1067. Selbstverständlich ist übrigens, daß das Berufungsgericht die rechtskräftigen Entscheidungen, welche nach §§ 1 u. 2 vorausgegangen sein müssen, in ihrer materiellen Begründetheit nicht mehr zu untersuchen hat.

Der Tenor des vom Gericht zu erlassenden Urtheils wird dahin zu fassen sein, daß X. die näher zu bezeichnende Handlung nicht begangen habe, oder daß dieselbe nicht den Thatbestand des § 1 u. 2 bilde. Diese Praxis hat auch der Gerichtshof für kirchliche Angelegenheiten in Preußen angenommen. Auf Vernichtung der Verfügung der Verwaltungsbehörde kann das Gericht nicht erkennen, dies ergiebt sich aus dem letzten Satz des Abs. 4 des §.

Gründet sich die angefochtene Verfügung auf mehrere vom Berufenden angeblich vorgenommene Handlungen, so kann die Berufung dann nicht für gerechtfertigt erklärt werden, wenn auch nur von einer derselben festgestellt wird, daß sie wirklich stattgehabt und den Thatbestand bildet, welcher die Maßregel nach §§ 1 oder 2 rechtfertigt, s. auch stenogr. Ber. S. 1067.

35) **anordnende Behörde,** d. h. die Landespolizeibehörde (Anm. 5) oder die Centralbehörde (Anm. 16), welcher durch das Berufungsgericht das ergangene Erkenntniß mitzutheilen ist.

36) **aufzuheben.** Erst mit dieser Aufhebung verliert die verhängte Maßregel ihren Effekt, also nicht schon durch das Urtheil des Berufungsgerichtes. Die Verwaltungsbehörde ist aber verpflichtet, die durch das letztere erforderlich gewordene Remedur so schnell als möglich eintreten zu lassen. Geschieht dies nicht, so ist Beschwerde bei der vorgesetzten Instanz, nöthigenfalls aber auch eine solche nach Maßgabe der Reichsverfassung Art. 4 Nr. 1 und Art. 17 beim Kaiser, bez. Reichskanzler zulässig.

37) **unterzeichnet.** Durch diese Bestimmung soll verhindert werden, daß der Berufende, um die

§. 4.

Personen,[43]) welche nach den Vorschriften dieses Gesetzes ihrer Staatsangehörigkeit in einem Bundesstaate verlustig erklärt worden sind, verlieren dieselbe auch in jedem anderen Bundesstaate[44]) und können ohne Genehmigung des Bundesraths in keinem Bundesstaate die Staatsangehörigkeit von neuem[45]) erwerben.

Anerkennung der Kompetenz des Gerichtshofes zu vermeiden, seine Berufung nur durch einen Stellvertreter auf Grund einer allgemein und vage ertheilten Vollmacht unterzeichnen und einreichen läßt.

[38]) **zuständigen Gericht eingereicht werden,** und zwar so zeitig, daß sie bei demselben binnen der Frist von acht Tagen präsentirt wird. Im Uebrigen s. Anm. 31 bis 33.

[39]) **zur Anwendung,** selbstverständlich, soweit diese Vorschriften passen. Das Korrektiv, die Schaffung eigener entsprechender Prozeßnormen gewährt der folgende Satz dieses Alinea nach dem Vorbilde des Preußischen Gesetzes vom 12. Mai 1873 § 33.

Als streitende Theile stehen sich der Berufene und diejenige Behörde, welche die angefochtene Verfügung erlassen hat, gegenüber. Daher wird dieser von dem Eingang und von dem Inhalte der Berufung, ferner auch von dem etwaigen Termine zur mündlichen Verhandlung Kenntniß gegeben werden müssen.

Was die Beweislast betrifft, so liegt diese der Verwaltungsbehörde, nicht dem Berufenden ob. Letzterer nimmt eine dem Angeklagten im Strafprozesse ähnliche Stellung ein, und es muß ihm daher der Beweis der Schuld geführt werden.

[39a]) **dann auf.** Wegen des Suspensiv-Effektes wird das Berufungsgericht der Centralbehörde, deren Verfügung angefochten wird, sofort von der Berufung Mittheilung machen müssen.

[40]) **Verlust der Staatsangehörigkeit.** Da die in dem ursprünglichen Amendement (s. Anm. * S. 12) zufolge eines Unter-Amendements Dr. Hänel enthaltenen weiter folgenden Worte: „und die Ausweisung aus dem Bundesgebiete" von den Antragstellern zurückgezogen sind, so ergiebt sich hieraus, daß wenn etwa nach Entziehung der Staatsangehörigkeit durch weitere Verfügung der Centralbehörde die Ausweisung aus dem Bundesgebiet ausgesprochen wird, die dagegen eingelegte Berufung keinen Suspensiv-Effekt hat. Man ist davon ausgegangen, daß die Expatriirung die Voraussetzung der Ausweisung aus dem Bundesgebiete ist und daß es allein auf einen erhöhten Schutz gegen die erstere ankommt, s. stenogr. Bericht S. 1073, 1074. Auch kann vorher, ehe über die Berufung wegen Entziehung der Staatsangehörigkeit von dem Berufungsgericht entschieden ist, die Ausweisung wegen des Suspensiv-Effektes, der die Wirksamkeit der Expatriirung hindert, nicht verhängt werden.

[41]) **In diesem Falle** sollte wenigstens das Minus, die Externirung oder die Internirung, deren Effekt durch die Berufung nicht suspendirt wird, statthaft sein, s. stenogr. Ber. S. 1068.

Wer dieselbe verhängen soll, ist nicht gesagt. Es wird dies aber nicht blos von der Landespolizeibehörde, sondern auch von der Centralbehörde geschehen können, ja dieselbe ist in ihrer Stellung als höhere Verwaltungsinstanz sogar befugt, sich die Entscheidung darüber ausschließlich vorzubehalten.

[42]) **bis zur richterlichen Entscheidung.** In diesem Falle ist schon durch das Gesetz selbst eine Frist bestimmt, mit deren Ablauf die Externirung oder Internirung ihr Ende erreicht und außer Wirkung tritt. Es bedarf daher hier — abweichend von dem Anm. 36 gedachten Fall — nicht erst einer Aufhebung seitens der anordnenden Behörde.

§ 4. [43]) **Personen,** s. Anm. 20 S. 10.

[44]) **in jedem andern Bundesstaate.** Vgl. Motive S. 9:

„Der Entwurf hat den Fall nicht unberücksichtigt lassen können, daß ein seiner Staatsangehörigkeit verlustig erklärter Geistlicher das Indigenat gleichzeitig in mehreren Bundesstaaten besitzt. Für einen solchen Fall, der nicht allein reichsgesetzlich zulässig ist, sondern thatsächlich auch

§. 5.*)

Personen, welche wegen Vornahme von Amtshandlungen in einem Kirchenamte, das den Staatsgesetzen zuwider ihnen übertragen oder von ihnen übernommen[46]) ist, zur Untersuchung gezogen werden, kann nach Eröffnung der gerichtlichen Untersuchung[47]) durch Verfügung der Landespolizeibehörde bis zur rechtskräftigen Beendigung des Verfahrens[48]) der Aufenthalt in bestimmten Bezirken oder Orten versagt werden.[49])

Urkundlich unter Unserer Höchsteigenhändigen Unterschrift und beigedrucktem kaiserlichen Insiegel.

Gegeben Berlin, den 4. Mai 1874.

(L. S.) **Wilhelm.**

Fürst v. Bismarck.

mehrfach vorkommt, wird es unumgänglich sein, der in einem Bundesstaate ausgesprochenen Entziehung der Staatsangehörigkeit, wenn sie die Befugniß zur Ausweisung aus dem Bundesgebiete begründen soll, die Wirkung beizulegen, daß mit ihr die Staatsangehörigkeit in jedem anderen Bundesstaate erlischt. Außerdem erscheint es nothwendung, um das gemeinsame Interesse des Reiches wie der einzelnen Bundesstaaten jeder möglichen Eventualität gegenüber sicher zu stellen, den Erwerb einer neuen Staatsangehörigkeit von der Genehmigung des Bundesrathes abhängig zu machen."

[45]) **Staatsangehörigkeit von neuem.** Die Vorlage enthielt die inkorrektere Fassung: „eine neue Staatsangehörigkeit", welche zufolge eines Amendements Dr. Prosch durch die jetzige ersetzt worden ist, s. stenogr. Ber. S. 1080, 1081.

§ 5.*) Dieser § 5 ist zufolge eines Amendements Dr. Meyer, Dr. Hinschius und Graf Bethusy hinzugefügt worden, er hat den vom Reichstage gestrichenen zweiten Absatz des § 2 der Regierungsvorlage aufgenommen, dahin lautend: „Die Landespolizeibehörde ist schon nach Eröffnung der gerichtlichen Untersuchung befugt, dem Angeschuldigten bis zur rechtskräftigen Beendigung des Verfahrens den Aufenthalt in bestimmten Bezirken oder Orten zu versagen oder anzuweisen"; jedoch ist die Modifikation gemacht, daß nur die Externirung, nicht aber die Internirung freigelassen worden, s. stenogr. Berichte S. 1075, 1081. Die Bestimmung der Vorlage war in den Motiven S. 8 dahin gerechtfertigt: „Während aber in den Fällen des § 2 als die Voraussetzung für ein Einschreiten der Staatsgewalt mit den Wirkungen des § 1 eine strafrechtliche Beurtheilung wegen unbefugter Vornahme von Amtshandlungen hinzustellen sein wird, ist es zugleich zur Sicherung der bedrohten Interessen des Staats dringend erforderlich, nach Lage der Verhältnisse auch schon nach Einleitung der gerichtlichen Untersuchung eine Internirung des zur Untersuchung gezogenen Geistlichen als vorläufige Maßregel eintreten zu lassen. Dies schlägt der Schlußsatz des § 2 vor." Im Reichstage ging man aber davon aus, daß dem Zwecke der Verhinderung der Vornahme von Amtshandlungen bis zur gerichtlichen Entscheidung genügt sei, wenn die Externirung gestattet werde, es aber dazu der Internirung nicht bedürfe, s. stenogr. Ber. S. 1081, 1082.

[46]) **übernommen,** s. Anm. 22.

[47]) **gerichtlichen Untersuchung,** d. h. des Hauptverfahrens, nicht eines Skrutinialverfahrens oder einer bloßen Voruntersuchung.

[48]) **Beendigung des Verfahrens.** In dem Augenblick, wo das ergangene Urtheil rechtskräftig wird, erlischt die Wirkung der Maßregel. Ist der Angeklagte verurtheilt, so kann, falls er sich weiter als berechtigter Inhaber des Amtes gerirt (s. Anm. 24), von neuem die Verhängung der Internirung oder Externirung auf Grund des § 1 erfolgen.

[49]) **versagt werden.** Gegen diese Maßregel, welche blos einen provisorischen Charakter hat, ist eine Berufung nach § 5 nicht statthaft, vielmehr nur die Beschwerde an die vorgesetzte Verwaltungsinstanz.

Damit die Landespolizeibehörde von der ihr gewährten Befugniß Gebrauch machen kann, wird ihr von dem Gericht Mittheilung über die Eröffnung der Untersuchung zu geben sein.

Wenn das Interesse der Untersuchung das persönliche Erscheinen des aus dem Bezirke des Gerichtes ausgewiesenen Geistlichen erfordert, kann die Landespolizeibehörde für diesen Zweck und für die betreffende Zeit die Internirung oder Externirung suspendiren, da sie jeden Augenblick berechtigt ist, die gedachten Maßregeln aufzuheben und in dieser Befugniß auch das Minus, die zeitweise Beseitigung derselben, enthalten ist. In Preußen haben die betheiligten Ministerien, von diesen Gesichtspunkten ausgehend, s. g. Geleitscheine eingeführt, welche den in Untersuchung befindlichen Geistlichen, um ihnen die ungehinderte Wahrnehmung der Termine zu ermöglichen, zu ihrer Legitimation zugestellt werden.

II.

Gesetz

wegen

Deklaration und Ergänzung des Gesetzes vom 11. Mai 1873 über die Vorbildung und Anstellung der Geistlichen (Ges.-Samml. 1873 S. 191).

Vom 21. Mai 1874.

(Gesetz-Samml. 1874 Nr. 8191 S. 139 ff.).

II.

Gesetz

wegen

Deklaration und Ergänzung des Gesetzes vom 11. Mai 1873 über die Vorbildung und Anstellung der Geistlichen (Ges.-Samml. 1873 S. 191).[1]

Vom 21. Mai 1874.

(Gesetz-Samml. 1874 Nr. 8191 S. 139 ff.).

Wir **Wilhelm**, von Gottes Gnaden König von Preußen ꝛc. verordnen, mit Zustimmung beider Häuser des Landtages Unserer Monarchie, zur Deklaration und Ergänzung des Gesetzes über die Vorbildung und Anstellung der Geistlichen vom 11. Mai 1873, was folgt:

Artikel 1.

Das Gesetz vom 11. Mai 1873 wird dahin deklarirt,[2]) daß die Uebertragung[3]) eines geistlichen Amtes,[4]) sowie die Genehmigung einer solchen Uebertragung[5]) auch dann den Vorschriften der §§ 1 bis 3 des Gesetzes zuwider sind, wenn dieselben ohne die im § 15 daselbst vorgeschriebene Benennung des Kandidaten oder vor dieser Benennung oder vor Ablauf der im § 15 für die Erhebung des Einspruchs gewährten Frist erfolgen.[6])

[1]) **Zweck und Gegenstand des Gesetzes.** Vgl. Motive (Drucks. des Hauses der Abgeordneten 12. Legisl.-Per. I. Sess. 1873—1874 Nr. 208 S. 5):

„Der Widerstand, welchen die römisch-katholischen Bischöfe der Ausführung der Gesetze vom 11. und 12. Mai v. J. — (s. meine Kirchengesetze S. XIX. XXIV. 37, 97) — entgegengestellt haben, ist bisher am heftigsten gegen das Gesetz vom 11. Mai v. J. über die Vorbildung und Anstellung der Geistlichen hervorgetreten. Es hat dies seinen Grund darin, daß die Vorschriften dieses Gesetzes von unmittelbarer praktischer Wirkung waren und daher die feindliche Haltung des Episkopats und des von ihm abhängigen Klerus auf diesem Gebiet zunächst zu einer offenen Auflehnung gegen das Staatsgesetz führte. Um einem solchen Verhalten mit der durch die Autorität dieses Gesetzes unbedingt gebotenen Entschiedenheit überall gleichmäßig entgegentreten zu können, bedarf es einerseits der Beseitigung eines in der Auslegung des Gesetzes hervorgetretenen unbegründeten Zweifels, andererseits einiger ergänzender Vorschriften, theils um versuchte Umgehungen des Gesetzes zu verhüten, theils um die Wirksamkeit des Gesetzes gegenüber der stets fortschreitenden Opposition der Geistlichkeit durch Herstellung stärkerer Schutzmittel zu sichern.

Diesen Gesichtspunkten folgt der vorliegende Gesetz-Entwurf, indem er
im Artikel 1 eine Erläuterung der Strafbestimmungen jenes Gesetzes,
im Artikel 2 eine Ergänzung dieser Strafbestimmungen und endlich
im Artikel 3 ein neues Mittel zur Abwehr gegen das Eindringen gesetzwidrig berufener Geistlichen in die Seelsorgeämter durch Beschlagnahme des Stellenvermögens
vorschlägt."

Das Gesetz bezieht sich sowohl auf die römisch-katholische, die altkatholische, wie auch die evangelische Kirche, wie das Gesetz, welches es deklarirt, s. meine Kirchengesetze S. XIV. 102. Für die letztere ist es von geringer Bedeutung, weil das Einspruchsrecht nach § 28 des deklarirten Gesetzes vom 11. Mai 1873 auf dieselbe mit wenigen Ausnahmen (a. a. O. S. 129 u. 155 Anm. 3) keine Anwendung findet.

Art. 1. [2]) **dahin deklarirt.** Die Motive S. 5 des vom Landtage nicht veränderten Entwurfes bemerken hierzu (S. 5): „Das Bedürfniß einer Deklaration der §§ 22 und 23 im Zusammenhang damit auch der §§ 17 und 1 des Gesetzes vom 11. Mai v. J. ist dadurch hervorgerufen, daß einzelne Gerichte erster Instanz" — s. meine Kirchengesetze S. 150 Anm. 2 — „die Strafbestimmungen der §§ 22 und 23 nur auf solche Fälle beziehen wollen, wo gegen eine Anstellung Seitens des Ober-Präsidenten wirklich der Einspruch erhoben worden sei, und daß demgemäß in den Fällen von ihnen auf Freisprechung erkannt ist, wo eine Benennung des Kandidaten beim Ober-Präsidenten in Gemäßheit des § 15 gar nicht stattgehabt hatte. Hervorgerufen ist diese Auffassung vornehmlich durch die jetzige Fassung des § 17, welche anscheinend eine Unterscheidung zwischen solchen Anstellungen, die dem § 1 zuwiderlaufen, und solchen, die vor Ablauf der für den Einspruch gewährten Frist erfolgen, aufstellt. Diese Annahme muß zwar für unbegründet erachtet werden, insofern die Worte im § 17: „oder welche vor Ablauf der im § 15 für die Erhebung des Einspruchs gewährten Frist erfolgt," gar nicht den Zweck haben sollten und konnten, eine besondere, neben den Vorschriften des § 1 hergehende Uebertragung des geistlichen Amts als nicht geschehen zu bezeichnen, sondern, wie die Entstehungsgeschichte der jetzigen Fassung deutlich ergiebt, auf Vorschlag der Kommission des Abgeordnetenhauses in das Gesetz nur deshalb aufgenommen sind, um, wie es in dem Kommissionsberichte vom 3. Februar pr. Seite 29 heißt: „eine Fassungsverbesserung zum vollständigeren Ausdruck des Gemeinten" herbeizuführen" — s. meine Kirchengesetze S. 135 Anm. 3. — „Auch kann es keinem begründeten Zweifel unterliegen, daß wenn schon der § 1 selbst als Erforderniß für die Uebertragung eines geistlichen Amts aufstellt, „daß gegen die Anstellung kein Einspruch von der Staatsregierung erhoben worden ist," zur Feststellung dieses Requisites gehört, daß die im Gesetz vorgeschriebene Benennung erfolgt und nach derselben innerhalb der gesetzlichen Frist kein Einspruch erhoben worden, weil von der Erhebung des Einspruchs überhaupt erst die Rede sein kann, wenn die Benennung vorangegangen ist; denn ohne Benennung gilt die Anstellung als nicht geschehen (§ 17), und gegen einen nicht geschehenen Akt kann selbstverständlich auch kein Einspruch erhoben werden. Obwohl nun auch die große Mehrzahl der Gerichte dieser letzteren Auffassung gefolgt ist, so hat doch die gegentheilige Ansicht in neuester Zeit an Anhang gewonnen, so daß jetzt schon von sieben verschiedenen Gerichten freisprechende Erkenntnisse in jenem Sinne ergangen sind. Es leuchtet ein, daß hieraus, zumal wenn diese, als irrig zu bezeichnende Auffassung noch weitere Verbreitung finden möchte, nicht nur für die Rechtssicherheit, sondern auch für die Durchführung der kirchenpolitischen Gesetze vom Mai v. J. die allerbedenklichsten Folgen entstehen müßten. Denn einmal würde unter allen Umständen eine längere Zeit vergehen, bis durch die Rechtsprechung des Ober-Tribunals und des Ober-Appellationsgerichts eine feste Norm gewonnen werden würde, während die Staatsregierung inzwischen in den betreffenden Bezirken dem gesetzwidrigen Verhalten der Bischöfe und der Geistlichkeit gegenüber völlig wehrlos dastände, und sodann würde, wenn weitere derartige Entscheidungen erfolgten, den Bischöfen sogar die Möglichkeit geboten werden, ihr Verhalten durch Berufung auf diese gerichtlichen Erkenntnisse mit einem Scheine des Rechtes zu umgeben und auf diese Weise ihren Widerstand in den Augen der Gemeinden als mit den Gesetzen nicht einmal im Widerspruch stehend erscheinen zu lassen. Aus diesen Gründen erscheint es dringend gerathen, sofort eine Deklaration der §§ 22 und 23 des Gesetzes vom 11. Mai pr. eintreten zu lassen. — Was die Fassung einer solchen Deklaration betrifft, so ist, nachdem einmal

Zweifel über die Bedeutung der Worte, „welche den §§ 1 bis 3 zuwiderläuft“, entstanden sind, Vorsorge zu treffen, daß alle Fälle einer gesetzwidrigen Uebertragung eines geistlichen Amtes oder der Genehmigung einer solchen getroffen werden, damit nicht Raum zu neuen Zweifeln frei bleibe. Demgemäß sieht der Artikel 1 alle denkbaren Fälle, sowohl einer Uebertragung ohne jede Benennung, als auch einer Uebertragung vor der Benennung, als auch endlich einer solchen Uebertragung vor, die entweder gleichzeitig mit der Benennung oder nach der Benennung, jedoch vor Ablauf der für die Erhebung des Einspruchs gewährten Frist erfolgt.“

Die durch den Artikel jetzt gesetzlich festgestellte Auslegung der §§ 1 bis 3, § 15 (§ 17) des Gesetzes vom 11. Mai 1873 habe ich von Anfang an in meinen Kirchengesetzen S. 135 Anm. 2 u. 3 vertheidigt. Dieser Ansicht haben sich angeschlossen Witkowski in Behrend u. Dahn, Ztschr. f. deutsche Gesetzgeb. B. 8 S. 223 ff., 229, ferner das Ober-Tribunal, Sen. f. Straff. II. Abth. in den Erkennt. v. 26. Februar 1874 (Justiz-Min.-Bl. v. 1874 S. 78; Entscheidungen B. 72 S. 363; Oppenhoff, Rechtsprechung des Ob.-Trib. Bd. 15 S. 116) u. vom 9. April 1874 (Entscheidungen a. a. O. S. 399, Oppenhoff a. a. O. S. 213, vgl. auch das Erk. v. 31. Dez. 1873 bei Hartmann, Ztschr. Bd. 1 S. 145, v. 6. u. 8. Mai 1874 bei Oppenhoff a. a. O. S. 285, 294, v. 2. Juni 1874, a. a. O. S. 346) und das jetzt aufgehobene Ober-Appellationsgericht zu Berlin im Erkenntniß vom 21. März 1874 (Justiz-Min.-Bl. a. a. O. S. 120, Oppenhoff a. a. O. S. 180). Auf die Gründe, welche gegen diese Ansicht geltend gemacht worden sind (vgl. Kugel, Archiv f. kathol. Kirchenrecht B. 32 S. 132 und Gerlach, d. Bedeutung der Strafbestimmungen in den §§ 22, 23 des Gesetzes v. 11. Mai 1873. Paderborn 1874) braucht jetzt, wo die Kontroverse gesetzlich entschieden ist, nicht mehr eingegangen zu werden.

Da der Artikel 1 nur eine Deklaration enthält, so wird er auch auf alle vor dem Inkrafttreten des Gesetzes vorgekommenen Fälle Anwendung finden.

[3]) **Uebertragung,** darunter ist die Verleihung des Amtes oder die Vornahme der in Anm. 5 Abs. 2 Nr. 1—4 gedachten Handlungen durch den kirchlichen Oberen zu verstehen.

[4]) **geistlichen Amtes,** s. meine Kirchengesetze S. 100. Der dort S. 102 vertretenen Ansicht entgegen, daß die Kanonikate und Domvikariate geistliche Aemter im Sinne dieses Gesetzes und des Gesetzes vom 11. Mai 1873 seien, hat ein Reskr. des Kultus-Ministers v. 3. August 1874, G. II. 2083 (bei Herrfurth, preuß. u. deutsche Gesetzgebung vom Mai 1873 u. 1874 S. 68) erklärt, daß weder die Stellen der Dombechanten noch der Kanoniker noch der Vikarien an den Kathedral- und Kollegiat-Kapiteln als geistliche Aemter im Sinne des Gesetzes vom 11. Mai 1873 zu erachten sind, weil die Motive des Gesetzes unzweideutig ergeben, daß die Vorschriften derselben nur auf diejenigen Aemter Anwendung finden, mit welchen seelsorgerische Funktionen verknüpft sind, als solche aber die den Kapitels-Mitgliedern und Domvikarien im Chor obliegenden gottesdienstlichen Verrichtungen, welche außer jeder Beziehung zur Gemeinde stehen und sich als bloßer Gebetsdienst mehrerer durch die vita communis mit einander verbundenen Kleriker charakterisiren, nicht angesehen werden können. Daß die Motive diese Auffassung haben, habe ich ebenfalls anerkannt, nur rechtfertigt dies allein nicht die beliebte enge Interpretation des Ausdruckes „geistliches Amt“, welches dem Sprachgebrauch gemäß alle, zur Ausübung geistlicher Funktionen bestimmten Aemter, mithin auch die Kanonikate und Domvikariate umfaßt. Zweifelhaft ist der Ausdruck an sich nicht und da er im Text des Gesetzes gebraucht wird, muß seine wirkliche sprachliche Bedeutung vor der ihm in den Motiven abweichend von dem allgemeinen Sprachgebrauch beigelegten zur Geltung kommen. Uebrigens bemerkt das Reskript noch, daß, sofern mit einzelnen der genannten Aemter noch besondere Funktionen für einen bestimmten Kreis von Personen verbunden sind, also bei der Vereinigung der Dompfarrei mit einem Kanonikat und bei der Betrauung eines Domvikars mit der Aushülfe in der Verwaltung der Pfarr-Seelsorge, die Vorschriften des Gesetzes vom 11. Mai 1873 Anwendung finden.

Vgl. auch Anm. 5 Abs. 2.

[5]) **Genehmigung einer solchen Uebertragung.** Hierunter sind die Fälle zu verstehen, wo ein Drittberechtigter, der Patron, die wahlberechtigte Gemeinde, ein Pfarrer, der sich seinen Vikar ernennt, konkurrirt, und der geistliche Obere den Vorgeschlagenen oder Ernannten bestätigt, s. meine Kirchengesetze S. 139 Anm. 2 u. S. 142 Anm. 16.

Artikel 2.

Die Strafe des § 23 des Gesetzes vom 11. Mai 1873[7]) trifft einen jeden Geistlichen, welcher Amtshandlungen[8]) vornimmt, ohne den Nachweis führen zu können,[9]) daß er zu einem hierzu ermächtigenden Amte oder zur Stellvertretung oder zur Hülfsleistung in einem solchen Amte unter Beobachtung der §§ 1 bis 3 des genannten Gesetzes berufen worden sei.

Die Ausdrücke: „Uebertragung eines geistlichen Amtes, sowie die Genehmigung einer solchen Uebertragung" umfassen auch 1) die widerrufliche Uebertragung des Amtes, 2) die Uebertragung einer Stellvertretung oder Hülfsleistung, 3) die Uebertragung eines Amtes an einen schon in einem andern Amt befindlichen Geistlichen, 4) die Verwandlung einer widerruflichen Anstellung in eine dauernde und 5) die Genehmigung zu diesen Akten, denn der Art. 1 zieht die davon handelnden §§ 2 u. 3 des Ges. v. 11. Mai 1873 ausdrücklich an, und diese stellen die gedachten Fälle der im § 1 erwähnten Uebertragung des Amtes gleich, s. auch meine Kirchengesetze S. 135 Anm. 1.

[6]) **Frist erfolgen.** Nach dieser Vorschrift steht der Nichtbeachtung des nach § 15 erhobenen Einspruches gleich:

1. die Anstellung des Kandidaten ohne jedwede Benennung,
2. die Anstellung mit gleichzeitig oder nachher erfolgter Benennung,
3. die Anstellung vor dem Ablauf der 30tägigen Einspruchsfrist.

Der Fall unter 2, welchen ich (Kirchengesetze S. 135 Anm. 3) nicht besonders hervorgehoben habe, (Nr. 1 und 3 entsprechen den dort unter 3 und 5 erwähnten) ist schon in dem erstgedachten enthalten; eine Anstellung mit nachfolgender Benennung ist eine Anstellung ohne Benennung, weil es gleichgültig ist, ob eine solche überhaupt nicht oder erst nachher erfolgt, s. auch Witkowski a. a. O. S. 232. Den geübten Interpretationskünsten gegenüber war es aber zweckmäßig, auch diesen Fall besonders hervorzuheben, um eine abermalige unrichtige Auslegung auszuschließen.

Aus der besprochenen Vorschrift ergiebt sich demnach

1. daß die Uebertragung eines Amtes, die Genehmigung einer solchen oder die Vornahme der Anm. 5 gedachten Akte in der Abs. 1 unter 1 bis 3 erwähnten Weise gegen § 1 des Gesetzes vom 11. Mai 1873 verstößt, und daß demgemäß
2. nach § 17 dieses Gesetzes die gedachten Akte nichtig sind,
3. der Obere, welcher sie vornimmt, der Strafe des § 22 Abs. 1 desselben verfällt,
4. der Geistliche, welcher auf Grund eines solchen Aktes Amtshandlungen ausübt, der Strafe des § 23 Abs. 1 a. a. O. unterliegt, endlich
5. daß die Anstellung eines Lehrers an den § 10 des citirten Gesetzes genannten Anstalten gleichfalls unter Verletzung desselben erfolgt ist, wenn dabei in der Abs. 1 unter 1—3 gedachten Art verfahren ist, sowie daß auch in diesen Fällen die Folgen des § 13 eintreten, weil der § 12 die §§ 15 und 17 und letzterer den § 1, also damit auch die vorliegende Deklaratoria, anzieht.

Art. 2. [7]) **Die Strafe des § 23 des Gesetzes vom 11. Mai 1873.** Vgl. Motive a. a. O. S. 6: „Der Artikel 2 (welcher gleichfalls wörtlich in das Gesetz übergegangen ist) des Entwurfs hat den Zweck, Umgehungen des Gesetzes vom 11. Mai pr. zu verhüten, die in letzterer Zeit mehrfach, namentlich in den westlichen Provinzen vorgekommen sind. Es mehren sich nämlich die Fälle, in denen katholische Geistliche theils auf Grund eines Privatabkommens mit angestellten Pfarrern bei diesen als Kapläne oder Hülfsgeistliche eintreten, theils angeblich ohne jeden besondern Auftrag geistliche Funktionen auszuüben beginnen. Da nun die Strafbestimmungen des Gesetzes vom 11. Mai pr. eine Uebertragung eines geistlichen Amts voraussetzen und weiter von der Annahme ausgehen, daß jede Uebertragung eines geistlichen Amts entweder von den geistlichen Oberen selbst ausgehen müsse oder von ihnen zu genehmigen sei, wie dies den Grundsätzen des Kirchenrechts entspricht, so ist der Zweifel entstanden, ob Geistliche, welche Amtshandlungen vornehmen, ohne daß ihnen nachweislich dazu ein Auftrag Seitens der geistlichen Oberen ertheilt worden, auf Grund des § 23 des Gesetzes straffällig seien. Nach dem Wortlaut des Gesetzes ist dieser Zweifel kein unberechtigter, und würde demgemäß Seitens der Gerichte in den angedeuteten Fällen auf Freisprechung erkannt werden, so würden Umgehungen der Vorschriften des Gesetzes vom 11. Mai pr. leicht vorgenommen werden können. Es dürfte sich daher empfehlen, nach dieser Richtung hin eine Ergänzung der Strafbestimmung des § 23, wie im Art. 2 des Entwurfs vorgeschlagen, eintreten zu lassen."

[8]) **Amtshandlungen.** Hiermit sind diejenigen Handlungen gemeint, welche sich als Ausfluß der im § 1 u. 2 des Gesetzes vom 11. Mai 1873 gedachten Aemter und Stellungen charakterisiren, s. meine Kirchengesetze S. 100, 104, 106 u. S. 88 Anm. 2.

[9]) **Nachweis führen zu können.** Nach den Motiven soll jeder Zweifel darüber ausgeschlossen werden, daß der Strafe des § 23 (s. Kirchengesetze S. 150) unterliegt:

1) derjenige, welcher das Amt, bz. die Stellvertretung oder Hülfsleistung ohne nachweisliche Uebertragung ausübt, und
2) derjenige, der bei einem angestellten Pfarrer auf Grund eines Privatabkommens mit diesem als Hülfsgeistlicher fungirt.

Da in dem letzten Falle aber eine Uebertragung vorliegt und im § 23 nicht eine Uebertragung seitens des geistlichen Oberen gefordert wird, so war der Hülfsgeistliche schon nach dem § 23 und der anstellende Pfarrer als Anstifter strafbar, s. Kirchengesetze S. 149 Anm. 2 u. Witkowski a. a. O. S. 239. Gegen diesen Fall, welchem der des Fungirens eines nicht gesetzmäßig angestellten Weihbischofs (s. Kirchengesetze S. 129, 149) gleichsteht, reichte das bisherige Recht aus. Auch hat ferner — allerdings erst kurz nach Erlaß des Deklarationsgesetzes — das Ob.-Tribunal Sen. f. Straff. II. Abth. in den Erk. v. 28. Mai 1874, bz. v. 7. Mai 1874 angenommen, daß im Falle der §§ 1—3 des Gesetzes vom 11. Mai 1873 eine stillschweigende Uebertragung eines geistlichen Amtes einer ausdrücklichen gleichsteht, bz. die (stillschweigende) Uebertragung eines solchen mit einem Vertrage, welcher unter dem Vorbehalte beiderseitiger Kündigung, die Verhältnisse zwischen dem Pfarrer und dem angenommenen Hülfsgeistlichen regelt, nicht unvereinbar ist (Entscheidungen Bd. 72 S. 385 u. 392; Oppenhoff, Rechtsprechung des Ob.-Trib. Bd. 15 S. 289 u. 332).

Eine wirkliche Erweiterung enthält aber die Vorschrift für den ersten Fall, weil der § 23 die Uebertragung des Amtes zur Voraussetzung hat, und praktisch wird sie zugleich auch für die Fälle stillschweigender Uebertragung Abhülfe gewähren, weil letztere schwer nachweisbar ist.

Die Tragweite des Artikels 2 geht aber weit über die in den Motiven hervorgehobenen Fälle hinaus. Er regelt, indem er den Inhalt des § 23 in sich aufnimmt, einmal die Beweislast für alle Fälle, in denen ein Geistlicher Amtshandlungen vornimmt. Der angeklagte Geistliche hat jetzt immer nachzuweisen, daß die Erfordernisse der §§ 1—3 des Gesetzes vom 11. Mai 1873 zu der Zeit vorhanden waren, wo er die inkriminirte Handlung vorgenommen hat, daß er also deutscher Reichsangehöriger war, die vorgeschriebene wissenschaftliche Bildung erhalten und bei seiner Anstellung, bz. Ermächtigung die Vorschriften über den Einspruch gewahrt worden sind. Hiermit ist die bisherige Kontroverse, ob die Kenntniß des angestellten Geistlichen von der mangelnden Anzeige (behufs Wahrung des Einspruchs) eine Voraussetzung der Strafbarkeit desselben bildet, — bejaht von Witkowski a. a. O. S. 234, verneint in meinen Kirchengesetzen S. 152 Anm. 2 a. E. zu § 23 u. vom Ob.-Trib. Sen. f. Straff. II. Abth. Erk. v. 9. April 1874 (Entscheidungen Bd. 72 S. 399) u. Erk. v. 12. November 1874 (Oppenhoff, Rechtsprechung des Ob.-Trib. Bd. 15 S. 771) — in dem letzteren Sinne gesetzlich entschieden. Da die Vorschriften des § 1 des Gesetzes vom 11. Mai 1873 auf solche Geistliche, welche vor seiner Verkündigung angestellt waren, nur unter den Modifikationen der §§ 25 u. 26 Anwendung finden, so wird für diese der Nachweis genügen, daß sie die in letzteren erleichterten Erfordernisse erfüllt haben, so auch Witkowski a. a. O. S. 242, 243. Für den Ausnahmefall, wo eine Stellvertretung oder Hülfsleistung vorbehaltlich des Einspruchs angeordnet werden kann (§ 2 des Ges. v. 11. Mai 1873), ist durch Art. 2 dem Geistlichen der Beweis auferlegt, daß die Voraussetzung, die Gefahr im Verzuge, obgewaltet hat, denn nur dann ist dargethan, daß er nicht dem § 2 zuwidergehandelt hat.

Zweitens schließt der Artikel 2, weil der § 15 des Gesetzes vom 11. Mai 1873 die geistlichen Oberen verpflichtet, die Kandidaten dem Ober-Präsidenten zu benennen, jede Verwaltung eines geistlichen Amtes aus, wenn der geistliche Obere nicht vorher dem Ober-Präsidenten die Person desjenigen, der dasselbe ausüben soll, angezeigt hat, denn jedes anderweite Fungiren ist strafbar. Zu weit geht Witkowski, wenn er bemerkt (S. 240, 241), daß nach Art. 2 die Amtsausübung nur noch auf Grund einer Berufung gesetzlich zulässig ist, und daß auf diese Weise gewisse, thatsächlich in der Kirche vorkommende Fälle des Eintritts in ein geistliches Amt nicht blos der staatlichen Kontrole zur Abwehr staatsfeindlicher Elemente unterworfen, sondern überhaupt reprobirt und unter Strafe gestellt werden, und ferner hinzufügt, man sollte sich allerseits darüber klar sein, daß man durch diesen Artikel 2 einen Schritt über den ursprünglichen Standpunkt des Gesetzes hinausgeht, wonach in die Grundsätze der Kirchen über den Aemtererwerb gar nicht eingegriffen werden soll. Hierbei ist übersehen, daß nach katholischem Kirchenrecht die Uebertragung eines Amtes oder die Ertheilung der Befugniß zur Ausübung geistlicher Amtsfunktionen immer die Konkurrenz eines geistlichen Oberen voraussetzt, s. Schulte, Lehrb. d. kath. Kirchenrechts. 3. Aufl. S. 298, daß namentlich die Anstellung der Hülfsgeistlichen durch den Pfarrer seitens des Bischofs approbirt werden muß, s. mein Kirchenrecht Th. 2 S. 319, sowie daß die geistlichen Oberen stets in der Lage sind, Kenntniß von den in ihren Sprengeln fungirenden Geistlichen zu erhalten. Weiter ist nicht beachtet, daß der § 15 nicht vorschreibt, daß der geistliche Obere, welcher das Anstellungsrecht hat, vielmehr daß derjenige Obere, in dessen Sprengel der betreffende Geistliche zu fungiren hat, die Benennung vorzunehmen verpflichtet ist, Kirchengesetze S. 129 Anm. 1 a. E. Die kirchenrechtlich statthaften Anstellungen werden also durch Art. 2 nicht gehindert, derselbe verlangt vielmehr nur die Benennung der in dem Sprengel des geistlichen Oberen vorzunehmenden Anstellungen und hält sich also gerade in den Grenzen, deren Ueberschreitung Witkowski tadelt. Wenn die geistlichen Oberen bei der jetzigen Lage des Konflikts, um sich dem Gesetze nicht zu fügen, das Fungiren ohne jedwede missio stillschweigend toleriren, und der Artikel 2 dies hindert, so wird dadurch nicht eine kirchenrechtlich statthafte Art der Berufung ausgeschlossen, sondern nur eine durch Ignorirung der Grundsätze des Kirchenrechtes versuchte Umgehung des Gesetzes verhütet.

Uebrigens ist das Erkenntniß des Ober=Trib. S. f. Strafs. II. Abth. v. 29. Oktober 1874 (Oppenhoff a. a. O. S. 726), daß geistliche Amtshandlungen, welche ein gesetzwidrig angestellter Geistlicher außerhalb des ihm überwiesenen Amtsbezirkes vornimmt, selbst wenn dies unter Zustimmung des Ortspfarrers geschah, nicht unter das Strafverbot des § 23 des Ges. v. 11. Mai 1873 fallen, dem Artikel 2 gegenüber nicht mehr haltbar, wie auch das Ober=Trib. a. a. O. selbst anerkennt.

Drittens kommt endlich noch das Verhältniß des Art. 2 zu § 17 des Gesetzes vom 11. Mai 1873 in Frage. Der erstere erweitert nur die Strafandrohung des § 23, der letztere spricht die Nichtigkeit der dem § 1 derselben zuwider erfolgten Uebertragung aus. Daß dies auch zufolge des Art. 1 der vorliegenden Deklaratoria von einer den hier präcisirten Vorschriften zuwider stattgehabten Uebertragung gilt, unterliegt keinem Zweifel. Was dagegen die im vorigen Absatz dieser Anmerkung erwähnten Fälle betrifft, wo gar keine Betheiligung des geistlichen Oberen bei der Anstellung obgewaltet hat, so findet auf diese der Artikel 2 allerdings keine Anwendung. Aber — das übersieht Witkowski a. a. O. S. 240 — einer Festsetzung der Nichtigkeit der Uebernahme des Amtes durch den Geistlichen bedurfte es hier nicht. Denn, wenn der geistliche Obere dem Staate nach § 15 die Kandidaten zu benennen hat, welche in seinem Sprengel fungiren, gleichviel, ob er sie selbst anstellt oder nicht, so ist auch in diesen Fällen gegen den § 1, resp. § 15 und damit gegen § 17 des Gesetzes vom 11. Mai 1873 verstoßen.

Da bei den evangelischen Geistlichen, sofern sie von Behörden angestellt sind, deren Mitglieder sämmtlich vom König ernannt werden, nach § 28 des Gesetzes vom 11. Mai 1873 ein Einspruch nicht stattfindet, mithin auch keine Benennung derselben erforderlich ist (s. Anm. 1), so haben diese nur den Nachweis der Reichsangehörigkeit und der vorschriftsmäßig erlangten wissenschaftlichen Bildung (s. § 27 des gedachten Gesetzes) zu führen, nicht aber den, daß sie von der vorgesetzten Behörde gültig angestellt oder gültig zur Stellvertretung oder Hülfsleistung ermächtigt worden sind. Weder der § 1 des mehrerwähnten Gesetzes noch der Art. 2 verlangt den Nachweis der Berufung als solcher, vielmehr nur den, daß das Einspruchsrecht des Staates bei der letzteren gewahrt ist, und nur insoweit, als es für diesen Beweis nöthig ist, kommt die Berufung mit in Frage. Daher bleibt sie da außer Betracht, wo eine Benennung behufs der Ermöglichung des Einspruchs gar nicht erforderlich ist, und das um so mehr, als das Gesetz und seine Deklaratoria

Artikel 3.

Nach Erledigung eines geistlichen Amtes[10]) ist der Ober-Präsident[11]) befugt, die Beschlagnahme des Vermögens[12]) der Stelle[13]) zu verfügen, wenn

1) das erledigte Amt[14]) den Vorschriften der §§ 1 bis 3 des Gesetzes vom 11. Mai 1873 zuwider[15]) übertragen ist,[16]) oder

2) wenn Thatsachen vorliegen, welche die Annahme begründen, daß die Uebertragung des Amtes nicht unter Beobachtung dieser Vorschriften erfolgen werde.[17])

Der Beschlagnahme unterliegt das gesammte Vermögen der Stelle,[18]) einschließlich aller Nutzungen, Hebungen und Leistungen.[19]) Der Ober-Präsident ernennt einen Kommissarius,[20]) welcher die Beschlagnahme ausführt[21]) und bis zur gesetzmäßigen Wiederbesetzung der Stelle, beziehentlich bis zur gesetzmäßigen Einrichtung einer einstweiligen Vertretung[22]) das Vermögen für Rechnung der Stelle[23]) verwaltet.[24]) Zwangsmaßregeln, welche zur Ausführung der Beschlagnahme erforderlich sind,[25]) werden im Verwaltungswege[26]) getroffen. Der Kommissarius übt alle vermögensrechtlichen Befugnisse des berechtigten Stelleninhabers[27]) mit voller rechtlicher Wirkung aus.[28])

Die Kosten der Verwaltung[29]) werden aus den Einkünften der Stelle entnommen.

ein kirchlich unbefugtes Amtiren gar nicht bestraft, sondern nur ein solches, das unter Verletzung der vom Staate in seinem Interesse vorgeschriebenen Kautelen stattfindet.

Aus den vorstehenden Ausführungen ergiebt sich, daß der Artikel 2 weit über den Inhalt des § 23 hinausgeht; er ist keine Deklaration desselben und kann daher nicht auf früher vorgekommene Fälle angewendet werden.

Art. 3. [10]) **Erledigung eines geistlichen Amtes.** Hierher gehören alle vom Kirchenrecht anerkannten Erledigungsfälle, also Tod, Resignation, Versetzung, Strafentsetzung und Konfessionswechsel (s. v. Schulte, Lehrb. d. kathol. Kirchenrechts. 3. Aufl. S. 327; Richter-Dove, Lehrb. des kathol. u. evang. Kirchenrechts. 7. Aufl. S. 609 ff.), ferner aber die durch das Gesetz vom 12. Mai 1873 über die kirchliche Disciplinargewalt § 24, das Gesetz vom 22. April 1875 betr. die Einstellung der Leistungen 2c. für die römisch-katholischen Bisthümer §§ 12 u. 14, s. unter IV. (Entlassung durch Erkenntniß des Gerichtshofes für kirchliche Angelegenheiten) und das Gesetz vom 11. Mai 1873 § 21 (Verurtheilung durch gewöhnliche Gerichte zu Zuchthausstrafe, sowie zum Verlust der bürgerlichen Ehrenrechte und der Fähigkeit zur Bekleidung öffentlicher Aemter) festgesetzten Erledigungsfälle.

[11]) **Ober-Präsident.** Dieser allein, ohne Rücksicht darauf, ob eine andere Königl. Patronatsbehörde oder sonst Rechte Dritter bei der Besetzung der Stelle in Frage kommen, s. Cirk.-Verf. des Kultus-Ministers v. 19. Juni 1874 (Anlage 1). Wegen der Hohenzollernschen Fürstenthümer, welche zu keinem Ober-Präsidial-Bezirk gehören, s. Kirchengesetze S. 198, Nachtrag zu S. 56.

[12]) **Beschlagnahme des Vermögens.** Vgl. hierzu Motive S. 7:

„Es ist vielfach als ein großer Mißstand empfunden worden, daß die gesetzwidrig angestellten Geistlichen ungeachtet der Bekanntmachung an die Gemeinden über die Gesetzwidrigkeit der Anstellung und deren Folgen, sowie ungeachtet der Verwarnung, welche den Geistlichen selbst ertheilt wird, von dem Amte, und zwar sowohl von dem officium als auch dem beneficium Besitz ergreifen und wochen- ja monatelang im Widerspruch mit den Vorschriften der Staatsgesetze amtiren, bevor endlich eine Geldstrafe im Wege der strafrechtlichen Untersuchung gegen sie festgesetzt wird. Es bedarf der näheren Ausführung nicht, daß auf diese Weise dem gesetzwidrigen Verhalten der Bischöfe und der von ihnen angestellten Geistlichen nur unvollkommen begegnet und daß gerade dadurch den gesetzwidrig berufenen Geistlichen die Möglichkeit geboten wird, die Gemeinden zur Parteinahme gegen die Anordnungen der Regierung aufzureizen. Soweit im Verwaltungswege die Möglichkeit geboten war, dem entgegenzutreten, ist dies zwar inzwischen bereits geschehen, indem einmal für die Rheinprovinz, insoweit dortselbst auf Grund der französischen Gesetzgebung die Pfarrhäuser im Eigenthum der Civilgemeinden stehen, die Anordnung getroffen ist, daß nur solchen Geistlichen, bei deren Anstellung den Vorschriften des Gesetzes vom 11. Mai pr. genügt ist, die Pfarrhäuser Seitens der Bürgermeister überwiesen werden dürfen und letztere, falls ein gesetzmäßig angestellter Geistlicher in der Parochie nicht vorhanden ist, die Pfarr-Etablissements selbst in Besitz und Verwaltung zu nehmen haben" — (vgl. den Erlaß des Ober-Präsidenten der Rheinprovinz vom 5. November 1873 im Arch. f. kath. Kirchenrecht Bd. 31 S. 348). — „Sodann ist allgemein für den ganzen Umfang des Staates die Verfügung getroffen, daß die Pfarrhäuser nebst Zubehörungen in den Parochien landesherrlichen Patronats nur gesetzmäßig bestellten Geistlichen übergeben werden dürfen und falls weder ein gesetzmäßig angestellter, noch ein in gesetzmäßiger Weise berufener Verwalter der Stelle vorhanden ist, die Patronatsbehörden einen Patronatsverweser zu bestellen haben, der in Gemeinschaft mit dem Kirchenvorstande, und falls dieser seine Mitwirkung verweigert, allein das Pfarrhaus nebst den Pfarrgrundstücken und sonstigen Zubehörungen in Besitz zu nehmen und zu verwalten hat." — (Vgl. die Cirk.-Verf. des Kultus-Ministers v. 18. November 1873 bei Herrfurth, preuß. u. deutsche Gesetzgebung S. 83.) — „Diese Anordnungen reichen indeß nicht aus. Vielmehr ist es als ein Bedürfniß anzuerkennen, im Wege der Gesetzgebung eine gleiche Befugniß den Staatsbehörden bezüglich aller geistlichen Aemter zu übertragen, weil dies das einzige Mittel ist, von vornherein den gesetzwidrig angestellten Geistlichen von der Besitznahme der Pfründe fern zu halten und dadurch auch den Gemeinden den Ernst des Gesetzes fühlbar zu machen. Daß eine solche Anordnung auch grundsätzlich für statthaft zu erachten, kann keinem Zweifel unterliegen, weil das Pfarrvermögen wie alles Kirchenvermögen sowohl nach den Bestimmungen des Allgemeinen Landrechts Tit. 11 Th. II. § 161 ff. als auch nach den Vorschriften des Art. 15 der Verfassungs-Urkunde und des Gesetzes vom 5. April pr. (G.-S. S. 143) den Staatsgesetzen und der gesetzlich geordneten Aufsicht des Staates unterworfen, mithin die Staatsgesetzgebung befugt ist, Vorschriften gegen die gesetzwidrige Verwendung von Pfarrvermögen zu erlassen."

[13]) **der Stelle.** Unter „der Stelle" ist das Amt zu verstehen, gleichviel, ob es ein Benefizium im kirchenrechtlichen Sinne ist oder nicht, s. Kirchengesetze S. 100; es kommt nur darauf an, daß ein fest bestimmter herkömmlicher Kreis von geistlichen Befugnissen regelmäßig einem Geistlichen übertragen wird und übertragen worden ist, und also bei Fortfall des bisher Berechtigten stets ein anderer in dessen Funktionen eintreten kann. Ferner muß aber auch ein bestimmtes Vermögen, das regelmäßig für den Unterhalt des betreffenden Geistlichen verwendet worden ist, vorhanden sein. Unter dem Vermögen der Stelle ist dasjenige zu verstehen, was derselben, z. B. einer Pfarre, als juristischer Person (Stiftung) gedacht, gehört; ferner auch dasjenige, was im Eigenthum der Parochie oder der Kirchengemeinde steht, insofern der Stelleninhaber ein Recht auf Innehabung, Gebrauch und Nutzung besitzt; endlich die von andern Personen oder andern Kassen (z. B. der Kirchenkasse) zu entrichtenden Leistungen und Zuschüsse, welche der Geistliche kraft seiner Eigenschaft als berechtigter Inhaber der Stelle zu fordern hat, denn derartige Rechte bilden ebenfalls einen Bestandtheil des Vermögens der Stelle. Bloße Stiftungen, z. B. Meßstiftungen und ihr Vermögen unterliegen nur insofern der Beschlagnahme, als aus demselben dem Inhaber der Stelle dafür, daß er die Stiftungszwecke erfüllt, z. B. die Messen liest, ein Aequivalent zu gewähren ist. Hierbei handelt es sich zwar nicht um Rechte, welche der Stelle als solcher zustehen, indessen dienen diese Vermögensmassen gleichfalls zum Unterhalt des Stelleninhabers und dem Zweck des Gesetzes nach ist auch das Vermögen darunter zu verstehen, welches faktisch für den Stelleninhaber verwendet wird. Wo aber die Persolvirung des Stiftungszweckes nicht an die Person des Stelleninhabers gebunden ist, wird der erforderliche Betrag an einen andern gesetzlich angestellten Geistlichen, welcher die erforderlichen Handlungen vornimmt, auszuzahlen und die Beschlagnahme aufzuheben sein.

[14]) **erledigte Amt,** s. S. 25. Anm. 10.

[15]) **den Vorschriften der §§ 1 bis 3 des Gesetzes vom 11. Mai 1873 zuwider,** also

auch zuwider dem Artikel 1 dieses Gesetzes, vgl. die Anmerkungen zu demselben. S. übrigens auch Anm. 22.

[16]) **übertragen ist.** Die Regierungsvorlage enthielt das Wort: „wird"; das letztere ist in Folge des Amendements Krah durch: „ist" ersetzt worden. Es hat dadurch klar gestellt werden sollen, daß die Beschlagnahme auch für den Fall statthaft sein soll, daß der betreffende ungesetzliche Inhaber sich schon in den Besitz des Amtes gesetzt hat, s. stenogr. Berichte des Abgeordnetenhauses S. 1533, 1535. Dadurch ist ferner die Wirksamkeit des Gesetzes auf Fälle ausgedehnt worden, wo ein solcher Inhaber sich schon bei Erlaß der vorliegenden Deklaratoria im Besitze des Pfründen-Vermögens, bz. eines Theiles desselben befand, s. auch Cirk.-Verf. des Kultus-Ministers v. 19. Juni 1874 (Anlage 1).

[17]) **erfolgen werde.** Vgl hierzu Motive S. 8: „Im Einzelnen ist zu den Bestimmungen des Art. 3 nur hervorzuheben, daß der Zweck derselben, nämlich gesetzwidrig angestellte Geistliche von dem Eindringen in die Stelle möglichst fern zu halten, nicht zu erreichen sein würde, wenn man die Beschlagnahme des Vermögens nur eintreten lassen wollte, nachdem eine gesetzwidrige Bestellung stattgefunden hat. Denn mit dem Augenblick dieser Bestellung wird der widerrechtlich berufene Geistliche auch von der Pfründe Besitz ergreifen, wenn er nicht daran verhindert wird. Es kommt daher vornehmlich darauf an, rechtzeitig vorbeugende Maßnahme zu treffen, damit es einem solchen Geistlichen von vornherein unmöglich gemacht werde, sich in den Besitz des Stellenvermögens zu setzen. Dies ist aber nur erreichbar, wenn die Beschlagnahme schon dann vorgenommen wird, wenn vorauszusehen ist, daß für die vakante Stelle ein Geistlicher unter Beobachtung der Staatsgesetze nicht wird berufen werden, also die Gefahr ist, daß entweder ein gänzlich unberufener oder ein ungesetzlich berufener Geistlicher in die Stelle einzubringen versuchen werde. Indem die Vorschrift der Nr. 2 dieser Rücksicht Genüge schafft, gewährt sie zugleich dadurch einen Schutz gegen eine ungerechtfertigte Anwendung, daß das Vorhandensein von Thatsachen, welche jene Annahme begründen, als nothwendige Voraussetzungen hingestellt ist."

Durch die Cirk.-Verf. des Kultus-Ministers v. 19. Juni 1874 (s. Anlage 1) ist die Verfügung der Beschlagnahme bei allen Vakanzen in solchen Diöcesen, deren geistliche Obere bereits wegen Zuwiderhandelns gegen die Vorschriften der §§ 1—3 des Gesetzes vom 11. Mai 1873 bestraft sind, angeordnet worden.

[18]) **das gesammte Vermögen der Stelle,** vgl. Anm. 13. Aus dem dort Bemerkten folgt, daß der die Beschlagnahme ausführende Kommissar sich nur in die Gewahrsam derjenigen Vermögensstücke setzen kann, auf welche der Stelleninhaber selbst einen Anspruch hat, also z. B. des Pfarrhauses, der Pfarrgrundstücke, ferner auch der Werthpapiere und der Dokumente über etwaige ausgeliehene zur Dotation der Stelle bestimmte Kapitalien, oder endlich der Vermögensstücke, auf welche, sofern sie faktisch dem Stelleninhaber zum Unterhalt dienen, kein anderer ein Verwahrungs- und Verwaltungsrecht hat.

Sind zur Stelle gehörige Realitäten vermiethet oder verpachtet, so dürfen die Pächter und Miether nicht vor rechtsgültiger Endigung ihrer Verträge entfernt werden, sie sind aber anzuweisen, die Zinszahlungen an den Kommissar zu leisten. Ein etwaiger, rechtsgültig angestellter Vikar, welcher Anspruch auf Wohnung in dem Pfarrhause hat, ist in demselben zu belassen. S. auch Anm. 23 Abs. 2.

Die Werthpapiere und Dokumente können, da die Verwaltung des Kommissarius eine staatliche ist, nöthigenfalls in den Dokumenten-Depositorien der Regierungskassen, wie dies auch ein Reskr. des Kultus-Ministers v. 18. September 1874 gestattet hat, aufbewahrt werden.

Lautet ein Dokument gemeinsam über ein zum Theil dem Stelleninhaber, zum Theil einem andern, z. B. der Kirchenkasse zustehendes Kapital, so ist mangels einer Einigung zwischen dem Kommissar und dem Mitberechtigten (Kirchenvorstand, Kirchenfabrikrath ꝛc.) auf Kosten des Stellen-Vermögens (s. Schluß-Abs. des Art.) die Bildung eines Zweigdokumentes, welches der Kommissar in Verwahrung nimmt, zu veranlassen.

[19]) **einschließlich aller Nutzungen, Hebungen und Leistungen.** Soweit diese fällig sind, hat sie der Kommissar einzuziehen. Bei noch nicht fälligen, künftigen Hebungen, und zwar bei solchen, welche aus fremden Vermögensmassen zu zahlen sind, hat der Kommissar kein Recht, die Ausantwortung des Vermögensstockes zu verlangen, hier kann die Beschlagnahme nur in der Weise

erfolgen, daß den Verpflichteten bekannt gemacht wird, die Leistungen an den unberechtigten Stelleninhaber bei Vermeidung doppelter Entrichtung einzustellen und sie ihrer Zeit an den Kommissar abzuführen. Einer gerichtlichen Arrestlegung, um die civilrechtliche Ungültigkeit der Entrichtung an den ersteren zu bewirken, bedarf es nicht. Nach dem Gesetze vom 11. Mai 1873 § 17 in Verbindung mit Art. 1 ist die Anstellung des fraglichen Geistlichen nichtig, er ist also nicht zur Erhebung befugt. Andererseits ergiebt der Artikel 3 die Legitimation des Kommissars zur Einziehung, ebenso seine Befugniß zum Erlaß des Arrestatoriums, da die erforderlichen Maßregeln von ihm im Verwaltungswege zu treffen sind.

[20]) **Kommissarius.** Eine Qualifikation für denselben ist nicht vorgeschrieben. Zu seiner Legitimation erhält er vom Ober-Präsidenten eine Bestallung. Selbst aber, wenn er ein staatlicher Beamter ist, wird ihm von dem ernennenden Ober-Präsidenten eine Remuneration für seine Verwaltung bewilligt werden können, denn der Staat hat keine Verpflichtung, auf eigene Kosten seine Beamte Funktionen vollziehen zu lassen, welche durch die Verletzung der Staatsgesetze erforderlich werden. Die Remuneration gehört mit zu den Kosten der Verwaltung, über welche der Abs. 3 des Art. Bestimmung trifft. In Uebereinstimmung hiermit die Cirk.-Verf. des Kultus-Ministers v. 19. Juni 1874 (Anlage 1).

[21]) **die Beschlagnahme ausführt,** s. Anm. 18, 19, u. 23. Wegen des Einflusses des Gnadenjahres s. Anm. 23.

[22]) **einstweiligen Vertretung,** d. h. bis zu einer Wiederbesetzung oder Einrichtung einer Stellvertretung, welche den Vorschriften der §§ 1 bis 3 des Ges. v. 11. Mai 1873 und dem Art. 1 dieser Deklaratoria, oder auch den Vorschriften der Artikel 4, 5, 6—11 der letzteren entspricht.

Die Verwaltung des Kommissars wird übrigens auch dann endigen müssen, wenn der Ober-Präsident auf Grund des Abs. 1 des Artikels 3 die Beschlagnahme verfügt hat, bei der auf Grund der §§ 22 u. 23 des Gesetzes v. 11. Mai 1873 eingeleiteten Untersuchung aber durch richterliche Freisprechung dargethan ist, daß das Amt nicht gesetzwidrig übertragen ist. Die hier inzwischen vom Kommissar erhobenen Beträge müssen dann dem Amtsinhaber restituirt werden.

[23]) **für Rechnung der Stelle.** Was daher nach der Bestreitung der Kosten der Verwaltung, der auf dem Vermögen lastenden Abgaben und der von dem Stelleninhaber aus den Einkünften zu machenden Unterhaltungs-Ausgaben (z. B. der kleineren Reparaturen im Pfarrhause, vgl. A. L. R. Th. II. Tit. 11 §§ 784 ff.) übrig bleibt, muß zu Kapital geschlagen werden, jedoch ist eine Verwendung zu zweckmäßigen Meliorationen, wie sie ein sorgsamer Hauswirth beim Vorhandensein von Ueberschüssen vornimmt, nicht ausgeschlossen. Ein Berechtigter, der die Einnahmen für sich verwenden kann, ist nicht vorhanden, und der etwa später gesetzmäßig angestellte Geistliche erwirbt ein Recht auf die Einkünfte des Stellenvermögens erst von dem Zeitpunkt seiner Anstellung ab. Wo aber ausnahmsweise begründete Ansprüche auf die Einnahmen der Zwischenzeit existiren, müssen diese an die Berechtigten durch den Kommissar abgeführt werden, so z. B. im ehemaligen Herzogthum Nassau die Ueberschüsse der Stellen als Intercalargefälle in Gemäßheit des nassauischen Ediktes vom 9. Oktober 1827 an den Central-Kirchenfonds, ferner die Revenüen des Gnadenjahrs, wo ein solcher Anspruch besteht, s. die Kirchengesetze S. 139 citirte Verordn. v. 3. Juli 1843, an die dazu Berechtigten.

Jedenfalls hindern derartige Rechte Dritter die Beschlagnahme nicht, und zwar auch dann nicht, wenn sie einen Anspruch auf die Gewahrsam und die Benutzung bestimmter Vermögensstücke, z. B. der Pfarrgebäude haben. Der Kommissar wird ihnen die Ausübung ihrer Rechte nicht entziehen, aber andererseits Sicherungsmaßregeln dagegen treffen können, daß nicht ein unberechtigter Nachfolger in der Stelle den Gebrauch und die Nutzung solcher Realitäten erlangt.

[24]) **verwaltet.** Bei der Uebernahme der Verwaltung werden die Kommissarien, so ist auch die Praxis, ein Inventar der von ihnen in Beschlag genommenen Vermögensstücke anzufertigen und auch einen Etat, nach denen sie die Vermögensverwaltung führen, aufzustellen haben. Andere als Verwaltungsbefugnisse hat der Kommissar nicht. Hinsichtlich der Substanz des Stellenvermögens selbst gehen die Befugnisse des berechtigten Stelleninhabers ebenfalls nicht weiter (s. Richter-Dove, Lehrb. des Kirchenrechts. 7. Aufl. S. 1132 ff.; v. Schulte, Lehrb. des kath. Kirchenrechts. 3. Aufl. S. 559). Letzterer ist aber zur selbstständigen Nutzung der Substanz berechtigt und erwirbt das

Artikel 4.[30])

Wenn nach Erledigung eines geistlichen Amtes[31]) ein Geistlicher wegen unbefugter Vornahme von Amtshandlungen in diesem Amte in Gemäßheit des § 23 Absatz 1 des Gesetzes vom 11. Mai 1873 oder des Artikel 2 dieses Gesetzes[32]) rechtskräftig zur Strafe verurtheilt worden ist,[33]) so ist derjenige, welchem auf Grund des Patronats[34]) oder eines sonstigen Rechtstitels[35]) das Präsentations- (Nominations-, Vorschlags-) Recht[36]) zusteht, befugt,[37]) das Amt[38]) wieder zu besetzen[39]) und für eine Stellvertretung in demselben zu sorgen.[40])

Eigenthum an den Einkünften. Die eben gedachten Rechte gehen nicht auf den Kommissar über, dieser hat vielmehr nur in Betreff der dem Stelleninhaber zu eigenem Rechte zustehenden Nutzungen, Einkünfte, Hebungen die ordnungsmäßige Verwaltung. Er hat daher wohl dafür Sorge zu tragen, daß die Grundstücke genutzt, die sonstigen Leistungen eingezogen werden, verfügen darf er über dieselben aber nur insoweit, als dies innerhalb der Befugnisse eines Verwalters liegt, d. h. er kann z. B. dem Verderben ausgesetzte Gegenstände, ferner solche, deren Verkauf das Interesse einer wirthschaftlichen Verwaltung bedingt, veräußern. Das dafür vereinnahmte Geld, sowie die sonst eingezogenen Gelder sind zinsbar anzulegen. Soweit der Stelleninhaber kraft seines Verwaltungs- und Genußrechtes am Stellenvermögen zur Einklagung der ihm zustehenden Rechte und Einkünfte befugt ist, ist es auch der Kommissar, weil es sich hierbei um innerhalb der Verwaltung liegende Konservationsmaßregeln handelt. Vgl. Anm. 27.

[25]) **zur Ausführung der Beschlagnahme erforderlich sind**, d. h. alle Maßregeln, welche nöthig sind, damit der Kommissar die Gewahrsam und die Verwaltung der der Beschlagnahme unterstehenden Vermögensstücke erlangt; daher wird z. B. der unberechtigte Stelleninhaber aus dem Pfarr- oder Benefiziatenhause exmittirt, der von dem Kommissar ernannte Sequester immittirt werden können.

[26]) **Verwaltungswege**, also nöthigenfalls durch Administrativ-Exekution, vgl. auch Kirchengesetze S. 58 Anm. 4 Abs. 2 u. 5. Beschwerden über diese Maßregeln können nur bei der vorgesetzten Verwaltungsbehörde angebracht werden. Der Rechtsweg ist unzulässig, so auch Erkenntniß des Gerichtsh. zur Entscheidung der Kompetenz-Konflikte v. 9. Januar 1875.

[27]) **alle vermögensrechtlichen Befugnisse des berechtigten Stelleninhabers.** Damit ist gemeint, daß der Kommissarius die vermögensrechtlichen Befugnisse des Stelleninhabers hinsichtlich des in Beschlag genommenen Vermögens ausübt, jedoch nur insoweit, wie seine Stellung als Verwalter geht, denn sonst würde ein Widerspruch mit der vorher gehenden bezüglichen Anordnung eintreten. Das Nutzungsrecht des Vermögens, welches ebenfalls eine vermögensrechtliche Befugniß ist, geht also nicht auf den Kommissar über. Auf das Lokal-Kirchenvermögen bezieht sich die Vorschrift nicht, hinsichtlich desselben hat er nicht in die Funktionen des Geistlichen einzutreten, denn von diesem Vermögen ist in dem Artikel 3 nicht die Rede.

[28]) **aus.** Ein Amendement Dr. Wehrenpfennig, hinter diesen Absatz einzuschalten: „Der Kommissarius ist für seine Verwaltung nur der vorgesetzten Behörde verantwortlich und die von ihm zu legende Rechnung unterliegt der Revision der Königlichen Oberrechnungskammer in Gemäßheit der Vorschrift des § 10 Nr. 2 des Gesetzes vom 27. März 1872. Eine anderweite Verantwortung oder Rechnungslegung findet nicht statt", ist auf Widerspruch der Regierung zurückgezogen worden, s. stenogr. Berichte S. 1532, 1534, 1535. Daraus folgt aber nicht, daß der Kommissar irgend welchen kirchlichen Behörden Rechnung zu legen hat, nur die Belastung der Ober-Rechnungskammer hat durch Ablehnung des Amendements ausgeschlossen werden sollen. Zu den kirchlichen Behörden steht der Kommissar in gar keinem civilrechtlichen Verhältniß, auf Grund dessen diese Rechnungslegung fordern könnten. Eine solche kann nur der ihn bestellende Ober-Präsident oder der von letzterem delegirte Beamte, z. B. der Landrath unter dieser Voraussetzung, verlangen.

[29]) **Kosten der Verwaltung**, s. Anm. 20.

Art. 4. [30]) Dieser und alle folgenden Artikel fehlten in der Regierungsvorlage. Sie sind unter Zustimmung der Regierung durch ein Amendement Dr. Wehrenpfennig hinzugefügt, stenogr. Berichte S. 1537 ff., 1567, 1568. Dasselbe hat die in dem gleichzeitig dem Landtage zur Berathung vorgelegten Gesetz über die Verwaltung erledigter katholischer Bisthümer vom 20. Mai 1874 (s. unter Nr. III.) §§ 13 bis 18 ausgesprochenen Grundsätze auf die hier in Rede stehenden Fälle übertragen.

[31]) **Erledigung eines geistlichen Amtes,** s. Anm. 10. S. 25.

[32]) **Artikel 2 dieses Gesetzes,** s. Anm. 9. S. 23.

[33]) **verurtheilt worden ist.** Mit einer solchen Verurtheilung ist klar gestellt, daß die Besetzung für den Staat nicht rechtsgültig erfolgt ist.

[34]) **Patronats,** weil dieses dem Inhaber sowohl nach gemeinem Kirchenrecht, s. Richter-Dove a. a. O. S. 567 ff., 598 ff., als auch nach preuß. Landrecht Th. II. Tit. 11 § 327 ff. das Präsentationsrecht gewährt.

[35]) **sonstigen Rechtstitels.** Zu diesen gehört z. B. die Inkorporation, die sog. Kollatur in Schlesien, Einräumung des Präsentationsrechtes durch Abkommen mit der geistlichen Behörde, wie dies namentlich in solchen Fällen vorgekommen ist, wo das Patronatrecht nicht sicher zu erweisen war, oder wo wegen der Natur des Amtes, z. B. des Missions-Pfarr-Amtes, ein eigentliches Patronatrecht nach kirchenrechtlichen Grundsätzen nicht statthaft ist. Vgl. übrigens auch Anm. 48 a. E.

[36]) **Präsentations- (Nominations-, Vorschlags-) Recht.** Die verschiedenen Ausdrücke sind gewählt, um alle Fälle zu erschöpfen. Das Präsentationsrecht im eigentlichen Sinne ist das Recht, den Kandidaten vorzuschlagen und zwar mit der Wirkung, daß der kirchliche Obere ihm das Amt, falls er geeignet ist, verleihen muß. Der Ausdruck: Vorschlagsrecht, der vielfach mit dem Präsentationsrecht gleichbedeutend gebraucht wird, kann aber auch ein schwächeres Recht bezeichnen, weil ein solches auch ohne die erwähnte Wirkung des Präsentationsrechtes denkbar ist. Das Nominationsrecht endlich besteht in dem Rechte, das Amt zu übertragen, wobei dem geistlichen Oberen nur die Prüfung der Qualifikation des Nominirten und die auf Grund derselben zu ertheilende Approbation offen bleibt.

[37]) **befugt.** Die Fristen, innerhalb welcher diese Befugniß auszuüben ist, bestimmen Art. 6 u. 8.

[38]) **Amt.** Hauptsächlich werden hierbei in Frage kommen: die Pfarr-, Missions-Pfarr-, Kaplanei- und Vikarie-Aemter.

[39]) **zu besetzen.** Das durch die Konkurrenz der geistlichen Oberen beschränkte Recht des Patrons und der ihm gleichgestellten Berechtigten verwandelt sich danach in volles Verleihungsrecht. Damit ist, für diesen Ausnahmefall, dem Patronate der Inhalt beigelegt, den er am Anfang seiner Entwicklung auf germanischem Boden gehabt und noch über die karolingische Zeit hinaus bewahrt hat, nämlich der eines Anstellungsrechtes des Geistlichen durch den Patron, welches allerdings damals aus dem allgemein anerkannten Eigenthum des letzteren an der Kirche folgte (s. meine Abhandlung zur Geschichte der Incorporation und des Patronatrechtes in den „Festgaben für A. W. Heffter". Berlin 1873. S. 6 ff.).

Weiteres ändert aber die Vorschrift an dem bestehenden Rechte nicht. Die sonstigen Beschränkungen, denen der Berechtigte bei der Ausübung der Präsentation unterworfen ist, sind also bestehen geblieben, so z. B. hat also der evangelische Patron in dem Geltungsgebiete des A. L. R. der katholischen Gemeinde nach wie vor in Gemäßheit der §§ 340 ff. Tit. 11. Th. II. drei Kandidaten zur Auswahl vorzuschlagen und wie er unter regelmäßigen Verhältnissen den von derselben gewählten präsentiren muß, hat er diesem unter der Voraussetzung des Artikels 4 das Amt zu verleihen. Ebenso bleibt auch der Berechtigte den Vorschriften hinsichtlich der kirchlichen Qualifikation des Kandidaten unterworfen, d. h. er darf nur demjenigen das Amt verleihen, den er zu präsentiren befugt wäre; es kann also davon gar keine Rede sein, wie bei den Debatten des Abgeordnetenhauses behauptet worden ist (s. stenogr. Ber. S. 1539), „daß der Patron an einer katholischen Gemeinde einen evangelischen Geistlichen und umgekehrt anstellen könnte".

Endlich folgt daraus, daß wenn Mehreren gemeinschaftlich das Präsentationsrecht zusteht, die für die gemeinschaftliche Ausübung desselben geltenden Regeln auch für die des Besetzungsrechtes zur Anwendung kommen. Daher geht ihr Recht nach Art. 8 auf die Gemeinde über, wenn es

Artikel 5.

Für eine Stellvertretung [41]) in dem erledigten Amte zu sorgen, ist der Berechtigte auch dann befugt, wenn einem Geistlichen nach Maßgabe des § 5 des Reichsgesetzes vom 4. Mai 1874, [42]) betreffend die Verhinderung der unbefugten Ausübung von Kirchenämtern, der Aufenthalt in dem Bezirke des erledigten Amtes versagt worden ist.

Artikel 6.

Dem Berechtigten ist von dem Strafurtheil (Artikel 4), sowie von der Verfügung wegen Beschränkung des Aufenthalts (Artikel 5) amtlich Kenntniß zu geben. [43])

In Betreff der vor Verkündigung dieses Gesetzes ergangenen Urtheile und Verfügungen ist jene Mittheilung sofort nach Inkrafttreten desselben zu bewirken.

Artikel 7.

Macht der Berechtigte von der ihm zustehenden Befugniß (Artikel 4. 5) Gebrauch, so kommen die Vorschriften des Gesetzes vom 11. Mai 1873 [44]) zur Anwendung. Die im § 22, Absatz 1 [45]) daselbst dem geistlichen Oberen im Falle gesetzwidriger Amtsübertragung angedrohte Strafe trifft in gleichem Falle den Berechtigten.

nach den erwähnten Regeln nicht zu einer Einigung kommt und nach diesen der Wille des Einen nicht dem des Andern in entscheidender Weise vorgeht.

[40]) **und für eine Stellvertretung in demselben zu sorgen.** Das „und" ist hier alternativ zu fassen, denn die Ernennung eines stellvertretenden Vikars schließt die definitive Besetzung und die letztere die erstere aus. Die hier fragliche Befugniß werden der Berechtigte oder die mehreren Berechtigten, da in Betreff derselben keine Beschränkungen wie bei dem patronatischen Präsentationsrecht vorkommen, allein und frei ausüben.

Art. 5. [41]) **Stellvertretung.** Die Befugniß zur Wiederbesetzung des Amtes hat der Berechtigte in diesem Falle nicht. Der Grund liegt darin, daß der § 5 des angeführten Reichsgesetzes die Versagung des Aufenthaltes gestattet, wenn der Geistliche wegen Vornahme von Amtshandlungen in einem Kirchenamte, das den Staatsgesetzen zuwider ihm übertragen oder von ihm übernommen ist, zur Untersuchung gezogen wird, und daß der Verlauf dieser zur Freisprechung und damit zu der Feststellung führen kann, daß das Amt in Gemäßheit der Vorschriften der Staatsgesetze erworben, also ordnungsmäßig besetzt worden ist.

[42]) **Reichsgesetzes vom 4. Mai 1874,** s. oben S. 15.

Art. 6. [43]) **amtlich Kenntniß zu geben.** Daß dies durch die Gerichte geschehen soll, ist nicht vorgeschrieben. Diese sind übrigens auch weder verpflichtet, noch thatsächlich in der Lage, die Berechtigten zu ermitteln. Sie sind nur angewiesen, dem Ober-Präsidenten Mittheilungen von den Straferkenntnissen gegen Geistliche zu machen (s. Kirchengesetze S. 197) und dieser hat durch die ihm untergebenen Organe, z. B. die Landräthe, das Weitere zu veranlassen, damit die Berechtigten in Kenntniß gesetzt werden. Vgl. auch Cir.-Erl. des Kultus-Minist. v. 19. Juni 1874 (Anlage 1).

Art. 7. [44]) **Gesetzes vom 11. Mai 1873,** s. Kirchengesetze S. XIX. 99 ff. Vor allem ergiebt sich daraus, daß der Berechtigte statt der geistlichen Oberen die im § 15 desselben angeordnete Benennung an den Ober-Präsidenten vorzunehmen hat.

[45]) **im § 22 Abs. 1,** wie er nach dem Artikel 1 dieser Deklaratoria zu verstehen ist.

Artikel 8.

Wenn der Berechtigte innerhalb zweier Monate[46]) vom Tage des Empfanges der vorgeschriebenen Mittheilung (Artikel 6) für eine Stellvertretung nicht sorgt, oder innerhalb Jahresfrist, von dem nämlichen Zeitpunkt an gerechnet, die Stelle nicht wieder besetzt, so geht seine Befugniß[47]) auf die Pfarr- (Filial-, Kapellen- rc.) Gemeinde[48]) über.

Die Gemeinde hat die in Art. 4. 5 bezeichneten Befugnisse in allen Fällen, in welchen ein Präsentationsberechtigter nicht vorhanden ist.[49])

Die Vorschriften des Art. 6 finden auf die Gemeinde entsprechende Anwendung.[50]) Dieselbe ist insbesondere davon in Kenntniß zu setzen, daß der Präsentationsberechtigte innerhalb der gesetzlichen Frist von seinem Rechte keinen Gebrauch gemacht hat.

Art. 8. [46]) **zweier Monate.** Diese werden kalendermäßig zu berechnen sein.

[47]) **seine Befugniß,** d. h. wenn die zweimonatliche Frist abgelaufen ist, das Recht, für eine Stellvertretung zu sorgen, und erst wenn das Jahr verflossen, das Recht zur Wiederbesetzung der Stelle. Die Befugniß ist für den nach Art. 4 Berechtigten mit Ablauf der Frist ohne Weiteres an die Gemeinde verloren. Daher ist eine Erstreckung derselben, um ihm sein Recht länger zu erhalten, Seitens der Verwaltungsbehörde nicht statthaft.

[48]) **Pfarr- (Filial-, Kapellen- rc.) Gemeinde,** d. h. der Gemeinde, deren kirchlichen Zwecken das fragliche Amt dient, also hinsichtlich des Pfaaramtes auf die ganze Pfarr-Gemeinde, hinsichtlich des für eine Filial-Gemeinde bestehenden Kaplanei-Amtes auf diese, hinsichtlich des Vikariats- oder Kaplanei-Amtes an den Nebenkirchen oder an den Kapellen innerhalb des Gebietes des rheinischen Rechts auf die Kapellengemeinde. Innerhalb des letzteren sind Kapellen, bez. Kapellen-Gemeinden solche Nebenkirchen nebst ihren Zugehörigen, welche für eine Kommune zu deren Bequemlichkeit (z. B. wegen zu großer Entfernung von der Pfarrkirche) innerhalb eines Pfarrei- oder Succursalpfarrei-Sprengels errichtet sind, unter Leitung eines der Aufsicht des Pfarrers oder des Succursal-Desservants unterworfenen Vikars oder Kaplans stehen und von allen zur Kapelle gehörigen Einwohnern der Kommune unterhalten werden, weshalb diese dann keine Beiträge zu den Kultuskosten der Pfarrkirche zu leisten haben, s. kaiserliches Dekret vom 30. September 1807 Art. 8 ff., Staatsrechtsgutachten vom 7. bis 24. Dezember 1810; Hermens, Handbuch der Staatsgesetzgebung über d. christl. Kultus rc. 2, 383, 509; Vandenesch, die Kapellen und Annexkirchen auf dem linken Rheinufer. Paderborn 1874.

In einzelnen Theilen der Monarchie, z. B. im Regierungsbezirk Arnsberg haben die Gemeinden bei katholischen Pfarr- und Vikarie-Stellen ein auch bisher von den katholischen Bischöfen anerkanntes, jedoch als Patronatrecht der Gemeinde aufgefaßtes Wahlrecht. Wenn aber auch diese Auffassung für alle in Frage kommenden Fälle nicht zutreffend wäre, würden die erwähnten Gemeinden hinsichtlich dieser Befugniß immer als auf Grund eines besonderen Titels Berechtigte im Sinne des Artikels 4 anzusehen sein, d. h. für solche Gemeinden tritt das durch Artikel 8 gewährte, in Art. 9 näher bestimmte Wahlrecht erst dann ein, wenn sie nicht innerhalb der festgesetzten Frist die ihnen regelmäßig zustehende Wahl nach dem dafür hergebrachten Modus vorgenommen haben, mit andern Worten auf diese Wahl bezieht sich der Absatz 2 des Artikels nicht.

[49]) **nicht vorhanden ist.** Hier tritt also sofort das Recht der Gemeinde ein, die Stelle wieder zu besetzen oder für eine Stellvertretung zu sorgen.

In den Motiven zu dem Gesetze, betr. die Verwaltung erledigter katholischer Bischöfe v. 20. Mai 1874 (Drucksachen des Hauses der Abgeordn. 12. Legisl.-Per. I. Sess. 1873/1874 Nr. 208) S. 22 ist diese Maßregel damit gerechtfertigt, daß es sich dabei „um die Konstituirung eines Nothrechts zu Gunsten der Pfarrgenossen, welche durch Verschuldung ihrer geistlichen Oberen der Seelsorge beraubt werden," handelt. Dies reicht zur Rechtfertigung der Bestimmung vollkommen aus. Historischer Recht-

Artikel 9.

Liegen die Voraussetzungen des Art. 8 vor, so beruft der Landrath (Amtmann),[51]) in Stadtkreisen der Bürgermeister,[52]) auf den Antrag von mindestens zehn großjährigen,[53]) im Besitze der bürgerlichen Ehrenrechte befindlichen, männlichen Gemeindemitgliedern, welche nicht einem mitwählenden Familienhaupte untergeordnet[54]) sind, sämmtliche diesen Erfordernissen entsprechende Mitglieder der Gemeinde zur Beschlußfassung über die Einrichtung der Stellvertretung oder über die Wiederbesetzung der Stelle.[55])

Zur Gültigkeit der Beschlüsse ist erforderlich, daß mehr als die Hälfte der Erschienenen[56]) dem Beschlusse zugestimmt hat.

Die näheren Bestimmungen über das Verfahren erläßt der Ober-Präsident.[57])

fertigungsgründe bedarf es dazu nicht. Allerdings haben im Mittelalter eine Anzahl von Gemeinden das Recht der Pfarrwahl besessen, s. meine Abhandlung in Dove's Zeitschr. f. Kirchenr. Bd. 4 S. 421. Diese Erscheinung läßt sich in vielen Fällen mit Sicherheit darauf zurückführen, daß freie Land- und Bauerngemeinden in solchen Ländern, wo eine Grundherrlichkeit sich nicht hat entwickeln können, die Kirchen auf ihrem Gemeinde-Eigenthum gebaut und in Folge dessen dieselben Rechte, welche sonst der Grundherrschaft zustanden, also nach der älteren Auffassung (s. Anm. 39) das Eigenthum, nach der neueren das Patronatrecht erworben haben, s. für Friesland das Rüstringer Sendrecht (13. Jahrh.) und den Farmsumer Sendbrief v. 1325 § 4 (v. Richthofen, friesische Rechtsquellen S. 127 u. 293), für das Gebiet des nordischen Rechts, c. 2 des Schonischen Kirchenrechts des Bischofs Anskil v. 1162 (Corp. jur. Sueo-Gotorum antiqui 9, 357) u. Uplandslagen, Kirkubalkaer c. 5 (a. a. O. 3, 21), vgl. auch Thurgren, om patronatet. Stockholm 1855 p. 60 ff.; für Siebenbürgen den goldenen Freibrief des Königs Andreas II. v. 1224 (Teutsch, Zehnrecht in Siebenbürgen. Schäßburg 1858 S. 9, 10, 118). Dieses Wahlrecht findet sich aber auch in solchen Ländern, in denen die Kirchenstiftungen für die Regel von den Grundherrn ausgegangen sind, Urkunden aus dem 12. u. 13. Jahrhundert bei Möser, osnabrück. Gesch. Urkundenbuch, sämmtl. Werke her. v. Abeken Bd. 8 S. 85, 121, 158, 162; Lüntzel, d. ältere Diöcese Hildesheim S. 375; Seibertz, Landes- u. Rechtsgesch. d. Herz. Westfalens Bd. 2 S. 64; Lacomblet, niederrh. Urkundenbuch Bd. 2 S. 63; Muratori, antiqu. Ital. Tom. 3 p. 29; Tom. 5 p. 565. Nicht minder haben in einer Anzahl von deutschen Städten oder in einzelnen Pfarreien derselben die Stadtbürger ein solches Wahlrecht gehabt, so in Freiburg im Breisgau (Gaupp, deutsche Stadtrechte des Mittelalters Bd. 2 S. 24, 29), in Lübeck (Lübecker Urkundenbuch Bd. 1 S. 10; Urkundenbuch des Bisthums Lübeck S. 235, 332), in Frankfurt a. M. (Boehmer, cod. dipl. Moeno-Francof. Bd. 1 S. 29), in Braunschweig (Gengler, deutsche Stadtrechte des Mittelalters S. 40), in Holzminden (a. a. O. S. 206), in Köln (Ennen u. Eckertz, Quellen z. Gesch. v. Köln Bd. 3 S. 437, 445 u. 447 u. Ennen, Gesch. d. Stadt Köln Bd. 2 S. 447), und in Prag (Rößler, deutsche Rechtsdenkmäler aus Böhmen Bd. 1 S. 188). Zum Theil haben sich derartige Rechte noch bis auf unsere Zeit erhalten, so z. B. in Hirschberg i. Schl. (Arch. f. kath. Kirchenr. Bd. 31 S. 35 ff.) und auch in andern Theilen Preußens, s. Anm. 48, ferner in Ober-Italien (Analecta jur. pontif. p. 570 u. Arch. f. kath. Kirchenr. Bd. 32 S. 346). An diese Erscheinungen wird aber das hier gewährte Recht nicht angeknüpft werden können, denn die betreffenden Befugnisse sind höchstens ein Nominationrecht, kein von den geistlichen Oberen völlig unabhängiges Kollationsrecht gewesen.

[50]) **entsprechende Anwendung.** Eine bloße Bekanntmachung an den Vorstand der Gemeinde reicht nicht aus, vielmehr ist mit Rücksicht auf die den Gemeindemitgliedern im Art. 9 gewährten Befugnisse die Verbreitung der Kenntniß in der ganzen Gemeinde erforderlich, s. auch Cirk.-Verf. des Kult.-Min. v. 19. Juni 1874 (Anlage 1).

Art. 9. [51]) **Amtmann** in den Landestheilen, wo Amtmänner vorkommen, z. B. in den Hohenzollernschen Fürstenthümern; in der Provinz Hannover sind die Amtshauptleute darunter zu verstehen.

Artikel 10.

Kommt eine gültige Wahl zu Stande, so ist nach Maßgabe des Artikel 9 ein Repräsentant zu wählen,[58]) welcher die Uebertragung des Amtes an den gewählten Geistlichen auszuführen hat.[59]) Für das Verhalten und die Verantwortung des Repräsentanten gelten die Vorschriften des Artikel 7.[60])

Artikel 11.

Wird in den Fällen der Artikel 4—10 vom Ober-Präsidenten kein Einspruch erhoben oder der erhobene Einspruch von dem Gerichtshofe[61]) verworfen, so gilt der Geistliche als rechtsgültig angestellt.[62])

Urkundlich unter Unserer Höchsteigenhändigen Unterschrift und beigedrucktem Königlichen Insiegel.

Gegeben Wiesbaden, den 21. Mai 1874.

(L. S.) **Wilhelm.**

Camphausen. Gr. zu Eulenburg. Leonhardt. Falk.
v. Kameke. Achenbach.

[52]) **Landrath (Amtmann), in Stadtkreisen der Bürgermeister,** ohne Rücksicht auf seine Konfession, denn der Beamte hat nur die formelle Leitung der Wahl und die Entscheidung über Einsprüche gegen die Wahlberechtigung nach Maßgabe des Art. 9.

[53]) **großjährigen,** d. h. solchen, welche das 21. Lebensjahr zurückgelegt haben.

[54]) **nicht einem mitwählenden Familienhaupt untergeordnet,** d. h. solche Personen, welche nicht in väterlicher Gewalt und nicht als Gesinde in der Hausgenossenschaft eines Andern stehen.

[55]) **Wiederbesetzung der Stelle.** Die Beschlußfassung darüber, ob blos eine Stellvertretung eingerichtet oder eine Wiederbesetzung der Stelle vorgenommen werden soll, wird zweckmäßiger Weise mit der Wahl in einem und demselben Termine verbunden, wiewohl freilich, wenn besondere Gründe dafür sprechen, zwei Termine abgehalten werden können, so auch Cirk.-Erl. des Kult.-Min. v. 13. Juli 1874 (bei Herrfurth, preuß. u. deutsche Gesetzgebung S. 81).

[56]) **mehr als die Hälfte der Erschienenen.** Eine bestimmte Zahl für die Beschlußfähigkeit der Erschienenen ist nicht festgesetzt. Wird bei der Wahl die absolute Majorität das erste Mal nicht erreicht, so ist eine engere Wahl nicht ausgeschlossen, dagegen ist die Entscheidung durch Loos unstatthaft; derselben Ansicht d. Cirk.-Erl. des Kult.-Ministers v. 14. Juli 1874 (Herrfurth a. a. O. S. 82).

[57]) **Ober-Präsident,** s. das für die Provinz Posen erlassene Reglement in Anlage 2.

Art. 10. [58]) **Repräsentant zu wählen,** am zweckmäßigsten gleich nach der Wahl des Geistlichen, s. den Anm. 55 citirten Erlaß. Vgl. auch Anm. 56.

[59]) **auszuführen hat,** d. h. dieser überträgt Namens der Gemeinde das Amt oder die Stellvertretung an den gewählten Geistlichen.

[60]) **des Artikel 7,** d. h. derselbe hat Namens der Gemeinde die Benennung des gewählten Geistlichen beim Oberpräsidenten zu bewirken (s. §§ 15 ff. des Gesetzes v. 11. Mai 1873), und wird, falls er die Uebertragung zuwider den §§ 1 bis 3 des gedachten Gesetzes und dem Artikel 1 dieser Deklaratoria vornimmt, nach § 22 Abs. 1 des ersteren bestraft.

[61]) **Gerichtshofe,** d. h. dem Gerichtshofe für kirchliche Angelegenheiten, s. § 16 des Gesetzes v. 11. Mai 1873.

[62]) **rechtsgültig angestellt,** sofern ihm das Amt oder die Stellvertretung von dem Patrone, dem aus einem sonstigen Titel Berechtigten oder dem Gemeinderepräsentanten übertragen ist, denn durch die bloße Benennung und die Unterlassung, bz. Verwerfung des Einspruchs erwirbt der

Geistliche das Amt noch nicht, s. auch Art. 4, 5 u. 10. Wie sich der Geistliche die kirchliche Approbation oder die missio canonica beschafft, ist seine Sache. Die Möglichkeit einer Ertheilung durch den Bischof ist nicht ausgeschlossen, und dieser braucht dann den Geistlichen selbstverständlich nicht noch einmal zu benennen. Erhalten wird er eine solche aber, wie jetzt die Dinge liegen, nicht.

Darüber, wie sich das bischöfliche Besetzungsrecht zu dem Wahlrecht der Gemeinde verhält, sagt das Gesetz nichts, ebensowenig über das Verhältniß des ersteren zu dem Rechte des Patrons oder der diesen gleichgestellten Berechtigten. Auch diese letztere Frage läßt sich aufwerfen, weil einmal der Patron nach Art. 4 das volle Besetzungsrecht, das ihm regelmäßig nicht zukommt, erwirbt, und dasselbe nach Art. 8 auch dann noch behält, wenngleich sein Präsentationsrecht, das er nach kanonischem Recht bei Nichtausübung binnen 4 Monaten, nach A. L. R. Th. II. Tit. 11 § 398 binnen 6 Monaten für den betreffenden Vakanzfall verliert, durch Ablauf der gedachten Frist verloren gegangen ist.

Da das Gesetz blos ein Nothrecht gewähren will, so ist es keinem Zweifel unterworfen, daß der geistliche Obere, also der Bischof, das ihm für die fragliche Stelle zustehende Besetzungs-, Bestätigungs- oder Approbationsrecht nicht verliert, vielmehr tritt nur eine Konkurrenz der nach Art. 4, 9, 10 Berechtigten ein. Andererseits hat aber der geistliche Obere als solcher vor diesen keinen Vorzug, denn das Gesetz verpflichtet die Berechtigten keineswegs abzuwarten, ob etwa der geistliche Obere von seinen Befugnissen Gebrauch machen wird oder nicht. Schreiten also beide — was nach dem Angeführten statthaft ist, zur Besetzung der Stelle — so kann darüber, welche Verleihung des Amtes gültig ist, nur die Prävention entscheiden, d. h. der Geistliche, welchem zuerst unter Beobachtung der staatlich vorgeschriebenen Erfordernisse das Amt übertragen worden, ist gültig angestellt. Nur dann, wenn der Patron oder die Gemeinde den Geistlichen vor der Benennung zur Annahme der auf ihn gefallenen Wahl aufgefordert und dieser acceptirt hat, wird der Zeitpunkt der Acceptation statt des Zeitpunktes der Uebertragung des Amtes entscheiden, insofern nach dem geltenden Recht der Geistliche — seine Qualifikation vorausgesetzt — ein festes Recht auf das Amt erlangt. Dies ist z. B. der Fall in den Gebieten, in denen das preuß. A. L. R. in Kraft steht, s. Th. II. Tit. 11 §§ 374 ff., 383 ff., nicht aber da, wo die kanonischen Grundsätze über den Patronat gelten, denn nach diesen erlangt der vom Laienpatron Präsentirte gegenüber dem letzteren kein festes Recht auf das Amt, vielmehr kann dasselbe immer noch durch Nachpräsentation eines andern unwirksam werden, s. Schulte, Syst. des kathol. Kirchenrechts Bd. 2 S. 694, 699. Zwar ist das Präsentationsrecht durch das Gesetz in ein wirkliches Verleihungsrecht umgewandelt worden, indessen sind sonst alle für dasselbe maßgebenden Grundsätze bestehen geblieben, s. Anm. 39.

Praktisch werden solche Kollisionsfälle freilich nur ausnahmsweise vorkommen. Wird das Amt blos staatlich, also durch gerichtliche Absetzung des Geistlichen erledigt (s. Anm. 10), so wird der geistliche Obere die Vakanz nicht anerkennen, wenn aber der entlassene Geistliche kurz nachher stirbt, so ist für den ersteren nach kirchlichem Rechte eine Wiederbesetzung gestattet, weil er das Amt nunmehr als kanonisch erledigt anzusehen hat. Der Berechtigte verliert aber selbstverständlich dadurch nicht die einmal für ihn entstandene Befugniß, denn staatlich ist die Vakanz schon mit der Absetzung entstanden, und die Umstände, welche sich später ereignen und kanonische Erledigungsgründe bilden, sind nach dem staatlichen Recht völlig irrelevant, weil das nach letzterem schon erledigte Amt nicht noch einmal vakant werden kann.

Durch die in Gemäßheit der Artikel 4 bis 10 erfolgte Uebertragung des Amtes erhält der Geistliche die Stelle und alle damit verbundenen Rechte, bei der Besetzung des Pfarramtes das Recht auf Ausübung des Pfarrgottesdienstes und der Pfarrseelsorge, auf Verwaltung des Lokalkirchenvermögens in Gemeinschaft mit dem Kirchenvorstande, auf den Besitz und die Nutzung des Pfarrbenefiziums, namentlich des Pfarrhauses, der Pfarräcker, ferner auf die Stolgebühren, die Führung der Kirchenbücher u. s. w. Für den Staat gilt die Stelle als besetzt, und sollte etwa der geistliche Obere, welcher dieselbe vom Standpunkt des katholischen Kirchenrechtes als nicht gültig vergeben, mithin als vakant betrachtet, später das Amt noch an einen andern verleihen, so ist diese Besetzung nach staatlichem Rechte nichtig.

Anlagen.

1. Zu §. 25. 28. 31. 33.

Cirkular-Verfügung des Ministers der geistlichen ꝛc. Angelegenheiten

betreffend

die Ausführung des Gesetzes vom 21. Mai 1874

vom 19. Juni 1874.

Das Gesetz vom 21. Mai d. J. wegen Declaration und Ergänzung des Gesetzes vom 11. Mai 1873 über die Vorbildung und Anstellung der Geistlichen (G. S. S. 139) schließt sich den Abschnitten III und IV dieses letzteren Gesetzes über die Anstellung der Geistlichen und die Bestrafung von Zuwiderhandlungen gegen die desfallsigen Vorschriften an, zu deren Ausführung die allgemeine Verfügung vom 30. Mai 1873 — B. 1555 — ergangen ist. In Ergänzung dieser Verfügung bestimme ich nach Maßgabe der Vorschriften des Gesetzes vom 21. Mai d. J. Folgendes:

1. Die wegen der Controle über die gesetzmäßige Uebertragung der geistlichen Aemter und wegen Herbeiführung der Bestrafung der geistlichen Oberen und derjenigen Geistlichen, welche den desfallsigen gesetzlichen Bestimmungen entgegenhandeln, getroffenen Anordnungen finden auch bezüglich der Strafbestimmungen des Artikels 1 und 2 des Gesetzes vom 21. Mai cr. Anwendung. Hierbei ist jedoch zu beachten, daß Art. 2 eine *neue* Strafbestimmung enthält, mithin nur dann zur Anwendung kommt, wenn die mit Strafe bedrohte Handlung *nach* dem Inkrafttreten des Gesetzes vom 21. Mai cr. vorgenommen ist.

2. Der Art. 2 ist dazu bestimmt, Vorsorge zu treffen, daß gesetzwidrig angestellte Geistliche von vornherein verhindert werden, von dem Amte, insbesondere von der Pfründe Besitz zu nehmen. Soweit die Möglichkeit hierzu schon nach dem bisher gültigen Rechte gegeben war, ist zur Durchführung dieser Maßregel das Erforderliche in meiner Verfügung vom 18. November v. J. — G. 41805 — angeordnet worden. Die Bestimmung des Art. 3 begründet nun für *alle* Fälle einer eintretenden Vakanz, ohne Rücksicht auf konkurrirende Patronats- oder sonstige Verwaltungsrechte Dritter, die Befugniß zu einem Einschreiten, sofern die im Gesetz vorgeschriebenen Voraussetzungen vorliegen, überträgt aber diese Befugniß allgemein den Ober-Präsidenten. Auch bei Königlichen Patronatstellen wird deshalb künftig nicht die Patronatsbehörde, sondern der Ober-Präsident die Beschlagnahme zu verfügen und den Verwaltungs-Commissarius zu bestellen haben, wogegen es selbstverständlich den Herren Ober-Präsidenten unbenommen ist, sich der Mitwirkung der betreffenden Königlichen Patronatsbehörden zu bedienen.

Wenn ferner das Gesetz dem Ober-Präsidenten nur die *Befugniß* beilegt, nicht aber denselben verpflichtet, in den gesetzlich vorgesehenen Fällen die Beschlagnahme des Stellenvermögens zu verfügen, so macht es doch die bisherige Haltung des Episkopats und des von ihm abhängigen Klerus zu einer Pflicht der Staatsregierung, bis auf Weiteres in *allen* Fällen von dieser Befugniß Gebrauch zu machen, in denen sie begründet ist. Nur wenn besondere Umstände in einem einzelnen Falle die feste Ueberzeugung verschaffen, daß die zunächst zur Verwaltung der vakanten Pfründe berufenen Personen, also Patron und Kirchenvorsteher, ihrerseits einen gesetzwidrig bestellten Geistlichen nicht in das Amt werden eindringen lassen, kann von einer Beschlagnahme abgesehen werden. Indessen ist alsdann diesen Personen zu eröffnen, daß sie bei Vermeidung sofortiger Beschlagnahme und eigener Vertretung in Bezug auf die Substanz und alle Einkünfte des gesammten Vermögens, einschließlich aller Nutzungen, Hebungen und Leistungen dafür verantwortlich seien, daß einem gesetzwidrig berufenen Geistlichen oder Stellvertreter nichts ausgeantwortet werde. Im Fall des Zuwiderhandelns ist sodann der gestellten Verwarnung gemäß zu verfahren.

Was hiernächst die Voraussetzungen anlangt, von denen das Gesetz die Anwendbarkeit der Vorschrift des Art. 3 abhängig macht, so ist ad Nr. 1 zu bemerken, daß diese Bestimmung sich nicht nur auf gesetzwidrige Uebertragungen bezieht, die nach dem Inkrafttreten des Gesetzes vorgenommen werden möchten, sondern ausdrücklich auch die Fälle hat treffen sollen, die vor dem Erlaß des Gesetzes vom 21. Mai cr. vorgekommen sind. Um dies außer Zweifel zu stellen, ist im Abgeordnetenhause die ursprüngliche Vorlage, welche lautete: „wenn das erledigte Amt — — übertragen wird" in „übertragen ist" amendirt. Demgemäß ist in allen Fällen, wo gegenwärtig gesetzwidrig bestellte Geistliche in dem Besitze des Pfründevermögens oder einzelner Theile desselben, insbesondere des Pfarrhauses, sich befinden, die Beschlagnahme zu verfügen und nöthigenfalls die Exmission jener Geistlichen im administrativen Zwangsverfahren zu bewirken, da nach ausdrücklicher Bestimmung des Gesetzes alle zur Ausführung der Beschlagnahme erforderlichen Zwangsmaßregeln im Verwaltungswege zu treffen sind.

Was die Nr. 2 anlangt, nach welcher die Beschlagnahme zulässig ist, „wenn Thatsachen vorliegen, welche die Annahme begründen, daß die Uebertragung des Amts nicht unter Beobachtung der Vorschriften der §§ 1—3 des Gesetzes vom 11. Mai 1873 erfolgen werde", so ist diese Voraussetzung gegenwärtig in allen Diöcesen als vorhanden anzunehmen, deren geistliche Obere bereits wegen Zuwiderhandelns gegen diese Vorschriften bestraft sind. In allen diesen Diöcesen ist daher bis auf Weiteres bei jeder eintretenden Vakanz eines geistlichen Amts die Beschlagnahme des Vermögens zu verfügen, sofern nicht im einzelnen Falle nach Maßgabe meiner obigen Andeutungen eine abweichende Behandlung sich rechtfertigen möchte.

Bezüglich des Schlußalinea des Art. 3 endlich bemerke ich, daß Seitens der Herren Ober-Präsidenten den zu Vermögensverwaltern bestellten Commissaren eine billige Remuneration aus den vakanten Einkünften anzuweisen sein wird, soweit ein Bedürfniß hierzu als vorhanden sich herausstellt.

3. Den wichtigsten Abschnitt des vorliegenden Gesetzes bilden die Artikel 4 bis 11, welche von der Wahl der Geistlichen durch die Patrone und die Gemeinden handeln und ich darf vertrauen, daß die Herren Ober-Präsidenten der Durchführung dieser Bestimmungen Ihre besondere Aufmerksamkeit und Fürsorge widmen werden. Da diese Vorschriften selbst genau die Mittel und Wege vorzeichnen, welche zur Vollziehung des Gesetzes einzuschlagen sind, so kann ich mich bezüglich der Ausführung im Einzelnen auf folgende Bemerkungen beschränken:

a. Der Art. 6 verpflichtet die ausführende Behörde, den Wahlberechtigten von dem Strafurtheil (Art. 4) sowie von der Verfügung wegen Beschränkung des Aufenthalts (Art. 5) amtlich Kenntniß zu geben und in Betreff der vor Verkündigung dieses Gesetzes ergangenen Urtheile und Verfügungen jene Mittheilung sofort nach dem Inkrafttreten desselben zu bewirken. Die Herren Ober-Präsidenten ersuche ich demgemäß ergebenst, zur Ausführung dieser Bestimmung schleunigst das Erforderliche gefälligst zu veranlassen, indem ich zugleich bemerke, daß die Wahl der ausführenden Organe Ihnen anheimgestellt bleibt. Was aber die Art der Bekanntmachung anlangt, so bietet dieselbe, wenn der Berechtigte eine einzelne Person oder Corporation oder eine Anstalt ist, keine Schwierigkeit dar. In allen Fällen hingegen, wo die Wahl der Pfarr- (Filial- Kapellen- ꝛc.) Gemeinde, sei es principaliter, sei es weil der zunächst Berechtigte von seinem Rechte keinen Gebrauch gemacht hat (Art. 8), zusteht, reicht eine bloße Bekanntmachung an die Vertreter der Gemeinde (Kirchenvorstand) nicht aus, sondern es ist jene Bekanntmachung möglichst zur Kenntniß aller einzelnen Gemeindeglieder zu bringen, damit es den wahlberechtigten Mitgliedern möglich wird, aus eigener Entschließung und unabhängig von dem Kirchenvorstande den nach Art. 9 erforderlichen Antrag zu stellen. Zur Vermeidung möglicher Mißverständnisse will ich hier sogleich die Bemerkung einschalten, daß wenn Art. 9 einen Antrag von mindestens 10 Gemeindemitgliedern verlangt darunter nicht gerade ein Collectivantrag, der von zehn Mitgliedern gemeinschaftlich gestellt worden, zu verstehen ist, sondern daß dem Gesetze genügt wird, wenn überhaupt 10 berechtigte Mitglieder einen solchen Antrag stellen, sei es gemeinschaftlich, sei es getrennt. Was die an die Pfarrgemeinden zu erlassenden Bekanntmachungen selbst anlangt, so wird es sich mit Rücksicht auf den angedeuteten Gesichtspunkt empfehlen, dieselbe Art der Bekanntmachung zu wählen, welche bisher bei gesetzwidrigen Anstellungen von Geistlichen auf Grund der diesseitigen Verfügung vom 19. September 1873 — G. 35221 — zur Anwendung gelangt ist, zumal die Gemeinden sich bereits an diese Art der Bekanntmachung gewöhnt haben.

b. Nach Art. 9 Alinea 3 haben die Herren Ober-Präsidenten die näheren Bestimmungen über das Wahlverfahren zu erlassen. Es wird also hierbei namentlich darauf ankommen, wegen Aufstellung der Wählerliste, über die Form der Vorladung, über die Leitung der Wahlversammlung, insbesondere über das Verfahren bei der Stimmabgabe und Feststellung des Ergebnisses der Wahl das Erforderliche festzusetzen. Indem ich bemerke, daß es sich empfehlen wird, hierbei möglichst an dasjenige anzuschließen, was für analoge Verhältnisse in den betreffenden Provinzen üblich ist, bleibt hiernach den Intentionen des Gesetzes gemäß den Herren Ober-Präsidenten die weitere Anordnung selbstständig überlassen. Doch sehe ich der Einreichung eines Exemplars des zu erlassenden Reglements ergebenst entgegen. Zugleich stelle ich gefälliger Erwägung anheim, inwieweit es zweckmäßig sein wird, dieses Reglement gleichzeitig zur Ausführung sowohl des Art. 9 des vorliegenden Gesetzes, als auch des § 16 des Gesetzes vom 20. Mai cr. über die Verwaltung erledigter katholischer Bisthümer zu erlassen.

c. Bezüglich der Ausübung des Einspruchsrechts (Art. 11) endlich kommen die desfallsigen Bestimmungen des Eingangs erwähnten allgemeinen Erlasses vom 30. Mai pr. auch hier zur Anwendung. Nur will ich noch den einen Punkt besonders hervorheben, daß, falls die Wahl eines Patrons oder einer Gemeinde auf denjenigen Geistlichen fallen sollte, der bereits für das betreffende Amt in gesetzwidriger Weise bestellt ist, dieser Umstand allein nicht nöthigt, den Einspruch zu erheben. Vielmehr wird auch in einem solchen Falle die ganze Persönlichkeit des Gewählten in's Auge zu fassen und insbesondere zu prüfen sein, ob der Geistliche selbst auf dem Standpunkte des offenen Widerstandes gegen die Staatsgesetze sich befindet, oder nur äußeren Einflüssen nachgegeben hat, denen zu entziehen bei der Lage der Dinge ihm nur schwer möglich gewesen sein würde. Hierüber ist daher in den einzelnen Fällen nach sorgfältiger Prüfung der Verhältnisse eingehend an mich zu berichten.

Indem ich die Herren Ober-Präsidenten ersuche, hiernach für die einzelnen Provinzen das weiter Erforderliche gefälligst zu veranlassen, um das Gesetz vom 21. Mai cr. schleunigst in Vollzug zu setzen, sehe ich der geneigten Einsendung von Abschriften der zu erlassenden Ausführungs-Verfügungen baldigst entgegen.

2. Zu S. 34 Anm. 57.

Reglement

über das Verfahren bei den Wahlen der katholischen Kirchengemeinden in der Provinz Posen.

Auf Grund des § 16 des Gesetzes vom 20. Mai 1874 über die Verwaltung erledigter katholischer Bisthümer (G.-S. S. 135), beziehungsweise des Artikels 9 des Gesetzes vom 21. Mai 1874, wegen Declaration und Ergänzung des Gesetzes vom 11. Mai 1873, über die Vorbildung und Anstellung der Geistlichen (G.-S. S. 139), bestimme ich in Bezug auf das Verfahren bei den Wahlen der katholischen Kirchengemeinden in der Provinz Posen Folgendes:

§ 1. Im Falle einer Kirchengemeinde in Gemäßheit des § 15 des Gesetzes vom 20. Mai 1874, beziehungsweise des Artikels 8 des Gesetzes vom 21. Mai 1874 die Befugniß zusteht, ein erledigtes geistliches Amt wieder zu besetzen oder für eine Stellvertretung in demselben zu sorgen, beruft der Landrath, und in denjenigen Städten, welche einem Kreisverbande nicht angehören, der Bürgermeister auf den Antrag von mindestens zehn großjährigen, im Besitze der bürgerlichen Ehrenrechte befindlichen männlichen Gemeindemitgliedern, welche nicht einem stimmberechtigten Familienhaupte untergeordnet sind, sämmtliche diesen Erfordernissen entsprechende Mitglieder der Gemeinde zur Beschlußfassung über die Einrichtung der Stellvertretung oder über die Wiederbesetzung der Stelle.

§ 2. Der Termin ist durch das Kreisblatt, durch Aushang in den zur Kirchengemeinde gehörigen bürgerlichen Gemeinden, und durch Anschreiben an den Kirchenvorstand und an die betreffenden Guts- und Gemeindevorstände bekannt zu machen. In den zu einem Kreisverbande nicht gehörigen Städten erfolgt die Bekanntmachung durch ein oder mehrere in der Stadt erscheinende öffentliche Blätter, sowie durch Anschreiben an den Kirchenvorstand.

In der Bekanntmachung ist anzugeben, an welchen Tagen und Orten die Auslegung der Wählerliste stattfindet.

§ 3. Die Aufstellung der Wählerliste, in welche sämmtliche, im Besitze der im § 1 angegebenen Erfordernisse befindlichen Gemeindemitglieder aufzunehmen sind, wird durch den Landrath, beziehungsweise den Bürgermeister, bewirkt.

Dieselbe ist in einer oder in mehreren der zur Kirchengemeinde gehörigen Ortschaften während mindestens einer Woche vor dem Wahltermine öffentlich auszulegen. Ueber rechtzeitig, d. h. innerhalb der Auslegungsfrist, angebrachte Reclamationen entscheidet der Landrath, beziehungsweise der Bürgermeister. Etwaige Beschwerden gegen die getroffene Entscheidung sind bei der königlichen Regierung anzubringen, können jedoch die Abhaltung des Wahltermines nicht aufhalten.

§ 4. Die Wahlverhandlung wird durch den Landrath, beziehungsweise den Bürgermeister, mit der Vorlegung der Bescheinigungen über die vorschriftsmäßig erfolgte Bekanntmachung des Termins eröffnet. Alsdann werden die Namen sämmtlicher in der Wählerliste verzeichneten Gemeindemitglieder verlesen, und es wird in einer dazu bestimmten Rubrik derselben vermerkt, wer von denselben erschienen ist. Jeder nicht stimmberechtigte Anwesende wird zum Abtreten veranlaßt. Später Erscheinende müssen sich bei dem Wahlvorsteher melden.

Nachdem auf diese Weise die Zahl der erschienenen stimmberechtigten Gemeindemitglieder festgestellt worden ist, wird von dem Wahlvorsteher, unter Verlesung der §§ 13 bis 18 des Gesetzes vom 20. Mai 1874, beziehungsweise der Artikel 4—11 des Gesetzes vom 21. Mai 1874 der Zweck des Termins in kurzen Worten erörtert und hierauf zunächst darüber vermittels verdeckter Stimmzettel abgestimmt, ob das zur Erledigung gekommene geistliche Amt wieder besetzt, beziehungsweise eine Stellvertretung in demselben eingerichtet werden soll.

Wird dies von mehr als der Hälfte der bis zum Schluß der Abstimmung erschienenen stimmberechtigten Wähler beschlossen, so wird zur Wahl eines Geistlichen geschritten. Entgegengesetztenfalls ist die Wahlverhandlung zu schließen.

Discussionen sind nicht statthaft.

§ 5. Die Wahl des Geistlichen, welche ebenso wie die Wahl des Repräsentanten (§ 6) auch in einem besondern Termine stattfinden kann, erfolgt gleichfalls mittelst verdeckter Stimmzettel.

Finden sich die Stimmen zwischen Mehreren in der Art getheilt, daß sich für keinen derselben die Mehrheit der erschienenen Wähler ausgesprochen hat, so sind diejenigen beiden Personen, welche die meisten Stimmen erhalten haben, auf die engere Wahl zu bringen.

Als giltig gewählt ist Derjenige anzusehen, welcher die Stimmen von mehr als der Hälfte der bis zum Schluß der Abstimmung erschienenen stimmberechtigten Wähler auf sich vereinigt hat.

§ 6. Ist eine giltige Wahl zu Stande gekommen, so ist sofort ein Repräsentant zu wählen, welcher Namens der Gemeinde die Uebertragung des Amtes an den gewählten Geistlichen auszuführen hat. Für das bei der Wahl desselben zu beobachtende Verfahren gelten die Bestimmungen des § 5.

§ 7. Ueber die Wahlverhandlung ist ein Protokoll aufzunehmen, welches von dem Wahlvorsteher und zwei von demselben zu bezeichnenden Gemeindemitgliedern zu vollziehen ist. In demselben ist insbesondere anzugeben, wie viel stimmberechtigte Wähler dem Termine beigewohnt haben.

§ 8. Wird gegen den von der Gemeinde gewählten Geistlichen auf Grund des § 16 des Gesetzes vom 11. Mai 1873 über die Vorbildung und Anstellung der Geistlichen (G. S. S. 191) Einspruch erhoben, und der erhobene Einspruch nicht etwa von dem königlichen Gerichtshofe für kirchliche Angelegenheiten verworfen, so wird die Gemeinde nach Maßgabe der vorstehenden Bestimmungen zur anderweiten Wahl eines Geistlichen zusammenberufen.

Posen, den 17. August 1874.

Der Oberpräsident.
gez. Günther.

III.

Gesetz

über

die Verwaltung erledigter katholischer Bisthümer.

Vom 20. Mai 1874.

(Gesetz-Samml. 1874 Nr. 8190 S. 135 ff.).

III.

Gesetz

über

die Verwaltung erledigter katholischer Bisthümer.

Vom 20. Mai 1874.[1])

(Gesetz-Samml. 1874 Nr. 8190 S. 135 ff.).

Wir Wilhelm, von Gottes Gnaden König von Preußen ꝛc. verordnen, mit Zustimmung beider Häuser des Landtages, für den Umfang der Monarchie, was folgt:

§. 1.

In einem katholischen Bisthume,[2]) dessen Stuhl erledigt ist,[3]) dürfen die mit dem bischöflichen Amte verbundenen Rechte und geistlichen Verrichtungen,[4]) insgesammt oder einzeln, soweit sie nicht die Güterverwaltung betreffen,[5]) bis zur Einsetzung eines staatlich anerkannten Bischofs[6]) nur nach Maßgabe der folgenden Bestimmungen dieses Gesetzes ausgeübt werden.

[1]) **Gegenstand und Zweck des Gesetzes**, vgl. Motive (Drucksachen des Hauses der Abgeordneten 12. Legislat.-Per. I. Session 1873 bis 1874. Nr. 208) S. 15 ff.:

„Nachdem die feindliche Haltung, welche die römisch-katholischen Bischöfe und der von ihnen abhängige Klerus der Ausführung der Gesetze vom 11. und 12. Mai 1873 gegenüber bis jetzt eingenommen haben, bereits in einem Falle bis zur Anwendung des äußersten Mittels, der Einleitung des Verfahrens auf Amtsentlassung gegen einen Prälaten geführt hat, ist es erforderlich, die Fälle näher in das Auge zu fassen, in denen eine solche Amts-Entlassung wirklich erfolgt. Mit diesem Moment tritt der dem Staate aufgezwungene Kampf in ein Stadium, welches dem Letzteren die Pflicht auferlegt, sowohl sich selbst neue, der Lage der Verhältnisse entsprechende Abwehrmittel zu schaffen, als auch der durch eine weitere Auflehnung gegen die Staatsgesetze entstehenden Verwirrung in der Verwaltung der Diözesen, soweit dies in seiner Macht liegt, vorzubeugen.

Bei der Stellung, welche der römische Episkopat und seine Anhänger zu den bezeichneten Gesetzen genommen haben, ist zu besorgen, daß man in der Opposition gegen die Staatsgesetze so weit gehen werde, einem Erkenntniß des Königlichen Gerichtshofes für kirchliche Angelegenheiten, welches die Amts-Entlassung eines Kirchendieners, insbesondere eines Bischofs, aussprechen möchte, die Anerkennung zu versagen und die Folgeleistung abzulehnen. Daß es, wenn die Rechtsordnung nicht in ihren Grundlagen erschüttert werden soll, unabweisliche Pflicht des Staates ist, ein solches gerichtliches Urtheil, nöthigenfalls durch Anwendung der strengsten Straf- und Zwangsmittel zum Vollzug zu bringen, bedarf der Darlegung nicht.

Zur Vollstreckung eines auf Amts-Entlassung lautenden Erkenntnisses gehört aber

1. daß der abgesetzte Bischof aus seinem Amte, und zwar sowohl dem officium, als auch dem beneficium entfernt, und
2. daß den bischöflichen Behörden und Beamten, sowie dem gesammten Diöcesan-Klerus gegenüber zur Anerkennung gebracht werde, daß durch die Amts-Entlassung des Bischofs Sedisvakanz eingetreten ist.

Was den ersten Punkt betrifft, so hat zunächst nach der Bestimmung des Alinea 2 § 24 des Gesetzes vom 12. Mai 1873 die Entlassung aus dem Amte den Verlust des Amtseinkommens zur Folge und da nach der Vorschrift des § 36 a. a. O. die Entscheidungen des Gerichtshofes im Verwaltungswege vollstreckbar sind, so wird eintretenden Falls der Staat in der Lage sein, einen aus seinem Amte entlassenen Bischof aus dem Genuß seines gesammten Amtseinkommens, einschließlich sämmtlicher Nutzungen, Hebungen und Leistungen zu setzen.

Was hingegen die für das öffentliche Interesse weit wichtigere Frage anlangt, in welcher Weise einer Fortsetzung der Amtsthätigkeit entgegenzutreten sein wird, so gewährt das bestehende Recht nicht die genügenden Mittel, um dem die öffentliche Ordnung gefährdenden Treiben eines aus seinem Amte entlassenen Bischofs ein bestimmtes Ziel zu setzen.

Zwar bedroht der § 31 des Gesetzes vom 12. Mai v. J. diejenigen Kirchendiener, welche Amtshandlungen vornehmen, nachdem sie in Gemäßheit des § 30 aus ihrem Amte entlassen worden sind, mit Geldbuße bis zu 100 Thlrn. und im Wiederholungsfalle bis zu 1000 Thlrn. Indessen die bisherige Erfahrung bei Ausführung der Gesetze vom 11. und 12. Mai v. J. hat leider gelehrt, daß bloße Geldbußen unzureichend sind, um das Ansehen des Gesetzes aufrecht zu erhalten, den Ungehorsam der Bischöfe auch nur bei solchen Punkten zu brechen, bei denen in anderen Staaten den staatlichen Anordnungen wesentlich ähnlicher Art von der katholischen Geistlichkeit Folge geleistet wird. Es wird daher wirksamerer Mittel bedürfen, um den Vollzug eines Urtheils des Gerichtshofes für kirchliche Angelegenheiten nach der bezeichneten Richtung hin sicher zu stellen.

In dieser Beziehung kann zunächst in Frage kommen, ob die Strafbestimmung des § 31 a. a. O. nicht angemessen zu verschärfen und ob insbesondere nicht von vornherein eine Gefängnißstrafe für ein Vergehen anzudrohen sein möchte, welches sich als eine Schädigung der öffentlichen Ordnung der allerschwerwiegendsten Art darstellt. Wenn indessen die Staats-Regierung von einem solchen Vorschlage, wenigstens für jetzt Abstand nehmen zu sollen geglaubt hat, so beruht dies in dem Umstande, daß sie selbst noch in der Erwägung darüber begriffen ist, ob es nicht gegenüber der feindlichen Haltung des Episkopats, welche die Grundlagen jeder staatlichen Ordnung, nicht minder die der einzelnen Staaten, als die des Reichs in Frage stellt, an der Zeit sei, zur Bekämpfung dieser staatsfeindlichen Elemente die Mitwirkung der Reichsgesetzgebung in Anspruch zu nehmen, zumal anzuerkennen sein wird, daß in der weitergehenden Kompetenz der Reichsgesetzgebung die Möglichkeit geboten ist, zum Schutze der bedrohten Rechtsordnung des Staates Sicherungsmittel aufzurichten, die in ebenso wirksamer, als der Lage der Verhältnisse entsprechender Weise vollkommeneren Erfolg erhoffen lassen, als eine im Wege der Landesgesetzgebung herbeizuführende Strafverschärfung." (Vgl. oben S. 3 ff.)

„Demgemäß behandelt der vorliegende Gesetzentwurf nur die zweite der oben aufgeworfenen Fragen, nämlich diejenige,

> wie, abgesehen von der Person des seines Amtes entsetzten Bischofs, der Diözese gegenüber der Eintritt der Vakanz des Bischofsstuhles zur Anerkennung zu bringen sein wird.

Wenn die Kapitel und der Diözesan-Klerus anerkennen, daß durch die Absetzung eines Bischofs in Folge gerichtlichen Urtheils Sedisvakanz eingetreten sei, so wird sich die Angelegenheit in dem geordneten Wege weiter entwickeln. Das Gesetz muß aber auch nach Lage der Verhältnisse den anderen Fall voraussehen, daß die Kapitel einem solchen Urtheil keine Wirksamkeit beilegen, und demgemäß auch nicht anerkennen werden, daß die Vakanz des Bischofsitzes eingetreten sei. Sie sowohl, wie der General-Vikar, werden alsdann den abgesetzten Bischof als noch in Amtswirksamkeit stehend betrachten und nicht nur demgemäß fortfahren, zu handeln wie bei besetztem Stuhle, sondern auch ablehnen, eine einstweilige Verwaltung der Diözese durch Bestellung eines Kapitel-Vikars einzurichten und demnächst zur Wahl des neuen Bischofs zu schreiten. Es ist zu erwarten, daß einer solchen Auffassung der Kapitel zunächst auch die Geistlichkeit, wenigstens zum größeren Theile, folgen werde.

Es muß daher im Wege der Gesetzgebung

I. Vorsorge getroffen werden, daß die Anerkennung der eingetretenen Vakanz und damit die Einstellung jedes amtlichen Verkehrs mit dem entlassenen Bischof, sowie die daran sich knüpfenden Maßnahmen wegen Bestellung eines einstweiligen Bisthumsverwesers und Wiederwahl eines Bischofs erforderlichen Falles erzwungen werden können.

Hieran knüpft sich sodann

II. die fernere Frage,
welche Mitwirkung vom Staate bei der Einrichtung einer einstweiligen Verwaltung der Diözese in Anspruch zu nehmen ist, um eine Garantie dafür zu gewinnen, daß diese Verwaltung in Uebereinstimmung mit den Staatsgesetzen und nicht zum Nachtheil der wichtigsten Interessen des Staates und seiner Angehörigen geführt werde.

In dieser Beziehung kommt in Betracht, daß zur Zeit in Preußen staatlicher Seits bestimmte Erfordernisse an die Person des Seitens des Kapitels zu bestellenden Vikars nicht gestellt werden. Der Grund hiervon mag darin zu suchen sein, daß nach den wegen Wiederbesetzung der Bischofsstühle in Preußen für die einzelnen Diözesen geltenden Bestimmungen die Wahl des neuen Bischofs innerhalb drei Monaten erfolgen soll, die Verwaltung des Kapitel-Vikars daher nur als eine kurze, vorübergehende gedacht war. Die Erfahrung, insbesondere auch in anderen deutschen Ländern hat aber gelehrt, wie die Wiederbesetzung der Bischofsitze sich oft Jahre lang verzögert, und wie es die Römische Kurie in der Hand hat, durch außerordentliche Vollmachten, welche dem Kapitels-Vikar ertheilt werden, oder durch Entsendung eines apostolischen Vikars, der alle Rechte eines Bischofs unbeschränkt zu üben hat, die Wiederbesetzung der Bischofsstühle bis in eine ungemessene Zeit auszudehnen und damit alle die Garantien, welche dem Staate durch die ihm zustehende Mitwirkung bei Besetzung der bischöflichen Stühle gegeben werden sollen, illusorisch zu machen. Erwägt man ferner die eingangserwähnte offene Auflehnung gegen die Staatsgesetze, so muß es als Pflicht der Selbsterhaltung für den Staat anerkannt werden, hinfort Niemanden als einstweiligen Verwalter eines Bisthums zu dulden, der ihm nicht die volle Garantie giebt, daß die in dem bischöflichen Amte beruhende Macht nicht zum Nachtheil des Staates gemißbraucht werde. Diese Garantien werden, da eine positive Mitwirkung bei Bestellung eines solchen Bisthumsverwalters nach Artikel 18 der Verfassungs-Urkunde, auch nach seiner neuen, durch das Gesetz vom 5. April 1873 festgestellten Redaktion, nicht in Anspruch zu nehmen ist, darin zu suchen sein, daß einmal die Vorschriften des Gesetzes vom 11. Mai pr. über die Vorbildung und Anstellung der Geistlichen auf den Bisthumsverwalter zur Anwendung gebracht werden und außerdem von ihm das eidliche Gelöbniß, daß er Sr. Majestät dem Könige treu und gehorsam sein und die Gesetze des Staates befolgen werde, verlangt wird.

Da diese Erwägungen übrigens nicht nur auf den Fall der Erledigung eines Bisthums in Folge gerichtlichen Urtheils, sondern allgemein für jeden Erledigungsfall, gleichviel auf welchen Gründen er beruht, zutreffen, so werden diese Anforderungen für die einstweilige Wahrnehmung bischöflicher Rechte während der Vakanz des Stuhles generell gestellt werden müssen.

Das Gesetz darf endlich

III. die Eventualität nicht außer Acht zu lassen, daß die vorzuschreibenden Zwangsmittel sich als nicht genügend erweisen, einen etwaigen Widerstand der Domkapitel gegen die Staatsgesetze zu beugen, so daß sie in dem Falle einer Sedisvakanz in Folge gerichtlichen Urtheils die Bestellung eines Bisthumsverwesers beharrlich verweigern oder in Fällen einer auch von ihnen anerkannten Sedisvakanz einen dem Gesetze nicht entsprechenden Verweser bestellen. In allen diesen Fällen tritt eine völlige Störung in der Diözesan-Verwaltung ein, indem eine rechtmäßig bestellte Verwaltung alsdann überhaupt nicht vorhanden ist. Die Folgen eines solchen Zustandes für das gesammte kirchliche Leben in der Diözese, für die kirchlichen Institute, die Kirchengemeinden und die einzelnen Diözesanen sind die allerschwerwiegendsten und es erscheint als eine dringende Pflicht des Staates, soweit es an ihm ist, hier Vorkehrungen zu treffen, um wenigstens die ärgsten Schäden, namentlich im Leben der Einzelgemeinden, fern zu halten. Dies wird geschehen, indem einerseits Fürsorge getroffen wird, um die kirchliche Vermögens-Verwaltung, sowohl des bischöfl. Stuhles selbst, als auch der der Aufsicht des Bischofs unterstellten kirchlichen Institute und Stiftungen, sowie der einzelnen Kirchengemeinden in regelmäßigem Betriebe zu erhalten, und indem andererseits den Gemeinden die Möglichkeit eröffnet wird, bei eintenden Vakanzen wiederum einen Seelsorger zu gewinnen."

§ 1. [2]) **katholischen Bisthume.** Da die Altkatholiken nach der Auffassung der Staatsregierung und des höchsten Gerichtshofes ebenfalls Mitglieder der katholischen Kirche sind, s. Kirchengesetze S. 6 und die Nachträge dazu in diesem Hefte, so bezieht sich das Gesetz auch auf das altkatholische Bisthum, dessen Diöcesanangehörige die sämmtlichen im Preußischen Staate wohnenden Altkatholiken sind, vgl. die landesherrliche Anerkennungsurkunde für den Bischof Reinkens vom 19. September 1873 (bei Friedberg, der Staat und die Bischofswahlen in Deutschland. Aktenstücke S. 254): „Wir Wilhelm ꝛc. . . . . fügen hiermit zu wissen, daß Wir den ordentlichen Professor der Universität zu Breslau Dr. Joseph Hubert Reinkens auf Grund der am 4. Juni d. J. in Cöln stattgefundenen Bischofswahl und der ihm am 11. August d. J. in Rotterdam durch den Bischof von Deventer ertheilten Consekration als katholischen Bischof hiermit und in Kraft Dieses anerkennen. Demgemäß befehlen Wir Unseren Ober-Präsidenten, Präsidenten und Landes-Collegiis, wie auch Allen und Jeden Unserer Vasallen und Unterthanen, weß Namens, Standes, Würden und Wesens sie sein mögen, hiermit so gnädig als ernstlich, daß sie gedachten Joseph Hubert Reinkens als katholischen Bischof anerkennen und achten, auch denselben Alles dasjenige, was an Ehren und Würden, Nutzung und anderen Vortheilen von seinem Amte abhängig, dazu gehörig oder sonst erforderlich sein mag, geruhig, vollkommen und ohne Jemandes Einspruch besitzen, haben und genießen lassen, bei Vermeidung Unserer Königlichen Ungnade und schwerer unausbleiblicher Ahndung, jedoch Alles Uns und Unseren Königlichen und Oberlandesfürstlichen Gerechtsamen in alle Wege unbeschadet. Dessen zu Urkund ꝛc."

Unter Bisthum ist nach § 20 Abs. 1 des Gesetzes auch ein Erzbisthum oder Fürstbisthum zu verstehen. Die preußischen Bisthümer, einschließlich derjenigen, deren Amtssitze außerhalb Preußens belegen und zu denen blos einzelne Theile Preußens gehören, zählt § 1 des Gesetzes vom 22. April 1875 (s. unter Nr. IV) auf.

[3]) **erledigt ist.** Nach kanonischem Recht tritt eine Vakanz ein in Folge des Todes, der päpstlichen Absetzung, der Versetzung, der päpstlich genehmigten Verzichtleistung und des Konfessionswechsels des Inhabers, s. mein Kirchenrecht Bd. 2 S. 233; nach preußischem Staatskirchenrecht auch in den S. 6 Anm. 3 unter 1 gedachten Fällen, s. auch Motive zu §§ 1—3 S. 18.

[4]) **verbundenen Rechte und geistlichen Verrichtungen.** Unter den: „mit dem bischöflichen Amte verbundenen Rechten" sind das Recht auf den Amtstitel und die Amtsinsignien, sowie alle aus der sog. jurisdictio episcopalis, der bischöflichen Leitungs- oder Regierungsgewalt, herfließenden Befugnisse zu verstehen. Die jurisdictio episcopalis umfaßt das Recht der Gesetzgebung für die Diöcese und das Recht der Dispensation in bestimmten Fällen, das Recht zur Berufung und Leitung der Diöcesansynode, zur Aufnahme in den Klerus der Diöcese, zur Besetzung der Aemter, zur Errichtung, Veränderung und Aufhebung derselben, das Recht der Leitung, der Erziehung und Ausbildung des Klerus, der Besteuerung der Diöcesanen, die Handhabung der streitigen, der Straf- und Disciplinargerichtsbarkeit, die Befugniß zu Anordnungen über die Abhaltung des Gottesdienstes und der Spendung der Sakramente, sowie über die Verkündigung der christlichen Lehre und die Ertheilung des Religionsunterrichtes (z. B. die Approbation der Beichtväter und Religionslehrer), endlich das Recht der Aufsicht und der Visitation, das sich namentlich auf die von den Weltgeistlichen verwalteten Aemter, auf die Administration der Seelsorge bei den regulären, d. h. in Händen von Ordensgeistlichen befindlichen Benefizien, auf die kirchliche Vermögensverwaltung und die geistlichen Institute (z. B. Seminarien) und Genossenschaften (Orden, Kongregationen und Brüderschaften) erstreckt. Handelt es sich um ein Erzbisthum, so tritt noch hinzu das Recht der Berufung und Leitung der Provinzialsynode, der Visitation der Diöcesen der Suffraganbischöfe, der Handhabung der Straf- und Disciplinargerichtsbarkeit über dieselben, die Aufsicht über die

Seminarien innerhalb der erzbischöflichen Provinz und über die Innehaltung der Residenzpflicht seitens der Suffragane, das Recht der Gerichtsbarkeit in zweiter Instanz und die Befugniß, statt der säumigen Suffragan-Bischöfe auf Grund des Devolutionsrechtes die Besetzung kirchlicher Stellen vorzunehmen oder dabei mitzuwirken, s. mein Kirchenrecht a. a. O. S. 18, 41.

Der fernere Ausdruck: „mit dem bischöflichen Amte verbundene geistliche Verrichtungen“ begreift die Handlungen, welche Ausflüsse des sog. ordo episcopalis oder der Weihegewalt des Bischofs sind, also namentlich die Ertheilung der Weihen, die Vornahme der Degradation von Geistlichen, die Spendung der Firmelung, die Konsekration der Kirchen, Altäre, Glocken &c., die Bereitung des Kranken-, Katechumenen-Oels und des Chrismas, die Rekonciliation polluirter Kirchen, die Benediktion von Aebten und Aebtissinnen, s. mein Kirchenrecht a. a. O. S. 40. Einzelne dieser Akte, z. B. die Firmelung, die Ertheilung der niederen Weihen können allerdings durch einen mit besonderer päpstlicher Vollmacht oder mit besonderem Privileg versehenen Priester vorgenommen werden, dies ändert aber nichts an ihrem eigentlichen Charakter als bischöflicher Amtshandlungen. Praktisch wird übrigens das sich auf die hier in Rede stehenden Handlungen erstreckende Verbot nur werden hinsichtlich des nach der gerichtlichen Amtsentlassung des Diöcesanbischofs fortfungirenden Weihbischofs und derjenigen interimistischen Verwalter, welche weihbischöfliche Qualität haben.

Nicht unter die im Gesetze charakterisirten Kategorien fallen solche Handlungen, welche schon kraft der Priesterweihe vorgenommen werden können, z. B. das Messelesen, die Spendung des Abendmahls, Verwaltung des Bußsakramentes &c., weil sie vom ordo episcopalis unabhängig sind.

Vgl. übrigens ferner auch zu § 20 Abs. 2.

[5]) **soweit sie nicht die Güter-Verwaltung betreffen.** Vgl. Motive a. a. O. S. 18: „Sodann ist mit Rücksicht auf die in § 1 für die bischöfliche Güter-Verwaltung gemachte Ausnahme daran zu erinnern, daß nach dem Trident. Sess. XXIV. c. 16 de ref. die Kapitel binnen 8 Tagen nach der Kenntniß von der Erledigung des bischöflichen Stuhles einen oder mehrere Oekonomen für die Verwaltung der bischöflichen Güter (rerum ecclesiasticarum et proventuum) und ferner einen Vikar zur Verwaltung der bischöflichen Jurisdiktion (Kapitelsvikar) wählen oder als solchen den bisherigen General-Vikar, dessen Mandat mit dem Ausscheiden des Bischofs erlischt, bestätigen sollen. Die besondere Einsetzung von Oekonomen ist jedoch in Deutschland nicht üblich, theils weil die meisten Bisthümer aus Staatsmitteln unterhalten werden, theils weil, wie in der Erzdiöcese Cöln auf Grund des kapitularischen Restitutions-Diploms von 1825 § 30“ — richtig § 31, abgedruckt bei Hüffer, Forschungen auf dem Gebiete des französ. u. des rhein. Kirchenrechts S. 145, vgl. auch Moy, Archiv für kath. Kirchenrecht Bd. 24 S. 122 — „das Kapitel selbst die Einkünfte der bischöflichen Mensalgüter während der Vakanz verwaltet, theils endlich, weil in den einzelnen Diözesen besondere Behörden für die Verwaltung des bischöflichen und der Administration des Bischofs unterstellten Stiftungsvermögens bestehen, welche bei Eintritt der Vakanz fortfungiren. Diesen thatsächlichen Verhältnissen muß Rechnung getragen werden. Auch hat es kein Bedenken, dieselben ungehindert fortbestehen zu lassen, sofern nur für die übrige Verwaltung ein den Vorschriften des Gesetzes entsprechender Kapitels-Vikar bestellt ist. Ist dies jedoch nicht der Fall, so wird auch bezüglich der bischöflichen Vermögens-Verwaltung vom Staate das Nöthige vorzukehren sein, worüber zu den §§ 6 und 12 das Weitere bemerkt werden wird.“

Nicht zu den ausgenommenen, die Güter-Verwaltung betreffenden Rechten gehört aber das aus der bischöflichen Jurisdiktion herfließende Recht der Aufsicht über das Vermögen der geistlichen Institute, der Pfarrkirchen, Benefizien &c. der Diöcese und die damit in Verbindung stehende Befugniß der Mitwirkung bei einzelnen, wie z. B. Veräußerungsakten. Diese Befugnisse fallen vielmehr unter die mit dem bischöflichen Amte verbundenen Rechte, deren Ausübung das Gesetz normirt. Dem Bischof steht hinsichtlich des erwähnten Vermögens eine eigentliche Verwaltung nicht zu, und auch nach kanonischem Rechte liegt während der Vakanz die Oberaufsicht über die Vermögens-Verwaltung innerhalb der Diöcese in der Hand des Kapitelsvikars, s. mein Kirchenrecht a. a. O. S. 242, 245, nicht aber in der des Oekonomen, für dessen Amtsführung allein das Gesetz von der Aufstellung bestimmter Erfordernisse abgesehen hat, s. die vorher citirten Motive, welche diese Ansicht namentlich durch die Bezugnahme auf das Tridentinum ebenfalls zum Ausdruck bringen.

[6]) **staatlich anerkannten Bischofs.** Es ist dies ein solcher, welcher den bestehenden Bestim-

§. 2.

Wer bischöfliche Rechte oder Verrichtungen der im § 1 bezeichneten Art ausüben will,[7]) hat dem Ober-Präsidenten der Provinz, in welcher sich der erledigte Bischofssitz befindet,[8]) hiervon unter Angabe des Umfangs der auszuübenden Rechte[9]) schriftliche Mittheilung zu machen, dabei den ihm ertheilten kirchlichen Auftrag[10]) darzuthun,[11]) sowie den Nachweis zu führen, daß er die persönlichen Eigenschaften[12]) besitzt, von denen das Gesetz vom 11. Mai 1873 (Gesetz-Samml. 1873 Seite 191) die Uebertragung eines geistlichen Amtes abhängig macht. Zugleich hat er zu erklären, daß er bereit sei, sich eidlich zu verpflichten, dem Könige treu und gehorsam zu sein und die Gesetze des Staates zu befolgen.

mungen gemäß gewählt worden ist, s. Kirchengesetze S. 157, den durch die Verordnung vom 6. Dezember 1873 (Ges.-Samml. S. 479) vorgeschriebenen Eid abgeleistet und auf Grund dessen die landesherrliche Anerkennungsurkunde ausgehändigt erhalten hat.

§ 2. [7]) **ausüben will.** Mit Rücksicht auf die Vorschriften des katholischen Kirchenrechtes über die Verwaltung bischöflicher Diöcesen werden von den Vorschriften des § namentlich betroffen:

1. der ordnungsmäßig vom Kapitel gewählte Kapitelsverweser oder Kapitularvikar;
2. der nicht vom Domkapitel, sondern wegen schuldhafter Nichtausübung oder nicht kanonischer Ausübung des Bestellungsrechtes vom Erzbischof, bez. dem ältesten Suffraganbischof ꝛc. eingesetzte Kapitularvikar, s. mein Kirchenrecht a. a. O. S. 234, 235;
3. derjenige Kapitelsverweser, welcher an Stelle eines während derselben Vakanz ausgeschiedenen oder abgesetzten Kapitelsverwesers tritt, s. auch § 7 Nr. 1;
4. derjenige Kapitelsverweser, welcher von nicht preußischen Domkapiteln gewählt ist, weil das betreffende Bisthum (Freiburg, Mainz, Prag und Olmütz) seinen Sitz in einem andern deutschen (Baden und Hessen) oder außerdeutschen Staat (Oesterreich) hat, aber in Preußen sein Amt ausüben will;
5. die General-Vikare und Offiziale solcher Bischöfe, die durch gerichtliches Erkenntniß (s. Anm. 3) ihres Amtes entsetzt sind. In den übrigen Vakanzfällen erlischt ihr Auftrag zugleich mit der Jurisdiktion des sie bevollmächtigenden Bischofs, s. mein Kirchenrecht a. a. O. S. 222. 227, während gerade unter der zuerst erwähnten Voraussetzung nach dem katholischen Kirchenrecht, das die staatliche Absetzung eines Bischofs für ungültig ansieht, die erwähnten Beamten ihre Jurisdiktion behalten und sie in Verletzung des Staatsgesetzes weiter ausüben können;
6. die zur Verwaltung einzelner Theile von Bisthümern und zur Ausübung einzelner bischöflichen Rechte bestellten Kommissare oder Vikare. Derartige Kommissariate, bez. Vikariate bestehen zu Oberfelde in der Diöcese Hildesheim, zu Heiligenstadt, Erfurt und Magdeburg in dem Bezirk des Bisthums Paderborn, für die zum Erzbisthum Prag gehörige Grafschaft Glatz und den zum Erzbisthum Olmütz gehörigen Distrikt Katscher;
7. die von den durch gerichtliches Urtheil abgesetzten Bischöfen oder Kapitular-Vikaren zu einzelnen Akten der bischöflichen Jurisdiktion delegirten Personen;
8. die vom Kapitular-Vikar bei zeitweiser Verhinderung ernannten Substituten;
9. der dem Bischof noch vor dem Verlust seines bischöflichen Stuhles zugeordnete Weihbischof. Auf die Anstellung eines solchen finden zwar die Vorschriften des Gesetzes vom 11. Mai 1873 Anwendung, s. Kirchengesetze S. 102. 129, indessen ist nach katholischem Kirchenrecht, nach welchem sein Auftrag nur mit einer kanonischen Vakanz des Bisthums zusammenfällt, seine Stellung, ebenso wenig wie die des General-Vikars, s. unter No. 5, mit der staatlichen Entsetzung des Diöcesanbischofs erloschen. Es bedarf also, um die staatliche Erledigung der Stelle zur Anerkennung zu bringen, der Erfüllung der Vorschriften des vorliegenden Gesetzes.

Vgl. ferner auch Anm. 70 zu § 20 des Gesetzes.

§. 3.

Innerhalb zehn Tagen nach Empfang der Mittheilung [13]) kann der Ober-Prä-

Dagegen bezieht sich der § 2 ebensowenig wie der § 1 auf die Dekane oder Erzpriester, sowie auf die Pfarrer und die sonst für das Lehramt oder die Seelsorge bestellten Personen, (s. Motive S. 18): „da ihre amtlichen Befugnisse zwar von dem bischöflichen Amte hergeleitet sind, aber nicht auf persönlicher Delegation beruhen und deshalb auch nicht mit dem Ausscheiden des Bischofs aus dem Amte fortfallen.“ Dies ist für die Pfarr- und anderen Seelsorge-Aemter vollkommen zutreffend. Bei ihnen handelt es sich um zu besonderen selbstständigen Aemtern kristallisirte, wenngleich ursprünglich vom Bischofsamte abgeleitete Befugnisse, und deshalb können diese letzteren nicht unter den mit dem bischöflichen Amte verbundenen Rechten oder geistlichen Verrichtungen begriffen werden. Mit den Dekanen oder Erzpriestern oder Bezirksvikaren verhält es sich aber anders. Sie sind ihrer rechtlichen Stellung nach Delegaten des Bischofs für die Ausübung der Aufsicht innerhalb ihrer Bezirke, sie haben kein fest fundirtes Benefizium, und wenn sie auch ohne Beschränkung oder auf Lebenszeit ernannt werden, so ist der Bischof doch zu einer derartigen Bestellung nicht verpflichtet, noch nach katholischem Kirchenrecht verhindert, sie ohne gerichtliches Verfahren von ihren Aemtern zu entfernen (s. mein Kirchenrecht a. a. O. S. 287). Sie üben also ihnen übertragene, mit dem bischöflichen Amte verbundene Rechte aus, ob auf Grund persönlicher oder dauernder Delegation, worin die Motive ein unterscheidendes Merkmal sehen, ist gleichgültig, weil das Gesetz einen solchen Unterschied nicht kennt. Indessen wird man im Resultate mit der Auffassung der Motive übereinstimmen müssen. Für die Dekane hat sich ein herkömmlich feststehender Kreis von Befugnissen gebildet, ihre Stellungen sind jetzt ein regelmäßiger Bestandtheil des kirchlichen Organismus, und wenn auch keine Benefizien, doch immer Kirchenämter. Es handelt sich also bei ihnen ebenfalls um eine regelmäßige faktische Ausscheidung gewisser Befugnisse aus dem bischöflichen Amte für die einzelnen lokalen Unterabtheilungen des Bisthums und insoweit stehen die Inhaber dieser Stellungen den Pfarrern gleich. Auch paßt auf sie der Grund des Gesetzes ebensowenig, wie auf die letzteren. Das Gesetz will die interimistische Ausübung der dem Bischof zustehenden Berechtigungen während der Vakanz durch nicht den vorgeschriebenen Erfordernissen entsprechende Ersatzmänner verhindern. Die Landdekane oder Erzpriester können aber kraft der ihnen übertragenen Befugnisse, weil deren materieller Umfang ein verhältnißmäßig geringer ist, eine anderweitige Leitung der Diöcese durch kirchliche Beamte mit weitergehendem Rechte in Vakanzfällen niemals entbehrlich machen, und kommen also mit Rücksicht auf den Zweck des Gesetzes gar nicht in Frage.

[8]) **sich der erledigte Bischofssitz befindet.** Der Ausdruck ist nicht ganz korrekt. Er paßt nicht auf die Fälle, wo der Bischofssitz außerhalb Preußens liegt. Da aber das Gesetz diese nicht von seinen Vorschriften ausgenommen hat (s. § 1), muß hier der Ober-Präsident, bz. die dessen Befugnisse ausübende Behörde (s. Kirchengesetze S. 198 zu S. 56) desjenigen preußischen Landestheils eintreten, der zu dem fremden Bisthum gehört.

[9]) **Umfang der auszuübenden Rechte.** Welches diese sein können, ergiebt Anm. 7 und ferner Anm. 70 zu § 20.

[10]) **Auftrag.** Ein solcher liegt selbstverständlich auch in der Wahl zum Kapitular-Verweser durch das Kapitel.

[11]) **darthun.** Durch Vorlegung der Bestellungs-, Wahl-, Delegations- oder sonstigen Ermächtigungs-Urkunde im Original oder in einer beglaubigten Abschrift.

[12]) **persönlichen Eigenschaften.** Damit sind die gesammten Vorschriften des im Text citirten Gesetzes (s. Kirchengesetze S. XIX. XXIV) soweit sie sich auf den Indigenat und die wissenschaftliche Vorbildung beziehen, für anwendbar erklärt. Es findet mithin auch der § 26 Anwendung, nach welchem Personen, die schon vor Verkündigung des Gesetzes vom 11. Mai 1873 im geistlichen Amt angestellt waren oder die Fähigkeit zur Anstellung im geistlichen Amte erlangt hatten, von dem Nachweise der wissenschaftlichen Vorbildung und Befähigung eximirt sind.

§ 3. [13]) **Mittheilung.** Fehlt es dieser an den Erfordernissen des § 2, so beginnt der Fristenlauf nicht.

sident gegen die beanspruchte Ausübung der im § 1 genannten bischöflichen Rechte oder Verrichtungen Einspruch erheben.[14]) Auf die Erhebung des Einspruchs finden die Vorschriften des § 16 des Gesetzes vom 11. Mai 1873[15]) (Gesetz-Samml. S. 191) mit der Maßgabe Anwendung, daß die Berufung bei dem Gerichtshofe für kirchliche Angelegenheiten nur innerhalb zehn Tagen[16]) zulässig ist.

Wenn kein Einspruch erhoben oder der Einspruch von dem Gerichtshofe für kirchliche Angelegenheiten verworfen worden ist, erfolgt die im § 2 vorgeschriebene eidliche Verpflichtung[17]) vor dem Ober-Präsidenten oder einem von demselben ernannten Kommissarius.

[14]) **Einspruch erheben.** Bei wem derselbe anzubringen ist, sagt das Gesetz nicht. Da es sich aber hier nicht um die Verhinderung der Uebertragung eines Amtes, sondern nur der Vornahme bestimmter kirchlicher Funktionen handelt, so wird derselbe direkt an die Person, welche solche ausüben will, zu richten sein, und das um so mehr, als in dem regelmäßigen Fall, d. h. des Eintrittes eines gewählten Kapitelsvikar, das denselben wählende Domkapitel nicht dessen vorgesetzte Behörde ist.

[15]) **des § 16 des Gesetzes vom 11. Mai 1873,** s. Kirchengesetze S. 132 Anm. 1 ff.

[16]) **innerhalb zehn Tagen,** statt der regelmäßigen 30 Tage. Die Frist ist verkürzt, weil die Feststellung der Zulässigkeit einer interimistischen Verwaltung nicht zu lange verzögert werden darf.

Die Frist läuft vom Tage des Empfanges des Einspruches.

Nach dem Plenarbeschlusse des Gerichtshofes für kirchliche Angelegenheiten vom 7. Januar 1875 ist die Berufung auch binnen der 10tägigen Frist zu rechtfertigen; eine besondere Rechtfertigungsfrist ist nicht gestattet.

[17]) **eidliche Verpflichtung.** Ihr Inhalt ergiebt sich aus § 2; er ist enger als der nach der Verordnung vom 6. Dezember 1873 (Ges.-Samml. S. 479) zu leistende Bischofseid.

Mit der eidlichen Verpflichtung erlangt der Verweser, auch dem Staate gegenüber, das Recht zur Verwaltung der Diöcese.

§§ 2 und 3 des Gesetzes stellen die Requisite auf, welche für einen solchen Verweser erforderlich sind. Sie ergänzen die Vorschriften des Gesetzes vom 11. Mai 1873, welche auf den Kapitular-Vikar keine Anwendung finden (s. Kirchengesetze S. 102, 160), beseitigen aber andererseits auch die Bestimmungen der landesherrlich bestätigten Statuten der Domkapitel, wie sie z. B. das Kölner Restitutionsdiplom von 1825 § 30 (Hüffer, Forschungen S. 345) aufweist, daß der zu wählende Kapitular-Vikar eine persona principi grata sein müsse.

Die §§ 1041, 1043 Tit. 11 Th. II. A. L. R. legen dem Domkapitel das Recht der interimistischen Verwaltung der Diöcese bei, und geben demselben abweichend von der Vorschrift des Trienter Konzils Sess. XXIV. c. 16 de ref. nur das Recht, einen Vikar statt seiner zu bestellen, zu welchem gleichfalls im Widerspruch mit dem kanonischen Recht der etwa vorher von dem früheren Bischof bestellte (General-Vikar) genommen werden muß. Schon ein Reskript des Ministers der geistlichen Angelegenheiten v. 17. Juli 1832 (v. Kamptz, Annalen 16,647) hatte diesen Bestimmungen gegenüber das Kirchenrecht für maßgebend anerkannt, jedenfalls sind sie aber durch den Art. 15 der Verfassungsurkunde aufgehoben worden, weil es sich dabei um ein reines Internum der Kirche handelt. Der § 6 des Gesetzes endlich geht gleichfalls von dieser Anschauung aus, denn sonst könnte er dem Kapitel die Pflicht zur Wahl eines Kapitelsvikars nicht auferlegen, müßte es demselben vielmehr frei lassen, selbst die Verwaltung zu übernehmen.

§ 4. [18]) **ausübt.** Zum Thatbestand des § 4 gehört 1) daß der bischöfliche Stuhl erledigt und noch nicht mit einem staatlich anerkannten Bischof wieder besetzt ist, 2) daß der Angeschuldigte Handlungen der Anm. 4 zu § 1 und Anm. 70 zu § 20 gedachten Art einzeln oder insgesammt vorgenommen hat, bevor er die erforderliche Anzeige gemacht oder bevor er nach Ablauf der Einspruchsfrist, bez. nach Erledigung des Einspruches den vorschriftsmäßigen Eid geleistet hat. Die

§. 4.

Wer vor der eidlichen Verpflichtung bischöfliche Rechte oder Verrichtungen der im § 1 bezeichneten Art ausübt,[18]) wird mit Gefängniß von sechs Monaten bis zu zwei Jahren bestraft.[19])

Dieselbe Strafe trifft den persönlichen Vertreter[20]) oder Beauftragten eines Bischofs (Generalvikar, Offizial u. s. w.), welcher nach Erledigung des bischöflichen Stuhles fortfährt, bischöfliche Rechte oder Verrichtungen auszuüben, ohne anderweit in Gemäßheit der §§ 2 und 3 die Befugniß zur Ausübung derselben erlangt zu haben.[21])

Die vorgenommenen Handlungen sind ohne rechtliche Wirkung.[22])

Kenntniß der vorhandenen Vakanz ist dem Angeschuldigten nachzuweisen, denn dieser Umstand ist die Bedingung der Strafbarkeit seiner Handlung (vgl. auch § 59 des Reichs-Str.-G.-B.). In den meisten Fällen wird dies keine Schwierigkeit haben, da die Bestellung eines interimistischen Vertreters den Vorschriften des kanonischen Rechts gemäß für die Regel nur im Falle der Vakanz der Diöcese erfolgt und derselbe von der Erledigung schon durch seine Wahl oder Bevollmächtigung Kenntniß erhält. Praktisch wichtig wird die Frage aber bei dem Generalvikar, Offizial, Weihbischof oder sonstigen Delegirten eines durch gerichtliches Urtheil abgesetzten Bischofs, sofern derselbe den Auftrag an diese Personen vor seiner Amtsentlassung ertheilt hat, vgl. auch Abs. 2 des § 4.

Daß der § 4 auf den staatlich abgesetzten Bischof, der nach der Absetzung die Funktionen seines Amtes weiter ausübt, Anwendung findet, verneinen die Motive, s. oben S. 44, vgl. ferner dieselben zu § 5 a. a. O. S. 19: „Daß auch hier die Strafbestimmung auf die Fälle auszudehnen, in denen Amtshandlungen im Auftrag oder auf Anordnung eines in Folge gerichtlichen Urtheils aus seinem Amte entlassenen Bischofs angenommen sind, rechtfertigt sich aus gleichen Gründen, wie die Ausdehnung der Strafbestimmung des § 4 auf den General-Vikar eines abgesetzten Bischofs." Und die in diesen Sätzen dargelegte Absicht des Gesetzgebers hat auch in dem Gesetze ihren entsprechenden Ausdruck gefunden. § 1 verbietet ganz allgemein die Vornahme von mit dem bischöflichen Amte verbundenen Rechten und geistlichen Verrichtungen, und in derselben allgemeinen Fassung setzt § 4 Abs. 1 die Strafe dafür fest. Hier ist der staatlich abgesetzte Bischof zwar nicht besonders ausgenommen, indessen ergiebt schon Abs. 2 dieses §, daß ein solcher Bischof unter dem Abs. 1 nicht hat begriffen werden sollen. Sonst hätte seines persönlich beauftragten Vertreters (seines General-Vikars, Offizials rc.) gar nicht besonders gedacht zu werden brauchen. Ferner unterscheidet der § 5 des Gesetzes die Beauftragung von Kirchendienern 1) durch einen staatlich nicht anerkannten, 2) durch einen gerichtlich abgesetzten Bischof und 3) durch eine Person, welche bischöfliche Rechte oder Verrichtungen den Vorschriften des Gesetzes zuwider ausübt, also durch einen interimistischen Verweser. Aus dieser Gegenüberstellung ergiebt sich deutlich, daß die §§ 1—4 Abs. 1 nur die letztgedachten Personen, nicht aber den abgesetzten Bischof selbst im Auge haben, weil anderenfalls auch hier die besondere Erwähnung des letzteren überflüssig gewesen wäre. Mit dieser ausdrücklichen Hervorhebung ist anerkannt, daß ein solcher Bischof nicht zu den Personen gehört, welche den Vorschriften dieses Gesetzes zuwiderhandeln.

Fraglich ist es weiter, ob der § 4 den zwar päpstlich bestätigten, aber noch nicht staatlich anerkannten Bischof trifft. Für den Staat ist der Bischofsstuhl erst mit der Ertheilung der staatlichen Anerkennung wieder besetzt, und daher liegt die Annahme nahe, daß der Bischof, dem diese fehlt, der aber nichts desto weniger amtirt, vor seiner eidlichen Verpflichtung bischöfliche Rechte und Verrichtungen dem § 4 zuwider ausübt. Der von den Bischöfen zu leistende Treueid (s. Anm. 17) ist indessen nicht unter der im § 4 gedachten eidlichen Verpflichtung gemeint. Der § hat vielmehr allein die von dem Ober-Präsidenten vorzunehmende Vereidigung, von welcher überhaupt nur im Gesetze die Rede ist, im Auge. Wenn man einen nicht staatlich anerkannten Bischof der Strafe des § 4 hätte unterwerfen wollen, so würde das Gesetz auch korrekter Weise die Worte: „vor der staatlichen Anerkennung" statt vor: „der eidlichen Verpflichtung" haben brauchen müssen. Bestätigt

§. 5.

Kirchendiener,[23]) welche auf Anordnung oder im Auftrage eines staatlich nicht anerkannten oder in Folge gerichtlichen Erkenntnisses aus seinem Amte entlassenen Bischofs oder einer Person, welche bischöfliche Rechte oder Verrichtungen den Vorschriften dieses Gesetzes zuwider ausübt, oder eines von diesen Personen ernannten Vertreters Amtshandlungen vornehmen,[24]) werden mit Geldstrafe bis zu 100 Thlr. oder mit Haft oder mit Gefängniß bis zu Einem Jahre[25]) und wenn auf Grund eines solchen Auftrags bischöfliche Rechte oder Verrichtungen[26]) ausgeübt sind, mit Gefängniß von sechs Monaten bis zwei Jahren bestraft.

wird diese Auffassung dadurch, daß § 5 auch den staatlich nicht anerkannten Bischof ausdrücklich neben den Personen, welche bischöfliche Rechte dem Gesetze zuwider ausüben, nennt, ihn also nicht zu letzteren rechnet, und daß das Gesetz nur die Verwaltung erledigter Diöcesen regeln will, nicht aber die definitive Besetzung der Bischofsstühle und die Wahrung des staatlichen jus circa bei derselben. Die Strafbestimmung für einen nicht staatlich anerkannten Bischof giebt vielmehr § 23 des Gesetzes vom 11. Mai 1873. Denn ein Bischof, welcher unter Nichtbeachtung des dem Könige nach Maßgabe der päpstlichen Breven zustehenden Einspruchsrechtes eingesetzt worden (s. Kirchengesetze S. 156 ff.), ist den Vorschriften der §§ 1—3 des erwähnten Gesetzes zuwider angestellt, weil zu den den Einspruch regelnden Vorschriften desselben auch der § 29 gehört.

[19]) **zwei Jahren bestraft.** Wegen der Kompetenz der Gerichte vgl. Kirchengesetze S. 33 Anm. 7 lit. d.

[20]) **persönlichen Vertreter,** hiermit sollen offenbar solche Stellvertreter gemeint sein, welche stets eine besondere auf Vornahme bischöflicher Verrichtungen gerichtete Ermächtigung erhalten, nicht die Geistlichen, welche gewisse aus dem bischöflichen Amte abgeleitete und zu besonderen Aemtern krystallisirte Befugnisse wahrzunehmen haben, wie z. B. die der Erzpriester oder Landdekane, s. Anm. 7 zu § 2 S. 50 u. 51.

[21]) **erlangt zu haben,** s. Anm. 7 Nr. 5. 6. 7. 9 zu § 2.

[22]) **ohne rechtliche Wirkung.** Dies gilt wie im Falle des § 17 des Gesetzes vom 11. Mai 1873 auch von denjenigen Handlungen, welche für das staatliche Gebiet nicht von Bedeutung sind, s. Kirchengesetze S. 135.

Ein den Vorschriften dieses Gesetzes zuwider bestellter Verweser wird z. B. die kirchliche Disciplinargerichtsbarkeit nicht gültig ausüben können; alle von ihm in dieser Beziehung erlassenen Verfügungen und Akte sind nichtig und seine Verfügungen unterliegen der Berufung an den Gerichtshof für kirchliche Angelegenheiten auf Grund des § 10 Nr. 1 des Gesetzes vom 12. Mai 1873. Benennt ein solcher Verweser dem Ober-Präsidenten einen Kandidaten für ein erledigtes geistliches Amt, so kann diese Anzeige nicht den Lauf der 30tägigen Einspruchsfrist herbeiführen, sie ist vielmehr, als von einer gar nicht berechtigten Person ausgegangen, einfach zurückzuweisen. Ferner ist die Genehmigung derartiger Verweser zur Veräußerung von Gütern kirchlicher Anstalten nichtig. Endlich ist auch kein katholischer Geistlicher oder Kirchenbeamter verbunden, den Anordnungen oder Anweisungen des betreffenden Verwesers Folge zu leisten, vielmehr wird er, wie der § 5 ergiebt, dafür bestraft, hat also sogar die Pflicht, sie unbeachtet zu lassen.

§ 5. [23]) **Kirchendiener,** s. Kirchengesetze S. 42 Anm. 4.

[24]) **Amtshandlungen vornehmen.** Die Vorschrift soll verhindern, daß die staatlich nicht anerkannten Diöcesanverwalter mit Hülfe des vorhandenen kirchlichen Organismus amtiren können.

[25]) **bis zu Einem Jahre.** Wegen der Kompetenz s. Kirchengesetze S. 33 Anm. 7 lit. d.

[26]) **bischöfliche Rechte oder Verrichtungen.** Mit der Verschärfung der Strafe für diesen Fall haben die Delegaten der Kapitelsverweser oder der General-Vikare, die Subdelegaten apostolischer Vikare ꝛc. (s. Anm. 70 zu § 20) getroffen werden sollen. An und für sich fallen aber diese sämmtlich schon unter den § 4, denn der in demselben in Bezug genommene § 1 macht keinen Unterschied, kraft welcher Art kirchlichen Auftrages der Betreffende amtirt hat, und verbietet über-

§. 6.

Wenn die Stelle eines Bischofs in Folge gerichtlichen Urtheils[27]) erledigt worden ist, hat der Ober-Präsident das Domkapitel[28]) zur sofortigen Wahl eines Bisthumsverwesers (Kapitelsvikars) aufzufordern.[29])

Erhält der Ober-Präsident nicht innerhalb zehn Tagen Nachricht von der zu Stande gekommenen Wahl[30]) oder erfolgt nicht binnen weiteren vierzehn Tagen[31]) die eidliche Verpflichtung des Gewählten,[32]) so ernennt[33]) der Minister der geistlichen Angelegenheiten einen Kommissarius,[34]) welcher das dem bischöflichen Stuhle gehörige und das der Verwaltung desselben oder des jeweiligen Bischofs unterliegende bewegliche und unbewegliche Vermögen[35]) in Verwahrung[36]) und Verwaltung[37]) nimmt. Zwangsmaßregeln,[38]) welche erforderlich werden, um das Vermögen der Verfügung des Kommissars zu unterwerfen, trifft der Ober-Präsident.[39])

Derselbe ist befugt, schon vor Ernennung des Kommissars und selbst schon bei Erlaß der Aufforderung an das Domkapitel das im Vorstehenden bezeichnete Vermögen in Verwahrung[40]) zu nehmen und die hierzu erforderlichen Maßregeln nöthigenfalls zwangsweise zu treffen.

dies schon die Vornahme einer einzelnen bischöflichen Amtsverrichtung. Die Strafbestimmung des § 5 hat aber insofern ihre besondere Bedeutung, als sie die Anwendung des § 1 und § 4 dann ausschließt, wenn der Auftrag, die Delegation oder Subdelegation, von einem den Erfordernissen des Gesetzes gemäß amtirenden Verweser ertheilt worden ist. Hieraus folgt dann weiter, daß wenn ein solcher Verweser vorhanden ist, derjenige, welcher in dessen Auftrage einzelne bischöfliche Funktionen ausübt, die Vorschriften der §§ 2 und 3 nicht zu erfüllen braucht.

Uebrigens kann das Ausüben bischöflicher Rechte schon in der Ertheilung von Aufträgen und Anordnungen an Kirchendiener, und zwar solcher, wegen deren Befolgung die letzteren auf Grund dieses § zu bestrafen sind, bestehen.

§ 6. [27]) **gerichtlichen Urtheils,** nicht also in Folge eines kanonischen Vakanzfalles, s. Anm. 3 zu §. 1.

[28]) **Domkapitel.** Denn diese sind die wahlberechtigten Korporationen für alle preußischen Bisthümer, s. Kirchengesetze S. 156. Dies wird auch bei den nichtpreußischen, aber zur Wahl des Bischofs berechtigten Kapiteln in Freiburg, Mainz, Prag und Olmütz, hinsichtlich der preußischen Diöcesan-Antheile geschehen können und müssen, sofern die Folgen des § 6 herbeigeführt werden sollen. Nur für die Altkatholiken, welche aber praktisch nicht in Frage kommen, paßt die Bestimmung nicht, da der altkatholische Bischof kein Domkapitel hat.

[29]) **aufzufordern.** Eine Frist für diese Aufforderung ist nicht bestimmt, indessen ergiebt die Tendenz des Gesetzes, daß der Ober-Präsident eine solche sobald als möglich nach erhaltener amtlicher Kunde von der rechtskräftigen Absetzung des Bischofs, worüber ihm seitens der in Frage kommenden Gerichte, des Gerichtshofes für die kirchlichen Angelegenheiten und der Kriminalgerichte, s. oben S. 6 Anm. 3, sofort Mittheilung zu machen sein wird, zu erlassen hat. Möglich ist es, daß die Aufforderung erst nach Ablauf derjenigen 8 Tage, binnen welcher das Domkapitel allein im Falle kanonischer Erledigung die Berechtigung zur Bestellung des Kapitular-Verwesers besitzt, an dasselbe gelangt. Da aber bei der hier fraglichen, durch das staatliche Recht eingeführten Vakanz der kanonische Grundsatz, daß die Bestellung des Verwesers nach Ablauf der achttägigen Frist an den Erzbischof und bei Säumniß eines Metropolitankapitels an den ältesten Suffraganbischof devolvirt, keine Anwendung findet, so konnte das Gesetz die fragliche Verpflichtung dem Domkapitel ohne Rücksicht auf die erwähnte Frist auferlegen.

[30]) **zu Stande gekommenen Wahl.** Für diese ist nur indirekt eine bestimmte Frist festgesetzt, insofern als die festgesetzten Folgen eintreten, wenn der Ober-Präsident binnen 10 Tagen, welche

selbstverständlich von der Zustellung der Aufforderung an das Kapitel, den Tag der Zustellung nicht mit eingerechnet, laufen, keine Nachricht erhält.

[31]) **binnen weiteren vierzehn Tagen.** Da dem Ober-Präsidenten, falls eine Wahl erfolgt ist, eine 10tägige Einspruchsfrist von dem Eingange der Anzeige, dem Betheiligten aber eine gleiche Frist zur Berufung gegen den etwa erhobenen Einspruch zusteht (vgl. § 3), so wird, falls der Gerichtshof für kirchliche Angelegenheiten angegangen worden ist, eine Erledigung der Angelegenheit binnen der festgesetzten Frist nicht möglich sein. Selbst bei der schleunigsten Erhebung des Einspruches und der sofortigen Einlegung der Berufung hat es der Betreffende nie in der Hand, die Entscheidung des Gerichtshofes so schnell herbeizuführen, daß bei Verwerfung des Einspruchs seine Beeidigung noch innerhalb der 24tägigen Gesammtfrist, angerechnet von der Aufforderung des Ober-Präsidenten zur Vornahme der Wahl, erfolgen kann. Wenn das Gesetz für solche Fälle keine Fristerstreckung zugelassen hat, so liegt darin keine Härte, denn der Staat ist zu dem Verlangen berechtigt, daß eine einwandsfreie Person bestellt wird, und dafür reichen die Fristen vollkommen zu.

[32]) **eidliche Verpflichtung des Gewählten.** Erfolgt diese innerhalb der Frist wegen der Zögerung des Ober-Präsidenten oder seines Kommissars (s. § 3) nicht, so können die Folgen des § 6 nicht eintreten, weil diese Zwangsmaßregeln gegen die Renitenz der kirchlichen Behörden und Geistlichen sind, und eine solche unter der erwähnten Voraussetzung nicht vorliegt.

[33]) **ernennt,** d. h. ist verpflichtet zu ernennen. In das bloße Ermessen des Ministers ist die Maßregel nicht gestellt.

[34]) **Kommissarius.** Eine Qualifikation für denselben ist nicht bestimmt. Bisher, so in den Diöcesen Posen-Gnesen und Paderborn, sind die Kommissare aus der Zahl der Landräthe und Regierungs-Assessoren genommen worden.

Daß für Posen und Gnesen zwei Kommissare bestellt worden sind, erklärt sich daraus, daß beide Diöcesen nur aeque principaliter vereinigt sind, d. h. in der Art, daß sie blos fortdauernd ein und denselben Bischof haben, und daher für jede eine besondere selbstständige Verwaltung geführt worden ist.

Der Kommissar erhält zu seiner Legitimation eine vom Minister ausgefertigte Bestallungs-Urkunde (s. auch § 9 Abs. 4).

Der Natur der Sache nach ist seine Stellung jeder Zeit widerruflich.

[35]) **Vermögen,** d. h. dasjenige, welches Eigenthum des bischöflichen Stuhles, d. h. der Diöcese ist, möge es zu allgemeinen kirchlichen Zwecken des Bisthums, für besondere kirchliche Zwecke, z. B. für die Kathedrale oder auch zum Unterhalt des Bischofs dienen, also die Eigenschaft als bischöfliches Tafelgut (mensa episcopalis) haben, ferner aber auch das Vermögen, welches zwar nicht Eigenthum der Diöcese oder des bischöflichen Stuhles ist, aber der Verwaltung desselben oder des jeweiligen Bischofs unterliegt, namentlich alles Stiftungsvermögen, welches der bischöfliche Stuhl oder jeder Inhaber desselben nach den Vorschriften der Stiftungsurkunde zu verwalten hat.

Ausgeschlossen von der Verwahrung und Verwaltung bleibt das Privatvermögen des abgesetzten Bischofs, das Vermögen des Domkapitels, ferner das Vermögen der einzelnen kirchlichen Institute, das nicht der unmittelbaren Administration des bischöflichen Stuhles untersteht, und hinsichtlich dessen derselbe nur eine gewisse obere Verwaltung und die Aufsicht zu führen hat.

[36]) **Verwahrung.** Diese muß darin bestehen, daß das Vermögen und die über dasselbe Auskunft gebenden Akten, Dokumente und sonstigen Schriftstücke der Verfügung der bisherigen kirchlichen Organe entzogen oder vor jeder Einwirkung derselben gesichert, dem Kommissar dagegen die Möglichkeit der Disposition verschafft wird. Zu diesem Zweck kann eine Deposition beweglicher Sachen, Bestellung von Aufsehern für Mobilien und Immobilien, die Einsetzung von Administratoren für die letzteren erfolgen.

[37]) **Verwaltung.** Die vom Bischof bisher für die Verwaltung verwendeten Organe und Hülfsbeamten haben dabei den Anweisungen des Kommissars Folge zu leisten, denn er nimmt in dieser Hinsicht die Stelle des Bischofs ein, s. § 9 des Gesetzes.

[38]) **Zwangsmaßregeln,** sowohl direkte, wie zwangsweise Entziehung der einzelnen Vermögensstücke, Besitz-Entsetzung der bisherigen Verwalter, zwangsweise Herbeischaffung der Akten, als auch indirekte, z. B. Androhung von Geldstrafen, Festsetzung und Einziehung derselben, vgl. Verordn.

vom 26. Dezember 1808 § 48 (Ges.-S. S. 464), Geschäfts-Instruktion für die Regierungen vom 23. Oktober 1817 § 11 (Ges.-S. S. 248); v. Rönne, Staatsrecht der preuß. Monarchie Th. I. § 52, Kirchengesetze S. 58.

Von den Zwangsmaßregeln können selbstverständlich nur solche Personen betroffen werden, die kraft ihrer kirchlichen Stellung Vermögen des gedachten Charakters in Händen haben, nicht aber dritte, welche Rechtsansprüche auf einzelne Vermögensstücke erheben. Zweck der Maßregel ist die Sicherung des Vermögens vor Eingriffen kirchlicher Verweser und Verwalter, welche der Staat nicht anerkennt, die Rechtslage des Vermögens soll dagegen nicht geändert werden.

[39]) **Ober-Präsident**, nicht der Kommissar.

[40]) **Verwahrung**, also unter der Voraussetzung des betreffenden Absatzes nicht, wie sonst, auch in Verwaltung. Durch diese Befugniß soll es verhindert werden, daß das Vermögen inzwischen bei Seite geschafft und dadurch der vom Gesetze beabsichtigte Zwang illusorisch gemacht wird.

Die betreffende Maßregel ist in das Ermessen des Ober-Präsidenten gestellt und sie kann nöthigenfalls durch Beschwerde an den Minister der geistlichen Angelegenheiten angefochten werden.

Unter den heutigen Verhältnissen, wo der absolute Widerstand der katholischen Geistlichkeit gegen die neue staatskirchliche Gesetzgebung außer allem Zweifel gestellt ist, wird der Tendenz des Gesetzes gemäß die provisorische Beschlagnahme in jedem Falle bei Entsetzung eines Bischofs zugleich mit der Wahl-Aufforderung an das Domkapitel zu verhängen sein. So ist auch nach der am 5. Januar 1875 durch Erkenntniß des Gerichtshofes für kirchliche Angelegenheiten erfolgten Entsetzung des Bischofs Konrad Martin in der Diöcese Paderborn verfahren worden.

Hinsichtlich derjenigen Diöcesen, welche nicht ganz innerhalb des preußischen Staatsgebietes liegen, sind bezüglich der Anwendung der im § 6 gedachten Maßregeln zwei Fälle zu unterscheiden:

1. Erstens der Bischofssitz liegt außerhalb Preußens und es gehören zu der Diöcese preußische Landestheile, wie dies hinsichtlich der Bisthümer Mainz, Freiburg, Prag und Olmütz der Fall ist. Soweit diese Bischöfe ihre Jurisdiktion in Preußen ausüben, sind sie den preußischen Gesetzen und den preußischen Gerichten unterworfen, sie können also auch wegen Nichtbeachtung dieser Gesetze bestraft und von dem Gerichtshofe für kirchliche Angelegenheiten entsetzt werden. Diese Entsetzung wirkt jedenfalls für den preußischen Diöcesan-Antheil, und das in demselben belegene Vermögen kann der staatlichen Verwahrung und Verwaltung unterworfen werden. Daß der sonst noch betheiligte Staat diese Entsetzung für sein Gebiet anzuerkennen verpflichtet wäre, kann nicht behauptet werden, denn nach völkerrechtlichen Grundsätzen steht es jedem Staate frei den Regierungs- und sonstigen Akten eines fremden Staates Wirkungen beizulegen oder nicht, s. Heffter, Völkerrecht, 6. Ausg. S. 70. Erfordert auch im Allgemeinen das heutige Verhältniß der Staaten zu einander ein möglichstes Entgegenkommen, und wird z. B. fremden Civil- und Strafurtheilen vielfach auch Rechtswirksamkeit zugestanden, so handelt es sich in dem hier in Rede stehenden Falle doch insofern um eigenthümliche Verhältnisse, als die Voraussetzungen der fraglichen Amtsentlassung von Gesetzen abhängen, die Ausflüsse der kirchenpolitischen Anschauungen des einzelnen Staates sind, und ein dem öffentlichen Rechte angehöriges Gebiet regeln. Diese ihre Auffassungen zu Gunsten der eines fremden Staates aufzugeben, kann von keiner Regierung verlangt werden, und so wird z. B. seitens Preußens von der österreichischen Regierung nicht beansprucht werden können, daß sie zu Gunsten einer etwaigen durch den kirchlichen Gerichtshof für Preußen ausgesprochenen Absetzung das Princip des österreichischen Gesetzes über die Bestimmungen zur Regelung der äußeren Rechtsverhältnisse der katholischen Kirche vom 7. Mai 1874 § 8 verleugnet und statt der dort blos anerkannten Möglichkeit der Erledigung des Amtes für den staatlichen Bereich auch den preußischrechtlichen Grundsatz der Entziehung des Amtes für das kirchliche Gebiet zur Anwendung bringt. Weiter kommt aber in Betracht, daß es sich bei den in Rede stehenden Fällen immer um Verletzung der Verpflichtungen gegen einen bestimmten Staat handelt und mit der Auflehnung gegen die Gesetze eines Staates nicht auch die des anderen übertreten sind, dieser also seinerseits gar keine Veranlassung haben kann, auch auf die Entfernung des von den Behörden des ersteren abgesetzten Bischofs zu dringen. Umgekehrt folgt aber daraus weiter, daß wie Preußen die Anerkennung der Absetzung für den österreichischen Theil der Diöcese nicht beanspruchen kann, Oesterreich seiner-

seits aus denselben Gründen die Absetzung für den preußischen Theil zu achten verpflichtet ist, mithin in keiner Weise die Ausübung von Jurisdiktionsrechten in diesem letzteren zu unterstützen oder zu erleichtern hat.

Die badische und hessische Gesetzgebung (s. oben S. 6 Anm. 3) stehen zwar hinsichtlich der Amtsentsetzung von Geistlichen und Bischöfen auf demselben Standpunkt wie die preußischen Gesetze, aber auch für diese Staaten besteht aus den hervorgehobenen Gründen keine Verpflichtung, die Amtsentlassung eines preußischen Bischofs anzuerkennen, auch ihnen gegenüber handelt es sich in solchen Fällen immer um einen Akt der fremden Staatsgewalt wegen Handlungen, welche sie selbst nicht berühren. Ebensowenig wird der preußische Kommissar für die Verwaltung des bischöflichen Vermögens auf ihrem Gebiete irgend welche Amtsbefugnisse hinsichtlich des dort befindlichen Vermögens vornehmen können, da ihm die Legitimation durch das preußische Gesetz nur für das Geltungsgebiet des letzteren gewährt wird.

2. Zweitens giebt es in Preußen Diöcesen, deren bischöfliche Residenzen im Inlande belegen, welche sich aber über andere Staaten erstrecken. So ist dem Bischof von Paderborn die Ausübung der Diöcesanrechte über die Katholiken in Lippe-Detmold (s. lippe-detmoldisches Edikt vom 9. März 1854 Art. 1, Beiträge zum preuß. u. deutschen Kirchenrecht Heft 2 S. 82), ferner im Fürstenthum Schwarzburg-Rudolstadt (s. die Vereinbarung von 1872 § 1, abgedruckt in der Protestant. Kirchenzeitung von 1872 Nr. 4 S. 80) zugestanden, ebenso die Leitung der beiden katholischen Pfarreien im Fürstenthum Waldeck durch die Verordnungen vom 21. März 1861 (Moy, Archiv f. kath. Kirchenrecht Bd. 9 S. 21 ff.) übertragen worden. Ferner sind die Katholiken des Herzogthums Gotha durch päpstliches Konsistorialdekret vom 13. September 1851 im Einverständniß mit der Regierung gleichfalls der Diöcese Paderborn einverleibt (s. Vering, Lehrb. des Kirchenrechts S. 143), und endlich leitet der Bischof von Paderborn als päpstlicher Administrator die Missionspfarreien des Herzogthums Anhalt, s. Diöcesan-Schematismus für Paderborn von 1868 S. 179 (seit dem Jahre 1867 oder 1868. Daher ist die hergebrachte Angabe in den Lehrbüchern des Kirchenrechts, s. z. B. Richter-Dove S. 394 und Vering, a. a. O. S. 145, daß die Anhaltischen Länder noch jetzt unter der Nuntiatur in München stehen, irrig).

Zur Diöcese Münster gehören die katholischen Pfarreien Oldenburgs, s. Bulle: De salute animarum vom 16. Juli 1821 s. v. Dioecesim episcopalis Monasteriensis ecclesiae, und Verordnung vom 5. April 1831 nebst Vertrag vom 5. Januar 1830 (Weiß, Archiv d. Kirchenrechtswissenschaft Bd. 5 S. 271 u. Andr. Müller, Lexikon des Kirchenrechts 2. Aufl. Bd. 5 S. 399), zur Diöcese Fulda die katholischen Pfarreien in Sachsen-Weimar, s. Bulle: Provida solersque s. v. Ecclesia episcopalis Fuldensis vom 16. August 1821, endlich zur Diöcese Breslau das österreichische Schlesien.

In diesen Fällen liegt die Sache anders. Alle diese Staaten haben ihre Katholiken einem preußischen Bischof überwiesen, und damit das hinsichtlich der Besetzung des Bischofsstuhls geltende preußische Staatskirchenrecht insoweit für gültig anerkannt, als sich danach die Legitimation des Inhabers der bischöflichen Gewalt bestimmt. Sowie diese für Preußen fortfällt, cessirt sie also auch für die angeschlossenen fremden Gebietstheile. Selbstverständlich ist aber, daß die betreffenden Staaten hinsichtlich dieser selbstständig ihre kirchliche Gesetzgebung ausüben können, und daß soweit sie dies in einer den preußischen Vorschriften widersprechenden Richtung ausgeübt haben, sie sich, wenn die Qualität des preußischen Bischofs für ihr Gebiet in Betracht kommt, nur an ihre Gesetze zu halten berechtigt sind. Da dies, wie ausgeführt, allein in Oesterreich der Fall ist, so wird, wenn die bevorstehende Absetzung des Bischofs von Breslau ausgesprochen worden, die österreichische Regierung nicht verpflichtet sein, diese auch für den österreichischen Bisthumsantheil zu realisiren und durchzuführen, wenngleich sie sie für den preußischen Antheil anerkennen muß. Anders steht es in den übrigen Ländern, für welche keine desfalsigen Vorschriften bestehen. In Betreff Anhalts wird freilich behauptet, daß die Delegation des Paderborner Bischofs eine rein persönliche ist, daß also hier der Bischof von Paderborn nicht als solcher, sondern als päpstlicher Delegat — unabhängig von seiner sonstigen Stellung — in Betracht kommt. Unter dieser Voraussetzung — die allerdings in ihrer thatsächlichen Begründung sehr zweifelhaft erscheint — könnte trotz der Vorschrift des § 20 des Gesetzes seine Entlassung aus dem bischöflichen Amt nicht in Betracht kommen; was

§. 7.

Die Bestimmungen des § 6 finden gleichfalls[41]) Anwendung:[42])

1) wenn in einem Falle, in welchem die Stelle eines Bischofs in Folge gerichtlichen Urtheils erledigt ist, der Bisthumsverweser aus seinem Amte ausscheidet,[43]) ohne daß die Einsetzung eines neuen staatlich anerkannten Bischofs[44]) stattgefunden hat, und

2) wenn in anderen Fällen der Erledigung[45]) eines bischöflichen Stuhls bischöfliche Rechte oder Verrichtungen von Personen ausgeübt werden, welche den Erfordernissen der §§ 2 und 3 nicht entsprechen.[46])

dagegen der Fall sein würde, wenn ihm die Administration nur mit Rücksicht auf seine Stellung zu der Diöcese Paderborn übertragen wäre.

Daß endlich in allen diesen Fällen der staatliche Kommissar keine Macht über das in den fremden Staaten gelegene Bisthumsvermögens hat, ergiebt sich aus dem schon vorhin Bemerkten.

§ 7. [41]) **gleichfalls.** S. Motive a. a. O. S. 20: „Die Bestimmung des § 7 dehnt die Vorschriften des § 6 auf Fälle aus, welche eine gleiche Behandlung erfordern. Es tritt dies ein, wenn in dem in § 6 behandelten Falle der Bisthumsverweser, sei es freiwillig, sei es unfreiwillig, wieder ausscheidet, ohne daß die Einsetzung eines neuen staatlich anerkannten Bischofs stattgefunden hat. Hier muß das Verfahren des § 6 von Neuem begonnen werden. Demnächst ist aber diesem Falle der andere gleichgestellt, daß bei einer sonstigen Erledigung, hinsichtlich deren es eines Verfahrens zum Zweck der Anerkennung der Sedisvacanz nicht bedarf, ein Bisthumsverweser zwar gewählt ist, dieser aber den Erfordernissen des Gesetzes nicht genügt."

[42]) **Anwendung.** Die erforderlichen Maßregeln hat hier ebenfalls der Minister der geistlichen Angelegenheiten zu treffen; wie im Falle des § 6 Abs. 2 ist er auch hier beim Vorhandensein der Voraussetzungen dazu verpflichtet.

[43]) **ausscheidet,** durch Tod, Resignation, päpstliche Remotion oder staatliche Absetzung.

[44]) **staatlich anerkannten Bischofs,** d. h. eines solchen, dem nach der vorschriftsmäßigen Vereidigung die landesherrliche Anerkennungsurkunde ausgehändigt worden ist. S. 47. Anm. 6.

[45]) **anderen Fällen der Erledigung,** d. h. den durch das kanonische Recht anerkannten im Gegensatz zu den im § 6 und Nr. 1 dieses § erwähnten staatlichen Vakanzfällen.

[46]) **nicht entsprechen.** In dem Falle der Nr. 2 bedarf es einer vorgängigen Aufforderung an das Domkapitel, einen Verweser zu wählen und Abwartung der im § 6 festgesetzten Fristen nicht. Die Nutzlosigkeit dieser Maßregeln ist schon durch das Fungiren eines Verwesers, welcher die staatlichen Erfordernisse zu erfüllen unterlassen hat, festgestellt, sodann ist hier, wo der Vakanzfall auch nach dem katholischen Kirchenrecht feststeht, ein Verfahren zum Zweck der Anerkennung der Sedisvakanz nicht erforderlich. Vgl. auch die Motive in Anm. 41.

Daß der Verweser erst nach § 4 des Gesetzes zu Strafe verurtheilt worden, ist keine Bedingung der einzuleitenden Maßregeln, vielmehr hat die Verwaltungsbehörde die thatsächlichen Voraussetzungen festzustellen. Doch wird die spätere Freisprechung in einer nach § 4 eröffneten Untersuchung wegen einer Handlung, auf Grund deren die staatliche Vermögensverwaltung eingeleitet worden ist, auch die Aufhebung derselben zur Folge haben müssen, weil die Verwaltungsbehörde sich nicht mit dem Urtheile des Gerichts, welches die Thatsachen in einem mehr Garantie gewährenden Verfahren feststellt, in Widerspruch setzen kann.

Da im Fall der Nr. 2 keine Aufforderung zur Wahl an das Domkapitel nothwendig ist, so wird hier sofort die definitive Beschlagnahme durch den Kommissarius eintreten können, eine provisorische durch den Ober-Präsidenten auf Grund des § 6 Abs. 3 erscheint nur dann praktisch von Werth, wenn die Bestellung des Kommissars sich nicht schleunig erzielen läßt.

§. 8.

Die Bestimmungen des § 6 über die Bestellung eines Kommissarius zur Verwaltung des dort bezeichneten Vermögens, sowie über die Beschlagnahme dieses Vermögens finden ferner in allen Fällen Anwendung, wenn ein erledigter bischöflicher Stuhl nicht innerhalb eines Jahres nach der Erledigung mit einem staatlich anerkannten Bischofe [48]) wiederbesetzt ist. [49])

Der Minister der geistlichen Angelegenheiten ist ermächtigt, die Frist zu verlängern. [50])

§. 9.

Die Verwaltungsbefugnisse des Bischofs [51]) gehen auf den Kommissarius über.

Die Kosten der Verwaltung [52]) werden aus dem Vermögen vorweg entnommen.

Der Kommissarius vertritt den bischöflichen Stuhl oder den Bischof als solchen in allen vermögensrechtlichen Beziehungen nach Außen. [53]) Er führt die dem Bischof zustehende obere Verwaltung und Aufsicht über das kirchliche Vermögen in dem bischöflichen Sprengel, einschließlich des Pfarr-, Vikarie-, Kaplanei- und Stiftungsvermögens, sowie über das zu kirchlichen Zwecken bestimmte Vermögen aller Art. [54])

Der Kommissarius wird Dritten gegenüber durch die mit Siegel und Unterschrift versehene Ernennungs-Urkunde [55]) auch in den Fällen legitimirt, in welchen die Gesetze eine Spezial-Vollmacht oder eine gerichtliche, notarielle oder anderweitig beglaubigte Vollmacht erfordern.

§ 8. [48]) **staatlich anerkannten Bischofe,** s. Anm. 44 zu § 7.

[49]) **wiederbesetzt ist.** Motive a. a. O. S. 20: „Es ist dies nöthig, um einer unberechtigten Verzögerung der definitiven Wiederbesetzung der katholischen Bischofsstühle vorzubeugen," und wie hinzugefügt werden kann, um zu verhindern, daß die römische Kurie zur Beeinträchtigung des staatlichen Mitwirkungsrechtes bei der Besetzung der Bischofsstühle die Vakanz offen hält und die daraus erwachsenden Verlegenheiten für das kirchliche Gebiet durch Verleihung päpstlicher Vollmachten, welche den Verweser virtuell dem Bischof gleich stellen — dies ist in Baden hinsichtlich des noch immer nicht wieder besetzten Bisthums Freiburg geschehen, s. Friedberg, der Staat und die Bischofswahlen in Deutschland S. 341; Moy, Archiv f. kathol. Kirchenrecht Bd. 23 S. 135 — beseitigt.

[50]) **verlängern,** wenn entschuldbare Gründe, also etwa wegen der Erlangung der päpstlichen Bestätigung oder der staatlichen Anerkennung hervorgetretene Schwierigkeiten vorliegen, und die Hoffnung vorhanden ist, die letzteren bald zu beseitigen.

§ 9. [51]) **Verwaltungsbefugnisse des Bischofs.** Daher hat der Kommissar, vgl. Motive a. a. O. S. 20: „nicht nur für die Sicherstellung des Vermögens und Aufbewahrung der Revenüen zu sorgen, sondern es kommen ihm alle Verwaltungsbefugnisse des Bischofs, an dessen Stelle er tritt, zu. Er kann demgemäß auch Verwendungen gleich dem Bischof selbst vornehmen, nur darf er selbstverständlich hierbei nicht bestimmungswidrig verfahren. Namentlich gilt dies von den Stiftungen, Legaten, welche der bischöfliche Stuhl oder der jeweilige Bischof zu verwalten hat."

Die kommissarische Verwaltung ist nur Zwangsmaßregel zur Beseitigung eines provisorischen Zustandes, sie kann es der Natur der Sache nach nur mit der Konservation des Vermögens zu thun haben. Der Kommissar hat sich daher auch an die in den einzelnen Provinzen bestehenden gemeinrechtlichen, also kanonischen (s. Schulte, kath. Kirchenrecht Bd. 2 S. 525, 542 ff.; Richter-Dove, Lehrb. des Kirchenrechts S. 1170 ff.), oder partikularrechtlichen Vorschriften (vgl. z. B. für das Gebiet des französischen Rechts das décret impérial concernant les fabriques Art. 104 ff.) hinsichtlich des Diöcesan-, Kathedral- und Mensalgutes, sowie alles desjenigen Vermögens, welches nicht Stiftungsgut ist, zu halten.

Sowohl nach diesen Bestimmungen, als auch nach dem Zwecke seiner Verwaltung ist er daher im Allgemeinen zu Veräußerungen der Substanz oder zu dauernden Belastungen (z. B. Verpfändungen) nicht befugt. Eine Ausnahme findet der Natur der Sache nach statt 1. im Falle rechtlicher Nothwendigkeit, 2. dann, wenn sich der betreffende Akt als Konservationsmaßregel darstellt, wie z. B. die Veräußerung verzehrlicher oder überflüssiger, nicht mehr brauchbarer Sachen geringeren Werthes oder erheblicher Werthsobjekte, deren Erhaltung und Bewirthschaftung nur Ausfälle erzielen und anderweite Deckung erfordern, sich also als unwirthschaftlich darstellen würde, 3. zur Deckung der Kosten der Verwaltung, falls keine verwendbaren Ueberschüsse oder Baarbestände vorhanden sind, in Gemäßheit des Abs. 2 dieses §. Hat der Kommissar somit im Allgemeinen eine ähnliche Stellung, wie sie das kanonische Recht dem Kapitelsverweser hinsichtlich der Vermögensverwaltung anweist (s. mein Kirchenrecht Bd. 2 S. 242), so gehen doch seine Befugnisse weiter, insofern als er zur Veräußerung von Immobilien, wenn diese überhaupt in seiner Kompetenz liegt, niemals den Konsens des Domkapitels, den der Bischof selbst nach kanonischem Recht, s. a. a. O. S. 153, preuß. A. L. R. Th. II. Tit. 11 § 1032 einzuholen verpflichtet ist, bedarf. Denn, wenngleich das Gesetz seinem Wortlaute nach nur die Verwaltungsbefugnisse des Bischofs, hinsichtlich deren Ausübung der Letztere auch nach kanonischem Recht nicht an die Konkurrenz des Kapitels gebunden ist, auf den Kommissar übergehen läßt, so erhält die kommissarische Verwaltung doch dadurch, daß sie eine staatliche zur Erreichung eines bestimmten Zweckes ist, einen besonderen Charakter, welcher auf die Befugnisse des Kommissars einwirkt und sie erweitert, insofern als der Kreis der in die Verwaltung fallenden Befugnisse und die Art der Administration nicht lediglich nach kirchlichen, sondern auch nach staatlichen Gesichtspunkten bemessen werden muß.

Selbstverständlich ist es übrigens, daß der Kommissar, welcher den vorgesetzten Behörden, d. h. dem Ober-Präsidenten und dem Minister der geistlichen Angelegenheiten verantwortlich ist (s. § 10 Abs. 2), also unter deren Aufsicht steht, hinsichtlich wichtiger Akte, namentlich der Vornahme von Veräußerungen erheblicher Werthsachen, zur Einholung des Konsenses der gedachten Behörden verpflichtet werden kann.

[52]) **Kosten der Verwaltung.** Dahin gehört auch die Remuneration für den Kommissar, sowie der für die Verwaltung desselben erforderlichen Schreiber, Kalkulatoren, nicht minder der etwaigen Techniker, z. B. der Forstbeamten bei Bisthums-Waldungen. Die Höhe hat der Minister der geistlichen Angelegenheiten, bez. in dessen Auftrag der Ober-Präsident festzusetzen. Die Zulässigkeit derartiger Vergütungen unterliegt keinem Zweifel. Denn, wenn der Staat selbst die erwähnten Geschäfte durch seine Beamten vornehmen läßt, so fehlt es ihm doch an jedem Rechte, diese denselben ohne Entschädigung aufzubürden, und er hat keine Verpflichtung, auf eigene Kosten Funktionen vollziehen zu lassen, welche nur in Folge der Nichtbeachtung der Gesetze durch die katholische Kirche erforderlich werden.

Bei der Verwaltung verschiedener Massen und Fonds wird die Remuneration auf diese, je nach ihrer Höhe und der durch ihre Verwaltung bedingten Geschäftslast, proratarisch zu vertheilen sein.

Daß auch zur Deckung dieser Kosten nöthigenfalls Veräußerungen vorgenommen werden können, darüber s. Anm. 51 Abs. 3.

Die Ueberschüsse, welche sich bei der Verwaltung ergeben, fließen zum Kapitalstock derjenigen Massen, z. B. des Tafelguts, der Stiftung ꝛc., für welche sie aufgekommen sind.

In Betreff der für die Bisthümer gewährten Staatsdotationen haben die Regierungskommissare (s. Bericht der XV. Kommission des Abgeordn.-H., citirte Drucksachen Nr. 309 S. 12) bemerkt: „Es bleibe also nur die Revenue des bischöflichen Stuhles zum persönlichen Unterhalt des Bischofs übrig. Werde ein Sitz vakant, so zahle der Fiskus diese Gehälter nicht, die vielmehr aufgesammelt werden, und gebe sie nicht heraus, bis er wisse, daß seinem Recht Genüge geschehen. Bei einer späteren Einigung werde man über die angesammelten Beträge nicht verfügen, ohne das Interesse des Staates gewahrt zu haben .... Wenn man in der Diskussion angenommen habe, die Gehälter der Bischöfe würden während der Vakanz zu Gunsten des Fiskus als erspart gerechnet, so sei dies eben nicht der Fall, sie würden vielmehr reservirt, und bei der neuen Besetzung des Bischofsitzes finde eine Verständigung über die Verwendung des Ersparten statt".

Nach dem § 9 des Gesetzes vom 22. April 1875 (s. unter IV) ist aber über die nach demselben für die Bisthümer und die zu denselben gehörigen Institute eingestellten Leistungen aus Staatsmitteln eine spätere gesetzliche Bestimmung vorbehalten. Fortgezahlt können sie auf Verfügung des Ministers der geistlichen Angelegenheiten werden, wenn das Bisthum unter kommissarischer Verwaltung steht und zwar in so weit, als es für die Zwecke und für die Bestreitung der Kosten derselben erforderlich ist.

[53]) **nach Außen,** d. h. er ist nach außen hin zu allen Akten, Veräußerungen, Prozeßführungen, Anträgen bei Behörden, z. B. den Grundbuch-Aemtern, Auseinandersetzungs-Kommissionen rc. legitimirt.

[54]) **bestimmte Vermögen aller Art.** Die letzten Worte des Abs. von: „sowie über" ab sind von der Kommission des Abgeordnetenhauses dem Regierungs-Entwurf hinzugefügt worden, „um solches Vermögen, wie das Kaplaneivermögen in der Rheinprovinz, welches nach der Ansicht des Kassationshofes als „vom Staate nur zum Nutzen der Pfarreien und Kaplaneien überwiesen" anzusehen sei, unter die Aufsicht des Regierungs-Kommissarius zu stellen, was nach dem Wortlaut des Gesetzes nicht der Fall sein würde" (s. den citirten Kommissionsbericht S. 13).

In Bezug auf das in Absatz 3 Satz 2 näher bezeichnete Vermögen hat der Kommissar das Recht der Aufsicht über die Administration der Verwalter dieser Vermögensmassen und das Recht der oberen Verwaltung. In der ersteren Befugniß liegt auch das Recht, für die Sicherstellung und eine entsprechende, sowie zweckmäßige Verwendung desselben Sorge zu tragen. In Ausübung dieser Befugniß hat der Kommissar der Diöcese Paderborn die in der Anlage mitgetheilte Verfügung von 29. April 1875 erlassen.

Kraft letzterer Befugniß hat der Kommissar z. B. im Geltungsbereich des A. L. R. seine Genehmigung zu ertheilen zur Veräußerung von Immobilien (§§ 220. 648. 952 Tit. 11 Th. II), zu Verpfändungen (§ 227), zur Ausleihung und Aufnahme von Geldern (§§ 639 ff. 645 ff.), zur Anstellung von Prozessen (§ 652), zur Verpachtung von Kirchengütern auf mehr als 6 Jahre oder zur Verpachtung, bez. Vermiethung an den Patron (§ 672 ff.), zu außerordentlichen Ausgaben (§ 687), zur Verwendung erheblicher Summen für Kirchenbauten und Reparaturen (§ 704 ff.) und zum Ersatz der Meliorationen an den abgehenden Pfarrer oder dessen Erben, soweit ein solcher zuwider den geltenden Vorschriften erfolgen soll (§ 830), und da, wo das kanonische Recht zur Anwendung kommt, zu allen Veräußerungen, d. h. allen Akten, welche eine Beschwerung oder Verringerung des Kirchenvermögens herbeiführen (s. Richter-Dove a. a. O. S. 1173; Schulte a. a. O. Bd. 2 S. 561. 563).

Ueber die Mittel, mit welchen der staatliche Kommissar die von ihm innerhalb der Grenzen seiner Kompetenz getroffenen Anordnungen und Anweisungen an Geistliche oder Laien zur Ausführung zu bringen hat, sagt das Gesetz nichts. Zweifellos ist, daß ihm dazu der Weg des exekutivischen Zwanges offen steht. In dieser Hinsicht müssen ihm dieselben Befugnisse wie den Regierungen, vgl. die Geschäfts-Instruktion vom 23. Oktober 1817 (G. S. S. 248) und die ferner dazu ergangenen Bestimmungen, s. Anm. 38, zugestanden werden. Denn der Kommissar bildet eine Behörde für einen besonderen Zweig der Staatsverwaltung, welche nur dem Ober-Präsidenten untergeordnet ist, also eine den Provinzialregierungen koordinirte Stellung einnimmt. Da ihm nicht das nöthige Exekutiv-Personal zu Gebote steht, so wird er die Regierungen zur Vollstreckung seiner Anordnungen und Strafmandate zu requiriren haben.

Dagegen tritt der Kommissar nicht in die Disciplinargewalt des Bischofs, welche dieser gegen in Betreff der Vermögensverwaltung renitente Geistliche und Laien auszuüben befugt ist, ein. Das Gesetz überträgt ihm eine solche nicht, und in den ihm zustehenden vermögensrechtlichen Befugnissen ist sie an und für sich nicht enthalten. Vielmehr kann der Kommissar, falls die Entfernung derartiger Personen wegen fortgesetzter Renitenz aus ihren Stellungen erforderlich erscheint, nur die nöthigen Schritte thun, damit gegen sie auf Grund des § 24 des Gesetzes vom 12. Mai 1873 das Absetzungsverfahren von dem Gerichtshof für kirchliche Angelegenheiten eingeleitet wird. Neuerdings sind einzelne Konsistorial-Beamte des früheren Erzbischofs von Gnesen-Posen auf Grund des Gesetzes vom 21. Juli 1852, betr. die Dienstvergehen der nicht richterlichen Beamten (Ges.-S. S. 465), entlassen worden. Das Fundament der Anwendung dieses Gesetzes, daß Kirchenbeamte der katholischen Kirche mittelbare Staatsdiener sind, s. auch Erkenntniß des Ob.-Trib. vom 17. Oktober 1860 (Entscheidungen Bd. 44 S. 194), ist aber sehr zweifelhaft. Ich meinerseits halte die Anwend-

§. 10.

Die Verwaltung des Kommissars endet, sobald ein in Gemäßheit der Vorschriften dieses Gesetzes[56]) gültig bestellter Bisthums-Verweser (Kapitelsvikar) die Bisthums-Verwaltung übernimmt, oder sobald die Einsetzung eines staatlich anerkannten Bischofs[57]) stattgehabt hat.

Der Kommissarius ist für seine Verwaltung nur der vorgesetzten Behörde[58]) verantwortlich,[59]) und die von ihm zu legende Rechnung unterliegt der Revision der Königlichen Oberrechnungskammer in Gemäßheit der Vorschrift[60]) des § 10 Nr. 2 des Gesetzes vom 27. März 1872 (Gesetz-Sammlung 1872 S. 278). Eine anderweite Verantwortung oder Rechnungslegung findet nicht statt.

§. 11.

Der Ober-Präsident[61]) bringt die nach den Vorschriften dieses Gesetzes erfolgte Bestellung des Bisthumsverwesers sowie die Ernennung des Kommissars unter Angabe des Tages, an welchem ihre Amtsthätigkeit begonnen hat, ingleichen das Erlöschen der Amtsthätigkeit und den Tag desselben durch den Staatsanzeiger, sowie durch sämmtliche Amts- und Kreisblätter, welche in dem bischöflichen Sprengel erscheinen, zur öffentlichen Kenntniß.

§. 12.

Die Anwendung der §§ 6 bis 11 wird dadurch nicht ausgeschlossen, daß das Domkapitel für die Dauer der Erledigung des bischöflichen Stuhles einen besonderen Vermögens-Verwalter (Oekonomen) bestellt oder selbst die Verwaltung übernommen hat, oder daß eine besondere bischöfliche Behörde für dieselbe besteht.[62])

barkeit des Gesetzes für ausgeschlossen, s. Kirchengesetze S. 44 und v. Rönne, Staatsrecht der preuß. Monarchie, 3. Aufl., Bd. 2 Abth. 1 S. 340. 366 ff.

[55]) **Ernennungs-Urkunde** des Ministers der geistlichen Angelegenheiten, s. Anm. 34 zu § 6.

§ 10. [56]) **dieses Gesetzes**, s. §§ 1—3.

[57]) **staatlich anerkannten Bischofs**, s. Anm. 44 zu § 7.

[58]) **vorgesetzten Behörde**, d. h. dem Ober-Präsidenten und Minister der geistlichen Angelegenheiten.

[59]) **verantwortlich.** Vgl. Motive S. 21: „Da der Kommissarius die Verwaltung vermöge eines Auftrags führt, der ihm kraft des Gesetzes vom Staate ertheilt ist, so kann er für seine Verwaltung nur den Staatsbehörden, nicht etwa dem später einzusetzenden Bischof gegenüber verantwortlich gemacht werden. Auch fehlt es für die Dauer der Verwaltung an einem berechtigten Interessenten, der die Rechnung prüfen und abnehmen könnte."

[60]) **Vorschrift.** Diese lautet: „Zur Revision der Ober-Rechnungskammer gelangen ferner ... 2) die Rechnungen derjenigen Institute, Anstalten, Stiftungen und Fonds, welche lediglich von Staatsbehörden oder durch von Staatswegen angestellte Beamte, ohne Konkurrenz der Interessenten bei der Rechnungsabnahme und Quittirung', verwaltet werden, gleichviel, ob sie Zuschüsse vom Staate erhalten oder nicht."

§ 11. [61]) **Ober-Präsident**, zu dessen Provinz der Sprengel des betreffenden Bisthums gehört. Erstreckt sich dieser über mehrere Provinzen, so muß seitens eines jeden der betheiligten Ober-Präsidenten die vorgeschriebene Bekanntmachung erlassen werden. So ist auch in dem Paderborner Fall verfahren worden.

§ 12. [62]) **besteht.** Vgl. Motive a. a. O. S. 22: „Es ist oben wiederholt hervorgehoben, daß die Bestellung eines Staatskommissarius zur Verwaltung der Vermögensangelegenheiten eines

§. 13.

Während der Dauer einer kommissarischen Verwaltung in den Fällen der §§ 6 und 7 [63]) ist derjenige, [64]) welchem auf Grund des Patronats oder eines sonstigen Rechtstitels in Betreff eines erledigten geistlichen Amtes [65]) das Präsentations-(Nominations-, Vorschlags-) Recht zusteht, befugt, das Amt im Falle der Erledigung wieder zu besetzen und für eine Stellvertretung in demselben zu sorgen.

erledigten Bischofsstuhles lediglich den Zweck haben soll, die gesetzmäßige Bestellung eines einstweiligen Verwesers der vom Bischof geübten Rechte, beziehentlich die rechtmäßige Wiederbesetzung des Stuhles zu erzwingen. Hieraus folgt, daß dies Verfahren, sobald die gesetzlich vorgesehenen Voraussetzungen vorliegen, eingeleitet werden muß, ohne Rücksicht darauf, wie in der betreffenden Diözese die bischöfliche Güterverwaltung eingerichtet sein mag. Sollten daher auch die Kapitel in Zukunft dazu übergehen, den Vorschriften des Tridentinums gemäß (cfr. Motive zu § 1) wiederum besondere Oekonomen zu bestellen, oder mag das Kapitel die Vermögens-Administration selbst übernehmen, oder mögen endlich die für die Güterverwaltung hier und da bestehenden eigenen bischöflichen Behörden in Funktion bleiben, immer finden die Vorschriften der §§ 6 bis 11 bei dem Vorhandensein der darin ausgesprochenen Voraussetzungen Anwendung. Dies soll die Bestimmung des § 12 außer Zweifel stellen." — Vgl. auch Anm. 5 zu § 1.

Hinter § 12 enthielt die Regierungsvorlage noch folgende Bestimmung als § 13: „Kommt in den Fällen der §§ 6 und 7 nicht innerhalb der gesetzten Frist die Wahl eines Bisthumsverwesers zu Stande, oder erfolgt nicht binnen weiterer vierzehn Tage die eidliche Verpflichtung des Gewählten, so verfügt der Minister der geistlichen Angelegenheiten die Einbehaltung der zum Unterhalt der Mitglieder des wahlberechtigten Domkapitels bestimmten Staatsmittel, bis ein Bisthumsverweser nach den Vorschriften dieses Gesetzes gültig bestellt oder ein staatlich anerkannter neuer Bischof eingesetzt ist. Der Minister ist jedoch befugt, einzelnen Mitgliedern des Domkapitels das Staatsgehalt fortzahlen zu lassen." Nachdem die Verbesserungen der Kommission und andere Amendements bei der zweiten Berathung im Abgeordnetenhause keine Annahme gefunden hatten, ist auch der § selbst als zu weit gehend abgelehnt worden, s. stenogr. Berichte S. 1463 ff. 1473.

§ 13. [63]) **in den Fällen der §§ 6 und 7.** Vgl. Motive a. a. O. S. 22: „Die §§ 14—19 (jetzt §§ 13—18) sind bestimmt, in denjenigen Fällen, in welchen es zur Verwaltung durch einen Staats-Kommissarius gekommen, also eine kirchliche Diöcesan-Verwaltung in gesetzlicher Weise überhaupt nicht eingerichtet ist, oder nicht mehr besteht, den Gemeinden die Möglichkeit zu eröffnen, bei eintretenden Vakanzen der Kurat-Aemter, soweit als thunlich, wiederum Seelsorger zu gewinnen. Die Nothwendigkeit einer solcher Maßnahme ist in dem allgemeinen Theile der Motive dargethan. Hier kommt es noch darauf an, besonders darauf aufmerksam zu machen, daß diese Anordnungen nur für die Fälle der §§ 6 und 7, nicht auch für den Fall des § 8 getroffen sind, weil im letzteren Falle ein gesetzmäßig bestellter Bisthumsverweser vorhanden ist, der mithin auch das bischöfliche Recht der Provision der Aemter rechtsgültig ausüben kann und dem Staate gegenüber die den geistlichen Oberen durch das Gesetz auferlegten Pflichten hat. — In den §§ 14 ff. (jetzt §§ 13 ff.) handelt es sich um die Konstituirung eines Nothrechts zu Gunsten der Pfarrgenossen, welche durch Verschuldung ihrer geistlichen Oberen der Seelsorge beraubt werden".

Die Rechtfertigung der mitgetheilten Motive, daß die nachstehend geregelte Befugniß der Patrone, anderer auf Grund eines besonderen Titels berechtigter Personen und der Gemeinden keine Anwendung auf den Fall der Einrichtung einer kommissarischen Vermögensverwaltung wegen verzögerter Wiederbesetzung eines vakanten bischöflichen Stuhles finden, trifft zu. Wenn kein zum Fungiren staatlich berechtigter Verweser bestellt worden ist, wird schon in Folge der Vorschriften des § 6, bez. des § 7 Abs. 1 die kommissarische Verwaltung eingerichtet, und damit die Voraussetzung für das Aemterbesetzungsrecht der Patrone und Gemeinden geschaffen. In den sonstigen Fällen wird der Verweser, welcher den staatlichen Anforderungen nicht hat genügen wollen, auch fungirt haben, und dann ist die gedachte Bedingung auf Grund des Abs. 2 des § 7 vorhanden.

Im Uebrigen vgl. S. 53.

§. 14.

Macht der Berechtigte[66]) von dieser Befugniß Gebrauch, so kommen die Vorschriften des Gesetzes vom 11. Mai 1873 (Gesetz-Samml. S. 191) zur Anwendung. Die im § 22 Absatz 1 daselbst dem geistlichen Oberen im Falle gesetzwidriger Amtsübertragung angedrohte Strafe trifft in gleichem Falle den Berechtigten.

§. 15.

Wenn der Berechtigte innerhalb zwei Monaten, von der dazu eröffneten rechtlichen Möglichkeit an gerechnet, für eine Stellvertretung nicht sorgt oder innerhalb Jahresfrist die Stelle nicht wieder besetzt,[67]) so geht seine Befugniß auf die Pfarr- (Filial-, Kapellen- u. s. w.) Gemeinde über.

Die Gemeinde hat die im § 13 bezeichneten Befugnisse in allen Fällen, in welchen ein Präsentationsberechtigter nicht vorhanden ist.

§. 16.

Liegen die Voraussetzungen des § 15 vor, so beruft der Landrath (Amtmann), in Stadtkreisen der Bürgermeister,[68]) auf den Antrag von mindestens zehn großjährigen, im Besitze der bürgerlichen Ehrenrechte befindlichen, männlichen Gemeinde-Mitgliedern, welche nicht einem mitwählenden Familienhaupte untergeordnet sind, sämmtliche diesen Erfordernissen entsprechende Mitglieder der Gemeinde zur Beschlußfassung über die Einrichtung der Stellvertretung oder über die Wiederbesetzung der Stelle.

Zur Gültigkeit der Beschlüsse ist erforderlich, daß mehr als die Hälfte der Erschienenen dem Beschlusse zugestimmt hat.

Die näheren Bestimmungen über das Verfahren erläßt der Ober-Präsident.

[64]) **derjenige**, s. zu den weiteren Bestimmungen des § die Anm. 34 bis 40 S. 30 ff.

[65]) **erledigten geistlichen Amtes.** Daß das Amt erst während der Dauer der kommissarischen Verwaltung erledigt sein muß, bestimmt der § nicht. Für die Anwendung desselben auf solche Aemter, welche schon vor Eintritt der Verwaltung erledigt und bis zu diesem Zeitpunkt nicht wieder besetzt sind, spricht auch der Zweck des Gesetzes, weil dasselbe die Schädigung vermieden wissen will, welche daraus entsteht, daß nach dem katholischen Kirchenrecht während der Vakanz des Bisthums und der staatlichen Verwaltung die Möglichkeit der Besetzung der Aemter durch die geistlichen Oberen fortfällt, und dieser Uebelstand auch in dem letztgedachten Falle eintreten kann. S. auch Anm. 67.

§ 14. [66]) **Macht der Berechtigte**, s. hierzu und zum Folgenden Anm. 44 u. 45 S. 31.

§ 15. [67]) **nicht wieder besetzt.** Diese Fassung ist von der Kommission, s. den erwähnten Bericht S. 20, im Einverständniß mit der Regierung dem ursprünglichen Wortlaut der Regierungsvorlage („Wenn der Berechtigte innerhalb zwei Monaten vom Tage der Erledigung des geistlichen Amts, und falls die Erledigung vor Geltung des gegenwärtigen Gesetzes erfolgt, vom Tage dieser Geltung an, für eine Stellvertretung nicht sorgt oder innerhalb Jahresfrist nach Erledigung der Stelle dieselbe nicht wieder besetzt") substituirt, und vom Abgeordnetenhause angenommen, s. stenogr. Berichte S. 1487. Die Gründe dafür giebt der Kommissionsbericht a. a. O. dahin an: „In Zeile 1 und 2 werde die dem Patron gesetzte Frist vom Tage der „Erledigung des geistlichen Amts" an gerechnet. Der Gesetzentwurf beabsichtige aber, dem Patron diese Frist jedenfalls erst zu berechnen von dem Zeitpunkt, in welchem er von dem in diesem Gesetze beigelegten Recht Gebrauch machen könne. Es werde nicht selten der Fall

§. 17.*)

Kommt eine gültige Wahl zu Stande, so ist nach Maßgabe des § 16 ein Repräsentant zu wählen, welcher die Uebertragung des Amts an den gewählten Geistlichen auszuführen hat. Für das Verhalten und die Verantwortung des Repräsentanten gelten die Vorschriften des § 14.

§. 18.*)

Wird in den Fällen der §§ 13 bis 17 vom Ober-Präsidenten kein Einspruch erhoben oder der erhobene Einspruch von dem Gerichtshofe für kirchliche Angelegenheiten verworfen, so gilt der Geistliche als rechtsgültig angestellt.

§. 19.

Wenn vor dem Tage, an welchem dieses Gesetz in Kraft tritt, die Stelle eines Bischofs in Folge gerichtlichen Urtheils erledigt worden ist, so finden die Vorschriften dieses Gesetzes ebenfalls Anwendung.[69])

§. 20.

Wo in diesem Gesetze von einem Bischofe, bischöflichen Stuhle, Amte, Sitze u. s. w. oder einem Bisthume die Rede ist, sind darunter auch ein Erzbischof, Fürstbischof, sowie deren Stühle, Aemter, Sitze, Bisthümer u. s. w. zu verstehen.

Unter den mit dem bischöflichen Amte verbundenen Rechten und geistlichen Verrichtungen im Sinne dieses Gesetzes sind sowohl die in dem bischöflichen Amte als solchem enthaltenen, als auch die auf Delegation beruhenden Rechte und Verrichtungen[70]) begriffen.

eintreten, daß eine Pfarrstelle schon Monate und selbst über Jahresfrist vakant sei, bevor es zur Absetzung des Bischofs durch den kirchlichen Gerichtshof komme. Der Patron würde dann nach der Wortfassung des Entwurfs von seinem Recht präkludirt sein, was nicht in der Absicht liege ... Die Regierungskommissarien erklären sich der Sache nach mit dieser Aenderung einverstanden, da in der That nur gemeint sei die Frist von der eröffneten rechtlichen Möglichkeit an, also als tempus utile zu setzen."

Der Zeitpunkt der eröffneten rechtlichen Möglichkeit tritt in dem Momente ein, wo der Berechtigte authentische Kenntniß von dem Zusammentreffen aller sein Recht bedingenden Voraussetzungen, der Vakanz des bischöflichen Stuhles, dem Beginne der kommissarischen Verwaltung, des Grundes derselben, sowie der Erledigung des seiner Verfügung unterliegenden Amtes, erhält. Vgl. ferner S. 32. Anm. 46 bis 50.

§ 16. [68]) **in Stadtkreisen der Bürgermeister.** Diese Worte sind in Folge eines Amendements Dr. Wehrenpfennig in die Vorlage eingefügt worden, s. stenogr. Berichte des Abgeordn.- oder H. S. 1493.

Im Uebrigen s. S. 33 ff. Anm. 51 bis 57.

*) **§ 17 u. § 18.** Vgl. S. 34 ff. Anm. 58 bis 62.

§ 19. [69]) **Anwendung.** Die rückwirkende Kraft des Gesetzes ist in den Motiven a. a. O. S. 23 damit gerechtfertigt, „daß in einem solchen Falle bereits eine Gefährdung der öffentlichen Ordnung eingetreten, hier also ein sofortiges und unmittelbares Eingreifen im öffentlichen Interesse geboten ist." Um diese Rückwirkung unverklausulirt zur Geltung zu bringen, hat das Abgeordnetenhaus die Worte der Regierungsvorlage: „jedoch mit der Maßgabe, daß der Ober-Präsident sofort nach der Verkündung (von der Kommission geändert in: „nach eingetretener Gesetzeskraft", s. Bericht a. a. O. S. 23) die im § 6 vorgeschriebene Aufforderung an das Domkapitel erläßt" gestrichen, s. stenogr. Berichte S. 1494.

§ 20. [70]) **auf Delegation beruhenden Rechte und Verrichtungen.** Die betreffende Vor-

§. 21.

Der Minister der geistlichen Angelegenheiten ist mit der Ausführung dieses Gesetzes beauftragt.

Urkundlich unter Unserer Höchsteigenhändigen Unterschrift und beigedrucktem königlichen Insiegel.

Gegeben Wiesbaden, den 20. Mai 1874.

(L. S.) **Wilhelm.**

Camphausen. Gr. zu Eulenburg. Leonhardt. Falk. v. Kameke. Achenbach.

schrift ist mit Rücksicht darauf gegeben, daß einzelne preußische Landestheile als sog. Missionsländer (s. Kirchengesetze S. 140) nicht zu den Diöcesen der betreffenden Bischöfe gehören, sondern von diesen nur als mit den Bisthümern vereinigte Delegaturbezirke geleitet werden. Da diese ständig mit den Bischofssitzen verbundene, delegirte Jurisdiktion auf den Kapitular-Vikar übergeht und auch auf den General-Vikar übertragen werden kann, so hat der Einwand des unter Verletzung der Vorschriften dieses Gesetzes fungirenden Verwesers oder des General-Vikars eines abgesetzten Bischofs, daß er innerhalb eines nicht zur Diöcese gehörigen Distriktes amtirt, und nicht bischöfliche, sondern päpstliche Rechte ausgeübt habe, ausgeschlossen werden sollen.

Zu den hier charakterisirten Rechten und Verrichtungen gehören alle Handlungen, welche kraft der eben gedachten Delegation vorgenommen werden. Sodann aber auch solche Rechte, welche den Bischöfen, bez. Erzbischöfen kraft gesetzlicher, insbesondere der auf dem Tridentinum beruhenden (s. mein Kirchenrecht Bd. 1 S. 176, 177 u. Bd. 2 S. 21) oder besonderer päpstlicher Delegation (z. B. die aus den Quinquennal-Fakultäten sich ergebenden Absolutions- und Dispensations-Befugnisse, Schulte a. a. O. Bd. 2 S. 422 ff.) oder kraft päpstlicher Bevollmächtigung anderen Personen, z. B. den apostolischen Vikaren zustehen. Dabei macht es auch keinen Unterschied, wenn diese Rechte nicht von dem päpstlicherseits damit Betrauten persönlich, sondern von einem seitens des letzteren ermächtigten Geistlichen ausgeübt worden sind, denn der Ausdruck: Delegation umfaßt auch die Subdelegation, da diese nur eine Art der ersteren ist.

Mit Rücksicht hierauf werden namentlich von dem Gesetze betroffen:

1) alle S. 48 Anm. 7 genannten Personen, sofern sie in einem Theile des Bisthums amtiren, welcher nicht von dem Bischof als Bischof, sondern als apostolischem Vikar oder Delegaten oder Provikar geleitet wird;
2) der vom Papste bestellte apostolische Vikar oder Delegat oder Administrator, wenn ein solcher in dem Falle der gerichtlichen Entsetzung des Bischofs und der Verhinderung desselben an der Verwaltung seiner Diöcese bestellt wird, s. mein Kirchenrecht Bd. 2 S. 259;
3) jeder, der im päpstlichen Auftrage einzelne auf die Leitung der Diöcese gerichtete Handlungen vornimmt.

Anlage.

3. Zu S. 60. Anm. 54.

Verfügung des Königl. Kommissars

für die bischöfliche Vermögensverwaltung der Diöcese Paderborn betreffend die Beschlagnahme des Kirchenvermögens unbesetzter Pfarreien

vom 29. April 1875.

Nach dem gefälligen Schreiben vom 24. April c. A. V. a. 1257 ist das Vermögen folgender geistlicher Stellen auf Grund des Artikels 3 des Gesetzes vom 21. Mai 1874 (G.-S. S. 139) staatlicherseits beschlagnahmt worden: (folgen die Stellen im Einzelnen aufgeführt).

Ebenso gefährdet wie das Pfarrvermögen ist aber auch das Kirchenvermögen, da die Kirchenvorstände in ihrer heutigen Zusammensetzung nach dem Tode des Pfarrers um so weniger irgend welche Garantie für eine gute Verwaltung desselben bieten, als es sich in den meisten Fällen die Geistlichen zur Erhaltung ihres Ansehens haben angelegen sein lassen, die Kirchenvorsteher nach Möglichkeit von einer lebendigen Theilnahme an den Geschäften auszuschließen. Ich habe deshalb mit Rücksicht auf das mir nach §§ 167 ff. A. L. R. II. 11 in Verbindung mit §§ 6 und 9 ff. des Gesetzes über die Verwaltung erledigter katholischer Bisthümer vom 20. Mai 1874 (G.-S. S. 135) zustehende Oberaufsichtsrecht beschlossen, das sämmtliche vorhandene Kirchenvermögen der unbesetzten Pfarreien bis zur erfolgten Wahl eines Kirchenvorstandes in Gemäßheit des dem Landtage der Monarchie augenblicklich vorliegenden Gesetzentwurfs über die Vermögensverwaltung in den katholischen Kirchengemeinden (— s. unter VI —), soweit dies nicht bereits schon erfolgt ist, mit Beschlag zu belegen, und ersuche die königliche Regierung ganz ergebenst, die Beschlagnahme durch die in Gemäßheit des Artikels 3 des Eingangs erwähnten Gesetzes ernannten Verwaltungskommissarien gefälligst ausführen zu lassen.

Gleichzeitig übertrage ich den gedachten Kommissarien, Wohlderselben Einverständniß vorausgesetzt, die Verwaltung des Kirchenvermögens, und zwar unter Mitwirkung des Kirchenvorstandes, sofern derselbe verbleibt, eventuell auch ohne dieselbe, unbeschadet aber der mir zustehenden Aufsichtsrechte, sofern dies noch zu erwähnen nöthig ist.

Was die Wertheffecten betrifft, so sollen dieselben nach diesseitigen Diöcesanbestimmungen (cfr. Gerlach, Paderborner Diöcesanrecht und Diöcesanverwaltung, § 64) in einem festen Kirchenlocale oder im Pfarrhause aufbewahrt werden.

Diese Art der Aufbewahrung ist, falls die Pfarrstellen, wie dies gegenwärtig der Fall ist, lange Zeit unbesetzt bleiben, ungenügend, und ich bin deshalb genöthigt, die Effecten in das diesseitige Depositorium zu nehmen, sofern nicht, wie dies in jedem einzelnen Falle näher festzustellen wäre, ein anderer, wenigstens annähernd ebenso sicherer Aufbewahrungsort gefunden würde.

Die näheren Modalitäten hinsichtlich der Verwaltung anzugeben, behalte ich mir bis nach erfolgter Ausführung der Beschlagnahme ganz ergebenst vor.

Was die Vicarieen betrifft, so geht aus den Acten nicht hervor, daß dieselben neben dem Stellenvermögen noch besonderes Vermögen haben. Jedenfalls würden hinsichtlich dieser die vorgedachten Maßregeln nur bei gleichzeitiger Erledigung der Pfarrstelle, resp. dann zur Anwendung zu bringen sein, wenn das betreffende Vermögen bisher nicht von dem Kirchenvorstande unter Mitwirkung des Pfarrers verwaltet ist.

gez. Himly.

An die königliche Regierung
zu Arnsberg.

Münster, den 3. Mai 1875.

Gesehen.

Der Oberpräsident von Westfalen.
gez. v. Kühlwetter."

IV.

Gesetz

betreffend

die Einstellung der Leistungen aus Staatsmitteln für die römisch-katholischen Bisthümer und Geistlichen.

Vom 22. April 1875.

(Gesetz-Samml. 1875 Nr. 8281 S. 194 ff.).

IV.

Gesetz

betreffend

die Einstellung der Leistungen aus Staatsmitteln für die römisch-katholischen Bisthümer und Geistlichen.

Vom 22. April 1875.

(Gesetz-Samml. 1875 Nr. 8281 S. 194 ff.).

Wir **Wilhelm**, von Gottes Gnaden König von Preußen rc. verordnen, mit Zustimmung beider Häuser des Landtages, für den Umfang der Monarchie, was folgt:[1])

[1]) **Zweck des Gesetzes.** Vgl. Motive (Drucksachen des Hauses der Abgeordn. 12. Legislat.-Per. II. Session 1875) S. 7.: „Als König Friedrich Wilhelm III. in der Allerhöchsten Cabinetsordre vom 23. August 1821 (Gesetzsammlung Seite 113) der päpstlichen Bulle „de salute animarum" Allerhöchst Seine königliche Billigung und Sanction mit den Worten ertheilte:

> Diese Meine königliche Billigung und Sanktion ertheile Ich vermöge Meiner Majestätsrechte und diesen Rechten . . . . unbeschadet,

sprach Allerhöchstderselbe einen Grundsatz aus, an welchen jetzt zu erinnern an der Zeit ist. Es ist der Grundsatz, daß die katholische Kirche des preußischen Staats — so nannte sie die gedachte Ordre mit Recht — so weit sie von diesem Staate Nutzungen oder Leistungen bezieht, diese nur beziehen kann und darf, so weit und so lange sie die Majestät des preußischen Staats und seiner Gesetze achtet und anerkennt. Der Grundsatz gilt auch für die katholische Kirche in den neu erworbenen Provinzen. Die Circumscriptionsbulle für das vormalige Königreich Hannover „Impensa Romanorum Pontificum sollicitudo" ist durch das Patent vom 20. Mai 1824 (Hannover. Gesetzsammlung 1824, Abtheilung I., Seite 87) landesherrlich genehmigt worden, und zwar kraft der Majestätsrechte des Königs und unbeschadet dieser Rechte. Nicht minder erfolgte die Publication der Bullen „Provida solersque" und „Ad dominici gregis custodiam" in der oberrheinischen Kirchenprovinz mit dem Vorbehalt, „daß aus deren Genehmigung Nichts abgeleitet werden dürfe, was den staatlichen Hoheitsrechten schaden oder ihnen Eintrag thun möchte oder den Landesgesetzen und Regierungsverordnungen entgegen wäre." (Kurhessische Verordnung vom 31. August 1829 — Gesetzsammlung Seite 45 — und nassauisches Edict vom 9. October 1829 — Verordnungssammlung Band IV., Seite 465.)

Jener Grundsatz hätte kaum ausgesprochen zu werden brauchen; er bildet die selbstverständliche Voraussetzung für alle Leistungen des Staates an die katholische Kirche, und er muß für diese

§. 1.

In den Erzdiözesen Köln, Gnesen und Posen, den Diözesen Kulm, Ermland, Breslau, Hildesheim, Osnabrück, Paderborn, Münster, Trier, Fulda, Limburg, den Delegaturbezirken dieser Diözesen,[2]) sowie in den Preußischen Antheilen der Erzdiözesen Prag, Olmütz,[3]) Freiburg[4]) und der Diözese Mainz[5]) werden vom Tage der Verkündung[6]) dieses Gesetzes ab sämmtliche, für die Bisthümer, die zu denselben gehörigen Institute und die Geistlichen[7]) bestimmte Leistungen[8]) aus Staatsmitteln eingestellt.

Ausgenommen von dieser Maßregel bleiben die Leistungen, welche für Anstaltsgeistliche[9]) bestimmt sind.

Zu den Staatsmitteln[10]) gehören auch die unter dauernder Verwaltung des Staats stehenden besonderen Fonds.

Leistungen gelten, auf welchem Rechtsgrunde immer dieselben beruhen, zu welchem Zeitpuncte die Verpflichtungen des Staates zu denselben entstanden sein mögen.

Der Staat ist genöthigt, ihn jetzt zur Anwendung zu bringen. Das Verhalten des römisch-katholischen Episcopats gegenüber den verfassungsmäßig beschlossenen, von Seiner Majestät dem Kaiser und König vollzogenen und gehörig publicirten Gesetzen vom 11., 12. und 13. Mai 1873 (Gesetzsammlung Seite 191), vom 20. und 21. Mai 1874 (Gesetzsammlung Seite 135) ist notorisch ein solches gewesen, daß jene Majestätsrechte, unter deren Vorbehalt allein die katholische Kirche in Preußen alle die Erweisungen der „höchsten Großmuth und Güte" — wie Papst Pius VII. in der Bulle „de salute animarum" sich ausdrückte — empfangen hat und zu genießen berechtigt ist, auf das Schwerste geschädigt und verletzt erscheinen. Der Staat ist deshalb ebenso berechtigt als verpflichtet, bis dahin, daß der römisch-katholische Clerus zum Gehorsam gegen die Gesetze zurückkehrt, ihm zunächst alle diejenigen Mittel zu entziehen, welche er selbst bisher zur Unterhaltung dieses Clerus beigetragen hat. Unterließe der Staat dies noch länger, es müßte ihn der schwere Vorwurf treffen, daß er selbst seine Gegner in ihrem Widerstand stärke.

Solchem Vorwurfe darf er sich am Wenigsten in einem Augenblicke aussetzen, in welchem in römischen und deutschen Blättern, im lateinischen Text wie in deutscher Uebersetzung eine bezüglich ihrer Echtheit nirgends angezweifelte Encyclica des Papstes vom 5. Februar dieses Jahres veröffentlicht worden ist, welche jene Gesetze vor der katholischen Welt und für Alle, die es angeht, für ungiltig (irritas) erklärt und den Ungehorsam gegen dieselben sanctionirt hat, — und die Erzbischöfe und Bischöfe in Preußen diese an sie gerichtete Encyclica — soweit bekannt — ohne einen Widerspruch hingenommen haben.

Die Aufgabe dieses vorliegenden Gesetzentwurfs ist es, diejenigen Grenzen zu bestimmen, innerhalb deren der Staat den oben entwickelten Grundsatz zur Anwendung zu bringen hat."

§ 1. [2]) **den Delegaturbezirken dieser Diöcesen**, d. h. der Diöcesen Breslau, Paderborn und Osnabrück, denn nur diese haben Bezirke, welche s. g. terrae missionis sind, s. Kirchengesetze S. 140 Anm. 6 unter b.

[3]) **Olmütz**, s. Kirchengesetze S. 47, Anm. 5 v. S. 46.

[4]) **Freiburg.** Zu diesem Erzbisthum gehören die Hohenzollernschen Fürstenthümer, vgl. die Anm. 1 citirte Bulle: Provida solersque und den Staatsvertrag vom 18. Oktober, bez. 14. November 1821, ferner den vom 12. Mai, 26. Juni und 18. August 1837; s. auch außerdem die Sigmaringische Verordnung vom 20. Oktober 1827, wodurch die Bulle vorbehaltlich der Hoheitsrechte des Fürsten genehmigt worden ist (Sigmar. Ges. Samml. Bd. 3 S. 43).

[5]) **Diöcese Mainz**, zu welcher die im Jahre 1866 erworbenen, ehemals großherzogl. hessischen Gebietstheile gehören, s. Ges. vom 24. Dezember 1866 (G. S. S. 876).

Nach dieser Aufzählung bleiben nur ausgeschlossen (Motive S. 8): „der Diöcesanverband des katholischen Bischofs Reinkens in Bonn, sowie die der Utrechter Kirchengemeinschaft angehörige katholische Gemeinde Nordstrand in der Provinz Schleswig-Holstein. Der erstere hat die Gesetze des Staates gewissenhaft beobachtet, und ebenso ist von Seiten des erzbischöflichen Stuhles von Utrecht keinerlei Kundgebung oder Handlung erfolgt, durch welche die Rechtsverbindlichkeiten der diesseitigen Staatsgesetze von ihm in Frage gestellt wäre. Die Voraussetzungen, welche in Betreff der übrigen Diöcesen zu einem Einschreiten nöthigen, liegen also hier nicht vor. Dagegen sind die Erzdiöcesen Gnesen und Posen, sowie die Diöcese Paderborn mit aufgeführt, obwohl sie zur Zeit einen gesetzmäßig bestellten Verwalter überhaupt nicht besitzen. Indessen in diesen Diöcesen ist die Nothwendigkeit eines ernsten Vorgehens der Staatsregierung um so dringender, weil in Folge der Weigerung der Domcapitel zur Wahl eines Bisthumsverwesers die Zustände in erhöhtem Maße verworren geworden und der Widerstand gegen die staatliche Ordnung in der bedenklichsten Weise gesteigert ist. Es gilt dies namentlich für die Erzdiöcesen Posen und Gnesen, in denen ein geheimer Delegat Roms die Fäden der Bewegung in Händen hat."

[6]) **Verkündigung.** Diese ist am 26. April 1875 (G. S. S. 193) erfolgt.

[7]) **Geistlichen,** und zwar alle Leistungen an dieselben, selbst wenn diesen für die Gelder bestimmte Verpflichtungen, wie z. B. die Persolvirung fundirter Messen obliegen, daher ist z. B. die im Staatshaushalts-Etat von 1875 Kap. 118 Tit. 4 beim Bisthum Breslau Position g aufgeführte Summe: „Aversionalquantum für persolvirte Messen" gleichfalls einzustellen, s. stenogr. Berichte S. 922.

Nicht betroffen werden also „diejenigen Leistungen, welche zur Besoldung der niederen Kirchendiener bei den einzelnen Kirchengemeinden, sowie zu den sächlichen Kultuskosten und den Baubedürfnissen dieser einzelnen Gemeinden bestimmt sind", vgl. Motive S. 9. Der Umstand aber, daß die Leistungen für die Geistlichen nicht direkt an diese, sondern an die Kirchenkassen gemacht sind, hindert die Einstellung nicht (s. Anm. 8).

Bekleidet der Geistliche noch ein anderes Amt, für welches er aus Staatsmitteln besoldet wird, z. B. das Amt eines Religionslehrers an einer öffentlichen Schule, eines Universitäts-Professors, so unterliegt das für letzteres gewährte Staatsgehalt natürlich nicht der Einstellung.

[8]) **Leistungen.** Vgl. Motive S. 8: „Die Einstellung der Staatsleistungen muß, um wirksam zu sein, allgemein und vollständig durchgeführt werden. Demgemäß sind alle Leistungen einzustellen, welche direkt oder indirekt für den Episcopat, die von ihm dependirenden Behörden und Institute sowie für den Klerus bestimmt sind. Um dies mit voller Bestimmtheit erkennen zu lassen, ist der Ausdruck gewählt: „sämmtliche für die Bisthümer, die zu denselben gehörigen Institute und die Geistlichen bestimmten Leistungen." Dieser Ausdruck schließt sich der Bezeichnung der entsprechenden Kapitel des Staatshaushaltsetats, insbesondere des Kapitels 118 an und umfaßt alle Zwecke, welche hier vorgesehen sind. Insbesondere also wird die Einstellung alle Leistungen für die Bischöfe selbst und die bischöflichen Stühle, sowie für die bischöflichen Behörden und Beamten umfassen; ferner die Leistungen für die Domkapitel, Kollegialstifter und deren Zubehörungen, sowie für die Diöcesananstalten, als Priester- und Klerikalseminare, Emeriten- und Demeritenanstalten. Unter den Leistungen für Geistliche aber sind alle Aufwendungen, welche für den Klerus bestimmt sind, zu begreifen, gleichviel, ob die Bewilligungen direkt an die Geistlichen, oder an Kirchen, Kirchengemeinden und Kirchenkassen erfolgt sind, sobald sie nur zum Unterhalt der Geistlichen dienen. .... (a. a. O. S. 9): Durch die Worte „Leistungen aus Staatsmitteln" hat jeder Zweifel darüber abgeschnitten werden sollen, daß der Einstellung nicht nur baare Besoldungen und Zuschüsse, sondern auch alle sonstigen materiellen Beihilfen unterliegen, welche der Staat zu den angegebenen Zwecken bisher gewährt hat. Insbesondere fallen darunter auch alle Naturalprästationen an Getreide und Holz, ferner die Gebrauchs- und Nutzungsrechte an Gebäuden und sonstigen Realitäten, sowie an Mobilien jeder Art. In gleicher Weise ist bereits in denjenigen Fällen verfahren, in welchen eine Einbehaltung der Staatsmittel auf Grund des Gesetzes vom 11. Mai 1873 verfügt ist."

Die in dem Kapitel 118 der Ausgaben des Staatshaushaltes für 1875 für die „Bisthümer und zu denselben gehörigen Institute" ausgeworfene Summe beträgt 1,242,774 Mark.

Mit Rücksicht auf das Anm. 7 Bemerkte wird, wenngleich die Einstellung der Leistungen für die Bisthümer zu erfolgen hat, in den Fällen, wo die Domkirche auch den Parochialzwecken einer bestimmten Gemeinde dient, doch so viel gewährt werden müssen, als zur Bestreitung der desfallsigen

§. 2.

Die eingestellten Leistungen werden für den Umfang des Sprengels [11]) wieder aufgenommen, sobald der jetzt im Amte befindliche Bischof (Erzbischof, Fürstbischof) oder Bisthumsverweser, [12]) der Staatsregierung gegenüber durch schriftliche Erklärung sich verpflichtet, die Gesetze des Staates zu befolgen. [13])

erwachsenden sächlichen Kultusbedürfnisse (einschließlich der baulichen Unterhaltung), nicht aber anderer, erforderlich ist.

Auf den Rechtsgrund der Leistungen kommt nichts an; daher dürfen auch z. B. die Rentenbriefe nebst Coupons, welche für bisher auf fiskalischen Grundstücken ruhende abgelöste Verpflichtungen den erwähnten Instituten und Geistlichen zu gewähren sind, nicht mehr an diese ausgehändigt werden. Ebenso ist es gleichgültig, wann die Leistungen fällig geworden sind, es können also ebenfalls die schon früher fälligen, welche bis zum Tage der Verkündigung des Gesetzes nicht abgehoben worden, nicht gezahlt werden.

In denjenigen Diöcesen, in welchen die Einstellung stattgefunden hat, sollen Stellen fiskalischen Patronats nur an solche Geistliche verliehen werden, welche sich durch schriftliche Erklärung verpflichten, die Gesetze des Staats zu beobachten, Verfügung des Ministers der geistl. Angelegenheiten v. 25. Mai 1875.

[9]) **Anstaltsgeistliche**, d. h. solche, welche an staatlichen Anstalten angestellt sind, denn die Geistlichen anderer Anstalten besoldet der Staat nicht. Vgl. dazu Motive S. 9: „Daß nämlich die Ausgaben für die Anstaltsgeistlichen wie für die Militärseelsorge nicht einzustellen sind, ergiebt sich von selbst, wenn man erwägt, daß sowohl die Militärgeistlichen, als auch die Anstaltsgeistlichen die Stellung von Staatsbeamten einnehmen. Wegen der Militärseelsorge bedarf es indeß nicht einmal einer besonderen Bestimmung, da die Kosten für dieselbe gegenwärtig aus Reichsfonds bestritten werden, mithin die Vorschriften des vorliegenden Landesgesetzes ohnehin keine Anwendung auf sie erleiden. Für die Anstaltsgeistlichen dagegen ist eine Ausnahmebestimmung erforderlich, wie sie das Alinea 2 vorschlägt." — In denjenigen Fällen, wo Militairgeistliche auch wegen sonstiger geistlichen Funktionen eine Besoldung aus Staatsmitteln erhalten, ist diese aber einzustellen.

[10]) **Staatsmitteln.** Der Ausdruck: Staatsmittel kommt in dem gebrauchten Sinn, wonach er auch die sog. mittelbaren Staatsfonds umfaßt, schon in den §§ 13 u. 18 des Gesetzes vom 11. Mai 1873 vor.

„Es ist indessen zweckmäßig erschienen, um den Umfang der beabsichtigten Maßregel völlig klar zu stellen, hier jener besonderen Fonds ausdrückliche Erwähnung zu thun. An sich aber kann es keinem Zweifel unterliegen, daß die Einstellung auch auf die Zuschüsse aus diesen Fonds auszudehnen ist. Denn diese Fonds, welche in der gedruckten Beilage 22 zu dem Etat des Ministeriums für die geistlichen Angelegenheiten pro 1875 aufgeführt sind, haben die gemeinsame Eigenthümlichkeit, daß sie, wenngleich bestimmten Zwecken gewidmet und größtentheils mit eigener juristischer Persönlichkeit ausgestattet, unter ausschließlicher Verwaltung des Staates stehen, und dieser innerhalb des bestimmten Zweckes frei über die Verwendung beschließt. Für den Empfänger ist es aber ohne praktische Bedeutung, ob der Staat einen Zuschuß aus den allgemeinen Staatsfonds oder aus besonderen, zur Disposition der Staatsregierung stehenden Fonds bewilligt. Ausgenommen sollen nur diejenigen Fonds werden, welche kirchlichen Charakters sind und sich nur vorübergehend in der Verwaltung eines vom Staat auf Grund des Gesetzes vom 20. Mai 1874 über die Verwaltung erledigter katholischer Bisthümer bestellten Kommissars befinden. Um dies erkennbar zu machen, ist in dem Entwurf gesagt, daß zu den Staatsmitteln auch diejenigen besonderen Fonds gehören, welche unter dauernder Verwaltung des Staats stehen". (Motive S. 9).

Die erwähnten Fonds sind entweder vom Landesherrn aus Staatsfonds gestiftet oder sie rühren, wie Exjesuiten-, Kloster-, Schul- und ähnliche Fonds aus Säkularisationen her, s. stenogr. Ber. des Herrenh. S. 257.

§ 2. [11]) **Umfang des Sprengels**, d. h. für alle zum Bisthum gehörigen Institute und Geistlichen.

§. 3.

In den Erzdiözesen Gnesen und Posen, sowie in der Diözese Paderborn [14]) erfolgt die Wiederaufnahme der eingestellten Leistungen für den Umfang des Sprengels, sobald die Bestellung eines Bisthumsverwesers oder die Einsetzung eines neuen Bischofs in gesetzmäßiger Weise [15]) stattgehabt hat.

§. 4.

Tritt die Erledigung eines zur Zeit besetzten bischöflichen Stuhles ein, oder scheidet der jetzige Bisthumsverweser der Diözese Fulda aus seinem Amte aus, [15]) bevor eine Wiederaufnahme der Leistungen auf Grund des §. 2 erfolgt ist, so dauert die Einstellung derselben für den Umfang des Sprengels fort, bis die Bestellung eines Bisthumsverwesers oder die Einsetzung eines neuen Bischofs in gesetzmäßiger Weise stattgehabt hat. [16])

§. 5.

Wenn für den Umfang eines Sprengels die Leistungen aus Staatsmitteln wieder aufgenommen sind, einzelne Empfangsberechtigte aber, der vom Bischof oder Bisthumsverweser übernommenen Verpflichtung ungeachtet, den Gesetzen des Staates den Gehorsam verweigern, so ist die Staatsregierung ermächtigt, die für diese Empfangsberechtigten bestimmten Leistungen wieder einzustellen. [17])

[12]) **Bisthumsverweser**, damit ist ein beim Erlaß des Gesetzes im Amte befindlicher Bisthumsverweser — von einem solchen wird die vakante Diöcese Fulda administrirt — gemeint. Daß der § nicht von Verwesern, welche in künftigen Vakanzfällen bestellt werden sollten, handelt, ergiebt § 4. Im Uebrigen vgl. in Betreff der Bisthumsverweser S. 43 ff.

[13]) **Gesetze des Staates zu befolgen.** Diese schriftliche Verpflichtung entspricht der im § 2 des Gesetzes vom 20. Mai 1874 (S. 48) geforderten eidlichen Verpflichtung. Sie wird dem Ober-Präsidenten oder auch dem geistlichen Minister einzureichen sein, vgl. Kirchengesetze S. 55 Anm. 2. Der Tag der Einreichung der Erklärung ist der Moment, welcher für die Berechnung des Zeitpunktes der Wiederaufnahme der Leistungen maßgebend ist, vgl. ferner § 8.

§ 3. [14]) **Paderborn.** Wegen dieser Diöcese und der Erzdiöcesen Gnesen-Posen ist besondere Bestimmung getroffen, weil beide durch staatliche Absetzung der Bischöfe, — die des Erzbischofs Gnesen-Posen ist durch Erkenntniß des Gerichtshofes für kirchliche Angelegenheiten vom 15. April 1874 (Hartmann, Zeitschr. f. Gesetzgebung des öffentl. Rechts Bd. 1 S. 17), die des Bischofs von Paderborn durch Erkenntniß vom 5. Januar 1875 (a. a. O. S. 273) erfolgt — vakant geworden und ein staatlich anerkannter Bisthumsverweser dort nicht bestellt ist. Die Diöcesen befinden sich vielmehr in der Verwaltung staatlicher, nach Maßgabe der §§ 6, 9 ff. des Gesetzes vom 20. Mai 1874 ernannter Kommissare.

[15]) **gesetzmäßiger Weise**, s. §§ 1—3 des eben angeführten Gesetzes, ferner Kirchengesetze S. 156 und oben S. 48.

§ 4 **aus seinem Amte aus**, vgl. Anm. 12 zu § 2.

[16]) **stattgehabt hat.** Durch diese Vorschriften wird die Wirksamkeit des Gesetzes auch über die Amtsdauer der gegenwärtigen Bischöfe hinaus auf die Zukunft ausgedehnt.

§ 5. [17]) **wieder einzustellen.** In den Fällen der §§ 3 u. 4 (s. Motive S. 10) „ist davon ausgegangen, daß, wenn entweder der im Amt befindliche Bischof oder Bischofsverweser durch schriftliche Erklärung sich zur Befolgung der Staatsgesetze verpflichtet, oder die Wiederbesetzung eines erledigten Stuhles in gesetzmäßiger Weise erfolgt, ein Umstand, der das eidliche Gelöbniß des neu eintretenden Bischofs oder Bisthumsverwalters, die Gesetze des Staates befolgen zu wollen, voraussetzt, alsdann genügende Bürgschaft dafür vorliege, daß auch der Clerus der Diöcese die

§. 6.

Die Wiederaufnahme der eingestellten Leistungen an einzelne Empfangsberechtigte erfolgt [18]) außer den Fällen der §§. 2 bis 4, wenn der Empfangsberechtigte der Staatsregierung[18a]) gegenüber in der im §. 2 bezeichneten Weise sich verpflichtet, die Gesetze des Staates zu befolgen.

Außerdem ist die Staatsregierung ermächtigt, [19]) die eingestellten Leistungen einzelnen Empfangsberechtigten gegenüber wieder aufzunehmen, wenn sie durch Handlungen [20]) die Absicht an den Tag legen, die Gesetze des Staates zu befolgen. Verweigern dieselben demnächst den Gesetzen des Staates den Gehorsam, so sind die Leistungen aus Staatsmitteln wieder einzustellen.

§. 7.*)

Die Entscheidungen der kirchlichen Behörden, welche eine Disziplinarstrafe wider einen Geistlichen verhängen, dem gegenüber die Staatsregierung die eingestellten Leistungen in Gemäßheit des §. 6 wieder aufgenommen hat, [20a]) können sowohl von dem Geistlichen als von dem Oberpräsidenten [21]) im Wege der Berufung an den Königlichen Gerichtshof für kirchliche Angelegenheiten ohne die Beschränkung des §. 12 des Gesetzes vom 12. Mai 1873 [22]) angefochten werden. [23])

Die Berufung kann in diesen Fällen auf neue Thatsachen und Beweismittel [24]) gegründet werden.

Staatsgesetze befolgen respective von seinem geistlichen Obern dazu angehalten werden wird, mithin die Aufhebung der Sperre sofort für den ganzen Sprengel geschehen kann. Gleichwohl ist die Möglichkeit nicht ausgeschlossen, daß sich diese Voraussetzung nicht völlig bewähre, daß vielmehr einzelne besonders eifrige und hartnäckige Cleriker in ihrem Widerstande gegen die Staatsgesetze, der übernommenen Verpflichtung des Bisthumsvorstehers ungeachtet fortfahren. Für solche Fälle ist die Möglichkeit offen zu halten, die wiederaufgenommenen Leistungen von Neuem einzustellen. Dies schlägt der § 5 vor."

Diese Befugnisse der Staatsregierung übt der Minister der geistlichen Angelegenheiten aus, s. § 16 des Gesetzes.

§ 6. [18]) **erfolgt**, d. h. muß erfolgen im Gegensatz zu der Vorschrift des Abs. 2 dieses §.

[18a]) **Staatsregierung**. Vgl. Anm. 13 S. 73. Die Wiederaufnahme wird, soweit mir die Praxis bekannt, von dem Kultusminister in beiden Fällen des § 6 verfügt.

[19]) **ermächtigt**, vgl. Motive S. 10: „Außerdem läßt sich aber auch dagegen kein Bedenken finden, den einzelnen Geistlichen ein Einlenken zum Gehorsam gegen die Gesetze thunlichst zu erleichtern. Es empfiehlt sich vielmehr in Beziehung auf die einzelnen Empfangsberechtigten auch eine stillschweigende, durch Handlungen ausgedrückte Willenserklärung als genügend zur Wiederaufnahme der suspendirten Staatsleistungen anzunehmen. Freilich kann ein unbedingtes Recht auf Wiedereinräumung der Staatsleistungen nur demjenigen zugestanden werden, der sich ausdrücklich und schriftlich zum Gehorsam gegen die Staatsgesetze verpflichtet. Eine Berücksichtigung der concludenten Handlungen hingegen ist nur in der Weise möglich, daß die Staatsregierung die Ermächtigung erhält, auf Grund von Handlungen, die nach ihrem Ermessen als schlüssige anzusehen sind, die Leistungen wieder aufzunehmen. Aber wie die Wiederaufnahme so muß auch die Wiedereinstellung, sobald der betreffende Geistliche demnächst der Voraussetzung, unter welcher die Wiederaufnahme erfolgt ist, entgegenhandelt, ausschließlich in die Befugniß der Staatsregierung gelegt werden."

[20]) **Handlungen.** Ein Amendement Dr. Wehrenpfennig und Windhorst (Bielefeld) statt der Worte: „durch Handlungen" zu setzen: „durch ihr Verhalten" ist vom Abgeordnetenhause ab-

gelehnt worden, stenogr. Ber. S. 919, nachdem seitens der Regierung geltend gemacht war, daß der Ausdruck zu unbestimmt sei, a. a. O. S. 912.

Die konkludenten Handlungen, welche erfordert werden, können auch s. g. Omissivhandlungen sein, d. h. in einem fortgesetzten Verhalten bestehen, welches jede Verletzung der Staatsgesetze unterläßt (s. stenogr. Ber. des Herrenhauses S. 260).

§ 7. *) Dieser § fehlte in der Regierungsvorlage, er ist zufolge eines Amendements Jung und Dr. Wehrenpfennig eingeschoben worden, s. stenogr. Ber. des Abgeordnetenh. S. 919.

20a) **wieder aufgenommen hat.** Die Voraussetzung dieser Wiederaufnahme ist die Erklärung des Geistlichen, daß er sich ausdrücklich zur Befolgung der Staatsgesetze verpflichtet oder durch konkludente Handlungen eine dahin gehende Absicht an den Tag gelegt hat. Da ein solcher Geistlicher deswegen von seinen kirchlichen Oberen in Disciplinarstrafe genommen werden kann, so ist der ihm gewährte Schutz insoweit vollkommen gerechtfertigt. Nach der Fassung des § 7 geht aber derselbe weiter. Es kommt danach nicht darauf an, daß die Disciplinarstrafe aus dem erwähnten Grunde, sondern nur darauf, daß eine solche überhaupt, gleichviel, aus welchem Grunde, gegen einen Geistlichen, welcher die Bedingungen des § 6 erfüllt hat und dem gegenüber die Leistungen von der Staatsregierung wieder aufgenommen sind, verhängt worden ist. Eine einschränkende Interpretation ist nicht möglich, denn gegenüber der die weite Fassung bemängelnden Erklärung des Regierungs-Kommissars (stenogr. Ber. des Abgeordn. S. 919. 920) ist von dem einen Antragsteller der Werth des § für den Fall, daß er auf die disciplinarische Bestrafung wegen Gehorsams gegen die Staatsgesetze eingeschränkt würde, für zweifelhaft erklärt und der § in der ursprünglichen Fassung auch bei der dritten Berathung angenommen worden (a. a. O. S. 1011). Demnach kann der Sinn des § nur der sein, daß er eine Präsumtion dafür schafft, daß der betreffende Geistliche in solchen Fällen gerade wegen seines Gehorsams gegen die Staatsgesetze bestraft ist, und daß die kirchliche Behörde den Nachweis zu führen hat, daß ein anderer gerechtfertigter Grund für die Bestrafung vorgelegen hat. Vgl. auch Anm. 23.

21) **Ober-Präsidenten,** s. § 12 des Gesetzes vom 12. Mai 1873 (Kirchengesetze S. 72).

22) **ohne die Beschränkung des § 12 des Gesetzes vom 12. Mai 1873,** d. h. es brauchen, wenn der Geistliche die Berufung einlegt, nicht erst die Rechtsmittel bei den kirchlichen Instanzen geltend gemacht werden, oder, wenn der Ober-Präsident dies thut, nicht erst der Erfolg der Rechtsmittel abgewartet zu werden oder die Frist zur Einlegung versäumt zu sein.

23) **angefochten werden.** Diese Worte können nicht dahin aufgefaßt werden, daß sie mit den Ausdrücken des Gesetzes vom 12. Mai 1873: „steht die Berufung offen" (§ 10) und „die Berufung findet statt" (§ 11) völlig gleichbedeutend sind, daß also unter den in § 7 dieses Gesetzes angegebenen Voraussetzungen die Berufung auch immer Erfolg haben und zur Vernichtung des kirchlichen Disciplinar-Erkenntnisses führen müßte. Denn dann würde der geistlichen Behörde jeder Nachweis, daß das letztere aus ganz gerechtfertigten Ursachen erlassen ist, abgeschnitten und die disciplinarische Bestrafung solcher Subjekte ausgeschlossen sein, welche diese verdienen, sowie sie nur die geforderte Erklärung abgegeben haben und ihnen gegenüber die staatlichen Leistungen wieder aufgenommen sind. Eine solche Tragweite des Gesetzes ist auch von den Antragstellern nicht beabsichtigt worden. Diese wollten nur die sofortige Berufung an den Gerichtshof gewähren, damit die Geistlichen nicht durch blos für die Disciplinarmaßregeln anderweitig vorgeschützte Gründe erst zu dem weitläufigen Wege des kirchlichen Instanzenzuges gezwungen werden könnten, keineswegs aber die Voraussetzungen für die Vernichtung des Erkenntnisses der geistlichen Disciplinarbehörde regeln, s. stenogr. Ber. S. 919, 921.

Da der Berufungsfall sich den im § 10 Nr. 4 aufgeführten des Gesetzes vom 12. Mai 1873 anreiht, so werden die Fristen des § 13 desselben zur Anwendung kommen müssen, aber angerechnet von der Zustellung der mit Gründen versehenen Entscheidung erster Instanz. Wegen der Rechtfertigungsfrist vgl. § 15 a. a. O.

24) **auf neue Thatsachen und Beweismittel.** Die Antragsteller haben mit dieser Bestimmung den Zweck erreichen wollen, daß „die Untersuchung der Thatsachen von dem kirchlichen Gerichtshofe wieder aufgenommen werden könne". Eigentlich ist die Vorschrift überflüssig, denn die zur Begründung der Berufung angeführten Thatsachen und Beweise sind keine neuen im processualischen

§. 8.

Die Wiederaufnahme der eingestellten Leistungen erfolgt in allen Fällen vom ersten Tage desjenigen Vierteljahres[25]) an, in welchem die gesetzliche Voraussetzung der Wiederaufnahme[26]) eingetreten ist.

§. 9.

Ueber die Verwendung der während Einstellung der Leistungen aufgesammelten Beträge[27]) bleibt, soweit dieselben nicht nach der rechtlichen Natur ihres Ursprungs zu Gunsten der allgemeinen Staatsfonds[28]) als erspart zu verrechnen sind oder anderweit verwendbar[29]) werden, gesetzliche Bestimmung[30]) vorbehalten.

Der Minister der geistlichen Angelegenheiten ist im Falle einer kommissarischen Verwaltung des bischöflichen Vermögens auf Grund des Gesetzes vom 20. Mai 1874[31]) befugt, die Fortgewährung der zur Ausstattung der Bisthümer bestimmten Leistungen insoweit zu verfügen, als dies für Zwecke der kommissarischen Verwaltung und zur Bestreitung der Kosten derselben erforderlich ist.

Sinne, weil sie die nothwendige Rechtfertigung der Berufung bilden und diese an einen mit ganz anderen Befugnissen ausgestatteten Gerichtshof als das kirchliche Disciplinargericht geht. Darüber, daß auch für die Rechtfertigung die Eventual-Maxime nicht gilt, s. Kirchengesetze S. 76.

§ 8. [25]) **Vierteljahres**, d. h. des Kalenderquartals, weil hier ein festes und nicht ein bewegliches Jahr vorausgesetzt ist.

[26]) **Voraussetzung der Wiederaufnahme**, s. Anm. 13 zu § 2. Bei der Wiederaufnahme nach § 6 Abs. 2 ist allerdings auch der Zeitpunkt, weil hier überhaupt nur eine Befugniß, keine Pflicht der Staatsregierung vorliegt, indirekt in das Ermessen der letzteren gestellt.

Ueber die in der Zwischenzeit aufgesammelten Beträge trifft § 9 die erforderliche Bestimmung.

§ 9. [27]) **aufgesammelten Beträge.** Vgl. dazu Motive S. 11: „Das zu erlassende Gesetz wird die Frage nicht unberührt lassen können, wie mit denjenigen Beträgen zu verfahren, welche während der Dauer der Einstellung nicht zur Auszahlung gelangen. Dieselbe Frage ist bereits in den Fällen praktisch geworden, in welchen eine Einbehaltung der Staatsmittel auf Grund des Gesetzes vom 11. Mai 1873 stattgefunden hat. Da es sich indessen in jenen Fällen lediglich um eine im Wege der Exekution verfügte Retention handelte, so hat jene Frage bisher nur dahin entschieden werden können, daß die retinirten Beträge, sobald die Einbehaltung der Staatsmittel ihr Ende erreicht, dem Empfangsberechtigten herauszugeben seien, ausgenommen jedoch die Bedürfnißzuschüsse, welche nach der Natur der Sache während der Einbehaltung cessiren und deshalb als erspart zu verrechnen oder anderweit zu verwenden sind. Alle Zuschüsse hingegen, welche auf rechtlicher Verpflichtung beruhen, oder den Charakter der Dotation tragen, sind bisher reservirt geblieben und würden, soweit nicht Verbindlichkeiten der Empfangsberechtigten in gesetzmäßiger Weise daraus zu decken sind, denselben nachzuzahlen sein, sobald von ihnen dem Gesetze in dem Punkt genügt würde, wegen dessen die Einbehaltung der Staatsmittel verfügt worden. Nach den gleichen Grundsätzen kann bei der Einstellung der Staatsleistungen, wie sie der vorliegende Gesetzentwurf im Auge hat, nicht verfahren werden. Während, wie bemerkt, in den Fällen des Gesetzes vom 11. Mai 1873 nur eine exekutivische Maßnahme zur Erzwingung einer vom Gesetz geforderten Handlung in Frage steht, handelt es sich jetzt darum, zum Ausdruck und zur Geltung zu bringen, daß die Pflicht des Staates zur Gewährung von Mitteln an die katholische Kirche einer kirchlichen Gemeinschaft gegenüber ruhen muß, welche die Grundlagen, auf welche ihre eigene rechtliche Existenz im Staate beruht, grundsätzlich negirt. Auch würde es den Erfolg der beabsichtigten Maßregel wesentlich beeinträchtigen, wenn von vornherein festgestellt würde, daß alle einbehaltenen Beträge früher oder später den empfangsberechtigten Stellen nachzuzahlen seien. Endlich müßte es im Interesse des Staates selbst im hohen Maße bedenklich erscheinen, bedeutende

§. 10.

Die exekutivische Beitreibung im Verwaltungswege[32]) findet in Betreff der Abgaben und Leistungen an die Bisthümer, die zu denselben gehörigen Institute und die Geistlichen, für den gesammten Umfang eines Sprengels so lange nicht statt, als für denselben die Einstellung der Leistungen aus Staatsmitteln dauert.

Den Staats- und Gemeindesteuererhebern ist während der Dauer der Einstellung nicht gestattet, die vorstehend bezeichneten Abgaben zu erheben und an die Empfangsberechtigten abzuführen.[33])

Summen anzusammeln, die später ohne alle Kautelen für den Staat den Leitern der römisch-katholischen Kirche zur Verfügung zu stellen sein würden. Andererseits erscheint es nicht rathsam, schon jetzt die definitive Festsetzung über die künftige Verwendung der nicht zur Auszahlung gelangenden Zuschüsse zu treffen, da für die Entschließung hierüber diejenigen Verhältnisse maßgebend sein müssen, unter welchen die Wiederaufnahme der Leistungen erfolgen wird. Der vorliegende Entwurf schlägt deshalb vor, die Bestimmung über die Verwendung der während der Einstellung angesammelten Beträge einem künftigen Gesetze vorzubehalten. Selbstverständlich sind jedoch hiervon diejenigen Beträge auszunehmen, welche nach der rechtlichen Natur ihres Ursprungs in Folge der Einstellung zu Gunsten der allgemeinen Staatsfonds als erspart zu verrechnen sind oder anderweit verwendbar werden."

[28]) **zu Gunsten der allgemeinen Staatsfonds.** Darunter fallen die s. g. Bedürfnißzuschüsse, die nach dem freien Ermessen der Staatsregierung, bez. der Landesvertretung bewilligt, und daher, soweit sie nicht zur Auszahlung gelangen, erspart werden, s. auch stenogr. Ber. des Abgeordn. H. S. 922. 923.

[29]) **anderweit verwendbar**, d. h. nach der sonst der Regierung ertheilten oder ihr zustehenden gesetzlichen Ermächtigung, es sind also z. B. Gelder aus einem Dispositionsfonds zu denjenigen Zwecken, denen dieser etatsmäßig dient, nicht aber zu anderen zu verwenden. Vgl. auch die vom Kultusminister als zutreffend anerkannte Erklärung des Abg. Miquél, a. a. O. S. 925: „Es wird hier keine neue Vollmacht zur Verwendung von Geldern ertheilt, sondern es wird hier nur ausgeschlossen, daß in diesem Falle die Gelder nicht zur demnächstigen gesetzlichen Regelung reservirt zu werden brauchen. Hiernach würde sich die Sache einfach so stellen: im Allgemeinen sollen die Gelder reservirt bleiben, und soll darüber überhaupt keine Verfügung stattfinden, bis auf gesetzliche Verhandlungen. Davon sind zwei Ausnahmen gemacht, einmal, soweit es sich um Gelder handelt, welche als erspart zu verrechnen sind, wo also z. B. Bedürfnißzuschüsse und derartige Fälle vorliegen; zweitens, wo die Gelder zu demselben Zweck, zu welchem die ursprünglich bewilligten und in Folge dieses Gesetzes ersparten Beträge bestimmt waren, auch anderweit in Gemäßheit der Etatsposition zur Verwendung gelangen. Ein dritter Fall ist hiernach ausgeschlossen."

[30]) **gesetzliche Bestimmung**, s. Anm. 27.

[31]) **des Gesetzes vom 20. Mai 1874**, s. §§ 6—11 desselben.

§ 10. [32]) **exekutivische Beitreibung im Verwaltungswege.** Vgl. Motive S. 11: „Wenn der Staat sich in die Nothwendigkeit versetzt sieht, seine Leistungen gegenüber dem römisch-katholischen Episkopat einzustellen, so ist es eine nothwendige Konsequenz dieser Maßregel, daß er auch seinen starken Arm, so lange die Einstellung dauert, nicht leihet, um die Abgaben und Leistungen Dritter an die Geistlichkeit u. s. w. im Verwaltungswege beizutreiben. Selbstverständlich wird dadurch das privatrechtliche Verhältniß der berechtigten Empfänger zu den Abgabepflichtigen nicht berührt und es verbleibt deshalb den ersteren auch der allgemeine Rechtsschutz vor Gericht; nur das Privilegium der administrativen Exekution ruht", vgl. auch stenogr. Ber. des Abgeordnetenh. S. 927.

Die Versagung der administrativen Exekution hat sich nicht blos auf die laufenden, sondern

§. 11.

Sind die Leistungen aus Staatsmitteln an einen Empfangsberechtigten auf Grund des §. 6 wieder aufgenommen, so ist in Betreff der von diesem Zeitpunkte[34]) ab fällig werdenden Abgaben und Leistungen die Verwaltungs-Exekution wieder zu gewähren.

Ein Gleiches gilt in Betreff der Abgaben und Leistungen für diejenigen Geistlichen, welche keine Leistungen aus Staatsmitteln zu beziehen haben, wenn sich dieselben durch ausdrückliche oder stillschweigende Willensäußerung (§. 6 Absatz 1 und 2) verpflichten, die Gesetze des Staates zu befolgen, so lange sie dieser Verpflichtung nachkommen.[35])

§. 12.

Wer in den Fällen der §§. 2 und 6 die schriftlich erklärte Verpflichtung widerruft, oder der durch dieselbe übernommenen Verpflichtung zuwider die auf sein Amt oder seine Amtsverrichtungen bezüglichen Vorschriften der Staatsgesetze oder die in dieser Hinsicht von der Obrigkeit innerhalb ihrer gesetzlichen Zuständigkeit getroffenen Anordnungen verletzt,[36]) ist durch gerichtliches Urtheil[37]) aus seinem Amte zu entlassen.

auch die zur Zeit der Einstellung schon rückständigen Abgaben zu erstrecken, denn das Gesetz unterscheidet zwischen ihnen nicht, entzieht vielmehr den exekutivischen Schutz allgemein, s. a. a. O. S. 928.

Ferner ist zu bemerken, daß dieser letztere auch für solche Geistliche fortfällt, welche keine Leistungen aus Staatsmitteln beziehen.

[33]) **abzuführen.** Der betreffende Abs. 2 des § ist vom Abgeordnetenhause zufolge eines Amendements Dr. Wehrenpfennig und Jung hinzugefügt, s. stenogr. Ber. S. 1012. Dadurch ist Fürsorge getroffen, daß da, wo bisher die erwähnten Steuerheber auch die kirchlichen Abgaben eingezogen haben, dies von ihnen nach der Einstellung nicht mehr geschehen kann, sowie, daß sie auch ihnen freiwillig gezahlte Beiträge nicht annehmen dürfen, s. a. a. O. S. 927 ff.

§ 11. [34]) **von diesem Zeitpunkte,** hier entscheidet also der Tag der Wiederaufnahme, nicht der im § 8 festgesetzte Termin. Die Worte „von diesem Zeitpunkt ab fällig werdenden" sind durch das vom Abgeordnetenhause angenommene Amendement Klotz und Genossen an Stelle der Fassung der Regierungsvorlage: „an ihn zu entrichtenden" gesetzt worden, s. a. a. O. S. 1012. Dadurch ist zum Ausdruck gebracht, daß für die rückständig gebliebenen Abgaben und Leistungen die Administrativ-Exekution nicht gewährt werden soll. Die Beibehaltung der Regierungsvorlage hätte mit Rücksicht auf die Kabinets-Ordre vom 19. Juni 1836 Nr. 1 (Ges.-Samml. S. 198) dahin führen müssen, auch noch den Rückständen aus den letzten zwei Jahren den exekutivischen Schutz zu gewähren, s. a. a. O. S. 927.

[35]) **nachkommen.** Wem die Entscheidung darüber, ob diese Voraussetzung verletzt ist, zusteht, sagt das Gesetz nicht. Da der betreffende Fall aber parallel mit dem der Einstellung der Staatsmittel behandelt wird, so kann nicht der Behörde, bei welcher die Exekution nachgesucht wird, sondern nur der durch den Minister der geistlichen Angelegenheiten nach § 16 repräsentirten Staatsregierung, bez. dem von diesem delegirten Organ die Kognition darüber zustehen.

§ 12. [36]) **verletzt.** Vgl. Motive S. 12: „Der Entwurf stellt neben dem Widerruf der erklärten Verpflichtung solche Gesetzesverletzungen unter Strafe, welche das Amt oder die amtlichen Verrichtungen Desjenigen berühren, der die Verletzung begangen hat. Erwägt man, daß hier dem Ungehorsam wider das Gesetz noch das Moment des Treubruchs hinzutritt, so erscheint es ebenso gerechtfertigt wie nothwendig, den vorliegenden Fall dem des § 24 des Gesetzes vom 12. Mai 1873 über die kirchliche Disciplinargewalt und die Errichtung des Königlichen Gerichtshofes für kirchliche

§. 13.

Die Entlassung aus dem Amte hat die rechtliche Unfähigkeit zur Ausübung des Amts, den Verlust des Amtseinkommens und die Erledigung der Stelle zur Folge. [38]) Außerdem tritt die Einstellung der Leistungen aus Staatsmitteln, sowie der Verwaltungs-Exekution in dem früheren Umfange wieder ein. [39])

Der Minister der geistlichen Angelegenheiten ist ermächtigt, schon nach erfolgter Einleitung des Verfahrens [40]) die Einstellung der Leistungen zu verfügen.

Endet das Verfahren mit Freisprechung, so sind die in Folge der Verfügung einbehaltenen Beträge nachzuzahlen.

§. 14.

Zuständig zur Verhandlung und Entscheidung ist der Königliche Gerichtshof für kirchliche Angelegenheiten. Das Verfahren [41]) vor demselben regelt sich nach den Bestimmungen des Abschnitts III. des Gesetzes vom 12. Mai 1873 über die kirchliche Disziplinargewalt und die Errichtung des Königlichen Gerichtshofes für kirchliche Angelegenheiten (Gesetz-Samml. Seite 198).

§. 15.

Wer Amtshandlungen vornimmt, nachdem er in Gemäßheit des §. 12 dieses Gesetzes aus seinem Amte entlassen worden ist, wird mit Geldbuße bis zu 300 Mark, im Wiederholungsfalle bis zu 3000 Mark, bestraft. [42])

Angelegenheiten gleichzustellen. Aus diesem Grunde sind aber die Bestimmungen des Entwurfes nur für die Fälle der §§ 2 und 6, und für die Fälle des § 6 nur bei einer Zuwiderhandlung gegen ein schriftlich abgegebenes Versprechen als anwendbar hingestellt, weil nur in diesen Fällen der Thatbestand eines Treubruchs sich als vollkommen erweislich darstellt. Die Fälle des § 10 (jetzt § 11) sind aber überhaupt ausgeschlossen, weil die Gewährung oder Versagung der administrativen Exekution nicht zum Gegenstand eines Rechtsverfahrens gemacht werden kann".

Vgl. ferner Kirchengesetze S. 89 Anm. 2 u. 3.

[37]) **Urtheil**, nämlich des Gerichtshofes für kirchliche Angelegenheiten, s. § 14.

§ 13. [38]) **zur Folge.** Die Fassung entspricht dem § 24 Abs. 2 des Gesetzes vom 12. Mai 1873, vgl. auch Kirchengesetze S. 84 Anm. 7.

[39]) **wieder ein.** Daß dem entlassenen Geistlichen keine Leistung aus Staatsmitteln und keine Administrativ-Exekution für seine Bezüge mehr gewährt wird, ist eine selbstverständliche Folge der Amtsentlassung. Insoweit deckt sich die Bestimmung dieses zweiten Satzes mit der des ersten; sie hat aber insofern ihre selbstständige Bedeutung, als bei Amtsentlassung eines Bischofs auf Grund des § 12 die Einstellung der Leistungen und der Verwaltungsexekution für den ganzen Sprengel, also für alle Institute und Geistlichen desselben, wieder eintritt.

[40]) **Einleitung des Verfahrens** durch den Anm. 37 gedachten Gerichtshof. Dieser muß daher dem Minister der geistlichen Angelegenheiten davon amtliche Mittheilung machen.

§ 14. [41]) **Verfahren.** Vgl. Motive S. 12: „Wenn § 13 (jetzt § 14) neben der Zuständigkeit des Gerichtshofes für kirchliche Angelegenheiten nur das Verfahren vor demselben in Bezug nimmt, so ist damit ausgedrückt, daß von der in den §§ 25, 26 a. a. O. (d. h. des Gesetzes vom 12. Mai 1873) vorgeschriebenen Aufforderung abgesehen wird. Dieselbe würde nur zu einer nachtheiligen Verzögerung der Sache dienen".

§ 15. [42]) **bestraft.** Dieser § entspricht der Vorschrift des § 31 des Gesetzes vom 12. Mai 1873, und findet wie der letztere seine erforderliche Ergänzung in dem Reichsgesetz vom 4. Mai 1874 (s. oben S. 3), vgl. auch Kirchengesetze S. 88 Anm. 2 bis 5 und Nachträge unten am Schlusse dieses Buches.

§. 16.

Der Minister der geistlichen Angelegenheiten ist mit der Ausführung dieses Gesetzes beauftragt.

Urkundlich unter Unserer Höchsteigenhändigen Unterschrift und beigedrucktem Königlichen Insiegel.

Gegeben Wiesbaden, den 22. April 1875.

(L. S.) **Wilhelm.**

Fürst v. Bismarck. Camphausen. Gr. zu Eulenburg. Leonhardt.
Falk. v. Kameke. Achenbach. Friedenthal.

V.

Gesetz

betreffend

die geistlichen Orden und ordensähnlichen Kongregationen der katholischen Kirche.

Vom 31. Mai 1875.

(Gesetz-Sammlung 1875. Nr. 8292 S. 217.)

V.

Gesetz

betreffend

die geistlichen Orden und ordensähnlichen Kongregationen der katholischen Kirche. [1])

Vom 31. Mai 1875.

(Gesetz-Sammlung 1875. Nr. 8292 S. 217.)

Wir **Wilhelm**, von Gottes Gnaden König von Preußen 2c. verordnen, mit Zustimmung beider Häuser des Landtages, für den Umfang der Monarchie, was folgt:

[1]) **Gegenstand und Zweck des Gesetzes**, vgl. Motive S. 5 (Drucksachen des Hauses der Abgeordneten 12. Legislat.-Per. II. Session 1875 Nr. 305):

„Das katholische Ordens- und Kongregationswesen ist innerhalb des preußischen Staates in der Periode seit den Säcularisationen bis zum Erlaß der Verfassungsurkunde vom 31. Januar 1850 verhältnißmäßig nur unbedeutend gewesen; seitdem aber hat es eine schnelle und umfangreiche Ausdehnung gewonnen.

Nach den in den Jahren 1872 und 1873 in Veranlassung der Ausführung des Reichsgesetzes, betreffend den Orden der Gesellschaft Jesu, vom 4. Juli 1872 (Reichsgesetzblatt Seite 253) angestellten amtlichen Erhebungen waren in der gesammten Monarchie — wobei die in Folge des gedachten Reichsgesetzes aufgelösten Orden und Kongregationen außer Betracht gelassen sind — vorhanden:

		in Niederlassungen und Stationen:
I. Mitglieder männlicher Genossenschaften:		
und zwar von Orden	348	32
von Kongregationen	684	46
Gesammtzahl	1032	78
II. Mitglieder weiblicher Genossenschaften:		
und zwar von Orden	1161	53
von Kongregationen	6602	783
	7763	836
III. insgesammt	8795	914

vergl. Hinschius, die Orden und Kongregationen der katholischen Kirche in Preußen. Berlin 1874. S. 14 ff. Schwitzke in der Zeitschrift des königlich preußischen statistischen Bureaus. XIV. Jahrgang. Heft 4 S. 357 ff.

In welcher raschen Progression diese Zahlen erreicht sind, ergiebt die nachstehende Uebersichtstabelle über die Bewegung innerhalb der Orden und Kongregationen — die vorhin gedachten wieder außer Ansatz gelassen — in den schon vor 1866 zur Monarchie gehörigen Provinzen, für welche allein ausreichende Uebersichten zu Gebote stehen.

Die Zahl der Mitglieder der Genossenschaften betrug:

	1855	1867	1872/1873
1. männliche	334	1074	906
2. weibliche	579	4803	7086
insgesammt	913	5877	7992

Was die Entstehungszeit der einzelnen Stationen betrifft, so haben von den oben unter I. gedachten 78 Stationen

1. die Säcularisation Anfangs dieses Jahrhunderts überdauert nur 15
2. dagegen sind von ihnen nach 1848 57
   und von letzteren wieder erst nach 1855 entstanden 43

Von den 836 Stationen der weiblichen Genossenschaften sind entstanden:

1. vor der Säcularisation 32
2. von 686 Niederlassungen, deren Entstehungszeit ermittelt worden ist, waren vorhanden:
   a) im Jahre 1853 125
   b) bis 1873 sind hinzugekommen 561
   von denen innerhalb der Zeit von 1856 bis 1860 allein 210
   entstanden sind.

vgl. Hinschius a. a. O. S. 30 ff.

Die Gefahren, welche die Existenz so vieler geistlichen Genossenschaften in so zahlreichen Niederlassungen dem Staate bereiten kann, liegen sowohl in der Organisation der Orden und Kongregationen, als auch in den Zwecken, welche sie verfolgen und welche ihnen einen weitgreifenden Einfluß auf die katholische Bevölkerung gewähren.

Was zunächst die Organisation dieser Genossenschaften betrifft, so stehen sie entweder unter der direkten Leitung auswärtiger Oberer, welche theils in Rom, theils in Frankreich ihre Residenz haben, oder sie sind der bischöflichen Aufsicht unterworfen. Damit ist nicht nur jede Garantie dafür ausgeschlossen, daß sie nicht zu staatsgefährlichen Zwecken und zur Förderung der immer mehr hervortretenden staatsfeindlichen Tendenzen des höheren katholischen Clerus benutzt, sondern, wie die Verhältnisse jetzt liegen, ist die dringendste Gefahr vorhanden, daß sie als nur zu geeignete Instrumente für derartige Bestrebungen gebraucht werden, zumal der Organismus auf den unteren und den Mittelstufen kein Gegengewicht bietet, welches einer solchen Verwendung irgend welches Hinderniß bereiten könnte.

Die in ihnen heute herrschende Gehorsamstheorie ist, wie die aus einer erheblichen Anzahl von Statuten — bei Hinschius a. a. O. S. 50 ff. — abgedruckten Stellen zeigen, die des jesuitischen Gehorsams, wodurch thatsächlich die eigene Willens- und Denkthätigkeit, d. h. die geistige Persönlichkeit vernichtet wird.

Wenngleich nach dem staatlichen Rechte (vergl. Allg. Landrecht Th. II. Titel 11 § 1179) der Austritt aus den Genossenschaften jeder Zeit frei ist, so führen die Loslösung der einzelnen Mitglieder von den Familienbanden, die strenge Kontrole ihres gesammten Lebens, namentlich auch ihrer geistigen Beschäftigung durch die Oberen, die hermetische Abschließung der Mitglieder von allen Einflüssen der Außenwelt, welche sich unter Anderem in der unbeschränkten Ueberwachung der Correspondenz äußert, die übermäßigen und geisttödtenden Uebungen, endlich die vermögensrechtliche Unselbstständigkeit der Einzelnen gegenüber den Oberen in Verbindung mit der gedachten Gehorsamstheorie nicht nur dazu, die erforderliche Selbstständigkeit und Festigkeit des Willens, welche zur Verwirklichung des Austrittes aus derartigen, das Individuum vollkommen umspannenden und erdrückenden Verbindungen erforderlich ist, für immer zu beseitigen, sondern auch dazu, die Mitglieder dieser Genossenschaften zu willenlosen Werkzeugen in der Hand der sie dirigirenden Oberen und Geistlichen zu machen.

Anlangend sodann die Thätigkeit und Zwecke dieser Genossenschaften, so führt nur eine verschwindend kleine Anzahl (5 in 9 Niederlassungen mit etwa 176 Mitgliedern) ein rein beschauliches Leben.

Die übrigen sind sämmtlich für praktische Zwecke thätig. Von den männlichen Orden und Kongregationen widmet sich ein Theil der Aushülfe in der Seelsorge, die übrigen, sowie fast alle weiblichen Genossenschaften dienen theils der Krankenpflege, theils den verschiedenartigsten Unterrichts- und Erziehungszwecken.

Durch diese Thätigkeiten ist ihnen ein bedeutender Einfluß auf die katholische Bevölkerung ermöglicht worden.

Die Erziehungs- und Unterrichtsthätigkeit der geistlichen Genossenschaften ist von so bedenklichen Folgen gewesen, daß sich die Staatsregierung schon im Jahre 1872 veranlaßt gesehen hat, die Mitglieder solcher Genossenschaften als Lehrer und Lehrerinnen an öffentlichen Volksschulen nicht zuzulassen und die Entfernung der bereits angestellten aus ihren Stellungen, soweit dies rechtlich statthaft war und das Bedürfniß durch weltliche Lehrer gedeckt werden konnte, zu bewirken, eine Maßregel, welche auch die Zustimmung des Hauses der Abgeordneten gefunden hat, indem dasselbe über den von dem Abg. v. Mallinckrodt und Genossen gestellten Antrag, das die erwähnte Ausschließung anordnende Rescript des Ministers der geistlichen Angelegenheiten vom 15. Juni 1872 als mit den Bestimmungen des Artikels 4 der Verfassungsurkunde unvereinbar zu erklären, in der Sitzung vom 28. November 1872 unter ausdrücklicher Billigung des Erlasses zur Tagesordnung übergegangen ist. Vergleiche stenographische Berichte der 11. Legislaturperiode, III. Session 1872—1873, S. 213.

Die Gefahren, welche die übermäßige Zahl der Niederlassungen und Mitglieder der nach ihrer Organisation und ihrer Thätigkeit charakterisirten Genossenschaften bei dem durch das Verhalten des Episcopats und der römischen Kurie immer mehr verschärften Konflict für den Staat darbietet, sind derartig, daß ein schleuniges Eingreifen dringend geboten erscheint. Die Staatsregierung hält es für ihre Pflicht, so schnell und durchgreifend wie möglich zu verhindern, daß dieses zahlreiche, der Lenkung der Kurie und des Episcopats willenlos preisgegebene Personal zu einer staatsfeindlichen Einwirkung auf die ihm weit und breit zugängliche Masse der katholischen Bevölkerung benutzt wird.

Zu diesem Eingreifen bedarf es aber der Mitwirkung der Gesetzgebung.

Einheitliche, die Orden und Kongregationen betreffende Vorschriften existiren für die Monarchie nicht. Detaillirte Bestimmungen weist allein das preußische Landrecht (Th. II. Tit. 11 § 939 ff., § 1057 ff., § 1160 ff.) auf, während in den nicht landrechtlichen Theilen der Monarchie nur vereinzelte und durchaus unzureichende gesetzliche Anordnungen,

vgl. z. B. für das Gebiet des französischen Rechts die kaiserlichen Decrete vom 3. Messidor XII. (22. Juni 1804) und vom 18. Februar 1809 (Hermens, Handbuch der Staatsgesetzgebung über den christlichen Cultus in den Provinzen am linken Rheinufer. Band 2, S. 287, 402)

bestehen.

Ueberdies hat die frühere Verwaltungspraxis die die geistlichen Genossenschaften beschränkenden gesetzlichen Bestimmungen durch die Artikel 12, 13 und 30 der Verfassungsurkunde für aufgehoben erachtet. Unter diesen Umständen würde es theils sehr erschwert, theils erfolglos sein, ohne Erlaß bestimmter gesetzlicher Vorschriften nur im Verwaltungswege gegen die Orden und Kongregationen einzuschreiten.

Die Staatsregierung hat sich daher veranlaßt gesehen, den vorliegenden Gesetzentwurf den Häusern des Landtages zur verfassungsmäßigen Zustimmung zu unterbreiten.

Eine Abänderung der Verfassungsurkunde wird durch denselben nicht bedingt.

Allerdings hat die frühere Verwaltungspraxis den Artikel 30, Absatz 1 der Verfassungsurkunde:

„Alle Preußen haben das Recht, sich zu solchen Zwecken, welche den Strafgesetzen nicht zuwiderlaufen, in Gesellschaften zu vereinigen."

dahin ausgelegt, daß er jede Schranke für die Bildung geistlicher Genossenschaften beseitige,

(vergleiche die Erklärungen der Regierungskommissarien in dem V. Bericht der Petitions-

Kommission, betreffend die Aufhebung der Klöster. Drucksachen des Hauses der Abgeordneten, 10. Legislaturperiode, III. Session 1869. Nr 221),

indessen erscheint diese Auslegung der Verfassungsurkunde nicht als haltbar.

Der Artikel 30 derselben soll das Recht, Vereine und Genossenschaften zu bilden, gewährleisten. Er gestattet diese zu solchen Zwecken, welche den Strafgesetzen nicht zuwiderlaufen. Dabei setzt er offenbar nur Vereinigungen voraus, welche ihre Mitglieder durch Gemeinsamkeit eines bestimmten zu erreichenden Zweckes verbinden, diese aber in ihren sonstigen Verhältnissen lassen. Daß dies der Sinn des Artikels ist, ergiebt sowohl die Bedeutung des Wortes: Gesellschaft, als auch die historische Entstehung des Artikels, welcher das sogenannte Grundrecht der Vereinsfreiheit feststellen sollte.

Die Orden und Kongregationen haben mit derartigen Gesellschaften und Vereinen aber bloß äußerlich das gemeinsam, daß sie gleichfalls aus einer Anzahl von Personen bestehen und gewisse gemeinschaftliche Zwecke verfolgen. Innerlich, ihrem Wesen nach, unterscheiden sie sich von allen sonstigen Gemeinschaften und Vereinen.

Mit den Gelübden entsagt das einzelne Ordens- oder Kongregationsmitglied seinen Beziehungen zur Familie und menschlichen Gemeinschaft, ferner dem persönlichen Eigenthum oder wenigstens der Dispositionsbefugniß über dasselbe, endlich auch seiner Freiheit, indem es zu willenlosem Gehorsam gegen die Oberen sich verpflichtet. Es handelt sich also hier um Verbindungen, welche die zum Baue der staatlichen Ordnung nothwendigen Fundamente der Familie, des Eigenthums und des eigenen Erwerbes negiren und die geistige Persönlichkeit ihrer Mitglieder vernichten. Daß auf derartige Verbindungen, welche ihre Mitglieder außerhalb der durch die Staatsgesetze allen Staatsbürgern gewährleisteten Rechte der freien Persönlichkeit stellen, der Grundsatz der Associationsfreiheit keine Anwendung finden kann, liegt auf der Hand. Der Wortlaut des Artikels 30 bedingt nicht, auch solche Gesellschaften unter den dort gedachten zu verstehen, und in ihm eine Associationsfreiheit als verfassungsmäßig garantirt zu erachten, welche die Freiheit der Person vernichtet.

Für die Richtigkeit dieser Interpretation spricht aber noch ein anderes Moment. Die Orden und Kongregationen sind Vereinigungen, welche nicht bloß auf dem Boden der katholischen Kirche erwachsen sind, sondern mit ihr in einer organischen Vereinigung stehen und einen in die Verfassung derselben eingefügten Bestandtheil bilden.

Darüber, in wieweit die katholische Kirche ihre Institutionen frei im Staate zu entwickeln berechtigt ist, hat der Artikel 15 der Verfassungsurkunde entschieden. Die Verfassungsurkunde hat in den Artikeln 12 bis 18 die Stellung der Kirchen- und Religionsgesellschaften zum Staate geregelt, diese bilden die sedes materiae, und es kann daher der Artikel 30, der in einen andern Zusammenhang gehört, nicht auf die besonders normirten Verhältnisse und Einrichtungen der Kirchen bezogen werden.

Dies vorausgeschickt, kommt es nur noch auf die Begründung des im § 1 ausgesprochenen Grundgedankens des Entwurfes an, daß künftighin die Orden und Kongregationen principiell vom Gebiete der Monarchie ausgeschlossen sein sollen.

Daß sich aus dem Principe der Associationsfreiheit ein Recht der gedachten Genossenschaften auf Duldung durch den Staat nicht herleiten läßt, ist eben dargethan worden.

Ferner kann aber auch nicht behauptet werden, daß die Orden und Kongregationen nothwendige Organisationen der katholischen Kirche bilden, welchen der Staat, wenn er letztere innerhalb seines Gebietes anerkenne, deshalb auch freien Raum gewähren müsse. Eine absolut wesentliche Institution der katholischen Kirche, ohne welche dieselbe nicht bestehen und ihren eigentlichen Beruf nicht erfüllen könnte, sind die Orden und Kongregationen nicht. Dies beweist die Thatsache, daß sie erst im Laufe der kirchlichen Entwicklung entstanden sind, und daß die heute bei Weitem am zahlreichsten vertretene Kategorie der geistlichen Genossenschaften, die Kongregationen, in dem ersten Jahrtausend des Bestehens der katholischen Kirche nicht existirt haben.

Aus der Zulassung einer Religionsgesellschaft im Staate folgt auch nicht, daß der letztere uneingeschränkt und unterschiedlos alle Einrichtungen derselben als existenzberechtigt zu dulden habe.

§. 1.

Alle Orden und ordensähnlichen Kongregationen[2]) der katholischen Kirche[3])

Vielmehr bleibt dem Staate trotz dieser Anerkennung immer noch die Bestimmung darüber, inwieweit eine Kirche ihre Institutionen frei zu entfalten berechtigt sein soll.

Stehen somit der vorgeschlagenen Maßregel principielle Gründe nicht entgegen, so erscheint sie auch innerlich gerechtfertigt. Vereinigungen, deren Einrichtungen zur Vernichtung der geistigen Persönlichkeit seiner Bürger führen, welche die wirthschaftlichen Fundamente seiner Existenz negiren und deren übermäßiges Anwachsen ihn selbst in Gefahr bringen muß, ist der Staat zu dulden nicht verpflichtet.

Ferner aber kommt in Betracht, daß weil die Macht der Oberen in den fraglichen Genossenschaften eine so gut wie schrankenlose ist, und die Mitglieder in der Hand derselben nichts als willenlose Werkzeuge sind, die ernstliche Gefahr in dem jetzigen Stadium des Konfliktes zwischen dem Staat und dem katholischen Klerus obwaltet, daß der Apparat, welcher in den Orden und Kongregationen den Leitern der jetzigen Bewegung unbedingt zur Verfügung steht, zur Bekämpfung des Staates benutzt und verwendet wird.

Allerdings haben die Gesetzgebungen einer Reihe von Ländern, in denen man die dem Staate durch das Ordens- und Kongregationswesen drohenden Gefahren nicht verkannt hat, so namentlich die der süddeutschen Staaten: Baierns, Württembergs und Badens,

> vgl. bairisches Edict, die äußeren Rechtsverhältnisse der Einwohner in Beziehung auf die Religion betr. vom 26. Mai 1818 §§ 76c, 77, 78; württembergisches Gesetz vom 30. Januar 1862, betreffend die Regelung des Verhältnisses der Staatsgewalt zur katholischen Kirche Artikel 15; badisches Gesetz vom 9. October 1860 über die rechtliche Stellung der Kirche u. s. w. § 11,

die geistlichen Genossenschaften nicht principiell von ihrem Gebiete ausgeschlossen, vielmehr ihre Zulassung und die Errichtung neuer Niederlassungen nur an die Genehmigung der Staatsregierung geknüpft. Dieses System, welches seine Ergänzung in einer Reihe von Kontrolmaßregeln zur Verhütung einer Gefährdung des Staates und eines Mißbrauches der Gewalt der Oberen gegen die einzelnen Mitglieder findet, und durch Verbote gewisser Thätigkeiten derselben, z. B. der Abhaltung von Missionen, der Ausübung des Unterrichts- und Erziehungsberufes u. s. w. vervollständigt werden könnte, zu adoptiren, hat nicht für zweckentsprechend erachtet werden können.

Die obwaltende Gefahr, um deren Abwendung es sich jetzt vor Allem handelt, würde durch einen auf die ebengedachten Principien aufgebauten Gesetzentwurf nicht beseitigt werden, da derselbe kein Mittel bieten würde, den gegenwärtigen übermäßigen Bestand der Zahl der Mitglieder und Niederlassungen der geistlichen Genossenschaften zu verringern. Die etwaigen in der angedeuteten Richtung gesetzlich festzusetzenden Kontrolmaßregeln, welche in der Einsichtnahme der Statuten, der Einsendung von Listen über die Mitglieder der Niederlassungen, der Benachrichtigung der Staatsbehörden von der Aufnahme neuer Mitglieder, in Revisionen der einzelnen Niederlassungen und in der Ueberwachung der Thätigkeit der Mitglieder derselben und ähnlichen bestehen könnten, würden — ganz abgesehen davon, daß sie leicht den Schein von polizeilichen Quälereien annehmen könnten, nicht ausreichen, die still und geräuschlos sich vollziehenden Einwirkungen auf die Kreise der Bevölkerung zu verhindern, mit denen die Mitglieder der Orden und Kongregationen bei Erfüllung ihres Berufes verkehren, also dem Staate nicht die Garantie, deren er bedarf, gewähren. Die Durchführung einer derartigen Kontrole würde aber auch bei der großen Zahl von vorhandenen Niederlassungen nicht nur eine Menge von Beamten, sondern auch solche von besonderer Tüchtigkeit erfordern, wie sie der Staat nicht beschaffen kann, und wie er sie auch blos zur Ermöglichung der Existenz der erwähnten Genossenschaften, an der er selbst kein Interesse hat, zu beschaffen nicht verpflichtet ist.

Aus denselben Gründen würde auch ein Verbot der Aushilfe in der Seelsorge, der Abhaltung von Missionen und der Ausübung privater Unterrichts- und Erziehungsthätigkeit durch die Mitglieder der geistlichen Genossenschaften praktisch von keiner erheblichen Wirkung sein."

§ 1. [2]) **Alle Orden und ordensähnlichen Kongregationen.** Vgl. Motive a. a. O. S. 10:

sind vorbehaltlich der Bestimmung des §. 2.[4]) von dem Gebiete der Preußischen Monarchie ausgeschlossen.[5])

Die Errichtung von Niederlassungen[6]) derselben ist untersagt.

Die zur Zeit bestehenden Niederlassungen dürfen vom Tage der Verkündung dieses Gesetzes[7]) ab neue Mitglieder,[8]) unbeschadet der Vorschrift des §. 2., nicht aufnehmen und sind binnen sechs Monaten[9]) aufzulösen.[10]) Der Minister der geistlichen Angelegenheiten ist ermächtigt,[11]) diese Frist für Niederlassungen, welche sich mit dem Unterricht und der Erziehung der Jugend beschäftigen,[12]) um für deren Ersatz durch anderweite Anstalten und Einrichtungen Zeit zu lassen, bis auf vier Jahre[13]) zu verlängern. Zu gleichem Behufe kann derselbe auch nach Ablauf dieses Zeitraums[14]) einzelnen Mitgliedern[15]) von Orden und ordensähnlichen Kongregationen die Befugniß gewähren, Unterricht zu ertheilen.[16])

„Durch die gewählten Ausdrücke: Orden und ordensähnliche Kongregationen, welche sich der Fassung des schon erwähnten Reichsgesetzes vom 4. Juli 1872 anschließen, soll einmal klar gestellt werden, daß das Gesetz sich auf die wohl nach dem katholischen Kirchenrechte verschiedenen, für den Staat in den hier fraglichen Beziehungen aber ganz gleichstehenden Orden und Kongregationen bezieht, daß es aber andererseits solche Verbindungen, deren Mitglieder sich nicht zu einem gemeinsamen Leben verpflichten und nicht ihre ganze Persönlichkeit den Zwecken eines Ordens oder einer Kongregation zur Verfügung stellen, mithin die kirchlichen Brüderschaften oder Vereine, nicht berührt".

Ueber den Begriff der Orden und ordensähnlichen Kongregationen und die Unterscheidung dieser beiden Arten von Genossenschaften ist Folgendes zu bemerken:

Die Orden (ordines religiosorum) sind Gesellschaften, deren Mitglieder sich zur Führung eines durch besondere Vorschriften oder Regeln bestimmten, gemeinsamen Lebens unter eigenen Vorgesetzten durch das dreifache, für die ganze Lebenszeit bindende feierliche Gelübde des Gehorsams, der persönlichen Armuth und der ehelosen Keuschheit, durch das sog. votum solemne, verpflichten, vgl. Phillips, Lehrbuch des Kirchenrechts. 2. Aufl. S. 731 u. S. 743; Ginzel, Handbuch des Kirchenrechts. Bd. 2 S. 229; v. Schulte, Lehrbuch des kathol. Kirchenrechts. 3. Aufl. S. 507.

Unrichtig ist es, wie mitunter geschieht, das Wesen des feierlichen Gelübdes allein in seiner lebenslänglich bindenden Kraft finden zu wollen. Zu seinem Wesen gehört vielmehr, daß es in einer Genossenschaft abgelegt wird, welche die Approbation als Orden vom päpstlichen Stuhle erlangt hat, c. un. (Bonifac. VIII) in VIto de voto et voti red. III. 15.

Unter dieser Voraussetzung, aber auch allein unter dieser, hat das votum solemne nach dem katholischen Kirchenrechte folgende Wirkungen: 1. Es erzeugt für denjenigen, welcher es abgelegt hat, die Unfähigkeit, eine kirchlich gültige Ehe einzugehen, mithin ein trennendes Ehehinderniß, c. un. cit. — 2. Es macht den Profeß leistenden, den Mönch, die Nonne, zum Erwerbe und Besitze irgend welchen Vermögens unfähig. Alles Vermögen, welches die Professen beim Eintritt in den Orden besitzen oder später erwerben, fällt ihrem Kloster ohne Weiteres zu, c. 6 (Innoc. III) X. de statu monachor. III. 35; conc. Trident. Sess. XXV. c. 2. de regular. — 3. Es verpflichtet den Professen zum Gehorsam gegen die Ordensoberen, und zwar in der Art, daß letztere jede von dem ersteren Gott oder den Menschen gegenüber übernommene Verpflichtung für ungültig erklären können, vgl. Bouix, tractatus de jure regularium. Parisiis 1857. tom. I. p. 108 ff.; Balley, quaestiones de votis simplicibus etc. in Moy, Archiv für kathol. Kirchenrecht. Bd. 17 S. 17. — 4. Es bindet den Professen auf ewig an den Orden, andererseits aber auch den Orden an den Professen. Nur die absolute Unverbesserlichkeit berechtigt den Orden, einen Professen unter Innehaltung eines bestimmt vorgeschriebenen Verfahrens auszustoßen, jedoch bleibt der Ausgestoßene trotzdem zur Beobachtung der Gelübde verpflichtet, vgl. Bouix, l. c. tom. II. p. 514; Balley a. a. O. S. 24.

Den Gegensatz gegen die Orden bilden die Kongregationen. Die Mitglieder derselben machen sich zwar auch zur Führung eines festgeordneten, gemeinsamen Lebens verbindlich, sie legen ferner, der Regel nach, gleichfalls die drei erwähnten Gelübde, indessen nur als einfache (als sog. vota simplicia) ab. Ja, sie können dieselben überhaupt nur mit dem letztgedachten Charakter ableisten, weil die Kongregationen nicht päpstlich approbirte Orden sind, und weil, wie vorhin bereits bemerkt, allein die Gelübde in den Orden die Natur der vota solemnia haben.

Die Eigenthümlichkeiten, wodurch sich die vota simplicia von den vota solemnia unterscheiden, bestehen darin: 1. Zufolge des Gelübdes der Keuschheit ist den Mitgliedern der Kongregationen die Eingehung einer Ehe zwar gleichfalls verschlossen, indessen bildet das Gelübde als votum simplex nur ein aufschiebendes, nicht trennendes Ehehinderniß, vgl. Bouix l. c. tom I. p. 81; Balley a. a. O. S. 16, 29. — 2. Das Gelübde der Armuth zieht nicht die absolute Vermögensunfähigkeit nach sich, sondern begründet nur die Verpflichtung, nicht ohne Genehmigung der Kongregations-Oberen das eigene Vermögen zu verwalten, zum eigenen Nutzen zu verwenden oder darüber zu verfügen. Es läßt nach dem modernen technischen Ausdruck das dominium radicale bestehen, vgl. Bouix l. c. p. 95 ff.; Balley a. a. O. S. 16, 17, 34; Schuppe, das Wesen und die Rechtsverhältnisse der neueren religiösen Frauengenossenschaften. Mainz 1868. S. 99 ff. — 3. Dem Gelübde des Gehorsams fehlt, soweit bei etwa sonst übernommenen Verpflichtungen nicht gegen die der Genossenschaft schuldigen Obliegenheiten verstoßen wird, die das Vernichtungsrecht der Oberen begründende Tragweite, vgl. Bouix l. c. p. 108 ff. — 4. Das Gelübde bindet das einzelne Mitglied ebenfalls an die Kongregation, da bei diesen eine Verpflichtung auf eine bestimmte Reihe von Jahren möglich ist, nur auf diese Zeit; für die Lebensdauer allerdings dann, wenn es auf ewig oder unbeschränkt abgelegt worden ist. Das Band zwischen dem Einzelnen und der Kongregation ist aber nicht so stark, wie bei den Orden. Denn aus der ersteren können nicht nur absolut unverbesserliche Individuen, sondern auch andere Mitglieder aus bestimmten, die Ausschließung rechtfertigenden Gründen entlassen werden. Ferner gilt ein solches Mitglied mit der ordnungsmäßigen Entlassung ohne Weiteres seiner Gelübde entbunden, vgl. Bouix l. c. tom. II. p. 514; Balley a. a. O. S. 24, 25, 36, 37.

Wenn, wie schon vorhin bemerkt, niemals vota solemnia in einer Kongregation möglich sind, so ist es doch dagegen umgekehrt nicht ausgeschlossen, daß innerhalb der Orden seitens eines Theiles ihrer Mitglieder einfache Gelübde abgelegt werden. So leisten bei den Jesuiten diejenigen, welche den Noviziat absolvirt haben, behufs Erlangung der Stellung der s. g. scholastici approbati die Gelübde als simplicia ab, vgl. Constit. Gregorii XIII: Ascendente Domino vom 25. Mai 1584 (Corpus institut. societ. Jesu. Antverp. 1702. tom. I. p. 113), Huber, der Jesuiten-Orden. Berlin 1873. S. 67, 68, — wodurch für sie allerdings nur kraft besonderer positiver Bestimmung, abweichend von der gewöhnlichen Regel, ein trennendes Ehehinderniß entsteht, vgl. die citirte Constitution Gregors XIII und Bouix l. c. tom. I. p. 74, 86. Ja, das Breve Pius' IX: Ad universalis ecclesiae regimen vom 7. Februar 1862 (Moy, Archiv für kathol. Kirchenrecht Bd. 8 S. 144) hat allgemein für alle Männer-Orden vorgeschrieben, daß der Ablegung der definitiven Profeß, d. h. der vota solemnia, nach vollendetem Noviziat eine Zwischenzeit von 3 Jahren vorhergehen soll, bei deren Beginn die Gelübde vorerst nur als vota simplicia zu leisten sind.

Die Brüderschaften, confraternitates, sodalitates (mitunter auch congregationes genannt) — auf welche sich das Gesetz nicht bezieht — sind nur Vereinigungen zur Erreichung einzelner kirchlicher Zwecke, zur Uebung christlicher Liebeswerke, zu bestimmtem Gebetsdienst, zur Unterstützung des Missionswesens u. s. w. Ihre Mitglieder leben nicht nach einer bestimmten Regel, sie führen kein gemeinsames Leben, sondern bleiben in ihren sonstigen bürgerlichen Verhältnissen und Beziehungen. Sie wirken nur zu dem Zwecke der Vereinigung mit, stellen derselben aber nicht, wie dies bei den Mitgliedern der Orden und ordensähnlichen Kongregationen der Fall, ihre ganze Thätigkeit, noch viel weniger ihre ganze Person zur Disposition, vgl. v. Schulte, Lehrbuch des Kirchenrechts, 3. Aufl. S. 530, 531.

Gerade in dem zuletzt berührten Punkte liegt der charakteristische Unterschied zwischen den Brüderschaften und ordensähnlichen Kongregationen, nicht darin, daß bei dem Eintritt in die ersteren keine Gelübde erfordert werden. Die letzteren sind zum Begriff der Kongregation im eigentlichen Sinne nicht absolut nothwendig. Ein gemeinschaftliches Leben nach einer festen Ordnung und Regel, welcher sich der Einzelne mit seinem ganzen Denken und Sein unterordnet, ist an und für sich auch ohne die Ablegung von Gelübden möglich, und in der That kennt die katholische Kirche auch derartige Genossenschaften. Es genügt hier, auf eine solche, die von Philipp Neri gestiftete, im J. 1575 päpstlich approbirte Kongregation der Väter des h. Oratoriums (auch Oratorianer, Philippiner genannt) hinzuweisen, deren Mitglieder Weltpriester sind, und ein gemeinschaftliches Leben behufs Verrichtung des Gebetsdienstes, der Predigt und anderer frommer Werke führen.

Was das numerische Verhältniß der in Preußen nach den Ermittelungen von 1872 bis 1873 bestehenden Orden und Kongregationen betrifft, so waren damals 10 männliche und 10 weibliche Orden, dagegen 8 männliche und 57 weibliche Kongregationen vorhanden, während in der Zeit der Säkularisationen in den ersten beiden Jahrzehnten dieses Jahrhunderts sich die Zahl aller Kongregationen nur auf etwa 12 belief (s. meine citirte Schrift über die Orden und Kongregationen S. 12 ff.). Die Orden haben also die Kongregationen überflügelt. Diese Erscheinung erklärt sich aus den nachstehend angegebenen Momenten.

Seit dem 16. Jahrhundert sind in der katholischen Kirche verhältnißmäßig wenig neue Orden, dagegen aber eine große Anzahl von Kongregationen, namentlich von weiblichen, entstanden. Wie schon die im 13. Jahrhundert gestifteten Orden der Dominikaner und Franziskaner ihr bedeutendes Ansehen dem Umstande verdankten, daß sie das Hauptgewicht auf eine praktische, das äußere und das Volksleben berührende Thätigkeit gelegt hatten, so haben auch dem später entstandenen Jesuiten-Orden die weitgreifenden Ziele, welche sich derselbe in der erwähnten Richtung gesteckt hatte, zu seiner hervorragenden Stellung verholfen. Die alten Orden mit ihrer Isolirung und beschaulichen Weltflucht hatten sich überlebt. Die in den letzten Jahrhunderten neu gestifteten Genossenschaften konnten auf Lebensfähigkeit und Erlangung einer geachteten Stellung nur dann rechnen, wenn sie gleichfalls thätig durch Krankenpflege, Kinder-Erziehung, Bekehrung der Heiden, Unterstützung der regelmäßigen Seelsorge u. s. w. in das praktische Leben eingriffen, und das um so mehr, als sie sich zugleich dabei als Hülfskörper für die Verbreitung des offiziellen römischen und ultramontanen Katholizismus bewährten.

Die für die Verfolgung solcher Zwecke passende Verfassungsform hatte der Jesuiten-Orden geschaffen. Seine Organisation hatte mit den Principien der bisherigen Ordensverfassung gebrochen, und durch Statuirung der Allmacht des Generals und der freien Disposition des letzteren über die Verwendung der einzelnen Mitglieder dem Orden die Möglichkeit gewährt, alle Kräfte in geeigneter Weise und an den passenden Stellen für seine Ziele zu verwerthen. Mehr oder minder haben alle neueren Kongregationen diesen Verfassungs-Typus, weil er der neuen Richtung in der Entwicklung des religiösen Gesellschaftswesens entsprach, angenommen. Wenn sie aber nicht in der Gestalt der Orden mit feierlichen Gelübden auftraten, so lag dies nicht allein an der gesetzlich erschwerten Erlangung der päpstlichen Approbation für neue Orden, sondern auch daran, daß sie sonst leicht mit den Jesuiten in Rivalität gerathen wären. In der beweglicheren Form der Kongregationen, welche nicht den gleichen Anspruch auf Privilegien, wie die Orden erheben können, erhielten diese Genossenschaften dagegen bereitwillig die päpstliche Billigung oder Genehmigung, und erschienen den Jesuiten als nützliche Hülfsgenossen. Abgesehen davon, daß die erleichterte Beseitigung unfähiger Mitglieder bei einer praktische Zwecke verfolgenden Gesellschaft ein mit der Form der Kongregation verbundener, nicht zu unterschätzender Vortheil war, bot dieselbe auch die Möglichkeit dar, die für den Vermögens-Erwerb durch die todte Hand geltenden Vorschriften zu umgehen. Die staatlichen Gesetzgebungen (so z. B. auch das preußische Landrecht) haben zwar vielfach die Vermögensunfähigkeit der Ordensleute anerkannt, indessen den Grundsatz des kanonischen Rechtes nicht adoptirt, daß Alles, was diesen zugewendet wird, ohne Weiteres ihrem Kloster zufällt. Dagegen waren die Kongregationen in der günstigen Lage, auf die auch kirchenrechtlich anerkannte Vermögensfähigkeit ihrer Mitglieder hinzuweisen und den Vermögenserwerb dieser den einschränkenden Vorschriften jener Gesetzgebungen zu entziehen, während in der That das von ihnen Erworbene doch der Genossenschaft oder ihren Niederlassungen zu Gute kam, da dem einzelnen Mitgliede jede Benutzung seines Eigenthums für eigene Zwecke, sowie jede Verfügung darüber ohne Genehmigung der Oberen verboten ist. Endlich haben auch in neuerer Zeit die Bischöfe die Entstehung und Ausbreitung der Kongregationen auf das Eifrigste befördert. Waren sie doch gerade wegen ihrer praktischen Thätigkeit, welche hauptsächlich auf Krankenpflege, ähnliche Liebeswerke, Unterricht und Erziehung der Kinder der verschiedenen Gesellschaftsklassen sich richtet, vorzüglich geeignet, ultramontane Anschauungen in Kreisen verbreiten zu helfen, welche der Einwirkung der Geistlichkeit schwerer zugänglich sind, und dies in weniger auffälliger Weise, gedeckt durch die an sich anerkennenswerth erscheinenden Zwecke, zu thun.

Für die erhebliche Zunahme der weiblichen Genossenschaften waren aber noch zwei Umstände von wesentlichem Einfluß.

Jeder Nonnen-Orden ist ohne Ausnahme der sog. päpstlichen Klausur unterworfen. Die Nonnen dürfen selbst nicht einmal mit Erlaubniß ihrer Oberin, abgesehen von ganz dringenden Fällen der Nothwendigkeit (z. B. einer Feuersbrunst, einer Epidemie) ihr Kloster verlassen, und andererseits dürfen Personen dasselbe gleichfalls nur ausnahmsweise mit besonderer Genehmigung der geistlichen Oberen betreten. Eine derartige Abgeschlossenheit macht entweder jede praktische Thätigkeit nach außen hin unmöglich oder erschwert dieselbe erheblich, weil mindestens die Räume, in denen die Nonnen zu wirken (z. B. Kranke zu pflegen, Kinder zu unterrichten haben), innerhalb des Klosters belegen sein müssen. Von diesen beengenden Einschränkungen sind die Mitglieder der weiblichen Kongregationen befreit, denn die bei ihnen allein übliche sog. bischöfliche Klausur schließt sie nur in so weit von der Außenwelt ab, als dies mit der Erfüllung der von ihnen verfolgten Zwecke vereinbar ist. Schon aus diesem Grunde mußte für alle solche religiösen Frauen-Orden, welche eine praktische, auf das äußere Leben berechnete Thätigkeit üben wollten, die Form der Kongregation als die angemessenere gewählt werden.

Ferner hat in unserer Zeit die schwierige und unbefriedigende Stellung unverheiratheter, namentlich unbemittelter Mädchen und die immer mehr schwindende Möglichkeit, in der Ehe eine entsprechende Versorgung zu finden, den weiblichen Kongregationen viele Mitglieder zugeführt. Das Leben in einer solchen erscheint müheloser und gesicherter, wie der Erwerb als Magd, Näherin oder selbst als Gouvernante. Ueberdies gilt in katholischen Gegenden ein solches Leben noch als besonders verdienstlich und der Stand der Schwestern als besonders geachtet. Endlich bleibt in vielen Fällen das Beispiel der Schwestern, die die Mädchen in ihrer Jugend unterrichtet haben, nicht ohne Einfluß.

Um das Gesagte noch einmal kurz zusammenzufassen, so sind die Kongregationen die der Neuzeit entsprechende, beweglichere Form des religiösen Genossenschaftswesens. Deshalb sind sie heute an Zahl und Bedeutung den früheren Orden überlegen. Darum verdienen sie aber auch vom staatlichen Standpunkt aus eine gleiche Behandlung, wie die letzteren, und das um so mehr, als die Freiheit von den bei den Orden obwaltenden Beschränkungen nicht den Zweck hat, die Mitglieder gegenüber dem Einfluß der Oberen selbstständiger zu stellen, sondern nur die vorgesteckten Ziele desto energischer und erfolgreicher verwirklichen zu können.

[3]) **katholischen Kirche.** Der Abgeordnete Dr. Virchow hatte ein allerdings vom Abgeordnetenhause verworfenes Amendement gestellt, hinter „Kirche" die Worte einzuschalten: „welche ihre Mitglieder durch Gelübde und Eide verpflichten", stenogr. Ber. S. 1801. 1802, und in der Begründung seines Antrages auf den vieldeutigen Ausdruck: Kongregationen hingewiesen, a. a. O. S. 1797. Freilich sind mit dem Worte Kongregationen die Vereinigungen von selbstständigen Klöstern eines Ordens unter dem Abte eines derselben, wie solche zuerst innerhalb des Benediktiner-Ordens (z. B. die von Clügny) entstanden sind, s. Phillips, Lehrbuch des Kirchenrechts 2. Aufl. S. 733. 741, bezeichnet worden; ferner die Verbindungen von selbstständigen, unter dem päpstlichen Stuhle stehenden Klöstern, welche behufs des Zwecks der Visitation nach Maßgabe der Vorschrift des Trienter Koncils Sess. XXV. c. 8 de regular. gebildet sind; sodann auch die auf den verschiedenen Stufen des Jesuiten-Ordens an die Seite des Provinzials, Generals u. s. w. tretenden Versammlungen der Professen der vier Gelübde, s. Huber, der Jesuiten-Orden S. 81 ff. Daß aber diese Kongregationen vom Gesetz nicht gemeint sein können, ergiebt sich daraus, daß sie nur bestimmte Verfassungs-Einrichtungen innerhalb einzelner Orden sind, und durch den in diesem und dem Reichsgesetz vom 4. Juli 1872, Reichs-Ges.-Bl. S. 253, angeordneten Ausschluß der Orden, bez. der Jesuiten mitbetroffen werden. Auch der Gebrauch des Wortes für die Brüderschaften im eigentlichen

Sinne (s. S. 89) kann einen irgendwie begründeten Zweifel nicht hervorrufen. Das die Kongregationen im Sinne des Gesetzes von diesen unterscheidende wesentliche Begriffsmoment, welches S. 89, 90 angegeben ist, wird zur Genüge durch den Zusatz: „ordensähnlich" klargestellt. Aus diesen Gründen war das Amendement überflüssig. Seine Annahme hätte aber auch die beabsichtigte Tragweite des Gesetzes geschmälert, insofern als alle Kongregationen, in welchen keine Gelübde abgelegt werden (s. S. 89, 90), von demselben nicht betroffen worden wären, und die katholische Kirche die Möglichkeit gehabt hätte, durch Fallenlassen der formalen Gelübde nicht nur den bestehenden Kongregationen ein Recht auf Fortexistenz zu gewähren, sondern auch dieselben, wie bisher, in der Monarchie fort und fort zu vermehren.

[4]) **vorbehaltlich der Bestimmung des § 2,** d. h. der Niederlassungen, welche sich ausschließlich der Krankenpflege widmen.

[5]) **von dem Gebiete der Preußischen Monarchie ausgeschlossen.** Die Orden und ordensähnlichen Kongregationen der katholischen Kirche haben somit, abgesehen von den in § 2 gedachten Ausnahmen, künftighin im preußischen Staate kein Recht auf Existenz und dürfen nicht mehr geduldet werden. Daraus folgt, daß den Gelübden gar keine rechtliche Bedeutung mehr zukommt, und daß die staatliche Anerkennung, welche bisher der Verfassung der betreffenden Genossenschaften durch die bestehende Staatsgesetzgebung gewährt war, s. z. B. A. L. R. Th. II. Tit. 11 §§ 939 ff., 1160 ff., wieder vorbehaltlich der Ausnahme des § 2, fortgefallen ist, s. auch unten Anm. 32. Eine weitere Folge der Vorschrift ist, daß jeder Versuch, eine Niederlassung eines Ordens oder einer Kongregation zu gründen, und jede Thätigkeit, welche dazu bestimmt ist, die Zwecke solcher Genossenschaften auszuüben, nöthigenfalls im Wege der Administrativ-Exekution zu verhindern ist. Daß Jemand außerhalb Preußens die Gelübde ablegt, wird der Staat allerdings nicht verhüten können. Da aber der Ausschluß der Orden und Kongregationen zugleich ein Verbot des Eintrittes in solche und der Ausübung der Ordensthätigkeit enthält, so ist damit auch ausgesprochen, daß solche Personen, welche erweislich einer den Zwecken der Seelsorge, der Mission oder des Unterrichts dienenden Genossenschaft angehören, nicht in Kirche und in Schule verwendet und nicht zur Abhaltung von Missionen zugelassen werden dürfen, eine Konsequenz, welche der Bundesrath für das Gebiet des deutschen Reichs aus der Ausschließung des Jesuiten-Ordens durch das Anm. 3 citirte Gesetz gleichfalls gezogen hat, s. Bekanntmachung vom 5. Juli 1872 (Reichs-Ges. Bl. S. 254); vgl. übrigens auch den Schlußsatz des § 1. Fähig wird der Einzelne zu diesen Thätigkeiten erst dann, wenn er aus der Genossenschaft ausgeschieden ist, also durch Erklärung seines Austrittes. Bei denjenigen, welche nur die einfachen Gelübde abgelegt haben, tritt diese Lösung des Verhältnisses zur Genossenschaft ferner durch die Entlassung und bei blos auf Zeit abgelegten Gelübden durch Ablauf des betreffenden Zeitraumes und Unterlassung der Erneuerung der Gelübde ein. Bei denjenigen dagegen, welche die feierlichen Gelübde — daß diese nur in einem Orden vorkommen können, darüber S. 89, 90 — geleistet haben, kann gemäß dem kanonischen Rechte ein Zurücktreten in die Welt nur durch eine allein vom Papste zu gewährende Erlaubniß, durch s. g. Säkularisation, erfolgen. Diese entbindet allerdings nicht von der Innehaltung der Gelübde, ja der Säkularisirte hat sogar nunmehr den seinen Ordensoberen gelobten Gehorsam an Stelle derselben dem Bischof, in dessen Diöcese er lebt, und welcher ihm in virtute obedientiae (kraft des klösterlichen Gehorsams) gebieten kann, zu leisten (s. Bouix, tractatus de jure regularium tom. II. p. 517 ff.), indessen ist trotzdem durch die Säkularisation seine Zugehörigkeit zu dem Orden für immer gelöst und darum muß die Säkularisation staatlich dem einfach erklärten Austritt aus dem Orden gleich gestellt werden.

[6]) **Niederlassungen.** Unter Niederlassung ist jede Vereinigung mehrerer, also auch schon zweier Mitglieder einer und derselben religiösen Genossenschaft behufs des gemeinschaftlichen Lebens nach der Regel derselben und Ausübung der besonderen Zwecke der Genossenschaft zu verstehen, gleichviel, ob es sich um ein Mutterhaus (Residenz des General-Oberen oder der General-Oberin), ein Provinzialhaus (Sitz eines Provinzial-Oberen), ein Novizenhaus, ein bloßes Kloster oder eine Kongregations-Niederlassung (mit einem lokalen Vorsteher), eine Dependenz, bez. Station einer Niederlassung der letztgedachten Arten handelt, und gleichviel, ob die dazu gehörigen Personen voll- und stimmberechtigte Mitglieder, s. g. Chorbrüder oder Chorschwestern oder blos dienende, den

häuslichen Verrichtungen obliegende Mitglieder, s. g. Laienbrüder oder Laienschwestern, oder Novizen, d. h. solche, die sich in der der definitiven Aufnahme vorhergehenden Probezeit befinden oder Postulanten (Kandidaten), d. h. diejenigen, welche erst eine kürzere Probezeit behufs Zulassung zum Noviziat und Feststellung, ob sie sich überhaupt zum klösterlichen Leben eignen, durchzumachen haben, — vgl. **Schuppe**, Wesen und Rechtsverhältnisse der modernen Frauengenossenschaften. Mainz 1868. S. 120, — sind.

[7]) **Tage der Verkündung dieses Gesetzes.** Dies ist der 3. Juni 1875 (Ges. Samml. S. 217), an welchem das Gesetz nach § 5 in Kraft getreten ist.

[8]) **neue Mitglieder.** Daß unter Mitgliedern nicht blos Professen, sondern auch Novizen und Postulanten (Kandidaten) zu verstehen sind, ergiebt der Zweck des Gesetzes, mit welchem jede Erschwerung der Auflösung durch Neuaufnahmen unverträglich ist. Außerdem sind die Novizen und Postulanten, weil sie in den Niederlassungen leben müssen und dem festgeregelten Klosterleben unterworfen sind, auch Mitglieder derselben im gewöhnlichen Sinne des Wortes. Etwaige trotz des Verbotes aufgenommene Personen werden sofort im Wege des Administrativ-Zwangsverfahrens aus den Niederlassungen zu entfernen sein, selbst wenn für die Auflösung der Niederlassung eine bestimmte Frist innerhalb der durch den § 1 offen gelassenen Grenzen gewährt worden ist.

[9]) **binnen sechs Monaten.** Die Auflösung muß also spätestens am 3. Dezember 1875 erfolgt sein.

[10]) **aufzulösen.** Vgl. Motive a. a. O. S. 10: „Dagegen empfiehlt es sich nicht, die Beseitigung der zur Zeit vorhandenen Niederlassungen nur durch das Verbot der Aufnahme neuer Mitglieder allmählich herbeizuführen. Es hätte eine derartige Bestimmung ein Mittel zur Umgehung des Gesetzes gewährt. Abgesehen nämlich davon, daß während der Zwischenzeit von der Einbringung des Entwurfs in die Häuser des Landtages bis zu seiner Verkündigung in der Gesetzsamnlung eine Aufnahme zahlreicher neuer Mitglieder und damit ein Hinausschieben des Erlöschens der einzelnen Niederlassungen möglich bleibt, kommt in Betracht, daß in einer erheblichen Anzahl von Kongregationen die Gelübde überhaupt nur auf mehrere Jahre, oder wenigstens anfangs auf Zeit und erst später für immer abgeleistet werden, und daß sich eine Kontrole darüber, wann die Zeitdauer der Gelübde der einzelnen zu jeder Niederlassung gehörenden Mitglieder abgelaufen, und ob nicht eine Wiederholung der Gelübde zur Umgehung der Vorschriften des Gesetzes stattgehabt hat, praktisch nicht durchführen läßt. — Endlich würde eine gesetzliche Bestimmung, welche das Aufhören der Niederlassungen von dem allmählichen Aussterben ihrer Mitglieder abhängig macht, auch einen Gegenstand fortgesetzter Agitationen gegen das Gesetz und für dessen Abänderung bilden.“

Die Auflösung ist ebenso herbeizuführen, wie die Entstehung neuer Niederlassungen zu verhindern ist, s. Anm. 5. Allerdings wird das bloße gemeinschaftliche Zusammenwohnen mehrerer früherer, einer und derselben religiösen Genossenschaft angehöriger Mitglieder nicht verboten werden können, falls sie aber von Neuem ihr Leben klösterlich, d. h. nach einer bestimmten Regel organisiren, namentlich sich der Leitung eines von ihnen bei der Abhaltung ihrer Andachten und geistlichen Uebungen unterwerfen, diesem Gehorsam in der bisherigen Weise geloben und leisten u. s. w., so ist damit eine neue Niederlassung gegründet, welche der Auflösung unterliegt. Falls auf diese Weise eine Umgehung des Gesetzes in erheblichem Umfange versucht werden sollte, würde zur vollen Durchführung desselben die Nothwendigkeit eintreten, den Mitgliedern der aufgelösten Niederlassungen einen bestimmten Aufenthaltsort zu verbieten oder anzuweisen. Dies nehmen die Motive übrigens auch schon in Aussicht, s. a. a. O. S. 11: „Eine dem Reichsgesetz vom 4. Juli 1872 § 2 entsprechende Vorschrift, nach welcher den Mitgliedern der aufgelösten Orden und Kongregationen bestimmte Aufenthaltsorte verboten oder angewiesen werden können, darf gegenüber dem Reichsgesetz über die Freizügigkeit vom 1. November 1867, hier nicht getroffen werden. Es wird Sache der Reichsgesetzgebung sein müssen, die nach dieser Richtung nothwendigen Maßregeln anzuordnen.“ — Vgl. ferner die Erklärung des Kultus-Ministers, stenograph. Berichte des Abgeordnetenh. S. 1756.

[11]) **ermächtigt,** also nicht verpflichtet. Von der Ermächtigung wird mit Rücksicht auf das im Gesetze selbst zum Ausdruck gelangte Motiv nur dann Gebrauch gemacht werden können, wenn und soweit nicht ein Ersatz durch anderweitige Einrichtungen geschafft worden ist.

Ueber den Grund dieser Ausnahme bemerken die Motive a. a. O. S. 10: „Eine Verlängerung

§. 2.

Niederlassungen der Orden oder ordensähnlichen Kongregationen, welche sich ausschließlich der Krankenpflege widmen,[17]) bleiben fortbestehen;[18]) sie können jedoch jederzeit[19]) durch Königliche Verordnung aufgehoben werden; bis dahin sind die Minister des Innern und der geistlichen Angelegenheiten ermächtigt,[20]) ihnen die Aufnahme neuer Mitglieder zu gestatten.[21])

der sechsmonatlichen Frist ist dagegen bei denjenigen Orden, die sich mit Unterricht beschäftigen, geboten. Bei dem zur Zeit noch vorhandenen Mangel an weltlichen Lehrern und Lehrerinnen ist es nothwendig, Uebergangsbestimmungen zu treffen, durch welche es möglich wird, das Interesse zu wahren, welches der Staat daran hat, daß jedem schulpflichtigen Kinde der nothwendige Unterricht auch wirklich ertheilt werden kann. Zu diesem Zweck bedarf es einer Ermächtigung der Staatsregierung nicht nur dahin, daß solchen Niederlassungen, die sich mit dem Unterricht und der Erziehung der Jugend beschäftigen, die Frist zur Auflösung bis auf vier Jahre verlängert, sondern daß auch nach Ablauf dieses Zeitraums einzelnen Mitgliedern von Orden und Kongregationen die Befugniß gewährt werden kann, Unterricht zu ertheilen. Die Ertheilung dieser Ermächtigung ist in die Hand des Ministers der geistlichen Angelegenheiten gelegt, um eine sorgfältige Prüfung des in jedem Fall genau zu bemessenden Bedürfnisses zu sichern. Auch ist gleichzeitig das Motiv, welches bei dieser Bestimmung maßgebend gewesen ist, ausdrücklich ausgesprochen worden, damit in dieser Beziehung eine beruhigende Hinweisung aus dem Gesetze selbst entnommen werden kann."

[12]) **sich mit dem Unterricht und der Erziehung der Jugend beschäftigen.** Darunter sind alle Niederlassungen zu verstehen, welche sich irgend einer der verschiedenen Arten der Unterrichts- und Erziehungs-Thätigkeit widmen, also Unterrichts-, Pensions-, Waisen-Anstalten, Warteschulen, Anstalten für sittlich-verwahrloste Kinder halten und leiten, oder deren Mitglieder an solchen Anstalten thätig sind oder einzeln den erwähnten Zwecken dienen. Auch diejenigen Niederlassungen, deren Regeln, wie die der Frauen vom guten Hirten, die Besserung sittlich verwahrloster Personen als Zweck hinstellen, gehören hierher, sofern es sich dabei um Personen jugendlichen Alters handelt (vgl. auch stenogr. Berichte des Herrenhauses S. 380).

Setzen die Regeln des Ordens oder der Kongregation noch andere als die eben erwähnten Zwecke fest — so z. B. Uebung der christlichen Nächstenliebe und wie bei sehr vielen auch Krankenpflege — so entscheidet die Thätigkeit, der die einzelne Niederlassung gewidmet ist, denn nach dem Wortlaut des Gesetzes kommt nur die einzelne Niederlassung, nicht die Genossenschaft als Ganzes in Betracht.

Vgl. übrigens auch Anm. 17 zu § 2.

[13]) **vier Jahre.** Der 3. Juni 1879 (s. Anm. 7) ist also der äußerste Termin.

[14]) **nach Ablauf dieses Zeitraums,** d. h. nach Ablauf der vier Jahre, an welchem Zeitpunkt die Niederlassungen aufgelöst sein müssen.

[15]) **einzelnen Mitgliedern,** gleichviel, ob sie preußischen oder nichtpreußischen Niederlassungen angehören, ferner gleichviel, ob sie Mitglieder einer Genossenschaft sind, deren Zweck auf Unterricht oder Erziehung gerichtet ist oder nicht. Für derartige mit Dispensation versehene Mitglieder fällt also die sonst vorhandene Nothwendigkeit des Austrittes aus der Genossenschaft, s. Anm. 3, fort.

Auch diese Ermächtigung wird nur im Falle des Bedürfnisses, d. h. wenn nicht ausreichende weltliche Erziehungskräfte zur Disposition stehen, ertheilt werden dürfen, s. die Motive in Anm. 11.

[16]) **Unterricht zu ertheilen,** sei es an öffentlichen, sei es an Privat-Anstalten. Da es sich hierbei nur um eine Ermächtigung des Ministers der geistlichen Angelegenheiten handelt, ist die Ministerial-Verfügung vom 15. Juni 1872 (s. Anlage 4) in Kraft geblieben.

§ 2. [17]) **sich ausschließlich der Krankenpflege widmen.** Vgl. Motive S. 11: „Die Orden und Kongregationen, welche sich ausschließlich der Krankenpflege widmen, verdienen und gestatten eine abweichende Behandlung. Sie verdienen solche wegen ihrer überall da rühmenswerthen Lei-

§. 3.

Die fortbestehenden Niederlassungen der Orden und ordensähnlichen Kongregationen sind der Aufsicht des Staates unterworfen.[22])

§. 4.

Das Vermögen[23]) der aufgelösten Niederlassungen[24]) der Orden und ordensähnlichen Kongregationen unterliegt nicht der Einziehung durch den Staat. Die Staatsbehörden haben dasselbe einstweilen in Verwahrung und Verwaltung zu nehmen.[25])

Der mit der Verwaltung beauftragte Kommissarius ist nur der vorgesetzten Behörde[26]) verantwortlich[27]); die von ihm zu legende Rechnung unterliegt der Revision der Königlichen Oberrechnungskammer in Gemäßheit der Vorschrift des §. 10. Nr. 2 des Gesetzes vom 27. März 1872.[28]) Eine anderweite Verantwortung oder Rechnungslegung findet nicht statt.

Aus dem Vermögen werden die Mitglieder der aufgelösten Niederlassungen unterhalten.[29]) Die weitere Verwendung bleibt gesetzlicher Bestimmung vorbehalten.[30])

stungen, wo sie sich, wie dies insbesondere auch in den letzten Kriegen der Fall war, lediglich dem Gebote der Erfüllung der Nächstenliebe gewidmet haben und ferner widmen. Sie gestatten solche, weil es nach den gemachten Erfahrungen eine Reihe von klösterlichen Niederlassungen der gedachten Art giebt, von welchen anerkannt werden darf, daß sie sich in diesen Schranken gehalten und es vermieden haben, daneben auch der Förderung klerikaler Interessen zu dienen. Andererseits kommt es allerdings darauf an, durch geeignete Kontrolmaßregeln und nöthigenfalls durch Aufhebung auch solcher Orden einer, den Staatsinteressen nachtheiligen Thätigkeit Grenzen setzen zu können.“ (S. auch § 3.)

Aufrechterhalten sind aber nur solche Niederlassungen, welche sich ausschließlich mit der Krankenpflege oder Wartung von körperlich oder geistig kranken oder gebrechlichen Personen in öffentlichen Anstalten oder in Privathäusern (der s. g. ambulanten Krankenpflege) beschäftigen. Hat die Niederlassung bisher auch anderen Zwecken, z. B. wie dies vielfach der Fall, Erziehungs- und Unterrichtszwecken gedient, so wird sie das Recht auf Fortbestand nur durch Aufgabe dieser Thätigkeiten erwerben können. Auf Grund der nach § 1 zulässigen Ermächtigung wird sie der Minister der geistlichen Angelegenheiten wegen der gleichzeitigen Verfolgung von Erziehungs- und Unterrichtszwecken zwar vorläufig fortbestehen lassen können, denn der § 1 verlangt nicht ausschließliche Beschäftigung mit der Erziehung und der Jugend, dann unterliegen sie aber, trotzdem, daß sie auch die Krankenpflege betreiben, der Auflösung binnen 4 Jahren.

[18]) **bleiben fortbestehen.** Aus diesen Worten in Verbindung mit § 1 Abs. 1 ergiebt sich, daß neue Niederlassungen, wenn sie sich auch ausschließlich der Krankenpflege widmen, gesetzlich nicht erlaubt sind, also ihre Errichtung nicht geduldet werden darf.

[19]) **jederzeit**, und zwar macht der Besitz von Korporationsrechten keinen Unterschied.

[20]) **ermächtigt.** Die beiden betheiligten Minister müssen also übereinstimmen.

[21]) **ihnen die Aufnahme neuer Mitglieder zu gestatten.** Die Gestattung kann sich nur auf die einzelne Niederlassung beziehen, also nicht allgemein auf die Aufnahmen in die Genossenschaft, so daß den Oberen derselben die beliebige Zuweisung zu der einen oder andern fortbestehenden Niederlassung freistände. Mitglieder, welche in eine andere als die in der Ermächtigung bezeichnete Niederlassung aufgenommen sind, können aus derselben entfernt werden. Auch kann eine solche Verletzung des Gesetzes die Auflösung der Niederlassung herbeiführen.

Für die Ertheilung der Ermächtigung wird einmal das Bedürfniß, andererseits aber auch der Umstand in Frage kommen, daß diese Niederlassungen, sofern sie eine segensreiche Thätigkeit entfaltet und sich lediglich innerhalb der Schranken ihrer Berufs-Erfüllung gehalten haben, haben

aufrechterhalten werden sollen, s. Motive in Anm. 17. Eine systematische Verweigerung der Ermächtigung, blos zu dem Zweck, solche Niederlassungen sobald als möglich durch Aussterbenlassen ihrer Mitglieder zu beseitigen, würde der Absicht des Gesetzes widersprechen und der allein dem Träger der Krone vorbehaltenen Entscheidung über den Fortbestand präjudiziren.

§ 3. [22]) **der Aufsicht des Staates unterworfen.** Vgl. Motive S. 12: „Die nähere Festsetzung der Kontrolmaßregeln in Betreff derjenigen Niederlassungen, die nach § 3 widerruflich fortbestehen, den beiden betheiligten Ressortministern zu überlassen, erscheint deshalb gerechtfertigt, weil diese Maßregeln je nach dem Verhalten der einzelnen Niederlassungen verschiedene sein müssen, auch eine etwaige Umgehung der Aufsicht sofort verschärfte Maßregeln erforderlich machen kann, die sich nicht im Voraus gesetzlich fixiren lassen." Vgl. § 5 Abs. 3 und Anm. 32 dazu.

§ 4. [23]) **Das Vermögen.** Vgl. Motive S. 11: „§ 4 spricht mit Rücksicht darauf, daß dem Gesetzentwurf jedes fiscalische Motiv fern liegt, den Grundsatz aus, daß das Vermögen der aufgelösten Niederlassungen nicht dem Staate als herrenloses Gut anheimfällt. Die Verantwortung für die Verwaltung des Vermögens und die Rechnungslegung ist entsprechend dem § 10 des Gesetzes über die Verwaltung erledigter katholischer Bisthümer vom 20. Mai 1874 (Gesetzsamml. S. 135) geregelt. Die Bestimmung, daß die Mitglieder der aufgelösten Niederlassungen aus dem Vermögen derjenigen, welchen sie angehört haben, erhalten werden, rechtfertigt sich von selbst. Die Regelung der definitiven Verwendung des Vermögens konnte schon deshalb einem späteren Gesetze vorbehalten bleiben. Eine solche wird mit Rücksicht auf die eben gedachte Bestimmung erst nach Jahren in Frage kommen. Im gegenwärtigen Augenblick ließen sich auch allgemeine Grundsätze in dieser Beziehung nicht aufstellen, weil das dazu nothwendige, thatsächliche Material, dem sie angepaßt werden müssen, erst später zu beschaffen sein wird. — Uebrigens mag noch bemerkt werden, daß, so weit sich die Sachlage jetzt übersehen läßt, der größte Theil der Niederlassungen keine Korporationsrechte und also auch kein Vermögen besitzt, über dessen Schicksal das vorbehaltene Gesetz Bestimmungen zu treffen hätte. Entweder stehen die zum Unterhalt und zum Vortheil der Mitglieder verwendeten Vermögensmassen, einschließlich der Realitäten, im Privateigenthum einzelner Mitglieder, mitunter auch im Eigenthum von Bischöfen, Pfarreien und Kommunen, oder es handelt sich um ein mit selbstständiger juristischer Persönlichkeit ausgestattetes Stiftungsgut. Dieses Vermögen wird entweder den bisherigen Eigenthümern zu belassen, oder nach Maßgabe der bestehenden gesetzlichen Bestimmungen in anderer Weise für den Stiftungszweck zu verwenden sein. Eine Ausnahme wird bei Stiftungen nur da eintreten, wo durch die Stiftungsurkunde die Mitglieder der geistlichen Genossenschaften mit dem Zweck der Stiftung und der Erfüllung desselben in eine derartige, untrennbare Verbindung gesetzt sind, daß die künftige Erreichung des Stiftungszweckes durch die Entfernung der gedachten Person unmöglich wird. Für solche, nicht sehr zahlreiche Fälle liegt, abgesehen von dem Falle, wo es sich um wirkliches Korporationsgut handelt, allein das Bedürfniß einer gesetzlichen Regelung vor, welche aber, wie schon bemerkt, nicht ohne die genaue Kenntniß des thatsächlichen Materials unternommen werden kann."

[24]) **aufgelösten Niederlassungen,** sofern diese Korporationsrechte gehabt haben, denn nur unter dieser Voraussetzung kann von einem eigenthümlichen Vermögen derselben die Rede sein. Derartige Rechte besitzen eine Anzahl von Niederlassungen, welche vor dem Erlaß der Verfassungsurkunde, zum Theil in früheren Jahrhunderten, entstanden und allgemein als juristische Personen betrachtet worden sind, ferner aber auch einzelne, denen man im Widerspruch mit dem Art. 13 der Verf. Urk. derartige Rechte gewährt hat, s. meine Schrift: Die Orden und Kongregationen u. s. w. S. 110. Anm. *.

[25]) **einstweilen in Verwahrung und Verwaltung zu nehmen.** Die näheren Anweisungen über die Verwahrung und Verwaltung haben die beiden betheiligten Ressortminister (s. § 5) zu ertheilen. Administrativzwang, um den Staat in den Besitz des Vermögens zu setzen, ist zulässig; über die Maßregeln, die zu diesem Zwecke zu ergreifen sind, vgl. S. 54.

Wie Abs. 2 des § ergiebt, ist eine Verwaltung durch von den Ressortministern ernannte Kommissarien vorausgesetzt. Die Kosten der Verwahrung und Verwaltung, zu welchen auch hier die erforderliche Remuneration des Kommissars gehört, sind aus dem Vermögen zu bestreiten.

Das Vermögen jeder Niederlassung muß getrennt verwaltet werden. Das Gesetz gewährt nicht die Befugniß, Alles zu einem allgemeinen Fonds zu vereinigen. Ueberdies heben die Motive (s. Anm. 23) auch ausdrücklich hervor, daß die Mitglieder aus dem Vermögen der Niederlassung, welcher sie angehört haben, unterhalten werden sollen, und in Uebereinstimmung mit dieser Auffassung ist von dem Regierungskommissar im Abgeordnetenhause erklärt worden, (s. stenogr. Ber. S. 1807), daß „es nicht im Entferntesten in der Absicht liegt, das Vermögen der einzelnen Niederlassungen in einer Gesammtmasse zu vereinigen."

Eine dem § 9 des Gesetzes vom 20. Mai 1874 (s. S. 58) entsprechende Bestimmung, daß der Kommissar die in Verwaltung genommenen Gütermassen nach Außen in allen vermögensrechtlichen Beziehungen repräsentirt und derselbe Dritten gegenüber auch in den Fällen, wo Spezial-Vollmacht erfordert wird, sich durch seine Ernennungsurkunde legitimirt, enthält das vorliegende Gesetz nicht, offenbar deshalb, weil es den Kommissar nur als regelmäßigen Verwalter voraussetzt, seine Bestellung aber nicht obligatorisch vorschreibt. Die Frage nach seiner Legitimation ist also nach allgemeinen Grundsätzen zu entscheiden. Daß die Staatsbehörden alle innerhalb der Verwaltung liegenden Maßregeln ohne Unterschied vornehmen können, ergiebt das Gesetz selbst. Insoweit haben sie auch Dritten gegenüber in rechtlicher Beziehung, namentlich in Prozessen das Vermögen zu vertreten, denn auch die letzteren können sich als Konservations-, in die Sphäre der Verwaltung fallende Maßregeln darstellen. Nur wird da, wo es zweifelhaft ist, ob eine solche nicht über die Verwaltung hinausgeht, dies dem in Frage kommenden Dritten, oder der Behörde, bei welcher ein bezüglicher Antrag gestellt wird, nachzuweisen sein. Unter den Staatsbehörden sind zunächst nach § 5 die beiden betheiligten Ressortminister zu verstehen, ferner aber auch diejenigen Behörden und Personen, welchen sie ihre Befugnisse übertragen, denn daraus, daß das Gesetz hier nicht der beiden Minister erwähnt — füglich konnte es diese auch nicht unmittelbar mit der Führung der Verwaltung betrauen — folgt, daß nach außen hin auch andere Personen von ihnen mit den betreffenden Funktionen beauftragt werden können. Haben diese an und für sich keine staatliche Stellung, so werden sie dadurch und insoweit zu Staatsbehörden. Hieraus ergiebt sich die weitere Konsequenz, daß wenn die Ermächtigung derselben generell lautet und ihnen nicht bestimmte Befugnisse entzogen sind, diese Personen das Vermögen, gleichfalls in demselben Umfange, wie die im § 5 genannten Minister, Dritten gegenüber zu repräsentiren, befugt sind.

Wie die Provinzialkorrespondenz berichtet, ist von den Ressortministern die Bestellung je eines Staatskommissarius für jeden Regierungsbezirk und jede Landdrostei angeordnet worden.

Nach dem Wortlaut wie nach dem Zweck des Gesetzes ist jede Veräußerung durch die Staatsbehörden unstatthaft und nichtig. Zulässig wird sie nur sein, soweit sie innerhalb der Verwaltungssphäre liegt, also 1) im Falle rechtlicher Nothwendigkeit, 2) wenn sich die Veräußerung als Konservationsmaßregel darstellt, s. S. 59 Anm. 51, oder, soweit eine solche zur Ausführung des Gesetzes absolut nothwendig ist, d. h. 3) zur Deckung der Kosten der Verwaltung, und 4) zur Gewährung des Unterhalts an die Mitglieder der aufgelösten Niederlassungen (s. Abs. 3 dieses §), in den beiden letzten Fällen, wenn und insoweit die liquiden Bestände nicht zur Deckung der betreffenden Beträge hinreichen.

[26]) **vorgesetzten Behörde**, d. h. den im § 5 gedachten Ministern, oder wenn diese die Ernennung oder die Beaufsichtigung einer andern, z. B. dem Ober-Präsidenten übertragen haben, auch diesem. Den kirchlichen Behörden, den Bischöfen, Ordensoberen u. s. w. ist er in keiner Weise unterworfen, namentlich ihnen gegenüber nicht zur Rechnungslegung verpflichtet, s. auch den Schlußsatz dieses Alinea. Die Staatsbehörden, denen die Kommissarien zu einer solchen verpflichtet sind, und die Perioden, innerhalb deren die Rechnungslegung zu erfolgen hat, haben die betheiligten Ressortminister zu bestimmen.

[27]) **verantwortlich**, also auch disciplinarisch. Sein Kommissorium ist, da ihm ebensowenig wie den nach dem Gesetze vom 21. Mai 1874 und dem Gesetze vom 20. Mai 1874 zu bestellenden Kommissarien (s. S. 28. 54) eine feste Anstellung gewährt werden kann, übrigens auch jederzeit widerruflich.

[28]) **des Gesetzes vom 27. März 1872**, s. S. 61 Anm. 60.

[29]) **unterhalten**, und zwar die Mitglieder jeder einzelnen aus dem Vermögen derselben, s. Anm. 25 Abs. 3. Selbstverständlich muß, wenn die Revenüen zur Gewährung einer für den

Lebensunterhalt jedes einzelnen Mitgliedes genügenden Pension nicht ausreichen, auch die Substanz angegriffen werden. Ist diese verzehrt, so hört der Anspruch der Mitglieder auf.

Die Frage, ob bei der Abmessung der Höhe der Pension auch die Fähigkeit des Einzelnen, sich eine andere geeignete Erwerbsquelle zu beschaffen, in Betracht zu ziehen ist oder nicht, hat das Gesetz nicht ausdrücklich entschieden. Die betreffende Bestimmung in Verbindung mit den Motiven ergiebt aber, daß man mit möglichster Schonung, soweit sie mit dem Zwecke des Gesetzes vereinbar war, gegen die einzelnen Individuen hat vorgehen und diese nicht unnöthig in die ihnen durch ihr bisheriges Leben fremd gewordene Nothwendigkeit, für ihre Lebensbedürfnisse zu sorgen, hat versetzen wollen. Demnach wird der hervorgehobene Umstand bei der Festsetzung der Pension nicht in Betracht kommen können, um so weniger als die Konsequenz dann auch die Versagung jedes Unterhaltes an vollkommen arbeits- und erwerbsfähige Individuen bedingen würde, diese aber gegen den Wortlaut des Gesetzes, das allen Mitgliedern eine Pension in Aussicht stellt, verstößt.

Der Rechtsweg auf Zahlung einer solchen, falls sie überhaupt oder nicht in der beanspruchten Höhe gewährt wird, ist für die einzelnen Mitglieder ausgeschlossen. Die Auflösung der Niederlassungen ist ein Akt der Ausübung des Kirchenhoheitsrechtes des Staates gewesen, und in Folge desselben nur aus Billigkeitsrücksichten und um jeden Schein einer fiskalischen Tendenz von demselben fern zu halten, die in Frage stehende Bestimmung getroffen worden. Daher ist die letztere, wie auch ihre Fassung ergiebt, nur eine Anweisung an die Staatsbehörden, zu deren Erfüllung letztere gesetzlich verpflichtet sind, sie gewährt aber den einzelnen Mitgliedern keinen privatrechtlichen Alimentationsanspruch. Es ist mithin allein die Beschwerde an die vorgesetzten Instanzen und eventuell an die Landesvertretung statthaft.

Für die Uebernahme einer allgemeinen Unterhaltungspflicht der Mitglieder aller Genossenschaften, welche kein besonderes Vermögen haben, und deren Vermögen nicht zureicht, wie sie dem Staate im Herrenhause allerdings erfolglos aufzubürden versucht wurde, s. stenogr. Ber. S. 382, sprachen selbst nicht einmal Billigkeitsrücksichten, da die religiösen Genossenschaften sich ohne jede Kontrole des Staates in der oben S. 83 angegebenen Ausdehnung entwickelt haben und überdies gerade zur Umgehung der staatlichen Verbote des Erwerbes durch die todte Hand und zur Vermeidung der Nachsuchung von Korporationsrechten die Theorie von dem dominium radicale, welche formell das Vermögen den einzelnen Mitgliedern wahrt, in der That aber der Disposition der Oberen preisgiebt, ausgebildet und benutzt worden ist, s. oben S. 89. 90 und meine Schrift: die Orden und Kongregationen ꝛc. S. 77 ff.

Was das von den Mitgliedern der nicht mit Korporationsrechten versehenen Genossenschaften eingebrachte Vermögen betrifft, so ist hinsichtlich der Rückforderung desselben zwischen demjenigen, was als Mitgift gegeben worden und dem sonstigen Vermögen zu unterscheiden.

Die Mitgift, welche zur Bestreitung der Kosten des Noviziates dient und zugleich einen Beitrag für den Unterhalt und die Ernährung der eintretenden Person nach bindend abgelegtem Gelübde bildet, übrigens bei den in Preußen ansässigen Genossenschaften zwischen 50 Thlr. und 300 Thlrn. variirt hat, s. a. a. O. S. 78, verfällt nach den kirchenrechtlichen Bestimmungen mit der Profeßleistung und kann beim Austritt nicht zurückgefordert werden, a. a. O. S. 78 und Schuppe a. a. O. S. 128. Die sonstige Rechtsgültigkeit des Bestellungsvertrages vorausgesetzt, also z. B., daß es dabei nicht an der Handlungsfähigkeit des Bestellers gefehlt hat, wird bei der Auflösung die Rückgewähr nicht beansprucht werden können. Denn ganz abgesehen davon, daß seitens der Genossenschaft die Gegenleistungen erfüllt sind, hat sich jede eintretende Person den bezüglichen kirchenrechtlichen Bestimmungen unterworfen, so daß diese als maßgebende Vertragsbedingungen in Betracht kommen.

Das sonstige Vermögen ist von denjenigen Oberen, welche dasselbe in Verwahrung und Verwaltung genommen haben, in Folge der Auflösung der Niederlassungen auf Verlangen des betreffenden Mitgliedes zurückzugewähren. Dies folgt daraus, daß es Eigenthum des letzteren geblieben ist, und daß nach staatlichem Recht der Austritt aus der Genossenschaft in Folge der Beseitigung der Orden und Kongregationen sowie ihrer Niederlassungen als erlaubt gilt, somit die kirchenrechtlichen Bestimmungen, welche etwa eine Zurückhaltung des Vermögens rechtfertigen, selbst als Vertragsbedingungen, gegenüber einem Gesetze von zwingendem Charakter nicht in Betracht kommen können. Zinsen werden nur von dem Tage des Austrittes, bez. der verlangten Rückgabe

§. 5.

Dieses Gesetz tritt am Tage seiner Verkündung[31]) in Kraft.

Die Minister des Innern und der geistlichen Angelegenheiten sind mit der Ausführung desselben beauftragt.

Dieselben haben insbesondere die näheren Bestimmungen über die Ausübung der Staatsaufsicht[32]) im Falle des §. 3. zu erlassen.

Urkundlich unter Unserer Höchsteigenhändigen Unterschrift und beigedrucktem Königlichen Insiegel.

Gegeben Berlin, den 31. Mai 1875.

(L. S.) **Wilhelm.**

Fürst v. Bismarck. Camphausen. Gr. zu Eulenburg. Leonhardt. Falk. v. Kameke. Achenbach. Friedenthal.

beansprucht werden können, denn für die Vergangenheit hatte das betreffende Mitglied, indem es sich den Vorschriften der Regeln unterwarf, den Oberen die Disposition über die Einkünfte aus dem Vermögen überlassen. Ebensowenig kann von einem Ersatze des durch Zufall verloren Gegangenen oder des mit Zustimmung des berechtigten Mitgliedes Verwendeten die Rede sein.

Was diejenigen Kongregationen betrifft, in welchen bei der Ablegung der dauernden Gelübde ein Verzicht auf das Eigenthum des Vermögens zu Gunsten der Zwecke der Genossenschaft unter Vorbehalt einer Pension, bez. Leibrente für den Fall des Austrittes geleistet worden ist, so kann die letztere von demjenigen Oberen, welchem gegenüber der Verzicht bei der Ausantwortung des Vermögens abgeleistet worden ist, gefordert werden, wenn die betreffende Person in Folge der Auflösung der Kongregation ausscheidet, weil der Austritt mit Rücksicht auf das Gesetz eine nach staatlichem Recht erlaubte Handlung ist. Dagegen ist die Zurückforderung des Vermögens selbst unter Aufgabe des Anspruchs auf die Leibrente oder Pension, weil dies dem abgeschlossenen Vertrage zuwider laufen würde, ausgeschlossen.

[30]) **bleibt gesetzlicher Bestimmung vorbehalten.** Diese Vorschrift, über deren Motive Anm. 23 S. 96 zu vergleichen ist, bezieht sich nur auf das Vermögen der mit juristischer Persönlichkeit versehenen Niederlassungen, nicht aber auf das Vermögen von Stiftungen, deren Zwecke nach Anordnung des Stifters ausschließlich durch die Mitglieder geistlicher Genossenschaften zu erfüllen sind. Haben die zu diesem Behufe errichteten Niederlassungen derselben nach den Vorschriften dieses Gesetzes aufgelöst werden müssen, so fällt das Stiftungsvermögen sowohl nach gemeinem Recht als nach preuß. A. L. R. Th. II. Tit. 6 § 193 ff. an den Staat. Einer besonderen Vorschrift darüber bedurfte es also im Gesetze nicht. Nach preußischem Landrecht hat der Staat das eingezogene Vermögen zu einer der Absicht des Stifters soweit als möglich entsprechenden anderweitigen Verwendung zu bestimmen, widrigenfalls dasselbe an den Stifter oder dessen Erben herausgegeben werden muß. Die gemeinrechtliche Lehre legt im Allgemeinen dem Staate dieselbe Pflicht, aber nur als eine sittliche, auf, s. Pfeifer, juristische Personen S. 151; und nur vereinzelt, so namentlich von Brinz, Pandekten S. 1141 ff.; Stobbe, deutsches Privatrecht Bd. 1 S. 426, ist dieselbe als eine rechtliche zu begründen versucht worden (s. dagegen Hübler, der Eigenthümer des Kirchenguts S. 135 ff.). Die Motive (s. Anm. 23) stellen die gesetzliche Regelung der Verwendung dieser Art des Vermögens gleichfalls in Aussicht und daraus ergiebt sich, daß die Staatsregierung, um diesem vorbehaltenen Schritte nicht zu präjudiziren, dasselbe ebenfalls gesondert wird verwalten lassen müssen. Eine definitive Verwendung würde sie übrigens im Gebiete des preußischen Landrechts der nach § 194 a. a. O. statthaften Rückforderungsklage des Stifters oder der Erben desselben aussetzen.

§ 5. [31]) **Tage seiner Verkündung.** Vgl. Motive S. 12: „Die Festsetzung des im Abs. 1

gedachten Termins erscheint wünschenswerth, um die durch das Gesetz angeordneten Maßregeln sobald als möglich durchführen zu können und die Entstehung neuer Niederlassungen zu verhindern."

Der Tag der Verkündung ist der 3. Juni 1875 (Ges. Samml. S. 217).

[32]) **Bestimmungen über die Staatsaufsicht zu erlassen.** Vgl. Motive dazu S. 96 Anm. 22. Hieraus ergiebt sich, daß die bisherigen gesetzlichen Vorschriften, welche die Ausübung der Staatsaufsicht über die geistlichen Genossenschaften regeln, aufgehoben sind, denn es hat hinsichtlich der Ausübung derselben den betreffenden Ressortministern freie Hand gelassen werden sollen. Es gehören hierher alle Vorschriften, welche eine Ueberwachung der Genossenschaften in ihren Niederlassungen im staatlichen Interesse festsetzen, und ferner diejenigen, welche die Freiheit des einzelnen Mitgliedes und die Wahrung seines freien Selbstbestimmungsrechtes gegenüber den Klosteroberen zu sichern bezwecken.

Unter den ersteren Gesichtspunkt fallen §§ 942, 1061, 1063 Tit. 11 Th. II A. L. R, weil der Staat eine Exemtion von der bischöflichen Gewalt und die Leitung durch General-Obere, namentlich durch ausländische, überhaupt nicht mehr zu dulden verpflichtet ist. Die §§ 946, 947, 1066, 1067 a. a. O, welche durch das Gesetz vom 13. Mai 1873 über die kirchlichen Straf- und Zuchtmittel modifizirt sind, s. Kirchengesetze S. 3. 46, sind aus dem Grunde beseitigt, weil die Ausübung der Disciplinargewalt der Ordensoberen ebenfalls ein Objekt der Staatsaufsicht bildet, so daß die Verwaltung also weitergehende Beschränkungen in dieser Hinsicht wird festsetzen können, ohne daß es ihr freilich offen steht, die Anwendung von Kriminalstrafen über die jetzt gesetzlich vorgesehenen Fälle zu erweitern. Nicht minder entfallen die §§ 1062, 1068, 1069 a. a. O., welche ebenfalls gewisse staatliche Aufsichtsrechte normiren; nach Aufhebung des Artikels 18 der Verf.-Urk. durch das Gesetz vom 18. Juni 1875 (G. S. S. 259) steht der Wiederinanspruchnahme des § 1062 vorbehaltenen Bestätigungsrechtes übrigens gesetzlich kein Hinderniß entgegen. Von den weiteren hierher gehörigen Vorschriften des Abschn. 8 Tit. 11 Th. II. A. L. R. ist § 1161 durch den § 2 dieses Gesetzes ersetzt. Die Bestimmungen der §§ 1162 ff. §§ 1170, 1171 über den Alterstermin, nach dessen Erreichung der Eintritt in ein Kloster zulässig ist, und über die Ablegung des Probejahres gehören ebenfalls zu denjenigen, welche aus der Staatsaufsicht herfließen, und im Interesse der Freiheit der einzelnen Mitglieder angeordnet sind, sie müssen daher als aufgehoben erachtet werden, und es wird also zulässig sein, den Alterstermin beim weiblichen Geschlecht höher festzusetzen, als auf 21 Jahre, das umsomehr, als die Ressortminister den Eintritt überhaupt zu gestatten haben, also ihre Ermächtigung auch an bestimmte Bedingungen knüpfen können. Auf § 1173 findet, weil dieser gleichfalls von der Disciplinargewalt handelt, das zu §§ 946, 947, 1066, 1067 Bemerkte Anwendung. §§ 1180, 1181 endlich sind an und für sich auch aufgehoben, materiell wird aber die Verfügung des § 1181 aufrecht erhalten werden können.

Hinsichtlich der Ausübung der Aufsicht ist bisher von den Ressortministern nur bestimmt worden:

Die fortbestehenden Orden und Kongregationen sind nach dem Gesetze der Aufsicht des Staates unterworfen. Diese Vorschrift bezieht sich sowohl auf die Genossenschaften für Krankenpflege, wie auf diejenigen Niederlassungen, welche sich dem Unterricht und der Erziehung der Jugend widmen und noch auf die nächsten vier Jahre erhalten bleiben können. Die Art und der Umfang der Staatsaufsicht wird wesentlich von der Organisation und den verschiedenen Zielen abhängen müssen, auf welche die Wirksamkeit der Genossenschaften gerichtet ist. Selbstverständlich wird es sich hierbei nicht bloß um Einsichtnahme der Statuten, um stete Kenntniß der in den Niederlassungen aufgenommenen Personen und zeitweise Inspectionen der Localitäten, sondern vorzugsweise um Ueberwachung der gesammten von der Genossenschaft in Erziehung, Unterricht und Krankenpflege entwickelten Thätigkeit handeln, damit Ausschreitungen jeder Art verhindert und für die Beobachtung der gesetzlichen Vorschriften Sicherheit gewonnen wird. Die Aufsicht wird dagegen selbstredend jeden Eingriff in das Ordensleben als solches zu vermeiden haben.

Das Gesetz enthält keine allgemeine kassatorische Klausel, nichtsdestoweniger ist es nach allgemeinen Rechtsgrundsätzen unzweifelhaft, daß es alle bisherigen gesetzlichen Bestimmungen, welche, abgesehen von den bereits hervorgehobenen, mit seinen Vorschriften und der sich aus diesen ergebenden Auffassung des Verhältnisses der Orden und Kongregationen zum Staate unvereinbar sind, aufgehoben hat. Daher sind beseitigt § 939 Tit. 11 Th. II. A. L. R.; Art. 4 des kaiserlichen

Dekrets vom 3. Messidor XII (22. Juni 1804) und Art. 5 des Dekretes vom 18. Februar 1809 (s. oben S. 85), welche für das Gebiet des preußischen und französischen Rechts die Bedingungen der Zulassung neuer geistlicher Genossenschaften regeln. Solche dürfen sich nach dem Gesetze § 1 überhaupt nicht mehr im preußischen Staate niederlassen. Nur überflüssig geworden ist die Vorschrift des § 3 des holsteinischen Gesetzes betreffend die Religionsübung der Reformirten, Katholiken ꝛc. vom 4. Juli 1863: „Klöster dürfen nicht errichtet werden". Andererseits hat aber das Gesetz für die Länder des französischen Rechts, in denen durch das Dekret vom 3. Messidor XII Art. 3 die Zulassung von Genossenschaften mit ewigen Gelübden verboten war, die diesem Verbot entgegengesetzte Praxis insofern und insoweit sanktionirt, als die Niederlassungen, in welchen solche abgelegt worden sind, nach Maßgabe des § 1 noch auf 4 Jahre, oder nach § 2 überhaupt fortbestehen können, weil hinsichtlich dieser Vergünstigung kein Unterschied nach der Art der Gelübde gemacht worden ist.

Was die rechtliche Stellung der einzelnen Mitglieder der Genossenschaften betrifft, so ergiebt das Gesetz, welches die Orden und Kongregationen mit dem modernen Staatswesen als principiell unverträglich ansieht, daß die Gelübde, soweit überhaupt noch Niederlassungen bestehen bleiben dürfen, civilrechtlich nicht bindend sein können, eine Konsequenz, welche der § 1179 Tit. 11. Th. II. A. L. R. schon längst anerkannt hat, und welche bisher schon für die nicht landrechtlichen Gebiete aus dem allgemein anerkannten Recht der freien Selbstbestimmung der Persönlichkeit und dem mangelnden Rechte der Ordensoberen Gewalt zur Zurückhaltung der Mitglieder anzuwenden (s. auch § 239 des Reichs Str. G. B.) zu folgern war.

Das A. L. R. Th. II. Tit. 11. §§ 1199 ff. erklärt ebenso wie das gemeine Recht, die Mitglieder der Orden für vermögensunfähig, entzieht aber im Gegensatz zu dem letzteren, nach welchem statt des vermögensunfähigen Professen das demselben anfallende Vermögen seitens des Klosters erworben wird, diesem (abgesehen von einem gewissen Quantum) jeden Vermögensanfall des Professen, namentlich dadurch, daß es dem letzteren die Inteſtat- und Pflichttheilsberechtigung abspricht. Sind die erwähnten Rechtssätze des preußischen und gemeinen Rechts für die Mitglieder der nach §§ 1 und 2 fortbestehenden Niederlassungen, so lange sie nicht von ihrer Befugniß des Austritts Gebrauch gemacht haben, für fortbestehend zu erachten? M. E. muß dies bejaht werden. In den §§ 1 und 2 ist die Fortexistenz gewisser Niederlassungen, und damit auch die des Ordenswesens ausnahmsweise anerkannt. Soweit das Gesetz keine besonderen Vorschriften enthält — § 3 bezieht sich nicht auf die vermögensrechtliche Stellung der Professen — ist daher das bestehende Recht in Geltung geblieben, es sei denn, daß dies mit dem principiellen Standpunkte des Gesetzes überhaupt unvereinbar wäre. Dies ist aber hinsichtlich der fraglichen Rechtssätze nicht der Fall. Es widerstrebt dem Geiste des Gesetzes nicht, daß diejenigen, welche sich selbst dem sie für vermögensunfähig erklärenden kirchlichen Recht unterwerfen wollen, auch, so lange sie dem klösterlichen Verbande angehören, civilrechtlich als vermögensunfähig behandelt werden, weil sie andernfalls von der ihnen gewährten Fähigkeit doch keinen Gebrauch machen würden. Allerdings ist nicht zu läugnen, daß diese staatliche Anerkennung der kirchlichen Auffassung eine Inkonsequenz gegenüber einem das Ordens- und Kongregationswesen principiell verwerfenden Gesetze enthält, diese liegt aber in dem letzteren selbst, weil dasselbe noch bestimmte Niederlassungen bestehen läßt, während es von seinem Standpunkte aus sämmtliche hätte zur Auflösung bringen müssen. Für das Gebiet des Landrechts ist der praktische Erfolg der Aufrechterhaltung seiner Vorschriften übrigens ein solcher, welcher mehr mit der Tendenz des Gesetzes übereinstimmt, als die Beseitigung, insofern als bei letzterer thatsächlich das dem Professen anheimfallende Vermögen doch der Verfügung der Ordensoberen unterstellt und zu Ordenszwecken verwendet werden würde, während es nach den citirten §§., da es gar nicht an den Professen gelangen kann, einer solchen Verwendung entzogen wird.

Nach §§ 1174 a. a. O. kann, wenn die Nichtigkeit des Klostergelübdes von dem Professen behauptet wird, die Aufhebung, d. h. die Nullitätserklärung beim Diöcesanbischof und zwar ohne Beschränkung auf die 5jährige Frist des katholischen Kirchenrechts nachgesucht, und falls dieser das Gehör versagt, der Staat, d. h. das Gericht (s. Rekr. vom 13. Januar 1834 in den Ergänzungen zu §§ 1174. 1185, juristische Wochenschrift von 1836 S. 724 ff.) darum angegangen werden. Die Folge dieser Nichtigkeitserklärung ist die, daß der gewesene Professe auch von denjenigen, welche hinsichtlich der ihm während seines Klosterstandes zugekommenen Anfällen nach §§ 1201 ff. a. a. O. an seine Stelle getreten sind, diese zurückfordern kann, während ihm dieses Recht nicht zusteht, wenn er bei gültig abgelegtem Klostergelübde austritt. Diese Vorschriften müssen ebenfalls als fortgeltend angesehen werden. Bindet auch das Gelübde nicht mehr civilrechtlich, so zieht es doch die civilrechtliche Vermögensunfähigkeit des Professen für die Dauer seiner Zugehörigkeit zum Orden, also eine bestimmte civilrechtliche Folge nach sich. Daher bleibt auch heute noch die Frage relevant, ob das Gelübde gültig abgelegt und in Folge dessen jene Wirkung überhaupt eingetreten ist oder nicht.

Endlich bedarf es der Erörterung, ob die eben besprochenen landrechtlichen Vorschriften über die Vermögensunfähigkeit der Professen sich nur auf die Mitglieder der Orden oder auch auf die Kongregationen beziehen. In dem Erkenntniß vom 27. November 1860 hat das Ober-Tribunal IV. Sen. (Striethorst, Archiv Bd. 39. S. 231) angenommen: a. Eine Gesellschaft kann nur mit Genehmigung des Staats zu einer Kloster-Gesellschaft gebildet und dadurch zu einer Korporation erhoben werden. Daher kann von der Existenz eines Klosters im Sinne des A. L. R. nicht die Rede sein, bevor dasselbe die Genehmigung des Staates erhalten und damit zu einer Korporation erhoben ist. — b. Die Bestimmung der §§ 1199—1201 Tit. 11 Th. II. A. L. R. setzt die Ablegung eines wirklichen Klostergelübdes voraus, — mithin in der Bedeutung: daß damit der Eintritt in ein Kloster, also eine geistliche Gesellschaft bewirkt werden soll, welche nach den gedachten Gesetzen die Genehmigung des Staats erhalten hat und dadurch zu einer Korporation erhoben ist. — c. Dadurch allein, daß eine Stiftung (Anstalt) zur Erziehung und zum Unterrichte der weiblichen Jugend, sowie zur Pflege alter, schwächlicher Personen unter die Leitung einer geistlichen Gesellschaft, z. B. der Genossenschaft der barmherzigen Schwestern oder der Schwestern Unserer lieben Frau, gestellt ist, erhält dieselbe noch nicht den Charakter eines Klosters. Daher verliert durch den, unter Ablegung des Gelübdes der Keuschheit, der Armuth und des Gehorsams erfolgten Beitritt zu einer solchen Gesellschaft die Eintretende noch nicht die Disposition über ihr Vermögen.

Der höchste Gerichtshof, welchem sich die Praxis und die Doktrin angeschlossen hat (vgl. die Verfügung des Kön. Appellationsgerichtes zu Arnsberg vom 12. October 1869, abgedruckt im Archiv für kathol. Kirchenrecht Bd. 23 S. 143, und Koch, preuß. Erbrecht S. 144), gründet seine Annahmen darauf, daß nach § 939 Tit. 11 Th. II A. L. R. zum Wesen eines Ordens, bez. Klosters im rechtlichen Sinne die Aufnahme durch den Staat und der Besitz von Korporationsrechten gehöre und demgemäß Genossenschaften, welche eine solche Staatsgenehmigung und derartige Rechte nicht erlangt haben, und ebensowenig die Niederlassungen derselben den landrechtlichen Vorschriften unterworfen seien.

Da die Niederlassungen der Kongregationen weder mit Staatsgenehmigung gegründet worden sind, noch (mit verschwindenden Ausnahmen) Korporationsrechte erhalten haben, so ergiebt sich die Konsequenz, daß die Mitglieder der Kongregationen, sofern es diesen an den beiden gedachten Voraussetzungen fehlt, als vermögensfähig angesehen werden müssen. Eine Stütze gewährt dieser Ansicht anscheinend auch der § 1057 a. a. O. Nach diesem sind Klostergesellschaften geistliche Korporationen, deren Mitglieder sich zu gemeinschaftlichem Leben und gemeinschaftlicher Religionsübung nach gewissen von der Kirche bestätigten Regeln durch feierliche Gelübde, also durch die nicht bei den Kongregationen vorkommenden s. g. vota solemnia, verpflichtet haben.

Nichtsdestoweniger werden m. E. die Mitglieder dieser letzteren den Professen der Orden in Betreff der Vermögensunfähigkeit gleich zu stellen sein. Gegen die Ausführung des Ober-Tribunals läßt sich geltend machen, daß nach der landrechtlichen Gesetzgebung die Orden und Klöster einzig und allein durch die Aufnahme des Staates ein Recht auf Existenz erlangen konnten, mithin ohne diese Genehmigung gar nicht geduldet werden durften. Wenn das Landrecht seine Definition der Klöster blos den Orden im eigentlichen Sinne angepaßt hat, wie dies die Erwähnung der feierlichen Gelübde zeigt, so bleibt doch von seinem Standpunkt aus immer die Frage zulässig, ob nicht die bezüglichen Vorschriften analogisch auf die modernen Kongregationen, über welche die staatliche Aufsicht mindestens in demselben Umfang, wie über die Orden geboten ist, anzuwenden sind. Eine bejahende Antwort auf diese Frage ist durch die Begriffsbestimmung der Klostergesellschaften im § 1057 a. a. O. und die Aufnahme des Momentes: „feierliche Gelübde" in dieselbe umsoweniger ausgeschlossen, als das A. L. R. selbst diesen nicht eine ewig bindende Kraft beilegt (vgl. § 1179 a. a. O.), und somit der Unterschied zwischen dem votum solemne in den Orden und dem votum simplex in den Kongregationen für das bürgerliche Recht keine Bedeutung hat. Weiter kommt aber noch in Betracht, daß das allgemeine Landrecht auch die protestantischen Klöster zu den geistlichen Gesellschaften rechnet (§§ 939. 1218) und trotzdem, daß die protestantische Kirche keine feierlichen Gelübde kennt, doch seine allgemeinen Vorschriften in dem § 939 ff. sich gleichfalls auf die protestantischen Klöster beziehen. Findet sich somit nichts in den Bestimmungen des Landrechts, was ihre analogische Anwendung ausschlösse, so ist diese andererseits gerade wegen der innerlich gleichen Natur der Orden und Kongregationen gerechtfertigt (s. oben S. 89 ff.), wie denn auch das vorliegende Gesetz sie völlig gleich behandelt. Wenn das Ober-Tribunal das Moment der Staatsgenehmigung schon vom Standpunkt des Landrechts zu Unrecht accentuirt, so ist diesem unter allen Umständen jetzt Genüge geschehen, denn die nach §§ 1 u. 2 fortbestehenden Niederlassungen sind durch dieselben insofern vom Staate genehmigt worden, als ihnen ihr Fortbestehen gesetzlich bis zum Ablauf der gewährten Frist, bez. bis zur Aufhebung durch eine königliche Verordnung garantirt ist. Auf das weitere Requisit der Korporationsrechte, welches das Ober-Tribunal für ein wesentliches Begriffsmoment des Klosters erklärt, kann es vollends nicht ankommen. Das A. L. R. legt zwar den Klöstern Korporationsrechte bei (§ 940), aber daraus folgt noch nicht, daß ein Kloster, welches diese nicht hat, kein Kloster im landrechtlichen Sinne sein kann. Die Korporationsrechte waren nach früherem Rechte eine einfache Folge der Staatsgenehmigung und der § 940 macht nur auf diese aufmerksam. Nach Art. 13 der Verfassungsurkunde, welcher einen Akt der Gesetzgebung erfordert, ist das aber nicht mehr der Fall, d. h. es ist also nur die früher von selbst eintretende Wirkung der Staatsgenehmigung durch Verwaltungsakt beseitigt, keineswegs aber dadurch die Anwendbarkeit der landesrechtlichen Vorschriften davon abhängig gemacht, daß das Kloster nunmehr auch durch Gesetz Korporationsrechte erhalten haben müßte.

Anlage.

4. Zu S. 94. Anm. 16.

Rescript des Ministers der geistlichen Angelegenheiten

betreffend die Nichtzulassung von Mitgliedern von Orden und ordensähnlichen Kongregationen als Lehrer und Lehrerinnen an öffentlichen Volksschulen

vom 15. Juni 1872.*)

Auf die Berichte vom 23. Januar und 27. März d. J. Sekt. V. 6978 und 2162 sehe ich mich veranlaßt, hierdurch im Allgemeinen zu bestimmen, daß die Mitglieder einer geistlichen Kongregation oder eines geistlichen Ordens in Zukunft als Lehrer oder Lehrerinnen an öffentlichen Volksschulen nicht mehr zuzulassen und zu bestätigen sind.

Was dagegen die zwischen einzelnen Gemeinden einerseits und geistlichen Genossenschaften oder Mitgliedern andererseits wegen Wahrnehmung des Schuldienstes oder Besetzung der Schulstellen bereits abgeschlossenen und in Wirksamkeit getretenen Verträge betrifft, so hat die Kön. Regierung auf eine baldige Lösung der letzteren in der Art Bedacht zu nehmen, daß dabei sowohl die Möglichkeit der sofortigen Wiederbesetzung der betreffenden Stellen durch weltliche Lehrer und Lehrerinnen, als die finanzielle Lage der betreffenden Gemeinden zu berücksichtigen ist. Wo solche Bedenken einer Kündigung der bestehenden Verträge nicht entgegenstehen, ist mit derselben schleunigst vorzugehen, mit Lösung aller andern Verträge aber alsdann fortzufahren, wenn unter Beachtung der vorgezeichneten Gesichtspunkte dies nach den thatsächlichen Verhältnissen thunlich erscheint. Selbstverständlich wird in denjenigen Fällen, in welchen gesetzliche Gründe der Beseitigung des gegenwärtigen Zustandes im Wege stehen sollten, dieselbe auszusetzen sein. Ich erwarte indeß für solche voraussichtlich seltenen Fälle einen eingehenden Bericht, in welchem meine Entscheidung über den Spezialfall einzuholen ist, wie ich andererseits binnen 3 Monaten einer näheren Anzeige über das Geschehene entgegensehen will. In diesem Berichte sind zugleich die geistlichen Männer-Orden und Kongregationen namhaft zu machen, welche durch ihre Mitglieder an den öffentlichen Schulen des dortigen Bezirks Unterricht ertheilen, und hiermit diejenigen statistischen Mittheilungen zu verbinden, welche in den früheren Berichten in Betreff der Schulschwestern enthalten sind.

Wegen der Zulassung der Mitglieder geistlicher Genossenschaften an Privatschulen behalte ich mir besondere Bestimmung vor.**)

---

*) S. dazu Kirchengesetze S. VIII.

**) Dieser Vorbehalt ist durch die Bestimmungen des vorstehenden Gesetzes erledigt, s. oben S. 88.

VI.

Gesetz

über die

Vermögensverwaltung in den katholischen Kirchengemeinden.

Vom 20. Juni 1875.

(Gesetz-Sammlung 1875. Nr. 8302. S. 241.)

VI.

Gesetz

über die

Vermögensverwaltung in den katholischen Kirchengemeinden. [1])

Vom 20. Juni 1875.

(Gesetz-Sammlung 1875. Nr. 8302. S. 241.)

Wir **Wilhelm**, von Gottes Gnaden König von Preußen ꝛc. verordnen, mit Zustimmung beider Häuser des Landtages, für den Umfang der Monarchie, was folgt:

[1]) **Zweck und Gegenstand des Gesetzes.** Vgl. Motive (Drucksachen des Abgeordnetenhauses 12. Legisl.-Per. II. Session 1875 Nr. 16) S. 15 ff.:

„Der vorliegende Gesetzentwurf hat den Zweck, den katholischen Kirchengemeinden eine Mitwirkung bei der Besorgung der kirchlichen Vermögensangelegenheiten, insbesondere bei der Vermögensverwaltung, zu sichern.

Um diesen Zweck zu erreichen, sollen zur Vertretung der Gemeinden Organe eingesetzt werden, deren Mitglieder der Regel nach aus der Wahl der Gemeinden hervorgehen.

Die Aufgabe des Gesetzentwurfs kann es indessen nicht sein, zu diesem Zwecke durchweg neue und durch die Erfahrung noch nicht bewährte Institutionen zu schaffen; es wird vielmehr an bestehende und in der seitherigen Gesetzgebung begründete Einrichtungen anzuknüpfen und es werden dieselben in der Weise fortzubilden sein, daß den schon jetzt für die Verwaltung des kirchlichen Vermögens vorhandenen Organen eine gesicherte Grundlage ihrer rechtlichen Existenz gegeben und in der Entfaltung ihrer Thätigkeit eine freiere Bewegung ihrer Kräfte gewährt wird.

Die Verfassungsmäßigkeit eines Gesetzes, wie der Entwurf es darstellt, kann im Hinblick auf den durch das Gesetz vom 5. April 1873 (Gesetzsamml. S. 143) anderweitig festgestellten Inhalt des Artikels 15 der Verfassungsurkunde einem Zweifel nicht unterliegen. ...... Die Verhandlungen über die durch das Gesetz vom 5. April 1873 zum Abschluß gekommene Vorlage lassen unzweideutig erkennen, daß die Abänderung des Artikels 15 der Verfassungsurkunde in der ausgesprochenen Absicht erfolgte, zugleich eine gesetzliche Grundlage für die anderweitige Regelung auch der kirchlichen Vermögensverwaltung zu gewinnen.

Die katholische Kirche, welche juristisch aufgefaßt in der Rechtssphäre des Staats die Bedeutung einer Korporation hat, leitet, wie jede Korporation, ihre Vermögensfähigkeit und ihr Vermögensrecht aus dem bürgerlichen Rechte ab. Beruht aber die juristische Persönlichkeit der Kirche auf der Garantie des bürgerlichen Rechts, so ist der Staat auch befugt, die Gewährung derselben an bestimmte, von ihm festzusetzende Bedingungen zu knüpfen. Es kann nicht als ein

Eingriff in das der Kirche eigenthümliche Gebiet angesehen werden, wenn der Staat im Wege der Gesetzgebung für die Besorgung der kirchlichen Vermögensangelegenheiten, d. h. für die in die Erscheinungswelt tretende, nach Außen hin wirksame Seite der juristischen Persönlichkeit gewisse Normen vorschreibt und zu diesem Zweck Organe einsetzt, welchen die Besorgung jener Angelegenheiten, die rechtliche Vertretung der Korporation obliegen soll. Die Anerkennung der rechtlichen Gültigkeit und Wirksamkeit der von diesen Organen vorgenommenen Handlungen der Verwaltung geht vom Staate aus, welcher unter dieser Voraussetzung seine Rechtshülfe zur Ausführung der Beschlüsse jener Organe gewährt, namentlich auch derjenigen, welche die Gemeindemitglieder zu Vermögensleistungen für kirchliche Zwecke verpflichten. Der Staat hat hiernach unzweifelhaft das Recht und die Pflicht, darüber zu wachen, daß die Verwaltung der in Rede stehenden Angelegenheiten ordnungsmäßig geführt werde, um sicher zu sein, daß er seinen weltlichen Arm nicht etwa zur Unterstützung einer Verwaltung leihe, welche das Vermögen seinen eigentlichen Zwecken entzieht und die einzelnen Gemeinden oder deren Mitglieder überlastet.

Das Bedürfniß nach dem Erlaß eines Gesetzes, wie es in dem Entwurf hat zum Ausdrucke gebracht werden sollen, ist von der Königlichen Staatsregierung längst erkannt und auch in weiteren Kreisen vielfach anerkannt. In der That wird sich die Nothwendigkeit einer anderweitigen gesetzlichen Regelung der durch dieses Gesetz berührten Rechtsmaterie insbesondere deshalb nicht verkennen lassen, weil es dem Klerus der katholischen Kirche unter dem wechselnden Einflusse der Zeiten und der Verhältnisse vielfach gelungen ist, die zur Verwaltung des kirchlichen Vermögens bestimmten Organe ihrer eigentlichen Aufgabe zu entfremden und dieselben zu willenlosen Werkzeugen der einzelnen Geistlichen herabzudrücken. Jedem Unbefangenen liefert die Geschichte der letzten zwanzig Jahre den Beweis.

Um zu jenem Ziele der Unterwerfung der Kirchenvorstände unter den Willen der Geistlichkeit zu gelangen, ging man davon aus, die landrechtliche Theorie, daß das örtliche Kirchenvermögen Eigenthum der Gemeinden sei, zu bekämpfen und demgemäß die Konsequenz dieses Rechtssatzes, daß die Kirchenvorstände Organe der Gemeinden für die Verwaltung des kirchlichen Vermögens seien, in Frage zu stellen. Auf diesem Wege wurde es möglich, aus den gesetzlich zur Vertretung der Gemeinden berufenen Kirchenvorständen rein kirchliche Organe zu machen, wie dies z. B. in der Instruktion des Generalvikariats zu Paderborn über das Verfahren bei der Wahl der Kirchengemeinderepräsentanten vom 23. Juli 1855 mit dürren Worten dahin ausgesprochen ist: Der zur Verwaltung des Kirchenvermögens bestellte Kirchenvorstand ist, da das Kirchen-, wie das Pfarr- und sonstige kirchliche Stiftungsvermögen nach den Grundsätzen des katholischen Kirchenrechts nicht Eigenthum der einzelnen Kirchen-(Pfarr-)Gemeinden, sondern der allgemeinen Kirche ist, nur Organ des Bischofs und zur Vertretung der Gemeinde nicht befugt.

Damit nicht genug, ging man mehrfach sogar so weit, diejenigen Mitglieder der Kirchenvorstände, welche aus den Gemeinden hervorgehen sollten, überhaupt zu beseitigen. So besorgt z. B. in 17 Pfarreien des Regierungsbezirks Königsberg der Pfarrer allein die Vermögensverwaltung, und ebenso bildet in mehreren Pfarreien des Regierungsbezirks Arnsberg, wie in Werl und in Büderich, die Pfarrgeistlichkeit allein den Kirchenvorstand.

Gegenüber derartigen Versuchen, das bestehende Recht einseitig und willkürlich abzuändern, wird man sich der Ueberzeugung nicht verschließen können, daß es an der Zeit ist, Institutionen zu schaffen, vermöge deren die Kirchenvorstände und ihre Mitglieder das sind, was sie sein sollen, nämlich wirkliche, von der Herrschaft des Klerus unabhängige und mit bestimmten Rechten und Pflichten ausgestattete Organe der Gemeinden. Die Einrichtung einer geordneten vermögensrechtlichen Vertretung der Gemeinden durch Bestellung von Verwaltungsorganen aus ihrer Mitte gewährt zugleich die Möglichkeit, die berechtigten Interessen der zunächst und am meisten Betheiligten, weil zu Leistungen Verpflichteten, d. h. der Gemeinden und ihrer Mitglieder, zu der ihnen gebührenden Geltung zu bringen. Diesen Weg zu betreten, drängt auch die jetzige politische Bewegung, welche darauf gerichtet ist, die Kräfte der Gemeinden zu wecken und sie für das allgemeine Wohl mehr und mehr nutzbar zu machen. Sonach erscheint das dem Gesetzentwurf zum Grunde liegende System der katholisch-kirchlichen Vermögensverwaltung nur als eine Konsequenz der neuesten Gesetzgebung, deren charakteristisches Merkmal darin zu finden ist, daß sie auch das Laienelement zur

Mitwirkung bei der Besorgung der kirchlichen Angelegenheiten heranzuziehen und für dieselbe in geeigneter Weise zu verwerthen sucht.

Dasselbe Prinzip ist auch in der neueren badischen Gesetzgebung zur Anerkennung gelangt. Es bestimmt nämlich das Gesetz die rechtliche Stellung der Kirche und kirchlichen Vereine im Staate betreffend, vom 9. Oktober 1860 im § 10: Das Vermögen, welches den kirchlichen Bedürfnissen, sei es des ganzen Landes, oder gewisser Distrikte oder einzelner Orte gewidmet ist, wird unbeschadet anderer Anordnungen durch die Stifter, unter gemeinsamer Leitung der Kirche und des Staats verwaltet. — Bei der Verwaltung des kirchlichen Distrikts- und Ortsvermögens müssen die berechtigten Gemeinden vertreten sein; — ferner die Verordnung, die Verwaltung des katholischen Kirchenvermögens betreffend, vom 20. November 1861 im § 4: Das örtliche, das ist das für einen einzelnen Pfarrbezirk bestimmte Vermögen wird unter dem Vorsitz des geistlichen Vorstandes durch die Stiftungskommission verwaltet. — Die Mitglieder der Stiftungskommission werden von den Katholiken der Pfarrei unter Leitung des geistlichen Vorstandes auf einen Zeitraum von sechs Jahren gewählt. — Der Bürgermeister, oder wenn dieser nicht katholisch sein sollte, das dienstälteste katholische Mitglied des Gemeindevorstandes, ist stets Mitglied dieser Kommission. Auf den Antrag des geistlichen Vorstandes der Pfarrei oder des Bürgermeisters, beziehungsweise des dienstältesten katholischen Gemeinderaths kann eine Wahl verworfen werden, wenn der erzbischöfliche Dekan und die großherzogliche Verwaltungsbehörde zustimmen. Sind sie nicht einig, so geht die Entscheidung an den katholischen Oberstiftungsrath. Der Rechner wird von der Stiftungskommission gewählt und sowohl von dem erzbischöflichen Dekan, als von der großherzoglichen Verwaltungsbehörde bestätigt.

Indessen wird es des Hinweises auf diese Analogien kaum bedürfen, nachdem bereits das Allgemeine Landrecht durch die Vorschriften in Theil II. Titel 11 §§ 552, 159 für die Mitwirkung der katholischen Kirchengemeinden bei der Verwaltung des kirchlichen Vermögens die gesetzliche Basis geschaffen und damit einen Grundsatz aufgestellt hat, um dessen sach- uud zeitgemäße Fortentwickelung und Ausdehnung auch auf die übrigen Landestheile der Monarchie es sich bei dem gegenwärtigen Gesetzentwurf handelt.

Hierzu kommt noch, was die Bedürfnißfrage betrifft, der Umstand, daß die seitherige gesetzliche Gestaltung der in Rede stehenden Rechtsmaterie in den verschiedenen Landestheilen der Monarchie zu den verschiedensten Resultaten geführt hat, und, wie sie zur Zeit besteht, ein so buntes Bild darbietet, daß es in der Mannigfaltigkeit durchaus an der nothwendigen Einheit fehlt. Es gilt dies nicht blos von denjenigen Landestheilen, welche einem verschiedenen Rechtsgebiete, z. B. dem des Allgemeinen Landrechts, des französischen Rechts, des gemeinen Rechts, sondern auch von solchen, welche dem Geltungsbereiche desselben Rechts angehören, wie die nachfolgende Uebersicht des Näheren ergeben wird:

A. Geltungsgebiet des Allgemeinen Landrechts.

Das Allgemeine Landrecht kennt als Organe der Vermögensverwaltung: 1) die Kirchenkollegien, welche aus den Geistlichen der einzelnen Kirchen und den ihnen zugeordneten Vorstehern, deren Zahl mindestens zwei betragen soll, bestehen (Th. II. Tit. 11 §§ 156, 624); 2) die Bevollmächtigten oder Repräsentanten, d. h. eine zur Berathung und Beschlußfassung über bestimmte Angelegenheiten von der Gemeinde gewählte Vertretung derselben (Th. II. Tit. 11 § 159).

Den Kirchenkollegien wird „die Verwaltung der äußeren Rechte der Kirchengesellschaft" (§ 157 a. a. O.), damit also vor Allem die Vermögensverwaltung (§ 217) beigelegt; indessen steht die laufende Administration nach den Vorschriften der §§ 619 ff. den Kirchenvorstehern zu, während das Kirchenkollegium nur bei einer Reihe von wichtigen Akten der Vermögensverwaltung (z. B. bei der Kündigung, der Ausleihung von Kapitalien u. s. w. §§ 629 ff.) mitzuwirken hat.

An Stelle des Kirchenkollegiums, welches nach dem Allgemeinen Landrecht nicht unbedingt nothwendig ist und dessen Bestehen nur für größere, namentlich keinem Patronat unterworfene Parochien und Kirchen vorausgesetzt wird (§§ 622, 645, 693 a. a. O.), führen in den hiernach gegebenen Fällen die Kirchenvorsteher, welche sonst nur die administrirenden Organe des Kirchenkollegiums sind (§ 622) die laufende Verwaltung, wobei der Pfarrer als Vorsteher mitbetheiligt sein kann (§ 694), während die Bevollmächtigten oder Repräsentanten bei gewissen Maßregeln statt des

Kirchenkollegiums ihre Genehmigung zu ertheilen haben, z. B. bei der Aufnahme von Kapitalien (§ 645).

Die Bestellung der Kirchenvorsteher steht nach Allgemeinem Landrecht in der Regel dem Patron zu (§§ 552, 585 a. a. O.), und wenn da, wo kein solcher vorhanden ist, der Gemeinde das Wahlrecht, vorbehaltlich der Genehmigung der Wahl durch die ordentliche Gerichtsbarkeit (§ 552) gewährt wurde, so konnte diese Anordnung schon deshalb nicht zu allgemeiner Uebung gelangen, weil der § 553 bestimmt: „Wo nach bisheriger Observanz die Bestellung der Vorsteher von anderen Personen oder Behörden abgehangen, hat es deshalb ..... bei dieser hergebrachten Gewohnheit sein Bewenden".

Als später nach Emanation der Verfassungsurkunde in den mit ministerieller Genehmigung von den Oberpräsidenten erlassenen Regulativen über die Ressortverhältnisse in den Angelegenheiten, betreffend die Verwaltung und Beaufsichtigung des katholischen Kirchen-, Pfarr- und Stiftungsvermögens (— vgl. Beiträge zum katholischen Kirchenrecht. Paderborn 1854 Heft 1 S. 40, 51, 64 —) übereinstimmend erklärt worden war: „„Die Bestellung der Kirchenvorsteher ...... ist in denjenigen Fällen durch die Herren Bischöfe zu bewirken, wo nicht vermöge Patronatsverhältnisses oder eines sonstigen besonderen Rechtstitels oder vermöge örtlicher Observanz die Befugniß dritter Personen dazu begründet ist"", und man damit der landrechtlichen subsidiären Regel, daß die Gemeinde zur Wahl der Kirchenvorsteher befugt sei, den kanonischen Grundsatz der bischöflichen Ernennung substituirt hatte, war für die Bischöfe ein noch weiterer Spielraum zur Beseitigung der Mitwirkung und des Einflusses der Gemeinden bei der Errichtung der Kirchenvorstände gegeben. Demgemäß ist denn auch gegenwärtig die Bestellung der Kirchenvorsteher überall fast ausschließlich in den Händen der Geistlichkeit.

Was die praktische Gestaltung dieser Verhältnisse betrifft, so bildet im Regierungsbezirk Danzig nach der von dem Bischof von Culm erlassenen „Instruktion für die sämmtlichen Pfarrer, Pfarradministratoren u. s. w." vom 29. Oktober 1850 §. 6 die Anstellung der Kirchenvorsteher durch den Bischof die Regel. Die Instruktion des Erzbischofs von Gnesen und Posen, betreffend die Verwaltung des Vermögens der katholischen Kirchen ꝛc. vom 20. Juli 1871 bestimmt im §. 3, daß die Wahl und Ernennung der Kirchenvorsteher dem Patron gebühre, oder nach der in den dortigen Erzdiözesen überwiegend stattfindenden Observanz dem Pfarrverweser, ausnahmsweise der Gemeinde, oder der geistlichen Behörde, wo dies in der bisherigen Observanz oder Erektion begründet sei. Die Bestätigung dieser Beamten ist indessen ausschließliches Recht der geistlichen Behörde, welcher jeder gewählte Kirchenvorsteher zur Bestätigung präsentirt werden muß. In der Diözese Paderborn ist gegenwärtig die Praxis die, daß die weltlichen Mitglieder des Kirchenvorstandes, welchem auch die sämmtlichen Hülfsgeistlichen angehören, auf Vorschlag des Pfarrers und nach gutachtlicher Aeußerung des Landdechanten von der bischöflichen Behörde ernannt werden. In der Diözese Münster (vgl. Regulativ des Generalvikariats vom 30. Dezember 1856 Nr. 3) wählt der Bischof aus einer Vorschlagsliste der doppelten Anzahl von Mitgliedern auf das Gutachten des Landdechanten die Kirchenvorsteher aus. In den Regierungsbezirken der Provinz Brandenburg erfolgt die Auswahl der Kirchenvorsteher durch den Pfarrer, welcher sich zu diesem Zweck mit den noch im Amte befindlichen Kirchenvorstehern oder auch mit angesehenen Gemeindegliedern beräth, und die Ernennung durch den Bischof. Dasselbe gilt für diejenigen Theile der Provinz Pommern, in denen das Allgemeine Landrecht Anwendung findet. Endlich werden die Kirchenvorsteher in 16 Pfarreien des Regierungsbezirks Königsberg durch den Pfarrer allein ausgewählt und in drei Pfarreien des Regierungsbezirks Merseburg durch den Bischof selbstständig ernannt.

Schon hieraus läßt sich ersehen, daß bei der Bestellung der Kirchenvorsteher ein entscheidendes Wahlrecht der Gemeinden nur ausnahmsweise in Geltung ist. Es ist dies um so mehr der Fall, als sich auch sonst noch gewisse Besonderheiten entwickelt haben, durch welche die Mitwirkung der Kirchengemeinden bei der Bestellung der Kirchenvorsteher und bei der Vermögensverwaltung überhaupt ausgeschlossen oder doch wesentlich beschränkt wird. In dieser Beziehung ist, abgesehen von den schon oben erwähnten Fällen aus den Regierungsbezirken Königsberg und Arnsberg, Folgendes zu bemerken:

a. Im Regierungsbezirk Münster sind die Besitzer bestimmter Güter oder Höfe geborne Mitglieder des Kirchenvorstandes, wie in Havixbeck, oder sie alterniren als solche wenigstens nach einem gewissen Turnus, wie in mehreren Gemeinden des Kreises Beckum.

b. An anderen Orten hat die politische Gemeinde das Recht, dem Bischof mehrere Mitglieder des Kirchenvorstandes zu präsentiren, so in Telgte (Regierungsbezirk Münster), oder es werden die Mitglieder des Kirchenvorstandes durch den Ortsvorstand, den Pfarrer und die Kirchenvorsteher bestellt, so in 40 Pfarreien des Regierungsbezirks Königsberg.

c. Eine Kooptation für ausscheidende Mitglieder durch das Kirchenkollegium findet z. B. statt im Regierungsbezirk Minden, in den landrechtlichen Theilen des Regierungsbezirks Düsseldorf (nach der erzbischöflichen Verordnung vom 31. Januar 1849) und in Berlin, woselbst das Aeltestenkollegium sich selbst ergänzt und die Kirchenvorsteher in Verbindung mit dem Kirchenkollegium kooptirt, Statut der Pfarrei zu St. Hedwig vom 1. Oktober, bez. 25. November 1870 §§. 17, 32 (— s. Moy, Arch. f. kathol. Kirchenrecht Bd. 27 S. 95).

d. Einzelne Gemeinden haben Kirchenvorstände überhaupt nicht, weil, wie z. B. in Velen und Heiden (Regierungsbezirk Münster), sowie in Stockkämpen (Regierungsbezirk Minden), der Patron allein das Kirchenvermögen verwaltet oder weil, wie z. B. in Burlo, Raesfeld, Merfeld und Karthaus (Regierungsbezirk Münster), die erforderlichen Mittel zur Unterhaltung des Kirchensystems von einzelnen großen Grundherren gewährt werden.

Anlangend die Patrone, denen nach §§ 552 und 585 Th. II. Tit. 11 des Allgemeinen Landrechts die Bestellung der Kirchenvorsteher in der Regel zusteht, so sind diese zum Theil ebenfalls nicht mehr im Besitze dieses ihres Rechts und es macht sich auch insoweit ein wesentlicher Einfluß der Geistlichen und der geistlichen Behörden auf die Bildung der Kirchenvorstände geltend. Es gilt dies nicht blos von dem Privat-, sondern auch von dem landesherrlichen Patronat. Eine Mitwirkung der Staatsbehörden auf Grund des letztgedachten Rechtstitels findet thatsächlich nicht mehr statt in den Regierungsbezirken Arnsberg und Marienwerder. Dagegegen übt die Regierung zu Posen durch die Landräthe ihres Bezirks (abgesehen von einem Falle, in welchem vermöge bestehender Observanz die Kirchenvorsteher auf Vorschlag des Geistlichen durch den Erzbischof ernannt werden) bei den sämmtlichen übrigen 84 Kirchengemeinden fiskalischen Patronats ebenso, wie die Regierung zu Stettin bei der einzigen dort bestehenden Kirche fiskalischen Patronats das fragliche Recht aus. Desgleichen ist dasselbe in der Provinz Schlesien auf Grund des daselbst statt der Vorschriften des Allgemeinen Landrechts zur Anwendung kommenden Edikts über die Verwaltung des Kirchenvermögens ꝛc. d. d. Gunthersblum, den 14. Juli 1793, in praktischer Uebung, indem im Kap. I. Nr. 2 daselbst bestimmt ist, daß die Wahl der Kirchenvorsteher den Patronen der Kirchen zustehe. Während aber dieses Edikt ebensowenig, wie das Allgemeine Landrecht eine Bestätigung der Kirchenvorsteher durch die geistliche Behörde kennt, sondern nur von einer Ernennung derselben durch die Patrone spricht, haben doch die Bischöfe eine solche überall für sich in Anspruch genommen und pflegen, nachdem die staatlichen Patronatsbehörden die Kirchenvorsteher ernannt haben, ihrerseits dieselben zu bestätigen. Uebrigens wird auch bei verschiedenen Regierungen in Fällen der Art in der Weise verfahren, daß dieselben bei der Ernennung von Kirchenvorstehern geeignete Persönlichkeiten durch den Ortspfarrer in Vorschlag bringen lassen, so daß Letzterer auch bei Kirchen fiskalischen Patronats auf die Zusammensetzung des Kirchenvorstandes vielfach eine nicht zu unterschätzende Einwirkung ausübt.

Die Privatpatrone machen von ihrem Rechte keinen Gebrauch im Regierungsbezirk Königsberg und in dem größten Theile des Regierungsbezirks Posen, woselbst die Auswahl der Kirchenvorsteher durch die Geistlichen und die Bestätigung derselben durch den Erzbischof die Regel bildet, während sie nur ausnahmsweise durch den Patron im Einvernehmen mit dem Geistlichen dem Erzbischof präsentirt werden. Im Regierungsbezirk Arnsberg wird der Patron, und zwar auch nur in einzelnen Gemeinden des Kreises Iserlohn, mit etwaigen Einwendungen gegen die Person des in Vorschlag gebrachten Kirchenvorstehers gehört, wogegen der Patron in zwei anderen Gemeinden, nämlich in Balve und in Bremen, ständiges Mitglied des Kirchenvorstandes ist. In dem landrechtlichen Theile des Regierungsbezirks Düsseldorf, woselbst es nur wenige Privatpatrone giebt, wählt allein der Besitzer des adeligen Gutes Schellenberg als Patron mit dem Pfarrer die beiden Mitglieder des Kirchenvorstandes zu Rellinghausen. Im Regierungsbezirk Münster ist das Recht der Privatpatrone bei der Bestellung der Kirchenvorsteher in 25 Pfarreien in Geltung und auch in der Provinz Schlesien wird von diesem Rechte Gebrauch gemacht.

Eine Wahl der Kirchenvorsteher durch den Pfarrer und die Gemeinde ist üblich in einem großen Theile des Regierungsbezirks Marienwerder, in 32 Gemeinden des Regierungsbezirks Königsberg, in den vereinzelten katholischen Gemeinden des Regierungsbezirks Gumbinnen und in den wenigen patronatsfreien Gemeinden des Regierungsbezirks Posen, ausnahmsweise auch in der Pfarrei Bütow (Regierungsbezirk Köslin) und in einer Pfarrei der Stadt Cösfeld (Regierungsbezirk Münster). Die im § 552 Th. II. Tit. 11 des Allgemeinen Landrechts vorgeschriebene Genehmigung der Gemeindewahl durch die dort gedachte „„ordentliche Gerichtsobrigkeit““ ist in neuerer Zeit überall in Wegfall gekommen.

Hinsichtlich der Qualifikation zu dem Amte der Kirchenvorsteher, über deren Bedingungen das Allgemeine Landrecht eine besondere Bestimmung nicht enthält, wird theils in Gemäßheit provinzialrechtlicher Vorschriften, theils im Anschluß an frühere Synodalbeschlüsse, theils auf Grund älterer und neuerer bischöflicher Verordnungen überall verlangt, daß die Kirchenvorsteher unbescholtene, gut beleumundete und geachtete Männer sein müssen, welche das Vertrauen der Gemeinde und des Pfarrers besitzen. Im Ermlande, sowie in der Diöcese Kulm und der Erzdiöcese Gnesen-Posen (in den beiden letzteren nach den schon oben angeführten Instruktionen vom 29. Oktober 1850 § 4 und vom 20. Juli 1871 § 2), desgleichen in der Provinz Schlesien (zufolge des gleichfalls bereits erwähnten Edikts d. d. Gunthersblum, den 14. Juli 1793 Kap. I. Nr. 3) sind als weitere Erfordernisse vorgeschrieben: Ansässigkeit mit Grundbesitz und Lesens- und Schreibenskunde. Auch im Regierungsbezirk Erfurt, sowie in den katholischen Gemeinden der Provinzen Pommern und Brandenburg (der letzteren mit Ausnahme von Berlin gemäß § 16 des Statuts der Pfarrei zu St. Hedwig vom 1. Oktober, bez. 25. November 1870) werden vorzugsweise angesessene Männer zu Kirchenvorstehern bestellt. In einzelnen Diöcesen, wie in der von Ermland, Kulm, Gnesen-Posen und Breslau, ist es zum Theil wenigstens üblich, daß den Kirchenvorstehern durch die bischöfliche Behörde nach erfolgter Bestätigung auch eine Bestallungsurkunde zugefertigt wird. Desgleichen kommt vielfach eine Vereidigung der Kirchenvorsteher, so im Regierungsbezirk Gumbinnen und in der Provinz Schlesien, oder eine Verpflichtung derselben mittels Handschlags an Eidesstatt, z. B. in den Diöcesen von Kulm, Gnesen-Posen und Münster, vor.

Die Dauer des Amts der Kirchenvorsteher ist lebenslänglich oder unbeschränkt in den Provinzen Schlesien, Pommern und Brandenburg (der letzteren mit Ausnahme von Berlin, woselbst die Wahl der Vorsteher nach § 19 des gedachten Statuts vom 1. Oktober, bez. 25. November 1870 auf sechs Jahre geschieht), sowie regelmäßig auch in den Diöcesen von Ermland und Paderborn. Drei Jahre beträgt die Amtsdauer der Kirchenvorsteher nach dem Ostpreußischen Provinzialrecht vom 4. August 1801, bez. 6. März 1802 Zusatz 188, sowie in der Regel auch nach dem Westpreußischen Provinzialrecht vom 19. April 1844 § 28, und in gleicher Weise ist die Amtsdauer für die Erzdiöcese Gnesen-Posen bestimmt durch die Instruktion vom 20. Juli 1871 § 3. In der Diöcese Münster und in einzelnen Gemeinden der Diöcese Ermland fungiren die Kirchenvorsteher 3 bis 6 Jahre, in einzelnen Gemeinden des Regierungsbezirks Arnsberg dagegen 2 bis 6 Jahre.

Die Disciplinargewalt über die Kirchenvorsteher wird überall von den bischöflichen Behörden in Anspruch genommen und in vorkommenden Fällen auch ausgeübt; nur in der Provinz Brandenburg ist bei Gemeinden landesherrlichen Patronats die Entlassung von Kirchenvorstehern aus ihrem Amte daneben auch durch die Regierungen als Patronatsbehörden ausgesprochen worden. Indessen fehlt es an festen Normen sowohl über die Gründe, aus denen eine disciplinarische Entlassung erfolgen kann, als auch über das dabei zu beobachtende Verfahren. Thatsächlich sind Kirchenvorsteher, welche das Kirchenvermögen schlecht verwaltet oder einen anstößigen oder unsittlichen Lebenswandel geführt haben, z. B. in den Regierungsbezirken Arnsberg und Erfurt, aus ihrem Amte entlassen worden. Außer diesen Gründen werden als solche noch angesehen: gerichtliche Bestrafung wegen grober Verbrechen oder Vergehen, entehrende Handlungen, Betreibung eines ungehörigen Gewerbes, Vernachlässigung kirchlicher Interessen, Abfall vom Glauben oder ersichtlicher Mangel an kirchlichem Sinn und dergleichen mehr.

Außer dem Kirchenkollegium oder Kirchenvorstande, von dessen Mitgliedern bisher die Rede war, ist im Geltungsbereiche des Allgemeinen Landrechts auch das Institut der Bevollmächtigten oder Repräsentanten der Gemeinde in Uebung, jedoch keineswegs durchgängig. Vielmehr kennt man dasselbe überhaupt nicht im Regierungsbezirk Gumbinnen, sowie in den Provinzen Pommern und Brandenburg (der letzteren mit Ausnahme von Berlin, woselbst das Aeltestenkollegium nach § 31 des Statuts vom 1. Oktober, bez. 25. November 1870 die weitere Vertretuug der Gemeinde bildet). Auch in anderen Landestheilen zeigt sich das Bestreben der geistlichen Behörden, entweder die Mitwirkung der Gemeinderepräsentanten bei der Vermögensverwaltung thunlichst einzuschränken oder aber dem Institute eine durchaus andere, als die gesetzliche Basis zu geben.

In der Diözese Breslau ist die Zuziehung der Gemeinde-Repräsentanten nur da üblich, wo sie, wie z. B. im § 647 Th. II. Tit. 11 des Allgemeinen Landrechts für die Veräußerung eines Kirchenguts ausdrücklich vorgeschrieben ist, oder wenn bei vorkommenden größeren Bauten die Steuerkraft der Gemeindeglieder in Anspruch genommen werden soll. Im Regierungsbezirk Königsberg sind die Repräsentanten nur betheiligt bei Veräußerungen oder Verpfändungen von Grundstücken, bei Auferlegung neuer oder Erhöhung bestehender Lasten, bei Abänderung der Repartitionen und der Stolgebührentaxen, endlich bei Bauten und größeren Reparaturen der Kirchen- oder Pfarrgebäude; auch existiren für die letztgedachten Fälle in vielen, namentlich städtischen Gemeinden ständige Repräsentanten, sogenannte Baukommissarien, 2 bis 6 an der Zahl. In ähnlicher Weise kommen im Regierungsbezirk Posen lebenslänglich gewählte Repräsentanten mit generellen Vollmachten zur dauernden Vertretung der Gemeinden vor. Dagegen findet auch da, wo das Institut sonst bekannt ist, wie z. B. im Regierungsbezirk Bromberg, die in den §§ 691 bis 693 Th. II. Tit. 11 des Allgemeinen Landrechts angeordnete Mitwirkung der Repäsentanten bei der Rechnungsabnahme nicht statt.

Für die Diözesen Paderborn und Münster, sowie für den landrechtlichen Theil der Erzdiözese Köln, nämlich das Dekanat Essen, haben die bischöflichen Behörden besondere Verordnungen über die Vertretung der Gemeinden durch Repräsentanten und über deren Wahl erlassen. So heißt es in der Instruktion des General-Vikariats zu Paderborn vom 23. Juli 1855 unter Nr. 1: Repräsentanten oder Bevollmächtigte einer Kirchengemeinde sind überhaupt da und dann zu wählen und mit ausreichender Vollmacht zu versehen, wo und wann die gesammte Gemeinde Rechte auszuüben und Verpflichtungen zu erfüllen hat und dieserhalb mit der Gesammtheit der Gemeinde nicht füglich verhandelt werden kann. Dieser Fall tritt insbesondere ein, wenn die Gemeinde zu Bau- oder kirchlichen Zwecken Beiträge im Wege der steuermäßigen Umlage leisten muß.

Die Verordnung des Erzbischofs von Köln vom 5. Mai 1868 lautet im § 5: Der Umfang der Rechte und Pflichten der Repräsentanten wird durch ihr Mandat bestimmt, welches festgestellt wird durch das dem Wahlprotokoll beigeheftete Einladungspublikandum. Wenn in diesem Publikandum ein besonderer Zweck der Wahl nicht angegeben ist, so erstreckt und beschränkt sich das den Repräsentanten ertheilte Mandat auf die gewöhnlichen Angelegenheiten der Kirchengemeinde, namentlich a) auf Deckung des Kirchenkassendefizits, Erfüllung der den Kirchengemeinden wegen eines besonderen Rechtstitels obliegenden Verpflichtungen, z. B. bauliche Unterhaltung des Pfarrhauses, der Küsterei, Leisten von Abgaben, Amortisation &c. und Beschaffung der dazu erforderlichen Gelder im Wege der Umlage oder durch Anleihen, zu welchen letzteren die besondere Genehmigung des erzbischöflichen Ordinariats erforderlich ist, und b) darauf, den Modus der Umlage der zur Deckung des Kirchenkassendefizits erforderlichen Beiträge zu bestimmen.

Die Instruktion des Generalvikariats zu Münster vom 12. Dezember 1868 spricht sich in Nr. 1 dahin aus: Die zu einer katholischen Pfarrkirche eingepfarrten Katholiken bilden in ihrer Gesammtheit eine Kirchengemeinde als Korporation. Das Wort Kirchengemeinde hat aber einen doppelten Sinn; entweder bezeichnet es die Kirchengesellschaft und Kirche als Korporation, wobei nicht das Interesse der einzelnen Mitglieder unmittelbar in Betracht kommt, — oder den Inbegriff der einzelnen Eingepfarrten, wo es sich nur um das Interesse der einzelnen Mitglieder handelt. Die Kirche resp. Kirchengemeinde im ersteren Sinne als Korporation wird durch den Pfarrer und

Kirchenvorstand vertreten. Im letzteren Sinne, wo es sich um die Interessen der einzelnen Eingepfarrten handelt, z. B. wegen Repartition der Kultusbeiträge, ist eine besondere Vertretung deshalb nach Inhalt des Gesetzes vom 23. Januar 1846 — Gesetzsamml. 1846 S. 23 — anzuordnen. Es sind nämlich dafür Kirchengemeinde-Repräsentanten zu wählen.

Die Repräsentanten erscheinen hier als Vertreter der Interessen der einzelnen Gemeindeglieder, sofern diese in ihrer Gesammtheit in Frage kommen; sie sind aber vielmehr Organ der Gemeinde als einer Korporation, und diese ist es, zu deren Vertretung sie nach den §§ 159, 645, 647, 691 bis 693 Theil II. Titel 11 des Allgemeinen Landrechts berufen sind. Ihre Zahl ist in den vorgedachten Verordnungen auf 5 bis 9, in der Instruktion des Bischofs von Kulm vom 29. Oktober 1850 § 12, sowie in derjenigen des Erzbischofs von Gnesen und Posen vom 20. Juli 1871 § 10 sogar nur auf 3 bis 5 festgesetzt.

B. Rheinprovinz.

a. Geltungsgebiet des französischen Rechts.

In der Rheinprovinz, und zwar in dem linksrheinischen Theile derselben, in welchem französisches Recht gilt, ist die Verwaltung des Kirchenvermögens geregelt durch das décret concernant les fabriques des églises du 30. Décembre 1809. Dasselbe organisirt für die Verwaltung der sogenannten Kirchenfabriken, welche nach Artikel 1: sont chargées de veiller à l'entretien et à la conservation des temples; d'administrer les aumônes et les biens, rentes et perceptions autorisées par les lois et règlements, les sommes supplémentaires fournies par les communes, et généralement tous les fonds qui sont affectés à l'exercice du culte; enfin, d'assurer cet exercice, et le maintien de sa dignité, dans les églises auxquelles elles sont attachées, einen conseil (Fabrikrath) und ein bureau des marguilliers (Kirchenmeisterbüreau oder Kirchenmeisterstube). Es sind dies nicht zwei völlig von einander getrennte Behörden; vielmehr bildet das Kirchenmeisterbüreau nur einen Ausschuß aus dem mit der eigentlichen Verwaltung des kirchlichen Vermögens betrauten Fabrikrathe.

Der Fabrikrath besteht aus 9, in den Pfarreien unter 5000 Seelen aus 5 conseillers, welche katholisch sein, in der Pfarrei wohnen und dem Stande der Notabeln angehören müssen. Die Räthe erneuern sich alle drei Jahre in der Weise, daß nach drei Jahren 5 beziehungsweise 3, und nach weiteren drei Jahren 4 resp. 2 ausscheiden und die zurückbleibenden Mitglieder die neu eintretenden kooptiren. Außer diesen Räthen gehören dem Konseil als geborne Mitglieder an der Pfarrer und der Bürgermeister des Hauptortes der Pfarrei (Art. 3—8).

Das Kirchenmeisterbüreau wird gebildet aus dem Pfarrer und 3 Fabrikräthen, von denen jährlich einer aus dem Büreau in den Konseil zurück-, und für welchen ein anderer durch dasselbe zu wählender Fabrikrath eintritt. Indessen sind diese Büreaus nicht überall, so z. B. nicht in allen Gemeinden des Regierungsbezirkes Trier, ins Leben getreten, und es werden in solchen Fällen ihre Funktionen durch die Fabrikräthe wahrgenommen. Das Büreau hat die laufenden Verwaltungsgeschäfte zu besorgen, das Budget aufzustellen und die der Berathung des Fabrikrathes zu unterbreitenden Angelegenheiten vorzubereiten, sowie die Beschlüsse des Fabrikrathes auszuführen (Art. 24 ff.).

Der Beschlußnahme des Rathes unterliegen das Budget, die jährliche Rechnung des Schatzmeisters, die Verwendung der Ueberschüsse, die Wiederanlegung zurückgezahlter Kapitalien, alle außerordentlichen Ausgaben über 50, bezw. in größeren Pfarreien über 100 Frs., die Anstellung oder Uebernahme von Prozessen, die Abschließung von Pachtverträgen auf eine längere Reihe von Jahren, die Vornahme von Veräußerungen und alle Geschäfte, welche nicht innerhalb der Schranken der gewöhnlichen Verwaltung von Mündelgütern liegen (Art. 12).

Uebrigens hat sich auch in den in Rede stehenden Gebietstheilen das Bestreben der geistlichen Behörden geltend gemacht, so viel als möglich die Verwaltung des Fabrikvermögens und die hierzu berufenen Organe zu beeinflussen, die staatliche Kontrole dagegen auszuschließen oder doch zu beschränken, wobei man sich auf die Annahme berief, daß die Kirchenfabriken nicht kommunale, sondern rein kirchliche Institutionen seien. Diese Annahme widerspricht jedoch der Gerichtspraxis, insbesondere derjenigen des Königlichen Ober-Tribunals und des Königlichen Appellationsgerichtshofes zu Köln; beide Gerichtshöfe haben, ersterer in dem Erkenntnisse vom 19. Mai 1863, letzterer in dem Urtheile vom 7. Januar 1864 (Rheinisches Archiv Bd. 58 [N. F. Bd. 51] Abth. 1, S. 57 und Abth. 2, S. 3) übereinstimmend ausgeführt, daß nicht blos während und nach der französischen Revolutionsperiode, sondern auch in der älteren Landesgesetzgebung Frankreichs die Kirchenfabrik nicht als eine, auch in ihren Vermögens- und Besitzrechten von der Episkopalgewalt oder überhaupt von einer klerikalen Behörde abhängige kirchliche Institution, sondern nach dieser Seite hin stets als eine wesentlich bürgerliche und kommunale Anstalt betrachtet worden sei, daß das Dekret vom 30. Dezember 1809 diesen Charakter der Kirchenfabrik nur weiter ausgebildet und daß die Verfassungsurkunde hieran nichts geändert habe.

Die Disziplinargewalt über die Fabrikräthe und deren Mitglieder wird auch hier von den bischöflichen Behörden beansprucht und ist gegebenen Falls von ihnen zur Anwendung gebracht worden, wie denn z. B. der Erzbischof von Köln vor einigen Jahren ein solches Mitglied einseitig aus dem Fabrikrathe entfernt hat, weil dasselbe aufgehört hatte, zu dem Stande der Notabeln zu gehören. Auch haben der Erzbischof von Köln und der Bischof von Münster die Zulässigkeit der Mitwirkung der Königlichen Regierungen bei der erstmaligen Konstituirung eines Fabrikraths, sowie bei der Suspension, der Auflösung und der Neubildung eines solchen in Abrede genommen; dieser Auffassung ist indessen bereits das Rescript des Ministers der geistlichen 2c. Angelegenheiten vom 15. Februar 1856 entgegengetreten, indem dasselbe auf Grund des bestehenden Rechts anordnet, daß in Fällen der Art nur nach vorher erzieltem Einvernehmen zwischen der Staats- und der bischöflichen Behörde zu verfahren sei.

Obwohl das Dekret vom 30. Dezember 1809 für eine Reihe von Verwaltungsakten die Genehmigung der Staatsbehörde vorschreibt, so ist eine Betheiligung der Königlichen Regierungen bei der Verwaltung des Fabrikvermögens in der Praxis doch im Wesentlichen nur bestehen geblieben: bei der Erwerbung von Grundstücken und von Zuwendungen über 1000 Thaler, bei der Auferlegung kirchlicher Steuern und Beiträge, sowie auch bei der Prozeßführung, soweit es sich um die Ertheilung der Autorisation zur Klage handelte, letzteres mit Rücksicht auf das schon allegirte Erkenntniß des Königlichen Ober-Tribunals vom 19. Mai 1863, in welchem ebenso, wie in dem Urtheile desselben Gerichtshofes vom 11. Juli 1865 (Rheinisches Arch. Bd. 59, N. F. Bd. 52, Abth. 2 S. 82), der eine solche Autorisation erfordernde Artikel 77 des Dekrets für fortbauernd gültig erklärt wird.

Schließlich ist noch zu erwähnen, daß, obschon das Gesetz, betreffend die Verpflichtung zur Aufbringung der Kosten für die kirchlichen Bedürfnisse der Pfarrgemeinden, vom 14. März 1845 (Gesetzsamml. S. 163) die entsprechenden Anordnungen für die Landestheile des linken Rheinufers enthält, doch das Generalvikariat zu Köln seinerseits unterm 15. August 1868 eine Instruktion über die Aufbringung der Mittel für die kirchlichen Bedürfnisse bei Unzulänglichkeit der kirchlichen Einkünfte für die Kirchenvorstände auf der linken Rheinseite erlassen hat, und daß durch die Instruktion des Erzbischofs von Köln vom 10. April 1863 nebst den Nachträgen des Generalvikariats dazu vom 21. Juni 1870 und vom 10. April 1873 die sogenannten Definitoren (Beistände der Landdechanten) mit der Aufsicht über die Kirchenfabriken 2c. betraut worden sind.

b. Ehemaliges Großherzogthum Berg.

Auf dem rechten Rheinufer, in dem ehemaligen Großherzogthum Berg, sind die früher in Geltung gewesenen Bestimmungen über die Verwaltung des Kirchenvermögens, insbesondere die Verwaltungsordnung der katholischen Kirchen- und Armenmittel vom 19. Januar 1753, wonach die zur Vermögensverwaltung berufenen Kirchmeister aus freier Wahl der Pfarrgenossen hervorgingen, zwar durch kein Gesetz aufgehoben worden. Indessen ist ein Dekretsentwurf vom 24. Juli 1813, welcher von dem damaligen Minister des Innern den Präfekten des Rhein- und des Sieg-Departements mitgetheilt und auch nachmals von dem Generalgouverneur unterm 9. August 1814 bestätigt ist, trotzdem er niemals Gesetzeskraft erlangt hat, doch thatsächlich befolgt worden. Derselbe ist dem Dekrete vom 30. Dezember 1809 nachgebildet und schreibt in Uebereinstimmung mit den Bestimmungen des letzteren die Errichtung von Kirchenräthen vor, welche, außer dem Maire und dem Pfarrer, denen von Amtswegen Sitz und Stimme in denselben zukommt, aus fünf Mitgliedern bestehen und die Güter und Einkünfte der Kirche verwalten, deren Ausgaben berichtigen und über die Erhaltung der Kirchengebäude wachen sollen.

Nach Erlaß der Verfassungsurkunde hat der Erzbischof von Köln die Bildung und die Erneuerung der Kirchenräthe in dem rechtsrheinischen Theile der Diöcese einseitig durch eine Verordnung vom 31. Januar 1849 geregelt, in deren Einleitung bemerkt wird, daß durch den Artikel 12 der Verfassungsurkunde (vom 5. Dezember 1848) die auf der rechten Rheinseite für das vormalige Großherzogthum Berg wegen Bildung und Erneuerung der Kirchenräthe geltenden Vorschriften der provisorischen Verwaltungsordnung für die Kirchenverwaltung außer Wirksamkeit getreten seien. Im Einzelnen schließt sich auch diese Verordnung an das Dekret vom 30. Dezember 1809 an, nur daß die Bestimmungen des letzteren über die Betheiligung der Staatsbehörde bei der Verwaltung des Kirchenvermögens nicht mitaufgenommen worden sind. Die Kirchenräthe setzen sich nach jener Verordnung aus dem Pfarrer und dem Ortsbürgermeister, die von Amtswegen zu derselben gehören, und aus fünf anderen Mitgliedern zusammen, welche katholisch sein, in dem Bezirke der Pfarrei wohnen und zu den Notabeln gehören müssen, auch bis zu dem Grade des Oheims und des Neffen einschließlich weder verwandt noch verschwägert sein dürfen. Die theilweise Erneuerung der Kirchenräthe soll jedesmal nach Verlauf von drei Jahren in der Weise erfolgen, daß nach den ersten drei Jahren die beiden und nach den ersten sechs Jahren die drei ältesten Mitglieder im Dienste austreten und von den übrig bleibenden Mitgliedern die neu eintretenden kooptirt werden. Endlich ist die Einreichung der Wahlprotokolle an den Erzbischof angeordnet, welcher sich zugleich für den Fall der verzögerten Wahl die Besetzung der erledigten Stellen durch Ernennung neuer Mitglieder vorbehalten hat.

c. Bezirk des Justizsenats zu Ehrenbreitstein.

In dem Bezirke des Justizsenats zu Ehrenbreitstein steht die Verwaltung des Kirchenvermögens dem Pfarrer zu, welchem hierzu eine Anzahl von sogenannten Sendschöffen (synodales) beigegeben sind. Dieselben werden in dem Gebiete des ehemaligen Kurfürstenthums Trier kooptirt und von dem Landdechanten oder dem Präsidenten der Sende eingesetzt, in dem Gebiete des vormaligen Kurfürstenthums Köln dagegen lediglich von dem Generalvikar oder dem Landdechanten nach deren Gutbefinden angenommen. Die Rechte und Pflichten dieser Verwalter des Kirchenvermögens sind dieselben, wie für die Verwaltung milder Stiftungen; insbesondere ist zur Veräußerung von Grundstücken, zur Führung von Prozessen und zur Abschließung von Vergleichen die Genehmigung der geistlichen Oberen erforderlich; die jährliche Rechnungslegung soll vor der Sende im Beisein des Lokalbeamten stattfinden.

C. **Provinz Hannover.**

Für die Provinz Hannover hat das Gesetz über Kirchen- und Schulvorstände vom 14. Oktober 1848 (Hann. Ges.-Samml. I. S. 301) vorgeschrieben, daß jede (evangelische und) katholische Kirchengemeinde einen Kirchenvorstand haben soll, welcher aus dem Pfarrgeistlichen und wenigstens vier von der Gemeinde gewählten Vorstehern besteht. Wahlberechtigt und wählbar sind alle volljährigen männlichen Mitglieder der Kirchengemeinde, welche in deren Bezirke Wohnrecht haben, mit Ausnahme solcher, 1) welche unter väterlicher Gewalt, Kuratel oder in Kost und Lohn stehen, 2) welche im letzten Jahre vor der Wahl aus Armenmitteln unterstützt sind, oder welchen Armuths halber die kirchliche Beitragsleistung erlassen ist, 3) über deren Vermögen ein noch unbeendigter Konkurs obschwebt, 4) welche durch ihren Lebenswandel öffentlich Aergerniß gegeben haben.

Das Vorsteheramt, welches als Ehrenamt in der Regel unentgeltlich zu verwalten ist, darf nur von Solchen abgelehnt oder niedergelegt werden, welche 1) an dessen regelmäßiger Verwaltung durch Krankheit, oder 2) durch ein von ihnen bekleidetes öffentliches Amt behindert sind, oder 3) in aktivem Militairdienst stehen, oder 4) als Aerzte oder Wundärzte zugelassen, oder 5) durch ihren Beruf zu häufiger Abwesenheit genöthigt sind, oder 6) das 60. Lebensjahr zurückgelegt, oder 7) das Vorsteheramt schon bekleidet haben, wenn seit dem Austritt 6 Jahre noch nicht verflossen sind.

Das Amt dauert in der Regel 6 Jahre; jedoch sind die Patrone befugt, ein Mitglied, oder falls sie zu einem bestimmten Zahltheile die kirchlichen Ausgaben zu bestreiten haben, eine verhältnißmäßige Zahl von Mitgliedern des Kirchenvorstandes zu ernennen, dessen oder deren Amtsdauer sie bestimmen. Im Uebrigen scheidet von 3 zu 3 Jahren die Hälfte der Vorsteher aus. Der Kirchenvorstand vertritt die Kirchengemeinde in vermögensrechtlicher Beziehung und verwaltet das kirchliche Vermögen, einschließlich der dazu gehörigen Armen- und Stiftungsmittel, sofern hierbei der Wille des Stifters, sowie des Pfarr-, Pfarrwittwenthums-, Küsterei- rc. Vermögens, soweit hierbei das Recht des jeweiligen Inhabers nicht entgegensteht, beides unter oberer Leitung der zuständigen Vorgesetzten. Er bedarf der vorgängigen Zustimmung der Letzteren, wenn 1) ein Darlehn über 100 Thaler aufgenommen, 2) unbewegliches Gut ohne Rechtsnothwendigkeit veräußert oder mit dinglichen Lasten beschwert, 3) der Ertrag eines Vermögenstheils zu anderen (kirchlichen) Zwecken, als für welche er bisher bestimmt war, verwandt, 4) ein Neubau oder eine mehr als 100 Thaler kostende bauliche Besserung vorgenommen, 5) ein Rechtsstreit, liquide Schuldforderungen ausgenommen, begonnen oder verglichen, 6) von den Gemeindegliedern eine nicht schon feststehende Leistung gefordert oder der Beitragsfuß abgeändert werden soll.

Die früher von den königlichen katholischen Konsistorien geübte Oberaufsicht über die Verwaltung der bischöflichen Behörden ist durch Reskript des Ministers der geistlichen rc. Angelegenheiten vom 16. November 1868 beseitigt, und es findet auch hier eine Kontrole der Staatsbehörden über die Vermögensverwaltung nur noch in demselben Umfange, wie in den älteren Provinzen, statt, insbesondere also bei Bausachen, sowie bei der Repartition und Beitreibung kirchlicher Gemeindelasten nach näherer Vorschrift des mit ministerieller Genehmigung von dem Oberpräsidenten der Provinz erlassenen Regulativs vom 12. Juni 1871.

Das Gesetz vom 14. Oktober 1848, zu dessen Ausführung unter demselben Datum von dem Hannöverschen Ministerium der geistlichen und Unterrichtsangelegenheiten eine Bekanntmachung erlassen wurde (Hannöversche Ges.-Samml. I. S. 307), ist im Wesentlichen in der Provinz zur Geltung gelangt. Da das Gesetz jedoch im § 25 die Bestimmung enthält, daß in denjenigen Kirchengemeinden, in welchen schon damals ein die Gemeinde vertretender Vorstand (Ortspresbyterium, Kirchenrath, Kirchenkollegium rc.) vorhanden war, die Einführung des neuen Kirchenvorstandes unterbleiben könne, bis der seitherige Vorstand oder die Gemeinde dieselbe verlange, so sind in einzelnen Gemeinden der Provinz die schon früher bestandenen Organe beibehalten worden, wie z. B. in Leer, Emden, Neustadt-Gödens und Rauderfehn (Landdrosteibezirk Aurich), ferner in Emsbüren (Landdrosteibezirk Osnabrück) und in Blumenthal (Landdrosteibezirk Stade). In den meisten dieser Gemeinden wird die Vermögensverwaltung besorgt von dem Pfarrer und mehreren Kirchenvorstehern oder Altaristen, welche theils von dem ersteren ausgewählt, theils durch Wahl der Gemeinde bestimmt werden. In Leer setzt sich der Kirchenvorstand zusammen aus dem Pfarrer als Vorsitzenden, der ein Stimmrecht nicht hat, sowie aus 4 Kirchenältesten, 3 Kirchen- und 3 Armenvorstehern, welche von allen selbstständigen Mitgliedern der Gemeinde mit relativer Stimmenmehrheit aus je 3 Kandidaten gewählt werden, von denen der Kirchenvorstand zwei und die Gemeinde einen vorzuschlagen hat. In Emden endlich wird der Gemeindevorstand, auch Kirchenrath genannt, gebildet durch einen Vorsitzenden, einen Rendanten, zwei Aeltesten, drei Provisoren und den jedesmaligen Geistlichen. Die Mitglieder und der Vorsitzende werden alle 6 Jahre durch die Generalversammlung sämmtlicher volljähriger selbstständiger Pfarrgenossen gewählt; die Generalversammlung nimmt auch die von dem Rendanten gelegte Rechnung ab, monirt und dechargirt sie.

D. Provinz Hessen-Nassau.

a. Ehemaliges Kurfürstenthum Hessen.

In der Provinz Hessen-Nassau, und zwar in dem ehemaligen Kurfürstenthum Hessen, war durch die gleichlautenden Instruktionen vom 9. August 1832 für Oberhessen und vom 9. Januar 1833 für Niederhessen zur Verwaltung des Kirchenvermögens in jeder Pfarrei eine sogenannte Kirchenprovision eingesetzt, welche aus dem zeitigen Pfarrer und aus zwei von der Regierung, bei Pfarreien mit geringerem Vermögen vom Kreisamte zu ernennenden Mitgliedern der Gemeinde, sowie aus einem auf dieselbe Weise zu bestellenden Rechnungsführer bestand.

Nach Einführung der preußischen Verfassungsurkunde ist indessen auch in der Diöcese Fulda die Verwaltung des Kirchen-, Pfarr- und Stiftungsvermögen anderweitig geordnet durch die Instruktion des Generalvikariats zu Fulda vom 15. August 1868. Nach dieser Instruktion ist der Kirchenvorstand zwar wie früher zusammengesetzt aus dem Pfarrer als Vorsitzenden, zwei Mitgliedern der Gemeinde und einem Rechnungsführer, letzterem mit nur berathender Stimme; die beiden Mitglieder und der Rechnungsführer werden jedoch gegenwärtig auf Vorschlag des Pfarrers von der bischöflichen Behörde ernannt. Bei der Auswahl derselben soll besonders auf solche Persönlichkeiten Rücksicht genommen werden, welche zu dem Amte die nöthigen Kenntnisse, untadelhaften Ruf und religiös-kirchliche Haltung besitzen. Dem Kirchenvorstande liegt die Vertretung der Kirche nach außen, sowie Verwaltung des Kirchen- 2c. Vermögens ob, und zwar unter der Oberaufsicht der bischöflichen Behörde.

b. Ehemals Baierische Gebietstheile.

In den mit der Diözese Fulda vereinigten ehemals Baierischen Gebietstheilen bestehen die sogenannten Kirchenverwaltungen, und zwar in magistratischen Gemeinden aus dem Pfarrer, dem Vorstande oder einem Mitgliede des Magistrats und aus 4 bis 8 gewählten Gemeindegliedern, in den Landgemeinden aus dem Pfarrer, dem Gemeindevorsteher oder einem Mitgliede des Gemeindeausschusses und aus 2 bis 4 gewählten Gemeindegliedern. Das Wahlrecht und die Wählbarkeit sind überall mit der Eigenschaft eines Gemeindegliedes verbunden. Die Wahl geschieht nach Analogie der Vorschriften über die Gemeindewahlen unter Leitung eines Wahlausschusses, der aus 2 Mitgliedern der bisherigen Kirchenverwaltung und aus den ältesten und jüngsten wahlberechtigten Gemeindegliedern zusammengesetzt ist, in einem Akte, in welchem $^2/_3$ der Wahlberechtigten abgestimmt haben müssen und bei welchem relative Stimmenmehrheit entscheidet. Die Bekanntmachung des Wahlergebnisses, die Bestätigung, Verpflichtung und Einweisung der Gewählten erfolgt wie bei den Gemeindewahlen. Desgleichen richtet sich die Kompetenz und der Geschäftsgang der Kirchenverwaltungen nach den für Magistrate und Gemeindeverwaltungen gegebenen Bestimmungen. Die obere Leitung der Vermögensverwaltung steht den staatlichen Kuratelbehörden dergestalt zu, daß sich die kirchlichen Oberbehörden direkter Weisung an die Kirchenverwaltungen zu enthalten und ihre Einwirkung auf geeignetes Benehmen mit den Kuratelstellen zu beschränken haben.

c. Ehemaliges Herzogthum Nassau.

In dem ehemaligen Herzogthum Nassau fungiren nach einer alten, aus der Zeit des Bestehens der Erzdiözese Trier stammenden Observanz bei der Verwaltung des Kirchenvermögens neben dem Pfarrer sogenannte Sendschöffen oder Kirchenvorsteher, welche auf Lebenszeit kooptirt und von dem Dekan bestätigt, auch in der Kirche öffentlich vereidigt werden. Eine Betheiligung der Gemeinde bei der Vermögensverwaltung findet insofern statt, als das Budget und die Rechnung jedesmals auf 8 Tage zur Einsicht ausgelegt werden; etwaige Erinnerungen dagegen aus der Mitte der Gemeinde sind bei dem Kirchenvorstande anzubringen.

Bei dem nach Einführung der Preußischen Verfassungsurkunde mit dem Bischof von Limburg im Jahre 1868 getroffenen Abkommen hat Letzterer sich verpflichtet, es bei der seitherigen Einrichtung der Kirchenvorstände und den hergebrachten Befugnissen derselben bei der Vermögensverwaltung im Wesentlichen zu belassen. Bis dahin hatte übrigens die obere Leitung der Verwaltung, insbesondere die Festsetzung des Budgets, die Ertheilung der Genehmigung zu jeder nicht budgetirten Ausgabe, zu Veräußerungen, zu Kapitalaufnahmen und zur Prozeßführung, die Festsetzung der Kirchensteuern, die Prüfung und der Abschluß der Rechnungen, in der Hand der Staatsbehörden gelegen.

d. Ehemals Großherzoglich Hessische Gebietstheile.

Für die ehemals Großherzoglich Hessischen Gebietstheile sind die einschlagenden Vorschriften über die Organisation der Kirchenvorstände und über die Verwaltung des Kirchenvermögens enthalten in den beiden Edikten vom 6. Juni 1832 (Regierungsblatt Nr. 58). Hiernach wird der Kirchenvorstand gebildet:

1) aus ständigen Mitgliedern, nämlich a. dem Pfarrer und den etwa in der Gemeinde sonst noch angestellten Geistlichen, von denen der erste den Vorsitz führt, b. dem katholischen Bürgermeister, eventl. dem katholischen Beigeordneten oder einem von dem Kreisrath (Landrath) zu ernennenden katholischen Mitgliede des Gemeinderaths, 2) aus 3 bis 5 unständigen katholischen Mitgliedern, welche das dreißigste Lebensjahr zurückgelegt haben müssen.

Die Wahl der Letzteren erfolgt auf sechs Jahre und in der Weise, daß aus dem Gemeinderathe so viele katholische Mitglieder, als Stellen im Kirchenvorstande zu besetzen sind, den verbliebenen ständigen und unständigen Mitgliedern desselben hinzutreten und mit diesen das Wahlkollegium bilden, welches unter der Voraussetzung, daß $^2/_3$ der Wahlmänner an der Wahl theilnehmen, die neuen Mitglieder des Kirchenvorstandes mit relativer Stimmenmehrheit wählt. Die Gültigkeit der Wahl wird durch den Kreisrath geprüft und demnächst das Wahlprotokoll dem Dekan vorgelegt, welcher die höhere kirchliche Behörde von der erfolgten Wahl in Kenntniß zu setzen hat. Das Ergebniß der Wahl wird der Kirchengemeinde in der Kirche durch den Geistlichen und der politischen Gemeinde durch den Bürgermeister in hergebrachter Weise bekannt gemacht. Die Gewählten werden mittels Handschlags an Eidesstatt verpflichtet, und zwar durch den Kreisrath oder, falls dieser es für zweckmäßig erachtet, durch den Geistlichen. Die Kirchenvorsteher sind der disziplinarischen Aufsicht der Kreisräthe unterstellt, welche gegen dieselben Verweise und Geldbußen bis zu 20 Gulden verhängen können. Die oberste Leitung der Vermögensverwaltung ist in den vorgedachten Edikten dem Ministerium des Innern und der Justiz übertragen, unter welchen die Kreisräthe in Kommunikation mit den kirchlichen Behörden die erforderlichen Aufsichtsfunktionen ausüben. Die Vornahme wichtiger Akte der Verwaltung ist theils an die Zustimmung des Kreisraths, theils an die ministerielle Genehmigung gebunden.

e. Ehemals Landgräflich Hessisches Amt Homburg.

In dem ehemals Landgräflich Hessischen Amte Homburg ist die Verwaltung des Kirchen- und geistlichen Stiftungsvermögens nach dem Vorbilde der Großherzoglich Hessischen Edikte vom 6. Juni 1832 geregelt durch die Verordnung vom 18. Dezember 1842 (Arch. der Landgräfl. Hess. Ges. 2c. S. 386). Dieselbe bezieht sich zwar nur auf die evangelischen Kirchengemeinden, ist jedoch durch landesherrliche Spezialverfügung vom 6. Januar 1843 auf die katholischen Kirchenvorstände und Kirchenfonds ausgedehnt worden. Bemerkenswerth ist, daß die Funktionen der Kreisräthe hier von der Landesregierung wahrgenommen und daß von der letzteren auch die unständigen Mitglieder auf Vorschlag der ständigen ernannt werden.

f. Ehemalige freie Reichsstadt Frankfurt a. M.

Für die ehemalige freie Reichsstadt Frankfurt a. M. ist, nachdem die Konstitutionsergänzungsakte vom Jahre 1816 (Frankf. Gesetz- 2c. Samml. Bd. I. S. 11) im Artikel 40 bestimmt hatte: Eine jede der drei christlichen Gemeinden kann außer jenen für die religiösen, kirchlichen und Schulangelegenheiten sorgenden Konsistorien und Kommissionen einen besonderen kirchlichen Gemeindevorstand anordnen. Dieser hat in kirchlichen Angelegenheiten die Gemeinde bei der einschlagenden Behörde zu vertreten, über die äußere Disziplin zu wachen, das Kirchengut zu verwalten, für die Unterhaltung der Kirchen- und Pfarrhäuser zu sorgen, die niederen Kirchenoffizianten zu ernennen und zu inspiziren, durch das Gesetz vom 22. Oktober 1822 (Bd. III. S. 145 a. a. O.) über die Bildung des Vorstandes der katholischen Kirchengemeinde Folgendes angeordnet worden: Der Vorstand besteht aus 25 weltlichen Mitgliedern, welche aus der Gesammtheit der katholischen Bürgerschaft erwählt werden. Ausgeschlossen von der Mitgliedschaft sind: 1) wer nicht Bürger ist, 2) wer in besoldeten Diensten eines Privaten steht, 3) wer eines peinlichen Verbrechens halber bestraft worden ist, 4) alle Falliten. — Alljährlich treten nach Maßgabe des Dienstalters fünf Vorsteher aus und werden durch Neuwahl ersetzt. Die Wahl geschieht in der Weise, daß der Kirchenvorstand an Stelle der Austretenden die doppelte Anzahl von Kandidaten bei sämmtlichen Gemeindegliedern mittels zu vertheilender Stimmzettel in Vorschlag bringt, auf welchen die Stimmberechtigten die Namen derjenigen, welche sie nicht zu Vorstehern gewählt wissen wollen, zu durchstreichen und nöthigenfalls andere Namen hinzuzufügen haben. Bei der Wahl entscheidet Stimmenmehrheit; bei Stimmengleichheit kann der Vorstand die Entscheidung durch eigene Abstimmung oder durch das Loos herbeiführen. Die Namen der Gewählten werden durch Bekanntmachung des Vorstandes zur Kenntniß der Gemeinde gebracht. Behufs leichterer Geschäftsverwaltung deputirt der Vorstand zu jeder einzelnen Kirche wenigstens drei zu derselben eingepfarrte Mitglieder und eine gleiche Anzahl zu den Kirchen und Kapellen öffentlicher Anstalten. Eine selbstständige Entscheidung steht jedoch diesen Deputationen nicht zu; sie haben ihre Anträge vielmehr an das Plenum des Vorstandes zu richten. Der Vorstand verwaltet namentlich die durch Gesetz vom 2. Februar 1830 (Bd. IV. S. 201 a. a. O.) der katholischen Gemeinde überwiesenen Dotationen unter staatlicher Oberaufsicht und hat darüber in Gemäßheit des im Jahre 1872 zwischen den städtischen Behörden und dem Vorstande der katholischen Kirchengemeinde vereinbarten Regulativs dem Stadtrechnungsrevisionskolleg die erforderliche Rechnung zu legen.

E. Hohenzollernsche Lande.

In den Hohenzollernschen Landen wird nach näherer Vorschrift der mit Genehmigung des Ministerpräsidenten und des Ministers der geistlichen Angelegenheiten und in Uebereinstimmung mit dem Erzbischof von Freiburg von der Königlichen Regierung zu Sigmaringen erlassenen Verfügung vom 31. Dezember 1857 (Amtsblatt 1858 S. 5) und der im Einverständniß mit dieser Regierung von dem Erzbischof von Freiburg gegebenen Instruktion vom 1. Juli 1858 (Amtsblatt 1858 S. 173) — s. auch Moy Archiv f. kath. Kirchenrecht Bd. 3 S. 343 — das Kirchenvermögen unter dem Vorsitz des Pfarrers durch sogenannte Heiligenpflegen verwaltet, welche aus 2 bis 4 auf Vorschlag des Pfarrers von dem Erzbischof ernannten, übrigens auch vereidigten Mitgliedern bestehen. Es sollen dazu Männer von religiösem Sinn und unbescholtenem Lebenswandel ausgewählt werden, welche zugleich die zur Führung des Amts erforderlichen Kenntnisse besitzen. Die Disziplinargewalt über dieselben steht dem erzbischöflichen Ordinariat zu.

F. Neuvorpommern und Rügen.

In Neuvorpommern und Rügen, woselbst drei katholische Parochien, nämlich zu Stralsund, Greifswald und Bergen, vorhanden sind, wird die Vermögensverwaltung in jeder Parochie von dem Pfarrer gemeinschaftlich mit zwei Kirchenvorstehern besorgt, welche auf Lebenszeit und in der Weise bestellt werden, daß der Pfarrer dieselben nach vertraulicher Rücksprache mit den angesehensten Mitgliedern der Gemeinde auswählt und der Delegat des Fürstbischofs zu Breslau, Probst bei St. Hedwig zu Berlin, sie unter Ertheilung eines Anstellungsdekrets bestätigt. Die Zustimmung des Letzteren ist auch eingeholt worden bei der Anstellung von Kirchenvorstehern an der katholischen Kirche zu Stralsund, obwohl diese Königlichen Patronats ist und demgemäß die Kirchenvorsteher bei derselben durch die dortige Königliche Regierung bestätigt werden. Qualifizirt für das Vorsteheramt sind nur solche Katholiken, welche das Vertrauen des Pfarrers und der Gemeinde besitzen, lesen und schreiben können und, wenn möglich, am Orte angesessen sind. Nach erfolgter Bestätigung werden die Kirchenvorsteher durch den Pfarrer während des Gottesdienstes feierlich in ihr Amt eingeführt und bei dieser Gelegenheit unter Aushändigung des Anstellungsdekrets mit dem Amtseide belegt. Die Disziplinargewalt über die Kirchenvorsteher wird von der geistlichen Behörde in Anspruch genommen; in Stralsund ist jedoch in einem vor längerer Zeit vorgekommenen Falle die Entlassung eines Vorstehers aus seinem Amte bei der dortigen katholischen Kirche von der Königlichen Regierung daselbst als Patronatsbehörde verfügt worden.

G. Provinz Schleswig-Holstein.

a. Herzogthum Holstein.

Für die Provinz Schleswig-Holstein, und zwar für das Herzogthum Holstein enthält das Gesetz vom 14. Juli 1863, betreffend die Religionsübung und die Gemeindeverhältnisse der Reformirten, Katholiken 2c. (Gesetz- 2c. Blatt für die Herzogthümer Holstein und Lauenburg S. 163) im §. 13 die Bestimmung, daß die Verwaltung der ökonomischen Angelegenheiten der einzelnen Gemeinden durch Regulative geregelt werden soll, welche der Genehmigung der Regierung bedürfen. Ein solches, von der Herzoglich Holsteinischen Landesregierung untern 8. November 1865 genehmigtes Regulativ existirt allein für die katholische Gemeinde zu Kiel. Nach demselben besteht dort ein Kirchenkollegium, gebildet aus dem Pfarrer als stetigem Präses und zwei von der Gemeinde gewählten achtbaren Mitgliedern derselben als Kirchenvorstehern, welche durch den Bischof von Osnabrück als Provikar der nordischen Missionen bestätigt und von dem Pfarrer in ihr Amt eingeführt werden, wobei sie ihm die treue und gewissenhafte Erfüllung ihrer Pflichten zu versprechen haben. Die Aufsicht über die Vermögensverwaltung führt der genannte Bischof. In der zweiten katholischen Gemeinde Holsteins, nämlich in derjenigen zu Altona, für welche ein Regulativ nicht erlassen ist, haben sich thatsächlich dieselben Einrichtungen entwickelt; nur gehören hier vier Gemeindeglieder als Vorsteher dem Kirchenkollegium an. Dagegen ist in der dritten katholischen Gemeinde zu Neumünster ein Kirchenvorstand nicht vorhanden; vielmehr besorgt hier der Pfarrer allein die Vermögensverwaltung, und zwar ebenfalls unter Verantwortlichkeit gegen den Bischof von Osnabrück.

b. Herzogthum Schleswig.

In dem Herzogthum Schleswig giebt es seit dem Jahre 1866 eine mit Korporationsrechten

§. 1.

In jeder katholischen[2]) Pfarrgemeinde[3]) sind die kirchlichen Vermögensangelegenheiten[4]) durch einen Kirchenvorstand[5]) und eine Gemeindevertretung[6]) nach Maßgabe dieses Gesetzes[7]) zu besorgen.[8])

nicht versehene katholische Pfarrei zu Flensburg und aus älterer Zeit katholische Gemeinden zu Friedrichsstadt und auf der Insel Nordstrand. Das für den Unterhalt der Pfarrei zu Flensburg bestimmte Vermögen gehört dem Bischof von Osnabrück, welcher den Pfarrer mit der Verwaltung desselben beauftragt hat. Für die katholische Gemeinde zu Friedrichsstadt besteht nach den Allerhöchst konfirmirten Artikeln vom 10. Februar 1797 (Chronologische Sammlung S. 12) und dem Königlichen Reskripte vom 3. April 1821 (Chronologische Sammlung 1828 S. 265) ein Kirchenkollegium, gebildet aus dem Pfarrer und aus fünf weltlichen Mitgliedern, welche, nachdem das Kollegium drei Kandidaten präsentirt hat, von der Gemeinde durch Stimmzettel gewählt werden. Dieselben müssen unsträflichen Wandels, des Rechnens und Schreibens kundig und mit einem Hause in der Stadt ansässig sein. Das Kirchenkollegium verwaltet aber regelmäßig nur das zur Bestreitung der Schul- und Armenlasten gewidmete Vermögen, das Kirchen- und Pfarrvermögen dagegen nur während der Vakanz der Pfarrstelle. Ist die letztere besetzt, so steht die Administration dieses Vermögens dem Pfarrer selbstständig zu, jedoch unter der Oberaufsicht des Stadtpräsidenten (jetzt des Bürgermeisters), welcher alljährlich ein Mal über den Vermögenszustand an das Obergericht (jetzt an die Regierung) zu berichten hat und ohne dessen und respektive der Regierung Genehmigung das Vermögen nicht veräußert, vermindert und mit Schulden belastet werden darf. Auf der Insel Nordstrand endlich sind zwei katholische Gemeinden vorhanden, nämlich eine römisch-katholische und eine jansenistisch-katholische, welche daselbst entstand, nachdem Herzog Friedrich III. von Holstein-Gottorf aus Veranlassung der Verwüstung der Insel durch die Sturmfluth vom Jahre 1634 brabantische Familien zur Kolonisation dorthin gezogen und ihnen weitgehende Privilegien ertheilt hatte. Die zwischen beiden Gemeinden in Folge des jansenistischen Streites im achtzehnten Jahrhundert entstandenen Differenzen wurden durch das Allerhöchste Reskript vom 5. Dezember 1826 (Chronologische Sammlung S. 122) zum Abschlusse gebracht, indem dasselbe den Besitzstand und die sonstigen Verhältnisse der Gemeinde näher regelte. In der römisch-katholischen Gemeinde besteht ein Kirchenvorstand, welcher aus dem Missionar und aus drei von der Gemeinde gewählten Laienmitgliedern zusammengesetzt ist, die von dem Bischof von Osnabrück bestätigt werden und ihr Amt auf drei Jahre verwalten. Dagegen hat die jansenistisch-katholische Gemeinde, welche den Erzbischof von Utrecht als ihren kirchlichen Oberen ansieht, einen Kirchenvorstand nicht.

§ 1. [2]) **jeder katholischen.** Die Möglichkeit der Aufrechterhaltung der bisherigen Einrichtungen über den 1. Oktober 1875 (vgl. § 57) hinaus gewährt § 60 Abs. 2.

Zu den katholischen Pfarrgemeinden gehören auch die Pfarrgemeinden der Altkatholiken (vgl. Ges. v. 4. Juli 1875 unter VII § 5 Anm. 41 Nr. 3).

[3]) **Pfarrgemeinde.** Motive S. 38: Der Ausdruck Pfarrgemeinde bedeutet die Gesammtheit der Pfarreingesessenen mit Rücksicht auf ihre rechtliche Stellung in dem kirchlichen Organismus. In diesem Sinne ist der Begriff: Gemeinde auch dem katholischen Bewußtsein nicht fremd und findet sich nicht nur in staatlichen Gesetzen, sondern auch in Erlassen der kirchlichen Behörden wieder. Vgl. z. B. Verordn. des Erzbischofs von Köln vom 5. Mai 1868 (oben S. 113), Instruktion des General-Vikariats zu Köln von 15. August 1868; Gesetz vom 14. März 1845 (Ges.-Samml. S. 163), Gesetz vom 20. Mai 1874 (o. S. 63), Gesetz vom 21. Mai 1874 (o. S. 32).

Wegen der Sukkursal-Pfarreien, s. Anm. 11 zu § 2.

[4]) **Vermögensangelegenheiten,** aber auch einzelne andere Angelegenheiten, vgl. § 57 Abs. 2.

[5]) **Kirchenvorstand,** vgl. §§ 5—19. Er ist danach das Organ für die laufende Verwaltung. S. auch die folgende Anm.

[6]) **Gemeindevertretung.** Vgl. §§ 20—24. Diese ist das Kontrol-Organ für die wichtigeren Verwaltungsakte. Die Motive bemerken (S. 33), daß es zweckmäßig und angemessen erschienen

§. 2.

Die Vorschrift des §. 1.[9]) findet auch auf Missionspfarrgemeinden,[10]) sowie auf solche anderen Kirchengemeinden (Filial-, Kapellen- ꝛc. Gemeinden)[11]) Anwendung, für welche besonders bestimmte kirchliche Vermögensstücke[12]) vorhanden sind oder deren Gemeindegliedern besondere Leistungen[13]) zur Bestreitung der kirchlichen Bedürfnisse dieser Gemeinde obliegen.

sei, an dem sowohl vom Allgemeinen Landrecht (s. o. S. 109) als auch von der französischen Gesetzgebung (o. S. 114) angenommenen Prinzip einer Scheidung nach den in dieser und der vorigen Anmerkung hervorgehobenen Gesichtspunkten festzuhalten. Die Entscheidung über schwer wiegende Interessen der Gemeinde könne nicht wohl in die Hand des Kirchenvorstandes allein, also eines wenig zahlreichen Kollegiums, wie es derselbe als Organ für die laufende Verwaltung nothwendig sein müsse, gelegt werden. Die Errichtung eines weiteren Organs zur Vertretung der Gemeinde biete naturgemäß eine viel stärkere Sicherheit dafür, daß die Führung der Geschäfte im Sinne der Gemeinden geschehe, während gleichzeitig auch durch eine umfassendere Betheiligung derselben bei der Besorgung der kirchlichen Vermögensangelegenheiten nicht nur der Sinn für die Interessen der Kirche mehr und mehr geweckt und gestärkt, sondern auch die Opferwilligkeit für kirchliche Zwecke erhöht werde. Außerdem sprächen aber auch Gründe der Billigkeit dafür, daß der Kirchenvorstand und dessen Mitglieder bei wichtigeren Maßregeln der Verwaltung von der auf ihnen ruhenden Verantwortlichkeit insoweit entlastet würden, daß eine weitere Vertretung der Gemeinde daran theilnehme.

Ueber die Fälle, in denen eine Gemeindevertretung nicht gebildet zu werden braucht, vgl. § 35.

7) **dieses Gesetzes**, also auch der durch dasselbe aufrechterhaltenen Bestimmungen, s. § 47.

8) **besorgen.** Das Wort ist absichtlich im Gegensatz zu dem Ausdruck: verwalten im § 8 Abs. 1 gewählt, weil nicht blos das Verwalten, sondern auch die Rechtsvertretung des Kirchenvermögens hier mit bezeichnet werden mußte, s. stenogr. Ber. des Abgeordnetenh. S. 310, 311.

§ 2. 9) **Vorschrift des § 1,** d. h. die Nothwendigkeit der Bildung der beiden Organe und der Besorgung der Vermögensangelegenheiten durch diese.

10) **Missionspfarrgemeinden,** vgl. Kirchengesetze S. 140. 144 und Motive S. 38: „Missionspfarrgemeinden kommen mehrfach, z. B. in der Provinz Brandenburg, vor. Von den dort bestehenden 43 katholischen Pfarreien sind nämlich 31 erst in den letzten 20 Jahren errichtet worden, und zwar theils mit landesherrlicher, theils mit Genehmigung des Ministers der geistlichen Angelegenheiten. In den Fällen ersterer Art sind diesen Pfarreien die Rechte eigentlicher Parochien, insbesondere auch Korporationsrechte ausdrücklich verliehen worden, in den Fällen letzterer Art dagegen nicht; vielmehr ist denselben in den Circumscriptionsurkunden der bischöflichen Behörde die Bezeichnung „Missionspfarrei" beigelegt, indem dies mit der Bemerkung motivirt wird, daß es an den erforderlichen Mitteln zur Begründung und Dotirung einer eigentlichen Parochie fehle. Thatsächlich besteht indessen zwischen diesen beiden Gattungen von Seelsorgestellen, den mit landesherrlicher Genehmigung konstituirten Parochien und den sogenannten Missionspfarreien, ein ersichtlicher Unterschied nicht. Der bestellte Missionsgeistliche gilt als der ordentliche Pfarrer für alle Eingepfarrten; ihm lag seither die Führung der Kirchenbücher ob und er hat Anspruch auf Stolgebühren; auch sind in solchen Missionspfarreien Kirchenvorsteher vorhanden, welche in Gemeinschaft mit dem Pfarrer das meistens allerdings nur geringfügige kirchliche Vermögen zu verwalten haben. Hiernach erschien es zweckmäßig, die Bildung der Gemeindeorgane auch für derartige Missionspfarrgemeinden in Aussicht zu nehmen."

11) **Kirchengemeinden (Filial-, Kapellen- ꝛc. Gemeinden).** Ueber Filial-Kirchen und Filialgemeinden vgl. Richter-Dove, Kirchenrecht 7. Aufl. S. 519; v. Schulte, Lehrb. d. kath. Kirchenrechts 3. Aufl. S. 258; Mejer, deutsch. Kirchenrecht 3. Aufl. S. 405; mein Kirchenrecht Th. 2 S. 306 und A. L. R. Th. II. Tit. 11 § 245 ff.

Die Bezeichnung: Kapellen-Gemeinden ist namentlich mit Rücksicht auf die in Hannover und der Rheinprovinz bestehenden Verhältnisse gewählt worden, über die in letzterer vorkommenden

§. 3.

Zu dem kirchlichen Vermögen im Sinne dieses Gesetzes [14]) gehören:

Kapellen-Gemeinden vgl. o. S. 32. In Hannover giebt es (vgl. Motive S. 38): „1) Kapellen, welche eine vermögensrechtliche Selbstständigkeit haben und lediglich von den zu ihnen gehörigen Gemeinden unterhalten werden; für diese sind Kirchenvorstände in Gemäßheit des Gesetzes vom 14. Oktober 1848 gebildet worden; 2) Kapellen, welche zunächst von den geistlichen Behörden für neu entstehende und unvermögende Gemeinden unter Beihülfe von Vereinen und durch milde Gaben ins Leben gerufen sind und in gleicher Weise, sofern die Gemeinden selbst sie nicht aus eigenen Mitteln unterhalten können, subventionirt werden; auch für diese sind nach Vorschrift des allegirten Gesetzes Kirchenvorstände errichtet; 3) Kapellen, welche zwar im Interesse der Eingesessenen gewisser Bezirke einer Pfarrei begründet worden und der betreffenden Pfarrkirche annex sind, ohne daß indessen die Konstituirung einer besonderen Kapellengemeinde stattgefunden hat; sie besitzen ein Stiftungsvermögen, welches in der Regel von einigen Vertrauenspersonen verwaltet wird; 4) Kapellen, welche von einer bestimmten Anzahl von Genossen in deren Interesse eingerichtet sind und auch von diesen nach Maßgabe der unter ihnen getroffenen Vereinbarung unterhalten werden; die Verwaltung wird hier von den Interessenten selbst geführt; 5) Kapellen, in denen auf Grund von Fundationen nur in bestimmten Fällen Gottesdienst stattfindet; 6) Kapellen, welche im Privateigenthum stehen und zunächst nur Privatzwecken dienen."

Durch die Hinzufügung des rc. soll angedeutet werden, daß das Gesetz sich auf andere, den genannten gleichstehenden Gemeinden, wenn auch andere Bezeichnungen, wie z. B. Rektorats-Kirche dafür vorkommen, bezieht.

Die Sukkursal-Pfarreien im Gebiete des französischen Rechts (s. Kirchengesetze S. 145 Anm. 3) fallen aber nicht unter § 2, sondern unter § 1, weil sie vollständig selbstständige Seelsorgebezirke sind, und nicht wie die Filial- und ähnlichen Gemeinden mit einer anderen, welche die Haupt-Pfarrei bildet, in irgend welcher Verbindung stehen; das um so mehr als nach § 19 Abs. 2 des Gesetzes vom 11. Mai 1873 das einzige Merkmal, die Amovibilität der Geistlichen, wodurch sie sich von den gewöhnlichen Pfarreien unterscheiden, beseitigt werden soll. Dies ist auch bei den Kommissionsberathungen des Abgeordnetenhauses seitens der Kommission und der Regierungskommissarien anerkannt worden, s. den Bericht der XIII. Kommission, Drucksachen der Abgeordn. H. 12. Legislat.-Per. II. Session 1875 No. 250. S. 7 u. 8.

[12]) **besonders bestimmte kirchliche Vermögensstücke vorhanden sind**, d. h. wenn ein besonderes Vermögen vorhanden ist, das ihren, nicht den kirchlichen Zwecken der Hauptgemeinde dient, ist für dieses eine eigene von der letzteren getrennte Verwaltung nothwendig.

[13]) **besondere Leistungen**, für die Zwecke der Filial-, Kapellen- rc. Gemeinde, gleichviel ob die Gemeindeglieder noch Abgaben für die Hauptpfarrei zu leisten haben oder nicht.

Nur, wenn die eine dieser beiden Voraussetzungen (s. auch Anm. 12) vorliegt, ist ein besonderer Filial-, Kapellen- rc. Kirchenvorstand zu bilden, also bei den in der Rheinprovinz vorkommenden Kapellengemeinden unter den erwähnten Voraussetzungen, ferner bei den Hannoverschen in den Anm. 11 Abs. 2 unter 1 u. 2 gedachten Fällen, während in dem dort zu 3 und 5 hervorgehobenen der Kirchenvorstand der Hauptgemeinde nach § 3 No. 4 die Verwaltung zu führen hat. In den Fällen No. 4 u. 6 liegen rein privatrechtliche Verhältnisse vor, daher bleibt hier die Vermögensverwaltung in den Händen der bisher Berechtigten.

Dasselbe gilt von den sog. Annexkirchen im Gebiete des französischen Rechts, denn diese werden nur auf Verlangen eines Theiles der Mitglieder einer Pfarrei gegen deren durch privatrechtlichen Akt übernommene Verpflichtung zur Unterhaltung des Vikars gegründet und diese Verpflichtung überhebt die Betheiligten nicht, zu den Lasten der Pfarrei beizutragen, vgl. kaiserliches Dekret vom 30. September 1807 Art. 11, Staatsrathsgutachten vom 7.—14. Dezember 1810 (Hermens, Handbuch der Staatsgesetzgebung über d. christl. Kultus rc. Bd. 2, S. 383. 509; vgl. auch daselbst Bd. 4. S. 831).

§ 3. [14]) **kirchlichen Vermögen im Sinne dieses Gesetzes**, d. h. nur insoweit als die

1) das für Kultusbedürfnisse bestimmte Vermögen,[15]) einschließlich des Kirchen- und Pfarrhausbaufonds,[16]) der zur Besoldung der Geistlichen[17]) und anderen Kirchendiener bestimmten Vermögensstücke[18]) und der Anniversarien;[19])

2) die zu irgend einem sonstigen kirchlichen Zwecke[20]) oder zu wohlthätigen[21]) oder Schulzwecken[22]) bestimmten kirchlichen Vermögensstücke;[23])

3) die Erträge[24]) der durch kirchliche Organe[25]) zu kirchlichen,[26]) wohlthätigen oder Schulzwecken[27]) des Gemeindebezirks[28]) innerhalb und außerhalb der Kirchengebäude veranstalteten[29]) Sammlungen, Kollekten rc.;[30])

4) die zu kirchlichen, wohlthätigen oder Schulzwecken[31]) innerhalb des Gemeindebezirks bestimmten[32]) und unter die Verwaltung kirchlicher Organe[33]) gestellten[34]) Stiftungen.[35])

Verwaltung und vermögensrechtliche Vertretung den nach diesem Gesetze zu bildenden Organen obliegt. Ueber die Eigenthumsfrage entscheidet das Gesetz, welches nur Verwaltungsorgane schafft, nichts. Es ist zwar bei der Berathung im Abgeordnetenhause (s. stenogr. Ber. S. 275) und in der Kommission (s. den Ber. S. 5 ff.), hier unter Stellung desfallsiger Anträge, die Ansicht geäußert worden, daß das Gesetz auch die Frage nach dem Eigenthümer des Kirchenvermögens und zwar in dem Sinne, daß das Eigenthum der Kirchengemeinde zustehe, hätte erledigen müssen, indessen hat diese keine Anhänger gefunden. Den Standpunkt der Staatsregierung dieser Auffassung gegenüber hat der Reg.-Kommissar Ministerial-Direktor Dr. Förster dahin gekennzeichnet (stenogr. Ber. S. 310), „daß diese Frage bei der Ausarbeitung des Entwurfs vielfach in wiederholten Berathungen erwogen worden ist, und daß man sich endlich entschlossen hat, diesen Paragraphen aus dem Gesetzentwurf wegzulassen, weil es nicht als Aufgabe des Gesetzes angesehen werden kann, einen zunächst nur theoretischen Satz auszusprechen, eine theoretische Kontroverse oder Schulmeinung zu entscheiden, daß das Gesetz sich vielmehr zu beschäftigen hat mit den praktischen Bestimmungen, die als Spitzen oder als Ausgangspunkte eines Prinzipes aufzustellen sind, und da muß eine Betrachtung des Gesetzentwurfs, wie er jetzt liegt, klar machen, daß die Theorie, wonach die allgemeine, die gesammte Kirche oder wonach die Diözesanverbindung oder der Bischof oder wie sonst die Theorieen sind, der Eigenthümer des Kirchenvermögens ist, durch dies Gesetz direkt ausgeschlossen werden, daß vielmehr aus diesem Gesetz nur eine engere Kontroverse noch offen bleiben kann, nämlich ob es basirt auf der Theorie des Eigenthums der Kirchengemeinde oder auf der Theorie des Eigenthums der Anstalt, der einzelnen Kirche als pia causa genommen. Aber auch das kann nach dem einen oder anderen Fall entschieden werden, aber immerhin die praktischen Wirkungen und Folgerungen, die das Gesetz zieht, nicht alteriren. Dieses Gesetz hat überhaupt sich nicht die Aufgabe gestellt, materielles Recht zu schaffen." . . . .

An den bisherigen Eigenthumsverhältnissen der im § 3 aufgezählten Vermögensmassen wird danach durch denselben nichts geändert, ebensowenig etwas darüber bestimmt, wer das Subjekt des Eigenthums am Kirchengut oder Kirchenvermögen ist. In dieser Beziehung verbleibt es also bei dem bisher geltenden Recht, in Betreff dessen freilich viele Kontroversen bestehen. Hier mag hinsichtlich des letzteren Punktes nur Folgendes bemerkt werden:

1. Nach dem preußischen Allg. Landrecht Th. II. Tit. 11 §§ 160 ff. 618 ff. ist die Kirchengesellschaft oder Kirchengemeinde als Korporation Eigenthümerin des Kirchenvermögens, vgl. Erkenntniß des Ob.-Tribunals v. 1840 im Centralblatt f. preuß. Juristen v. 1840. S. 798. 822. 847; Löwenberg, Beiträge zur Kenntn. der Motive der preuß. Gesetzgebung. Berlin 1843. Bd. 1. S. 551 ff.; Jacobson, das evang. Kirchenrecht d. preuß. Staats, S. 638. Durch die Verfassungsurkunde vom 31. Januar 1850 Art. 15 ist diese Vorschrift des A. L. R. (so z. B. anscheinend Schulte, kathol. Kirchenrecht Bd. 2 S. 491) nicht beseitigt. In den Erläuterungen des Ministers

v. Ladenberg zu dem gleichlautenden Artikel 12 der Verfassungsurkunde vom 5. Dezember 1848 (Beiträge z. preuß. Kirchenrechte Heft 1 S. 7) wird ausdrücklich hervorgehoben, daß es nicht die Absicht gewesen sei, einen neuen Grundsatz in Beziehung auf das Subjekt des Eigenthums aufzustellen. Abgesehen davon ist auch die Frage nach dem Eigenthumssubjekt des Kirchengutes eine privatrechtliche, weil das Vermögensrecht dem Gebiete des Staates angehört und die Kirche mit ihrem Vermögen in dasselbe eintritt, s. Hübler, der Eigenthümer des Kirchengutes. Leipzig 1868. S. 149 ff. Die Regelung privatrechtlicher Verhältnisse gehört aber nicht zur Kompetenz der Kirche, und demnach auch nicht zu den Angelegenheiten, welche innerhalb der ihr durch die erwähnten Verfassungsartikel gewährten Autonomie liegen.

In der Mark Brandenburg finden aber die Vorschriften des A. L. R. insoweit keine Anwendung, als nach märkischem Provinzialrecht die ursprünglich von dem Landesherrn errichteten oder mit dessen Genehmigung von Patronen gegründeten Patronatkirchen selbstständige mit eigener juristischer Persönlichkeit versehenen Stiftungen bilden und diesen das Kirchenvermögen als Eigenthümern gehört, s. Scholtz v. Hermensdorf, Provinzialrecht d. Kurmark Brandenburg. 2. Ausg. Bd. 1. S. 83. Bd. 2. S. 278 u. Instruktion d. Min. d. geistl. Angelegenh. v. 6. August 1845, a. a. O. S. 298.

2. In den Gebieten des gemeinen Rechts kommt das kanonische Recht zur Anwendung, für welches die Frage nach dem Eigenthumssubjekt zu den bestrittensten gehört, vgl. z. B. Hübler a. a. O. S. 3—142. Ernstlich in Betracht kommen aber nur zwei Ansichten, die eine, welche die allgemeine katholische Kirche als Eigenthümerin des Kirchengutes betrachtet, vertreten z. B. von Phillips, Lehrb. des Kirchenrechts 2. Aufl. S. 438 ff., die andere, welche den einzelnen Kirchen, also z. B. den Pfarrkirchen und anderen kirchlichen Instituten als mit juristischer Persönlichkeit begabten Anstalten das Eigenthum am Kirchenvermögen zuschreibt, und getheilt wird u. A. von Schulte, diss. de rerum ecclesiasticar. dominio. Berol. 1851; demselben, die jurist. Persönlichkeit d. kath. Kirche. Gießen 1869. S. 27 ff.; Hübler a. a. O. S. 112; v. Poschinger, d. Eigenthum am Kirchenvermögen. München 1871. S. 198 ff., 262 ff.; Richter-Dove, Kirchenrecht. 7. Aufl. S. 1079. Die letztere Ansicht ist allein quellenmäßig begründet, und ist namentlich anerkannt in Kurhessen, s. Roth u. v. Meibom, kurhess. Pr. Recht, Bd. 1 S. 242; in Hannover, Schulte, die jur. Persönlichkeit rc. S. 98; auch in Nassau hat sich die Gerichtspraxis dafür entschieden, s. Dekret des Ober-App. Ger. zu Wiesbaden v. 1867 bei Moy, Arch. f. kath. Kirchenrecht Bd. 20. S. 148; Schulte a. a. O. S. 103, während freilich bei den Verhandlungen des Gesetzes im Abgeordnetenhause behauptet worden ist, daß nach dem dortigen geltenden Recht die Kirchengemeinde Eigenthümerin des Kirchenvermögens sei, s. stenogr. Ber. S. 1473.

Die Theorie von dem Eigenthum der allgemeinen Kirche ist übrigens, wie auch schon der Regierungskommissar hervorgehoben hat (s. S. 124), mit dem Gesetze unverträglich, weil sich mit derselben die durch das letztere festgesetzte Art der Bildung der Verwaltungsorgane, sowie die Kompetenzen derselben nicht in Einklang bringen lassen.

3. Für das Gebiet des französischen Rechts besteht eine Kontroverse darüber, ob den Civil-Gemeinden oder den Pfarrkirchen, bez. den Kirchenfabriken das Eigenthum zustehe, für das letztere z. B. Gräff, d. Eigenthum der kathol. Kirche rc. Trier 1859; Saedt, üb. d. Verhältn. der kathol. Kirchenfabriken. Cöln 1863, für das erstere das preuß. Ober-Tribunal in dem Erk. v. 19. Mai 1863 (s. Moy, Arch., Bd. 10 S. 268); vgl. auch o. S. 114. Weitere Literatur bei v. Poschinger a. a. O. S. 287; Schulte, Lehrb. des Kirchenrechts 3 Aufl. S. 545.

[15]) **für Kultusbedürfnisse bestimmte Vermögen**, dasjenige, was zur Bestreitung sämmtlicher, für die ordnungsgemäße Unterhaltung und Fortführung des Gottesdienstes nöthigen Bedürfnisse unmittelbar oder mittelbar (s. die nachfolgenden Worte von einschließlich ab) dient, ohne daß es auf das Eigenthum ankommt. Dagegen muß aber das Vermögen, wie sich aus dem Zusammenhang ergiebt, und in der Kommission auch ausdrücklich als selbstverständlich anerkannt worden ist, s. den citirten Bericht S. 9, für die Kultuszwecke der Pfarr-, bez. der Filial-, Missions-, Kapellen- rc. Gemeinde bestimmt sein.

Da das Gesetz schlechthin den Ausdruck: Vermögen gebraucht, so ist darunter nicht blos das Stammvermögen, sondern auch der Ueberschuß aus den Einkünften dieses ersteren begriffen, ferner gehören dazu auch die Grundstücke und Kirchengebäude. Letztere können als Vermögensstücke in Betracht kommen, sofern es sich um die Benutzung derselben zu andern als den kirchlichen Zwecken der Gemeinde, für welche sie bestimmt sind, handelt, z. B. zur Aufführung religiöser Musiken, zu Verhandlungen kirchlicher Behörden, ja auch zur Einräumung an andere Religionsgesellschaften für ihren Gottesdienst. Vgl. dazu auch Herrmann in Dove u. Friedberg, Zeitschr. f. Kirchenrecht Bd. 5 S. 241. 250.

[16]) **Kirchen- und Pfarrhausbaufonds.** S. Motive S. 40: „Bezüglich der Pfarrhausbaufonds ist zu bemerken, daß in denjenigen Landestheilen, in denen französisches Recht gilt, besondere derartige Fonds für die Pfarrgemeinden nicht existiren, da die Verpflichtung zur Herstellung und baulichen Unterhaltung der Pfarrhäuser den Civilgemeinden obliegt. (Vgl. unten.) Insoweit greift die Bestimmung des § 4 Platz, aus welcher folgt, daß die etwaigen Baufonds der Civilgemeinden, sowie der baulastpflichtigen Patrone, Zehntherren u. s. w. der Verwaltung der Gemeindeorgane nicht unterliegen."

[17]) **Geistlichen,** d. h. die für die Zwecke der Gemeinde angestellten Geistlichen, mögen sie Pfarrer, Kaplane oder sonstige Hülfsgeistliche sein. Daß aber diejenigen Fonds, welche nicht für die Kultusbedürfnisse der betreffenden Gemeinde bestimmt sind, aus denen aber ein in derselben amtirender Geistlicher unterhalten wird, z. B. eine unter der Verwaltung des Bischofs stehende Stiftung für die Beschaffung von Hülfskräften in der Seelsorge nicht der Vorschrift der Nr. 1 unterliegt, ergiebt sich daraus, daß diese nur von dem den Kultusbedürfnissen der Gemeinde ausschließlich gewidmeten Vermögen handelt, s. auch Kommissionsbericht S. 9.

[18]) **Vermögensstücke** S. Motive S. 40: „Die zur Besoldung der Geistlichen und niederen Kirchendiener (Meßner, Küster, Organisten, Todtengräber u. s. w.) bestimmten Vermögensstücke umfassen insbesondere die diesen Beamten eingeräumten Grundstücke, und zwar außer den zur Wohnung dienenden Baulichkeiten, auch die etwaigen Wirthschaftsgebäude, mögen sie den Beamten zur Nutzung oder nur zum Gebrauch überwiesen sein."

[19]) **Anniversarien,** d. h. hier die Stiftungskapitalien für die am Jahrestage des Todes verstorbener Gläubigen abzuhaltenden Seelenmessen, vgl. Philipps Lehrb. des Kirchenrechts 2. Aufl. S. 553 u. Richter-Dove Kirchenrecht 7. Aufl. S. 759 Anm. 9. Diese fallen insoweit unter die Nr. 1, als die Begehung der Jahrestage dem Pfarrer zukommt und dieser dafür den stiftungsmäßig ausgeworfenen Betrag erhält. Sie bilden daher ein dauerndes Einkommen für denselben, welches dem Stammvermögen gleichgestellt werden kann, s. auch Kommissionsbericht S. 9, 10.

[20]) **die zu irgend einem sonstigen kirchlichen Zwecke.** Die jetzige Fassung hat die Nr. 2 durch die Kommission des Abgeordnetenhauses erhalten (s. Kommissionsbericht S. 11), in der Regierungsvorlage lautete sie dagegen (s. a. a. O. S. 3): „die zu wohlthätigen und Schulzwecken bestimmten kirchlichen Vermögensstücke."

Nach dem Kommissionsbericht S. 10 sollte die Fassung „solche Vermögensstücke begreifen, welche wie Küster- und Lehrerwohnungen und Emolumente des Küsters und Schullehrers zwar nicht zum Stammvermögen der Kirche und Pfarre zu rechnen, wohl aber als ein Theil des kirchlichen Vermögens bisher von kirchlichen Organen verwaltet worden sind. Nicht gemeint sind damit, wie der Regierungskommissar ausdrücklich bemerkt, Schulinstitute und andere bisher unter einer gesonderten Schulverwaltung stehende Einkünfte, wohl aber die aus kirchlichen Mitteln zu Schulzwecken gemachten und von kirchlichen Organen verwalteten Zuwendungen."

Unter dem sonstigen kirchlichen Zwecke ist ein solcher zu verstehen, welcher nicht für die Kultusbedürfnisse der Gemeinde berechnet ist, z. B. das Lesen von Messen für bestimmte Personen.

[21]) **wohlthätigen,** hierher gehört dasjenige Vermögen, welches die Kirche behufs Errichtung oder Unterhaltung eines Kranken-, Siechen- oder Altersversorgungshauses für die Pfarreingesessenen erhalten hat.

[22]) **Schulzwecken,** s. Anm. 20.

[23]) **kirchlichen Vermögensstücke,** d. h. solche, welche im Eigenthum der betreffenden Kirche, bez. Kirchengemeinde stehen oder den Zwecken der betreffenden Kirche oder kirchlichen Gemeinde dienen. Daß nicht andere Vermögensstücke, welche überhaupt für allgemeine oder anderweite kirchliche Zwecke bestimmt sind, wie z. B. die der Priesterseminare, der Klöster u. s. w., hierher

gehören, ergiebt der Zusammenhang, sowie der Umstand, daß derartiges Vermögen, weil es mit der Lokal-Kirchengemeinde gar nichts zu thun hat, füglich nicht unter die Verwaltung von Gemeinde-Organen gestellt werden konnte. Kirchliche Vermögensstücke im Sinne des § können nur die Vermögensstücke der Kirchen und für solche Kirchen sein, von denen das Gesetz überhaupt seinem Gegenstande und Zwecke nach handelt. Vgl. auch die Anm. 35.

[24]) **Erträge.** Die Nr. 3 fehlte im Regierungs-Entwurfe, welcher S. 40 die „Kollektengelder und die Sammlungen zu milden Zwecken in Opferstücken" als unter Nr. 2 fallend betrachtete. Die Kommission des Abgeordnetenhauses hielt es aber für wünschenswerth die kirchlichen Kollekten, Sammlungen u. s. w. ausdrücklich zu erwähnen (Ber. S. 11 u. 12), und fügte die Nr. 3 ein, welche im Abgeordnetenhause bei der zweiten Berathung die jetzige Fassung mit Ausnahme der jetzt in derselben stehenden Worte: des Gemeindebezirkes erhielt (s. stenogr. Ber. S. 1456), indem das Abgeordnetenhaus die von seiner Kommission vorgeschlagene Formulirung, welche auch die von anderen Personen als den kirchlichen Organen zu kirchlichen Zwecken veranstalteten Kollekten der Verwaltung der Gemeinde-Organe unterstellen wollte, nicht annahm.

Die Worte: des Gemeindebezirkes sind zufolge eines Amendements Dr. Beseler im Herrenhause eingefügt, s. stenogr. Ber. S. 347.

[25]) **kirchliche Organe**, d. h. von kirchlichen Beamten, gleichviel, ob sie Organe der betreffenden Gemeinden, wie z. B. der Ortspfarrer sind oder nicht, ob die Gemeinde ihrer Leitung, wie dem Diözesanbischofe, oder einem anderen geistlichen Oberen untersteht. Den Gegensatz bilden die Personen, welche nicht Kirchenbeamte sind, also gehört das Geld, welches Damen zur Beschaffung eines Altarteppichs, andere Personen zur Schenkung von Altarleuchtern u. s. w. für die Ortskirche sammeln, nicht zum kirchlichen Vermögen im Sinne des § 3, s. stenogr. Ber. des Abgeordnetenh. S. 1447, 1449, 1453, 1456. Vgl. noch Anm. 29.

[26]) **kirchlichen.** Hierunter fallen auch im Gegensatz zu Anm. 20 Sammlungen zu Zwecken für die Kultusbedürfnisse der betreffenden Gemeinde.

[27]) **wohlthätigen oder Schulzwecken**, s. Anm. 21 u. 20 Abs. 2.

[28]) **des Gemeindebezirkes**, s. Anm. 24 Abs. 2.

Diejenigen Kollekten, welche sei es von kirchlichen Organen, sei es von anderen Personen veranstaltet werden, und nicht zu Zwecken des betreffenden kirchlichen Gemeindebezirkes oder Gemeindeverbandes, also z. B. zum Bau einer Kirche in einer anderen, armen Pfarrei bestimmt sind, fallen nicht unter Nr. 3.

[29]) **veranstalteten.** Es kommt darauf an, auf wessen Anordnung die Sammlungen oder Kollekten gemacht werden, wer der Urheber derselben ist, nicht aber auf die Personen, welche die Gelder einsammeln. Daher ist das Geld aus einer durch nicht kirchliche Organe eingesammelten Kollekte, welche aber von solchen angeordnet worden ist, kirchliches Vermögen im Sinne des § 3.

[30]) **Sammlungen, Kollekten** ꝛc. Unter das ꝛc. würden z. B. Lotterien zur Beschaffung von Baufonds fallen.

[31]) **die zu kirchlichen, wohlthätigen oder Schulzwecken.** In der Regierungs-Vorlage (S. 3) lautete die Nr. dahin: „die zu irgend einem kirchlichen Zwecke innerhalb des Gemeindebezirks bestimmten Stiftungen, sofern nicht stiftungsmäßig eigene Verwaltungsorgane eingesetzt sind." Die jetzige Fassung rührt von der Kommission des Abgeordnetenhauses her, s. Bericht S. 12, um einerseits nicht den jetzigen faktischen Zustand, bei welchem kirchliche Organe manches Vermögen verwalten, obwohl sie dazu von Rechtswegen nicht befugt seien, zu einem gesetzlichen zu erheben, andererseits aber auch die rheinischen Kirchenfabriken zu treffen.

Vgl. ferner Anm. 20. Anm. 21 u. 26.

[32]) **innerhalb des Gemeindebezirkes bestimmten.** Die Worte: innerhalb des Gemeindebezirkes sind zu den vorhergehenden Worten zu ziehen, sie sollen also, wie ohne Widerspruch bei der zweiten Berathung im Abgeordnetenhause festgestellt worden ist (s. stenogr. Ber. S. 1448), soviel bedeuten: „als Stiftungen, deren Zweck nicht über den Gemeindebezirk hinausgeht", nicht aber alle Stiftungen, welche in demselben ihr Domizil haben. Für diese Auslegung spricht das Anm. 23 hervorgehobene Moment, ferner der Umstand, daß die Nr. 3 ebenfalls die gleiche Beschränkung aufweist.

§. 4.

Die dem Staate oder den bürgerlichen Gemeinden[36]) zustehenden Rechte[37]) an Begräbnißplätzen[38]) oder solchen Vermögensstücken,[39]) welche zu kirchlichen Zwecken bestimmt sind, werden durch dieses Gesetz nicht berührt.

Unter kirchlichem Vermögen im Sinne dieses Gesetzes ist dasjenige nicht begriffen,[40]) welches zwar zu kirchlichen Zwecken bestimmt, aber unter dauernde Verwaltung des Staates oder der bürgerlichen Gemeinden und[41]) Kommunalverbände gestellt ist.

[33]) **kirchlicher Organe**, s. Anm. 25. Die Nr. 4 findet keine Anwendung, wenn die Stiftung nicht ausschließlich unter die Verwaltung kirchlicher Organe gestellt ist.

[34]) **gestellten**, d. h. rechtsgültig gestellten, nicht blos faktisch in deren Verwaltung befindlichen, s. Anm. 31. Ein Krankenhaus, welches in einer aus einer kleinen Stadt und einem Landbezirke gebildeten Pfarrei nur für die Zwecke der ersteren stiftungsmäßig bestimmt ist und unter bischöflicher Verwaltung steht, fällt unter die Nr. 4.

[35]) **Stiftungen**, also selbstständige für die gedachten Zwecke gewidmeten Vermögensstücke, welche die juristische Persönlichkeit haben. Darin liegt der Unterschied von den Nr. 2 aufgeführten kirchlichen Vermögensstücken. Es gehören also hierher derartige Hospitäler, Siechen-, Waisenhäuser und ähnliche Anstalten.

Sofern solche Stiftungen unter die Leitung anderer als kirchlicher Organe gestellt sind, bleibt diesen selbstverständlich die Verwaltung.

Die Verwaltung derjenigen Stiftungen, welche nach der Stiftungsurkunde den bisherigen kirchlichen Organen zustand, geht nach dem Gesetze in die Hände der neuen Gemeinde-Organe über. Die Regierungsvorlage enthielt einen Zusatz, welcher den Willen des Stifters unter allen Umständen gewahrt wissen wollte (s. Anm. 31). Dieser ist aber in der Kommission des Abgeordnetenhauses gestrichen worden, s. den Bericht S. 14. Ebensowenig haben die dieselbe Tendenz wie die Vorlage verfolgenden Amendements Dr. Beseler, am Ende der Nr. 4 principaliter hinzuzufügen: „sofern der Wille des Stifters nicht entgegensteht" und eventuell: „die Bestimmung unter Nr. 4 findet jedoch auf die zur Zeit des Erlasses dieses Gesetzes bestehenden Stiftungen nur Anwendung, sofern der Wille des Stifters nicht entgegensteht", im Herrenhause Annahme gefunden, s. stenogr. Berichte S. 348—350.

Für den Fall, daß der Stifter zwar ein kirchliches Organ mit der Verwaltung betraut, aber zu erkennen gegeben hat, daß er gerade dieses allein unter Ausschluß des neuen Kirchenvorstandes habe wählen wollen, wenn er also z. B. angeordnet hat, ich will, daß die Stiftung durch den Pfarrer und Niemand anders verwaltet werde, kann diese nicht in das Leben treten. Der Wille des Stifters ist der Vorschrift der Nr. 4 gegenüber nicht realisirbar, weil nach derselben die neuen Gemeinde-Organe eintreten sollen, der Stifter diese aber ausgeschlossen hat. Andererseits hat das Gesetz den Grundsatz, daß der Wille des Stifters nicht zu achten ist und daß trotz seiner entgegenstehenden Erklärung andere Organe eintreten können, nicht ausgesprochen; mangels einer derartigen ausdrücklichen Anordnung kann daher der Wille des Stifters nicht durch Nr. 4 für den hier in Frage stehenden Fall als beseitigt erachtet werden. —

Da der § 3 zu manchem Zweifel über die Begrenzung der kirchlichen Gemeindeverwaltung Veranlassung geben kann, so wurde in der Kommission der Antrag gestellt, etwaige Streitigkeiten darüber der Entscheidung des Gerichtshofes für kirchliche Angelegenheiten zu überweisen. Derselbe ist aber zurückgezogen worden. Demnach gestaltet sich die Sache dahin, daß, wenn derartige Fragen zur Sprache kommen, entweder die Aufsichtsbehörde, also der Ober-Präsident und Kultusminister, entscheidet, oder unter der Voraussetzung, daß Rechte Dritter berührt werden, z. B. bei Stiftungen, bei Sachen im Besitze eines Dritten, der ordentliche Richter, vgl. Kommissionsbericht S. 14. 15.

§ 4. [36]) **dem Staate oder den bürgerlichen Gemeinden.** Die jetzige Fassung ist an Stelle des § 4 der Regierungs-Vorlage, lautend: „Unter kirchlichem Vermögen im Sinne dieses

Gesetzes ist dasjenige nicht begriffen, welches zwar zu kirchlichen Zwecken bestimmt ist, aber im Eigenthum der bürgerlichen Gemeinde sich befindet, insbesondere die der bürgerlichen Gemeinde gehörigen Kirchhöfe." Zur Rechtfertigung wurde bemerkt (Commissionsbericht S. 15): „Es würden die Pfarrhäuser, welche im linksrheinischen Gebiete Eigenthum der Civilgemeinde sind, durch die Fassung der Regierungsvorlage auch der Verwaltung durch die bürgerliche Gemeinde unterstellt werden. Ebenso die Kirchengebäude und alten Kirchhöfe, welche gleichfalls Eigenthum der bürgerlichen Gemeinde, bisher doch als Kirchenfabrikgut durch kirchliche Organe verwaltet worden seien. Diese Veränderung des verwaltenden Subjekts greife tief in die bestehenden Verhältnisse ein, würde die Civilgemeinden ohne Noth belasten und den kirchlichen Organen ein reales Gebiet der Thätigkeit und Lebensfähigkeit entziehen .... Der Kirchenvorstand müsse danach die Verwaltung der Kirchengebäude jedenfalls, wie bisher behalten. Die Civilgemeinden haben eine solche Verwaltung bisher weder gehabt noch beansprucht. Von einem andern Mitgliede wurde hervorgehoben, daß auch in den alten Provinzen eine Mithaftung der bürgerlichen Gemeinde für kirchliche Pfarrlasten öfter vorkomme und folgeweise auch die bürgerliche Gemeinde zuweilen die Verwaltung von Instituten und Einrichtungen führe, die ihren Zwecken nach in das Gebiet der kirchlichen Gemeindeverwaltung fallen würden. Es werde schließlich genügen durch die Fassung anszudrücken, daß man in dieser Frage den status quo erhalten wolle."

Der Rechte anderer Personen, als des Staates und der bürgerlichen Gemeinden, erwähnt der § 4 nicht. Daraus ist aber nicht zu folgern, daß Kapitalien, welche Privatpersonen, z. B. Patrone oder Zehntherren aufgesammelt (vgl. auch Anm. 76 zu § 33), um ihren kirchlichen Verpflichtungen, wie der Baulast, eintretenden Falles sicher genügen zu können, der Verwaltung ihrer Eigenthümer entzogen werden sollen (s. S. 126 Anm. 16). Denn solche Fonds dienen erst in der That den kirchlichen Zwecken, wenn sie von den Betheiligten zur Erfüllung ihrer Verpflichtung an das berechtigte kirchliche Institut ausgezahlt sind, vorher handelt es sich um eine den Zwecken des Eigenthümers, nämlich seiner eigenen Sicherung dienende Ansammlung von Geldern, denen derselbe bis zu dem genannten Zeitpunkt jeden Augenblick kraft seines Eigenthums eine andere Verwendung geben kann.

37) **zustehenden Rechte.** In Frage kommen hauptsächlich das Eigenthumsrecht und das Recht auf Verwaltung. Wo beides bisher dem Staate, bez. den Kommunen zustand, verbleibt es dabei. War aber die Verwaltung bisher schon in die Hände eines kirchlichen Organs gelegt, so tritt statt desselben der neue Kirchenvorstand ein. Für das Gebiet des rheinischen Rechtes ergiebt sich daraus, daß selbst, wenn man sich in der S. 125 Anm. 14 Nr. 3 gedachten Kontroverse zu Gunsten der Civilgemeinde entscheidet, nichtsdestoweniger das Kirchenfabrikgut, welches dort von dem Fabrikrath verwaltet wurde (s. S. 114), von der Vorschrift dieses § insoweit nicht betroffen wird, als es sich um die Verwaltung handelt, s. auch vorige Anmerkung.

38) **Begräbnißplätzen.** Diese sind ausdrücklich erwähnt, um den Kommunen ihre Eigenthums- und Verwaltungsrechte, welche dieselben an ihren Kommunalkirchhöfen haben, z. B. in den Gebieten des französischen Rechts, s. décret sur les sépultures vom 23. Prairial XII (12. Juni 1804, Hermens a. a. O. Bd. 2 S. 276) und im Großherzogthum Berg, s. Verordn. v. 13. Oktober 1807 Art. 49 („Die Kirchhöfe sind ein Eigenthum der Gemeinden und der Aufsicht der Munizipalpolizei unterworfen. Den Gemeinden liegt es ob, die Plätze zu den Kirchhöfen zu erwerben und für deren Einfassung zu sorgen. Die Kirchen sorgen für die Unterhaltung der Kirchhöfe und beziehen daher das Einkommen von den Beerdigungen") vorzubehalten. Die im Eigenthum der Kirche, der kirchlichen Gemeinde befindlichen Begräbnißplätze fallen dagegen unter § 3 Nr. 1, s. Motive S. 40 und Kommissionsbericht S. 16.

39) **solchen Vermögensstücken,** s. o. Anm. 36 und 37.

40) **dasjenige nicht begriffen.** Während Abs. 1 dieses § je nach der Art des vorbehaltenen Rechts die Frage nach der Uebernahme der Verwaltung der betreffenden Vermögensstücke seitens der neuen Gemeinde-Organe entscheidet, schließt dieser Absatz gewisse Stücke von derselben überhaupt dadurch aus, daß er sie nicht zu dem kirchlichen Vermögen im Sinne des Gesetzes rechnet. Das entscheidende Kriterium ist, daß sie unter dauernde Verwaltung des Staats oder der bürgerlichen Gemeinden und Kommunalverbände gestellt sind, und es macht daher nicht einmal der Umstand eine Ausnahme, daß das betreffende Vermögen im Eigenthum der Pfarrei oder kirchlichen Gemeinde

I. Kirchenvorstand.

§. 5.

Der Kirchenvorstand [42]) besteht:

1) in Pfarrgemeinden aus dem Pfarrer,[43]) in Filial-, Kapellen- 2c. Gemeinden,[44]) welche eigene Geistliche haben,[45]) aus dem der Anstellung [46]) nach ältesten;

2) aus mehreren Kirchenvorstehern, welche durch die Gemeinde gewählt werden;

3) in dem Falle des §. 39. aus dem daselbst bezeichneten Berechtigten oder dem von ihm ernannten Kirchenvorsteher.[47])

steht. Die Kommission hatte dabei vor Allem die Fälle im Auge, „in welchen Küstereigebäude und dergleichen in Folge der frühern Identität der bürgerlichen und kirchlichen Gemeinde von der ersteren vollständig unterhalten und deshalb auch verwaltet werden. Diese Verhältnisse sollen durch das gegenwärtige Gesetz nicht alterirt werden, auch wenn der kirchlichen Gemeinde ein Eigenthumsrecht an solchen Objekten zusteht", Bericht S. 16.

[41]) **der bürgerlichen Gemeinden**, s. vorige Anm.

§ 5. [42]) **Kirchenvorstand.** Neben dem Kirchenvorstand der Pfarrgemeinde muß, wenn die Voraussetzungen des § 2 vorliegen, noch ein besonderer Vorstand der Filial-, Kapellen- 2c. Gemeinde gebildet werden.

[43]) **Pfarrer**, selbstverständlich muß dieser gesetzmäßig angestellt sein, s. § 15 des Gesetzes vom 11. Mai 1873, Kirchengesetze S. 128. 135, und oben S. 19 ff. Ist ein solcher nicht vorhanden, so kann der Kirchenvorstand auch ohne ihn amtiren, da seine Abwesenheit die Beschlußfassung nicht nichtig macht, s. § 17. Ein von der Kommission beschlossener Zusatz, daß der Geistliche nur unter der gedachten Voraussetzung Mitglied des Kirchenvorstandes sein solle, ist bei der zweiten Lesung von derselben als selbstverständlich gestrichen worden, s. Bericht S. 17.

[44]) **Filial-, Kapellen- 2c. Gemeinden**, s. S. 122 Anm. 11.

[45]) **eigene Geistliche haben**; auch diese müssen gesetzmäßig angestellt sein, s. Anm. 43. Für den Fall, daß es an einem eigenen Geistlichen fehlt, und der Pfarrer der Pfarrgemeinde auch die Filiale versieht, tritt derselbe nicht in den Kirchenvorstand der letzteren ein, da der § den Pfarrer nur für das geborene Mitglied des Kirchenvorstandes in der Pfarrgemeinde erklärt. Nach der durch die Kommission geänderten Regierungsvorlage (s. Bericht S. 17) war die Sache umgekehrt, denn diese lautete: „1) aus dem Pfarrer, bei Pfarrgemeinden, in welchen mehrere Pfarrgeistliche angestellt sind, aus dem ersten oder Hauptpfarrer, in Filial-, Kapellen- 2c. Gemeinden, welche einen eigenen Geistlichen haben, aus diesem".

[46]) **Anstellung** und zwar in der betreffenden Gemeinde. Der dauernd angestellte muß aber dem provisorisch angestellten, auch wenn dieser früher in der Gemeinde fungirt hat, vorgehen, denn der erstere ist der eigentliche, im vollsten Sinne des Wortes angestellte Geistliche.

[47]) **Kirchenvorsteher.** Durch den § 5, welcher nur drei verschiedene Kategorien von Mitgliedern des Kirchenvorstandes kennt, ist die bisherige in einzelnen Landestheilen (in den Gebieten des französischen Rechts, im ehem. Großherzogthum Berg, in den bairischen und hessischen Gebietstheilen, s. S. 114. 115. 118) bestehende Einrichtung, daß ein Mitglied der Gemeinde-Behörde, insbesondere der Bürgermeister, geborenes Mitglied des Kirchenvorstandes war, beseitigt. Die Motive S. 35 bemerken darüber:

„Ein Einwand gegen die Ausdehnung des Entwurfs auf die Landestheile des linken Rheinufers läßt sich auch nicht etwa entnehmen aus dem Gesetze vom 14. März 1845, betreffend die Verpflichtung zur Aufbringung der Kosten für die kirchlichen Bedürfnisse der Pfarrgemeinden (Gesetzsamml. S. 163). Durch dieses Gesetz wurden, während bis dahin für alle kirchlichen Bedürfnisse, welche nicht aus dem Kirchenfabrikvermögen bestritten werden konnten, die Civilgemeinden aufzukommen hatten, die Verpflichtungen der letzteren zum größeren Theile den Einwohnern und Grundbesitzern des Pfarrbezirks auferlegt, welche zur Konfession der betreffenden Pfarrgemeinde gehören (§ 2). Eine Vertretung dieser Pfarrgemeinde und der dieselbe bildenden Steuerpflichtigen wurde damals aber nicht geschaffen.

Diese Lücke ist durch die in der Ministerialinstanz seither festgehaltene Praxis in der Weise ausgefüllt, daß die durch das Dekret vom 30. Dezember 1809 angeordneten Kirchenvorstände für befugt erklärt wurden, die Gemeinden zu vertreten, auch Kirchensteuern mit Genehmigung der Bezirksregierungen auszuschreiben und zu erheben, obwohl jene Kirchenvorstände in Wirklichkeit nur zur Verwaltung des Fabrikvermögens berufen und legitimirt sind. Die Einsetzung einer geordneten Vertretung der Pfarrgemeinden und ihrer Angehörigen ist daher auch in den linksrheinischen Landestheilen nur eine Forderung der Gerechtigkeit.

Die Civilgemeinden haben nach den Vorschriften jenes Gesetzes in den bezeichneten Landestheilen zu gewähren:

1) die Zuschüsse zu den Kosten für ordentliche (jährlich wiederkehrende), sowie für außerordentliche kirchliche Bedürfnisse der Pfarrgemeinde, welche bei Verkündigung des Gesetzes bereits auf dem Haushaltsetat der Civilgemeinde standen, und zwar nach Maßgabe des Beschlusses, auf welchem sie beruhen, sofern sie nicht durch veränderte Umstände entbehrlich werden (§ 1);

2) die Kosten für außerordentliche kirchliche Bedürfnisse der Pfarrgemeinde, sofern sie weder aus dem Kirchenvermögen, noch aus den unter Nr. 1 gedachten Zuschüssen bestritten werden können, in dem Maße, als die Civilgemeinde nach Abrechnung ihrer Kapitalschulden noch Gemeindevermögen besitzt (§ 3).

Die Bedingungen des Eintritts dieser Verpflichtungen sind hiernach:

a. das Vorliegen eines außerordentlichen kirchlichen Bedürfnisses, d. h. also nach Nr. 1 eines nicht jährlich wiederkehrenden,

b. das Nichtvorhandensein eines nach Nr. 1 zu gewährenden Zuschusses,

c. der Mangel eines Kirchenvermögens oder aber das Vorhandensein nur eines solchen, welches zur Bestreitung der fraglichen Ausgabe, weil es stiftungsmäßig andere Zwecke hat und weil es gesetzlich nicht disponibel ist, nicht angegriffen werden darf;

vergl. das Dekret vom 30. Dezember 1809, Art. 37: Les charges de la fabrique sont, 1) de fournir aux frais nécessaires du culte; savoir, les ornements, les vases sacrés, le linge, le luminaire, le pain, le vin, l'encens, le paiement des vicaires, des sacristains, chantres, organistes, sonneurs, suisses, bedeaux et autres employés au service de l'église, selon la convenance et les besoins des lieux; 2) de payer l'honoraire des prédicateurs de l'avent, du carême et autres solennités; 3) de pourvoir à la décoration et aux dépenses relatives à l'embellissement intérieur de l'église; 4) de veiller à l'entretien des églises, presbytères et cimetières; et, en cas d'insuffisance des revenus de la fabrique, de faire toutes diligences nécessaires pour qu'il soit pourvu aux réparations et reconstructions, ainsi que le tout est réglé au paragraphe III. — Artikel 92: Les charges des communes relativement au culte, sont, 1) de suppléer à l'insuffisance des revenus de la fabrique, pour les charges portées en l'article 37.

3) liegt den Civilgemeinden nach der früher allerdings bestrittenen, neuerdings aber in der Theorie sowohl, als in der Praxis der Gerichte und der Verwaltungsbehörden festgehaltenen Annahme (vgl. Stieve, Erörterungen, betreffend die den Civilgemeinden auf dem linken preußischen Rheinufer obliegende Pfarr- und Kirchenbaulast, Zeitschrift für Kirchenrecht von Dove und Friedberg Jahrgang VII. S. 252) die Verpflichtung ob, die Pfarrhäuser zu beschaffen und zu unterhalten, während die Pfarrer lediglich zur Vornahme der dem Miether obliegenden Reparaturen (réparations locatives) gehalten sind.

Die Civilgemeinde ist also bei der Verwaltung des Kirchenvermögens insoweit interessirt, als

α. veränderte Umstände, welche den etwa bereits im Jahre 1845 in dem Haushaltsetat ausgeworfenen Zuschuß entbehrlich machen, eintreten, trotzdem aber der von der Kirchengemeinde geforderte Zuschuß von der Civilgemeinde fortgezahlt wird, weil diese von den ihre Verpflichtung beseitigenden Ereignissen keine Kenntniß erhalten hat;

β. durch schlechte Verwaltung des Kirchenvermögens der Eintritt der subsidiären Verhaftung des Gemeindevermögens schneller, als bei ordnungsmäßiger Administration herbeigeführt wird;

γ. bei unordentlicher Wirthschaft des Pfarrers und beim Mangel genügender Kontrole aus kleinen Reparaturen, wenn sie nicht zu rechter Zeit ausgeführt werden, leicht die Nothwendigkeit größerer Besserungen entstehen kann, welche alsdann der Civilgemeinde zur Last fallen.

Es muß nun zwar anerkannt werden, daß, so lange der Bürgermeister als Vertreter der Civilgemeinde Mitglied des Fabrikraths ist und seine Pflichten als solcher gehörig wahrnimmt, die Civilgemeinde von den ihr Interesse berührenden Maßnahmen des Fabrikraths in Kenntniß erhalten wird, während derselben bei der Beseitigung der Mitgliedschaft ihres Bürgermeisters die Möglichkeit einer direkten Einwirkung auf den Fabrikrath verloren geht. Dabei ist jedoch nicht zu übersehen, daß bei den Bürgermeistern eine besondere Neigung zur Theilnahme an den Sitzungen des Fabrikraths erfahrungsmäßig nicht besteht, zumal da eine solche Theilnahme beim Vorhandensein nicht blos einer, sondern mehrerer oder selbst zahlreicherer Pfarrgemeinden und Fabrikräthe, insbesondere in größeren Städten, auch unter Hinzuziehung der Beigeordneten nicht immer ausführbar oder wesentlich erschwert ist. Es läßt sich unter solchen Umständen nicht annehmen, daß, wenn der Bürgermeister aufhört, Mitglied des Fabrikraths zu sein, daraus irgend welche Gefahren oder Nachtheile für die Civilgemeinde zu besorgen sind, und zwar um so weniger, als die Letztere schon jetzt zu der Forderung einer sorgsamen und sparsamen Vermögensverwaltung gegenüber der Kirchengemeinde nicht berechtigt ist, und als im Uebrigen solche Ereignisse, welche eine „„Veränderung der Umstände"" begründen können, wie z. B. beträchtliche Schenkungen oder letztwillige Zuwendungen an Kirchen, auch in weiteren Kreisen bekannt zu werden pflegen und schon deshalb den Vertretern der Civilgemeinden kaum verborgen bleiben dürften. Auch findet sowohl in Fällen der Art unter gewissen Voraussetzungen nach dem Gesetze vom 23. Februar 1870 (G. S. S. 118) als auch nach sonst bestehenden Vorschriften bei wichtigeren Verwaltungsakten eine Mitwirkung der Staatsbehörden statt, welche zugleich eine Bürgschaft für die Sicherung einer ordnungsgemäßen Verwaltung des Kirchenvermögens bietet. Wenn nun endlich in den Landestheilen des französischen Rechts die Civilgemeinden, obwohl deren Bürgermeister als solche den Organen für die Vermögensverwaltung der evangelischen Gemeinden nicht angehören, den Letzteren trotzdem zu eben solchen Leistungen und Beiträgen verpflichtet sind, wie den katholischen Gemeinden, so ist kein Grund erfindlich, weshalb ihnen gegenüber diesen eine andere Stellung gegeben werden sollte, als gegenüber den evangelischen Gemeinden; vielmehr erscheint es aus Gründen der Billigkeit empfehlenswerth, die evangelischen und die katholischen Civil- und Kirchengemeinden auch auf diesem Gebiete, d. h. in ihren gegenseitigen vermögensrechtlichen Beziehungen, der Absicht des Entwurfs gemäß einander gleich zu stellen."

Ein in der Kommission gestellter Antrag auf Aufrechterhaltung dieser Einrichtungen fand keine Annahme, nachdem die Regierungskommissarien dies auch deshalb für unnöthig erklärt hatten, „da nach der Praxis im Prozeßwege die Nothwendigkeit der Ausgabe zu Kirchenzwecken nachgewiesen werden müsse, sobald die Civilgemeinde widerspreche. Das Rechtsinteresse der Civilgemeinde sei dadurch besser geschützt, als wenn man ihr nach dem Amendement ein Einspruchsrecht gewähre, welches von dem Regierungspräsidenten verworfen werden dürfe," Kommissionsbericht S. 24. Zur Wahrung der Interessen der Civilgemeinden ist aber vom Abgeordnetenhause auf Antrag des Abgeordneten v. Cuny der jetzige § 41 eingefügt, und ferner der Antrag Welter und Genossen „die kön. Staatsregierung um baldige Vorlage eines Gesetzes zu ersuchen, durch welches die in den Landestheilen des linken Rheinufers den bürgerlichen Gemeinden obliegende gesetzliche Verpflich-

§. 6.

Die Zahl der für jede Gemeinde zu wählenden Kirchenvorsteher [48]) beträgt in Gemeinden bis 500 Mitglieder [49]) vier, bei mehr als 500 bis 2000 Mitgliedern sechs, bei mehr als 2000 bis 5000 Mitgliedern acht, bei mehr als 5000 Mitgliedern zehn.

Eine Abänderung der Zahl kann durch Beschluß der Gemeindevertretung [50]) bewirkt werden; die Zahl soll jedoch nicht mehr als zwölf und nicht weniger als vier betragen.

Mit Rücksicht auf die Seelenzahl oder die besonderen Verhältnisse einer Gemeinde [51]) kann die Zahl mit Genehmigung des Oberpräsidenten bis auf zwei [52]) herabgesetzt werden. [53])

§. 7.

Das Amt der Kirchenvorsteher ist ein Ehrenamt. [54])

Für außergewöhnliche Mühwaltungen [55]) kann auf Antrag des Kirchenvorstandes eine angemessene Entschädigung durch die Gemeindevertretung bewilligt werden.

§. 8.

Der Kirchenvorstand verwaltet [56]) das kirchliche Vermögen. [57])

Er vertritt die seiner Verwaltung unterstehenden Vermögensmassen und die Gemeinde [58]) in vermögensrechtlicher Beziehung. [59])

tung zur Aufbringung der Kosten für kirchliche Bedürfnisse der Pfarrgemeinden aufgehoben wird" angenommen worden, s. stenogr. Ber. 1504. 1505. 1999.

§ 6. [48]) **zu wählenden Kirchenvorsteher,** d. h. der nach § 5 Nr. 2 von der Gemeinde zu wählenden. Zu diesen treten dann noch hinzu der Geistliche und der Patron oder andere Berechtigte, bez. der von diesen ernannte Kirchenvorsteher. Diese sind also in den festgesetzten Zahlen nicht mit einbegriffen.

[49]) **Mitglieder,** d. h. Seelen, nicht aktiv berechtigte Mitglieder, wie denn auch in der Kommission, von welcher die Fixirung der Zahlen herrührt, der Ausdruck: Mitglieder und Seelen gleichbedeutend gebraucht ist, s. Bericht S. 18. 19. Das Wort: „Seelenzahl" im § 6 Abs. 3 bestätigt diese Auffassung.

[50]) **Gemeindevertretung.** Da eine solche bei dem Inkrafttreten des Gesetzes noch nicht vorhanden ist, und nach Artikel 11 der Wahlordnung die Wahl der Kirchenvorsteher der der Gemeindevertretung vorangehen muß, so ist das erste Mal die nach Abs. 1 vorgeschriebene Zahl der Kirchenvorsteher zu wählen, und es kann erst dann die Herabsetzung erfolgen.

[51]) **besonderen Verhältnisse einer Gemeinde,** z. B. wenn nicht die erforderliche Zahl geschäftskundiger Männer in derselben vorhanden oder ein unbeträchtliches Vermögen zu verwalten ist.

[52]) **bis auf zwei.** In denjenigen Fällen, wo nach Lage der Verhältnisse die Vermuthung gerechtfertigt erscheint, daß es sobald nicht zur gesetzmäßigen Anstellung eines Geistlichen kommen, also ein drittes Mitglied fehlen werde, erscheint es aber zweckmäßig, nur bis auf die Zahl 3 herabzugehen. Vgl. auch unten Anm. 87 zu § 17.

[53]) **herabgesetzt werden,** nach Abs. 2 von der Gemeindevertretung.

§ 7. [54]) **Ehrenamt,** dasselbe ist also, abgesehen von dem Falle des Abs. 2, unentgeltlich zu verwalten.

[55]) **außergewöhnliche Mühewaltungen,** z. B. die Führung zeitraubender Rechnungs- und Kassengeschäfte, Reisen in Angelegenheiten der kirchlichen Vermögensverwaltung.

§ 8. [56]) **verwaltet,** und zwar nach den bestehenden gesetzlichen Bestimmungen (s. auch § 47)

Die Rechte[60]) der jeweiligen Inhaber an den zur Besoldung der Geistlichen und anderen Kirchendiener[61]) bestimmten Vermögensstücken[62]) werden hierdurch nicht berührt.[63])

§. 9.

Die Mitglieder des Kirchenvorstandes haften für die Sorgfalt eines ordentlichen Hausvaters.[64])

§. 10.

Die Kassenverwaltung und die Rechnungsführung ist einem Kirchenvorsteher zu übertragen, welcher von dem Kirchenvorstande gewählt wird.

und mit Rücksicht auf die Rechtsverhältnisse, welche für die einzelnen Vermögensmassen maßgebend sind. Bei den Stiftungen sind also die Anordnungen des Stifters zu beachten; Kollekten und Sammlungen dürfen dem Zwecke, zu welchem sie veranstaltet worden sind, nicht entfremdet werden.

Im Allgemeinen hat der Kirchenvorstand die laufende Verwaltung (s. S. 121 Anm. 5 u. 6). „In dieser Beziehung (s. Motive S. 41) wird der Kirchenvorstand namentlich für die bei der kirchlichen Vermögensverwaltung entstehenden Einnahmen und Ausgaben, also dafür Sorge zu tragen haben, daß die vorschriftsmäßigen Leistungen von den Verpflichteten rechtzeitig aufgebracht und die kraft rechtlicher Verbindlichkeit oder sonst zu machenden Ausgaben ordnungsmäßig erfolgen." Weiter ist es Pflicht des Kirchenvorstandes „dafür zu sorgen (s. a. a. O. S. 42), daß die Kirche und die zu derselben gehörigen, insbesondere auch die den kirchlichen Beamten überwiesenen Grundstücke, Gebäude und anderen Anlagen, sowie die im Eigenthum der Kirchengemeinde stehenden Kirchhöfe in gutem Stande erhalten, und so weit erforderlich, wieder hergestellt oder neu beschafft werden".

[57]) **kirchliche Vermögen**, d. h. die §§ 3 und 4 näher bezeichneten Vermögensmassen, vorbehaltlich der Ausnahme im Abs. 3 dieses §.

[58]) **Gemeinde**, falls es sich um diese als einheitliches Ganze, als corpus handelt.

[59]) **in vermögensrechtlicher Beziehung**, d. h. in allen nicht streitigen Rechtsangelegenheiten und in Prozessen. Vgl. ferner § 19.

Die weiteren Funktionen, welche der Kirchenvorstand hat, ergeben die § 32 Abs. 2; §§ 37. 57, und Wahlordnung Art. 1. 2. 3. 4. 12. 13; s. auch § 22 Anm. 42.

[60]) **Rechte**, namentlich die Gebrauchs- und Nutzungsrechte, welche ihrer Natur nach die Verwaltung des betreffenden Gegenstandes durch den Berechtigten bedingen.

[61]) **anderen Kirchendiener**, vor Allem der Meßner, Küster, der Todtengräber. Vgl. auch Kirchengesetze S. 42.

[62]) **Vermögensstücken**. In Frage kommen hier wesentlich Grundstücke (Pfarräcker, Pfarrwaldungen) und Gebäude (Pfarr-, Küster- ꝛc. Häuser).

[63]) **nicht berührt**. Bestehen geblieben sind also namentlich die Bestimmungen des A. L. R. Th. II Tit. 11 § 778 ff., und die Vorschriften des gemeinen Rechts über die Rechte des Geistlichen am Pfründen- oder Benefizialgut, s. Richter-Dove a. a. O. S. 1132 ff., Phillips, a. a. O. S. 458. Insoweit er dasselbe danach in vermögensrechtlicher Beziehung zu vertreten befugt ist, z. B. in Prozessen, sind die desfallsigen Rechte des Kirchenvorstandes (s. Abs. 2) ausgeschlossen.

§ 9. [64]) **Sorgfalt eines ordentlichen Hausvaters**. Diese Bestimmung ist deshalb getroffen, weil (s. Motive S. 42) „in den verschiedenen Rechtsgebieten der Monarchie, namentlich in dem Geltungsgebiete des Allgemeinen Landrechts, des französischen und des gemeinen Rechts die Entwickelung der Lehre von der Culpa und der sich daraus ergebenden Folgen zu verschiedenen Resultaten auch auf dem Gebiete der Gesetzgebung geführt hat."

Für die Frage, ob eine Vertretungs- oder Entschädigungspflicht der Kirchenvorsteher vorliegt, entscheidet also nicht das in dem betreffenden Landestheil geltende Civilrecht, vielmehr kommt es darauf an, ob die beschädigende Handlung eine Verletzung der im § 9 vorgeschriebenen Diligenzpflicht gebildet hat oder nicht. Der § 623 Tit. 11 Th. II A. L. R. z. B. ist daher beseitigt.

Durch Beschluß des Kirchenvorstandes kann ein demselben nicht angehöriger,[65]) besonderer Rendant[66]) oder Rechnungsführer angestellt werden.[67]) Ein solcher Rendant oder Rechnungsführer gehört zu den Kirchendienern im Sinne des Gesetzes vom 12. Mai 1873.[68])

§. 11.

Der Kirchenvorstand hat ein Inventar[69]) über das von ihm verwaltete kirchliche Vermögen (§. 3) zu entrichten und fortzuführen.[70])

Er hat einen Voranschlag der Jahreseinnahmen und Ausgaben aufzustellen[71]) und einen vollständigen Bericht über den Stand des kirchlichen Vermögens alljährlich[72]) an die Gemeindevertretung zu erstatten.

Am Schlusse jedes Rechnungsjahres hat der Kirchenvorstand die Rechnung[73]) zu prüfen.

§. 12.

Der Kirchenvorstand wählt aus seinen im §. 5. Nr. 2. und 3. bezeichneten Mitgliedern[74]) bei dem Eintritt der neuen Kirchenvorsteher[75]) einen Vorsitzenden und einen Stellvertreter desselben, beide auf drei Jahre.[76])

§ 10. [65]) **demselben nicht angehöriger,** ja er braucht nicht einmal der betreffenden Parochie anzugehören.

[66]) **besonderer Rendant.** Da, wo große Vermögensverwaltungen zu führen sind oder kein Mitglied des Kirchenvorstandes fähig ist, die Rechnungs- und Kassengeschäfte zu führen.

[67]) **angestellt werden.** Die Anstellungsbedingungen (namentlich die Zeitdauer der Anstellung, ob auf Lebenszeit, gegen Kündigung u. s. w.) hat der Kirchenvorstand festzustellen, welcher auch zugleich die Höhe der von dem Rendanten etwa zu fordernden Caution und seine Besoldung zu bestimmen hat. Liegen die Voraussetzungen des § 21 Nr. 10 vor, so muß aber die Gemeindevertretung ihre Zustimmung ertheilen.

[68]) **im Sinne des Gesetzes vom 12. Mai 1873,** d. h. die Ausübung der Disciplinarbefugnisse über den Rechnungsführer kann nur nach Maßgabe des erwähnten Gesetzes erfolgen.

§ 11. [69]) **Inventar.** Verwaltet der Kirchenvorstand verschiedene Vermögensmassen, so wird ein besonderes Inventar über jede aufzustellen sein.

[70]) **fortzuführen,** d. h. das Inventar in Uebereinstimmung mit den etwaigen Ab- und Zugängen zu erhalten, so daß es in jedem Augenblick den Vermögensbestand vollständig nachweist.

[71]) **aufzustellen.** Die Periode, für welche der Etat aufgemacht werden soll, ist nicht im Gesetze angegeben, weil sie mit der Gemeindevertretung festzustellen ist, s. § 21 Nr. 13. Kommt es nicht zu einer Einigung, so liegt es in der Natur der Sache, daß der Voranschlag für ein Jahr gemacht werden muß.

[72]) **alljährlich,** und zwar auch dann, wenn die Vorschlagsperiode eine längere ist.

[73]) **Rechnung,** welche von dem Rechnungsführer zu legen ist.

§ 12. [74]) **im § 5 Nr. 2 und 3 bezeichneten Mitgliedern,** d. h. aus den von der Gemeinde gewählten und dem zum Eintritt in den Kirchenvorstand Berechtigten, z. B. dem Patron (§ 39), bez. dem von diesem ernannten Kirchenvorsteher. Der als geborenes Mitglied zum Kirchenvorstand gehörige Pfarrer oder andere Geistliche (s. § 5 Nr. 1) ist damit für rechtlich unfähig zum Vorsitz erklärt worden. Die Regierungsvorlage hatte dem Geistlichen den Vorsitz ein für alle Mal mit Rücksicht auf seine Stellung, seine durchschnittlich höhere Geschäftskenntniß und das in dem größten Theile der Monarchie bestehende Recht zugewiesen (Motive S. 42). Die Kommission, von welcher die vom Abgeordnetenhause angenommene Aenderung herrührt (Kommissions-Ber. S. 21, stenogr. Ber. S. 1475 ff. 1482) ist aber davon ausgegangen, daß die Abhängigkeit der Mitglieder von dem Ortspfarrer nicht noch durch den permanenten Vorsitz desselben im Kirchenvorstande verstärkt zu

§. 13.

Der Kirchenvorstand versammelt sich auf Einladung des Vorsitzenden,[77]) so oft es die Erledigung der Geschäfte erforderlich macht. Durch Beschluß können regelmäßige Sitzungstage festgesetzt werden.

§. 14.

Der Kirchenvorstand ist zu berufen, wenn dies verlangt wird:

1) von der bischöflichen Behörde,[78])
2) von dem Landrath (Amtshauptmann, Amtmann),[79]) in Stadtkreisen von dem Bürgermeister,
3) von der Hälfte der Mitglieder des Kirchenvorstandes,
4) durch Beschluß der Gemeindevertretung,

in den beiden letzten Fällen sofern ein innerhalb der Zuständigkeit des Kirchenvorstandes liegender Zweck angegeben wird.[80])

§. 15.

Kommt der Vorsitzende dem Verlangen nicht nach oder ist ein Vorsitzender nicht vorhanden, so kann die Berufung sowohl durch die bischöfliche Behörde,[81]) als auch durch die im §. 14, Nr. 2 genannten Beamten erfolgen.[82])

In diesen Fällen bestimmt die berufende Behörde den Vorsitzenden aus den im §. 5. Nr. 2 und 3 bezeichneten Mitgliedern des Kirchenvorstandes.

werden brauche, und daß es sich nicht empfehle, den Geistlichen, welcher als Vorsitzender von den Staatsbehörden für die Befolgung der Staatsgesetze verantwortlich gemacht werden müsse, andererseits aber in Abhängigkeit vom Bischofe stehe, namentlich bei der gegenwärtigen kirchenpolitischen Situation, in einen stetigen Konflikt zwischen seinen geistlichen und weltlichen Oberen zu bringen. Im Herrenhause wurde die Regierungsvorlage wieder hergestellt (s. stenogr. Ber. S. 354 ff. 356). Nachdem sodann das Abgeordnetenhaus auf seine frühere Aenderung zurückgegangen war, (s. stenogr. Ber. S. 1985 ff. 1991. 1992), hat das Herrenhaus diese ebenfalls acceptirt (stenogr. Ber. S. 614 ff. 618 ff. 620).

[75]) **bei dem Eintritt der neuen Kirchenvorsteher,** s. § 33.

[76]) **drei Jahre,** weil nach Ablauf dieser Periode die Hälfte der Kirchenvorsteher ausscheidet, s. § 33.

§ 13. [77]) **des Vorsitzenden.** Das Korrektiv gegen etwaige Nachlässigkeit oder Renitenz des Vorsitzenden gewährt § 14.

§ 14. [78]) **bischöflichen Behörde,** d. h. dem Bischof, dem General-Vikariat (oder Ordinariat oder bischöflichen Konsistorium) und dem Kapitelsverweser. Ob die bischöfliche Behörde die Aufsicht in Folge der bischöflichen Jurisdiktion oder zufolge der päpstlichen Delegation hat, (s. oben S. 64. 65) ist gleichgültig, weil das Gesetz in dieser Hinsicht nicht unterscheidet. Selbstverständlich ist auch hier, daß die bischöfliche Behörde eine von den Staatsgesetzen anerkannte sein muß. Der durch gerichtliches Erkenntniß abgesetzte oder nicht landesherrlich anerkannte Bischof, der nicht gesetzmäßig fungirende General- oder Kapitelsvikar (s. oben S. 6 Anm. 3 Nr. 1. S. 44. 48) hat das Recht nicht.

Wenn in einer Diöcese ein Staatskommissarius auf Grund des Gesetzes vom 20. Mai 1874 (s. oben S. 53, 58) eingesetzt ist, so hat dieser die Funktionen der bischöflichen Behörde wahrzunehmen, s. auch Motive S. 52 und § 58 Abs. 3.

Ein vom Bischof delegirter Beamter, z. B. der Dechant kann diese Befugniß gleichfalls ausüben, s. auch Motive S. 43.

[79]) **Amtmann,** s. S. 33 Anm. 51.

[80]) **angegeben wird.** Bei den Behörden ist die Garantie, daß der Kirchenvorstand nicht zu außerhalb seiner Zuständigkeit liegender Beschlußfassung zusammenberufen wird, von selbst gegeben.

§ 15. [81]) **bischöfliche Behörde,** s. Anm. 78 zu § 14.

§. 16.

Zu den Sitzungen sind sämmtliche Mitglieder des Kirchenvorstandes einzuladen,[83]) die Einladung ist, wenn der Beschluß der Zustimmung der Gemeindvertretung bedarf,[84]) schriftlich unter Angabe des Gegenstandes spätestens den Tag vor der Sitzung zuzustellen.[85])

§. 17.

Die Beschlüsse werden durch Stimmenmehrheit der Anwesenden[86]) gefaßt. Bei Stimmengleichheit entscheidet die Stimme des Vorsitzenden, bei Wahlen das Loos.

Zur Gültigkeit eines Beschlusses ist erforderlich, daß mindestens die Hälfte[87]) der Mitglieder des Kirchenvorstandes an der Abstimmung Theil genommen hat.

Mitglieder, welche an dem Gegenstande der Beschlußfassung persönlich betheiligt[88]) sind, haben sich der Abstimmung zu enthalten.

Bei nicht vorschriftsmäßig erfolgter Einladung kann eine Beschlußfassung nur dann stattfinden, wenn der Kirchenvorstand vollzählig[89]) versammelt ist und Widerspruch nicht erhoben wird.

§. 18.

Die Beschlüsse sind unter Angabe des Tages und der Anwesenden in ein Protokollbuch zu verzeichnen.[90]) Die Protokolle werden von dem Vorsitzenden und mindestens noch einem Mitgliede des Kirchenvorstandes unterschrieben.[91])

[82]) **erfolgen.** Hat die Hälfte der Kirchenvorsteher oder die Gemeindevertretung erfolglos den Antrag bei dem Vorsitzenden gestellt, so werden sie sich an eine der hier genannten Behörden wenden müssen, damit diese den Kirchenvorstand zusammenberuft.

§ 16. [83]) **einzuladen,** auf die ortsübliche oder eine durch Beschluß des Kirchenvorstandes festzustellende Weise.

[84]) **Zustimmung der Gemeindevertretung bedarf,** s. außer § 21 noch § 7 Abs. 2.

[85]) **zuzustellen.** Ist nicht ordnungsgemäß eingeladen, so kann bei Strafe der Nichtigkeit in der Sitzung nichts beschlossen werden, falls nicht die Ausnahme des § 17 Abs. 4 vorliegt.

§ 17. [86]) **Stimmenmehrheit der Anwesenden,** d. h. mit absoluter Majorität derjenigen, die erschienen sind, mögen sich einzelne auch der Abstimmung enthalten.

[87]) **Hälfte.** Besteht der Kirchenvorstand nur aus zwei Mitgliedern, s. § 6 Abs. 3 u. Anm. 52, so genügt die Anwesenheit eines Mitgliedes, denn eine feste Minimalzahl hat das Gesetz nicht bestimmt, ja ein desfallsiger Antrag ist sogar von der Kommission des Abgeordnetenhauses verworfen worden, s. den Bericht S. 22.

[88]) **persönlich betheiligt,** d. h. als Privatperson, nicht in seiner Eigenschaft als Mitglied der Kirchengemeinde. Bei der Auferlegung von Kirchensteuern, welche jeden Kirchenvorsteher mit treffen, können diese also stimmen.

[89]) **vollzählig,** d. h. in allen seinen jeweiligen Mitgliedern, nicht in allen Mitgliedern, welche nach § 5 demselben angehören können. Ist also kein oder kein gesetzmäßig angestellter Pfarrer vorhanden oder für einen verstorbenen Kirchenvorsteher noch kein Ersatzmann eingetreten, so genügt es, wenn sämmtliche übrige Mitglieder anwesend sind. Die Vorschrift soll nur verhindern, daß bei etwaigen Parteiungen im Kirchenvorstand die eine Partei von der andern unter Beihülfe des Vorsitzenden durch Ueberraschung majorisirt wird und daß der Vorsitzende die Erschienenen gefügig zu machen sucht, s. auch Motive S. 44.

§ 18. [90]) **zu verzeichnen,** wörtlich oder ihrem wesentlichen Inhalte nach. Daß die Verzeichnung durch ein Mitglied des Kirchenvorstandes erfolgen muß, ist nicht nothwendig, es kann dies auch durch jemand anders, z. B. den nach § 10 Abs. 2 angestellten Rendanten, geschehen. Wesentlich sind nur die Unterschriften des Vorsitzenden und eines anderen Mitgliedes.

§. 19.

Zu jeder die Gemeinde[92]) und die von dem Kirchenvorstande vertretenen Vermögensmassen[93]) verpflichtenden schriftlichen Willenserklärung[94]) des Kirchenvorstandes bedarf es der Unterschrift des Vorsitzenden[95]) und noch zweier Mitglieder des Kirchenvorstandes, sowie der Beidrückung des Amtssiegels. Hierdurch wird Dritten gegenüber[96]) die ordnungsmäßige Fassung des Beschlusses[97]) festgestellt, so daß es eines Nachweises der einzelnen Erfordernisse desselben,[98]) insbesondere der erfolgten Zustimmung der Gemeindevertretung,[99]) wo eine solche nothwendig[100]) ist, nicht bedarf.

[91]) **unterschrieben.** Wird die Protokollirung unterlassen oder fehlen die Unterschriften, so macht dies den Beschluß nicht nichtig. Die Vorschrift ist nur im Interesse eines geordneten Geschäftsganges und der leichteren Beweisführung gegeben.

Ueber die sonstigen die Geschäftsführung betreffenden Formalien giebt das Gesetz nichts an, die Motive bemerken aber S. 43: „Selbstverständlich ist, daß der Vorsitzende insbesondere in den Sitzungen des Kirchenvorstandes die Verhandlungen zu leiten hat und für die Aufrechthaltung der Ordnung verantwortlich ist", ferner: „daß es nicht für opportun gehalten worden ist, in das Gesetz eine Bestimmung darüber aufzunehmen, daß die Sitzungen des Kirchenvorstandes öffentlich oder nicht öffentlich sein sollen, und ob sie in einem kirchlichen oder auch in einem Schullokale abzuhalten sind. Man ging vielmehr von der Auffassung aus, daß es nach Verschiedenheit der Fälle dem Kirchenvorstande selbst überlassen bleiben müsse, die Oeffentlichkeit seiner Verhandlungen zuzulassen oder auszuschließen und ein angemessenes Lokal für seine Sitzungen zu wählen."

§ 19. [92]) **Gemeinde,** s. § 8 Anm. 58.

[93]) **Vermögensmassen,** s. §§ 3. 4. 8 Abs. 2.

[94]) **Willenserklärung,** welche von rechtlichen Folgen für die Gemeinde oder die gedachten Vermögensmassen sein soll.

[95]) **Vorsitzenden** oder seines Stellvertreters (§ 12).

[96]) **Dritten gegenüber.** Vgl. dazu den Kommissionsbericht S. 23: „Seitens der Regierungskommissarien und mehrerer Mitglieder wurde dafür das Bedürfniß des Rechtsverkehrs geltend gemacht, welches immer mehr dahin dränge, die Legitimation der Vorsteher solcher Körperschaften nach außen hin zu erleichtern und Dritten die Gewißheit zu geben, daß sie mit dem Vorstande rechtsgültig verhandeln können. Ob die Zustimmung der Gemeindevertretung und andere spezielle Erfordernisse einer Gemeindeverfassung im einzelnen Falle erfüllt seien, könne man zwar der Theorie nach von Dritten zu wissen verlangen: in der Wirklichkeit sei ein Dritter aber außer Stande, die Interna einer solchen Verfassung sicher zu kennen. Im Unterschied von dem Allgemeinen Landrecht und dem Code gelange daher das deutsche Handelsgesetzbuch und die neueren Prozeßgesetze immer konsequenter zu dem Grundsatz, dritten Personen gegenüber Unterschrift und Siegel des Vorstandes als rechtsverbindlich für die Körperschaft anzuerkennen und etwaige Versehen und Unterlassungen im inneren Geschäftsgang lediglich der Verantwortlichkeit und Regreßpflicht der betheiligten Beamten zu überlassen".

Selbst wenn der Dritte Kenntniß von dem Fehlen der Erfordernisse eines ordnungsmäßigen Beschlusses oder dem Mangel der Zustimmung der Gemeindevertretung gehabt hat, kann ihm dies zur Ablehnung der Haftbarkeit der von dem Kirchenvorstande repräsentirten juristischen Personen und Vermögensmassen nicht entgegengehalten werden. Der § 19 unterscheidet in dieser Hinsicht nicht, und konnte es auch nicht, weil er dem Kirchenvorstande eine nach außen hin nicht beschränkbare Vertretungsbefugniß hat beilegen wollen.

[97]) **ordnungsmäßige Fassung des Beschlusses,** d. h. daß die Sitzung vorschriftsmäßig bekannt gemacht, in derselben die beschlußfähige Zahl anwesend gewesen und die erforderliche Stimmenzahl abgegeben ist. Daß die Beschließenden sich innerhalb ihrer Kompetenz gehalten haben,

II. Gemeindevertretung. [1])

§. 20.

Die Zahl der Gemeindevertreter soll drei Mal so groß sein, wie diejenige der gewählten Kirchenvorsteher. [2])

Mit Rücksicht auf die Seelenzahl oder die besonderen Verhältnisse einer Gemeinde kann die Zahl mit Genehmigung des Oberpräsidenten herabgesetzt werden. [3])

§. 21.

Die Beschlüsse des Kirchenvorstandes bedürfen der Zustimmung der Gemeindevertretung [4]) in folgenden Fällen: [5])

wird dadurch aber nicht dargethan, ebensowenig an und für sich die Legitimation der Mitglieder, welche die schriftliche Willenserklärung unterschrieben haben. In letzterer Beziehung kommt aber abgesehen von § 51 noch in Betracht, daß, da die katholische Kirche eine öffentlich privilegirte Korporation ist, s. Kirchengesetze S. 148, die schriftlichen Willenserklärungen des Kirchenvorstandes öffentliche Urkunden sind.

Die Ertheilung der für einzelne Fälle nothwendigen Genehmigung der staatlichen und kirchlichen Aufsichtsbehörden, s. §§ 48, 50 muß sich der Dritte besonders nachweisen lassen. Auf diese bezieht sich § 19 nicht. Die Zustimmung der betreffenden Behörden ist kein Erforderniß für die ordnungsmäßige Fassung des Beschlusses — von welcher die Vorschrift handelt — sondern nur ein Erforderniß seiner Rechtswirksamkeit. Lassen die Motive (s. S. 138 Anm. 96) vielleicht auf eine entgegengesetzte Auffassung schließen, so steht doch dieser auch der Umstand entgegen, daß neben der besonders hervorgehobenen Zustimmung der Gemeindevertretung auch die der Aufsichtsbehörden hätte erwähnt werden müssen, wenn diese hätte gleich behandelt werden sollen. Zudem ist im § 19 nur von den Gemeindeorganen allein die Rede. S. auch unten Anm. 11 a. E. zu § 40.

[98]) **Erfordernisse desselben,** s. vorige Anm.

[99]) **Gemeindevertretung.** Es bedarf daher auch nicht einmal einer Erwähnung der Zustimmung.

[100]) **nothwendig,** s. § 21 und § 7 Abs. 2.

[1]) II. **Gemeindevertretung.** Vgl. Motive S. 33. „Abweichend von dem Allgemeinen Landrecht" (s. oben S. 109) „ist der Gemeindevertretung, welche die Befugnisse der Gemeinderepräsentanten künftighin mit auszuüben haben wird, ein ständiger Charakter beigelegt, weil dadurch eine größere Garantie für die sachgemäße Behandlung der diesem Organe übertragenen Geschäfte gegeben ist, während es den für die Erledigung nur einer einzelnen Angelegenheit bestellten Repräsentanten erfahrungsmäßig nicht selten an der erforderlichen Geschäftskunde mangelt. Auch pflegen sich bei der dann und wann eintretenden Wahl von Repräsentanten, insbesondere wenn es sich um Gegenstände von hervorragender Wichtigkeit handelt, die Parteigegensätze meistens so künstlich zu verschärfen, daß eine objektive, das Interesse der Sache über das der Partei stellende Erwägung und Beschlußfassung vielfach unmöglich gemacht oder doch wesentlich erschwert wird."

[2]) **gewählten Kirchenvorsteher,** d. h. derjenigen, welche entweder mit Rücksicht auf die gesetzliche Festsetzung und die Erhöhung oder Herabminderung der gesetzlich vorgeschriebenen Zahl (s. § 6) zu wählen sind. Ist die Zahl auf zwei herabgesetzt, so sind 6, ist sie auf 12 erhöht, so sind 36 Gemeindevertreter zu wählen.

[3]) **herabgesetzt werden** von der Gemeindevertretung, s. § 6 vgl. S. 133 Anm. 50 u. 51.

[4]) **Zustimmung der Gemeindevertretung.** Ohne diese haben sie keine rechtliche Wirkung. Der betreffende Beschluß gilt auch nicht als rechtsgültige Willenserklärung des Kirchenvorstandes, so daß etwa die höhere (geistliche oder weltliche) Behörde denselben genehmigen und dadurch zum Effekt bringen könnte. Ueber die Ausnahme Dritten gegenüber s. § 19.

Wegen der Fälle, in denen keine Gemeindevertretung vorhanden, vgl. §§ 35. 46.

[5]) **folgenden Fällen,** außerdem auch im Falle des § 7 Abs. 2.

1) bei dem Erwerb,[6]) der Veräußerung[7]) oder der dinglichen Belastung[8]) von Grundeigenthum,[9]) bei der Vermiethung oder Verpachtung desselben[10]) auf länger als zehn Jahre[11]) und bei der Vermiethung oder Verpachtung der den Geistlichen und anderen Kirchendienern[12]) zum Gebrauch oder zur Nutzung überwiesenen Grundstücke über die Dienstzeit des jeweiligen Inhabers[13]) hinaus;
2) bei Veräußerung[14]) von Gegenständen, welche einen geschichtlichen, wissenschaftlichen oder Kunstwerth[15]) haben;

[6]) **Erwerb,** d. h. entgeltlichen oder unentgeltlichen.

[7]) **Veräußerung.** Darunter ist, wie die weiteren Worte: „dingliche Belastung“ ergeben, die Veräußerung im engeren Sinne, d. h. die Aufgabe des Eigenthums gemeint.

[8]) **dingliche Belastung,** d. h. namentlich Bestellung von Servituten, von Hypotheken und Grundschulden.

[9]) **Grundeigenthum.** Darunter werden nicht blos Grundstücke, sondern auch Rechte, welche Immobiliarqualität haben, zu verstehen sein, weil diese auch unter dem Begriff: Grundeigenthum subsumirt werden können und ebenfalls einen gleich werthvollen und sicheren Bestandtheil des Kirchenvermögens bilden.

[10]) **desselben.** Die Vermiethung von Kirchenstühlen gehört nicht hierher, denn diese sind, wenngleich sie Pertinenzen der Kirche sind, doch an und für sich kein Grundeigenthum.

Die Einräumung von Begräbnißstellen auf Kirchhöfen zu einfachen, Familien- und Erbbegräbnissen fällt, mag man den Charakter des betreffenden Geschäftes als Einräumung eines persönlichen Gebrauchsrechtes, Konstituirung eines dinglichen Gebrauchsrechtes oder gar als Verkauf auffassen, s. darüber Wiese, Handbuch des in Deutschland geltenden Kirchenrechts Bd. 3 Abth. 1 S. 552; Koch, Erbrecht S. 66; Wappäus, Lehre v. d. dem Rechtsverkehr entzogenen Sachen. Göttingen 1867. S. 71; Meier, preußisches Kirchenrecht S. 140, nicht hierunter. Der Begräbnißplatz ist zur Aufnahme von Todten und für Begräbnisse bestimmt, und in der bloßen Widmung eines Grundstückes zu diesem Zwecke liegt schon die Ermächtigung des verwaltenden Organs, die innerhalb dieser Zweckbestimmung liegenden Rechtsgeschäfte vorzunehmen. Diese sind keine wichtigen und außerordentlichen Verwaltungsakte, für welche man beabsichtigt hat, die Gemeindevertretung mit konkurriren zu lassen.

[11]) **auf länger als zehn Jahre hinaus.** Dadurch ist insbesondere modifizirt § 668 ff. Tit. 11 Th. II. A. L. R. und Art. 12 des Fabrikdekrets vom 30. Dezember 1809.

[12]) **anderen Kirchendienern,** s. S. 134 Anm. 61.

[13]) **über die Dienstzeit des jeweiligen Inhabers.** Daß der Benefiziat nicht über die Grundstücke durch Rechtsgeschäfte zum Nachtheil seines Amtsnachfolgers verfügen kann, war schon bisher gemeinen Rechtes, s. Richter-Dove a. a. O. S. 1132 ff., und galt auch nach preuß. A. L. R. Th. II. Tit. 11 §§ 782. 800. 778, Th. I. Tit. 21 §§ 110. 111. Wohl aber ist dadurch das französische Recht geändert, nach welchem der kirchliche Beamte als Nießbraucher, s. Code civil act. 595. 1429 ff., die Grundstücke auf 9 Jahre hinaus, ohne daß der Vertrag mit seiner Dienstzeit erlosch, verpachten konnte.

[14]) **Veräußerung.** Diese ist hier in demselben engeren Sinne wie in Nr. 1 zu nehmen (s. Anm. 7 zu diesem §).

[15]) **Kunstwerth.** Bei den fließenden Grenzen lassen sich hier objektive Kriterien kaum geben. Ist der Kirchenvorstand der Ansicht, daß eine zu veräußernde Sache nicht der erwähnten Kategorie angehört, so bleibt der Gemeindevertretung, welche davon Kenntniß erhalten hat, bei abweichender Ansicht nichts anderes übrig, als sich entweder an die Aufsichtsbehörde zu wenden, s. § 50, oder den Konservator der Kunstdenkmäler zum Einschreiten zu veranlassen, s. über dessen Befugnisse die Kab. O. v. 1. Juli 1843 und das Min. Resc. v. 24. Januar 1844 (M. Bl. f. d. i. Verw. S. 38) u. v. Rönne, Staatsrecht d. preuß. Monarchie. 3. Aufl. Bd. 2 Abth. 1 S. 128, oder auch auf

3) bei außerordentlicher Benutzung des Vermögens, welche die Substanz selbst angreift,[16]) sowie bei Kündigung und Einziehung von Kapitalien, sofern sie nicht zur zinsbaren Wiederbelegung erfolgt;[17])

4) bei Anleihen, sofern sie nicht blos zur vorübergehenden Aushülfe dienen und aus den Ueberschüssen der laufenden Einnahmen über die Ausgaben derselben Voranschlagsperiode zurückerstattet werden können;[18])

5) bei Anstellung von Prozessen,[19]) soweit dieselben nicht die Eintreibung fortlaufender Zinsen und Gefälle oder die Einziehung ausstehender Kapitalien, deren Zinsen rückständig geblieben sind,[20]) betreffen, und bei Abschließung von Vergleichen;[21])

6) bei Neubauten oder erheblichen Reparaturen an Baulichkeiten,[22]) so-

Grund des § 14 Nr. 4 eine ausdrückliche Beschlußfassung des Kirchenvorstandes darüber, ob die Veräußerung der Gemeindevertretung zur Zustimmung unterbreitet werden soll, zu fordern, in welchem Falle sie aber, wenn dies Verlangen durch Beschluß abgelehnt wird, immer wieder auf die erst angegebenen beiden Wege verwiesen ist.

[16]) **die Substanz selbst angreift**, wenn z. B. in einer der Kirche oder dem Pfarrer gehörigen Waldung mehr als das nach forstwirthschaftlichen Grundsätzen zulässige Quantum Holz geschlagen und verkauft, auf einem Grundstück ein Steinbruch eröffnet werden soll.

[17]) **zur zinsbaren Wiederbelegung erfolgt**, denn andernfalls werden sie verausgabt oder sie bleiben zinslos in der Kirchenkasse liegen, d. h. es findet im ersteren Fall eine Veräußerung der betreffenden Summen statt, im zweiten eine Gebahrung, welche einer wirthschaftlichen Verwaltung nicht entspricht. Hat der Kirchenvorstand das Kapital mit der Absicht, es wieder zinsbar zu belegen, gekündigt oder eingezogen, und ändert er diese später, so wird es immer der Genehmigung der Gemeindevertretung bedürfen, weil sich dann herausstellt, daß die Voraussetzung, unter welcher diese unnöthig ist, nicht vorliegt. Auf diesen objektiven Sachverhalt, nicht aber allein auf die bei der Kündigung und Einziehung vorhandene Absicht legt das Gesetz Gewicht.

Vgl. auch unten Anm. 20.

[18]) **zurückerstattet werden können.** Liegen die erwähnten Bedingungen vor, wird aber der Gläubiger durch Hypothek- oder Grundschuldbestellung sicher gestellt, so greift die Vorschrift der Nr. 1 Platz. Es ist dann die Genehmigung der Gemeindevertretung wegen der dinglichen Belastung einzuholen.

Vgl. auch unten Anm. 25 Abs. 2.

[19]) **Anstellung von Prozessen**, selbstverständlich als Kläger, als Verklagter muß der Kirchenvorstand die Prozesse auch ohne Genehmigung der Gemeindevertretung auf sich nehmen.

[20]) **deren Zinsen rückständig geblieben sind.** Es fragt sich hierbei, ob außer den aufgeführten ferner der Fall der Nr. 3 (Einziehung von Kapitalien, welche wieder zinsbar belegt werden sollen) eine Ausnahme bildet, mit anderen Worten, ob in Nr. 3 unter der Einziehung auch die prozessualische Beitreibung zu verstehen ist. Dies ist zu bejahen, denn das Wort Einziehung bedeutet die Herbeischaffung des Kapitals wider Willen des Schuldners, für welche der regelmäßige Weg der des Prozesses ist.

[21]) **Vergleichen**, gleichviel, wie hoch sich das Objekt beläuft und ob der Vergleich in einem Prozesse oder sonst geschlossen wird.

[22]) **an Baulichkeiten.** In beiden Fällen ist vorausgesetzt, daß es sich um bauliche Einrichtungen handelt, andere neue Einrichtungen, soweit sie nicht Bauten bedingen, z. B. Beschaffung einer Gasleitung, eiserner Oefen u. s. w., wenngleich zu diesem Behufe einzelne Einwirkungen auf das Mauerwerk, z. B. Einlassung der Haken, der Klammern, Ofenröhren vorgenommen werden müssen, fallen nicht unter Nr. 6, denn solche sind weder Neubauten noch Reparaturen an Baulichkeiten.

fern nicht über die Nothwendigkeit der Bauausführung bereits durch die zuständigen Behörden[23]) endgültig entschieden ist. Für erheblich gelten Reparaturen, deren Kostenanschlag 200 Mark übersteigt. Im Falle des Bedürfnisses kann die Gemeindevertretung ein für alle Mal die Vollmacht des Kirchenvorstandes zur Vornahme höher veranschlagter Reparaturen, jedoch nicht über die Summe von 1000 Mark hinaus,[24]) erweitern;

7) bei Beschaffung[25]) der zu den kirchlichen Bedürfnissen erforderlichen Geldmittel oder Leistungen, soweit solche nicht nach dem bestehenden Rechte aus dem Kirchenvermögen oder von dem Patron oder von sonst besonders Verpflichteten[26]) zu gewähren sind;

8) bei Festsetzung der auf die Gemeindeglieder zu vertheilenden Umlagen[27]) und bei Bestimmung des Vertheilungsmaßstabes; letzterer ist entweder

[23]) **zuständigen Behörden,** s. §§ 47, 50 Nr. 4.

[24]) **über die Summe von 1000 Mark hinaus.** Dem Zusammenhange nach kann nur gemeint sein eine Vollmacht auf Vornahme von Reparaturen, die jede einzelne über 200 Mark bis auf 1000 Mark veranschlagt ist, nicht eine Vollmacht dahin, daß der Kirchenvorstand, wenn die von ihm beschlossenen mehreren Reparaturen zusammen mehr als 200 Mark betragen, diese bis zur Summe von 1000 Mark selbstständig anordnen kann. Die Vorschrift will eine Ausnahme von der Regel ermöglichen, daß Reparaturen über 200 Mark allein mit Zustimmung der Gemeindevertretung statthaft sind. Bei dieser kommt aber die einzelne Reparatur in Betracht, weil die Erheblichkeit derselben sich nach ihrem Kostenaufwande bemißt, folglich kann es sich bei der Ausnahme auch nur immer um die einzelne Reparatur, nicht aber um die Gesammtheit von solchen, die während eines bestimmten Zeitabschnittes gemacht werden, handeln.

Da die Ertheilung einer derartigen Vollmacht in das Ermessen der Gemeindevertretung gestellt ist, so kann sie dieselbe auch eingeschränkt ertheilen, also auf eine bestimmte Zeit, z. B. ein Jahr, oder auch limitirt, beispielsweise dahin, daß, wenn die Gesammtsumme der mehr als 200 Mark veranschlagten Reparaturen den Betrag von 2000 Mark erreicht hat, zu jeder weiteren erheblichen ihre Zustimmung erforderlich ist.

[25]) **Beschaffung.** Die von den aus besonderen Rechtstiteln verpflichteten Personen zu beschaffenden Leistungen, ferner Anleihen (vgl. Nr. 4) gehören nicht unter den Fall Nr. 7. Somit kann sich diese Nr. nur auf die Auflage von Kirchensteuern oder anderer Umlagen auf die Gemeindeglieder beziehen. Andererseits behandelt aber Nr. 8 die Festsetzung von Umlagen. Bei der gesonderten Stellung der letzteren Nummer läßt sich nicht annehmen, daß sie nur eine nähere Exemplifikation der Nr. 7 sein soll. Demnach kann Nr. 8 nur auf die Festsetzung der Höhe der Umlage, namentlich wenn das Prinzip der Umlagepflichtigkeit bereits feststeht, bezogen werden.

Anleihen, welche blos zur vorübergehenden Aushülfe nach Nr. 4 dienen, fallen unter keinen Umständen unter 7, denn, sofern sie für die Kirchengemeinde oder für die Kirche aufgenommen werden, sind sie gar nicht anders denkbar, als daß sie der Befriedigung kirchlicher Bedürfnisse dienen, und es würde bei Annahme der entgegengesetzten Ansicht die Erleichterung, welche Nr. 4 mit Rücksicht darauf, daß sie aus den laufenden Einnahmen wieder erstattet werden können, fortfallen.

[26]) **besonders Verpflichteten,** d. h. aus speziellen Rechtstiteln, wie z. B. der Einziehung des Vermögens der kraft Inkorporation früher verpflichteten geistlichen Institute im Gegensatz zu den aus dem allgemeinen Titel ihrer Gemeindezugehörigkeit verpflichteten Parochianen.

[27]) **Umlagen,** s. Anm. 25 Abs. 1.

nach Maßgabe der direkten Staatssteuer oder der Kommunalsteuer [28]) festzusetzen; [29])

9) bei Einführung oder Veränderung von Gebührentaxen; [30])

10) bei Bewilligungen aus der Kirchenkasse zur Ausstattung neuer Stellen [31]) für den Dienst der Gemeinde, [32]) sowie zur dauernden Verbesserung [33]) des Einkommens bestehender Stellen, und bei Umwandlung von veränderlichen Einnahmen [34]) der Geistlichen und anderer Kirchendiener in feste Hebungen oder von Naturaleinkünften in Geld, letzteres, soweit nicht die Umwandlung in dem durch die Staatsgesetze geordneten Ablösungsverfahren erfolgt;

11) bei einer Verwendung des kirchlichen Vermögens, welche nicht kirchliche, wohlthätige oder Schulzwecke [35]) innerhalb der Gemeinde [36]) selbst betrifft;

12) bei Feststellung des Etats [37]) und der Voranschlagsperiode; [38])

[28]) **Kommunalsteuer.** Sind mehrere Kommunalsteuern vorhanden, so ist die Wahl unter denselben zulässig, sofern die gewählte ihrer Natur nach eine allgemeine, nicht blos eine bestimmte Klasse von Personen, wie z. B. die Gewerbesteuer, treffende ist, s. auch § 50 Nr. 9.

[29]) **festzusetzen.** Durch diese Nr. sind die beiden Organe ermächtigt, auch da, wo ein gesetzlicher Vertheilungsmodus besteht, diesen innerhalb der gegebenen Schranke abzuändern.

[30]) **Gebührentaxen,** z. B. für die Geistlichen, für die Benutzung des Kirchhofs, der Leichenhalle u. s. w.

[31]) **neuer Stellen,** d. h. wenn gewisse Funktionen, welche bisher von den vorhandenen Beamten versehen worden sind, künftighin als gesonderter Komplex von Amtsverrichtungen ausgeschieden und einem neuen Beamten übertragen werden sollen. Ob derselbe fest oder widerruflich angestellt wird, ist gleichgültig, nur muß die Zuweisung an einen besonderen Beamten als dauernde beschlossen sein. Es gehört hierher z. B. die Kreirung einer Kaplansstelle, deren Inhaber neben dem Pfarrer in der Seelsorge thätig sein soll, einer besonderen Stelle für einen Rendanten nach § 10 Abs. 2.

Die Bewilligung bloßer Remunerationen an Personen, welche den vorhandenen Beamten blos Aushülfe geleistet haben, fallen nicht unter Nr. 10. Vgl. aber Anm. 37.

[32]) **Dienst der Gemeinde.** Die betreffende Stelle muß den Zwecken der Gemeinde direkt, wie eine Kaplanei-Stelle, oder indirekt, wie die des Rendanten, dienen.

[33]) **dauernden Verbesserung.** Demnach sind Remunerationen an schon vorhandene Beamte ohne Genehmigung der Gemeindevertretung statthaft. Vgl. aber Anm. 37.

[34]) **Umwandlung veränderlicher Einnahmen,** z. B. wenn die Geistlichen statt der bisher für eigene Rechnung gezogenen Stolgebühren dafür eine fixirte jährliche Entschädigung aus der Kirchenkasse erhalten und die Gebühren für letztere eingezogen werden sollen.

[35]) **kirchliche, wohlthätige oder Schulzwecke,** s. Anm. 20. 21. 26 S. 126. 127.

[36]) **innerhalb der Gemeinde,** d. h. für Zwecke, welche nicht der betreffenden Kirche oder Gemeinde zugut kommen; Bewilligungen aus der Kirchenkasse zu Gunsten des Bischofs, zu Gunsten des abgesetzten Pfarrers, für andere arme Gemeinden, bedürfen z. B. der Zustimmung der Gemeindevertretung. Die Genehmigung kann aber, falls die Verwendung stiftungsgemäß für die Gemeinde erfolgen muß, die Verletzung der Stiftungsbedingungen und die dadurch eintretende Ungültigkeit der Verwendung nicht heilen.

[37]) **Etats.** Der aufgestellte Etat ist der Gemeindevertretung zur Genehmigung vorzulegen und von dieser der Ansatz der Einnahme- und Ausgabe-Positionen zu genehmigen. Insoweit konkurrirt sie auch bei Akten, zu denen ihre Zustimmung sonst nicht erforderlich ist, s. z. B. Anm. 30 Abs. 2 und 32.

In der Genehmigung derjenigen Positionen, welche an und für sich der Zustimmung der

13) bei Abnahme der Jahresrechnung[39]) und Ertheilung der Entlastung.[40])

Der Etat ist nach erfolgter Feststellung, die Jahresrechnung nach ertheilter Entlastung auf zwei Wochen zur Einsicht der Gemeindeglieder nach vorgängiger ortsüblicher Bekanntmachung öffentlich auszulegen.[41])

§. 22.

Die Gemeindevertretung wählt bei dem Eintritt der neuen Gemeindevertreter[41]) einen Vorsitzenden und einen Stellvertreter desselben, beide auf drei Jahre.

Sie versammelt sich auf Einladung des Vorsitzenden, so oft es die Erledigung der Geschäfte erforderlich macht.

In Betreff der Berufung der Gemeindevertretung finden die Vorschriften der §§. 14. und 15. sinngemäße Anwendung,[42]) jedoch mit der Maßgabe, daß auf Verlangen eines Drittheils der Mitglieder der Gemeindevertretung die Berufung erfolgen muß.

Gemeindevertretung bedürftige Akte enthalten, z. B. Einstellung einer Kirchensteuer in die Einnahmen des Etats, des Kaufpreises für ein zu veräußerndes Grundstück, kann die nach § 21 besonders erforderte Zustimmung nicht gefunden werden. Der Etat soll nur die Uebersicht über die Finanzgebahrung gewähren und hat den Zweck, für diese die Grundlage zu geben. Die rechtliche Basis für die Einnahmen und Ausgaben hat er nicht darzubieten, diese muß vielmehr schon vorhanden sein oder auf die gesetzmäßige Weise beschafft werden. Die Genehmigung des Etats und seiner Positionen als solcher kann also die Rechtsgrundlage, welche vorher nicht erbracht ist, niemals herstellen, sondern nur konstatiren, daß der Etat seinen Hauptzweck, für eine zweckentsprechende Finanzgebahrung die Anleitung zu geben, erfüllt. Wenn die Zustimmung zum Etat dem Kirchenvorstand gegenüber auch zugleich deklarirt, daß die Rechtsbasis der Einnahmen und Ausgaben in Ordnung ist, ändert dies doch an dem hingestellten Resultate nichts, weil eine bloße Deklaration nie die Wirkung hat, etwas, was nicht existirt, ins Leben zu rufen. Die hier gemachte Scheidung liegt auch dem § 21 zu Grunde, denn wenn die Etats-Genehmigung die Rechtsgültigkeit der unter Nr. 1 bis 11 aufgezählten Akte herzustellen geeignet wäre, hätte es der betreffenden Bestimmungen für alle diese, sofern ihre Wirkungen im Etat zur Erscheinung kommen, nicht bedurft, andererseits hätte aber der Kirchenvorstand nicht die Befugniß erhalten dürfen, die außerhalb der Nr. 1 bis 11 liegenden Verwaltungshandlungen, sofern sie auf die Einnahmen und Ausgaben einwirken, ohne Genehmigung der Gemeindevertretung vorzunehmen.

Selbstverständlich ist es, daß über die in Nr. 1 bis 11 bezeichneten Angelegenheiten in derselben Sitzung, in welcher der durch sie beeinflußte Etat zur Genehmigung vorgelegt wird, beschlossen werden kann. Aber eine besondere Beschlußfassung ist immer nöthig.

[38]) **Voranschlagsperiode.** Hier ist (Motive S. 44) „darauf hinzuweisen, daß das Recht zur Feststellung der Voranschlagsperiode auch die Befugniß in sich schließt, dieselbe auf mehrere Jahre, z. B. auf die Dauer von drei Jahren, zu verlängern. Schon gegenwärtig sind in manchen Gemeinden mehrjährige Etatsperioden bei der Vermögensverwaltung eingeführt, ohne daß daraus Unzuträglichkeiten entstanden wären." Vgl. auch S. 135 Anm. 71.

[39]) **Jahresrechnung,** welche nach § 11 dem Kirchenvorstande jährlich vorzulegen und von ihm zu prüfen ist, s. S. 135 Anm. 73.

[40]) **Entlastung,** sofern sie von dem Kirchenvorstande dem Rechnungsführer ertheilt worden ist.

[41]) **auszulegen.** Vgl. auch unten § 41.

Die sonstigen Funktionen der Gemeindevertretung ergeben sich aus §§ 6, 7, 14, 20 Abs. 2 §§ 34, 57; Wahlordnung Art. 2.

§ 22. [41]) **Eintritt der neuen Gemeindevertreter,** s. § 33.

[42]) **§§ 14 und 15 sinngemäße Anwendung.** Die Gemeindevertretung ist also zu berufen, wenn dies von ihrem Vorsitzenden verlangt wird 1) seitens der bischöflichen Behörde, 2) seitens des

§. 23.

Der Vorsitzende des Kirchenvorstandes oder ein von ihm abgeordneter Kirchenvorsteher (§. 5., Nr. 2. und 3.)[43]) sind befugt, den Sitzungen der Gemeindevertretung mit berathender Stimme beizuwohnen.

§. 24.

Zu den Sitzungen sind sämmtliche Gemeindevertreter sowie der Vorsitzende des Kirchenvorstandes schriftlich unter Angabe des Gegenstandes spätestens den Tag vor der Sitzung einzuladen.

Im Uebrigen finden die Bestimmungen der §§. 17. und 18. sinngemäße Anwendung,[44]) jedoch genügt zur Beschlußfähigkeit der Versammlung die Anwesenheit eines Drittheils der Mitglieder.

Die Gemeindevertretung hat das Recht, die Oeffentlichkeit ihrer Sitzungen zu beschließen.

Die Beschlüsse werden dem Kirchenvorstande in einem von dem Vorsitzenden und zwei Gemeindevertretern unterschriebenen Auszuge[45]) aus dem Protokollbuche zugestellt.

III. Wahl der Kirchenvorsteher und der Gemeindevertreter.

§. 25.

Wahlberechtigt[46]) sind alle männlichen,[47]) volljährigen,[48]) sebstständigen[49]) Mitglieder der Gemeinde, welche bereits ein Jahr in derselben, oder wo mehrere Ge-

Landraths (Amtshauptmanns, Amtmanns, Bürgermeisters), 3) durch Beschluß des Kirchenvorstandes und 4) durch ein Drittel der Mitglieder der Gemeindevertretung; in den beiden letzteren Fällen muß aber ein innerhalb der Zuständigkeit der Gemeindevertretung liegender Zweck angegeben werden. Weigert sich der Vorsitzende, diesem Verlangen nachzukommen, so hat die berufende Behörde denselben aus den Mitgliedern der Gemeindevertretung zu bestimmen, denn in dieser giebt es nur gewählte Mitglieder, s. §§ 27 ff. 39 ff.

Vgl. auch oben S. 136 Anm. 78—82.

§ 23. [43]) **Kirchenvorsteher (§ 5 Nr. 2 und 3).** Der Pfarrer oder Geistliche darf nicht als Vertreter des Kirchenvorstandes abgeordnet und kann als solcher nicht von der Gemeindevertretung mit berathender Stimme zugelassen werden.

§ 24. [44]) **§§ 17 und 18 sinngemäße Anwendung.** Demnach werden die Beschlüsse der Gemeindevertretung mit Stimmenmehrheit der Anwesenden gefaßt. Es entscheidet bei Stimmengleichheit die Stimme des Vorsitzenden, bei Wahlen aber das Loos. Persönlich Betheiligte müssen sich der Abstimmung enthalten. Bei nicht vorschriftsmäßiger Einladung kann eine Beschlußfassung nur erfolgen, wenn alle Gemeindevertreter anwesend sind und keiner von ihnen Widerspruch erhebt. Die Beschlüsse sind unter Angabe des Tages und der Anwesenden in ein Protokollbuch zu verzeichnen und die Protokolle von dem Vorsitzenden und einem Mitgliede der Gemeindevertretung zu unterschreiben. S. auch oben S. 137 Anm. 86, 88, 90, 91.

[45]) **Auszuge**, d. h. in einer Abschrift des Beschlusses. Auszug heißt sie, weil sie aus dem Protokolle ausgezogen ist; ein Auszug aus dem Beschlusse, eine verkürzte Angabe seines Inhalts, ist nicht gemeint.

§ 25. [46]) **wahlberechtigt** zur Wahl der Kirchenvorsteher und der Gemeindevertreter.

[47]) **männlichen.** Dadurch wird (Motive S. 45): „das in einzelnen Landestheilen den unverheiratheten selbstständigen Frauenspersonen, den Wittwen und den in gemischter Ehe lebenden katholischen Ehefrauen zustehende Wahlrecht beseitigt. Da letzteres seither den Frauen auch nur hinsichtlich der Wahl von Gemeinderepräsentanten zugestanden hat (vgl. z. B. die Instruktion des

meinden am Orte sind, an diesem Orte wohnen[50]) und zu den Kirchenlasten nach Maßgabe der dazu bestehenden Verpflichtung beitragen.[51])

Selbstständig sind diejenigen, welche einen eigenen Hausstand[52]) haben oder ein öffentliches Amt[53]) bekleiden oder ein eigenes Geschäft[54]) oder als Mitglied einer Familie[55]) deren Geschäft führen.

Als selbstständig sind nicht anzunehmen diejenigen, welche unter Vormundschaft oder Pflegschaft[56]) stehen oder welche im letzten Jahre vor der Wahl armuthshalber aus öffentlichen[57]) Mitteln Unterstützung erhalten oder Erlaß der kirchlichen Beiträge genossen haben.

General-Vikariats zu Paderborn über das Verfahren bei der Wahl von Kirchengemeinderepräsentanten vom 23. Juli 1855. Nr. 2.; die Verordnung des Erzbischofs von Cöln über die Vertretung der Pfarrgemeinden durch Repräsentanten und deren Wahl, sowie über das Verfahren bei Aufbringung von Kirchensteuern im Dekanate Essen vom 5. Mai 1868. § 2.; die Instruktion des Generalvikariats zu Münster, die Repartition der Kirchengemeindebeiträge betreffend, vom 12. Dezember 1868. § 2. lit. a.), so erschien es um so unbedenklicher, von demselben auch bezüglich der Wahl der Kirchenvorsteher und der Gemeindevertreter Abstand zu nehmen, als durch die Einführung einer regelmäßigen und umfassenden Betheiligung der Gemeinde bei der Verwaltung des kirchlichen Vermögens die Frauen, wenn auch nur indirekt, besser in ihren Interessen geschützt sind, als durch ihr bisheriges Wahlrecht für gewisse singuläre Fälle."

[48]) **volljährigen**, d. h. diejenigen, welche das 21. Lebensjahr vollendet haben, s. das für die ganze Monarchie geltende Gesetz vom 9. Dezember 1869 (G. S. S. 1177) und das mit dem 1. Januar 1876 in Kraft tretende Reichsgesetz v. 17. Februar 1875 (Reichs-G. B. S. 71).

[49]) **selbstständigen**, s. Anm. 52 ff.

[50]) **wohnen**, d. h. ihren Wohnsitz haben, nicht sich blos aufhalten. Nur durch den Wohnsitz wird man Mitglied der Gemeinde. Die Eximirten sind, weil sie nicht Mitglieder der Gemeinde sind, s. § 283 ff. Tit. 11 Th. II. A. L. R., nicht wahlberechtigt.

[51]) **beitragen.** Wo keine Kirchenlasten erhoben werden, fällt dieses Requisit fort.

[52]) **eigenen Hausstand**, d. h. deren häusliche Einrichtung durch ihren eigenen Willen maßgebend bestimmt wird; daher hat auch derjenige, welcher nur als Chambregarnist wohnt, einen eigenen Hausstand, aber nicht der volljährige Sohn in väterlicher Gewalt, welcher bei seinem Vater wohnt und von diesem erhalten wird, ausgenommen, wenn er in die zu Anm. 53 u. 54 erwähnten Kategorien fällt. Ebensowenig sind Dienstboten und Gesellen selbstständig, letztere aber nur dann nicht, wenn sie keinen eigenen Hausstand haben.

[53]) **öffentliches Amt**, d. h. ein Staatsamt oder ein Amt einer öffentlichen Korporation, also namentlich ein Kommunal-Amt. Bei diesen Personen ist es gleichgültig, ob sie einen eigenen Hausstand haben oder nicht.

[54]) **eigenes Geschäft**, d. h. ein für sich und auf eigene Rechnung geleitetes und betriebenes Gewerbe.

[55]) **als Mitglied einer Familie**, also das Gewerbe für Rechnung aller oder einzelner Mitglieder der Familie, z. B. der majorenne Sohn das auf die Mutter und seine minorennen Brüder übergegangene väterliche Geschäft. Sämmtliche Familienmitglieder brauchen dabei nicht betheiligt zu sein, da die Familie enger und weiter begrenzt werden kann.

[56]) **Pflegschaft**, s. Vormundschaftsordnung §§ 86 ff.

[57]) **öffentlichen**, d. h. aus Staatsmitteln oder den Mitteln einer öffentlichen Korporation, z. B. der Kommune. Privatunterstützungen entziehen das Wahlrecht nicht.

Andere Bedingungen der Wahlberechtigung als in Abs. 1 sind nicht vorgeschrieben. Verworfen worden ist in der Kommission des Abgeordnetenhauses (s. Bericht S. 31) ein auf Festsetzung des Erfordernisses der Schreibensunkunde gerichtetes Amendement, in Betreff dessen die Motive der Regierungsvorlage bemerken S. 46: „Unter den Bedingungen der Wählbarkeit ist die der Lesens-

§. 26.

Von der Ausübung des Wahlrechts sind ausgeschlossen diejenigen:

1) welche nicht im Besitze der bürgerlichen Ehrenrechte[58]) sich befinden;
2) welche wegen eines Verbrechens oder wegen eines solchen Vergehens, welches die Aberkennung der bürgerlichen Ehrenrechte nach sich ziehen kann,[59]) in Untersuchung[60]) sich befinden;
3) welche im Konkurse sich befinden;
4) welche mit der Bezahlung kirchlicher Umlagen über ein Jahr im Rückstande sind.

und Schreibenskunde aus Zweckmäßigkeitsgründen in den Entwurf nicht mit aufgenommen worden, obwohl dieselbe in einzelnen Provinzen und Bezirken schon nach jetzt bestehender Einrichtung (vgl. z. B. das Guntherblumer Edikt üb. d. Verwaltung des Kirchenvermögens v. 14. Juli 1793 Kap. 1 Nr. 3, d. Instrukt. d. Bischofs v. Culm für die sämmtlichen Pfarrer 2c. v. 29. Oktober 1850 § 4; Instr. des Erzbischofs v. Gnesen u. Posen betr. d. Verw. d. Vermögens d. kath. Kirche v. 20. Juli 1871 § 2) eine Voraussetzung der Wählbarkeit bildet. Man könnte zwar meinen, daß eine solche Einrichtung insbesondere für Distrikte mit überwiegend ungebildeter Bevölkerung nicht wohl entbehrt werden kann, wenn eine Garantie dafür gegeben werden soll, daß die Kirchenvorsteher und die Gemeindevertreter die zur Führung ihres Amts erforderlichen Kenntnisse besitzen. Indessen wird man andererseits nicht verkennen können, daß diese Garantie auch durch die Kunde des Lesens und Schreibens doch nicht in ausreichendem Maße gewährt wird, ganz abgesehen davon, daß in Fällen des Zweifels darüber, ob Jemand lesen und schreiben kann, die Veranlassung zu allerhand inquisitorischen Maßnahmen gegeben sein würde, welche im Interesse der Sache und der Betheiligten besser vermieden werden."

Ebenso erfolglos waren die Anträge auf Festsetzung einer kirchlichen Qualifikation als Bedingung der Wahlberechtigung, s. Kommissionsbericht S. 32 und stenogr. Ber. des Abgeordnetenh. S. 1489 ff. Für die Verwerfung wurde namentlich geltend gemacht, daß es sich bei den Funktionen der zu wählenden Organe nur um die äußere kirchliche Vermögensverwaltung handle und daß es in den vorhandenen Gemeindeverhältnissen an der Möglichkeit unparteiischer Entscheidung über das Vorhandensein solcher Qualifikation fehle, auch könne der Staat die Exkommunikation als rechtlichen Unfähigkeitsgrund nicht anerkennen, da die Kirche auch Exkommunicirte zwangsweise zur Leistung der Kirchenlasten heranziehe.

Wahlberechtigt sind demnach die mit kirchlichen Strafen und Censuren belegten, namentlich die in den großen Kirchenbann gethanenen Personen, ferner die Altkatholiken, falls sie nicht zu einer eigenen altkatholischen Parochie gehören, weil sie Katholiken sind und ihre etwaige Exkommunikation sie nicht vom Wahlrecht ausschließt (s. auch unten Gesetz vom 4. Juli 1875 Nr. VII).

Auch der Patron und der Drittberechtigte (s. § 39) sind, wenn sie die Qualifikation haben, nicht ausgeschlossen.

§ 26. [58]) **im Besitze der bürgerlichen Ehrenrechte.** Der Ausschluß dauert so lange, wie die Zeitdauer, für welche die Ehrenrechte aberkannt sind, beträgt, s. Reichs-Str. G. B. §§ 32, 36.

[59]) **nach sich ziehen kann.** Vgl. Reichs-Str. G. B. §§ 108. 109. 133. 142. 143. 150. 156—161. 164. 168. 173. 180. 183. 248. 256. 262. 263. 266. 267. 274. 275. 277—280. 284. 289. 294. 302. 304. 329. 333. 350.

[60]) **in Untersuchung.** Die Untersuchung im eigentlichen Sinne, bez. die Versetzung in den Anklagestand muß durch die Rathskammer, bez. den Anklagesenat eröffnet sein, s. V. v. 3. Januar 1849 üb. die Einführung des mündlichen Verfahrens 2c. §§ 11. 40. 47. 48. 76—78; Zusatz-Ges. v. 3. Mai 1852 Art. 63, nach dem Sprachgebrauch der Strafprozeß-Ordnung für die neueren Provinzen v. 25. Juli 1867 §§ 75—81 das Hauptverfahren. Ein bloßes Skrutinial- oder Voruntersuchungs-Verfahren genügt nicht; aus der Eröffnung desselben folgt, da es nur einen rein

§. 27.

Wählbar sind die wahlberechtigten Mitglieder der Gemeinde, welche das dreißigste Lebensjahr[61]) vollendet haben, sofern sie nicht nach §. 26. von der Ausübung des Wahlrechts ausgeschlossen sind.

§. 28.

Geistliche[62]) und andere Kirchendiener[63]) gehören nicht zu den wahlberechtigten und wählbaren Mitgliedern der Gemeinde.

§. 29.

Niemand kann zugleich Mitglied des Kirchenvorstandes und der Gemeindevertretung[64]) sein.

informatorischen Charakter hat, noch nicht, daß der gegründete Verdacht einer strafbaren Handlung vorliegt.

Ueber die weiteren Fälle, in welchem die Wahlberechtigung verloren geht, s. § 32 Abs. 3 u. § 37 Abs. 2.

§ 27. [61]) **dreißigste Lebensjahr.** Nur durch dieses Erforderniß unterscheidet sich die Wählbarkeit von der Wahlberechtigung.

§ 28. [62]) **Geistliche,** jedenfalls diejenigen, welche in der betreffenden Gemeinde angestellt sind. Die Motive S. 46 rechtfertigen dies damit, daß wenn die Gemeinde durch Zuziehung des Laienelements in wirksamer Weise an der Vermögensverwaltung betheiligt werden soll, dies naturgemäß dahin führt, den Geistlichen und anderen Kirchendienern das aktive und passive Wahlrecht zu entziehen, und daß dem geistlichen Stande schon durch Verleihung der ständigen Mitgliedschaft im Kirchenvorstande die Gelegenheit zu hervorragender Mitwirkung bei der Vermögensverwaltung geboten ist. Diese Begründung paßt nicht für Geistliche, welche ihr Amt niedergelegt haben und nur als Privatleute in einer Kirchengemeinde leben. Indessen bleiben dieselben wegen des unauslöschlichen Charakters der Ordination immer noch Geistliche, vgl. auch A. L. R. Th. II. Tit. 11 § 107, und da das Gesetz schlechthin die Geistlichen ohne jede Beschränkung ausschließt, so müssen sie ebenfalls als nicht wahlberechtigt und nicht wählbar betrachtet werden.

[63]) **Kirchendiener,** s. oben S. 134 Anm. 61. Kirchendiener, welche Laien sind und ihr Amt niedergelegt haben, sind wählbar und wahlberechtigt, denn diese haben die ihre Unfähigkeit bedingende Eigenschaft verloren.

Da die Patrone und Drittberechtigte das Recht haben, in den Kirchenvorstand (§ 39) einzutreten, so können sie nicht für wählbar erachtet werden.

§ 29. [64]) **Gemeindevertretung.** Vgl. Motive S. 47: „Der § schreibt vor, daß Niemand zugleich Mitglied beider Gemeindeorgane sein kann. Und zwar gilt dies nicht blos von den Mitgliedern des Kirchenvorstandes und der Gemeindevertretung der Pfarrgemeinde, sondern auch zur Vermeidung einer Kollision der Interessen von diesen und den Mitgliedern des besonderen Kirchenvorstandes und der besonderen Gemeindevertretung einer zu der Pfarrei gehörigen Filial-, Kapellen- rc. Gemeinde. Ist Jemand in einer Gemeinde gleichzeitig zum Kirchenvorsteher und zum Gemeindevertreter, oder in einer Pfarrgemeinde und zugleich in einer zu ihr gehörigen Gemeinde zum Mitgliede eines der beiden Gemeindeorgane gewählt worden, so wird er sich zu erklären haben, welches von beiden Aemtern er annehmen will. — In einzelnen Landestheilen gilt die Vorschrift (vgl. z. B. das französische Fabrikdekret v. 30. Dezember 1809 Art. 14), daß gewisse Verwandte und Verschwägerte, namentlich Vater und Sohn, Oheim und Neffe, sowie Bruder und im ersten Grade Verschwägerte, mit Rücksicht auf die zwischen ihnen naturgemäß bestehenden Beziehungen, nicht zu gleicher Zeit Mitglieder des Kirchenvorstandes sein dürfen. Eine derartige beschränkende Bestimmung in den Entwurf aufzunehmen, erschien indessen nicht geboten, da, wenn auch unter den genannten Personen eine engere Familienverbindung besteht, dies doch ihre Unbefangenheit auf dem Gebiete der in Rede stehenden Verwaltung kaum beeinträchtigen dürfte und daher als ein Hinderniß ihrer

§. 30.

Das Wahlverfahren bestimmt sich nach der beiliegenden Wahlordnung.[65])

§. 31.

Die Kirchenvorsteher und Gemeindevertreter sind in ihr Amt einzuführen und auf treue Erfüllung ihrer Obliegenheiten zu verpflichten.[66])

§. 32.

Die Gewählten können das Amt eines Kirchenvorstehers oder eines Gemeindevertreters nur ablehnen oder niederlegen:

1) wenn sie das sechszigste Lebensjahr vollendet, oder
2) schon sechs Jahre das Amt bekleidet haben, oder
3) wenn andere erhebliche Entschuldigungsgründe vorliegen, z. B. Kränklichkeit, häufige Abwesenheit,[67]) oder Dienstverhältnisse,[68]) welche mit dem Amte unvereinbar sind.[69])

Ueber die Erheblichkeit und thatsächliche Richtigkeit entscheidet der Kirchenvorstand und auf eingelegte Berufung, für welche von Zustellung der Entscheidung an eine Ausschlußfrist von zwei Wochen[70]) läuft, die bischöfliche Behörde[71]) im Einvernehmen mit dem Regierungspräsidenten (Landdrosten).[72])

Wer ohne solchen Grund die Uebernahme oder die Fortführung des Amts verweigert, verliert das durch dieses Gesetz begründete kirchliche Wahlrecht.[73]) Dasselbe kann ihm auf sein Gesuch von dem Kirchenvorstande wieder beigelegt werden.

gemeinsamen Wirksamkeit als Kirchenvorsteher oder Gemeindevertreter nicht erachtet werden kann. Uebrigens könnten die Verhältnisse in manchen Gemeinden auch so beschaffen sein, daß ohne solche durch Verwandtschaft oder Schwägerschaft verbundene Personen die erforderliche Zahl von Mitgliedern beider Gemeindeorgane nicht vorhanden sein würde."

§ 30. [65]) **Wahlordnung.** Diese bildet einen integrirenden Theil des Gesetzes, daher gilt Alles, was vom Gesetze gilt, auch von ihr, s. z. B. §§ 43. 57. 59. 60, vgl. Motive S. 47.

§ 31. [66]) **verpflichten.** Der § faßt (Motive 47) die Einführung und Verpflichtung der Kirchenvorsteher als eine innere Angelegenheit des Kirchenvorstandes auf, bei welcher weder die Kirche als solche, noch auch der Staat wesentlich interessirt sind. Man hat sich daher die hier gemeinte Einführung und Verpflichtung der zur Vermögensverwaltung, also zu rein weltlichen Geschäften berufenen Kirchenvorsteher nicht etwa als einen solennen Akt in der Kirche vor versammelter Gemeinde, wie er wohl in manchen Gegenden seither üblich gewesen ist, sondern als einen lediglich geschäftlichen Hergang vorzustellen, dessen Leitung dem pflichtmäßigen Ermessen und dem Takte des Vorsitzenden in dem Kirchenvorstande überlassen bleiben kann."

§ 32. [67]) **häufige Abwesenheit,** die z. B. durch den Beruf (z. B. eines die Landpraxis betreibenden Arztes) oder das Gewerbe bedingt wird.

[68]) **Dienstverhältnisse.** Diese brauchen nicht auf einem öffentlichen Amte zu beruhen.

[69]) **unvereinbar sind.** Die besonders aufgezählten Fälle sind nur Beispiele.

[70]) **zwei Wochen,** d. h. von 14 vollen Tagen, der Tag der Zustellung nicht mit eingerechnet. Das Wort Zustellung ergiebt, daß die Entscheidung schriftlich abgefaßt sein muß.

[71]) **bischöfliche Behörde,** s. oben S. 136 Anm. 78. Ueber den Fall, daß diese die Entscheidung verweigert, vgl. § 43 und Anm. 23. 24.

[72]) **Landdrosten,** in der Provinz Hannover, wo es keine Regierungen giebt, s. v. Rönne, Staatsrecht der preuß. Monarchie 3. Aufl. Bd. 2 Abth. 1 S. 253 ff.

[73]) **Wahlrecht,** und damit auch die Wählbarkeit, s. § 27.

§. 33.

Das Amt der gewählten[74]) Kirchenvorsteher und der Gemeindevertreter dauert sechs Jahre.

Von drei zu drei Jahren scheidet die Hälfte[75]) aus. Die Ausscheidenden sind wieder wählbar und bleiben jedenfalls bis zu dem Eintritt ihrer Nachfolger im Amt.

Der Austritt wird durch die Dienstzeit, das erste Mal durch Ausloosung bestimmt.

§. 34.

Ist das Amt eines gewählten Kirchenvorstehers oder eines Gemeindevertreters außer der Zeit erledigt, so wählt die Gemeindevertretung für die Restzeit der Amtsdauer des Ausgeschiedenen einen Ersatzmann.

IV. Fortfall der Gemeindevertretung.[76])

§. 35.

In Gemeinden, in denen besondere Verhältnisse, z. B. geringes Vermögen, zerstreute Wohnsitze rc.,[77]) die Bildung einer Gemeindevertretung unzweckmäßig oder unthunlich erscheinen lassen, kann die bischöfliche Behörde[78]) im Einvernehmen mit dem Oberpräsidenten[79]) anordnen, daß eine Gemeindevertretung nicht zu bilden, sofern in einer hierzu anzuberaumenden Versammlung[80]) der wahlberechtigten Gemeindeglieder die Mehrheit derselben nicht widerspricht.

§ 33. [74]) **gewählten**, d. h. der von den Gemeindemitgliedern gewählten, auf die von den Patronen u. s. w. nach § 39 ernannten bezieht sich die Vorschrift nicht, vgl. § 5 Nr. 2 und 3 (s. auch Kommissionsbericht S. 33).

[75]) **Hälfte.** Mit Rücksicht auf § 6 Abs. 2 und 3 kann es vorkommen, daß die Zahl der gewählten Kirchenvorsteher eine ungerade ist. Hier muß einer über die Hälfte ausscheiden, bei 5 Mitgliedern 3, bei 11 aber 6, denn bei dem umgekehrten Verfahren, falls also in den gedachten Fällen 2 oder 5 austreten, ist der Vorschrift, daß dies die Hälfte thun soll, nicht genügt.

[76]) IV. **Fortfall der Gemeindevertretung.** Vgl. Motive S. 48: „Es können nämlich besondere Umstände, z. B. Geringfügigkeit des Vermögens, zerstreute Lage der Wohnsitze der Gemeindemitglieder und ähnliche Gründe vorliegen, welche die Bildung einer Gemeindevertretung unzweckmäßig und unthunlich erscheinen lassen. Hierher würden auch solche Fälle gehören, in denen gewisse Berechtigte das Kirchenvermögen allein verwalten, wie z. B. in Stockkämpen im Regierungsbezirk Minden, wo die Besitzer der Güter Holtfeld und Tatenhausen die Kirche und das Pfarrhaus erbaut, auch die Unterhaltung der Gebäude und die Bestreitung aller Kultusbedürfnisse aus eigenen Mitteln übernommen, dagegen aber die Verwaltung des kirchlichen Vermögens sich ausdrücklich vorbehalten haben; ferner solche Fälle, in denen die Kirchensysteme von einzelnen großen Grundbesitzern unterhalten werden, wie z. B. im Regierungsbezirk Münster bei der Filialkirche zu Burlo von dem Fürsten Salm-Salm, in den Filialgemeinden Merfeld und Carthaus von dem Herzog von Croy-Dülmen, bei der Kapellengemeinde zu Raesfeld von dem Grafen von Landsberg-Velen u. dergl. mehr. — In Fällen der Art soll von der Errichtung einer weiteren Repräsentation der Gemeinde ausnahmsweise abgesehen werden dürfen. Da jedoch die Voraussetzungen, unter denen dies zu gestatten ist, sich der Natur der Sache nach im Einzelnen nicht näher spezialisiren lassen, andererseits aber die durch den Entwurf vorgeschriebene regelmäßige Organisation der Gemeindevertretung nur da, wo dies unumgänglich nothwendig erscheint, auszuschließen sein wird, so ist die Beschlußfassung hierüber der größeren Sicherheit wegen der gemeinsamen Erwägung der bischöflichen und der Staatsbehörde zugewiesen worden, zugleich aber die Zulässigkeit dieser

§. 36.

In dem Falle des §. 35. werden die der Gemeindevertretung nach §. 7. zustehenden Befugnisse[81]) von dem Kirchenvorstande wahrgenommen.

Ersatzmänner werden durch die Gesammtheit der Wahlberechtigten gewählt.

V. Entlassung und Auflösung.

§. 37.

Die Entlassung eines Kirchenvorstehers[82]) oder eines Gemeindevertreters erfolgt:

1) wegen Verlustes einer zur Wählbarkeit erforderlichen Eigenschaft;[83])
2) wegen grober Pflichtwidrigkeit.[84])

Ausnahmemaßregel davon abhängig gemacht, daß die Mehrheit der wahlberechtigten Gemeindeglieder, welche im Geltungsbereiche des Allgemeinen Landrechts nach näherer Vorschrift des Gesetzes vom 23. Januar 1846 (Gesetzsamml. S. 23) zusammenzuberufen sein werden, jener Maßregel nicht widerspricht."

77) **geringes Vermögen, zerstreute Wohnsitze** rc. Derartige Verhältnisse liegen häufig in Missionsgemeinden vor, vgl. auch die vorige Anm.

78) **bischöfliche Behörde,** s. oben S. 136 Anm. 78. Vgl. auch § 43.

79) **Ober-Präsident,** s. auch S. 25 Anm. 11.

80) **anzuberaumenden Versammlung.** Diese ist auf Veranlassung der bischöflichen Behörde, bez. des Ober-Präsidenten einzuberufen. Vgl. auch S. 150 Anm. 76.

§ 36. 81) **nach § 7 zustehenden Befugnisse,** d. h. die Bewilligung von Entschädigungen für außerordentliche Mühewaltungen steht hier ausschließlich dem Kirchenvorstande zu.

Von sonstigen Funktionen der Gemeindevertretung, welche dieser § nicht erwähnt, kommen in Frage:

1) die Abänderung der Normalzahl der zu wählenden Kirchenvorsteher (§ 6 Abs. 2 u. 3). Diese Funktion kann nicht ausgeübt werden. Daher ist in diesen Gemeinden eine Herabsetzung der Zahl nicht möglich. Das betreffende Resultat hat man übrigens auch beabsichtigt. Der dem § 36 entsprechende § 38 der Regierungsvorlage enthielt die Vorschrift: „Die Zahl der Kirchenvorsteher darf nicht weniger als vier betragen", dieser ist aber in der Kommission gestrichen worden, „da im § 6 die Normalzahl der Kirchenvorsteher bereits endgültig festgestellt ist" (Kommissionsbericht S. 34).

   Weiter fällt fort:

2) die Berufung des Kirchenvorstandes nach § 14 Nr. 4 und
3) die Nothwendigkeit der Zustimmung zu den im § 21 aufgeführten Akten der Vermögensverwaltung.
4) Wegen der Wahl der Ersatzmänner (§ 34) ist das Nöthige im Abs. 2 dieses § bestimmt.

   Vgl. ferner § 57 und Wahlordnung Art. 2.

§ 37. 82) **Kirchenvorstehers,** d. h. eines gewählten oder vom Patron (§ 39) ernannten, denn auch der letztere ist Kirchenvorsteher im Sinne des Gesetzes, s. § 5 Nr. 3, vgl. auch Kommissionsbericht S. 34: „Es wurde namentlich ausgeführt, daß die hier gedachten Entlassungen überhaupt nur einen Sinn für g e w ä h l t e, r e s p. b e a u f t r a g t e Mitglieder des Vorstandes und der Vertretung haben könnten. Etwaige Pflichtwidrigkeiten des Geistlichen dagegen und des Patrons seien bereits durch andere Gesetze hinreichend vorgesehen und den kompetenten Behörden überwiesen. Es wurde deshalb schließlich die unveränderte Beibehaltung des ersten Hauptsatzes beschlossen." Vergl. übrigens auch Anm. 8 zu § 39.

83) **erforderlichen Eigenschaft,** s. §§ 25—27. 32. Hinzu tritt der Verlust der Mitgliedschaft durch Aufgabe des Domizils in der Gemeinde.

84) **grober Pflichtwidrigkeit,** d. h. wegen schwerer Verletzung der durch das Amt auferlegten Pflichten, also absichtliches und regelmäßiges, durch nichts gerechtfertigtes Fortbleiben aus den

In dem letzteren Falle kann die Wahlberechtigung dauernd[85]) oder auf Zeit[86]) entzogen werden.

Die Entlassung kann sowohl von der bischöflichen Behörde,[87]) als auch von dem Regierungspräsidenten (Landdrosten)[88]) nach Anhörung des Beschuldigten und des Kirchenvorstandes[89]) verfügt werden. Gegen die Entscheidung steht dem Beschuldigten binnen einer Ausschlußfrist von vier Wochen[90]) nach erfolgter Zustellung[91]) die Berufung an den Gerichtshof für kirchliche Angelegenheiten[92]) zu. Die Berufung kann auf neue Thatsachen und Beweise[93]) gegründet werden.

Im Uebrigen finden die Vorschriften der §§. 13. bis 23. des Gesetzes vom 12. Mai 1873 sinngemäße Anwendung.[94])

Sitzungen, lüderliche und die Gemeinde benachtheiligende Führung des dem einzelnen zugewiesenen Geschäftszweiges, Unterschlagung von zum kirchlichen Vermögen gehörigen, zu irgend einem Zweck dem Kirchenvorsteher anvertrauten Geldern.

[85]) **dauernd,** also für immer. In diesem Falle kann sie später nicht wieder erlangt werden, denn eine dem § 32 Abs. 3 entsprechende Vorschrift fehlt hier.

Wirkt die Entziehung der Wahlberechtigung nur für die bestimmte Gemeinde, so daß der davon Betroffene, wenn er in eine andere verzieht, in dieser wählbar ist, oder allgemein, so daß er überhaupt, er mag seinen Wohnsitz nehmen, wo er will, vom Wahlrecht ausgeschlossen bleibt? Ich nehme das letztere an, denn sonst würde einmal von einer dauernden Entziehung nicht die Rede sein können, und der Grund der Vorschrift, daß derjenige, welcher sich unfähig und unwürdig gezeigt, kirchliche Angelegenheiten zu verwalten, nicht bei der Wahl der Verwaltungsorgane betheiligt sein soll, ist ein allgemeiner, der nicht blos auf eine bestimmte Gemeinde Beziehung hat.

[86]) **auf Zeit,** d. h. auf eine bestimmte Zeitperiode. Auf unbestimmte Zeit, etwa bis der Kirchenvorstand die Wahlberechtigung wieder beilegt, kann die Entziehung nicht ausgesprochen werden. Darin würde ein Drittes, nicht vom Gesetze zugelassenes, nämlich die Kombination der zeitweisen und dauernden Entziehung nach Belieben und Willkühr des Kirchenvorstandes liegen. Hätte das Gesetz dies gestatten wollen, so wären auch besondere Vorschriften nöthig gewesen, unter welchen Voraussetzungen der Betroffene die Wiederbeilegung des Wahlrechtes hätte beanspruchen können.

[87]) **bischöflichen Behörde,** s. oben S. 136 Anm. 78. Vgl. auch § 43.

[88]) **Landdrost,** s. oben S. 149 Anm. 72.

[89]) **Kirchenvorstandes.** Dies genügt auch bei Entlassung eines Gemeindevertreters, einer Anhörung der Gemeindevertretung bedarf es nicht.

[90]) **vier Wochen,** 28 Tagen, den Tag der Zustellung nicht mit eingerechnet.

[91]) **Zustellung.** Daraus ergiebt sich, daß die Entscheidung schriftlich abzufassen ist.

[92]) **Berufung an den Gerichtshof für kirchliche Angelegenheiten zu.** Durch diese Vorschrift ist die Frage, in wie fern die Kirchenvorsteher und Gemeindevertreter Kirchendiener im Sinne des Gesetzes vom 12. Mai 1873 sind, (s. Kirchengesetze S. 45) gesetzlich geregelt. Den Kirchendienern, zu welchen nach Ansicht der Regierungskommissarien die Gemeindevertreter nicht gehören, s. Kommissionsbericht S. 34, sind sie dadurch gegenüber gestellt, daß das Rechtsmittel, wenngleich es ebenfalls als Berufung bezeichnet wird, doch seiner inneren Natur nach von der Berufung des Gesetzes vom 12. Mai 1873 (s. §§ 10 ff. dess. u. Kirchengesetze S. 65) verschieden ist. Letztere hat die Natur einer Kassationsklage, die hier zugelassene Berufung aber die der Appellation, d. h. eines Rechtsmittels, welches durch die Iniquität der Entscheidung begründet werden kann. Denn es ist 1) an keine bestimmten Voraussetzungen gebunden, 2) es sind neue Thatsachen und Beweise zulässig und 3) paßt nur ein der Appellation ähnliches Rechtsmittel in den Rahmen der betreffenden Vorschrift hinein, weil es sich in den hier in Rede stehenden Fällen nicht um die Ausübung einer rein und ausschließlich kirchlichen Disziplinargerichtsbarkeit und staatlichen Schutz gegen dieselbe, sondern um die Schaffung einer höheren Instanz über der erstinstanzlichen

§. 38.

Wenn der Kirchenvorstand oder die Gemeindevertretung beharrlich[95]) die Erfüllung ihrer Pflichten vernachlässigen oder verweigern, oder wiederholt Angelegenheiten, welche nicht zu ihrer Zuständigkeit[96]) gehören, zum Gegenstande einer Erörterung oder Beschlußfassung machen, so können sie sowohl durch die bischöfliche Behörde,[97]) als auch durch den Oberpräsidenten, unter gegenseitigem Einvernehmen, aufgelöst werden.[98])

Mit der Auflösung sind sofort die erforderlichen Neuwahlen anzuordnen.[99])

Disziplinarbehörde handelt, endlich der Zweck der gewährten Berufung ersichtlich der ist, die materielle Entscheidung nicht endgiltig in die Hände der bischöflichen Behörde oder des Regierungspräsidenten zu legen. So erklärte auch bei den Berathungen im Abgeordnetenhause der Regierungskommissar Dr. Förster, stenogr. Ber. S. 1502: „daß in diesem Falle die Berufung die zweite Instanz ist, während in den anderen Fällen die Nichtigkeit, welche dem kirchlichen Gerichtshof obliegt, erst eintritt, wenn mehrere Disziplinarinstanzen entschieden haben, und es nun im Begriff jeder Disziplinaruntersuchung liegt, daß, wenn es noch eine zweite Instanz giebt, man neue Thatsachen zulassen muß", und der Berichterstatter der Kommission Dr. Gneist a. a. O.: „Beschwerden über angebliche Pflichtwidrigkeit lassen sich nicht auf den schmalen Leisten der Kassation bringen. Soll also der Rekurs nicht eine bloße Formalität sein, so muß man die Erörterung der Sache selbst gestatten. Das ist der m. E. durchaus klare Sinn der Bestimmung, gegen welche die Kommission kein Bedenken hat finden können."

Da die Entziehung der Wahlberechtigung eine accessorische Strafe der Entlassung ist, so wird die darauf gerichtete Entscheidung ebenfalls mit der Berufung und zwar auch diese allein angefochten, also die Beschwerde blos dahin gerichtet werden können, daß die Wahlberechtigung überhaupt, oder statt blos zeitweise dauernd entzogen ist.

[93]) **Thatsachen und Beweise**, s. vorige Anm.

[94]) **sinngemäße Anwendung**. Die Berufung, welche hier nur dem Beschuldigten, nicht aber dem Ober-Präsidenten im öffentlichen Interesse zusteht (s. Abs. 3 dieses §), ist schriftlich bei dem erwähnten Gerichtshof anzumelden. Sie suspendirt die Wirksamkeit der Entscheidung (s. §§ 13 u. 14 des Gesetzes vom 12. Mai 1873). Zur Rechtfertigung hat der Beschuldigte eine von der Anmeldung ab zu berechnende Frist von 14 Tagen, welche auch auf seinen Antrag verlängert werden kann (s. § 15 des citirten Gesetzes und Kirchengesetze S. 75. 76). Die Anmeldung und Rechtfertigung wird der bischöflichen Behörde oder dem Regierungspräsidenten zur Abgabe der Erklärung binnen 4 Wochen mit dem Auftrage, die Akten einzureichen, zugefertigt (§ 16 a. a. O.) und zu den weiteren Verhandlungen ist die betreffende Behörde (außer dem Beschuldigten zuziehen (s. § 19 a. a. O.), wogegen eine Benachrichtigung und Vertretung des Ministers der geistlichen Angelegenheiten (s. §§ 19—21) nicht stattfindet, weil das staatliche Interesse nicht in Frage kommt. Die §§ 17. 18. 22. 23 a. a. O. sind ohne Weiteres auf den hier in Rede stehenden Fall anwendbar.

§ 38. [95]) **beharrlich**, also wiederholt und fortgesetzt. Vgl. ferner die Motive S. 49: „Da es nicht ausgeschlossen ist, daß die Gemeindeorgane ihre Pflichten in besonders eklatanter Weise vernachlässigen oder deren Erfüllung überhaupt verweigern, so muß für solche Ausnahmefälle die Möglichkeit der Auflösung jener Körperschaften gewährt werden. Dieselbe Möglichkeit wird auch für den Fall vorgesehen werden müssen, daß die Gemeindeorgane ihre Thätigkeit zu agitatorischen oder anderen außerhalb ihrer Kompetenz liegenden Zwecken mißbrauchen und sich dadurch so wesentlich von ihrer eigentlichen Aufgabe entfernen sollten, daß ihre Fortexistenz für die Gemeinde und deren Interessen nur nachtheilig sein würde."

[96]) **Zuständigkeit**, s. oben §§ 8 und 21. Vgl. auch die vorige Anm.

[97]) **bischöfliche Behörde**, s. S. 136 Anm. 78. Vgl. auch § 43.

[98]) **aufgelöst werden**. Eine Berufung dagegen ist nicht statthaft, nur eine Beschwerde an den Kultusminister als Aufsichtsbehörde, s. auch Kommissionsbericht S. 35.

VI. Stellung der Patrone und anderer Berechtigter. [1])

§. 39.

Der Patron, welchem auf Grund des Patronats, oder ein anderer Berechtigter, welchem auf Grund eines besonderen Rechtstitels [2]) die Mitgliedschaft in dem Kirchenvorstande [3]) oder die Berechtigung zugestanden hat, [4]) Kirchenvorsteher zu ernennen, zu bestellen [5]) oder zu präsentiren, [6]) ist fortan befugt, entweder selbst in den Kirchenvorstand einzutreten oder einen Kirchenvorsteher zu ernennen. [7])

Der Berechtigte, welcher in den Kirchenvorstand eintritt, und der von ihm ernannte Kirchenvorsteher müssen die in den §§. 27. bis 29. vorgeschriebene Wählbarkeit [8]) besitzen.

[99]) **anzuordnen** von der bischöflichen Behörde im Einvernehmen mit dem Regierungspräsidenten. Art. 14 Abs. 2 der Wahl-Ordnung.

Vgl. auch § 46 Abs. 1 u. Gesetz vom 4. Juli 1875 § 4 Abs. 3 (unten Nr. VII.).

[1]) VI. **Stellung der Patrone und anderer Berechtigter.** Vgl. Motive S. 49: „Abschnitt VI handelt von der Stellung der Patrone und anderer Berechtigten und beabsichtigt an den seitherigen Befugnissen derselben nur so viel zu ändern, als dies durch das dem Gesetz zum Grunde liegende System geboten ist. Im Uebrigen bleibt die anderweitige gesetzliche Regulirung des Patronates vorbehalten", vgl. Art. 17 der Verf.-Urk. v. 31. Januar 1850.

§ 39. [2]) **Rechtstitels.** Ob ein solcher vorliegt, wird nöthigenfalls, ebenso wie das bestrittene Vorhandensein des Patronatsrechts im Rechtswege festzustellen sein, s. auch Kommissionsbericht S. 36.

Vgl. Motive S. 50: „Wenn neben dem Patronat noch andere besondere Rechtstitel genannt sind, so beruht dies darauf, daß die in einzelnen Städten und Ortschaften bestehende Befugniß zur Wahl und Präsentation von Mitgliedern der Kirchenvorstände in solchen besonderen Rechtstiteln ihren Grund hat; so steht z. B. in Telgte (Regierungsbezirk Münster) der politischen Gemeinde das Recht zu, dem Bischof zwei Mitglieder des Kirchenvorstandes zu präsentiren. Es liegt auf der Hand, daß wenn es sich um die Regelung gewisser Rechte des Patrons handelt, dergleichen besondere Rechtstitel nicht wohl anders behandelt werden können, sondern vielmehr dem Patronate gleichzustellen sind."

[3]) **Mitgliedschaft im Kirchenvorstande.** So sind z. B. zu Balve und Bremen (Regierungsbezirk Arnsberg), sowie im Kreise Recklinghausen und zu Havixbeck (Regierungsbezirk Münster) die Besitzer zweier Güter geborene Mitglieder des Kirchenvorstandes.

[4]) **zugestanden hat** bis zum Tage des Inkrafttreten des Gesetzes.

[5]) **zu ernennen, zu bestellen,** vgl. z. B. A. L. R. Th. II. Tit. 11 § 552, s. auch oben S. 111. 112.

[6]) **zu präsentiren,** s. oben S. 30 Anm. 36.

[7]) **zu ernennen.** Der Patron oder sonstige Berechtigte hat also die Wahl zwischen beiden Befugnissen. Ernennt er einen Kirchenvorsteher, so amtirt dieser so lange, bis seine Ernennung von seinem Machtgeber widerrufen wird, seine Funktion ist nicht an die Amtsperiode der gewählten Kirchenvorsteher (s. § 33) gebunden. In der Kommission des Abgeordnetenhauses ist diese Meinung als richtig anerkannt worden, s. Bericht S. 36.

Uebrigens ist der Patron, der von ihm ernannte Vertreter oder der sonst Drittberechtigte nur als accessorisches Mitglied des Kirchenvorstandes anzusehen, von dessen Eintritt die rechtliche Existenz desselben unabhängig ist, s. Kommissionsbericht S. 36. Vgl. ferner Motive S. 50: „Zu bemerken ist hierbei, daß Kompatrone sich über die Ausübung des Rechts zum Eintritt in den Kirchenvorstand, beziehungsweise zur Ernennung eines Kirchenvorstehers unter einander zu einigen haben werden und daß, sofern und so lange eine solche Einigung nicht zu Stande kommen sollte, jene Befugnisse würden ruhen müssen."

„Soweit übrigens in einzelnen Fällen nach gegenwärtig üblicher Einrichtung die Wahl oder die Präsentation von Kirchenvorstehern im Einverständnisse mit dem Pfarrer oder auch gemein-

§. 40.

Außer der im §. 39. festgesetzten Befugniß zur Betheiligung an dem Kirchenvorstande verbleiben dem Patron da, wo derselbe Patronatslasten für die kirchlichen Bedürfnisse trägt,[9] die Aufsicht über die Verwaltung der Kirchenkasse[10] und das Recht der Zustimmung[11] zu den nach den bestehenden Gesetzen seiner Genehmigung unterliegenden Geschäften der Vermögensverwaltung.

schaftlich mit demselben von dem Patron ausgeübt worden ist, wie z. B. in dem Kreise Recklinghausen und bei der Pfarrkirche zu Raesfeld (Regierungsbezirk Münster), ferner zu Rellinghausen (Regierungsbezirk Düsseldorf), wo der Besitzer des adligen Guts Schellenberg als Patron mit dem Pfarrer die beiden Mitglieder des Kirchenvorstandes wählt und demnächst der bischöflichen Behörde zur Bestätigung präsentirt, wird eine solche Mitwirkung des Pfarrers durch den § 39 beseitigt, da die Betheiligung der Geistlichen bei der Bestellung der Kirchenvorsteher in Zukunft prinzipiell nicht mehr zugelassen werden soll" (s. Motive a. a. O.).

Beseitigt ist ebenfalls die Befugniß der Patrone, nach § 23 Abs. 2 des hannoverschen Gesetzes vom 14. Oktober 1848 über die Kirchen- und Schulvorstände eine verhältnißmäßige Anzahl von Kirchenvorstehern zu ernennen.

[8]) **Wählbarkeit.** Nur braucht der Patron oder Drittberechtigte nicht Mitglied der Gemeinde zu sein, weil ihm das Recht mit Rücksicht auf seine besondere Stellung gewährt ist.

Entsteht bei dem Eintritt der betreffenden Personen in den Kirchenvorstand Streit darüber, ob sie die Qualifikation besitzen, oder später darüber, ob sie die Wählbarkeit verloren und deshalb austreten müssen, so kann darüber nur die Aufsichtsbehörde, also die Regierung, bez. der Minister der geistlichen Angelegenheiten entscheiden, weil das Gesetz andere Organe nicht bestimmt.

§ 40. [9]) **Patronatslasten für kirchliche Bedürfnisse trägt,** gleichviel ob principaliter oder nur subsidiarisch in Ermangelung ausreichenden Kirchenvermögens. Derartige Lasten hat der Patron nach §§ 584. 720 ff. 789 ff. 795, die in den Provinzen Westpreußen, Posen, Schlesien, der Niederlausitz, den Grafschaften Mark und Rietberg und der Ober-Lausitz (hier mit der durch die Verordnung vom 11. April 1846, Ges. Samml. S. 164, gemachten Modifikation), zur Anwendung kommen. Nach provinzialrechtlicher Bestimmung trägt der Patron Lasten in der Mark Brandenburg und der Altmark, im Herzogthum Magdeburg und der Grafschaft Mansfeld, in Altpommern auf dem Lande, theilweise in Neuvorpommern und in Hannover. Frei sind dagegen die Patrone als solche im Allgemeinen in den ehemals kursächsischen Landestheilen (bei dinglichen Patronaten), im Eichsfelde, in Schleswig-Holstein, Kurhessen, Nassau, Hohenzollern, in den ehemals großherzoglich hessischen und bairischen Gebietstheilen.

Wenn sie als Grundbesitzer, wie z. B. in den kursächsischen Landestheilen, in Schleswig-Holstein, oder als Zehntherrn, so in Hohenzollern und in einzelnen Theilen der Rheinprovinz, kontributionspflichtig sind, so steht ihnen das im § 40 Abs. 1 gewährte Recht nicht zu.

Dasselbe muß auch für die wenigen Fälle gelten, wo sich der Grundsatz des katholischen Kirchenrechts erhalten hat, daß der Patron zwar keine Pflicht hat, zum Kirchenbau beizutragen, aber durch eine desfallsige Weigerung sein Patronatrecht verliert. Denn unter dieser Voraussetzung liegt dem Patron keine erzwingbare Pflicht zur Tragung von Lasten ob, und dies ist allein das Entscheidende.

[10]) **Aufsicht über die Verwaltung der Kirchenkasse,** nur soweit sie der Patron nach dem bestehenden Recht bisher gehabt hat, denn das Gesetz sagt: „verbleiben." Dieses Recht steht z. B. dem Patron nach A. L. R. Th. II. Tit. 11. §§ 568. 621. 626. 688. nach dem westpreußischen Provinzialrecht § 35 zu. In Kurhessen beschränkt sich das Recht auf die Beiwohnung bei Abhörung der Kirchenrechnung und in den Gebieten des gemeinen Rechts, so z. B. in Nassau und den gemeinrechtlichen Theilen der Rheinprovinz auf Kenntnißnahme von der Verwaltung und Anzeige wahrgenommener Mängel an die kirchliche Behörde.

[11]) **das Recht der Zustimmung,** also nicht das Recht auf alleinige Verwaltung des kirch-

Die Beschlüsse des Kirchenvorstandes und der Gemeindevertretung sind dem Patron abschriftlich mitzutheilen.[12] Erklärt er sich auf dieselben nicht binnen dreißig Tagen[13] nach dem Empfange, so gilt er als zustimmend.[14] Widerspricht

lichen Vermögens, wie sie ihm das S. 155 Anm. 7 citirte hannoversche Gesetz § 23 Abs. 4 gewährt.

Eine Zustimmung hat der Patron zu geben nach A. L. R. Th. II. Tit. 11 § 687 zu außerordentlichen Ausgaben, § 637 zur Ausleihung von Kirchenkapitalien, § 629 zur Aufkündigung derselben, § 630 ff. zur Bestimmung der Zahlungsstelle bei vom Schuldner aufgekündigten Kirchenkapitalien, § 645 zur Aufnahme von Kapitalien, §§ 647 ff. zur Veräußerung von Grundstücken, §§ 650 ff. zur Anstellung von Prozessen, § 680 zur Vertheilung der Kirchenstühle und Kirchenstellen bei neu erbauten Kirchen, §§ 699 ff. zur Vornahme von Reparaturen an Kirchengebäuden und Kirchengeräthen, §§ 668 ff. 782 zur Vermiethung der Kirchengrundstücke und Pfarrgebäude, 668 ff. 803 zur Verpachtung der Kirchengrundstücke und Pfarräcker, § 804 zur Veräußerung des überflüssigen Bauholzes in den Pfarrwaldungen, § 824 zur Vornahme von Verbesserungen seitens des Pfarrers an den dem letzteren zur Nutznießung überwiesenen Gegenständen, sofern sonst die Einwilligung des Eigenthümers für den Nutznießer erforderlich ist, — nach westpreuß. Provinzialrecht §§ 31. 32 zur Ausleihung und Einziehung von Kirchenkapitalien.

In der Mark Brandenburg und in der Niederlausitz nimmt der Patron eine völlig gleichberechtigte Stellung neben den Kirchenvorstehern ein, und hat mit diesen gemeinschaftlich den Betrieb aller die Substanz betreffenden Vermögensangelegenheiten, also hierbei stets seinen Konsens zu ertheilen.

Die Zustimmung des Patrons wird durch die nach § 19 ausgestellte Willenserklärung des Kirchenvorstandes Dritten gegenüber nicht erwiesen.

[12]) **abschriftlich mitzutheilen**, gleichviel ob er im Kirchenvorstande vertreten ist oder nicht. Nur dann, wenn der Patron in der Sitzung desselben seine Zustimmung erklärt hat und dies protokollirt ist, wird unter seiner Zustimmung davon abgesehen werden können.

[13]) **dreißig Tagen.** Diese Frist muß also der Kirchenvorstand abwarten, ehe er den Beschluß zur Ausführung bringt. Das gilt aber nur von solchen Beschlüssen, bei denen der Patron nach Abs. 1 des § seine Genehmigung zu geben hat, s. auch folgende Anm.

[14]) **zustimmend.** Vgl. Motive S. 50. 51: „Daß die Zustimmung des Patrons zu denjenigen Verwaltungsgeschäften, bei welchen er zu konkurriren hat, nach fruchtlosem Ablauf der ihm zur Abgabe einer entsprechenden Erklärung gewährten Frist als stillschweigend ertheilt anzusehen ist, im Falle seines rechtzeitigen Widerspruchs aber durch die zuständige Staatsbehörde auf eingelegte Berufung unter Umständen soll ergänzt werden können, wird ebenso wenig einer besonderen Rechtfertigung bedürfen, wie die zu Gunsten des Patrons getroffene Anordnung, daß die Zulässigkeit einer solchen Ergänzung bei Ausgaben ausgeschlossen sein soll, für welche die Kirchenkasse bisher nicht bestimmt gewesen ist. — Da hierbei, sowie bei der Ergänzung der Unterschrift des Patrons unter Urkunden eine jurisdiktionelle Thätigkeit auszuüben ist, so erschien es bedenklich, in Fällen der Art die Entscheidung in die Hand des Regierungspräsidenten (Landdrosten) zu legen, wie dies in anderen Fällen, z. B. in den §§ 32. 37. 45. 46 des Gesetzes und in den Artikeln 2, 13, 14 der Wahlordnung, möglich gewesen ist, da hier keine jurisdiktionelle, sondern eine reine Verwaltungsthätigkeit in Frage steht, welche eine kollegialische Behandlung der Sache nicht erfordert. Dagegen scheint eine solche Behandlung in den Fällen des § 40, da es sich bei ihnen regelmäßig um die Entscheidung einer Rechtsfrage handeln wird, allerdings erforderlich zu sein, und es ist deshalb die Entscheidung bis auf Weiteres den Bezirksregierungen, in der Provinz Hannover den Königlichen katholischen Konsistorien übertragen worden. Insofern diese Behörden in Folge der in Aussicht genommenen Reorganisation der inneren Landesverwaltung umgestaltet werden oder aufhören sollten zu bestehen, würden auch in den Fällen des § 40 an ihre Stelle diejenigen Organe treten, welchen künftighin die Entscheidung derartiger streitiger Verwaltungssachen anheimfallen wird."

der Patron, so steht dem Kirchenvorstande die Berufung [15]) an die Bezirksregierung, in der Provinz Hannover an das Königliche katholische Konsistorium [16]) zu, welche den Widerspruch verwerfen und die Zustimmung des Patrons ergänzen [17]) können.

Eine solche Ergänzung ist unzulässig, wenn es sich um Ausgaben handelt, für welche die Kirchenkasse bisher nicht bestimmt gewesen ist.

Kommt es für Urkunden auf die formelle Feststellung der Zustimmung des Patrons an und ist die letztere wegen Verabsäumung der dem Patron offen stehenden Frist für ertheilt zu erachten, so wird die fehlende Unterschrift durch die im Absatz 2 genannten Aufsichtsbehörden ergänzt. [18])

§. 41.

In den Landestheilen, in welchen die bürgerliche Gemeinde [19]) zur Aufbringung von Kosten für die kirchlichen Bedürfnisse der Pfarrgemeinden gesetzlich verpflichtet ist, muß sowohl der Etat, als auch die Jahresrechnung zugleich mit der im §. 21. angeordneten öffentlichen Auslegung dem Bürgermeister abschriftlich mitgetheilt werden.

VII. Ausführungsbestimmungen.

§. 42.

Anweisungen über die Geschäftsführung [20]) können dem Kirchenvorstande oder

Diese Motivirung trifft nicht vollkommen zu. Die Entscheidungen nach §§ 32. 37 des Gesetzes und nach Art. 2. 13 der Wahlordnung sind nicht Akte einer Verwaltungsthätigkeit, wie die nach §§ 45. 46 und Art. 14 der Wahlordnung vorzunehmenden, denn bei jenen kommen lediglich Rechtsvorschriften in Betracht. Andererseits ist die Ergänzung des Widerspruchs des Patrons keine rein jurisdiktionelle Thätigkeit. Zwar wird die betreffende Behörde zu prüfen haben, ob der Patron überhaupt im gegebenen Falle ein Zustimmungsrecht hat, andererseits hat sie aber auch ihr Urtheil darüber abzugeben, ob die Verweigerung der Genehmigung eine grundlose ist, also der Beschluß die Interessen des Patrons nicht schädigt. Im letzteren Falle handelt es sich aber um Zweckmäßigkeitsgründe, nicht um rechtliche Erwägungen.

[15]) **Berufung**. Eine Frist ist dafür nicht gesetzt, weil der Kirchenvorstand, wenn er seinen Beschluß dem Widerspruche des Patrons gegenüber zur Wirksamkeit bringen will, von selbst auf diesen Weg gewiesen ist.

[16]) **katholische Konsistorium.** Ein solches besteht in Hildesheim und Osnabrück. Diese Konsistorien sind keine kirchlichen Behörden, sondern staatliche Behörden zur Ausübung bestimmter Ausflüsse der staatlichen Kirchenhoheit, welche allerdings mit Katholiken besetzt werden. Vgl. auch oben S. 117.

[17]) **ergänzen,** s. S. 156 Anm. 14.

[18]) **ergänzt.** Wenn dagegen die Zustimmung auf erhobenen Widerspruch ergänzt ist, so dient die Ausfertigung der betreffenden Entscheidung der Aufsichtsbehörde als Beweis.

Durch den § 40 ist die Vorschrift des Anm. 7 gedachten hannoverschen Gesetzes § 23 Abs. 2 beseitigt, daß die Patrone gegen alle die Verwaltung betreffenden Verfügungen, durch welche sie ihr Interesse für verletzt erachten, Einsprache zu erheben befugt sind.

§ 41. [19]) **bürgerliche Gemeinde.** S. oben S. 131. Der betreffende § fehlte in der Regierungsvorlage und ist in Folge eines Amendements Jung und Dr. v. Cuny durch das Abgeordnetenhaus eingefügt worden, s. stenogr. Ber. S. 1504. Dadurch ist ersetzt die Schlußbestimmung des Art. 89 des französischen Fabrikdekrets vom 30. Dezember 1809.

§ 42. [20]) **Anweisungen über die Geschäftsführung.** Der § betrifft (Motive S. 51): „den Erlaß von Geschäftsinstruktionen für die Gemeindeorgane. Dahin würden auch die hier und da vorkommenden sogenannten Verpflichtungsformulare gehören, welche, wenn die bischöfliche Beder Gemeindevertretung sowohl von der bischöflichen Behörde,[21]) als auch von dem Oberpräsidenten, unter gegenseitigem Einvernehmen, ertheilt werden.

§. 43.

Macht[22]) die bischöfliche Behörde in denjenigen Fällen, in welchen sie eine Anordnung oder Entscheidung im Einvernehmen[23]) mit der Staatsbehörde[24]) zu treffen hat, von ihren Befugnissen keinen Gebrauch, so ist sie zur Ausübung derselben von der Staatsbehörde aufzufordern. Leistet sie dieser Aufforderung binnen dreißig Tagen nach dem Empfange derselben keine Folge, so geht die Ausübung der Befugnisse auf die Staatsbehörde über.

In denjenigen Fällen, in welchen die bischöfliche oder die Staatsbehörde, jede jedoch im Einvernehmen mit der andern,[25]) eine Anordnung oder Entscheidung zu treffen hat, muß die um ihre Zustimmung angegangene Behörde sich binnen dreißig Tagen nach dem Empfange der Aufforderung erklären. Erklärt sie sich nicht,[26]) so gilt sie als zustimmend.

Bei erhobenem Widerspruch entscheidet in allen Fällen über Meinungsverschiedenheiten zwischen der bischöflichen Behörde und dem Regierungspräsidenten (Landdrosten) der Oberpräsident,[27]) über Meinungsverschiedenheiten zwischen diesem und der bischöflichen Behörde der Minister der geistlichen Angelegenheiten.[28])

hörde dergleichen Formulare sollte vorschreiben wollen, vor ihrer Zufertigung an die Betheiligten der Staatsbehörde zur Prüfung und Genehmigung mitgetheilt werden müßten, damit eine Sicherheit dafür gegeben ist, daß durch dieselben nicht etwa ein unzulässiger Gewissenszwang ausgeübt werde. Dies ist der Sinn des § 42, welcher sonach das Recht auch der bischöflichen Behörde anerkennt, sofern durch die Ausübung desselben die Interessen des Staats nicht verletzt werden. — Ebenso ist es der bischöflichen Behörde unbenommen, ihrerseits den Mitgliedern der Gemeindeorgane, wie dies schon jetzt in einzelnen Theilen der Monarchie üblich ist, Bestallungen zu ertheilen, da für den Staat kein Grund vorliegt, dies in Zukunft zu untersagen. Nur ist dabei nicht zu übersehen, daß derartige Bestallungen der bischöflichen Behörde zur Legitimationsführung der Kirchenvorsteher und der Gemeindevertreter nicht geeignet sein würden, da auf dem hier allein in Frage stehenden Gebiete der Vermögensverwaltung hierzu nur eine von der zuständigen Staatsbehörde ordnungsmäßig ausgefertigte Bescheinigung dienlich ist."

[21]) **bischöfliche Behörde**, s. oben S. 136 Anm. 78 und folgende Anm.

§ 43. [22]) **Macht.** Motive S. 51: „Der diesem § zu Grunde liegende Gedanke ist der, daß die zuständige Staatsbehörde in dem Bereiche der Vermögensverwaltung nöthigenfalls auch ohne die bischöfliche Behörde selbstständig soll thätig werden dürfen, wenn die letztere die Ausübung ihrer Befugnisse verzögert oder verweigert. Es sind hierbei diejenigen Fälle, in welchen die bischöfliche Behörde im Einvernehmen mit der Staatsbehörde, und diejenigen, in welchen jede dieser Behörden im Einvernehmen mit der andern eine Anordnung oder Entscheidung zu treffen hat, von einander zu unterscheiden." (Vgl. die folgenden Anm. 23 u. 25.)

[23]) **Einvernehmen**, s. §§ 32. 35 u. Wahlordnung Art. 2. 13. 14.

[24]) **Staatsbehörde.** Diese ist der Ober-Präsident im Falle des § 35, in allen andern Anm. 23 bezeichneten Fällen der Regierungs-Präsident (Landdrost).

[25]) **jede im Einvernehmen mit der andern**, s. §§ 38. 42. 53, in den §§ 38. 42 ist die betheiligte weltliche Behörde der Ober-Präsident, im § 53 die nach § 55 zu bestimmende staatliche Aufsichtsbehörde.

§. 44.

In den getroffenen Anordnungen ist erkennbar zu machen, ob das Einvernehmen erreicht oder ob die Zustimmung wegen Verabsäumung der Frist für ertheilt zu erachten oder ob die Entscheidung in Folge erhobenen Widerspruchs getroffen ist.

§. 45.

Weigert sich ein Kirchenvorsteher, sein Amt zu übernehmen oder auszuüben, so ist eine Neuwahl anzuordnen.[29])

Weigert sich auch der neu gewählte Kirchenvorsteher, sein Amt zu übernehmen oder auszuüben, so ist der Regierungspräsident (Landdrost) befugt, den Kirchenvorsteher aus den wählbaren[30]) Mitgliedern der Gemeinde zu bestellen.

§. 46.

Kommt die Wahl der Kirchenvorsteher überhaupt nicht zu Stande[31]) oder weigert sich die Mehrzahl der gewählten Kirchenvorsteher, ihr Amt zu übernehmen oder auszuüben, oder muß der nach erfolgter Auflösung neu gewählte Kirchenvorstand aufgelöst werden,[32]) so ist der Regierungspräsident (Landdrost) befugt,[33]) eine kommissarische Besorgung[34]) der kirchlichen Vermögensangelegenheiten unter sinngemäßer Anwendung der §§. 9. bis 11. des Gesetzes vom 20 Mai 1874[35]) anzuordnen.[36])

[26]) **Erklärt sie sich nicht** oder geht eine wenn auch widersprechende Erklärung bei der andern Behörde erst nach Ablauf der Frist ein.

[27]) **Ober-Präsident,** also in den Fällen des § 32 und der Wahlordnung Art. 2. 13. 14.

[28]) **Minister der geistlichen Angelegenheiten** in den Fällen der §§ 35. 38. 42.

§ 45. [29]) **eine Neuwahl anzuordnen** vom Kirchenvorstand, s. Art. 1 der Wahl-Ordn. Bei beharrlicher Weigerung desselben ist von dem § 38 gewährten Mittel Gebrauch zu machen.

[30]) **wählbaren,** s. §§ 25. 26. 27. 32. 37.

§ 46. [31]) **überhaupt nicht zu Stande,** d. h. wenn gar keine Wahl erfolgt. Ist blos ungültig gewählt und wird die Wahl kassirt, so findet § 46 keine Anwendung, vielmehr muß eine Neuwahl angeordnet werden.

[32]) **aufgelöst werden** nach Maßgabe des § 38.

[33]) **befugt,** also nicht verpflichtet.

[34]) **kommissarische Besorgung.** Als besonders geeignet dafür ist von der Kommission der Ortsvorsteher in Betracht genommen, Kommissionsber. S. 38.

[35]) **sinngemäßer Anwendung der §§ 9 bis 11 des Gesetzes vom 20. Mai 1874.** S. oben S. 58. Demnach wird der Regierungspräsident die Ernennung des Kommissars nach § 11 des cit. Gesetzes mit Angabe des Beginns seiner Amtsthätigkeit, auch das Erlöschen derselben durch das Amts- und Kreisblatt bekannt zu machen, auch dem Kommissar nach § 9 Abs. 4 a. a. O. die ihn Dritten gegenüber legitimirende Ernennungsurkunde zu ertheilen haben.

Wie nach demselben § Abs. 1 und 2 die Verwaltungsbefugnisse und die Vertretung nach außen auf den Staatskommissar des Bisthums übergehen, so erhält der Kommissar hier die Vertretungsbefugniß und die Verwaltung der §§ 3 und 4 aufgezählten Massen und zwar letztere in demselben materiellen Umfange, wie sie der Kirchenvorstand hat. Er ist ferner nur den vorgesetzten Staats-Behörden, nicht aber den kirchlichen Behörden für seine Verwaltung verantwortlich. Die Anordnung der Revision der Rechnungen durch die Ober-Rechnungskammer kann aber auf den vorliegenden Fall nicht übertragen werden, wie dies auch nicht im Gesetz v. 21. Mai 1874 Art. 4 (s. oben S. 29 Anm. 28) angeordnet worden ist. Eine derartige Belastung der Ober-Rechnungskammer

Kommt die Wahl der Gemeindevertretung nicht zu Stande oder weigert sich die Mehrzahl der Gemeindevertreter, ihr Amt zu übernehmen oder auszuüben, oder muß die nach erfolgter Auflösung neugewählte Gemeindevertretung aufgelöst werden,[37]) so ist der Regierungspräsident (Landdrost) befugt, sowohl die Geschäfte des Kirchenvorstandes, als auch die der Gemeindevertretung kommissarisch[38]) besorgen zu lassen.

entspricht nicht der verhältnißmäßigen geringen Bedeutung solcher Vermögensverwaltungen, die der Administration eines ganzen Bisthums nicht im Entferntesten an die Seite gesetzt werden können.

Die Kosten der kommissarischen Verwaltung, zu denen auch die etwaige vom Regierungs-Präsidenten zu bewilligende Remuneration des Kommissars gehört, fallen den von dem Kommissar verwalteten Vermögensmassen zur Last.

Ob eine Gemeindevertretung in diesem Falle gebildet werden soll, darüber sagt das Gesetz nichts. Auch aus den Verhandlungen der Kommission, welche die entsprechende Regierungsvorlage (dahin lautend: „§ 46. Weigert sich ein Kirchenvorsteher oder ein Gemeindevertreter, sein Amt zu übernehmen oder auszuüben, so ist eine Neuwahl anzuordnen. — Weigert sich auch der neu gewählte Kirchenvorsteher oder Gemeindevertreter, sein Amt zu übernehmen oder auszuüben, so ist der Regierungspräsident (Landdrost) befugt, den Kirchenvorsteher oder den Gemeindevertreter, wenn möglich aus den wählbaren Mitgliedern der Gemeinde, zu bestellen. — Diese Befugniß steht dem Regierungspräsidenten (Landdrosten) auch zu, soweit die Wahl der Kirchenvorsteher oder der Gemeindevertreter nicht zu Stande kommt." — „§ 47. Kommt die Wahl der Kirchenvorsteher überhaupt nicht zu Stande oder weigern sich die gewählten Kirchenvorsteher sämmtlich, ihr Amt zu übernehmen oder auszuüben, so ist der Regierungspräsident (Landdrost) zugleich befugt, den Vorsitzenden zu ernennen. — In den Fällen des Absatzes 1 wird eine Gemeindevertretung nicht gebildet und finden die Vorschriften des § 38 (jetzt § 36) Anwendung."), wie ersichtlich, ganz umgeändert hat, ergiebt sich nichts Entscheidendes. Es ist nämlich in derselben geltend gemacht worden (s. Kommissionsbericht S. 38):

„1) Bei dem Kirchenvorstand, der die laufende Verwaltung führe, sei ein eventuelles Ernennungsrecht durch die Aufsichtsbehörde unentbehrlich. Komme daher die Wahl der Vorsteher überhaupt nicht zu Stande oder weigere sich die Mehrheit, das Amt zu übernehmen, oder müsse eine wiederholte Auflösung des Kirchenvorstandes eintreten, so sei eine Ernennung hier unvermeidlich . . . . Diesem Gesichtspunkt entsprechend einigte sich die Kommission mit allen gegen 4 Stimmen zur Annahme der Regierungsvorlage § 46 in Bezug auf den Kirchenvorstand, jedoch mit Streichung der Gemeindevertreter unter Weglassung des Alinea 3, welches vielmehr unter das folgende Gebiet der Beschließung gezogen wurde. 2) Im Falle, daß eine Gemeindevertretung nicht zu Stande kommt oder die Mehrzahl der Gewählten sich weigert, das Amt zu übernehmen oder eine Auflösung von Neuem eine renitente Vertretung ins Leben ruft, wurde von einer Seite beantragt, in diesem Falle die Verwaltung durch den Kirchenvorstand allein führen zu lassen; dagegen aber erinnert, daß ein solcher Grundsatz sehr leicht das plausible Motiv werden würde, um die Gemeindevertretung ganz zu beseitigen, die ohnehin auf kirchlicher Seite bereits Widerspruch finde. Wo eine Gemeindevertretung unter solchen Umständen nicht zu Stande komme, sei überhaupt das System des Gesetzes durchbrochen; man könne dann auch den Vorstand nicht weiter fungiren lassen. Die Mehrheit einigte sich dahin, daß für diese Fälle eine kommissarische Verwaltung sowohl der Funktionen der Gemeindevertretung wie des Kirchenvorstandes als einzig annehmbarer Ausweg erscheine."

Trotzdem wird man sich für die Ansicht entscheiden müssen, daß eine Gemeindevertretung in dem erwähnten Falle zu bilden ist. Dies ergiebt der Gegensatz, in den die beiden Absätze gestellt sind, und ferner der Gegensatz der Ausdrücke: kommissarische Besorgung der kirchlichen Vermögensangelegenheiten und Geschäfte des Kirchenvorstandes als auch die der Gemeindevertretung. Dazu kommt der Umstand, daß das Prinzip der Regierungsvor-

VIII. Aufsichtsrechte.

§. 47.

Die gesetzlichen Verwaltungsnormen[39]) werden durch dieses Gesetz nicht berührt.

Die den vorgesetzten Kirchenbehörden[40]) gesetzlich zustehenden Rechte der Aufsicht[41]) und der Einwilligung zu bestimmten Handlungen[42]) der Verwaltung werden mit den in den nachfolgenden Bestimmungen enthaltenen Einschränkungen[43]) geübt.

lage (s. § 47 Abs. 2 ders.) von der Kommission nicht adoptirt worden ist, und ferner, daß es, da die Gemeindevertretung für die Regel zu bilden ist, einer besonderen Bestimmung bedurft hätte, daß in diesem Falle eine Ausnahme statthaben soll. Ueberdies müßten, wenn blos ein Kommissar mit den Befugnissen des Kirchenvorstandes ernannt würde, alle die Geschäfte, für welche die Gemeindevertretung ihre Zustimmung zu geben hat, also z. B. erhebliche Reparaturen (s. § 21 Nr. 6) unerledigt bleiben, und so könnte ein Zustand herbeigeführt werden, welcher auf die Dauer unerträglich sein würde.

37) **aufgelöst werden,** s. § 38. Gleichgültig ist übrigens, ob der Kirchenvorstand hat gebildet werden können oder nicht, s. vorige Anm.

38) **kommissarisch,** d. h. durch einen Kommissar. Die Bestellung zweier Kommissare, eines für den Kirchenvorstand und eines andern für die Gemeindevertretung, hätte keinen Sinn und wird auch durch den Ausdruck des Gesetzes nicht gefordert, s. auch Anm. 36 zu diesem §.

Darüber, unter welchen Voraussetzungen die kommissarische Verwaltung beseitigt werden kann, sagt das Gesetz nichts. Voraussetzung ist die Herstellung geordneter Zustände, d. h. die sichere Aussicht, daß es zu einer Wahl des Kirchenvorstandes und der Gemeindevertretung kommt. Liegt eine Garantie dafür vor, so kann die bischöfliche Behörde, und im Fall ihrer Weigerung der Regierungspräsident (Landdrost) die Wahl veranlassen, s. Art. 14 der Wahlordnung und § 43 des Gesetzes.

§ 47. 39) **gesetzlichen Verwaltungsnormen,** d. h. diejenigen Vorschriften, welche die Art und Weise der Verwaltung, also auch die Zwecke, für welche das Vermögen zu verausgaben ist, regeln. Nicht gemeint sind die Bestimmungen, welche die den vorgesetzten Staats- und Kirchenbehörden zustehenden Rechte der Aufsicht und der Einwilligung zu gewissen Akten der Vermögensverwaltung betreffen, denn diese sind keine Verwaltungsnormen, auch waren sie den letzteren in der durch die Kommission des Abgeordnetenhauses geänderten Regierungsvorlage (§ 48) ausdrücklich gegenübergesetzt und das Gesetz selbst enthält darüber besondere anderweitige Anordnungen, s. § 47 Abs. 2. 48—54.

Gesetzliche Verwaltungsnormen sind alle diejenigen, welche durch staatliche Gesetze gegeben sind, welche auf gültigem Gewohnheitsrecht beruhen, welche die im Staate anerkannten kirchlichen Rechtsnormen vorschreiben, ferner diejenigen, welche von den Staatsbehörden innerhalb ihrer Kompetenz (s. z. B. § 4 Anm. 31 des Gesetzes unter Nr. VII) und von den kirchlichen Behörden innerhalb ihrer von der Staatsgesetzgebung gewährten Zuständigkeit erlassen worden sind, endlich auch diejenigen, welche Privatpersonen kraft eines ihnen zustehenden Rechtes, z. B. als Geschenkgeber, Stifter festgesetzt haben. Es gehören hierher z. B. in dem Geltungsgebiete des A. L. R. Th. II. Tit. 11 §§ 173. 180—182. 189. 195. 221. 222. 618. 625. 626. 634—636. 638. 641. 642. 644. 664—672. 675—679. 686. 687. 699. 712. 713. 779 ff. 789. 790. 794. 795. 796. 798. 807. 814. 818. 824; in dem Gebiete des französischen Rechts die Art. 1. 24—28. 30 Abs. 3. Art. 31. 34. 35. 37. 41. 42. 44—61. 63. 64. 65. 67—70. 72—76. 79—81. 82—86. 88. 89, wobei jedoch zu bemerken ist, daß die citirten Vorschriften, soweit sie Trennung der Verwaltungsorgane in Kirchenvorsteher, Kirchenkollegien, Repräsentanten, bez. in Kirchmeister (bureaux des marguilliers) und Fabrikräthe (conseils de fabrique) voraussetzen, und die Zustimmung des einen Organs zu den Akten des anderen verlangen, durch die §§ 8 und 21 dieses Gesetzes, — soweit sie die Genehmigung der Staatsbehörden erfordern, durch § 50—54 desselben ersetzt, — soweit sie die Zustimmung des Patrons und der kirchlichen Oberen vorschreiben, durch §§ 40, bez. §§ 47 Abs. 2. 48 und 49 modificirt sind.

Von provinzialrechtlichen Normen mag auf das Edikt v. Gunthersblum über die Verwaltung des Kirchenvermögens in Schlesien und der Grafschaft Glatz v. 14. Juli 1793 Nr. II (Korn, Edikten-Samml. Bd. 4. S. 416, auch abgedruckt bei Th. Meier, preuß. Kirchenrecht S. 274) verwiesen werden.

Für das Gebiet des gemeinen Rechts, welches keine speziellen Bestimmungen hat, kommt der sich aus der Natur der Sache ergebende Grundsatz in Frage, daß die Verwalter des Kirchenvermögens dasselbe nach seiner Bestimmung zu verwenden, die Verwerthung der nicht etatmäßig zu verausgabenden Einkünfte, die möglichst vortheilhafte Verpachtung der Grundstücke, die Beitreibung der rückständigen Zinsen oder anderen Präſtationen, die Empfangnahme aufgekündigter oder sonst zurückgezahlter Kapitalien, die zinsbare Anlegung der letzteren und sonstigen baaren Geldvorräthe zu besorgen, sowie die Unterhaltung der Kirchengebäude, Kirchhöfe u. s. w. zu überwachen und das für diesen Zweck Erforderliche zu veranlassen haben, s. Richter-Dove a. a. O. S. 1170ff., weiter die Regel des kanonischen Rechts, daß Veräußerungen kirchlichen Gutes nur im Falle rechtlicher Nothwendigkeit, eines augenscheinlichen Nutzens, sowie beim Vorliegen einer christlichen Liebespflicht statthaben sollen, s. a. a. O. S. 1174; Schulte, kath. Kirchenrecht Bd. 2 S. 562. Kraft der den Kirchenbehörden auch nach gemeinem Recht zustehenden Aufsichtsrechte über die Vermögensverwaltung waren dieselben befugt, den früheren Gemeindeorganen nähere Anweisungen über die Verwaltung zu ertheilen und das gemeine Recht zu ergänzen. Soweit in diesen Verwaltungsnormen enthalten sind, vgl. z. B. die S. 120 erwähnte Instruktion für Hohenzollern von 1858 §§ 16ff. 43ff., haben dieselben auch noch heute Gültigkeit.

Auch sind die Kirchenbehörden in Zukunft in allen Rechtsgebieten des Staates unter Beobachtung der Vorschrift des § 42 zum Erlasse von Instruktionen berechtigt (§ 47), aber darin ebenso wie die staatlichen Aufsichtsbehörden beschränkt, d. h. insoweit, als ihre Anweisungen nicht gegen gesetzliche Normen verstoßen dürfen.

Unter letzteren sind auch die vor dem Erlaß der Verfassungsurkunde vom 31. Januar 1850 in Kraft getretenen zu verstehen. Denn durch den Art. 15 derselben war, wie auch durch das Gesetz vom 5. April 1873 deklarirt worden (s. Kirchengesetze S. XXIX. XXXV. ff.), das staatliche jus circa sacra, also auch die Aufsicht über die Verwaltung des Kirchenvermögens nicht beseitigt, und demgemäß sind die durch Staatsgesetze in Ausübung desselben gegebenen Verwaltungsnormen in Geltung geblieben. Insoweit solche in den nach dem Jahre 1850 von einzelnen Bischöfen erlassenen Verordnungen und Instruktionen etwa beseitigt sein sollten (vergl. S. 110), kann letzteren keine Geltung beigemessen werden.

[40]) **vorgesetzten Kirchenbehörden,** d. h. für die Regel den Bischöfen, bez. auch den Erzpriestern oder Landdekanen.

[41]) **Rechte der Aufsicht,** s. z. B. A. L. R. Th. II. Tit. 11 §§ 167—169, 695—697; für die Gebiete des gemeinen Rechts, s. Phillips, Lehrb. des Kirchenrechts 2. Aufl. S. 253. 468. 469; für die des französischen Rechts, vgl. Organische Artikel Art. 75. 76. und das Fabrikdekret vom 30. Dezember 1809 Art. 87. 90. Daß die Bischöfe die Aufsicht über die Verwaltung des Kirchenvermögens haben, ist auch durch den Art. 15 der Verfassungsurkunde anerkannt gewesen, und dieses Anerkenntniß durch die Aufhebung des Artikels nicht beseitigt, s. übrigens auch § 9 des Gesetzes vom 20. Mai 1874 (oben S. 58).

[42]) **Einwilligung zu bestimmten Handlungen,** vgl. A. L. R. Th. II. Tit. 11 §§ 180. 181. 220., Anh. § 126 zu § 222; §§ 227. 626. 638—642. 645. 648. 662. 673. 674. 680. 687. 702—704. 706. 707. 830; französisches Fabrikdekret Art. 39. 47. 62. 72. 75; hannoversches Gesetz über Kirchen- und Schulvorstände vom 14. Oktober 1848 § 19. Wo gemeines Recht gilt, ist der Grundsatz des kanonischen Rechtes bestehen geblieben, daß jede Veräußerung des Kirchengutes, d. h. jeder Akt, wodurch die Substanz verringert oder beschwert wird, also Eigenthumsweggabe und jede beliebige Art der dinglichen Belastung z. B. mit Servituten, mit Spezialhypothek (Vererbpachtung) der Genehmigung des Bischofs bedarf.

[43]) **Einschränkungen.** Diese ergeben §§ 48. 49. 51. Vgl. ferner Anm. 48 zu § 50.

§. 48.

Macht die vorgesetzte Kirchenbehörde von den ihr gesetzlich zustehenden Rechten der Aufsicht oder der Einwilligung zu bestimmten Handlungen der Verwaltung keinen Gebrauch, so ist sie zur Ausübung derselben von der staatlichen Aufsichtsbehörde[44]) aufzufordern. Leistet sie dieser Aufforderung binnen dreißig Tagen nach dem Empfange derselben keine Folge, so geht die Ausübung der Befugnisse auf die staatliche Aufsichtsbehörde über.[45])

§. 49.

Gegen Verfügungen der vorgesetzten Kirchenbehörde, durch welche die Einwilligung zu bestimmten Handlungen der Verwaltung versagt wird, steht dem Kirchenvorstande die Berufung an den Oberpräsidenten[46]) zu, welcher endgültig[47]) entscheidet.

§. 50.

Die Beschlüsse[48]) des Kirchenvorstandes und der Gemeindevertretung bedürfen zu ihrer Gültigkeit der Genehmigung der staatlichen Aufsichtsbehörde[48a]) in folgenden Fällen:

§ 48. [44]) **staatliche Aufsichtsbehörde,** s. § 55.

[45]) **Aufsichtsbehörde über.** Deren Zustimmung ersetzt dann die zur Rechtsgültigkeit erforderliche Zustimmung des Bischofs.

§ 49. [46]) **Ober-Präsidenten,** wegen Hohenzollern, vgl. Kirchengesetze S. 198 Nachtrag zu S. 56.

[47]) **endgültig.** Eine Beschwerde an den Minister der geistlichen Angelegenheiten ist also ausgeschlossen.

§ 50. [48]) **Beschlüsse.** Die §§ 50—52. 54. 55. sind der Regierungsvorlage, welche in dem § 48 (entsprechend dem jetzigen § 47) neben den Aufsichts- und Einwilligungsrechten der Kirchenbehörden auch die der Staatsbehörden aufrecht erhalten und ein besonderes Gesetz über die Befugnisse der letzteren in Aussicht gestellt hatte, von der Kommission des Abgeordnetenhauses eingefügt worden. In der Kommission wurde anerkannt (s. Kommissionsbericht S. 39), „daß es in diesem Gesetze genüge, die gesetzlichen Rechte der kirchlichen Oberen im Allgemeinen zu wahren. Die staatlichen Aufsichtsrechte aber bedürften einer Spezialisirung. In den bisher geltenden Gesetzen sei das Kirchenvermögen unter die iura minorum gestellt und damit einer sehr unbestimmten Obervormundschaft des Staates unterworfen, welche nach den bisherigen Grundsätzen prinzipiell zu weit gehe, wenn sie freilich auch seit Jahrzehnten de facto außer Uebung gesetzt sei." Seitens der Regierungskommissarien wurde anerkannt, „daß ein solches Bedürfniß vorliege, daß die Regierung mit der Entwerfung eines Aufsichtsgesetzes über das Kirchenvermögen befaßt sei, und daß es wünschenswerth gewesen wäre, wenn jener Gesetzentwurf gleichzeitig hätte vorgelegt werden können. Wünschenswerth sei jedenfalls eine Spezialisirung, da das landrechtliche System in seiner Unbestimmtheit zu weit gehe und die Ausdehnung der Aufsichtsrechte an zahlreichen Punkten streitig werden würde. Im Sinne des Artikel 15 der Verfassungsurkunde wolle der Staat kein Recht der Obervormundschaft mehr beanspruchen, sondern nur eine begrenzte Aufsicht dahin, daß das Kirchenvermögen bestimmungsmäßig verwaltet, nicht mißbraucht, daß die nothwendigsten Rücksichten auf die Staatsgesetze gewahrt bleiben. Wolle die Kommission in diesem Gesetzentwurf auf eine Spezialisirung eingehen, so habe die Staatsregierung prinzipiell dagegen nichts zu erinnern." Bei dieser Lage der Sache beschloß die Kommission die §§ 48 und 49 der Regierungsvorlage (jetzt §§ 47 u. 48) zunächst auf einen Vorbehalt der Aufsichtsrechte der kirchlichen Oberbehörde zu beschränken und im § 48 (jetzt 47) nur den Schlußsatz dahin zu ändern: „werden mit den 2c." (wie jetzt im § 47).

Die Fälle, in denen die Genehmigung der staatlichen Aufsichtsbehörde vorbehalten wird (Kom-

1. bei dem Erwerb,[49]) der Veräußerung[50]) oder der dinglichen Belastung[51]) von Grundeigenthum;[52])
2. bei Veräußerung[53]) von Gegenständen, welche einen geschichtlichen, wissenschaftlichen oder Kunstwerth[54]) haben;
3. bei Anleihen im Sinne des §. 21. Nr. 4;[55])
4. bei dem Bau neuer, für den Gottesdienst, die Geistlichen oder andere Kirchendiener bestimmter Gebäude;[56])
5. bei der Anlegung oder veränderten Benutzung von Begräbnißplätzen;
6. bei Einführung oder Veränderung von Gebührentaxen;[57])
7. bei Ausschreibung, Veranstaltung und Abhaltung von Sammlungen, Kollekten ꝛc. für kirchliche, wohlthätige oder Schulzwecke außerhalb der Kirchengebäude;[58])
8. bei einer Verwendung des kirchlichen Vermögens, welche nicht kirchliche, wohlthätige oder Schulzwecke innerhalb der Gemeinde selbst, betrifft.[59])

   In dem Falle zu 8 gilt die Genehmigung als ertheilt, wenn die staatliche Aufsichtsbehörde[60]) nicht binnen 30 Tagen nach Mittheilung des Beschlusses widerspricht;
9. bei Umlagen[61]) auf die Gemeindeglieder.

   In dem Falle zu 9 ist die Genehmigung insbesondere zu versagen, sofern Bedenken hinsichtlich der Ordnungsmäßigkeit der Auferlegung,[62]) der Angemessenheit des Beitragsfußes oder der Leistungsfähigkeit der Pflichtigen bestehen.

Wegen der Schenkungen und letztwilligen Zuwendungen bewendet es bei dem Gesetze vom 23. Februar 1870.[63])

missionsbericht S. 40), „beruhen auf Amendements einzelner Kommissionsmitglieder, welche nach Analogie der neueren Gemeindeordnungen und anderer Gesetze über die bürgerlichen Korporationen entlehnt sind. Sie verfolgen den Gesichtspunkt, nur diejenigen Akte einzubegreifen, in welchen das Interesse der zeitigen Verwaltung mit dem dauernden Interesse, mit der dauernden Bestimmung des Zweckvermögens oder mit den Rechten des Staats in Widerspruch gerathen kann. Es soll keine Vormundschaft des Staats über die materielle Verwendung des Vermögens zurückgeführt werden, sondern ein Einspruchsrecht, wie es in den neueren Gesetzgebungen auch über die bevorrechtetsten Körperschaften, über die großen wie kleinen Körper der Selbstverwaltung vorbehalten ist."

[48a]) **staatlichen Aufsichtsbehörde**, s. § 55.

[49]) **Erwerb.** Dadurch wird ein einheitliches Recht des Erwerbes von Immobilien durch die todte Hand, soweit es sich um die von dem Kirchenvorstande vertretenen Vermögensmassen (s. § 3 des Gesetzes) handelt, geschaffen, denn der § 4 des Gesetzes vom 23. Februar 1870 betr. die Genehmigung zu Schenkungen ꝛc. (Ges. Samml. S. 118) hatte in Betreff der Erwerbung von unbeweglichen Gegenständen das bisher geltende Recht aufrecht erhalten. Bestimmungen, welche eine Staatsgenehmigung vorschreiben, existirten nicht in den hohenzollernschen Fürstenthümern, im Regierungs-Bezirk Stralsund (Neuvorpommern und Rügen) und in einzelnen Theilen Hannovers. In Nassau hatte die Praxis ein solches Verbot auf die dort früher geltenden Rechte des Staates in Betreff der Vermögensverwaltung der katholischen Kirche, in Kurhessen auf frühere für einzelne Fälle ergangene ältere Verordnungen gegründet (s. Roth u. v. Meibom, kurhess. Privatrechte Bd. 1 S. 259. 260). In der Rheinprovinz wurde auf Grund des Ministerial-Publikandums vom 9. Juli 1820 (Hermens a. a. O. Bd. 2 S. 679) der § 194 Tit. 11 Th. II. A. L. R. für anwendbar erachtet. Besondere Vorschriften bestanden für Schleswig-Holstein und Frankfurt a. M. Der

Umfang des Verbots war ferner in den verschiedenen Landestheilen verschieden, in Kurhessen z. B. war davon der Erwerb durch Tausch und durch Adjudikation verpfändeter Immobilien ausgenommen.

Durch die Nr. 1 sind alle diese Besonderheiten gefallen, und ihre Vorschrift hat die betreffenden älteren Bestimmungen beseitigt, so insbesondere § 194 Tit. 11 Th. II. A. L. R.

Ob der Erwerb durch Kauf, Tausch, kurz auf Grund eines onerosen Titels oder auf Grund eines lukrativen stattfindet, ist gleichgültig.

[50]) **Veräußerung,** s. oben S. 140 Anm. 7. Dadurch ist beseitigt z. B. A. L. R. Th. II. Tit. 11 §§ 219. 220. 648, letztere beiden soweit sie sich auf die staatliche Genehmigung beziehen, Art. 62 des Fabrikdekrets in demselben Umfange, § 19 Nr. 2 des hannoverschen Gesetzes vom 14. Oktober 1848.

[51]) **dinglichen Belastung,** s. oben S. 140 Anm. 8, dadurch modificirt § 227 Tit. 11 Th. II. A. L. R. und § 19 Nr. 2 des citirten hannov. Gesetzes.

[52]) **Grundeigenthum,** s. oben S. 140 Anm. 9.

[53]) **Veräußerung,** s. S. 140 Anm. 14.

[54]) **Kunstwerth,** s. oben S. 140 Anm. 15. Eine derartige Vorschrift enthielten die früheren Gesetze nicht, zum Theil wurde derselbe Zweck erreicht durch den nunmehr modificirten § 180 Tit. 11 Th. II. A. L. R.

[55]) **Anleihen im Sinne des § 21 Nr. 4,** s. oben S. 141 Anm. 17 u. 18. Dadurch wird z. B. geändert § 645 Tit. 11 Th. II. A. L. R., § 19 Nr. 1 des citirten hannov. Gesetzes.

[56]) **bestimmter Gebäude.** Dadurch werden zum Theil geändert §§ 708. 709 Tit. 11 Th. II. A. L. R., § 19 Nr. 4 des gedachten hannov. Gesetzes.

[57]) **Gebührentaxen,** s. oben S. 143 Anm. 29; dadurch modificirt § 425 Tit. 11 Th. II. A. L. R.

[58]) **außerhalb der Kirchengebäude.** Vgl. Kommissionsbericht S. 41: „Die außerhalb der Kirchengebäude zu erhebenden Kollekten unterliegen bereits polizeilichen Beschränkungen, ein allgemein vorbehaltenes Aufsichtsrecht des Staates wurde indessen für rathsam gehalten, wegen der mannigfaltigen, der Kirche fremden, oft rein politischen Zwecke, zu welchen sie veranstaltet würden .... es handele sich nicht um ein Verbot, sondern um eine Fürsorge, daß Kollekten .... nicht .... demonstrativ veranstaltet würden. Beiträge für Bisthümer und den päpstlichen Stuhl unterlägen in normalen Zeiten keinem Bedenken."

[59]) **innerhalb der Gemeinde selbst betrifft,** s. oben S. 143 Anm. 35 und 36. Dadurch ist modifizirt § 19 Nr. 3 des hannoverschen Gesetzes vom 14. Oktober 1848.

[60]) **Aufsichtsbehörde,** s. § 55.

[61]) **Umlagen,** d. h. Belastungen in Geld, Naturalien und Dienstleistungen, mag es sich um die Auferlegung neuer oder Veränderung schon bestehender handeln. Dadurch ist geändert § 19 Nr. 6 des citirten hannoverschen Gesetzes.

[62]) **Ordnungsmäßigkeit der Auferlegung.** Die Prüfung hat sich also darauf zu erstrecken, ob die zuständigen Organe und zwar in der für ihre Beschlüsse vorgeschriebenen Form die Umlage festgesetzt haben und ob die Voraussetzungen ihrer Zulässigkeit, also der erforderliche Konsens der geistlichen Oberen, bez. die Supplirung desselben (s. §§ 48. 49) vorliegen.

Wird eine der unter Nr. 1—9 erwähnten Handlungen ohne Einholung oder trotz der Versagung der staatlichen Aufsichtsbehörde vorgenommen, so ist sie von dieser so weit noch möglich zu inhibiren, auch tritt, soweit es der Natur der Sache nach denkbar ist, also in den Fällen der Nr. 1. 2. 3. 6. 8. 9., Nichtigkeit des Rechtsgeschäftes, bez. der Verfügung ein. In Betreff der Umlagen ist in der Kommission (s. Bericht S. 42) auch ausdrücklich hervorgehoben worden, daß nicht blos ihre Vollstreckbarkeit, sondern auch ihre Rechtsgültigkeit durch die Genehmigung bedingt ist.

Fraglich erscheint es aber, ob die Nichtigkeit Rechtsgeschäfte trifft, wenn diese zur Ausführung der versagten Handlungen, welche an und für sich, wie z. B. ein Bau, nicht der Nichtigkeit unterworfen sind, abgeschlossen werden, z. B. die Entreprisen-Kontrakte mit dem Baumeister über einen nicht genehmigten Neubau (s. Nr. 4), die Annahme eines Kollekteurs gegen Entgeld für die entgegen der Nr. 7 veranstalteten Kollekten, ferner solche Verträge, welche die Genehmigung zur

§. 51.

Der Kirchenvorstand bedarf zur Führung von Prozessen keiner Ermächtigung [64]) von Seiten einer Staats- oder Kirchenbehörde.

Atteste über die Legitimation des Kirchenvorstandes zur Besorgung von Rechtsangelegenheiten oder Atteste über das Vorhandensein derjenigen Thatsachen, welche den Anspruch auf Kostenfreiheit begründen, können gültig nur von der staatlichen Aufsichtsbehörde [65]) ertheilt werden.

§. 52.

Die staatliche Aufsichtsbehörde ist berechtigt, Einsicht von dem Etat zu nehmen [66]) und die Posten, welche den Gesetzen widersprechen, zu beanstanden. Die beanstandeten Posten dürfen nicht in Vollzug gesetzt werden. [67])

§. 53.

Weigert sich der Kirchenvorstand oder die Gemeindevertretung, [68]) Leistungen, welche aus dem kirchlichen Vermögen zu bestreiten sind, [69]) oder den Pfarreingesessenen [70]) oder sonstigen Verpflichteten [71]) obliegen, auf den Etat zu bringen, festzusetzen oder zu genehmigen, so ist sowohl die bischöfliche Behörde, als auch die staatliche Aufsichtsbehörde, [72]) unter gegenseitigem Einvernehmen, befugt, die Ein-

Voraussetzung haben, z. B. die Uebernahme der Verpflichtung gegenüber dem neu angestellten Geistlichen, für ihn ein neues Pfarrhaus bauen zu wollen. Meines Erachtens ist dies zu bejahen. Wenn das Gesetz zu gewissen Handlungen die Zustimmung der Aufsichtsbehörde fordert, so hat der Kirchenvorstand zu denselben keine ausschließliche Kompetenz, also auch nicht zu denjenigen Rechtsgeschäften, welche die betreffende Maßregel in das Leben rufen oder eine Verpflichtung zu derselben begründen sollen.

63) **Gesetz vom 23. Februar 1870**, s. Ges. Samml. S. 118.

§ 51. 64) **keiner Ermächtigung.** Dadurch sind beseitigt A. L. R. Th. II. Tit. 11 §§ 652—657; französisches Fabrikdekret Art. 77, insoweit letzterer die staatliche Autorisation verlangt, welche das Ober-Tribunal in den Erkenntnissen vom 19. Mai 1863 und vom 11. Juli 1865 trotz des Artikels 15 der Verfassungsurkunde für nothwendig erachtet hat (s. Moy, Arch. f. kathol. Kirchenrecht Bd. 10 S. 268, Bd. 15 S. 5); der § 19 Nr. 5 des mehrfach angeführten hannoverschen Gesetzes, und der Grundsatz des katholischen Kirchenrechts, daß zur Prozeßführung die Genehmigung des Bischofs erforderlich ist, s. Richter-Dove a. a. O. S. 1172.

65) **staatlichen Aufsichtsbehörde**, s. §. 55.

§ 52. 66) **zu nehmen.** Die näheren Anordnungen, wie diese Einsichtnahme zu ermöglichen und das betreffende Recht auszuüben, ist der Ausführungsverordnung überlassen worden, s. Kommissionsbericht S. 43.

67) **nicht in Vollzug gesetzt werden.** Ueber die Nichtigkeit der etwa zur Vollziehung solcher Posten abgeschlossenen Geschäfte gilt das S. 165 Anm. 62 Abs. 3 Bemerkte.

§ 53. 68) **Gemeindevertretung**, s. § 21.

69) **aus dem kirchlichen Vermögen zu bestreiten sind**, z. B. die Kosten für Bauten, für die Geistlichen, die von Dritten im Rechtswege erstrittenen Summen.

70) **Pfarreingesessenen**, hierher gehören die zum Kirchenbau von denselben zu machenden Leistungen.

71) **sonstigen Verpflichteten**, so z. B. die Baulastbeiträge des Patrons.

72) **Aufsichtsbehörde**, s. § 55; über die bischöfliche Behörde s. oben S. 136 Anm. 78.

tragung in den Etat zu bewirken und die weiter erforderlichen Anordnungen zu treffen.

Unter derselben Voraussetzung [73]) sind diese Behörden befugt, die gerichtliche Geltendmachung von Ansprüchen der Kirche, der Pfarrei, der Gemeinde und der in der Verwaltung des Kirchenvorstandes befindlichen Vermögensmassen, insbesondere auch der aus der Pflichtwidrigkeit eines Geistlichen oder anderen Kirchendieners entstehenden Entschädigungsforderung, anzuordnen und die hierzu nöthigen Maßregeln zu treffen. [74])

§. 54.

Die Jahresrechnung [75]) ist der staatlichen Aufsichtsbehörde [76]) zur Prüfung, ob die Verwaltung etatsmäßig geführt worden ist, mitzutheilen.

§. 55.

Welche Staatsbehörden die in den §§. 48., 50. bis 52., 53., 54. angegebenen Befugnisse der Aufsicht auszuüben haben, wird durch Königliche Verordnung [77]) bestimmt.

IX. Schluß- und Uebergangsbestimmungen.

§. 56.

Die Vorschriften dieses Gesetzes finden auf Dom-, Militair- und Anstaltsgemeinden [78]) keine Anwendung.

§. 57.

Vom 1. Oktober 1875 ab können die dem Kirchenvorstande und der Gemeinde-

[73]) **Voraussetzung**, d. h. wenn der Kirchenvorstand und die Gemeindevertretung (s. § 21 Nr. 5) die gerichtliche Geltendmachung verweigern.

[74]) **nöthigen Maßregeln zu treffen**, d. h. namentlich einen Bevollmächtigten zur Prozeßführung zu bestellen und diesem die für seine Information erforderlichen Akten und sonstigen Schriftstücke nöthigenfalls unter Anwendung der Administrativ-Exekution gegen die renitenten Gemeindeorgane zustellen zu lassen. Dadurch ist beseitigt § 659 Tit. 11 Th. II. A. L. R.

§ 54. [75]) **Jahresrechnung**, nachdem sie abgenommen und ausgelegt worden ist, s. § 21 Nr. 13 und Schluß-Absatz.

[76]) **Aufsichtsbehörde**, s. § 55.

§ 55. [77]) **Königliche Verordnung**. Vgl. Kommissionsbericht S. 43. Die Verordnung ist am Ende des Buches abgedruckt.

§ 56. [78]) **Dom-, Militair- und Anstaltsgemeinden**. Vgl. Motive S. 53: „Der § schließt die Anwendung des Gesetzes für gewisse Gemeinden, nämlich für Dom-, Militair- und Anstaltsgemeinden, aus, da für diese die in dem Entwurfe angeordnete Organisation der Vermögensverwaltung nicht paßt. Insbesondere nehmen die mit den Kathedralen verbundenen Pfarreien, welche durch das Domkapitel, beziehungsweise einen von diesem kommittirten Domherrn verwaltet werden, eine eigenthümliche Stellung ein, weil sie mit aus dem für die bischöfliche Kirche und das Kapitel bestimmten Vermögen unterhalten werden."

Nach dem Kommissionsbericht S. 44 haben die Regierungskommissarien erklärt, daß die Verhältnisse der Domgemeinden durch ein besonderes Gesetz geregelt werden sollen.

§ 57. [78]) **Vom 1. Oktober 1875 ab.** Einen besonderen Termin, mit dem das Gesetz in Kraft treten soll, setzt dasselbe nicht fest. Es findet also an und für sich die Vorschrift des Gesetzes vom 16. Februar 1874 (Ges. Samml. S. 23) Anwendung, daß jedes Gesetz mit dem vierzehnten Tage nach der Ausgabe in Berlin — das vorliegende ist am 29. Juni 1875 ausge-

vertretung nach diesem Gesetze zustehenden Befugnisse nicht durch andere Personen oder Behörden,[79]) als durch die in diesem Gesetz bezeichneten wahrgenommen werden.

Sofern nach bisherigem Rechte[80]) den kirchlichen Organen (Kirchenvorständen, Kirchenkollegien, Fabrikräthen, Kirchmeistern, Repräsentanten rc.) noch andere Befugnisse, als die der Vermögensverwaltung zugestanden haben, gehen diese, wenn sie von den unmittelbar zur Vermögensverwaltung berufenen Organen ausgeübt worden sind, auf den Kirchenvorstand, in allen anderen Fällen auf die Gemeindevertretung über.[81]) Ist eine solche nicht vorhanden, so werden auch die der Gemeindevertretung zustehenden Befugnisse von dem Kirchenvorstande wahrgenommen.

geben, s. Ges. S. S. 241 — Geltung erlangt. Da aber das hier kommentirte Gesetz nicht eher praktische Wirksamkeit äußern kann, als die neuen Gemeinde-Organe geschaffen sind, so wird mit der Ausführung desselben sofort vorgegangen werden müssen, damit dasselbe am 1. Oktober 1875 durchgeführt ist. Dieser Tag ist, abgesehen von der im § 60 offengelassenen Ausnahme, der späteste Termin. Da, wo die Neuorganisation früher vollendet ist, treten die Bestimmungen des Gesetzes sofort in Wirksamkeit.

[79]) **andere Personen oder Behörden,** d. h. die Legitimation der bisherigen Kirchenvorsteher, Fabrikräthe und aller anderen, auf Grund früherer Gesetze fungirenden Organe zur Vertretung der Kirchengemeinden entfällt (vorbehaltlich der Ausnahme des § 60) mit dem 1. Oktober 1875 und alle von ihnen vorgenommenen rechtlichen Akte sind nichtig.

Das Wort „Behörden" bezieht sich auf die nach § 46 nöthigenfalls zu bestellenden Kommissare.

[80]) **bisherigem Rechte,** vgl. Motive S. 53: „Die Anordnung im Absatz 2 erschien nothwendig mit Rücksicht darauf, daß nach jetzt bestehenden Vorschriften den verschiedenen Gemeindeorganen auch andere Rechte als die der Vermögensverwaltung zukommen. Dahin gehören namentlich die §§ 323. 354. 376. 388 Th. II. Tit. 11 des Allgemeinen Landrechts, wonach die Kirchenvorsteher zugleich berufen sind, der vorgesetzten Behörde von einer Vernachlässigung der Amtspflichten des Pfarrers oder von einem Aergerniß gebenden Verhalten desselben Anzeige zu machen, bei der der Gemeinde zustehenden Pfarrwahl drei Kandidaten zur Auswahl vorzuschlagen, die Vokation für den Gewählten auszufertigen und die Präsentation des Berufenen vorzunehmen; ferner der § 239 a. a. O., wonach die Gemeinden ein Recht darauf haben, bei Veränderungen von Parochialverhältnissen auch ihrerseits, und zwar durch die nach § 159 besonders zu wählenden Repräsentanten, gehört zu werden; desgleichen die Artikel 32 und 33 des Dekrets vom 30. Dezember 1809, wonach die Ernennung der Prediger und die Anstellung der niederen Kirchendiener in der Hand des Kirchmeisterbüreaus liegt. — In dem Bezirke der Regierung zu Wiesbaden [vgl. in Betreff des ehemaligen Herzogthums Nassau den § 5 der Verordnung vom 9./11. Dezember 1815 (Nassau. Verordnungssamml. B. 1 S. 336); in Betreff der ehemals Großherzoglich Hessischen Gebietstheile den Art. 15 des Edikts vom 6. Juni 1832 (Regierungsblatt S. 407); in Betreff Frankfurt a. M. den Art. 40 der Konstitutionsergänzungsakte vom Jahre 1816 (Frankfurter Ges. rc. Samml. Bd. 1 S. 11), ferner die Nr. 1 der zwischen dem Magistrat und dem Bischof von Limburg über die Patronatsrechte getroffenen Uebereinkunft vom Jahre 1872, sowie die Nr. 3 und 5 des zwischen den städtischen Behörden und dem Vorstande der katholischen Kirchengemeinde über die katholischen Kirchenverhältnisse vereinbarten Regulativs von demselben Jahre] steht, mit Ausnahme der beiden im Amte Homburg vorhandenen katholischen Pfarreien, dem Kirchenvorstande eine Mitwirkung auch bei der Handhabung der äußeren Kirchenzucht, in Frankfurt a. M. außerdem eine gewisse Betheiligung bei Besetzung der Pfarrstellen, die Festsetzung der erforderlichen Zahl der Kapläne, die Ernennung und Beaufsichtigung der niederen Kirchendiener, sowie die Verwaltung des der katholischen Gemeinde gehörigen Schulfonds zu. Wollte man behufs Ausübung dieser und ähnlicher Befugnisse die seitherigen Gemeindeorgane neben den nach dem Entwurf neu ins Leben zu rufenden konserviren, so würden auf dem Gebiete der Vertretung der Gemeinden verschiedene und ungleichartige Elemente thätig

§. 58.*)

Die den bischöflichen Behörden[82]) gesetzlich zustehenden Rechte[83]) in Bezug auf die Vermögensverwaltung in den Kirchengemeinden ruhen,[84]) so lange die bischöfliche Behörde diesem Gesetze Folge zu leisten verweigert,[85]) oder so lange das betreffende Amt[86]) nicht in gesetzmäßiger Weise besetzt[87]) oder verwaltet[88]) ist.

Eine solche Weigerung ist als vorhanden anzunehmen, wenn die bischöfliche Behörde[89]) auf eine schriftliche Aufforderung[90]) des Oberpräsidenten nicht binnen 30 Tagen die Erklärung abgiebt, den Vorschriften dieses Gesetzes[91]) Folge leisten zu wollen.

Die den bischöflichen Behörden zustehenden Befugnisse[92]) gehen in solchen Fällen auf die betreffende Staatsbehörde über.[93])

werden, deren Koexistenz die Bedeutung und die Wirksamkeit des Gesetzes und seiner Institutionen nur beeinträchtigen könnte."

[81]) **Gemeindevertretung über.** Diese ist also in den landrechtlichen Gebieten (s. §§ 239. 159 Tit. 11 Th. II. A. L. R.) statt der bisherigen Repräsentanten bei einer beabsichtigten Parochialveränderung zu hören.

§ 58. *) Dieser § ist durch die Kommission des Abgeordnetenhauses in die Regierungsvorlage eingefügt und zwar mit Rücksicht darauf, daß eine der Kommission mitgetheilte Zuschrift des Erzbischofs von Köln, in welcher derselbe für sich und den preußischen Episkopat eine Verwahrung gegen den Gesetzentwurf einlegt (abgedruckt im Kommissionsbericht S. 45), in Verbindung mit den früher abgegebenen Protesten der Bischöfe, insbesondere der Kollektiveingabe derselben an den Kaiser und König vom 2. April 1875 (im Archiv für kath. Kirchenrecht Bd. 33 S. 468) kaum anders zu verstehen sei, als eine Ankündigung eines grundsätzlichen Widerspruchs und der Nichtmitwirkung bei Ausführung des Gesetzes, Kommissionsbericht S. 45. 46; stenogr. Berichte S. 1518 ff. 1633.

[82]) **bischöflichen Behörden,** s. oben S. 136 Anm. 78. Wegen des ein Bisthum verwaltenden Staatskommissars vgl. Abs. 3 dieses §.

[83]) **gesetzlich zustehenden Rechte,** s. §§ 14. 15. 32. 37. 38. 47. 53; Wahlordnung Art. 13. (vgl. S. 176.)

[84]) **ruhen,** d. h. können nicht ausgeübt werden, s. aber auch unten Anm. 93.

[85]) **verweigert,** s. Abs. 2 dieses §.

[86]) **betreffende Amt,** d. h. das Amt der bischöflichen Behörde, also das Bisthum.

[87]) **in gesetzmäßiger Weise,** d. h. mit einem staatlich anerkannten Bischofe, s. S. 47 Anm. 6.

[88]) **verwaltet,** in Gemäßheit der §§ 1—3 des Gesetzes vom 20. Mai 1874, oben S. 48.

[89]) **bischöfliche Behörde,** s. Anm. 82 zu diesem §.

[90]) **schriftliche Aufforderung.** Es ist in dieser Bestimmung ein Mittel gewährt, durch welches jede Unklarheit über die Stellung der Bischöfe beseitigt werden kann, und von welchem bereits Gebrauch gemacht worden ist.

[91]) **dieses Gesetzes.** Die von dem Abgeordnetenhause angenommene Fassung des § enthielt an dieser Stelle noch die Worte: in allen Punkten. Diese sind aber im Herrenhause gestrichen worden, stenogr. Ber. S. 359 ff.

[92]) **den bischöflichen Behörden zustehenden Befugnisse,** s. Anm. 82 u. 83 zu diesem §.

[93]) **die betreffende Staatsbehörde über.** Vgl. Erklärung des Regierungs-Kommissars Dr. Förster, stenogr. Berichte des Abgeordnetenh. S. 1520: „Das kann natürlich nicht die Staatsaufsichtsbehörde sein, sondern das ist die Staatsbehörde, auf die jetzt die Befugnisse der bischöflichen Behörden übergehen, und in dieser Beziehung möchte ich erinnern an den § 9 des Gesetzes vom 20. Mai vorigen Jahres über die Verwaltung erledigter Bisthümer . . . . . Man könnte nun allenfalls zweifeln, ob der Kommissarius, welchen das Gesetz vom 20. Mai im Auge hat, unter dem Ausdruck: Staatsbehörde mitverstanden werden könne, aber es möchte in dieser Beziehung eine Interpretation festzustellen sein, daß auch § 9 dieses Gesetzes ihm diese Befugniß

beilegt, daß also auch der Verwaltungskommissarius hier unter dem Ausdruck: Staatsbehörde zu verstehen sein wird." Diese Auffassung ist vollkommen zutreffend, denn sonst würde die Festsetzung in Abs. 1, daß die bischöflichen Rechte ruhen sollen, unverständlich sein. Ein Ruhen derselben läge nicht vor, wenn sie in Gemäßheit des § 48 auf die staatliche Aufsichtsbehörde übergingen und durch diese wahrgenommen werden könnten. Man hat die durch §§ 43. 48. vorgeschriebene Aufforderung für jeden einzelnen Fall nach bereits festgestellter Renitenz der Bischöfe als überflüssig beseitigen wollen, und mußte dann konsequenter Weise auch von einer Nothwendigkeit der Konkurrenz des Bischofs absehen. Erforderlich war dies aber nicht für die Fälle, wo auf Grund der §§ 6—8 des Gesetzes vom 20. Mai 1874 (oben S. 53 ff.) ein Staatskommissarius bestellt ist, weil hier eine Behörde besteht, welche die obere Verwaltung und Aufsicht über das kirchliche Vermögen des Sprengels führt (s. § 9 des angeführten Gesetzes) und daran, daß diese sich dem Gesetze fügt, kein Zweifel obwaltet. — Für die Fälle der §§ 32. 35; Wahlordnung Art. 2. 13. 14 war ferner eine besondere Vorschrift nothwendig, weil hier die bischöfliche Behörde die Initiative hat, und diese daher an ihrer Stelle einer andern Behörde beigelegt werden mußte. Diese ist diejenige, deren Einvernehmen sonst erforderlich ist.

Demnach löst sich der scheinbare Widerspruch zwischen dem Abs. 1, der ein Ruhen, und dem Abs. 3, welcher einen Uebergang der betreffenden Befugnisse vorschreibt, dahin auf, daß bei besetztem Stuhle (und bei einer gesetzmäßigen Verwesung während einer Vakanz) im Falle der Renitenz des Bischofs, bez. Bisthumsverwesers oder in anderen Fällen der Vakanz bis zum Eintritt der staatlichen Verwaltung nach §§ 6—8 des citirten Gesetzes das Ruhen der nach Anm. 83 beseitigten Befugnisse, und nur der Uebergang der im vorigen Absatz gedachten auf die bezeichneten Behörden erfolgt, daß aber mit der Uebernahme der Verwaltung des Bisthums seitens eines Staatskommissars die Ausübung aller Befugnisse durch letzteren eintritt.

Mit dem Aufhören der Funktionen des Staatskommissars kann der neue staatlich anerkannte Bischof, bez. der gesetzmäßig angestellte Bisthumsverweser die ihm zustehenden Befugnisse ausüben. Falls einer derselben aber den Gehorsam verweigert, müssen die bezüglichen Rechte der Vorschrift des Abs. 1, d. h. der Regel gemäß ruhen, bez. durch die betreffenden Staatsbehörden ausgeübt werden.

Unter welchen Bedingungen der staatlich anerkannte Bischof und gesetzmäßig bestellte Bisthumsverweser, welche in Folge ihrer Weigerung der Ausübung ihrer Rechte verlustig gegangen sind, diese wieder erlangen können, ist nicht angeordnet. Die Kommission hat die Bestimmung darüber, welches Verfahren eintreten solle, wenn die bischöfliche Behörde sich dem Gesetze konformiren zu wollen erklärt, dem mit Ausführung des Gesetzes beauftragten Kultusminister überlassen, s. Kommissionsbericht S. 47. Es wird also eine desfallsige Erklärung der geistlichen Behörde nöthig sein, und nach Prüfung derselben durch den Kultusminister von diesem eine Anweisung an die betheiligten Behörden (s. §§ 43. 48) erlassen werden müssen, daß die bischöfliche Behörde nunmehr die ihr zustehenden Befugnisse wieder auszuüben berechtigt sei und erstere wieder in den durch das Gesetz vorgeschriebenen Verkehr mit derselben zu treten haben.

Die Kommission des Abgeordnetenhauses hatte vorgeschlagen, hinter diesen noch einen weiteren § einzuschieben, dahin lautend: „So lange in einem bischöflichen Sprengel die Leistungen aus Staatsmitteln an die Geistlichen eingestellt sind, darf der Kirchenvorstand an die Geistlichen Besoldungen, Gebühren oder Abgaben aus dem kirchlichen Vermögen nur mit Genehmigung der staatlichen Aufsichtsbehörde auszahlen. — Die Genehmigung ist nur dann zu ertheilen, wenn der betreffende Geistliche der Staatsregierung gegenüber entweder schriftlich erklärt oder durch Handlungen die Absicht an den Tag gelegt hat, die Gesetze des Staates zu befolgen," s. Kommissionsbericht S. 47 ff. Dieser Vorschlag fand nicht die Majorität des Hauses, dagegen wohl ein Amendement Dr. Wehrenpfennig, statt dessen folgenden § einzuschalten: „So lange in einer Kirchengemeinde die kirchlichen Vermögensangelegenheiten kommissarisch besorgt werden, dürfen an solche Geistliche, denen gegenüber die Leistungen aus Staatsmitteln eingestellt sind oder die exekutivische Beitreibung der Abgaben und Leistungen im Verwaltungswege nicht stattfindet, auch aus dem kirchlichen Vermögen Besoldungen nicht gezahlt werden", s. stenogr. Berichte S. 1520 ff. Das Herrenhaus hat aber den § wieder gestrichen, s. stenogr. Berichte S. 361. 362, weil die Geistlichen dadurch dafür gestraft

§. 59.

Alle diesem Gesetze entgegenstehenden Bestimmungen,[94]) mögen dieselben in dem in den verschiedenen Landestheilen geltenden allgemeinen Rechte, in Provinzialgesetzen, in Lokalgesetzen oder Lokalordnungen enthalten, oder durch Observanz oder Gewohnheit[95]) begründet sein, werden aufgehoben.

§. 60.

Der Minister der geistlichen Angelegenheiten ist mit der Ausführung dieses Gesetzes beauftragt.

Derselbe ist befugt,[96]) mit Rücksicht auf besondere örtliche oder sonstige Verhältnisse und besondere für die Vermögensverwaltung bestehende Einrichtungen[97]) den im §. 57. Absatz 1 festgesetzten Termin der Ausführung zu verlängern.[98])

Urkundlich unter Unserer Höchsteigenhändigen Unterschrift und beigedrucktem Königlichen Insiegel.

Gegeben Bad Ems, den 20. Juni 1875.

(L. S.) **Wilhelm.**

Fürst v. Bismarck. Camphausen. Gr. zu Eulenburg. Leonhardt.
Falk. v. Kameke. Achenbach. Friedenthal.

würden, daß die von ihnen nicht abhängige Wahl des Kirchenvorstandes und der Gemeindevertretung nicht zu Stande gekommen sei.

§ 59. [94]) **entgegenstehenden Bestimmungen.** Es sind also namentlich beseitigt die oben S. 109 ff. angeführten Vorschriften, soweit sie sich auf die Bildung der Gemeinde-Organe und die Kompetenz derselben beziehen, vgl. ferner auch S. 130 Anm. 47; S. 134 Anm. 64; S. 140 Anm. 11. 12. 13; S. 154 Anm. 7; S. 155 Anm. 9 u. 11; S. 157 Anm. 18 a. E. u. 19; S. 161 Anm. 39; S. 164 Anm. 49 bis 51. 54 ff.; S. 166 Anm. 64; S. 167 Anm. 74; S. 168 u. 169 Anm. 80 u. 81.

[95]) **Gewohnheit.** Die betreffende Vorschrift will eine möglichst umfassende Formulirung der Derogations-Klausel geben.

§ 60. [96]) **ist befugt.** Der Absatz lautete in der Regierungsvorlage dahin: „Derselbe ist befugt, mit Rücksicht auf besondere örtliche oder sonstige Verhältnisse und besondere für die Vermögensverwaltung bestehende Einrichtungen von der Ausführung dieses Gesetzes in einzelnen Gemeinden Abstand zu nehmen, sofern dies von den Gemeinden beantragt wird." und war damit begründet (s. Motive S. 54): „Ferner erscheint es im Hinblick auf etwaige lokale oder sonstige Verhältnisse (wohin auch die Rücksicht auf die erst in der Bildung begriffenen sogenannten altkatholischen Gemeinden gehören würde), sowie auf besondere und bewährte Gestaltungen an einzelnen Orten, wie z. B. in Leer und in Emden (Landdrosteibezirk Aurich), desgleichen zu Frankfurt a. M., wo schon jetzt eine wirksame Betheiligung der Gemeinden bei der Einsetzung der Gemeindeorgane besteht, angemessen, dem Minister der geistlichen Angelegenheiten die Befugniß zu ertheilen, von der Einführung der durch den Entwurf vorgeschriebenen Gemeinde-Organe Abstand zu nehmen und es bei den bisherigen Einrichtungen bis auf Weiteres zu belassen, sofern dies nämlich von den Gemeinden selbst gewünscht und ein solcher Wunsch in Form eines Antrages zum Ausdruck gebracht wird." In der Kommission (s. Bericht S. 49) wurde aber die jetzige Fassung substituirt, indem man zwar den Vorbehalt einer Dispensation für angemessen erachtete, es aber für ausreichend hielt, diese Befugniß nur als Verlängerung des Termins der Ausführung zu stellen, wogegen auch die Regierungskommissarien nichts zu erinnern hatten.

[97]) **bestehende Einrichtungen,** s. vorige Anm.

[98]) **verlängern.** Die gänzliche Abstandnahme von der Einführung des Gesetzes ist demnach nicht gestattet, andererseits aber auch kein Termin festgesetzt, wie lange die Verlängerung gewährt werden darf, so daß noch auf Jahre hinaus die bestehenden Einrichtungen fortbauern können.

Anlage.

Wahlordnung.[1])

Artikel 1.

Der Kirchenvorstand ordnet die Wahl der Kirchenvorsteher und der Gemeindevertreter[2]) an, stellt die Liste der Wahlberechtigten[3]) auf und legt dieselbe in einem Jedermann zugänglichen Lokale zwei Wochen lang[4]) öffentlich aus.

Zeit[4a]) und Ort der Auslegung sind der Gemeinde öffentlich durch Aushang bekannt zu machen, mit dem Beifügen, daß nach Ablauf der Auslegungsfrist Einsprüche gegen die Liste nicht mehr zulässig sind. Nach dem Ermessen des Kirchenvorstandes kann die Bekanntmachung auch noch in anderen, den örtlichen Verhältnissen entsprechenden Formen[5]) erfolgen.

Zur Erhebung des Einspruchs ist jedes wahlberechtigte Mitglied der Kirchengemeinde befugt.

Artikel 2.

Der Kirchenvorstand entscheidet über die Einsprüche und berichtigt die Liste.[5a]) Gegen den ablehnenden Bescheid steht dem dadurch von der Wahl Ausgeschlossenen binnen einer Ausschlußfrist von zwei Wochen nach erfolgter Zustellung die Berufung an die Gemeindevertretung, in dem Falle, daß eine solche nicht vorhanden ist,[6]) an die bischöfliche Behörde[7]) zu. Letztere hat im Einvernehmen mit dem Regierungspräsidenten (Landdrosten) die Entscheidung zu treffen. Durch Einlegung der Berufung wird die anstehende Wahl nicht aufgehalten. Zwischen dem Ablauf der Einspruchsfrist und dem Tage der Wahl müssen mindestens zwei Wochen in der Mitte liegen.

[1]) **Wahlordnung.** S. oben S. 149 Anm. 65.

Art. 1. [2]) **Wahl der Kirchenvorsteher und Gemeindevertreter.** Diese muß so zeitig angeordnet werden, daß die Neugewählten nach Ablauf von drei Jahren (s. § 33 des Ges.) eintreten können.

Wegen der ersten Wahl s. Art. 14.

[3]) **der Wahlberechtigten,** s. §§ 25. 26. 32 Abs. 3 u. 37 Abs. 2.

[4]) **zwei Wochen lang.** Die Liste muß volle vierzehn Tage ausliegen. Diese Frist ist auch zugleich die Einspruchsfrist, s. Abs. 2 des Artikels.

[4a]) **Zeit,** s. unten Anm. 8 zu Art. 3 und Anm. 23 zu Art. 8.

[5]) **Formen.** Auch die Bekanntmachung von der Kanzel ist nicht ausgeschlossen, s. auch Motive S. 55.

[5a]) **berichtigt die Liste.** Diese in ihrer Gestalt, wie sie durch die etwaigen Einsprüche festgestellt ist, entscheidet dann, so daß nicht aufgeführte Wahlberechtigte zurückgewiesen, solche aber, deren Wahlberechtigung nicht zweifellos ausgeschlossen, wie z. B. bei den Geistlichen der Fall, zugelassen werden müssen.

Art. 2. [6]) **nicht vorhanden ist,** s. § 35.

[7]) **bischöfliche Behörde,** s. oben S. 136 Anm. 78 und §§ 42. 58 Anm. 93.

Art. 3. [8]) **Zeit.** Der Kirchenvorstand hat also auch zu bestimmen, wie lange die Wahlhandlung dauern, d. h. binnen welchen Stunden der Wahlvorstand die Stimmzettel entgegenzunehmen verpflichtet sein soll.

Artikel 3.

Die Einladung zur Wahl muß die Zeit[8]) und den Ort der Wahl, sowie die Zahl der zu wählenden Personen[9]) enthalten und ist der Gemeinde öffentlich durch Aushang bekannt zu machen. Nach dem Ermessen des Kirchenvorstandes kann die Bekanntmachung auch noch in anderen den örtlichen Verhältnissen entsprechenden Formen erfolgen.

Artikel 4.

Aus dem Vorsitzenden des Kirchenvorstandes und aus vier Beisitzern, welche der Vorsitzende aus den wählbaren Mitgliedern[10]) der Gemeinde beruft, wird ein Wahlvorstand gebildet.

Artikel 5.

Die Wahlhandlung[11]) wird durch den Vorsitzenden geleitet.

Artikel 6.

Das Wahlrecht wird in Person[12]) durch verdeckte[13]), in eine Wahlurne[14]) niederzulegende Stimmzettel[15]) ohne Unterschrift[16]) ausgeübt.[17])

[9]) **zu wählenden Personen** und zwar wie viel als Kirchenvorsteher, wie viel als Gemeindevertreter zu wählen sind.

Art. 4. [10]) **wählbaren Mitgliedern,** s. §§ 27 und 28. Geistliche dürfen also nicht Mitglieder des Wahlvorstandes sein, die Mitglieder des Kirchenvorstandes und der Gemeindevertretung sind nicht ausgeschlossen.

Art. 5. [11]) **Wahlhandlung.** Für diese wird vom Vorsitzenden ein Protokollführer zu bestellen sein, wenn er sich nicht selbst dieser Funktion unterzieht (s. Art. 10).

Wie viel Mitglieder des Wahlvorstandes bei der Wahlhandlung anwesend sein müssen, sagt die Ordnung nicht. Daher wird die Zahl von drei, die absolute Majorität, als erforderlich zu gelten haben. Entfernt sich der Protokollführer, so hat der Vorsitzende für ihn einen Stellvertreter aus der Zahl der Beisitzer zu bestellen.

Art. 6. [12]) **in Person.** Stellvertretung ist nicht zulässig.

Derjenige, welcher seinen Stimmzettel abgeben will, hat seinen Namen zu nennen und der Wahlvorstand nach der Wahlliste (s. Art. 1) zu kontroliren, ob er nach derselben wahlberechtigt ist. Wenn letzteres nicht der Fall ist, muß der Stimmzettel zurückgewiesen werden. Andernfalls ist vom Protokollführer zu vermerken, daß der Wahlberechtigte seinen Stimmzettel abgegeben hat, damit nicht ein zweiter nochmals auf dessen Namen stimmen kann.

[13]) **verdeckte.** Die Wahl soll eine geheime sein, offene oder solche Stimmzettel, welche die Namen erkennen (z. B. deutlich durchscheinen) lassen, dürfen nicht angenommen werden.

[14]) **in eine Wahlurne.** Die auf den Wahltisch niedergelegten Zettel können nicht mitgezählt werden.

[15]) **Stimmzettel.** Diese dürfen nichts anderes enthalten als die Namen der Kandidaten, also keine Proteste, Vorbehalte rc., sonst sind sie ungültig. Dasselbe gilt von solchen, auf welchen eine die Person genügend bezeichnende Namensangabe fehlt, z. B. mit dem bloßen Namen: Müller versehene, wenn mehrere Personen dieses Namens in der Gemeinde vorhanden sind.

Finden sich auf einem Zettel mehr Namen, als Personen zu wählen sind, so muß derselbe für ungültig angesehen werden. Mangels einer besonderen Vorschrift der Wahlordnung kann nicht angenommen werden, daß etwa nur diejenigen Namen in der Reihenfolge nicht in Betracht kommen, welche eine weitere Stelle, als die Zahl der zu wählenden einnehmen. Im umgekehrten Falle, wenn die Zahl der Namen auf dem Stimmzettel weniger als die Zahl der zu wählenden Kandidaten beträgt, kann der Zettel ebenfalls nicht für gültig erachtet werden, weil die Stimme des Wählers

Artikel 7.

Wird in dem ersten Wahlgange eine Mehrheit[18]) für die zur Bildung des Kirchenvorstandes oder der Gemeindevertretung erforderliche Zahl von Personen nicht erreicht, so findet eine engere Wahl zwischen denjenigen statt, welche die meisten Stimmen auf sich vereinigt haben.[19]) Beläuft sich die Zahl derselben auf mehr als das Doppelte der zu wählenden Kirchenvorsteher oder Gemeindevertreter,[20]) so scheiden von denjenigen, welche die wenigsten Stimmen[21]) erhalten haben, so viele aus, daß die Zahl der Wählbaren die doppelte Zahl der zu Wählenden beträgt.

Bei Stimmengleichheit entscheidet überall das Loos.[22])

Artikel 8.

Nachdem der Vorsitzende die Abstimmung für geschlossen erklärt hat,[23]) darf eine Stimmabgabe nicht mehr zugelassen werden.[24])

nicht theilweise mitgezählt, theilweise aber nicht in Rechnung gebracht werden kann, was der Fall sein müßte, wenn man den Zettel nur für die aufgeführte Zahl von Namen gelten lassen wollte.

Ebenfalls ungültig sind zwei von derselben Person abgegebene, in einander gefaltete Zettel und solche mit unleserlichen Namen oder Stimmzettel ohne Namen.

Vgl. auch Anm. 25 zu Art. 9.

[16]) **ohne Unterschrift.** Die Beifügung macht den Zettel ungültig.

[17]) **ausgeübt.** Die Regierungsvorlage enthielt als zweiten Absatz dieses § noch die Vorschrift: „Durch Beschluß des Kirchenvorstandes kann eine mündliche Abstimmung zu Protokoll angeordnet werden." Diese Bestimmung ist auf Vorschlag der Kommission gestrichen, weil eine Autonomie der Gemeinde in so wesentlichen Punkten kaum zu rechtfertigen sei und eine solche in sehr tendenziöser Weise unter dem Einfluß von Lokalparteien gehandhabt werden könne, s. Kommissionsbericht S. 50 und stenogr. Berichte S. 1499.

Art. 7. [18]) **Mehrheit,** d. h. absolute Mehrheit der abgegebenen gültigen Stimmen, wie die folgenden Vorschriften zeigen.

[19]) **auf sich vereinigt haben,** d. h. die relative Mehrheit der Stimmen erhalten haben.

[20]) **Gemeindevertreter,** d. h. wenn z. B. 4 Kirchenvorsteher zu wählen sind, und 10 die relative Majorität haben.

[21]) **wenigsten Stimmen.** Haben erhalten bei einer auf 4 Kirchenvorsteher zu richtenden Wahl von 200 Stimmen vier Kandidaten 100, drei 99, einer 98, einer 97, einer 96, der nächste 95, so können überhaupt nur diejenigen acht, welche es mindestens bis auf 98 Stimmen gebracht haben, in Betracht kommen. Sind aber statt des einen mit 98 Stimmen drei mit dieser Anzahl gewählt, so muß zwischen diesen dreien nach Absatz 2 darüber gelost werden, wer von ihnen auf die engere Wahl kommt.

[22]) **Loos.** Außer dem in Anm. 21 gedachten Fall kann diese Entscheidung nothwendig werden, wenn mehr Kandidaten als die Zahl der zu wählenden Kirchenvorsteher beträgt, die absolute Majorität erhalten haben.

Art. 8. [23]) **geschlossen erklärt hat.** Dies darf erst geschehen, wenn der festgesetzte Zeitraum für die Stimmzettel-Abgabe verflossen ist (s. Anm. 8 zu Art. 3). Ist nur der Anfangstermin für die Wahlhandlung vom Kirchenvorstande festgesetzt, so bleibt es „dem pflichtmäßigen Ermessen des Vorsitzenden überlassen, einen Zeitpunkt für den Schluß des Wahlaktes festzusetzen", s. Motive S. 56.

Wie sich aus Art. 7 und Art. 11 ergiebt, ist für die Wahlhandlung nicht ein ganzer Tag, sondern nur ein ausreichender Zeitraum von etwa 1—2 Stunden vorausgesetzt, damit die Wähler

Artikel 9.

Ueber die Gültigkeit oder Ungültigkeit der Stimmzettel entscheidet der Wahlvorstand.[25])

Artikel 10.

Ueber die Wahlhandlung wird ein Protokoll aufgenommen, welches den wesentlichen Hergang[26]) beurkundet. Dasselbe ist von dem Vorsitzenden und mindestens zwei Mitgliedern des Wahlvorstandes zu unterschreiben.[27])

Artikel 11.

Die Wahl der Kirchenvorsteher muß derjenigen der Gemeindevertreter vorangehen.[28])

Artikel 12.

Die Namen der Gewählten werden der Gemeinde öffentlich durch Aushang bekannt gemacht. Nach dem Ermessen des Kirchenvorstandes kann die Bekanntmachung auch noch in anderen, den örtlichen Verhältnissen entsprechenden Formen erfolgen.

warten können, wenn etwa eine engere Wahl vorzunehmen ist und auch in der Lage sind, gleich an demselben Tage noch die Gemeindevertreter zu wählen (s. Art. 11).

[24]) **zugelassen werden.** Die betreffenden Stimmzettel sind ungültig, wenn dies dennoch geschehen ist. Zur Kontrole darüber wird der Zeitpunkt der Erklärung des Schlusses im Protokoll zu vermerken sein.

Art. 9. [25]) **der Wahlvorstand.** Vgl. Motive S. 56: „Ueber die Gültigkeit oder Ungültigkeit der Stimmzettel, z. B. solcher, welche unleserliche oder Namen enthalten, die die gewählte Person nicht genügend bezeichnen, oder welche sonst zu Zweifeln über die Absicht des Wählers Anlaß geben, entscheidet, wie dies in der Natur der Sache liegt, der Wahlvorstand, und zwar durch Mehrheit der Stimmen seiner Mitglieder. Selbstverständlich kommen die für ungültig erklärten Wahlstimmen bei der Ermittelung des Wahlergebnisses nicht in Anrechnung."

Die Beschlüsse über die Ungültigkeit von Stimmzetteln müssen im Protokoll (Art. 10) unter Beifügung derselben vermerkt, auch die anderen Stimmzettel (am besten versiegelt) aufgehoben werden, weil die Wahl angefochten werden kann (s. Art. 12), und daher das für die Entscheidung der höheren Behörde erforderliche Material aufzubewahren ist. Vgl. auch Motive S. 56 zu Art. 10.

Art. 10. [26]) **wesentlichen Hergang.** Dazu gehört die Konstatirung, daß die Wahl an dem bekannt gemachten Orte zur betreffenden Zeit, vor dem ernannten Wahlvorstande abgehalten ist, wer etwa zum Protokollführer, bez. zu dessen Stellvertreter ernannt worden, wie viel Stimmen abgegeben, welches das Resultat der Wahl gewesen, wie es ermittelt (z. B. Art. 7 Abs. 2), ob und wie eine engere Wahl stattgehabt hat, ferner die nöthige Feststellung der Art. 8 Anm. 23. 24 und Art. 9 Anm. 25 erwähnten Punkte.

[27]) **zu unterschreiben.** Der Mangel der Unterschriften entzieht dem Protokoll die Beweiskraft. Die Unterzeichnung bildet den Schluß der Wahlhandlung, s. auch Motive S. 56.

Art. 11. [28]) **vorangehen,** s. Motive S. 56: „Zur Erleichterung des Wahlgeschäfts und im Interesse der Wähler und der sonst dabei Betheiligten ist es zulässig, daß die Wahl der Mitglieder beider Gemeindeorgane an demselben Tage und unmittelbar nach einander vorgenommen wird; jedoch ist zur Vermeidung von Kollisionen zunächst die Wahl der Kirchenvorsteher, danach die der Gemeindevertreter zu vollziehen."

Daraus ergiebt sich, daß die vorgängige Wahl der Kirchenvorsteher nicht absolutes Erforderniß der Wahl der Gemeindevertreter ist, daß also, wenn die Wahl der ersteren nicht zu Stande gekommen mit Rücksicht auf § 46, s. oben S. 160 Anm. 36, versucht werden kann, ob nicht etwa die Wahl

Artikel 13.

Einsprüche gegen die Wahl[29]) sind innerhalb einer von dem letzten Tage des Aushanges ab zu berechnenden Ausschlußfrist von zwei Wochen bei dem Kirchenvorstande zu erheben, welcher über dieselben entscheidet.[30]) Gegen den ablehnenden Bescheid[31]) steht binnen einer Ausschlußfrist von zwei Wochen nach erfolgter Zustellung die Berufung an die bischöfliche Behörde[32]) zu, welche im Einvernehmen mit dem Regierungspräsidenten (Landdrosten) die Entscheidung zu treffen hat.

Artikel 14.

Für die erste Wahl ernennt die bischöfliche Behörde im Einvernehmen mit dem Regierungspräsidenten (Landdrosten) den Wahlvorstand und den Vorsitzenden desselben. Der Wahlvorstand übernimmt die dem Kirchenvorstande obliegenden Verrichtungen.

Dasselbe gilt für den Fall der Auflösung des Kirchenvorstandes.[33])

der Gemeindevertreter Erfolg hat. Sonst wäre das Eintreten der Voraussetzung des Abs. 1 des § 46 gar nicht denkbar, s. S. 160 Anm. 36.

Art. 13. [29]) **Einsprüche gegen die Wahl,** soweit sie sich nicht auf die Wahlberechtigung beziehen, denn diese müssen vorher nach Maßgabe des Art. 1 und 2 angebracht werden. Sie sind also zulässig gegen die Wahl der als gewählt Proklamirten wegen irriger Feststellung eines falschen Resultats und der Art der Wahl (wegen Verletzung wesentlicher Förmlichkeiten oder der Wahlfreiheit), gegen die Wählbarkeit auch dann, wenn der Protest diejenigen Eigenschaften trifft, welche gemeinsame Erfordernisse der Wahlberechtigung und Wählbarkeit bilden. Denn der nach Art. 1 u. 2 statthafte Einspruch bezieht sich nur auf die erstere, nicht auf die letztere, weil die auszulegende Liste nur eine Liste der Wähler, nicht aber der Wählbaren ist.

[30]) **entscheidet.** Ist eine nicht wählbare Person, z. B. ein Geistlicher gewählt, so ist die Wahl derselben zu kassiren, und für diese eine Neuwahl anzuordnen. Dasselbe gilt hinsichtlich derjenigen, bei welchen die erforderliche Majorität unrichtig, namentlich aber unter Anrechnung ungültiger Stimmzettel berechnet worden ist.

Als wesentliche Förmlichkeit des Wahlverfahrens muß es betrachtet werden, daß die Wahl am festgesetzten Orte, zur festgesetzten Stunde, vor dem ernannten Wahlvorstande und zwar zu allen Zeiten unter Assistenz der Majorität seiner Mitglieder abgehalten, daß das Protokoll geführt, daß dasselbe den wesentlichen Hergang bekundet, keine das Resultat in Frage stellende Korrekturen in den Zahlen enthält und ordnungsgemäß unterschrieben ist. Ferner dürfen keine Bedrohungen im Wahllokal oder vor demselben und keine Bestechungen, welche die Wahlfreiheit beeinträchtigen, vorgekommen sein. Sind Verstöße gegen die aufgezählten Erfordernisse festgestellt, so muß der ganze Wahlakt kassirt werden.

[31]) **ablehnenden Bescheid,** d. h. eine Zurückweisung des Einspruches. Hat der letztere dagegen Erfolg, so kann der davon Betroffene, z. B. der, dem die Wählbarkeit auf Einspruch vom Kirchenvorstand abgesprochen ist, nicht die Berufung einlegen.

[32]) **bischöfliche Behörde,** s. Anm. 7 zu Art. 2 und Anm. 93 zu § 58.

Art. 14. [33]) **Auflösung des Kirchenvorstandes.** Für den Fall der Auflösung der Gemeindevertretung bedarf es einer derartigen Vorschrift nicht, weil dann der Kirchenvorstand vorhanden ist und die ihm obliegenden Verrichtungen wahrnehmen kann.

Als erste Wahl im Sinne des Abs. 1 wird aber auch eine Wahl betrachtet werden müssen, welche nach der Beendigung der kommissarischen Verwaltung des § 46 vorzunehmen ist, s. S. 161 Anm. 38 Abs. 2.

VII.

Gesetz

betreffend

die Rechte der altkatholischen Kirchengemeinschaften an dem kirchlichen Vermögen.

Vom 4. Juli 1875.

(Gesetz-Samml. 1875. Nr. 8329. S. 333.)

VII.

Gesetz[1])

betreffend

die Rechte der altkatholischen Kirchengemeinschaften an dem kirchlichen Vermögen.

Vom 4. Juli 1875.

(Gesetz-Samml. 1875. Nr. 8329. S. 333.)

Wir **Wilhelm**, von Gottes Gnaden König von Preußen ꝛc. verordnen, mit Zustimmung beider Häuser des Landtages, für den Umfang der Monarchie, was folgt:

[1]) **Zweck und Bedeutung des Gesetzes.** Das Gesetz, welches aus der Initiative des Abgeordnetenhauses hervorgegangen ist und auf dem vom Abgeordneten Dr. Petri eingebrachten Entwurfe (Drucksachen des Hauses des Abgeordn. 12. Legisl.-Per. II. Session 1875 Nr. 77) beruht, hat den Zweck, den Altkatholiken, d. h. denjenigen Katholiken, welche die Beschlüsse des vatikanischen Konzils, formulirt in der Konstitution Pius' IX.: Pastor aeternus vom 18. Juli 1870 (u. a. abgedruckt bei Friedberg, Aktenstücke zum vatikanischen Concil. Tübingen 1872. S. 740), insbesondere die dadurch dogmatisirte päpstliche Unfehlbarkeit nicht anerkannt haben, vorläufig die Benutzung des im Besitze der Anhänger des Concils verbliebenen katholischen Kirchenvermögens, namentlich auch der zum Gottesdienst bestimmten Gegenstände, zu gewähren und zu sichern.

Seine Bedeutung und Tragweite geht weit über seinen unmittelbaren Zweck hinaus. Dasselbe enthält die erste gesetzliche Anerkennung der Stellung der Altkatholiken in Preußen und zwar auf Grund der vollen Gleichberechtigung derselben mit den sog. Neukatholiken und ihrer Zugehörigkeit zu der im preußischen Staate als vollprivilegirt anerkannten katholischen Kirche.

Die Staatsregierung hatte von vornherein gegenüber dem Streite der beiden Parteien sich neutral verhalten, d. h. von dem Gesichtspunkt ausgehend, daß der Staat den dogmatischen Streit nicht entscheiden könne, hat sie weder den vatikanischen Katholiken ihre Privilegien als Mitglieder der katholischen Kirche entzogen, noch den Altkatholiken, welche nicht aus der katholischen Kirche austreten wollten, ihre Rechte genommen. Von diesem Standpunkte aus sind im Verwaltungswege Geistliche und Religionslehrer im Besitze ihrer Aemter erhalten (s. Friedberg, Aktenstücke, die altkatholische Bewegung betr. Tübingen 1873. S. 14 ff. 149. 162 ff.; stenogr. Ber. des Abgeordnetenhauses S. 643), die Civilstandsakte der altkatholischen Pfarrer als in die katholischen Kirchenbücher für eintragungsfähig erklärt (s. Friedberg a. a. O. S. 166; Archiv für kath. Kirchenrecht Bd. 30 S. 162), und die gottesdienstlichen Einrichtungen der Altkatholiken geschützt worden (s. Friedberg, a. a. O. S. 17. 166). Nachdem die letzteren in Folge ihrer weiteren Organisation den früheren Professor Dr. Reinkens durch ein aus Geistlichen und Laien bestehendes Wahlkollegium am 4. Juni 1873 zu Köln zum Bischof gewählt und dieser durch den jansenistischen Bischof von Deventer am 11. August dess. J. zu Rotterdam die Weihe empfangen hatte, erhielt derselbe nach vorgängiger Ableistung des Treueides 1873 die landesherrliche Anerkennung als katholischer Bischof (s. oben S. 46 Anm. 2). Ein fernerer Schritt war die Errichtung besonderer altkatholischer Pfarreien, welche in ziemlich weiten Sprengeln die zerstreut wohnenden Altkatholiken umfassend, einen den Missionspfarreien ähnlichen Charakter hatten (s. stenogr. Ber. des Herrenhauses S. 893), und die staatliche Anerkennung erlangten (s. Anlage 5).

Die Auffassung der Staatsregierung, welche sich in den erwähnten Verwaltungsmaßregeln kundgegeben, fand im Jahre 1874 die Zustimmung der Landesvertretung. Dadurch, daß diese die im Etat für 1874 unter dem Titel: „Bedürfnißzuschüsse und einmalige Unterstützungen, insbesondere für einen katholischen Bischof" geforderte Summe von 16,000 Thlrn. ohne Veränderung des Titels bewilligte (s. stenogr. Berichte des Abgeordnetenhauses von 1874 Bd. 1 S. 905 ff.).

Nicht minder hat der höchste Gerichtshof des Landes denselben Standpunkt eingenommen. In den Erkenntnissen vom 24. Mai 1873 (Justiz-Min.-Bl. S. 202, Oppenhoff, Rechtsprechung Bd. 14 S. 399; Entscheidungen Bd. 70 S. 42*) und vom 20. Oktober 1874 (Oppenhoff a. a. O. S. 687 und Gruchot, Beiträge Jahrg. 19 S. 249) hat das Ober-Tribunal ausgesprochen,

> daß diejenigen, welche sich zur katholischen Kirche bekennen, rücksichtlich ihrer der katholischen Kirche eigenthümlichen Einrichtungen so lange ein Recht auf den Schutz des § 166 des Deutschen Straf-Ges.-B. haben, als sie nicht ihren Austritt aus dieser Kirche erklärt haben oder als nicht im gesetzlichen Wege festgestellt ist, daß auf sie die staatliche Anerkennung der katholischen Kirchen keine Anwendung leidet und
>
> daß den Gerichten nicht zusteht, aus Gründen, welche lediglich dem kirchlichen Gebiete angehören, darüber zu entscheiden, ob gewisse Gemeinden, die s. g. Altkatholiken, sich von der römisch-katholischen Kirche getrennt haben;

ferner in dem Erkenntniß vom 11. September 1874 I. Sen. (Entscheidungen Bd. 73 S. 1 ff., Gruchot, a. a. O. S. 230),

> daß die Altkatholiken durch die bloße Erklärung: an die Beschlüsse des vatikanischen Konziles vom Jahre 1870, namentlich an das Unfehlbarkeitsdogma nicht zu glauben, nicht als aus der katholischen Kirche ausgeschlossen anzusehen, und deshalb oder in Folge des in dieser Kirche eingetretenen Schismas, nicht ohne Weiteres von der ferneren Entrichtung von Kirchensteuern befreit sind, zu deren Zahlung sie vor Abgabe dieser Erklärung an die katholische Kirche ihres Wohnortes als Eingepfarrte verpflichtet gewesen.

Wenn das vorliegende Gesetz den Altkatholiken die Möglichkeit einer Benutzung der Kirchen und des Mitgenusses des Vermögens der katholischen Kirchengemeinde eröffnet, so sanktionirt es damit die bisher von der Verwaltung und dem höchsten Gerichtshof des Landes vertretenen Anschauung, und folgt dem Vorgange Badens. Hier hatte das Ober-Hof-Gericht zu Mannheim in den Urtheilen vom 16. Juni und 15. November 1873 den Altkatholiken ebenso wie das preußische Ober-Tribunal den Schutz des § 166 des Reichs-Str.-G.-B. gleichfalls zugesprochen, s. Hager: Sind die Altkatholiken in rechtlicher Hinsicht noch Mitglieder der katholischen Kirche ꝛc. Erlangen 1874 S. 13 u. 30; Archiv f. kathol. Kirchenrecht Bd. 30 S. 336, und schon unterm 15. Juni 1874 war ein Gesetz, die Rechtsverhältnisse der Altkatholiken betr. ergangen (s. Gesetz- u. Verordn.-Bl. 1874 Nr. 23, Dove u. Friedberg, Zeitschr. f. Kirchenrecht Bd. 12 S. 258, Archiv f. kathol. Kirchenrecht Bd. 32 S. 451; Heinsheimer in Hartmann, Zeitschr. f. Gesetzgebung u. Praxis des öffentl. Rechts Bd. 1 S. 1 ff.), welches von dem preußischen Gesetz insofern abweicht, als es in Art. 1 u. 2 die Stellung der Altkatholiken prinzipiell regelt, indem es alle bezüglich der römisch-katholischen Kirche erlassenen Staatsgesetze auf die Altkatholiken für anwendbar erklärt, die Jurisdiktionsgewalt der bisherigen kirchlichen Oberen denselben gegenüber suspendirt und bestimmt, daß die Altkatholiken keinen Verlust der ihnen als Katholiken zustehenden Rechte erleiden.

§. 1.

In denjenigen katholischen Kirchengemeinden, aus welchen eine erhebliche Anzahl von Gemeindemitgliedern [2]) einer altkatholischen [3]) Gemeinschaft [4]) beigetreten [5]) ist, wird die Benutzung [6]) des kirchlichen Vermögens [7]) im Verwaltungswege [8]) bis auf Weiteres [9]) nach Maßgabe der folgenden Bestimmungen geordnet.

§ 1. [2]) **erhebliche Anzahl von Gemeindemitgliedern.** Es sollte bei den in Frage stehenden, durchaus flüssigen Verhältnissen weder eine feste Minimalzahl aufgestellt noch ein bestimmter Prozentsatz fixirt, auch von einem proportionalen Verhältniß abgesehen werden. Das Wort: erheblich hat also eine objektive Bedeutung und bedeutet: eine Zahl, für welche die Einrichtung einer besonderen Pastoration angemessen erscheint, s. Bericht der XIII. Kommission des Abgeordnetenh., Drucksachen 12. Legisl. Per. II. Sess. 1875. Nr. 284 S. 4; und ferner den Schluß dieser Anm. Der Antrag der XIII. Kommission des Herrenhauses, den ersten Satz des § dahin zu fassen: „Wenn sich in einer katholischen Kirchengemeinde eine altkatholische Gemeinschaft gebildet hat, (§ 7) und diese nach der Zahl und Bedeutung ihrer Mitglieder die Befähigung zu einem dauernden korporativen Verbande aufweist", (s. Drucksachen des Herrenh. Sitzungs-Periode 1875 Nr. 144 S. 3. 13) ist von dem Herrenhause verworfen worden, stenogr. Berichte S. 605. Die Kommission war davon ausgegangen, daß die Erheblichkeit der Zahl der Mitglieder keine genügende Voraussetzung sei, um der Gemeinschaft Rechte am Kirchenvermögen zu gewähren, daß vielmehr die Uebertragung solcher auf eine neue Gemeinschaft ihre selbstständige Begründung finden müsse. Diese werde gewonnen, wenn außer der Zahl auch die Bedeutung der Mitglieder berücksichtigt werde, und zwar in sittlicher und wirthschaftlicher Beziehung, wobei ein besonderes Gewicht auf die Ansässigkeit zu legen sei. Es kämen hier ähnliche Erwägungen in Betracht, wie bei der Ertheilung von Korporationsrechten durch die Staatsregierung, nur daß es sich im vorliegenden Fall allein um die Befähigung der Mitglieder und nicht um andere Erfordernisse, z. B. den Nachweis eines ausreichenden Vermögens handle. Aus der Gesammtbetrachtung der Zahl und Qualifikation der Mitglieder müsse für die entscheidende Behörde die Ueberzeugung hervorgehen, daß sie eine Gemeinschaft bilden würden, welche nicht blos in vorübergehender Vereinigung, sondern dauernd, d. h. in verhältnißmäßig längerer Zeit zur Trägerin von Vermögensrechten sich eigne, auch wenn sie nicht formell als Korporation konstituirt sei. (s. den angeführten Kommissionsbericht S. 4.) Dieser Auffassung, welche der Verwaltung genauere Direktiven für die Handhabung ihrer Befugnisse geben wollte, ist aber entgegengehalten worden, daß es sich hier nicht um stabile Verhältnisse, sondern um eine fortschreitende Bewegung handle, und daß daher dieser durch das Gesetz die Möglichkeit der Weiterentwickelung gelassen werden müsse, s. stenogr. Ber. des Herrenh. S. 594. ferner die Bemerkungen des Regierungskommissars Dr. Förster a. a. O. S. 604: „Sie können an die altkatholischen Vereine nicht das Verlangen stellen, daß sie sich gleich so sollen entwickelt haben, daß sich ein altkatholischer Verein bildet, der sich lokal mit dem Bezirk der katholischen Gemeinde deckt . . . . es bilden sich altkatholische Gemeinden, die ihre Mitglieder entnehmen aus einer ganz weiten Zahl von katholischen Parochien. Es kann also, wenn innerhalb einer katholischen Parochie eine Anzahl Katholiken ist, die sich dem Vatikanum widersetzt und innerhalb der Kirche noch ihre gottesdienstlichen Verrichtungen ausüben will, dieselbe nicht gefaßt werden als ein altkatholischer Verein, der sich mit der römisch-katholischen Parochie lokal deckt. Nun sagt der Entwurf des Abgeordnetenhauses: „in denjenigen katholischen Kirchengemeinden, aus welchen eine erhebliche Anzahl von Gemeindemitgliedern einer altkatholischen Gemeinschaft beigetreten ist". Daraus macht Ihre Kommission: wenn sich in einer katholischen Kirchengemeinde eine altkatholische Gemeinschaft gebildet hat . . . . d. h. nur dann darf ein Mitgebrauch der Kirche, die Benutzung des Kirchhofes u. s. w. stattfinden, wenn innerhalb der katholischen Kirche, d. h. der römisch-katholischen Parochie eine altkatholische Gemeinschaft sich gebildet hat, die sich natürlich abgrenzt mit der Grenze der katholischen Kirchengemeinde. Nehmen Sie die großen katholischen Städte Köln und Breslau, wo einige Tausend Altkatholiken sind; ja, die gehören nicht alle der St. Pantaleon- oder der St. Adalbert-Gemeinde u. s. w. an, sondern sie wohnen über die ganze Stadt zerstreut und bilden nur einen altkatholischen Verein; Sie können also unmöglich die Forderung stellen, daß der Verein sich decken muß mit der Parochie. Das ist also eine Auffassung, die den realen Verhältnissen widerspricht .,.. Das Abgeordnetenhaus geht davon aus, daß die Altkatholiken das Recht haben sollen auf den Mitgebrauch der katholischen Kirche, wenn erstlich eine erhebliche Anzahl innerhalb der Parochie sich dem Altkatholizismus angeschlossen hätte, und zweitens, wenn diese erhebliche Anzahl nach dem Anerkenntniß des Ober-Präsidenten eine kirchlich organisirte ist, d. h. daß diese erhebliche Anzahl fähig und bereit, für eine, wenn auch nicht sonntäglich regelmäßige, so doch immerhin bis auf einen gewissen Grad regelmäßige Seelsorge durch einen Geistlichen Sorge zu tragen, und das Bedürfniß an den Tag legt, ihre gottesdienstlichen Verrichtungen, die Spendung der Heilsmittel in der Kirche zu suchen. Es ist der Begriff: „erhebliche Zahl" absolut zu nehmen, nicht erheblich im Verhältniß zu den übrig bleibenden Nicht-Altkatholiken, sondern der Ober-Präsident hat zu prüfen, ist eine Anzahl von 100 oder 50 in dem gegebenen konkreten Verhältniß als eine so erhebliche zu betrachten, daß es unrecht wäre, ihr die Verrichtung ihres Gottesdienstes in der Kirche vorzuenthalten."

³) **altkatholischen.** Unter Altkatholiken sind diejenigen Katholiken zu verstehen, welche das vatikanische Konzil, namentlich die dadurch zum Dogma erhobenen Lehren der Unfehlbarkeit und der unmittelbaren Leitungsgewalt (Jurisdiktion) des Papstes über alle einzelnen Theile der Erde und alle Katholiken verwerfen. Selbstverständlich genügt, um die Zugehörigkeit zu konstatiren, die Erklärung der in Frage stehenden Person, s. auch stenogr. Ber. des Abgeordnetenh. S. 1670.

⁴) **Gemeinschaft,** s. § 5.

⁵) **beigetreten.** Eine bloße Erklärung bei dem Vorstande oder auch eine thatsächlich dauernde Theilnahme an dem altkatholischen unter Fernhaltung von dem Gottesdienst der vatikanischen Katholiken genügt. Die Form des § 1 des Gesetzes betr. den Austritt aus der Kirche v. 14. Mai 1873 (Kirchengesetze S. 170) kann keine Anwendung auf den Beitritt finden, weil es sich hier gar nicht um ein Verlassen der katholischen Kirche handelt, sondern nur um die Erklärung für die eine oder andere der beiden in ihr herrschenden Richtungen.

Die Fassung: „in denjenigen katholischen Kirchengemeinden, aus welchen u. s. w. beigetreten ist" giebt zu der Frage Veranlassung: ob diejenigen Altkatholiken, welche die erhebliche Anzahl bilden, vorher der katholischen Kirchengemeinde erst als vatikanische Katholiken angehört haben müssen, oder nicht, d. h. ob es genügt, daß die erhebliche Anzahl auch durch ausschließlich oder in einer die erhebliche Zahl ausmachenden Majorität zugezogene Altkatholiken oder zum Altkatholicismus bekehrte (z. B. protestantische, jüdische) Konvertiten gebildet werden kann. Die Frage wird dahin zu beantworten sein, daß auch eine aus solchen Elementen zusammengesetzte erhebliche Anzahl von Katholiken die durch das Gesetz gewährten Rechte zu beanspruchen hat. Der zugezogene oder konvertirte Altkatholik ist Katholik und gehört von dem Standpunkte des Gesetzes immer zu der katholischen Kirchengemeinde, in welcher er seinen Wohnsitz genommen hat, wenngleich er diesen dort erst zu einer Zeit aufgeschlagen hat, wo er schon Altkatholik war. Er ist also auch ein aus der betreffenden katholischen Kirchengemeinde dem Altkatholizismus beigetretenes Mitglied. Für diese Auslegung spricht übrigens auch der Zweck des Gesetzes, das den Bedürfnissen der Altkatholiken auf Gottesdienst hat Rechnung tragen wollen und dabei nicht zwischen solchen, welche ursprünglich an dem betreffenden Orte noch als vatikanische Katholiken eine Zeitlang gewohnt und denjenigen, welche sich schon als Altkatholiken dort niedergelassen haben, unterscheiden konnte. Vgl. auch § 8.

⁶) **Benutzung,** d. h. den Gebrauch und die Nutznießung (s. auch § 4). Ueber das Eigenthum bestimmt das Gesetz nichts, läßt dieses also intakt, wie es bisher war, bestehen, s. Erklärung des Antragstellers Dr. Petri, stenogr. Ber. des Abgeordnetenh. S. 623: „Die von mir beantragte Entscheidung soll nun keineswegs definitive Rechtsverhältnisse schaffen. Dazu sind eines Theils die Zustände zu unfertig, anderen Theils sind aber auch die Neukatholiken und Altkatholiken nicht wie die Katholiken und die Protestanten zur Zeit der Reformation verschiedene Religionsgesellschaften, sondern nur verschiedene Religionsparteien innerhalb einer und derselben Kirche. Es handelt sich lediglich um eine provisorische Regelung der Rechtsverhältnisse für die Dauer des Kirchenstreites zur Aufrechterhaltung des Rechtszustandes und zur Fernhaltung jeder Selbsthülfe,

§. 2.

Der altkatholischen Gemeinschaft [10]) wird der Mitgebrauch [11]) der Kirche [12]) und des Kirchshofs [13]) eingeräumt. Sind mehrere Kirchen (Kapellen u. s. w.) [14]) vorhanden, so kann eine Gebrauchstheilung nach bestimmten Objekten [15]) verfügt werden.

Die nämliche Gebrauchstheilung [16]) findet bezüglich der kirchlichen Geräthschaften [17]) statt. [18])

Ist der altkatholischen Gemeinschaft die Mehrheit der Gemeindemitglieder [19]) beigetreten, so steht der Gemeinschaft der Mitgebrauch der Kirche in den zur Abhaltung des Hauptgottesdienstes herkömmlich bestimmten Stunden, bei mehreren Kirchen der Gebrauch der Hauptkirche zu.

ganz ähnlich, wie der Richter in Besitzstreitigkeiten den Besitz zwischen den streitenden Theilen vorläufig zur Aufrechterhaltung des Rechtszustandes und zur Fernhaltung jeder Selbsthülfe regelt", vgl. ferner Kommissionsbericht des Abgeordnetenh. S. 4; Anm. 9 und § 7 des Ges.

Ueber das Subjekt dieses Benutzungsrechtes, s. § 5. Anm. 41 Nr. 1 S. 190 und den Schutz desselben § 6 Anm. 45 S. 192.

[7]) **kirchlichen Vermögens.** Hierunter kann nicht das kirchliche Vermögen im Sinne des Gesetzes vom 20. Juni 1875 (s. oben S. 123) verstanden werden, vielmehr nur dasjenige, was nach dem gewöhnlichen Sprachgebrauch und der gewöhnlichen Auffassung dazu gehört, also das Vermögen, welches Eigenthum der Kirchengemeinde oder der Pfarrei (Filiale zc.), als Anstalt gedacht, ist, oder dasjenige, was zu den Zwecken der Kirchengemeinde kraft öffentlichen Rechts, wie z. B. die rheinischen Kirchenfabriken (s. oben S. 125) bestimmt ist, nicht aber solches, das im Eigenthum anderer Personen als der Kirchengemeinde oder der Pfarrei, z. B. von Privatpersonen oder Stiftungen steht, weil hierbei die Disposition des Eigenthümers oder Stifters entscheidet, in wie fern dasselbe den Altkatholiken zu Gute kommt. Insbesondere hebt das Gesetz als zum Kirchenvermögen gehörig hervor: die Kirchen, die Kapellen, die Begräbnißplätze, die kirchlichen Geräthschaften und die Pfründen (§§ 2. 3).

[8]) **im Verwaltungswege.** Das zuständige Organ ist der Ober-Präsident, der auch über die Frage entscheidet, ob die Voraussetzung der Einräumung der Benutzung, d. h. die erhebliche Anzahl von Mitgliedern vorhanden ist. Dies hat allerdings keinen direkten Ausdruck im Gesetze gefunden, weil der § 6 nur die §§ 2—5, nicht aber den § 1 anzieht, s. auch stenogr. Ber. des Herrenhauses S. 601. Daß der Ober-Präsident die betreffende Zuständigkeit haben soll, folgt aber daraus, daß er darüber entscheidet, ob die altkatholischen Vereine kirchlich organisirt sind (§ 5), und eine solche Entscheidung nur unter der Voraussetzung gegeben werden kann, daß ein die Einrichtung eines regelmäßigen Gottesdienstes rechtfertigendes Bedürfniß, also auch eine ausreichende, d. h. erhebliche Anzahl von Altkatholiken, welche dasselbe haben, vorhanden ist; s. auch die Erklärung des Regierungskommissars S. 182 Anm. 2.

In der Herrenhaus-Kommission ist eine ausdrückliche, aber abgelehnte Vorschrift zu § 8 dahin beantragt worden: „Auf Domkirchen findet das Gesetz keine Anwendung." Es ward zugegeben (s. den Bericht S. 9), „daß mit einer Domkirche allerdings eine Pfarrgemeinde verbunden sein kann und das Gesetz daher formell auf sie anwendbar erscheine, allein dagegen bemerkt, daß die Staatsbehörde es unter den bestehenden Verhältnissen gewiß möglichst zu vermeiden suchen werde, gerade an den Domkirchen den Altkatholiken den Mitgebrauch oder alleinigen Gebrauch einzuräumen; daß der Antrag daher als ein Mißtrauensvotum gegen die Staatsregierung aufgefaßt werden könne."

[9]) **bis auf Weiteres.** Auch hieraus ergiebt sich der provisorische Charakter der Anordnungen des Gesetzes (s. oben Anm. 6).

§ 2. [10]) **altkatholischen Gemeinschaft** im Sinne des § 5.

[11]) **Mitgebrauch,** also neben den vatikanischen Katholiken.

[12]) Kirche, welche aber selbstverständlich nur zu gottesdienstlichen Zwecken und sonst ihrer Bestimmung gemäßen Zwecken gebraucht werden darf. Die Beerdigung von Leichen ist kein solcher Gebrauch, zu dem die Kirche eingeräumt werden kann, weil eine Bestattung von Todten in derselben nicht mehr üblich, ja sogar meistens verboten ist, s. A. L. R. Th. II. Tit. 11 § 184 und décret sur les sépultures vom 23. Prairial XII Art. 1 (Hermens a. a. O. Bd. 2 S. 276).

Ein auf die Einräumung von Kirchen an die Altkatholiken bezügliches Breve in italienischer Sprache v. 12. März 1873 an den päpstlichen Nuntius zu München, von letzterem in lateinischer Uebersetzung unterm 24. dess. M. den deutschen Bischöfen mitgetheilt, lautet in dieser: „Illme et Rme Domine! In praesentibus rerum adjunctis quaelibet tolerantia in ecclesiarum usu favore neohaereticorum (Altkatholiken) indifferentia censeri posset et necessariae firmitudinis defectus atque periculo scandali et pro simplicibus defectionis a fide esset obnoxia; ideoque ad pericula et scandala tollenda neque admittendus neque tolerandus est in eadem ecclesia cultus simultaneus cum neohaereticis. — In casu, de quo agitur, nempe quando civilis auctoritas aliquam catholicam ecclesiam contra episcopi voluntatem neohaereticis adjudicare praesumit, tunc ab ordinario, praemissis opportunis oppositionibus et etiam scriptis reclamationibus coram tribunali, si haec omnia inutilia evadant, interdicenda est ecclesia neohaereticis attributa, et meliori quo fieri poterit, modo consulendum erit fidelium catholicorum necessitatibus. Si ex una parte aliquod materiale incommodum vel damnum emanat, ex altera salva et firma remanebunt saltem principia. — Exoptandum valde foret, ut omnes episcopi in similibus casibus constituti eandem agendi rationem sequerentur, quia vis unita fortior." (Archiv f. kath. Kirchenrecht Bd. 29 S. 434.)

Die Einräumung des Mitgebrauchs an die Altkatholiken wird bei Ausführung dieser Anweisung die Interdicirung der betreffenden Kirche, also den Ausschluß der Neukatholiken von der Benutzung derselben herbeiführen. Wie das mitgetheilte Schreiben des Nuntius ergiebt, ist dies aber lediglich die Folge der Politik der römischen Kurie, welche für ihr Verfahren keinen anderen Rechtsgrund hat, als die den kirchlichen Oberen zustehende, der Ausübung nach in ihr diskretionäres Ermessen gestellte Befugniß, jede Gefahr für den rechten Glauben ihrer Untergebenen fernzuhalten. Vorschriften des kanonischen Rechts, welche die Untersagung des Mitgebrauchs einer von den Altkatholiken gleichfalls benutzten Kirche bedingen und gebieten, giebt es nicht. Daß dadurch die Kirche polluirt wird, hat man ultramontanerseits nicht einmal zu behaupten gewagt, vgl. übrigens über die Fälle; in denen eine Pollution der Kirche eintritt, Richter-Dove, Kirchenrecht 7. Aufl. S. 1113; Phillips, Lehrb. des Kirchenrechts 2. Aufl. S. 449. Ebensowenig tritt in Folge der Benutzung einer Kirche durch die Altkatholiken das Interdikt derselben ipso facto, ohne Weiteres, ein, s. Kober, das Interdikt i. d. Zeitschr. f. kathol. Kirchenrecht Bd. 22. S. 33. Endlich ist auch der Hinweis darauf, daß durch die Darbringung des Meßopfers seitens der Altkatholiken nach der Auffassung der andern Richtung ein Sakrilegium begangen werde und deshalb der Mitgebrauch unstatthaft sei, unhaltbar. Das Real-Sakrilegium liegt — soweit es hier in Betracht kommt — vor, wenn Mißbrauch mit einem Sakrament getrieben oder eine nach kirchlicher Auffassung geheiligte Sache in unanständiger Weise behandelt wird, s. Pachmann, Lehrb. des Kirchenrechts 3. Aufl. Bd. 3 S. 224; Ferraris, prompta bibliotheca canonica s. v. sacrilegium n. 6 ff. Will man nun selbst die Abhaltung eines ketzerischen Gottesdienstes in einer Kirche als Sakrilegium ansehen, so ist als Folge desselben vom kanonischen Recht weder das Interdikt, noch die Exkommunikation, noch die Pollution der Kirche angedroht, wie denn auch unbeanstandet ein Simultangebrauch von Kirchen durch Katholiken und Protestanten stattfindet. Die Toleranz gegen die letzteren hat man allerdings aus dem Umstande erklärt, daß sie das Meßopfer nicht celebriren, und gerade die Darbringung dieses durch einen altkatholischen Priester die Unmöglichkeit des gemeinschaftlichen Gebrauches herbeiführe. Indessen findet auch diese Behauptung keinen Anhalt am kanonischen Recht, vielmehr wird nach ausdrücklicher Vorschrift desselben, s. c. 2. X. de sacram. non iterand I. 16, die neue Konsekration eines von einem schismatischen, exkommunicirten oder degradirten Priester zur Messe benutzten Altars ausdrücklich für unnöthig, also die Benutzung durch andere katholische Geistliche ohne Weiteres für statthaft erklärt, s. Ferraris, l. c. s. v. altare n. 34. Aus dieser Lage der kanonischen Gesetzgebung erklärt sich auch das auffällige Schwanken des ehemaligen Feldpropstes, das

§. 3.

Tritt ein Pfründeninhaber [20]) der altkatholischen Gemeinschaft [21]) bei, so bleibt er im Besitz und Genuß der Pfründe. [22])

Bei Erledigung der Pfründe [23]) wird dieselbe im Fall des §. 2. Abs. 3. [24]) der altkatholischen Gemeinschaft überwiesen. [25])

Sind mehrere Pfründen [26]) vorhanden, so kann bei deren Erledigung [27]) mit Rücksicht auf das Zahlenverhältniß beider Theile [28]) eine Genußtheilung nach bestimmten Pfründen verfügt werden.

Verbot der St. Pantaleonskirche in Köln für den neukatholischen Gottesdienst zu rechtfertigen, s. die Mittheilungen des Kultusministers in d. stenogr. Ber. des Abgeordnetenh. S. 644. Ueber die Frage vom politischen Standpunkt aus vgl. weiter die stenogr. Ber. des Abgeordnetenh. einerseits S. 624. 1654. 1664 u. andererseits S. 633. 1652. 1664, auch den Kommissionsber. des Abgeordn.-H. S. 3. u. des Herrenh. S. 5.

[13]) **Kirchhofs**, soweit er zum kirchlichen Vermögen im Sinne der Anm. 7 gehört.

[14]) **Kapellen u. s. w.**, d. h. solche Gotteshäuser, welche nicht zur Vornahme der eigentlichen Pfarr-Verrichtungen bestimmt sind. Durch das: **u. s. w.** haben alle zu gottesdienstlichen Handlungen bestimmten Gebäude, welches auch immer ihre Bezeichnung sein möge, also z. B. auch die Baptisterien, begriffen werden sollen.

[15]) **Gebrauchstheilung nach bestimmten Objekten**, d. h. die Zuweisung des einen Gebäudes zur ausschließlichen Benutzung an die eine, des andern an die andere Partei. Der Abs. 3 des § ergiebt aber in seiner Schlußbestimmung, daß bei mehreren kirchlichen Gebäuden die Haupt (Pfarr-kirche) den Altkatholiken, abgesehen von dem Falle, wo sie die Mehrheit bilden, für die Regel nicht zugewiesen werden kann.

Das bloße Vorhandensein einer Mehrheit von Kirchen bedingt, wie das Wort: kann zeigt, nicht unter allen Umständen eine Theilung nach Objekten, auch hat das eine solche Vorschrift bezweckende Amendement der Herrenhaus-Kommission („Sind mehrere Kirchen, Kapellen u. s. w. vorhanden, so soll, insofern die Verhältnisse es gestatten, eine Gebrauchstheilung nach bestimmten Objekten verfügt werden") keine Zustimmung gefunden, s. Kommissionsber. S. 5 u. sten. Ber. des Herrenh. S. 606. Wo irgend angänglich, wird aber, wenn eine für den Gebrauch der Altkatholiken ausreichende Kirche vorhanden ist, die fragliche Theilung vorzuziehen sein.

[16]) **nämliche Gebrauchstheilung**, d. h. nach Objekten.

[17]) **kirchlichen Geräthschaften**, d. h. alle Gegenstände, welche unmittelbar zum Gottesdienst gebraucht werden, wie z. B. die Kelche, Patenen, Tabernakel, Monstranzen, Taufbecken, Altarleuchter, mappae, Kelchtücher, Korporalien u. s. w. An und für sich gehören dazu auch die für den Gebrauch beim Gottesdienst bestimmten Gewänder, wie wohl sich hier in der Praxis schwerlich ein Bedürfniß nach Gebrauchstheilung herausstellen wird.

[18]) **statt.** Demnach ist für diesen Fall ein Mitgebrauch der Geräthschaften durch beide Theile ausgeschlossen, s. auch Kommissionsber. des Abgeordnetenh. S. 4: „doch schien es zur Schonung der religiösen Gefühle rathsam bei den kirchlichen Geräthschaften, die eine Naturaltheilung zulassen, statt des gemeinschaftlichen Gebrauches eine solche Theilung zuzulassen."

Wie aber, wenn der Vorrath nicht ausreicht, also nicht jedes Stück in zwei Exemplaren vorhanden ist? Die Ausschließung jeder Theilung würde hier die Altkatholiken benachtheiligen und auch der Vorschrift des Abs. 2 zuwider sein. Es wird demnach auch in diesem Falle getheilt werden und jeder Partei überlassen bleiben müssen, sich die ihr dadurch entzogenen, bez. die nicht gewährten Stücke anderweit zu beschaffen.

[19]) **Gemeindemitglieder**, d. h. im Sinne des § 8 genommen.

§ 3. [20]) **Pfründeninhaber.** Da dieser § den Zweck hat, die dem Altkatholicismus beitretenden Geistlichen in ihrem Einkommen zu schützen, so kann unter Pfründeninhaber nicht der Inhaber eines Benefiziums im kanonischen Sinne, s. Kirchengesetze S. 100, verstanden werden, vielmehr ist unter Pfründeninhaber der Inhaber einer geistlichen oder kirchlichen Stelle, s. darüber oben S. 26, also auch z. B. ein nicht definitiv angestellter Kaplan, welchem bestimmte Einkünfte zugewiesen sind, zu verstehen.

[21]) **altkatholischen Gemeinschaft,** s. § 5. Ist aber auch erforderlich, daß die Gemeinschaft aus einer erheblichen Anzahl von Mitgliedern besteht (§ 1), oder bestimmt der vorliegende § ganz allgemein, daß jeder Geistliche, welcher dem Altkatholicismus beitritt, wenn auch in der betreffenden Gemeinde gar keine oder nur wenige Altkatholiken vorhanden sind, den Genuß seiner Einkünfte behält? Das erstere ist anzunehmen. Der § 1 stellt als Bedingung der Anwendbarkeit aller einzelnen Vorschriften des Gesetzes die Voraussetzung auf, daß aus einer katholischen Kirchengemeinde eine erhebliche Anzahl von Mitgliedern einer altkatholischen Gemeinschaft beigetreten sein muß. Ferner kann das Wort: altkatholische Gemeinschaft hier nur den im § 5 gesetzlich festgestellten Sinn haben. Vgl. auch Kommissionsber. des Herrenh. S. 6: „Die Frage, ob ein Pfründeninhaber überhaupt durch den Beitritt zum Altkatholicismus und speciell zu einer altkatholischen Gemeinschaft seine Pfründe verliere oder nicht, werde durch den vorliegenden Gesetzentwurf nicht berührt", s. auch stenogr. Ber. des Herrenh. S. 601.

[22]) **Besitz und Genuß der Pfründe,** d. h. des Einkommens seiner Stelle. Dieses soll ihm nicht entzogen werden. Soweit sich dasselbe aber von selbst, wie bei Accidenzeinnahmen mindert, z. B. dadurch, daß die Neukatholiken geistliche Handlungen, für welche Stolgebühren entrichtet werden, nicht mehr bei ihm vornehmen lassen, verliert er allerdings einen Theil seines Einkommens. Daß der übergetretene Geistliche auch im Dienste der altkatholischen Gemeinschaft verwendet wird, ist nicht Bedingung des Fortgenusses seines Einkommens. Ein dahin gehendes Amendement der Kommission des Herrenhauses ist ausdrücklich verworfen worden, s. Kommissionsber. S. 6, stenogr. Ber. des Herrenh. S. 601. 606.

Vgl. ferner Kommissionsber. des Abgeordnetenh. S. 4: „Es wurde hier die Frage aufgeworfen, ob nicht ausdrücklich ausgesprochen werden müsse, daß der altkatholische Pfründeninhaber auch dann in seinem Besitze geschützt sei, wenn er zur vatikanischen Richtung zurückkehre. Die Mehrheit der Kommission fand indeß eine solche Bestimmung überflüssig, da die Basis des Gesetzes ja die Anerkennung der vatikanisch wie der altkatholisch gesinnten Personen als Katholiken sei. Daß der Pfründeninhaber durch den Uebergang von dem einen zum anderen Theile seine Pfründe nicht verliere, brauche nur in Bezug auf die bisher gesetzlich noch nicht geschützte und von den Bischöfen in ihrem Rechte angegriffene Minderheit ausdrücklich ausgesprochen werden", s. auch stenogr. Ber. des Abgeordnetenh. S. 1666. Dieser Auffassung ist beizutreten. Der altkatholischen Gemeinschaft als solcher gewährt § 3 Abs. 1 kein Gebrauchs- und Genußrecht an der Pfründe und daraus folgt, daß sie dieselbe beim Rücktritt des Geistlichen gar nicht beanspruchen kann.

[23]) **Bei Erledigung der Pfründe.** Der Abs. 2 handelt überhaupt von der Pfründe in einer Kirchengemeinde, in der Mitglieder der altkatholischen Gemeinschaft beigetreten sind. Es ist also gleichgültig, ob der Inhaber derselben vorher Altkatholik geworden ist oder nicht. Für diese Auffassung spricht auch § 2 Abs. 3.

[24]) **im Falle des § 2 Abs.** 3, d. h. wenn zur Zeit der Erledigung die Mehrheit der Gemeindemitglieder der altkatholischen Gemeinschaft angehört.

[25]) **überwiesen,** d. h. zum Gebrauch und zur Nutzung, so daß sie die Pfründe an einen altkatholischen Geistlichen verleihen kann, das Eigenthumsverhältniß des Pfründen- und Stellenvermögens wird aber auch hier nicht berührt, s. § 7.

[26]) **mehrere Pfründen,** z. B. eine Pfarr- und eine oder mehrere Kaplans-Pfründen.

[27]) **deren Erledigung,** d. h. auch nur, wenn eine erledigt ist.

[28]) **Zahlenverhältniß beider Theile.** Kommissionsber. des Abgeord. S. 5: „Da die Genußtheilung der Pfründen nicht arithmetisch genau „„eine dem Zahlenverhältniß beider Theile entsprechende"" sein kann, so wurde es vorgezogen, statt dieser Worte den etwas weiteren Ausdruck: „„mit Rücksicht auf das Zahlenverhältniß beider Theile"" zu wählen".

Wenn also z. B. in einer mit einer Pfarr- und einer Kaplanstelle dotirten Gemeinde der

§. 4.

An dem übrigen, zu kirchlichen Zwecken bestimmten Vermögen[29]) wird der altkatholischen Gemeinschaft, mit Rücksicht auf das Zahlenverhältniß beider Theile,[30]) der Mitgenuß[31]) eingeräumt.

Umfaßt die altkatholische Gemeinschaft die Mehrheit der Gemeindemitglieder[32]) und ist die Zahl der übrigen Gemeindemitglieder nicht mehr erheblich,[33]) so kann die Einräumung des vollen Genusses an die Gemeinschaft verfügt werden.

Gleichzeitig hat in diesem Falle eine Neuwahl[34]) des Kirchenvorstandes und der Gemeindevertretung stattzufinden.[35])

dritte Theil der Mitglieder der altkatholischen Gemeinschaft angehört, so wird es sich rechtfertigen, die Kaplanstelle der letzteren ausschließlich zu überweisen.

Daß nach Maßgabe der stattfindenden Veränderungen auch eine neue Theilung vorgenommen werden, also wenn die altkatholische Gemeinschaft mehr als die Hälfte erreicht hat, aber die Voraussetzung des § 4 Abs. 2 nicht vorliegt, die Pfarrstelle derselben überlassen und den Neukatholiken die Kaplanei zugewiesen werden kann, ist nicht ausgeschlossen. Das Gesetz betrifft alle, nicht blos die ersten nach seinem Inkrafttreten stattgehabten Erledigungsfälle.

§ 4. [29]) **übrigen, zu kirchlichen Zwecken bestimmten Vermögen**, d. h. den nicht in den §§ 2 und 3 besonders hervorgehobenen Vermögensstücken, z. B. den für bauliche Unterhaltung der Gebäude, der Bestreitung der sächlichen Kosten des Gottesdienstes bestimmten Fonds, den Grundstücken und Kapitalien, deren Erträge allgemein zu kirchlichen Zwecken verwendet werden.

[30]) **mit Rücksicht auf das Zahlenverhältniß beider Theile**, s. Anm. 28. Dies gilt auch von dem Baufonds selbst in dem Falle, daß eine Realtheilung der mehreren Kirchen nach § 2 Abs. 2 stattgefunden hat, hier wird also der Mitgenuß nicht nach dem verhältnißmäßigen Beitrag dieses Fonds für die bauliche Unterhaltung der verschiedenen Gebäude bemessen.

Dies erklärt sich daraus, daß eine Theilung der Kirchenlasten zwischen den Mitgliedern der Kirchengemeinde nach Alt- und Neukatholiken (abgesehen von der Errichtung einer besonderen altkatholischen Parochie, s. § 5 Abs. 2) nicht stattfindet, also die Unterhaltung des Kirchensystems allen Mitgliedern, gleichviel wie der Gebrauch und Genuß der Vermögensstücke getheilt worden ist, gleichmäßig, wie früher, obliegt.

[31]) **Mitgenuß**, also das Recht auf die Verwendung der kirchlichen Einkünfte für die kirchlichen Zwecke der altkatholischen Gemeinschaft, nur müssen dies Zwecke sein, für deren Verwendung das zum Mitgenusse eingeräumte Vermögen seiner Art nach überhaupt bestimmt ist. So werden die Einkünfte des Baufonds von den Altkatholiken nur zur baulichen Unterhaltung des ihnen angewiesenen Kirchengebäudes, nicht aber zur Aufbesserung des Gehaltes des Geistlichen oder zu sächlichen Ausgaben für den Gottesdienst verausgabt werden dürfen. Das Recht auf Mitgenuß involvirt nicht eine andere Zweckbestimmung des Vermögens.

Ein Recht auf Mitverwaltung ist der altkatholischen Gemeinschaft nicht eingeräumt; die Verwaltung bleibt vielmehr in den Händen der ordentlichen Verwaltungsorgane der Gemeinde (s. auch Abs. 3 dieses §), wird also nach Maßgabe des Gesetzes vom 20. Juni 1875 (s. oben S. 107) von den neu zu wählenden Kirchenvorständen und Gemeindevertretungen, bei deren Wahl die Altkatholiken ebenfalls stimmberechtigt sind (s. S. 147 Anm. 57) zu führen sein. Vgl. auch unten Anm. 34. Die auf Grund des § 6 den letzteren den Mitgenuß einräumenden Anordnungen des Ober-Präsidenten gehören zu den gesetzlichen Verwaltungsnormen (§ 47 des Gesetzes vom 20. Juni 1875), welche die betreffenden Organe zu befolgen haben. Ferner können (nach § 53 a. a. O.) die den Altkatholiken zu gewährenden Beträge auf den Etat gebracht, nöthigenfalls aber auch aus der Kirchenkasse im Wege der Verwaltungsexekution fortgenommen werden (s. unten § 6 Abs. 3 dieses Gesetzes).

[32]) **Mehrheit der Gemeindemitglieder**, im Sinne des § 8.

[33]) **erheblich**. Vgl. oben S. 181 Anm. 2 und ferner den Kommissionsbericht des Abgeord-

§. 5.

Altkatholische Gemeinschaften im Sinne dieses Gesetzes[36]) sind sowohl die zu gottesdienstlichen Zwecken gebildeten altkatholischen Vereine,[37]) sofern dieselben von dem Oberpräsidenten als kirchlich organisirt[38]) anerkannt worden sind, als auch die altkatholischen Parochien.[39])

Die Mitglieder der altkatholischen Parochien bleiben verpflichtet,[40]) zu der Unterhaltung der Kirche, des Kirchhofs und der sonstigen Vermögensstücke beizutragen,[41]) deren Benutzung ihnen nach den §§. 2 bis 4 dieses Gesetzes zusteht.

netenh. S. 5: „Hier schien es zunächst dem Parallelismus mit § 1 und der Gerechtigkeit entsprechend, festzustellen, daß der Mitgenuß der Minderheit so lange nicht aufhören dürfe, als dieselbe eine erhebliche sei. Ferner hielt man es für die Einräumung des vollen Genusses an die Mehrheit irrelevant, ob die letztere für sich selbst in der Form einer Parochie oder in anderer Form kirchlich organisirt sei."

Gilt auch das Umgekehrte, d. h. hat, wenn die Gebrauchstheilung wegen Beitrittes einer erheblichen Anzahl von Gemeindemitgliedern zur altkatholischen Gemeinschaft stattgefunden, aber demnächst diese durch Rücktritt so zusammengeschmolzen ist, daß sie nicht mehr als erheblich angesehen werden kann, die neukatholische Majorität das Recht, nunmehr wieder den vollen und ausschließlichen Genuß des Kirchenvermögens zu verlangen? Diese Frage muß bejaht werden. Dann liegt kein Bedürfniß zur Mitbenutzung für die Altkatholiken mehr vor, und es ist die Voraussetzung der letzteren (s. § 1) fortgefallen. Uebrigens entspricht diese Konsequenz auch allein einer gerechten Behandlung beider Theile, welche die Basis des Gesetzes ist.

[34]) **Neuwahl.** Vgl. Kommissionsber. des Abgeordnetenh. S. 5: „Der letzte Satz des § 4 beantragten Gesetzentwurfs: In diesem Falle steht ihr auch die Verwaltung des Vermögens zu, wurde, weil im Widerspruch mit dem in der Kommission berathenen Gesetzentwurf betreffend die Vermögensverwaltung in den katholischen Kirchengemeinden (s. jetzt Gesetz vom 20. Juni 1875 oben S. 107) stehend, gestrichen. Die Verwaltung des Vermögens könne doch dem Kirchenvorstand und der Gemeindevertretung, denen sie bisher zugestanden habe, nicht ohne weiteres abgenommen werden. Beide Organe blieben vielmehr, auch wenn sie dem von der Mehrheit der Gemeinde vollzogenen Uebergang zur altkatholischen Anschauung nicht folgten, die berechtigten Organe der Verwaltung des Kirchenvermögens. Die Fälle, in welchen die oben erwähnte Gesetzesvorlage eine Auflösung der von der Kirchengemeinde gewählten Organe zuließe (s. § 38 des citirten Gesetzes), hätten mit dem Gegensatz zwischen Neu- und Altkatholisch nichts zu thun. Um also zu verhüten, daß zwischen der Mehrheit der Kirchengemeinde und ihren Verwaltungsorganen noch Jahr und Tag feindselige Spannungen beständen, müsse in dem Falle, den der zweite Absatz des § 4 im Auge habe, eine Neuwahl der Gemeindeorgane angeordnet werden." Daß dies auch in dem Anm. 33 Abs. 2 gedachten Fall geschehen muß, ordnet das Gesetz nicht an, und hier wird, wenngleich auch für diesen die gleiche Vorschrift gerechtfertigt gewesen wäre, keine Auflösung und Neuwahl erfolgen können.

[35]) **stattzufinden** nach Maßgabe des Gesetzes vom 20. Juni 1875 (s. oben S. 107), also nicht nach der Synodal- und Gemeinde-Ordnung für die Altkatholiken §§ 37 ff. (s. Beschlüsse der ersten Synode der Altkatholiken des deutschen Reichs. Amtliche Ausgabe. Bonn 1874 S. 23 ff.) Denn nach § 60 des erwähnten Gesetzes kann der Minister der geistlichen Angelegenheiten wohl schon für die Vermögensverwaltung bestehende Einrichtungen bis über den 1. Oktober 1875 (s. § 57 a. a. O.) hinaus verlängern, nicht aber erst für die Zukunft von dem Gesetze abweichende Gestaltungen gestatten.

§ 5. [36]) **Altkatholische Gemeinschaften im Sinne dieses Gesetzes.** Vgl. Kommissionsber. des Abgeordnetenh. S. 6: „§ 5 hat die Absicht, die bisher gebrauchte Bezeichnung: Gemeinschaft zu deklariren, indem er ausspricht, daß jener generelle Begriff die beiden Spezies Vereine und **Parochien** umfasse und daß beiden Spezies die durch den Gesetzentwurf eingeräumten Rechte zu Theil werden sollten, vorausgesetzt, daß die Vereine von der Staatsbehörde, konkret gesagt, von dem Oberpräsidenten als kirchlich organisirt anerkannt seien .... An diesem Punkt kamen die eigenthümlichen Schwierigkeiten zur Verhandlung, welche der in dem vorliegenden Gesetzentwurf beabsichtigten Regelung dadurch erwachsen, daß der Staat auf dringendes Ersuchen der Altkatholiken zur Anerkennung altkatholischer Parochialbildungen vorgeschritten ist. Diese Einrichtung von eigenen Parochien wurde deshalb so lebhaft gewünscht, weil die altkatholischen Gemeinschaften nur auf diesem Wege Korporationsrechte erhalten, also erwerbsfähig werden konnten und weil ihre Geistlichen vor Erlaß des Civilehegesetzes nur dadurch die Vollmacht erhielten, Eheschließungen mit rechtlicher Wirksamkeit zu vollziehen. Solcher Parochien giebt es in Preußen bisher eilf. Sie sind zumeist in den größeren Städten und zwar aus Mitgliedern gebildet, welche aus mehreren Kirchengemeinden in die neue Parochie eingetreten sind, Die altkatholische Parochie ist also nicht ein Ausschnitt aus einer ihrer Mehrheit nach neukatholischen Kirchengemeinde, sondern sie greift geographisch in mehrere Kirchengemeinden hinein. In der Kommission wurde nun zunächst konstatirt, daß ein Anrecht auf die Mitbenutzung der Kirche, auf den Mitgenuß der Pfründen u. s. w. in der Kirchengemeinde A selbstverständlich nur denjenigen Mitgliedern der altkatholischen Parochie zustehen könne, welche bis jetzt zur Gemeinde A, nicht aber denen, welche zur Kirchengemeinde B oder C gehört hätten. Werde auf Grundlage des vorliegenden Gesetzentwurfes den Altkatholiken der Gemeinde A ein Mitgebrauch an der Kirche eingeräumt, so werde zwar ihren altkatholischen Gesinnungsgenossen aus B oder C freistehen, die für Jedermann offene Kirche bei dem Gottesdienst mitzubesuchen, ein rechtlicher Anspruch auf den Mitgenuß der Vermögensstücke von A werde ihnen aber auf der Grundlage des Gesetzentwurfes nicht gewährt. Die altkatholischen Mitglieder von A aber von ihren bisherigen Rechten an dem Vermögen der Kirchengemeinde auszuschließen, weil sie mit Gesinnungsgenossen aus anderen Kirchspielen zu einer besonderen Parochie verbunden seien, würde schon deshalb ungerecht sein, weil diese Parochialbildungen neuesten Datums und noch im Werden begriffen seien, und weil die Altkatholiken nur durch den Nothstand gezwungen und unter Vorbehalt ihrer Rechte sich von dem Gottesdienst der alten Gemeinschaft zurückgezogen hätten. Der Gerechtigkeit, so wurde in der Kommission anerkannt, entspreche es vielmehr, daß jetzt nachgeholt werde, was schon bei den ersten Parochialbildungen hätte geschehen sollen, nämlich die **gesetzliche** Feststellung des Nutzungsantheiles, welcher den Altkatholiken an den gottesdienstlichen Stätten und an dem Vermögen der alten Kirchengemeinde zustände."

[37]) **zu gottesdienstlichen Zwecken gebildeten altkatholischen Vereine**, d. h. die an einem Orte befindliche Gesammtheit der Altkatholiken, welche sich zu dem gedachten Zweck verbunden hat. Demnach umfaßt der Ausdruck: **Vereine** sowohl die Gemeinden als auch die Vereine im Sinne der Synodal- und Gemeindeordnung der Altkatholiken, sofern sie nicht mit Parochialrechten ausgestattet sind. Nach §§ 22. 35. 50 der gedachten Ordnung sind Gemeinden diejenigen Vereinigungen, welche eine größere Mitgliederzahl, einen besonderen Kirchenvorstand und auch für die Regel einen eigenen Geistlichen haben, Vereine dagegen solche, welche nur aus einer kleineren Zahl, etwa nicht aus mehr als 200 selbstständigen Männern bestehen, für die kein Kirchenvorstand nach Maßgabe der erwähnten Ordnung organisirt und für welche auch nicht stets ein besonderer Geistlicher angestellt ist. Beide Arten von Vereinigungen setzt der § 5, welcher alle altkatholischen Gemeinschaften berücksichtigen mußte, den Parochien gegenüber. Die Vereine im Sinne der Synodal- und Gemeindeordnung konnte er unter dem Worte: Vereine um so weniger verstehen, als diese nicht immer die nach § 1 erforderliche erhebliche Zahl aufzuweisen brauchen, während dies gerade bei den Gemeinden im Sinne der Ordnung für die Regel der Fall sein wird.

[38]) **kirchlich organisirt**, d. h. zu dem Zwecke zusammengetreten und vereinigt, um einen regelmäßigen Gottesdienst (wenn auch nicht gerade stets sonntäglich) und die Handhabung der Seelsorge zu ermöglichen, und so eingerichtet, daß dieser Zweck durch die getroffenen Maßregeln, Anstellung eines eigenen Geistlichen oder regelmäßige Pastorirung durch einen auswärtigen, erreicht wird.

[39]) **altkatholischen Parochien**, s. oben S. 181 Anm. 2 und ferner Anm. 36.

[40]) **verpflichtet,** vgl. Kommissionsber. des Abgenordnetenh. S. 7: „Ohne eine solche Nachholung (s. den Schluß der Anm. 36 mitgetheilten Stelle) würde allerdings durch die Errichtung altkatholischer Parochien für die Mitglieder derselben ebensowohl das Recht der Mitbenutzung als auch die diesem Recht entsprechende kirchliche Beitragspflicht aufhören. Demgemäß sei es auch nothwendig, daß derselbe Gesetzentwurf, welcher die Nutzungsrechte der Altkatholiken regle, auch die Fortdauer ihrer Pflicht zu Beiträgen ausdrücklich konstatire. Ohne eine solche zwiefache Feststellung würden die Gerichte des Landes, wie beispielsweise aus den Motiven des Erkenntnisses des Obertribunals vom 11. September 1874 — o. S. 180. — hervorgehe, die neuen Parochianen von den Pflichten wie von den Rechten der alten Parochialverbindung gelöst erachten, trotz der Anerkennung, daß sie mit den Neukatholiken zu derselben Religionspartei gehörten."

[41]) **beizutragen** und zwar in derselben Weise, wie bisher, d. h. als ob sie noch Parochianen der Kirchengemeinde wären, innerhalb der sie eine zu einer altkatholischen Pfarre gehörige altkatholische Gemeinschaft bilden. Dies setzt jedoch voraus, daß die Beiträge und Lasten immer speziell zur Unterhaltung einzelner Vermögensstücke, deren Mitgebrauch und Mißgenuß den Altkatholiken zusteht, ausgeschrieben werden. Zu Kirchensteuern dagegen, welche überhaupt zur Deckung kirchlicher Bedürfnisse und nicht ausschließlich für die Unterhaltung der dem Benutzungsrecht der Altkatholiken unterliegenden Vermögensstücke bestimmt sind, haben die letzteren nicht voll beizutragen, vielmehr nur zu einem ihrer besonderen Verpflichtung entsprechenden Theile.

Zu § 5 ist endlich noch auf Folgendes aufmerksam zu machen:

1. Aus der Vorschrift des § 4 in Verbindung mit § 1 ergiebt sich, daß das Subjekt der nach §§ 2. 3. Abs. 2 und 3 u. § 4 festzusetzenden Gebrauchs-, Nutzungs- und Genußrechte die Gesammtheit der zu einem kirchlich organisirten altkatholischen Verein gehörigen Mitglieder ist, welche innerhalb der katholischen Kirchengemeinde wohnen. Eine juristische Person bilden diese nicht, also entsteht auch kein neues Rechtssubjekt. So erklärte auch der Regierungskommissar Dr. Förster, stenogr. Ber. des Herrenh. S. 604: „es sollen faktisch bestehende Verhältnisse einigermaßen geordnet werden, nicht durch Theilung des Vermögens, nicht dadurch, daß ein neues Rechtssubjekt geschaffen wird, sondern man will diejenigen Personen, die der Staat als Katholiken anerkannt und anerkennen muß, darin schützen, daß sie in der katholischen Kirche, zu der sie bisher gehört haben, ihren Gottesdienst üben und auf den Kirchhöfen ihrer Gemeinde begraben werden können. Das ist keine Vermögenstheilung, wie überhaupt der einzelne Konfessionelle keinen Antheil an dem Vermögen der Kirche hat, sondern es ist ein Mitgebrauch, wie er jedem Einzelnen auf der anderen Seite zusteht." Die Rechte der einzelnen Mitglieder, welche demnach als die Berechtigten anzusehen sind, werden aber durch ihren nach Maßgabe ihrer Ordnungen gewählten Vorstand wahrgenommen und vertreten, denn die §§ 2—4 gewähren nicht jedem beliebigen, sondern nur den zu einem Verein organisirten Altkatholiken die betreffenden Ansprüche.

2. Für das eben dargelegte Resultat macht auch der Umstand keinen Unterschied, daß die in einer katholischen Kirchengemeinde gebrauchs- und nutzungsberechtigten Mitglieder den Theil einer sich durch mehrere neukatholische Kirchengemeinden hindurch erstreckenden altkatholischen Parochie bilden, s. S. 181 Anm. 2 und S. 188 Anm. 36. Insbesondere wird die altkatholische Pfarrei, als Inhaberin von Korporationsrechten nicht etwa Subjekt der dem gedachten Theil ihrer Parochianen auf Grund des Gesetzes zustehenden Befugnisse.

In einem solchen Falle haben die übrigen Mitglieder der altkatholischen Parochie, welche nicht in der betreffenden Kirchengemeinde (A) wohnen und daher nicht zu dem innerhalb dieser stehenden altkatholischen Verein gehören, kein Recht auf den Gebrauch und Nutzung. Bei der Festsetzung des Umfanges dieser Befugnisse kommen sie gar nicht in Betracht. Eine faktische Mitbenutzung, z. B. Beiwohnung des Gottesdienstes in der Kirche, Nachsuchung der Taufe und der Trauung, soweit diese sonst in fremden Kirchen gestattet ist, erscheint zulässig, aber unter der Beschränkung, daß dadurch der Umfang des Mitgebrauches der vatikanischen Katholiken nicht geschmälert wird. Für die fraglichen Handlungen muß, da das Gesetz in Betreff der Theilung des Gebrauches die altkatholischen Parochien gewissermaßen als nicht existent fingirt, der auswärtige Parochiane derselben altkatholischen Pfarrei als Angehöriger der fremden neukatholischen Kirchengemeinde (B) betrachtet werden, innerhalb deren er wohnt; in wie weit er als Mitglied der letzteren (von B) die Be-

§. 6.

Ueber die Art und den Umfang der den altkatholischen Gemeinschaften nach den §§. 2 bis 5 dieses Gesetzes einzuräumenden Rechte[42]) entscheidet der Oberpräsident.[43])

Gegen die Entscheidung des Oberpräsidenten steht die Berufung[44]) an den Minister der geistlichen Angelegenheiten offen.

Die Entscheidungen sind im Verwaltungswege[45]) vollstreckbar.

nutzung der kirchlichen Einrichtungen der erstgedachten Kirchengemeinde (A) beanspruchen könnte, insoweit kann er dies auch für denjenigen Theil der Vermögensstücke thun, welcher seinen altkatholischen Mitparochianen überwiesen ist, vorbehaltlich der oben gedachten, sich aus dem Rechte der Neukatholiken ergebenden Einschränkung. Er steht also in dieser Beziehung nicht anders, als ein ganz fremder Altkatholik, welcher an einem Orte, wo die Gebrauchs-Theilung stattgefunden hat, die Theilnahme an gottesdienstlichen Handlungen beansprucht.

3. Ueber das den altkatholischen Parochien gehörige, sowie das für die kirchlichen Zwecke derselben und der sonstigen altkatholischen Gemeinden und Vereine dienende Vermögen bestimmt das Gesetz nichts. Dieses fällt also nicht dem Mitgebrauch und dem Mitgenuß der Neukatholiken anheim.

Für die altkatholischen Parochien ist, soweit der Kultusminister nicht nach § 60 Abs. 2 des Gesetzes vom 20. Juni 1875 (s. oben S. 171 Anm. 96) Ausstand gewährt, ein Kirchenvorstand, bez. eine Gemeinde-Vertretung auf Grund desselben zu bilden. Die Mitglieder solcher Parochien gehören nur noch insoweit zu den neukatholischen Pfarrgemeinden, als sie in denselben nach § 2—4 Gebrauchs- und Nutzungsrechte und nach § 5 Beitragspflichten haben, sonst nicht, sie sind also auch bei den Wahlen der betreffenden Gemeinde-Organe nicht stimmberechtigt, s. oben S. 147. Anm. 57. Die altkatholischen Vereine im Sinne dieses Gesetzes (oder die Gemeinden und Vereine im Sinne der altkatholischen Synodal- und Gemeinde-Ordnung) sind dagegen keine aus den bestehenden neukatholischen Pfarrgemeinden vollkommen ausgesonderten Kirchengemeinden, vielmehr gehören ihre Mitglieder zu den Parochianen derselben, und wie sie in ihnen beitragspflichtig bleiben, so haben sie in den Organen derselben auch ihre Vertretung. Allerdings steht daneben ihre besondere altkatholische Vereinsorganisation, auf diese kann aber das Gesetz vom 20. Juni 1875 keine Anwendung finden, weil diese Vereine keine Kirchengemeinden sind.

§ 6. [42]) **Rechte.** Soweit mit diesen Pflichten korrespondiren, wie z. B. wenn im Falle des § 5 Abs. 2 Streit über den Antheil der Altkatholiken an den kirchlichen Lasten entsteht (s. S. 190 Anm. 41 Abs. 1 a. E.), muß dasselbe gelten, weil die Pflicht das von dem Rechte untrennbare Korrelat ist.

[43]) **Ober-Präsident.** Vgl. Kommissionsber. des Abgeordnetenh. S. 7: „Die Kommission erwog bei dieser Bestimmung, ob nicht gegen die Entscheidung des Oberpräsidenten eine Berufung an die ordentlichen oder an die Verwaltungsgerichte zulässig sei. Im Hinblick auf die diskretionäre Natur der für jene Entscheidungen maßgebenden Vorschriften des Gesetzentwurfes wurde jedoch weder vom Berichterstatter noch aus der Kommission ein hierauf gerichteter Antrag gestellt."

Es ist also eine lediglich in die Hand des Ober-Präsidenten gelegte kirchliche Verwaltungsangelegenheit, die Rechte, bez. die Pflichten zu bestimmen, welche den altkatholischen Gemeinschaften zu gewähren sind.

[44]) **Berufung**, sowohl dem altkatholischen, wie dem neukatholischen Theile, welcher sich durch die Entscheidung des Ober-Präsidenten beschwert fühlt. Legitimirt dazu ist in ersterer Beziehung die altkatholische Gemeinschaft durch ihren Vorstand, bez. im Falle des § 3 Abs. 1 der Pfründeninhaber, nicht der einzelne Altkatholik, denn diesem gewährt das Gesetz als solchem, abgesehen von § 3 Abs. 1 kein Recht; für den neukatholischen Theil der Kirchenvorstand der betreffenden Kirchengemeinde, weil diesem die Vertretung derselben in vermögensrechtlicher Beziehung zukommt, s. § 8 des Gesetzes vom 20. Juni 1875, und es sich in den fraglichen Fällen stets um Gebrauch,

§. 7.

In den Eigenthumsverhältnissen[46]) des kirchlichen Vermögens tritt durch dieses Gesetz keine Aenderung ein.[47])

§. 8.

Gemeindemitglieder im Sinne dieses Gesetzes sind alle männlichen, volljährigen, selbstständigen Katholiken,[48]) welche in der katholischen Kirchengemeinde[49]) wohnen.[50])

Benutzung und Genuß der unter seiner Verwaltung stehenden Vermögensstücke und Vermögensmassen handelt.

Eine Frist für die Berufung ist nicht bestimmt, weil die Entscheidung des Ober-Präsidenten sofort vollstreckbar ist (s. Abs. 3 des §) und also das Interesse des beschwerten Theiles von selbst auf schleunige Einlegung des Rechtsmittels drängt.

[45]) **Verwaltungswege**, s. die Citate oben S. 55 und Kirchengesetze S. 58.

Ob diejenigen Rechte, welche vom Ober-Präsidenten auf Grund des § 6 in Verbindung mit §§ 2—5 festgesetzt sind, nach stattgehabter Festsetzung im civilrechtlichen oder im Verwaltungswege Schutz beanspruchen können, ob also z. B. die altkatholische Gemeinschaft wenn ihr der Mitgebrauch der Kirche durch Entscheidung des Ober-Präsidenten eingeräumt worden und sie in den Besitz dieses Rechtes gelangt ist, bei späterer eigenmächtiger Störung oder Entziehung des Besitzes durch die Neukatholiken im Wege des Possessoriums zu klagen befugt ist oder sich um Schutz ihres Besitzes an den Ober-Präsidenten wenden muß, ist nicht klar im Gesetze bestimmt, welches dem Ober-Präsidenten nur die Entscheidung über die Art und den Umfang der einzuräumenden Rechte zuweist. Man wird sich aber für den Ausschluß des Rechtsweges auch in der oben erwähnten Beziehung entscheiden müssen. Den Anordnungen des Ober-Präsidenten ist im Abs. 3 die Vollstreckbarkeit und zwar ohne Zeitbeschränkung beigelegt. Jede Verletzung der in einer solchen Entscheidung gewährten Rechte, gleichviel ob sie früher oder später stattfindet, bildet ein der Wirksamkeit der letzteren entgegengesetztes Hinderniß und bietet also einen genügenden Grund zur Anrufung der Administrativ-Exekution. Von diesem Standpunkt aus kann der Rechtsweg, für welchen gar kein Bedürfniß vorliegt, nicht in Frage kommen.

§ 7. [47]) **keine Aenderung ein.** Vgl. Kommissionsber. des Abgeordnetenh. S. 8: „§ 7 wurde mehrfach als überflüssig anerkannt, zumal durch die veränderte Fassung von § 1 ausdrücklich klargestellt sei, daß der Gesetzentwurf nur die Benutzung des kirchlichen Vermögens regele, in die Eigenthumsfrage aber nicht eingehen wolle. Indessen schien es der Mehrheit der Kommission wünschenswerth, den § stehen zu lassen, um der Auffassung, daß der Gesetzentwurf eine Theilung des Eigenthums vornehme, mit möglichster Deutlichkeit entgegenzutreten."

Den Nachweis, daß die Altkatholiken ein Anrecht auf Ueberlassung des Eigenthums am Kirchengut besitzen, haben zu führen versucht v. Poschinger, das Eigenthum am Kirchenvermögen, München 1871 S. 334 u. F. v. Sybel, d. altkatholische Bisthum u. das Vermögen der römisch-katholischen Kirchengesellschaften in Preußen. Bonn 1874 S. 44 ff. Da die schwierige Frage außerhalb des Rahmens des Gesetzes liegt, so gehe ich hier nicht näher auf dieselbe ein, und zwar um so weniger, als nichts klarer wie die Einbringung des Gesetzes von altkatholischer Seite und seine Annahme durch den Landtag zeigt, daß man allgemein die bedenklichen Seiten bloßer Rechtsdeduktionen zu Gunsten der Altkatholiken sehr wohl gefühlt, und als ferner die Frage durch die erfolgte, wenn auch nur provisorische Lösung der Schwierigkeiten ihre praktische Bedeutung verloren hat.

§ 8. [48]) **volljährigen selbstständigen Katholiken**, gleichviel ob sie sich zur alt- oder neukatholischen Richtung halten. Vgl. ferner S. 146 Anm. 48 ff.

[49]) **katholischen Kirchengemeinde**, d. h. derjenigen, an deren Vermögen die betreffenden Gebrauchs- und Nutzungsrechte eingeräumt werden sollen.

[50]) **wohnen**, ihren Wohnsitz (Domizil) haben. Hierher gehören auch solche Mitglieder, welche

Selbstständig[51]) sind diejenigen, welche einen eigenen Hausstand haben, oder ein öffentliches Amt bekleiden, oder ein eigenes Geschäft oder als Mitglied einer Familie deren Geschäft führen und weder unter Vormundschaft noch unter Pflegschaft stehen.

§. 9.

Der Minister der geistlichen Angelegenheiten ist mit der Ausführung dieses Gesetzes beauftragt.

Urkundlich unter Unserer Höchsteigenhändigen Unterschrift und beigedrucktem Königlichen Insiegel.

Gegeben Bad Ems, den 4. Juli 1875.

(L. S.) **Wilhelm.**

Fürst v. Bismarck. Camphausen. Gr. zu Eulenburg. Leonhardt. Falk. v. Kameke. Achenbach. Friedenthal.

Parochianen einer altkatholischen Parochie sind, denn diese nimmt das Gesetz nicht aus. Es zeigt sich auch hier wieder, daß es diese Pfarreien gewissermaßen vermöge einer Fiktion, soweit es sich um die Wirkung des Gesetzes handelt, als nicht existirend betrachtet (s. auch S. 190 Anm. 41 Nr. 2).

[51]) **Selbstständig**, s. oben S. 146 Anm. 52.

Anlage

5. Zu S. 179 Anm. 1.

Statistische Uebersicht über die altkatholischen Gemeinden und Vereine in Preußen.

Nr.	Namen des Ortes.	Selbstständige Mitglieder. Anfangs 1874.	Selbstständige Mitglieder. Im Jan. 1875.	Seelenzahl überhaupt 1875.	Anmerkungen.
1.	Attendorn	40	32	106	Die frühere Zahl ohne Liste.
2.	Berlin	—	77	200	Seelenzahl ungefähr.
3.	Bielefeld	—	61	100	do.
4.	Bochum	70	112	402	
5.	Bonn	175	251	600	
6.	Boppard	47	71	173	
7.	Braunsberg	64	50	100	Seelenzahl ungefähr.
8.	Breslau	500	500	1352	confr. die Tabelle.
9.	Coblenz	58	75	125	
10.	Cöln	772	1053	2933	
11.	Crefeld	252	410	1600	
12.	Dortmund	320	339	1015	
13.	Duisburg	50	98	200	Seelenzahl ungefähr.
14.	Düsseldorf	80	157	300	do.
15.	Elberfeld	—	30	68	do.
16.	Essen	180	285	1100	do.
17.	Euskirchen	31	31	50	do.
18.	Gleiwitz	68	188 (18. u. 19.)	426 (18. u. 19.)	
19.	Groß-Strehlitz	75			
20.	Gottesberg	—	71	135	
21.	Hagen	78	110	260	früh. Zahl ohne genaue Liste.
22.	Hirschberg	100	89	184	confr. die Tabelle.
23.	Insterburg	30	20	32	
24.	Kattowitz mit Königshütte	217	255	1137	
25.	Königsberg 2c.	402	440	1000	Seelenzahl ungefähr.
26.	Konitz	—	19	30	do.
27.	Lennep	42	112	200	do.
28.	Lippstadt	40	34	116	früher ohne genaue Liste.
29.	Neisse	90	167	500	
30.	Oberhausen	30	45	80	Seelenzahl ungefähr.
31.	Oeynhausen	—	30	50	do.
32.	Saarbrücken mit anderen Orten	—	326	770	
33.	Solingen	—	37	60	Seelenzahl ungefähr.
34.	Uerdingen	12	12	20	
35.	Wiesbaden mit anderen Orten	432	456	2000	
36.	Witten	79	100	250	
		4334	6143	17,674	
	Plus	—	1809	—	

Bemerkungen.

1) Förmliche staatlicherseits genehmigte Pfarreien mit festangestellten Pfarrern bestehen in: Breslau, Cöln, Crefeld, Dortmund, Essen, Hagen, Kattowitz; Bonn und Witten werden verwaltet; im Zuge befindlich ist die Pfarrerrichtung für: Boppard-Koblenz, Düsseldorf, Saarbrücken, Bochum.

2) Geistliche in dauernder Thätigkeit sind in:

Bonn	5 (6).	Einer, der 6., ist zur Vornahme geistlicher Funktionen noch nicht angemeldet.
Boppard-Koblenz	1.	
Braunsberg	2 (3).	Professor Michelis, der 3., hat auf drei Jahre Urlaub und pastorirt in Freiburg.
Breslau	4.	Dieselben gehen ab und zu nach anderen Orten in Schlesien und nach Berlin.
Cöln	2.	
Crefeld	1.	
Dortmund	1.	
Düsseldorf	1.	
Essen-Duisburg	1.	
Hagen-Witten	1.	
Kattowitz	1.	
Königsberg	1.	
Hirschberg	1.	
	22 (24).	

Geweiht sind 1874: zwei Schweizer, ein Deutscher. Ostern 1875 werden zwei weitere Deutsche und ein Schweizer geweiht.

Theologie studiren in Bonn: fünf Preußen, zwei Bayern, zwei Holländer, fünf Schweizer.

Neu sind 1874 hinzugekommen drei Priester.

3) Periodisch regelmäßiger Gottesdienst ist bereits abgehalten, beziehungsweise organisirt zur Abhaltung, außer den sub 2 genannten Orten in: Attendorn, Bochum, Gleiwitz, Groß-Strehlitz, Insterburg, Konitz, Königshütte, Lennep, Lippstadt, Neisse, Saarbrücken, Wiesbaden, Berlin, Gottesberg, Koblenz, Duisburg und Witten.

Nachträge

zu dem Kommentar über die Preußischen Kirchengesetze des Jahres 1873.

S. XLVI. Anm. 1 a. Schl. hinzuzusetzen: abgedruckt im Arch. f. kath. Kirchenrecht Bd. 31 S. 190 und i. d. Acta s. sed. Vol. 7 S. 470.

S. XLVII. Der bairische Erlaß v. 1873 ist abgedruckt bei Dove u. Friedberg, Zeitschr. f. Kirchenrecht Bd. 12 S. 259; das badische Gesetz v. 19. Februar 1874 ebendaselbst S. 255, s. auch oben S. 6. Die Anerkennung des altkatholischen Bischofs ist in Baden durch Minister.-Entschl. v. 9. November 1873, in Hessen durch Verordn. v. 13. Dezember 1873 (s. Arch. f. kath. Kirchenrecht Bd. 31 S. 374, 375) erfolgt.

S. 6 Z. 14 v. o. ist am Schluß der Parenthese hinzuzusetzen:

Oppenhoff, Rechtsprechung Bd. 14 S. 399; Entscheidungen Bd. 70 S. 42* und Erk. dess. vom 20. Oktober 1874, Gruchot, Beiträge Jahrg. 19 S. 249, Oppenhoff a. a. O. S. 687, s. auch oben S. 180.

S. 6 a. Schl. der Anm. 2 hinzuzusetzen:

Die Stellung einer privilegirten Kirche hat auch die jansenistisch-katholische, unter dem Erzbischof zu Utrecht stehende Gemeinde auf der schleswigschen Insel Nordstrand, vgl. Matthiä, Beschreibung d. Kirchenverfassung i. d. Herzogth. Schleswig u. Holstein. Flensburg 1778 S. 331 u. Falck, schlesw.-holst. Privatrecht Bd. 3 S. 755, 757.

S. 8 a. Schl. des Abs. 2 hinzuzufügen:

In dem Erk. des I. Sen. des Ob.-Trib. v. 11. September 1874 (Entscheidungen Bd. 73 S. 6 ff.; Gruchot, Beiträge Jahrg. 19 S. 233; Hartmann, Ztschr. f. Gesetzgebung des öffentl. Rechts Bd. 1 S. 159) ist diese Ausführung unter ausdrücklicher Bezugnahme darauf reprobirt worden, und der höchste Gerichtshof hat angenommen, daß der große Kirchenbann von jeder Mitgliedschaft der katholischen Kirche gänzlich ausschließe. Dieser Umstand legt mir die Nothwendigkeit auf, dies Erkenntniß einer näheren Kritik zu unterziehen.

Das Ober-Tribunal stützt seine abweichende Ansicht zunächst auf eine Anzahl Stellen des Corpus juris canonici, und zwar:

1. auf c. 32. C. XI qu. 3, von ihm dahin falsch citirt: „excommunicatus traditur diabolo qui extra ecclesia est, et per hoc ab ecclesiastica communione removetur", richtig dahin lautend: „omnes christianus, dilectissimi, qui a sacerdotibus excommunicatur, satanae traditur: quomodo? scilicet, quia extra ecclesiam diabolus est, sicut in ecclesia Christus, ac per hoc quasi diabolo traditur qui ab ecclesiastica communione removetur",

2. c. 107 ibid.: „ecclesiarum dei violatores a gremio sanctae matris ecclesiae et a consortio totius christianitatis eliminamus",

3. c. 12. C. III qu. 4: „anathemate quod ab ipso Christi corpore, quod est ecclesia recidit",

und nun wird nach dieser Stelle unter der Bemerkung: „zusätzlich!" eine andere Stelle, welche man in der Kirchenrechtswissenschaft dictum Gratiani nennt und so anführt — diese Citirweise scheint dem Ober-Tribunal unbekannt zu sein — hinzugefügt:

„Unde datur intelligi, quod anathematizati intelligendi sunt non simpliciter a fraterna societate, sed etiam a corpore Christi, quod est ecclesia, omnino separati“,

4. c. 59. X de sentent. excomm. V. 39: „maiori excommunicatione, quae a communione fidelium separat.“

5. c. 2. X. de except.: „communione fidelium exclusum.“

Alle diese und andere Stellen sprechen von der Ausschließung von der ecclesia und communio fidelium oder ecclesiastica. Darunter ist aber die Kirche als die Gemeinschaft der Gläubigen, insofern sie die göttlichen Gnaden vermittelt und ihren Mitgliedern Antheil an diesen gewährt, zu verstehen. Daß damit auch der gänzliche Ausschluß der Zugehörigkeit zur Kirche insoweit, daß der mit der excommunicatio major Belegte nicht mehr deren Gesetzen und Auflagen unterworfen ist, gemeint wird, d. h., daß auch die passive gegen die Kirche allerdings nur Pflichten auferlegende Mitgliedschaft verloren geht, ergeben die Stellen nicht. Das Ober-Tribunal führt nun weiter eine stattliche Reihe von Citaten gegen mich in das Feld. Von diesen sagt aber Phillips, Lehrbuch des Kirchenrechts § 189 der ersten, § 184 der zweiten Auflage: „die excommunicatio major schließt den Schuldigen nicht blos von dem Empfange und der Verwaltung der Sakramente, sondern von den Gnaden der Kirche überhaupt aus“, Permaneder, Handbuch des kathol. Kirchenrechts, 4. Aufl. S. 571: „Die Wirkung der excommunicatio major .... war nicht allein Verlust jeglichen Rechtes der kirchlichen Mitgliedschaft, sohin auch des christlichen Begräbnisses, sondern zugleich Ausschließung von allem bürgerlichen Verkehre“; Richter (-Dove) Kirchenrecht § 214: „von welchen die letztere von aller Gemeinschaft der Gläubigen und der Theilnahme an allen Segnungen ausschließt, zu deren Trägerin die Kirche bestellt ist.“ Diese Schriftsteller unterscheiden also gerade ebenso wie ich zwischen den Rechten der Mitgliedschaft einerseits und Pflichten derselben andererseits. Das Ober-Tribunal beruft sich demnach mit Unrecht auf dieselben.

Allerdings sprechen nun die anderen von ihm citirten Autoren so z. B. Walter § 191 von einem gänzlichen Abschneiden von der Kirche als dem Leibe Christi“; Schilling, der Kirchenbann § 35 von dem „Nichtmehrzugehören zur Kirche“, Schulte, System des katholischen Kirchenrechts Bd. 2 S. 389: „von einer gänzlichen Ausschließung aus der Gemeinschaft der Kirche“, Kober, Kirchenbann 2. Aufl. S. 38: „von der völligen Ausschließung aus der Kirche“, aber weder diese noch irgend welche andere Kanonisten haben jemals behauptet, daß der Exkommunicirte seiner Verpflichtungen gegen die Kirche durch die Exkommunikation los und ledig wäre. Gerade dieser Punkt, den das Obertribunal völlig unberücksichtigt läßt, ist das Entscheidende, weil sich daraus ergiebt, daß die Ausdrücke, auf welche dasselbe Gewicht liegt, ungenau sind. Wäre der Exkommunicirte gänzlich von allem Zusammenhang mit der Kirche ausgeschlossen, wie könnte dieselbe — was sie stets prätendirt hat — beanspruchen, daß er den Gesetzen und Abgaben unterworfen bleibt, welche sie ihren Mitgliedern auferlegt, während sie dies hinsichtlich der Ungläubigen, welche sie nicht als ihr zugehörig betrachtet, niemals angenommen hat (s. Kober a. a. O. S. 93). Freilich sagt das Ober-Tribunal: „Wenn auch jeder Getaufte der katholischen Kirche angehört und die Taufe einen unauslöschlichen Charakter verleiht, wonach selbst Häretiker und Apostaten noch immer in Verbindung mit der Kirche und gewissermaßen als deren Glieder und deshalb ihren Gesetzen und ihrer Autorität unterworfen anzusehen seien, überdies die Exkommunikation, auch die große, Besserung zum Zwecke und ein Verharren in derselben, außer den oben nachgewiesenen Wirkungen noch andere kirchliche Nachtheile, z. B. die Anklage und Verurtheilung wegen Häresie zur Folge hatte, so widerlegt alles dies doch nicht die Richtigkeit der dafür beigebrachten Gründe, daß die excommunicatio major, resp. das Anathema, so lange sie verhängt bleiben, nicht blos von allen Segnungen und Gnaden der Kirche, sondern auch von der Gemeinschaft der Kirche selbst ausschließe.“

Indessen wird es schwerlich Jemand einleuchten, daß durch Stellen, deren Bedeutung zweifelhaft sein kann, und Citate, deren Verfasser sich nicht präcise ausdrücken, gerade das widerlegt wird, was die Zweifel und Ungenauigkeiten erst richtig stellt. Wenn das Ober-Tribunal selbst anerkennt, daß die Getauften als mit der Kirche in Verbindung stehend angesehen werden, und der Exkommunicirte ebenfalls zu diesen Getauften gehört, so läßt sich sein Verhältniß zur Kirche nur dahin fassen, daß er der Rechte, nicht aber der Pflichten der Mitgliedschaft verlustig geht, also immer wegen des letzteren Umstandes noch Mitglied der Kirche bleibt. Dazu kommt, daß die Absolution des Exkommunicirten nie als ein Wiedereintritt desselben in die Kirche aufgefaßt worden ist, was entschieden der Fall sein müßte, wenn das Ober-Tribunal Recht hätte. Endlich will ich das Ober-Tribunal noch auf eine Vorschrift des kanonischen Rechtes aufmerksam machen, die sich auch in dem viel von ihm citirten Kober a. a. O. S. 371 abgedruckt findet. Es ist dies c. 2 § 4 de elect. in Clem. I. 3, wodurch bestimmt wird, daß Kardinäle, welche der großen Exkommunikation unterliegen, nichts desto weniger berechtigt sind, bei der Wahl des Papstes ihr Stimmrecht auszuüben. Wie reimt sich dies mit der Theorie des Ober-Tribunals? Die exkommunicirten Kardinäle stehen nach dieser außer jedem Verbande mit der Kirche, haben nicht die Mitgliedschaft derselben, und sollen doch berechtigt sein, ihr ein Oberhaupt durch einen Akt zu bestimmen, bei welchem gerade ihre Stimme den Ausschlag geben kann. Das wäre geradezu unsinnig, während die Vorschrift allein erklärlich ist, wenn man solche Wähler noch als Mitglieder der Kirche betrachtet, denen ausnahmsweise auch die Ausübung eines einzelnen Rechts, um die Papstwahl nicht durch Streitigkeiten über die Wahlberechtigung aufzuhalten, gestattet ist.

S. 15. Z. 10 v. u. hinter „wird" hinzuzusetzen:

Ihre Androhung ist auch nur insoweit strafbar, als zugleich die namentliche Verkündung mit angedroht wird. Dies ist in dem erstinstanzlichen, in Hartmann's Zeitschr. f. Gesetzgebung des deutschen öffentlichen Rechts Bd. 1 S. 36 mitgetheilten Erkenntniß übersehen.

S. 18 Z. 23 v. o. hinter „beseitigt" einzuschalten:

Dagegen wird in dem Erk. des Ob.-Tribunals (I. Sen.) v. 11. September 1874 (Entscheidungen Bd. 73 S. 12, auch bei Hartmann, Zeitschr. Bd. 1 S. 162 u. Gruchot, Beiträge Jahrg. 19 S. 236) ausgeführt, daß der § 55 Tit. 11 Th. II. A. L. R. noch in Kraft steht, weil die Ausschließung aus einer Kirchengesellschaft eine Angelegenheit betreffe, die nicht ausschließlich dem kirchlichen Gebiete angehöre, sondern, insofern es sich dabei um den Verlust bisher genossener Rechte und die Fortdauer bisheriger Pflichten handle, mit vermögensrechtlichen Folgen verbunden sein könne. Dabei ist übersehen, daß das Gesetz vom 13. Mai 1873 die Handhabung der Straf- und Zuchtmittel nach allen Richtungen hin regeln will und somit die früheren desfalsigen Vorschriften beseitigt hat, vgl. § 1 des Gesetzes vom 13. Mai 1873 und namentlich die Ausführungen des Berichtes der Kommission des Abgeordnetenhauses zu § 1 S. 5, wo es heißt: „Zunächst ist die Abgrenzung der kirchlichen Strafmittel im geschriebenen Recht nicht immer korrekt gezogen. Beispielsweise wird die Bestimmung § 55 Tit. 11 Th. II. als mit der Selbstständigkeit der Kirchen nicht mehr vereinbar anzusehen sein." Das letztere ist in der That richtig und darum auch der § 55 a. a. O. schon durch Art. 15 der Verf.-Urk. aufgehoben worden. Die Qualifikation der Zugehörigkeit zur Kirche bestimmt sich durch die Annahme ihres Dogmas und ihrer Lehren, und darüber, sowie über die Frage, von welchen Lehren die Mitglieder, sofern sie ihre Mitgliedschaft bewahren wollen, nicht abweichen dürfen, kann allein die Kirche befinden. Diese Frage berührt sie allein. Wenn das Ober-Tribunal dagegen hervorhebt, daß eine Ausschließung wegen abweichender Meinungen vermögensrechtliche Folgen haben könne, so ist dies allerdings richtig, aber dieser Einwand trifft die Sache nicht, denn das Kriterium, welches für das selbstständige Recht der Kirche entscheidet, ist nur das, ob die fragliche Angelegenheit ihrem Wesen nach rein innerhalb der der Kirche zugehörigen Sphäre liegt. Dabei ist es gleichgültig, ob sich möglicher Weise daran gewisse über das Gebiet hinausgehende Folgen knüpfen. Diesen letzteren Standpunkt vertritt auch das Gesetz vom 13. Mai 1873 § 1, denn dieses läßt unterschiedlos die Ausschließung aus der Kirchengesellschaft zu, ohne daß es irgend welches Gewicht auf das vom Ober-Tribunal accentuirte Moment legt.

S. 23. Ein Beispiel zu § 3 Nr. 1 bietet das Erk. des Kreisger. zu Posen vom 21. Oktober 1873 bei Hartmann, Zeitschr. Bd. 1 S. 36, welches den früheren Erzbischof von Ledochowski verurtheilt hat, weil er dem Geistlichen Schröter die große Exkommunikation angedroht hatte, nicht allein, um denselben zur Zurückziehung seiner Unterschrift unter der Adresse des Herzogs von Ratibor, sondern auch Schröter dadurch zu zwingen, die Kirchengesetze vom Mai 1873 als im Widerspruche mit der römisch-katholischen Kirche stehend, nicht anzuerkennen, denselben nicht zu gehorchen und diejenigen Handlungen zu unterlassen, zu welchen ihn die Kirchengesetze verpflichten.

Das Erk. des Ob.-Tribunals, S. f. Str.-S. Abth. I., v. 13. November 1874 (Entscheidungen Bd. 73 S. 432, Oppenhoff, Rechtsprechung des Ob.-Trib. Bd. 15 S. 777) hat angenommen, daß im Falle des § 3 Nr. 1 die rechtsirrthümliche Annahme des Angeklagten, daß eine Verpflichtung zu derjenigen Handlung nicht bestehe, zu deren Unterlassung er Andere zu bestimmen gesucht hat, geeignet ist, die Strafe auszuschließen, weil die Präsumtion, daß jeder die Gesetze kenne und richtig auslege, bei Anwendung der Strafgesetze nicht dahin Geltung finden könne, daß überall da, wo es auf die Beurtheilung rechtlicher Verhältnisse ankomme, die rechtlich zutreffende Auffassung als feststehende Voraussetzung anzusehen wäre, vielmehr bei Beurtheilung des Dolus das Bewußtsein des Angeklagten von der Rechtswidrigkeit seiner Handlungsweise nach dem Vorhandensein der gesetzlichen Voraussetzungen der Strafbarkeit ohne Rücksicht auf civilrechtliche Präsumtionen thatsächlich zu prüfen sei.

S. 44 Abs. 1 a. Schl. hinzuzusetzen:

In demselben Sinne spricht sich das Erk. des Gerichtsh. f. kirchliche Angelegenheiten v. 28. Oktober 1874 (bei Hartmann, Zeitschr. für Gesetzgebung rc. des deutschen öffentl. Rechts Bd. 1 S. 382) aus, indem es erwogen hat: „Der Zweck des Gesetzes vom 12. Mai 1873 ist nun aber nach den Motiven S. 1 und 15 darauf gerichtet, für den Gebrauch der kirchlichen Disciplinargewalt, zum Schutze der Diener der Kirche eine bestimmte staatliche Grenze zu ziehen, und soll dieser Schutz: „allen den geistlichen Oberen untergebenen kirchlichen Beamten und Religionsdienern“ zu Theil werden. Dieser Tragweite des Gesetzes ist durch den § 12 Ausdruck gegeben, nach welchem „die Berufung einem Jeden zusteht, gegen welchen die Entscheidung ergangen ist.“ Die Kommission des Abgeordnetenhauses ist dieser Auffassung gefolgt, indem sie in ihrem Bericht S. 1 anerkannt hat, daß „der Gesetzentwurf die Ordnungsgewalt der evangelischen und katholischen Kirche über ihre eigenen Geistlichen und Diener zum Gegenstande habe“, und indem sie im § 1 des Gesetzes, unter Zustimmung des Regierungskommissars, durch den Zusatz „„über die Kirchendiener““ die Grenze der Disciplinargewalt näher bestimmt hat. Ber. S. 1 ff. Hiernach muß dem Angeschuldigten — weil in seiner kirchenamtlichen Eigenschaft als Küster unter der Disciplinargewalt der kirchlichen Oberen stehend, — auch der Schutz des Gesetzes ...... zu Theil werden.“

S. 45 sind die Absätze 1 bis 3 zu streichen und dafür zu setzen:

Wegen der Kirchenvorsteher und Gemeindevertreter, ferner der Rendanten der katholischen Kirchengemeinden vgl. § 37 u. § 10 des Gesetzes über die Vermögensverwaltung in den katholischen Kirchengemeinden vom 20. Juni 1875, s. oben S. 152 u. S. 135.

S. 67 Anm. 5 a. Schl. hinzuzufügen: ferner die den §§ 1 ff. des Gesetzes betr. die Verwaltung erledigter katholischer Bisthümer vom 20. Mai 1874 (Ges. Samml. S. 135) zuwider bestellten Bisthumsverweser.

S. 67 Anm. 6 a. Schl. hinzuzusetzen:

Ein Fall, in dem der Gerichtshof für kirchliche Angelegenheiten durch Urtheil vom 20. Mai 1874 die Entscheidungen des Konsistoriums zu Stade und des Landeskonsistoriums zu Hannover wegen Mangels eines ordnungsmäßigen Beweisverfahrens vernichtet hat, bei Hartmann, Ztschr. für Gesetzgebung rc. des deutsch. öffentl. Rechts Bd. 1 S. 130.

S. 71 Anm. 4 a. Schl. hinzuzusetzen:

Ein weiteres Beispiel bietet die eben zu S. 67 Anm. 6 angeführte Entscheidung. Durch diese ist die Bestrafung wegen Nichtbeachtung des Stader Konsistorialschreibens vom 2. Mai 1862 vernichtet worden. Letzteres untersagte den Geistlichen die Anstellung von Denunziationen, sowie die Erhebung von Civilklagen und die Einlassung auf solche Injuriensachen, welche ihren Grund in Handlungen haben, die kraft amtlicher Pflicht oder Befugniß vorgenommen sind, und wurde von dem gedachten Gerichtshofe mit den Vorschriften des deutschen Strafrechts und dem über die Geltungmachung von Civilrechten im Staate geltenden Rechte als im Widerspruch stehend angesehen.

S. 71 Anm. 4 a. Schl. unter Streichung von: „u. s. w." hinzuzufügen:

daß Jemand, welcher unzurechnungsfähig, nicht zur disciplinarischen Verantwortung gezogen werden kann.

S. 73 Anm. 4 ist a. Schl. hinzuzufügen:

Die vorgängige Einlegung der Rechtsmittel bei den kirchlichen Instanzen ist aber im Falle des § 7 des Gesetzes, betr. die Einstellung der Leistungen aus Staatsmitteln für die römisch-katholischen Bisthümer und Geistlichen vom 22. April 1875 (s. S. 74) nicht erforderlich.

S. 82. Dem im § 24 gedachten Falle tritt zur Seite der des § 12 des Gesetzes vom 22. April 1875, s. oben S. 78.

S. 85 Anm. 2 hinzuzusetzen:

Die vorgängige Aufforderung fällt im Falle des § 12 des Gesetzes vom 22. April 1875 fort, s. oben S. 79 Anm. 41.

S. 86 Anm. 3 zu § 26 a. Schl. ist hinzuzufügen:

Plenarbeschluß des Gerichtshofes für kirchliche Angelegenheiten vom 23. April 1874: Der Gerichtshof hat das Recht, vor der die Einleitung der Voruntersuchung betreffenden Verfügung — § 27 — den Antrag der Staatsbehörde auf Amtsentsetzung — § 24 — in Beziehung auf seine rechtliche Begründung zu prüfen, und die Ablehnung in allen Fällen auszusprechen, in welchen dieselbe aus Rechtsgründen sich rechtfertigt, Allg. Kirchenbl. v. 1875 S. 1

S. 86 Anm. 2 zu § 27 a. Schl. hinzuzusetzen:

Daraus folgt auch, daß das Mitglied des Appellationsgerichtes, welches mit der Führung der Voruntersuchung betraut worden ist, aus den gesetzlichen Gründen vom Angeschuldigten perhorrescirt werden darf, s. z. B. die Kriminal-Ordn. § 47 in Verb. mit § 142 Tit. 2. Th. I. A. G. O.; Strafproc. Ordn. v. 25. Juni 1867 §§ 25. 27 ff. Da das Appellationsgericht aber nur den Untersuchungsrichter bestellt und sonst mit der Voruntersuchung nichts zu thun hat, so wird der Gerichtshof für kirchliche Angelegenheiten über das Ablehnungsgesuch zu entscheiden haben. Findet er dasselbe begründet, so ist das Appellationsgericht um Entbindung des bisherigen Untersuchungsrichters von seinen Funktionen und Bestellung eines anderen zu ersuchen.

Vgl. ferner Plenarbeschluß des Ger. f. kirchl. Angelegenh. v. 23. April 1874 (Allg. Kirchenbl. v. 1875 S. 2): Nach Beendigung der gemäß § 27 des Gesetzes v. 12. Mai 1873 eintretenden Voruntersuchung sind die Akten von dem Untersuchungsrichter dem auf Grund des Alinea 2 dieses Paragraphen zur Wahrnehmung der Verrichtungen der Staatsanwaltschaft ernannten Beamten vorzulegen, damit derselbe in Betreff der Frage: ob das Verfahren einzustellen sei? seinen Antrag stelle und demnächst die Akten an den königlichen Gerichtshof für kirchliche Angelegenheiten einsende.

S. 89 Anm. 5 von S. 88, vorletzten Abs. ist a. Schl. hinzuzufügen:

Der hier vertretenen Auffassung und Begründung hat sich auch das Ob. Trib. Sen. f. Str. S. Abth. II. in dem Erk. v. 28. Mai 1874 (Entschdgen. Bd. 72 S. 385; Oppenhoff, Rechtsprechung des Ob. Trib. Bd. 15 S. 335, vgl. auch Erk. v. 12. November 1874, Oppenhoff a. a. O. S. 768) angeschlossen, indem es ausführt: „in Erwägung .... daß nämlich der § 132 des R. Str. G. B. um deswillen hier keine Anwendung leidet, weil im Sinne dieses Gesetzes unter den Begriff des öffentlichen Amtes, welches ein wesentliches Merkmal des Thatbestandes bildet, ein geistliches Amt überhaupt nicht fällt; — daß schon nach der Terminologie des preuß. Str. G. B. (§ 104), welchem der § 132 der R. Str. G. B. fast wörtlich entnommen ist, unter einem öffentlichen Amte ein geistliches Amt nicht verstanden werden kann, wie solches in dem Erkenntnisse des Ober-Tribunals vom 18. März 1853 (Entschdgen. Bd. 25 S. 220 ff.) näher entwickelt worden ist; — daß diese Auslegung nach den Bestimmungen des R. Str. G. B. um so zweifelloser für richtig zu halten ist, als der § 359 unter Beamten im Sinne des Str. G. B. nur alle im Dienste des Reiches oder im unmittelbaren oder mittelbaren Dienste eines Bundesstaates angestellten Personen, sowie

Notare versteht, und daß, wenn der § 31 Abs. 2 daneben bestimmt, daß unter öffentlichen Aemtern im Sinne des Strafgesetzes die Advokatur, die Anwaltschaft u. s. w. mitbegriffen ist, hierbei aber geistliche Aemter nicht aufzählt, daraus deutlich hervorgeht, daß das R. Str. G. B. geistliche Aemter unter den Begriff eines öffentlichen Amtes überhaupt nicht subsumirt; — daß endlich diese Absicht noch dadurch unterstützt wird, daß, wenn der § 132 des R. Str. G. B. auch auf geistliche Aemter sich bezöge, die §§ 23 und 24 des Gesetzes vom 12. Mai 1873 über die kirchliche Disziplinargewalt, — (das soll heißen § 31 des citirten Gesetzes und §§ 23 u. 24 des Ges. vom 11. Mai 1873), — welche sämmtlich Strafbestimmungen gegen eine unbefugte Ausübung geistlicher Aemter enthalten, überflüssig, sogar mit Rücksicht darauf, daß sie Materien umfassen würden, welche in dem Str. G. B. ihre Regelung gefunden haben, unzulässig gewesen sein würden" ...

In dem Erkenntniß vom 17. Juni 1874, Sen. f. Str. S. Abth. 1 (Oppenhoff, Rechtsprech. des Ob.-Trib. Bd. 15, S. 422; Hartmann, a. a. O. S. 311), worin angenommen wird, daß die Amtsentsetzung auf Grund des § 6 des holsteinischen Gesetzes betr. die Religionsübung der Reformirten rc. v. 4. Juli 1863 („Den Geistlichen aller Confessionen wird untersagt, den Brautleuten gemischter Confession vor der Copulation ein mündliches oder schriftliches Versprechen abzunehmen, daß sie ihre Kinder in einer bestimmten Confession erziehen lassen wollen .... Geistliche, welche jenem Verbote zuwider handeln, werden mit der Amtsentsetzung, resp. Entziehung der Erlaubniß, im Herzogthum Holstein zu fungiren, bestraft") nach Lage der jetzigen Gesetzgebung nicht mehr vom Strafrichter ausgesprochen werden darf, ist ausgeführt: „Das Reichsstrafgesetzbuch, dessen Ueberschrift des 28. Abschnitts im zweiten Theil „Verbrechen und Vergehen im Amte" für die Qualifizirung der in den Einzelbestimmungen gedachten Personen nicht entscheidend ist (vergl. z. B. §§ 333, 352, 356 in Verbindung mit § 359, 31 Absatz 2), betrachtet jedoch die, besonders und beziehungsweise neben den Beamten aufgeführten Geistlichen (cfr. Strafgesetzbuch §§ 174, 181, 196, 337, 338) als solche, abgesehen von der Ausübung spezieller Funktionen kraft staatlicher Autorisation, nicht als Träger eines öffentlichen Amts, nicht als Beamte im Sinne des Reichsstrafgesetzbuchs § 359 (vergl. Motive zum revidirten Entwurf des Strafgesetzbuchs für den norddeutschen Bund § 335 S. 147). — Die Entziehung des geistlichen Amtes ist sohin keine im Reichsstrafgesetzbuch enthaltene Kriminalstrafe, welche von dem ordentlichen Strafrichter verhängt werden dürfte. Da sodann die Spezialsatzungen der preußischen kirchenpolitischen Gesetze vom Mai 1873, insbesondere des Gesetzes vom 11. Mai 1873 über die Vorbildung der Geistlichen § 21, und des Gesetzes vom 12. Mai 1873 über die kirchliche Disziplinargewalt § 24 vorliegend nicht in Betracht kommen, die bestehenden Gesetze auch dem Richter keinen Anhalt für die Substitution einer anderen Strafart an Stelle der Amtsentsetzung eines Geistlichen gewähren, ist der dem Berufungsgerichte gestellte Vorwurf materieller Gesetzesverletzung unbegründet."

Insofern auch hier das geistliche Amt nicht für ein öffentliches Amt im Sinne des R. Str. G.-B. erklärt wird, steht dieses Erkenntniß mit dem vorhin mitgetheilten im Einklang. Man hat aber darauf, s. „Germania" v. 1874 Nr. 181, die Ansicht gegründet, daß die Landesgesetze nur die Entziehung solcher Aemter androhen dürfen, welche nach dem R. Str. G. B. öffentliche seien, daß also, da das geistliche Amt nicht dazu gehöre, die preußischen Maigesetze welche eine Entziehung desselben gestatteten, ihre Kompetenz dem Reiche gegenüber überschritten hätten und somit jede Absetzung eines Geistlichen durch den Gerichtshof für kirchliche Angelegenheiten nichtig sei. Dies ist aber unrichtig. Das Ober-Tribunal hat sich über die Bedeutung des § 5 des Einführungsgesetzes zum R. Str. G. B. in der hier in Frage kommenden Beziehung nicht ausgesprochen, vielmehr nur angenommen, daß das R. Str. G. B. keine Entziehung des geistlichen Amtes als solche kenne. Es hat aber die Prüfung unterlassen, ob nicht nach dem besonderen preußischen Staatsrecht das geistliche Amt als öffentliches Amt aufgefaßt werden muß, was m. E. zu bejahen ist (s. Kirchengesetze S. 148), und nicht eben deshalb die Vorschrift des § 6 des holsteinischen Gesetzes in Kraft geblieben ist; heißt es doch selbst in der Begründung an der citirten Stelle: „Das Einführungsgesetz zum Reichsstrafgesetzbuch § 6 ermächtigt daher im Allgemeinen den ordentlichen Strafrichter nicht, von Erkennung der Strafe der Amtsentsetzung abzusehen, welche als Kriminalstrafe in einem nach dem Einführungsgesetze § 2 in Kraft gebliebenen älteren Landesgesetze angedroht ist. Für diese Annahme spricht auch indirekt der § 5 l. c., welcher die Landesgesetzgebungen befugt erklärt, auf dem ihnen nach § 2 daselbst überlassenen Gebiete mittels neuer Normen die Entziehung öffentlicher Aemter anzudrohen."

Nicht nur steht aber der Landesgesetzgebung die Befugniß zu, innerhalb der ihr durch §§ 2, 5 und 6 des Einführungsgesetzes offen gelassenen Schranken neue Strafbestimmungen zu erlassen und für die Uebertretung dieser den Verlust der öffentlichen Aemter festzusetzen, sondern sie hat auch die Befugniß, weil ihr das R.-Str.-G.-B. die Herrschaft über ihr inneres Staatsrecht nicht entzogen hat, zu bestimmen, welche Aemter innerhalb ihres Landes als öffentliche Aemter anzusehen sind. Daraus folgt aber weiter, daß sie auch befugt sein muß, diese und zwar ebenfalls im Wege der Strafe zu entziehen. Dieses Recht hat ihr der § 5 offen lassen müssen und auch offen gelassen. Er spricht schlechthin von der Entziehung öffentlicher Aemter, und wenn dieser Begriff im Strafgesetzbuch selbst für dieses Gesetz definirt ist, so folgt daraus noch nicht, daß diese Definition auch für das Einführungsgesetz maßgebend ist. Für letzteres kann sie umsoweniger entscheiden, als dasselbe gerade auf die besonderen Verhältnisse und besonderen Kompetenzen der Landesgesetzgebungen Rücksicht nehmen mußte. Es steht diesen also die Festsetzung der Entziehung nicht blos solcher Aemter, welche nach dem Gesetzbuch selbst, sondern auch solcher, welche nach dem Landesstaatsrecht öffentliche Aemter sind, zu, und damit entfällt der Vorwurf, daß die preußischen Maigesetze mit ihren in Frage stehenden Strafbestimmungen unzulässiger Weise in die Reichs-Kompetenz eingegriffen haben.

S. 89 Anm 2 a. Schl. hinzuzusetzen:

und in den durch das Reichsgesetz vom 4. Mai 1874 § 3 (S. 12), das Gesetz vom 21. Mai 1874 Art. 7. 10. 11 (S. 31. 34), das Gesetz vom 20. Mai 1874 §§ 3, 14, 17, 18 (S. 49. 63. 64), das Gesetz vom 22. April 1875 §§ 7, 12, 14, (S. 74. 78. 79), sowie das Gesetz vom 20. Juni 1875 § 37 (S. 152) vorhergesehenen Fällen.

S. 91 Anm. 5 a. Schl. hinzuzufügen:

Derartige Plenarbeschlüsse s. in diesen Nachträgen zu S. 86.

S. 100 Anm. 1 ist hinter Abs. 2 hinzuzusetzen:

Ferner zeigt der § 1 in Verbindung mit § 2, daß es gleichgültig ist, ob der Auftrag zur Verwaltung geistlicher, namentlich seelsorgerischer Funktionen für eine förmlich constituirte Kirchengemeinde, resp. einen Theil einer solchen oder für vagirende Glieder der Kirche, ob für eine staatlich anerkannte Kirche (s. § 176 Tit. 11 Th. II A. L. R.) oder eine Kapelle oder ein ohne staatliche Genehmigung errichtetes, dem öffentlichen Gottesdienst gewidmetes Gebäude, oder endlich für die Angehörigen einer bestimmten Anstalt oder eines Klosters ertheilt ist. Nicht minder ist es ohne Einfluß, ob alle oder nur einzelne der in der cura animarum enthaltenen Funktionen, z. B. das Predigen oder das öffentliche Messelesen allein Gegenstand des Auftrags bilden, so Reskr. des Min. d. geistl. Angeleg. v. 9. Dezember 1873.

S. 101 Z. 8 v. o. ist hinter „leisten" einzuschalten:

so auch Erk. des Ob.-Trib. vom 14. Februar 1874 (Hartmann, Zeitschr. Bd. 1 S. 151) u. v. 8. Oktober 1874 (Oppenhoff, Rechtsprechung des Ob.-Trib. Bd. 15 S. 634).

S. 103 Anm. 2 a. Schl. hinzuzufügen:

nicht aber die remonstrantisch reformirte Gemeinde zu Friedrichsstadt (vgl. über diese Matthiä, Beschreibung der Kirchenverf. in Schleswig u. Holstein S. 309).

S. 104 Anm. 6 a. Schl. hinzuzufügen:

und das Gesetz vom 21. Mai 1874 Art. 1 (S. 19).

S. 105 Anm. 3 Abs. 2 a. Schl. hinzuzusetzen:

Der § 2 findet auch Anwendung auf generelle Ermächtigung zur Hülfeleistung, denn eine solche ist in jedem Falle ohne Beobachtung der Erfordernisse des § 1 untersagt. Darunter fällt also auch das z. B. in der Diöcese Paderborn eingeschlagene Verfahren, daß den Geistlichen nach der Priesterweihe eine generelle approbatio cura ertheilt und sie damit ermächtigt werden, geistliche Amtshandlungen, z. B. die Spendung der Sakramente in allen Pfarreien der Diöcese nur mit Genehmigung des betreffenden Pfarrers (consensu tamen eorum quorum interest, wie es in den Approbationsurkunden heißt) vorzunehmen.

Wenn Herrfurth, preuß. u. deutsche Gesetzgebung S. 40 Anm. 8 sagt: „Da die §§ 1—3 nicht speziell vom Pfarramte, sondern allgemein vom geistlichen Amte sprechen, so sind mithin auch bei Anstellung eines Geistlichen zum öffentlichen Lesen der Messe und zur Vornahme einzelner geistlicher Handlungen außerhalb der Pfarrkirche die Bestimmungen des § 1 nicht anwendbar, so ist gerade das Umgekehrte richtig, wie denn auch der von ihm citirte Röbbelen, das Gesetz vom 11. Mai 1873. Trier 1873 S. 7, dem die Stelle sonst wörtlich entnommen ist, sagt: „Die Bestimmungen des § 1 nicht außer Acht zu lassen."

Was die Vornahme von geistlichen Funktionen durch Hauskapläne betrifft, so ist die Anwendung des § 2 auf diese dann nicht ausgeschlossen, wenn sie dabei thatsächlich als Gehülfen des eigentlichen Pfarrers erscheinen, wenn sie also namentlich öffentlich in der Privatkapelle Gottesdienst abhalten, zu dem außer der Familie des Besitzers auch andere Personen aus der Pfarrei zugelassen werden, — so auch Erk. des Ob.-Tribunals S. f. Str.-S. II. Abth. v. 25. Februar 1875 (Entscheidungen Bd. 74 S. 327) — oder wenn sie in der Kapelle eigentliche Pfarrverrichtungen, wie z. B. Taufen, Ehe-Einsegnungen vornehmen, weil die Kapellen für solche nicht bestimmt sind.

S. 105 Anm. 3 ist am Schl. hinzuzufügen:

Vgl. Nachtrag zu S. 100 Anm. 1.

S. 107. In Anm. 4 von S. 106 ist in der Zeile 2 hinter: „gleichmäßig zu" hinzuzufügen:

so hat auch das Ober-Trib. Sen. f. Straff. II. Abth. v. 20. Oktober 1874 erkannt (Entscheidungen Bd. 73 S. 401, Oppenhoff, Rechtsprechung Bd. 15 S. 696), und am Schluß dieser Anm.:

Doch hat ein Reskr. des Min. d. geistl. Angel. v. 9. Dezember 1873 angenommen, daß die Vornahme einer Amtshandlung durch einen Pfarrer in einer vakanten Nachbarspfarrei durch den § 2 nicht berührt werde, dieser vielmehr erst anwendbar werde, wenn der Bischof dem Pfarrer einen ausdrücklichen Auftrag zur Verwesung der erledigten Parochie gebe. Ein weiteres Reskript bestimmt: „Die Vornahme einzelner Amtshandlungen in einer vakanten Pfarrei seitens gesetzmäßig angestellter Geistlichen aus den benachbarten Parochieen auf Ansuchen der Pfarrgenossen ist nicht strafbar. Es ist daher auch nicht von Erheblichkeit, ob der auswärtige Pfarrer, der einzelne Amtshandlungen vornimmt, in geringerer oder weiterer Entfernung seinen Wohnsitz hat. Auch bei einer besetzten Pfarrstelle sind einzelne Amtshandlungen, die ein fremder, jedoch gesetzlich bestellter Geistlicher vornimmt, nicht ohne Weiteres strafbar. Die bloße Substituirung eines andern Geistlichen für eine einzelne Amtshandlung ist nicht als Uebertragung der Stellvertretung oder Hilfeleistung in einem Amte aufzufassen. Nach demselben Grundsatze ist wegen der sogenannten Gastpredigten zu entscheiden und wird demgemäß kein Grund zum Einschreiten vorliegen, wenn ein Geistlicher einen anderen gleichfalls gesetzmäßig angestellten Geistlichen statt seiner eine Amtshandlung vornehmen läßt."

S. 109 Anm. 5 a. Schl. hinzuzusetzen:

Wenn Herrfurth a. a. O. S. 41 bemerkt, daß die K.-O. v. 1841 nach wiederholten Entscheidungen des Min. der geistlichen Angelegenheiten noch in Kraft stände, so ist dies insoweit unrichtig, als sie ein staatliches Erforderniß für die Bildung der Theologie Studirenden festsetzt. Ein Einspruch des Ober-Präsidenten auf Grund des § 16 Nr. 1 wird also niemals erhoben werden können, wenn der Kandidat gemäß § 4 drei Jahre auf einer deutschen, aber darunter nicht ein Semester auf einer preußischen Universität studirt hat. Nur das ist richtig, daß die Kab.-Ordre, insofern sie eine auch von dem kirchlichen Gesetzgeber ausgegangene Norm für die Bildung der evangelischen Theologen enthält, für das kirchliche Gebiet bestehen geblieben ist, und die kirchlichen Behörden den vorgeschriebenen Besuch der preußischen Universitäten verlangen können.

S. 111. Hinter Anm. 3 ist hinzuzufügen:

Verfügung des Kultusministers vom 20. Februar 1874 (Staatsanzeiger vom 24. deff. M.): „Von verschiedenen Seiten ist mir die zuverlässige Mittheilung geworden, daß eine größere Anzahl der Zöglinge des geschlossenen geistlichen Seminars dortselbst sich nach Innsbruck begeben hat, um bei der dortigen theologischen Fakultät das Studium fortzusetzen. Die Einrichtungen dieser Fakultät sind, sowohl was die Lebensweise der Studirenden, als auch, was die Art, sowie den Inhalt und die Tendenzen des Unterrichts anlangt, nicht von der Beschaffenheit, daß das Studium bei dieser Fakultät einen genügenden Ersatz für das im § 4 des Gesetzes vom 11. Mai v. J. über die Vorbildung und Anstellung der Geistlichen vorgeschriebene Studium auf einer deutschen Staats-Universität zu gewähren vermöchte. Demgemäß haben diejenigen Studirenden der katholischen Theologie, welche in Innsbruck ganz oder theilweise ihr Studium absolviren, nicht darauf zu rechnen, daß ihnen behufs ihrer dereinstigen Anstellung in einem inländischen geistlichen Amte mit Rücksicht auf das Studium in Innsbruck auf Grund des § 5 des gedachten Gesetzes Dispensation von dem Erforderniß eines dreijährigen Studiums auf einer deutschen Staats-Universität werde ertheilt werden. Eure Hochwohlgeboren ersuche ich ergebenst, dies gefälligst in der dortigen Provinz auf geeignetem Wege zur öffentlichen Kenntniß zu bringen. Falk.

An den Königlichen Ober-Präsidenten Herrn Günther
Hochwohlgeboren in Posen.

Vorstehende Verfügung wird hierdurch mit dem Bemerken veröffentlicht, daß die darin ausgesprochenen Grundsätze auf alle Inländer Anwendung finden, welche die theologische Fakultät in Innsbruck besuchen.

Der Minister der geistlichen ꝛc. Angelegenheiten.
Falk.

S. 117 Anm. 7 a. Schl.:

Durch Reſk. des Min. der geistl. Angelegenh. v. 12. November 1874 sind die Prüfungs-Kommissionen für das Jahr 1875 zum ersten Mal gebildet worden.

S. 122 Anm. 1 zu § 12 a. Schl. hinzuzusetzen: Vgl. auch das Gesetz vom 21. Mai 1874 Art. 1 und Anm. 6 dazu a. E. (S. 22).

Vgl. ferner Nachtrag zu S. 137.

S. 125 Anm. 6 von S. 123 ist hinter (G. S. S. 1515) in der vorletzten Zeile einzuschalten: und Erk. des Gerichtshofes für Kompetenzkonflikte vom 10. April und 10. Oktober 1874 (Justiz-Min. Bl. von 1874 S. 156. 342).

S. 128 zu § 15 ist zu vergleichen Art. 1 des Gesetzes vom 21. Mai 1874 (S. 19).

S. 129 ist hinter Abs. 2 a. Schl. hinzuzufügen: Diese Ansicht ist auch entgegen der früheren Entscheidung v. 13. April 1874 (Oppenhoff, Rechtsprechung Bd. 15 S. 236) gebilligt durch das Präj. Nr. 338 des Ob. Trib. Sen. f. Str. S. v. 12. Oktober 1874: Ein Pfarrer, welcher nach der bestehenden Verfassung der Kirche die Befugniß hat, einen Geistlichen zur vorübergehenden Stellvertretung oder Hülfsleistung anzunehmen, ist bezüglich der Uebertragung des Amtes als geistlicher Oberer im Sinne der §§ 15 und 22 des Gef. v. 11. Mai 1873 nicht anzusehen (Entschdgen. Bd. 73 S. 425; auch bei Hartmann, Ztschr. Bd. 1 S. 153; Goltdammer, Archiv für Strafrecht Bd. 22 S. 521; Oppenhoff, Rechtsprechung des Ob. Trib. Bd. 15 S. 649, s. auch Erk. v. 23. Oktober 1874 a. a. O. S. 713). Der entscheidende Theil der Motivirung lautet:

in Erwägung .... daß, in Ermangelung einer besonderen Definition, zur Erklärung des Begriffes nach allgemeinen Interpretationsregeln auf das zurückgegangen werden muß, was die Gesetzessprache in Preußen bis dahin regelmäßig unter „geistlichen Oberen" verstanden hat; daß dieses aber nur diejenigen geistlichen Behörden oder Personen sind, welchen die s. g. Jurisdiktionsgewalt (äußere Verwaltung, Regiment) in der Kirche zusteht, als deren Ausfluß namentlich auch das Recht zur Besetzung der kirchlichen Aemter, bezw. zur Bestätigung oder Approbation der seitens eines Anderen stattgehabten Wahlen, Präsentationen u. s. w. erscheint, mithin in der katholischen Kirche, nach deren gegenwärtigen Verfassung, die Bischöfe und ihre Stellvertreter und Gehilfen im Kirchenregimente, wogegen gewöhnliche Pfarrer niemals zu den geistlichen Oberen gerechnet werden, selbst wenn sie vermöge besonderer gesetzlicher Bestimmung die Befugniß besitzen, in Bezug auf das von ihnen bekleidete Amt, ohne Zuthun ihres Vorgesetzten, einen Gehilfen anzunehmen; daß vor Allem das A. L. R., indem es Th. II. Tit. 11 im 3. Absch. die „Oberen und Vorgesetzten der Kirchengesellschaften" den „Pfarrern" im 6. Abschn. ausdrücklich gegenüberstellt und in einer großen Reihe einzelner Stellen (vgl. z. B. §§ 114, 134—139, 167—169, 217, 220, 238, 328, 398—402, 419 u. s. w.) diesen Gegensatz deutlich hervorhebt, namentlich aber in einem, dem vorliegenden sehr ähnlichen Falle, nicht den den Kaplan annehmenden Pfarrer, sondern den regelmäßigen Vorgesetzten des Pfarrers als geistlichen Oberen bezeichnet, darüber keinen Zweifel läßt, daß es mit dem Ausdrucke „geistliche Obere" eine bestimmte, fest begrenzte Bedeutung in dem oben angegebenen Sinne verbindet; — daß dieser Sprachgebrauch in der preußischen Gesetzgebung und Verwaltung bis auf die neueste Zeit sich fortsetzt und mit demselben auch der allgemeine wissenschaftliche Sprachgebrauch der neueren Zeit übereinstimmt, — daß unter diesen Umständen, ungeachtet der unmittelbaren Anwendbarkeit der betreffenden Bestimmungen des A. L. R. auf einen Theil des Staates — die Annahme, der Gesetzgeber habe in dem Gesetze vom 11. Mai 1873 dem Ausdruck eine besondere, speziell auf die Zwecke des Gesetzes berechnete Bedeutung beilegen wollen, jedenfalls nur dann gerechtfertigt sein würde, wenn derselbe dieses deutlich zu erkennen gegeben hätte; — daß dieses aber keineswegs geschehen ist, daß im Gegentheil die Motive zu dem Gesetze vom 11. Mai 1873 nicht nur bei § 1 — allerdings direkt nur rücksichtlich des Begriffes des geistlichen Amtes — auf die Terminologie des A. L. R. und den neueren wissenschaftlichen Sprachgebrauch sich beziehen, sondern auch überall da, wo sie von den geistlichen Oberen in der katholischen Kirche reden (vgl. Drucksachen des Abgeordnetenhauses für 1872/1873 Nr. 95 S. 11, 21, 22) die Bischöfe oder deren Stellvertreter vor Augen haben; — daß ferner in den Motiven des mit dem Gesetze vom 11. Mai 1873 im engsten Zusammenhange stehenden Gesetzes vom folgenden Tage über die kirchliche Disziplinargewalt mehrfach (vgl. die Motive zu den §§ 1, 3—6, 12) der Ausdruck „geistliche Obere" mit dem im § 1 des Gesetzes selbst gebrauchten Ausdrucke „kirchliche Behörden" für gleichbedeutend erachtet und auf die §§ 137 ff. Tit. 11 Th. II. A. L. R. unmittelbar Bezug genommen ist; — daß auch bei den Verhandlungen in den beiden Häusern des Landtages, insbesondere bei Berathung der gegen die geistlichen Oberen festzusetzenden Strafbestimmungen die verschiedenen legislativen Faktoren übereinstimmend davon ausgegangen sind, daß es sich um eine Strafandrohung gegenüber den „hochgestellten Kirchenoberen" handle, weshalb ein hoher Minimalsatz erforderlich sei (vgl. den Bericht der Kommission des Abgeordnetenh. Nr. 144 der Drucksachen für 1872/1873 S. 34); — daß endlich in den Motiven zum Art. II. des neueren Gesetzes vom 21. Mai 1874 „die Staatsregierung ganz offenbar unterstellt hat, daß ein Pfarrer, welcher, wie im vorliegenden Falle, auf Grund eines Privatabkommens mit einem Geistlichen, solchen als Kaplan oder Hilfsgeistlichen annimmt, nicht geistlicher Oberer desselben sei, da sie sonst diese Fälle nicht zu den Strafbestimmungen, welche davon ausgehen, „daß jede Uebertragung eines geistlichen Amtes entweder von den geistlichen Oberen selbst ausgehen müsse oder von ihnen zu genehmigen sei" in Gegensatz hätte bringen und statt einer bloßen Erläuterung, wie zum Art. I. eine Ergänzung der Strafbestimmung des § 23 nach dieser Richtung hin für nothwendig hätte erachten können."

Ich halte meinerseits diese Ausführungen für durchaus zutreffend. Die Minorität des Straffenates (s. Goltdammer, a. a. O. S. 525. 527. 531) hat dagegen die Meinung vertreten, daß unter geistlichen Oberen diejenigen zu verstehen sind, welche nach der jedesmaligen Kirchenverfassung befugt sind, ein geistliches Amt dauernd oder widerruflich, stellvertretungsweise oder zur Aushülfe zu übertragen, und daß die Anstellung der Hülfsgeistlichen, die ihrer Natur nach ein Akt der Superiorität sei, den Pfarrer an und für sich selbst ohne Rücksicht auf das in Folge der Anstellung eintretende Verhältniß als geistlichen Oberen des Angestellten erscheinen lasse. Dabei ist aber übersehen, daß der vom Pfarrer anzunehmende Hülfsgeistliche stets der Approbation des Bischofs bedarf, um seine Funktionen ausüben zu können, daß also der die Anstellung zur Wirksamkeit bringende Akt nicht vom Pfarrer, sondern vom Bischof ausgeht (s. mein Kirchenrecht Bd. 2 S. 319) und daß schon darum der Pfarrer, der nur dem Hülfsgeistlichen die Geschäftsvertheilung betreffende Anweisungen zu ertheilen hat, selbst vom Standpunkt der Minorität aus füglich nicht als geistlicher Oberer angesehen werden kann. Der Pfarrer gehört eben nicht zu denjenigen, welche definitiv die Uebertragung irgend welcher geistlichen Funktionen zum Abschluß bringen können. Hätte das Gesetz einen relativen Begriff mit dem Ausdruck geistlicher Oberer verbinden wollen, so hätte es korrekter Weise statt „geistlicher Oberer" sagen müssen: Alle diejenigen, welche zur Uebertragung geistlicher Aemter berechtigt sind, haben die Verpflichtung 2c. Dazu kommt, daß das Gesetz bei seinen Maßnahmen die bestehende Verfassung der katholischen Kirche berücksichtigen mußte, und daß danach den geistlichen Oberen im Sinne der Majorität immer eine entscheidende Mitwirkung bei der Besetzung der geistlichen Aemter zukommt.

Wenn nun weiter darauf Gewicht gelegt wird, daß der Staat deshalb nicht bestimmte geistliche Obere im Auge gehabt haben könne, weil es für die Zukunft der autonomen Bestimmung der Kirche anheimgegeben sei, welchen Organen sie die Besetzung der geistlichen Aemter anvertrauen wolle, so trifft dies deshalb nicht zu, weil die katholische Kirche, zu deren wesentlichem Merkmal der Episkopat gehört, hinsichtlich der Jurisdictionsverhältnisse keine Aenderungen, welche den einfachen Pfarrern und den Gemeinden entscheidende Rechte beilegen, treffen kann und treffen wird. Darum paßt auch der für dieses Argument aus § 28 hervorgeholte Beweisgrund über die zu Gunsten der evangelischen Kirche gemachte Ausnahme nicht, und um so weniger, als dabei weiter übersehen worden, daß bei der Vorberathung der Maigesetze schon die Anbahnung der Selbstständigkeitsstellung der evangelischen Kirche, zu welcher in der Kirchengemeinde- und Synodal-Ornnung vom 10. September 1873 der Anfang gemacht worden ist, in Aussicht genommen war.

S. 129 Abs. 3 Z. 1 hinter „Weihbischöfe" ist einzuschalten:
bei besetztem bischöflichen Stuhle — für den Fall der Vakanz desselben kommen die Vorschriften der §§ 1—5 des Gesetzes vom 20. Mai 1874 (S. 43) zur Anwendung.

S. 134 Anm. 17 a. Schl. des Abs. 1 hinzuzufügen: Nach dem Plenarbeschlusse des Gerichtshofes f. kirchl. Angelegenh. v. 7. Januar 1875 ist die Berufung innerhalb der 30tägigen Frist zu rechtfertigen, eine besondere Frist zur Rechtfertigung des Rechtsmittels ist nicht gestattet.

S. 135 Anm. 3 a. Schl. hinzuzusetzen: Vgl. jetzt auch das Gesetz vom 21. Mai 1874 Art. 1 und die Anmerkungen dazu (S. 20 ff.).

S. 135 Anm. 4 sind Abs. 2 Z. 8 v. u. bis Z. 6 v. u. die Worte: „die von ihm eingesegnete Ehe" bis „öffentlichen Glauben" mit Rücksicht auf die seit dem 1. Oktober 1874 durch das Gesetz über die Beurkundung des Personenstandes 2c. vom 9. März 1874 (G. S. S. 95) stattgehabte Einführung der Civilstandsregister und der obligatorischen Civilehe, an dessen Stelle mit dem 1. Januar 1876 das Reichsgesetz über die Beurkundung des Personenstandes 2c. vom 6. Februar 1875 (Reichs-Ges. Bl. S. 23) tritt, zu streichen.

S. 136 Abs. 1 ist a. Schl. hinzuzufügen:
Diese Frage ist für die Zukunft durch die Einführung der obligatorischen Civilehe, s. Ges. vom 9. März 1874 § 24 und Reichsgesetz vom 6. Februar 1875 § 41, erledigt.

S. 136 Abs. 2. Das an dieser Stelle über die Kirchenbücher Bemerkte, — s. dagegen Bahlkamp in Moy, Arch. f. kath. Kirchenrecht Bd. 33 S. 205 — trifft, soweit dabei die Kirchenbücher auch als staatliche Civilstandsregister bezeichnet worden sind, nur noch für diejenigen zu, welche bis zum 1. Oktober 1874 geführt sind, weil mit diesem Tage die staatliche Standesbuchführung in Folge des Gesetzes vom 9. März 1874 in Kraft getreten ist. Wenn seit jenem Zeitpunkt nun auch die Kirchenbücher nur im Interesse der Kirche geführte Register sind, so ist der staatlich nichtig angestellte Pfarrer doch immer nicht befugt, sie zu führen und in Verwahrung zu nehmen, weil er damit eine ihm nicht zustehende Amtshandlung ausübt.

S. 137. Die S. 122 und hier als Zwangsmittel festgesetzte Einhaltung der Staatsmittel ist durch die generell angeordnete Einstellung der Leistungen für die katholischen Bisthümer zufolge des Gesetzes vom 22. April 1875 (s. oben S. 70) unmöglich geworden. Jedes Recht der

Bischöfe auf diese Leistungen ist damit entfallen und zwar sowohl auf die fälligen, als auf die noch rückständigen. Demgemäß können jetzt auch nicht mehr etwa gegen die Bischöfe erkannte Geldstrafen im Wege der Exekution aus den zurückbehaltenen Staatsmitteln getilgt werden.

S. 142 Anm. 7 v. S. 141 ist a. Schl. hinzuzufügen:

und auch vom Ob. Tribunal in dem Erk. des Sen. f. Str. S. Abth. II. vom 16. Juni 1874 (Entschdgen. Bd. 73 S. 390) angenommen.

S. 145 Anm. 1 v. S. 144 ist a. Schl. hinzuzusetzen:

Vgl. jetzt auch das nachfolgende Reskript des Kultusministers vom 30. September 1874:

Mittelst Allerhöchster Ordre vom 27. Juli cr. haben des Kaisers und Königs Majestät die Bestimmung der Kabinets-Ordre vom 7. April 1840, wonach vor der Bildung neuer katholischer Parochien überall die unmittelbare Allerhöchste Genehmigung einzuholen ist, außer Wirksamkeit zu setzen geruht.

Indem ich die Königliche Regierung ꝛc. hiervon in Kenntniß setze, bemerke ich, anlangend das bei Errichtung und Veränderung von katholischen Parochien einzuhaltende formelle Verfahren, was folgt:

Nach den Grundsätzen des preußischen Staatsrechts ist die Befugniß, Parochien zu errichten und die Grenzen derselben zu bestimmen, eine dem Staat vorbehaltene Attribution. Bei Ausübung derselben sollen die geistlichen Oberen ihres dabei obwaltenden Interesses wegen gehört werden. Die eigentliche Entscheidung gebührt dagegen überall der Staatsgewalt, die allein darüber zu bestimmen hat, zu welcher Parochie Jemand als beitragendes Mitglied gerechnet werden soll.

Durch die Verfassungs-Urkunde sind diese Grundsätze, welche in dem Allgemeinen Landrecht (§§ 238 ff. II. 11) einen besonderen Ausdrück erhalten haben, und deren juristisches Motiv darin liegt, daß die Parochialgemeinden als privilegirte Korporationen gelten, weder aufgehoben noch geändert worden (Erk. d. Ober-Tribunals vom 31. Mai 1861, Entsch. 46 S. 31*). Sie haben indeß während der letzten Jahrzehnte nicht mehr gleichmäßig Anwendung gefunden. Während bei evangelischen Gemeinden die Aufstellung und Vollziehung der Erektions-Urkunden überall durch ein gemeinschaftliches Zusammenwirken der Staats- und Kirchenbehörden erfolgt, ist die Konstituirung katholischer Parochial-Verbände wesentlich den Bischöfen anheimgefallen. Sowohl die Einleitung und Führung der bezüglichen Vorverhandlungen, wie die Beschlußnahme und urkundliche Feststellung des neuen Verhältnisses geschieht durch die kirchliche Behörde. Eine Konkurrenz des Staats tritt erst in zweiter Linie mittelst bloßer Genehmigung der bereits ergangenen kirchlichen Anordnungen und regelmäßig nur insoweit ein, als die Wirkung der letzteren in die Sphäre des bürgerlichen Rechts hinübergreifen soll.

Diese Anomalie zu beseitigen und das volle Recht des Staats auch der katholischen Kirche gegenüber zur Anerkennung zu bringen, erscheint aus prinzipiellen wie aus praktischen Gründen geboten.

Demgemäß sind fortan auch bei katholischen Parochial-Innovationen die betreffenden Errichtungs-Urkunden von der zuständigen Bezirks-Regierung gemeinschaftlich mit dem geistlichen Oberen aufzustellen resp. zu vollziehen, vor ihrer Ausfertigung aber hierher mittelst besonderen Berichts zur Prüfung und Bestätigung einzureichen.

Die Königliche Regierung ꝛc. veranlasse ich, hiernach in Zukunft zu verfahren, wobei es sich versteht, daß die vorberegten Grundsätze auch auf die Parochialbildung im Bereich des altkatholischen Kirchenverwesens Anwendung finden.

In Vertretung:

gez. Sydow.

An die sämmtlichen Königlichen Regierungen und Landdrosteien und das Königliche Polizei-Präsidium hierselbst.

S. 149 Anm. 2 in Z. 2 v. o. hinter § 23 hinzuzufügen: und Gesetz vom 21. Mai 1874 Art. 1 nebst Anmerkungen dazu (S. 19) und Art. 2 nebst Anm. 9 vorletzten Abs.

S. 150 Anm. 3 a. Schl. hinzuzufügen:

Nach dem Erk. des Ob. Trib. v. 16. Mai 1874 reicht zur Anwendung des § 22 auch die stillschweigende Genehmigung der faktischen Vornahme einzelner geistlicher Amtshandlungen aus, s. Hartmann, Ztschr. Bd. 1 S. 147, weil das Gesetz keinen Unterschied zwischen ausdrücklicher und stillschweigender Uebertragung, bez. Genehmigung macht, und nach allgemeinen Rechtsgrundsätzen unter der Uebertragung und Genehmigung auch eine stillschweigende verstanden werden muß. (S. auch diese Nachträge zu S. 152 Anm. 2).

S. 150 Anm. 4 a. Schl. hinzuzufügen:

Die civilrechtlichen Grundsätze über Zahlungen gelten hinsichtlich der Leistungen von Geldstrafen nicht, insbesondere tilgt die von einem Dritten für den Verurtheilten gemachte Zahlung die Strafe nicht. Vgl. Beschl. des Ob. Trib. Feriensenat v. 28. Juli 1874 (Hartmann, Ztschr. Bd. 1 S. 42; Oppenhoff, Rechtsprechung des Ob. Trib. Bd. 15 S. 514), dessen Begründung ihrem wesentlichen Kerne nach dahin geht:

„Nach criminalrechtlichen Begriffen ist Strafe dasjenige Uebel, welches nach Bestimmung des Gesetzes wegen einer Uebelthat den Uebelthäter treffen soll. Die Strafe richtet sich entweder gegen das Leben oder die Freiheit oder die Ehre oder endlich gegen das Vermögen der Person, welche ihr unterliegt. Das Strafübel muß also eins dieser Güter des Verurtheilten treffen. Die Geldstrafe ist gegen das Vermögen gerichtet, sie ist aber nur dann ein Strafübel, wenn durch sie dieses Vermögen beeinträchtigt oder verringert wird. Bedeutung und Zweck der Geldstrafe ist also Verringerung des Vermögens des Bestraften, und hierin beruht der wesentliche und durchgreifende Unterschied zwischen dem Forderungsrecht auf eine Geldstrafe und jedem civilrechtlichen Forderungsrecht. Zweck und Bedeutung des letzteren ist eine Vermehrung des Vermögens des Berechtigten. Daß bei der Geldstrafe gleichzeitig das Vermögen des Staates durch Einziehung derselben vermehrt, daß bei der civilrechtlichen Forderung durch Zahlung das Vermögen des Verpflichteten vermindert wird, sind nur Folgen, welche die Natur der beiden Rechte an sich nicht alteriren. Weil nun aber die civilrechtliche Forderung in der Realisirung einer Vermögensvermehrung des Berechtigten ihre Bedeutung findet, aus diesem Grunde ist der Umstand, von wem diese Vermehrung ausgeht, prinzipiell irrelevant, und deshalb auch die Gestattung der Tilgung durch einen anderen als den Verpflichteten, wie sie in §§ 43, 49 Th. 1 Tit. 16 des Allgemeinen Landrechts ihren Ausdruck gefunden hat, eine consequente Folge des Grundsatzes.

Anders verhält es sich bei Geldstrafen, deren Bedeutung in der Verringerung des Vermögens des Verpflichteten besteht. Dem Staate steht nach der Natur der Geldstrafe das Recht zu, daß durch Zahlung derselben das Vermögen des Bestraften vermindert werde. Nur durch eine Zahlung, welche, soweit es erkennbar ist, diesem Rechte entsprechend geleistet wird, wird die auf Leistung der Geldstrafe gerichtete Forderung getilgt, und mithin ist jede von einem Dritten in eigenem Namen erfolgte Zahlung des Betrages der Geldstrafe nicht geeignet, den Schuldner zu befreien, weil eben das Vermögen des Letzteren dadurch nicht verringert oder beeinträchtigt wird. — Es finden mithin die Vorschriften der §§ 43, 49 Theil I. 16, welche auf der Voraussetzung anderer rechtlichen Verhältnisse beruhen, keine Anwendung. Der Umstand, auf welchen in dem Reskript vom 4. August 1832 (vgl. v. Rönne, Ergänzungen 5. Aufl. Bd. 4 S. 783) Gewicht gelegt wird, daß es nicht zu verhindern sein werde, daß faktisch die Zahlung aus dem Vermögen Dritter dennoch erfolge, kann selbstredend für die Frage nach der gesetzlichen Zulässigkeit einer solchen Zahlung nicht von Bedeutung sein. Wird der Betrag der Geldstrafe dem Bestraften von einem Dritten zugewendet, und die Strafe dann von dem Bestraften selbst bezahlt, so hat die Summe sich wenigstens formell zur Zeit der Zahlung in dem Vermögen des Letzteren befunden. Ob auch in solchen Fällen und unter welchen Umständen die Annahme einer solchen Zahlung verweigert werden könne, ist hier nicht zu entscheiden, da im vorliegenden Falle nicht der Bestrafte, sondern ein Dritter direkt in eigenem Namen und sogar gegen den Widerspruch des N. die Zahlung geleistet hat. Wenn nun aber eine positive gesetzliche Bestimmung nicht besteht, durch welche die Entrichtung von Geldstrafen durch andere Personen als diejenigen, welche sie verwirkt haben, für statthaft erklärt wird, so muß nach allgemeinen strafrechtlichen Grundsätzen eine solche Zahlung durch

Dritte unbedingt für unzulässig erachtet werden. Es ist ein unbestrittenes, und von den verschiedenen Theorien über die Natur der Strafe nicht berührtes strafrechtliches Prinzip, daß die Strafe von dem Individuum zu verbüßen ist, gegen welches sie wegen Uebertretung einer Strafnorm verhängt worden ist. Bei Lebens-, Freiheits- und Ehrenstrafen ist hierüber auch nie ein Zweifel erhoben worden. Mit diesen steht aber die Geldstrafe, was ihre Natur als Strafe und Strafmittel betrifft, auf völlig gleicher Linie. Es findet sich in dem deutschen Strafgesetzbuch nirgend eine Bestimmung, welche zu der Annahme berechtigen könnte, daß bei Geldstrafen eine Ausnahme von dem ersten strafrechtlichen Grundsatze, daß jede Strafe nur denjenigen treffen kann, aber auch treffen muß, gegen welchen sie verhängt ist, statuirt worden wäre. Ist aber eine solche Bestimmung nicht vorhanden, liegt ferner auch kein innerer Grund vor, aus welchem eine exceptionelle Natur der Geldstrafen in dieser Beziehung sich herleiten ließe, so muß das oben angeführte Prinzip zur Geltung gelangen, und nach diesem ist jede Stellvertretung bei der Verbüßung irgend einer Strafe, also auch Zahlung der Geldstrafe durch Dritte unbedingt unstatthaft, und es ist der Staat nicht berechtigt, solche Zahlungen anzunehmen."

Ueber die Einwirkung etwaiger Zahlungen der Geldstrafen nach stattgehabtem Antritt der substituirten Gefängnißstrafe auf die Zeit der letzteren und das Princip der dabei aufzustellenden Berechnung, bemerkt das Ob.-Trib. S. f. Str.S. Abth. II. in dem Erk. vom 29. Oktober 1874 (Oppenhoff, Rechtsprech. des Ob.-Trib. Bd. 15. S. 723), auf dessen nähere Besprechung hier verzichtet werden muß, Folgendes:

„In Erwägung, daß das angegriffene Urtheil hierdurch die erkannte Strafe für verbüßt erachtet, indem es von der rechtlichen Ansicht ausgeht, es sei in dem Falle, wo die erkannten mehreren Geldstrafen den Betrag übersteigen, welcher sich ergebe, wenn die Zahl der Tage zweier Jahre, also 730 mit 5 Thlr. multiplicirt werde, wenn sie also mehr als 3650 Thlr. betragen, für die Umwandlung der Geldstrafe in Gefängnißstrafe nicht der Maßstab im Absatz 1 § 29 des Reichsstrafgesetzbuches zur Anwendung zu bringen, vielmehr müsse in diesem Falle in Gemäßheit der §§ 78 und 79 Reichsstrafgesetzbuchs ein Tag der Gefängnißstrafe demjenigen Betrage der Geldstrafe gleichgeachtet werden, welcher sich ergebe, wenn der erkannte Betrag der Geldstrafe auf den Höchstbetrag der eventuellen Freiheitsstrafe, also auf 730 Tage gleichmäßig vertheilt werde;

daß jedoch diese Ansicht der richtigen Auslegung der citirten Gesetze nicht entspricht;

in Erwägung nämlich, daß der § 29 Reichsstrafgesetzbuch im ersten Absatze den Maßstab für die Umwandlung der Geldstrafe in Freiheitsstrafe bestimmt, ohne zu unterscheiden, ob die Geldstrafe in einem geringen, oder ob sie in einem hohen, namentlich ob sie in einem die Summe von 1825 Thlrn. übersteigenden Betrage erkannt sei;

daß daher jener Maßstab als ein allgemeiner, auch in dem letzteren Falle anwendbar erscheint, sofern sich nicht das Gegentheil aus einer anderen Verfügung des Gesetzes mit Nothwendigkeit ergiebt;

daß nun zwar der zweite Absatz des § 29 den Höchstbetrag der an Stelle einer Geldstrafe tretenden Freiheitsstrafe auf ein Jahr festsetzt;

daß aber in dieser Vorschrift eine Abänderung des unmittelbar vorher bestimmten Umwandlungsmaßstabes in einen anderen wesentlich verschiedenen nicht gefunden werden kann;

daß, wenn die gedachte Vorschrift diese Bedeutung hätte haben sollen, im zweiten Absatze ebenso wie in dem ersten, als die der Berechnung zu Grunde zu legende Zeit die Dauer eines Tages festgehalten sein würde;

daß es ferner an einem ersichtlichen Grunde fehlt, aus welchem, während im ersten Absatz ein zwar zwischen 1—5 Rthlr. einen Spielraum lassender, im Uebrigen aber fester Maßstab bestimmt ist, im zweiten ein nach dem höhern oder geringern Betrage der Geldstrafe wechselnder Maßstab gewählt sein sollte;

daß es aber am wenigsten in der Absicht des Gesetzes liegend angesehen werden kann, den zu einer höheren Geldstrafe Verurtheilten Demjenigen gegenüber, welcher nur eine geringere

Geldstrafe verwirkt hatte, dadurch zu begünstigen, daß er durch Abbüßung eines Tages Gefängniß von einem größeren Betrage der Geldstrafe frei würde, als dieser;

daß bei Anwendung des § 78, dessen zweiter Absatz sich von dem des § 29 nur dadurch unterscheidet, daß er für die Umwandlung mehrerer Geldstrafen den Höchstbetrag der zu substituirenden Freiheitsstrafe auf zwei Jahre festsetzt, diese Begünstigung noch greller hervortritt, indem je größer die Zahl der Vergehen und je höher die Gesammtsumme der verhängten Geldstrafen wäre, ein um so größerer Betrag der letzteren durch Erstehung eines Tages Gefängniß getilgt werden würde;

daß ein solches dem Rechtsgefühle widerstrebendes Ergebniß ausgeschlossen wird, wenn man dem Absatz 2 in § 78 wie in § 29 nur die — zugleich dem Wortsinne entsprechende — Bedeutung beilegt, daß der zu Geldstrafe Verurtheilte im Falle des Unvermögens den ganzen Betrag derselben zu zahlen, nicht länger als ein Jahr, beziehungsweise zwei Jahre seiner Freiheit beraubt werden soll, daß aber für den Fall einer theilweisen Abtragung der Geldstrafe der in § 29 Absatz 1 bestimmte Maßstab der Umwandlung, welcher selbstverständlich auch für die Fälle des Absatz 4 des § 28 Anwendung finden muß, da es sonst hierfür auch bei einer den Höchstbetrag erreichenden eventuellen Freiheitsstrafe an jedem gesetzlichen Maßstabe fehlen würde, unberührt bleibt, und es demgemäß dem Ermessen des Gerichts überlassen ist, innerhalb der Grenzen von 1—5 Thlr. den Betrag festzusetzen, welchem ein Tag Gefängniß gleich zu achten sei;

in Erwägung, daß bei dieser Auslegung des Gesetzes allerdings der Fall eintreten kann, daß der zu Geldstrafen Verurtheilte, obgleich er einen großen Theil derselben gezahlt hat, dennoch volle zwei Jahre Gefängniß abbüßen muß;

daß aber ein wesentliches Bedenken aus diesem Ergebnisse nicht hervorgeht, weil dasselbe nur als eine Folge des Grundsatzes sich darstellt, daß bei Geldstrafen — abweichend von Freiheitsstrafen — ein Höchstbetrag im Gesetze überhaupt nicht vorgesehen und mithin der Verurtheilte zur Zahlung des ganzen Betrages der Geldstrafe unbedingt verpflichtet ist, und weil sonach in dem unterstellten Falle der Verurtheilte nicht in besonders harter Weise betroffen, vielmehr nur nicht der besonderen Wohlthat theilhaftig wird, welche das Gesetz den zu Geldstrafe Verurtheilten durch Beschränkung des Höchstbetrages der eventuellen Gefängnißstrafe angedeihen läßt;

in Erwägung, daß hiernach das angegriffene Urtheil wegen Verletzung der §§ 78, 79, 29 Reichsstrafgesetzbuchs vernichtet und zur Sache selbst, wie geschehen, erkannt werden muß ..."

Erk. des O. Tr. S. f. Str. S. II. Abth. v. 4. Mai 1875 (Oppenhoff a. a. O. Bd. 16. S. 338): Die Genehmigung der Anstellung eines Geistlichen ist, wenn sie den gesetzlichen Vorschriften zuwider erfolgte, auch dann strafbar, wenn sie nicht auf die Uebertragung eines bestimmten Amtes gerichtet, sondern in der Form einer generellen Ermächtigung zu geistlichen Amtshandlungen ertheilt war.

Erk. dess. S. Abth. I v. 28. Mai 1875 (Oppenhoff a. a. O. Bd. 16. S. 397): Die bischöfliche Verleihung einer Urkunde über den rechtlichen Besitz einer Pfarre an den bisherigen Administrator derselben enthält die Uebertragung eines geistlichen Amtes.

S. 150 Anm. 1 zu § 23 a. Schl. ist hinzuzufügen:

Geistliche Amtshandlungen sind übrigens alle Handlungen, die in Ausübung des geistlichen Amtes vorgenommen werden, selbst wenn sie, wie z. B. die Mitwirkung im Kirchenvorstande oder Kirchenfabrikrath, die Vornahme von Verwaltungsgeschäften, an und für sich nicht einen geistlichen Charakter haben. Auch diese sind daher strafbar.

Das S. 88 Anm. 2 gedachte Princip kommt hier ebenfalls zur Anwendung, d. h. alle Amtshandlungen, welche kraft des nichtig übertragenen Amtes oder des nichtigen Auftrages zur Stellvertretung oder Hülfeleistung vorgenommen worden sind, sind strafbar, wenn sie auch möglicher Weise kraft der allgemeinen Standespflicht statthaben könnten, so auch das Ob.-Trib. i. d. Erk. v. 12. Juni 1874 (bei Hartmann, Ztschr. Bd. 1. S. 150). S. ferner Erk. der II. Abth. des Str. S. v. 25. Februar 1875 (Entscheidungen Bd. 74. S. 327; Oppenhoff a. a. O. B. 16. S. 149).

Vgl. weiter Erk. des Ob. Trib. v. 14. Februar 1874 (a. a. O. S. 151) u. v. 2. Juni 1874 (Oppenhoff, Rechtsprechung Bd. 15. S. 354), wonach das Lesen einer stillen Messe in der Pfarrkirche — ebenso Erk. des Ob. Appell. Ger. zu Berlin v. 21. März 1874, Oppenhoff, Rechtsprechung Bd. 15 S. 172 —, das Halten einer Beerdigungsrede und das Einsegnen einer Leiche, ferner Erk. dess. v. 30. Juni 1874 (Hartmann, Bd. 2. S. 49), wonach das Beichthören unter den Begriff der geistlichen Amtshandlungen im Sinne des § 23 des Gesetzes fällt. Dagegen ist von der Verwaltungspraxis angenommen worden, daß das Lesen einer Messe durch den Geistlichen allein, falls sie ohne Zuziehung von Andächtigen, in Betreff derer dadurch eine cura animarum ausgeübt werden würde, erfolgt, als eine in Erfüllung der allgemeinen Priesterpflicht vorgenommene, also nicht strafbare Handlung anzusehen ist, vgl. auch Erk. des Ob. Tr., S. f. Str. S. II. Abth. v. 15. Dezember 1874 (Oppenhoff, a. a. O. S. 867, u. v. 4. März 1875 (Oppenhoff Bd. 16. S. 184). Die Kab.-Ordre vom 16. Februar 1841 (J. M. Bl. S. 159), welche übrigens nicht als Gesetz publicirt ist, kann für die Beurtheilung des Begriffes einer geistlichen Amtshandlung nach § 23 nicht maßgebend sein.

Dagegen hat das Ob. Trib., S. f. Str. S. im Erk. v. 12. Oktober 1874 Pr. 339 Nr. 1: „Ein Geistlicher, welcher unbefugt sich mit Ertheilung des religiösen Unterrichts in einer öffentlichen Volksschule befaßt, ist im Geltungsbereiche des A. L. R. nach dem § 132 des R.-Str.-G.-B. strafbar" (Entscheidungen Bd. 73 S. 406; Oppenhoff, Rechtsprechung des Ob.-Trib. Bd. 15. S. 655; Hartmann, a. a. O. Bd. 1. S. 305) ausgesprochen, daß die betreffende Handlung durch einen nichtig angestellten Geistlichen nicht nach § 23 dieses Gesetzes strafbar ist. Begründet ist dies damit, daß nach den §§ 1 ff. Tit. 12. A. L. R. die Schulen Veranstaltungen des Staates sind und der Aufsicht des Staates unterliegen, sowie daß der Art. 24 Abs. 2 der Verfassungsurkunde über die Leitung des Religionsunterrichts in den Volksschulen durch die Religionsgesellschaften zu den nach Art. 112 bis zum Erlasse des Art. 26 vorgesehenen allgemeinen Unterrichtsgesetzes suspendirten gehöre, worin auch durch das Gesetz vom 21. März 1872 nichts geändert sei.

Darauf, daß der Geistliche auch die Absicht gehabt habe, das geistliche Amt als solches zu verwalten, kommt es nicht an, s. Erk. des Ob. Trib. S. f. Str. S. Abth. II v. 28 Mai 1874 (Entscheidungen Bd. 72 S. 385; Oppenhoff, Rechtsprechung des Ob. Trib. Bd. 15 S. 335): „in Erwägung, daß eine Verkennung des richtigen Sinnes des § 23 darin liegt, wenn der Anklage-Senat es für erheblich erachtet hat, ob der Beschuldigte die fraglichen Amtshandlungen in der Absicht, das Pfarramt zu B. zu verwalten, vorgenommen habe, da das Gesetz von einer derartigen Absicht die Strafbarkeit des Geistlichen im Falle des § 23 nirgends abhängig macht, vielmehr als einzige in dieser Beziehung einschränkende Bestimmung die im § 2 Abs. 2 enthaltene aufstellt." Vgl. auch Erk. ders. Abth. v. 25. Februar 1875 (Entscheidungen Bd. 74. S. 327; Oppenhoff, a. a. O. Bd. 16. S. 149).

Die Frage, ob mehrere einzelne dem § 23 zuwider vorgenommene Handlungen nach § 74 zu bestrafen oder ob in diesem Falle die Voraussetzungen der §§ 78 u. 79 des R.-Str.-G.-B. vorliegen, war vom Ob.-Trib. S. f. Str. S. I. Abth. im Erk. vom 6. Mai 1872 und II. Abth. im Erk. vom 2. Juni 1874 (Entscheidungen Bd. 72 S. 346; Hartmann, Ztschr. Bd. 1 S. 139; Oppenhoff, a. a. O. Bd. 15. S. 281. 316) unter Heranziehung des § 132 des R.-Str.-G.-B. dahin entschieden worden, daß das Wesen des Vergehens des § 23 nicht in der Vornahme der einzelnen Amtshandlungen, sondern in der unbefugten Ausübung des Amtes als solchen, welche sich in der Vornahme der einzelnen Handlungen manifestire, bestehe, während das frühere Ob.-Appellat.-Ger. in dem Erk. v. 28. März 1874 (Just. Min. Bl. von 1874 S. 126; Oppenhoff, a. a. O. S. 197) angenommen hatte, daß jede einzelne geistliche Amtshandlung als thatsächlicher Ausdruck der Uebernahme des Amtes strafbar sei. Das Präj. des Ob.-Tribunals S. f. Str. S. 339 v. 12. Oktober 1874 Nr. 2: „Wenn Jemand in einem ihm den Vorschriften der §§ 1—3 des Gesetzes vom 11. Mai 1873 zuwider übertragenen Amte mehrere geistliche Amtshandlungen vorgenommen hat, so steht der § 23 dieses Gesetzes der Annahme der Instanzrichter nicht entgegen, daß der Schuldige mehrere selbstständige Handlungen begangen habe" (Entscheidungen Bd. 73. S. 406; Oppenhoff, Rechtsprechung des Ob.-Trib.

Bd. 15. S. 655; Hartmann, a. a. O. Bd. 1. S. 305) hat sich mit Recht auf die letztere Seite gestellt. „Denn, wenn auch nicht jede Amtshandlung eines Geistlichen nothwendig zugleich eine selbstständige Handlung im Sinne des § 74 des R.-Str.-G.-B. zu sein braucht, da ein und dasselbe Thun gleichzeitig oder successive eine Reihe von Amtshandlungen in sich schließen kann, z. B. Abnahme der Ohrenbeichte von einer Anzahl von Personen hinter einander, Massenbegräbnisse u. s. w., ohne dadurch den Charakter eines einheitlichen und in sich abgeschlossenen Thuns zu verlieren, so kann doch auf der anderen Seite eine einzelne Amtshandlung in sich abgeschlossen sein und den Begriff des Vergehens erfüllen, und alsdann muß eine fernere in sich abgeschlossene Amtshandlung, welche zu der ersteren hinzukommt, nach den allgemeinen Grundsätzen des § 74 des R.-Str.-G.-B. in das Verhältniß der Realkonkurrenz treten. Dieser Auffassung steht auch weder der Umstand entgegen, daß der § 23 von geistlichen Amtshandlungen in der Mehrzahl spricht, noch die Analogie des R.-Str.-G.-B. § 132 .... denn auch das R.-Str.-G.-B. redet bei Definition einer strafbaren Handlung sehr häufig .... (vgl. §§ 125. 131. 134. 137, außerdem noch die §§ 150. 151. 176. 317. 321. 324 u. s. w.) von den strafbaren Handlungen in der Mehrzahl, ohne dadurch ausdrücken zu wollen, daß eine einzelne Handlung zum Thatbestand nicht genüge, oder daß doch wenigstens die Handlungen entgegen den allgemeinen Grundsätzen des § 74 über die Realkonkurrenz immer nur als eine einzige Uebelthat aufzufassen seien. Was aber die erwähnte Analogie anbelangt, so kann es ganz dahin gestellt bleiben, ob in den im § 132 zunächst erwähnten Fällen .... wegen mehrerer Handlungen, in welchen sich das Befassen mit dem Amte manifestirt, stets nur eine einzige Strafe erkannt werden kann. Denn die Fassung des § 23 ist eine wesentlich andere, als die für die erstere Alternative des § 132 gewählte. Dort hat der Gesetzgeber die Strafbarkeit nicht auf das „Befassen", sondern auf die Vornahme einer Amtshandlung gestellt und damit ausgesprochen, daß die Amtshandlung das strafbegründende Moment sei, gleichwie bei der zweiten Alternative des § 132. Er geht hierbei auch nicht davon aus, daß der betreffende Geistliche sich absolut unbefugt das Amt anmaße .... Der Gesetzgeber fordert nur eine Mitwirkung des Staates, die jederzeit nachgeholt werden kann und alsdann die Uebertragung zu einer rechtsgiltigen macht. Er will also nicht die Annahme des Amtes, sondern die möglichen Wirkungen dieser Annahme, die einzelnen Amtshandlungen treffen" ....

Inwieweit Küster, Sakristane, Organisten wegen der Mitwirkung bei nach § 23 verbotenen Amtshandlungen zu bestrafen sind, darüber entscheiden die §§ 47 ff. des R.-Str.-G.-B. über Theilnahme.

S. 152 Z. 12 v. o. in der Anm. 2 v. S. 151 ist nach: erhoben worden ist hinzuzufügen:

Jedoch trifft dies Alles dann nicht zu, wenn ein dem Gesetze zuwider angestellter Geistlicher sich für seine Straflosigkeit darauf beruft, daß er die Amtshandlung bei Gefahr im Verzuge vorgenommen, s. Erk. des Ob. Trib. S. f. Str. S. Abth. II v. 28. November 1874 (Oppenhoff, Rechtsprech. Bd. 15. S. 822).

S. 152 Anm. 2 von S. 151 ist a. Schl. hinzuzufügen:

S. jetzt das Gesetz vom 21. Mai 1874 Art. 2 nebst Anmerkungen (S. 22).

Vgl. ferner Erk. des Ob. Trib. S. f. Str. S. Abth. II v. 7. Mai 1874 (Entscheidungen Bd. 72. S. 392; Oppenhoff a. a. O. Bd. 15. S. 289) und ders. Abth. vom 28. Mai 1874 (Entscheidungen Bd. 72. S. 385, Oppenhoff a. a. O. S. 332), wonach der § 23 Abs. 1 nicht voraussetzt, daß die Uebertragung von dem geistlichen Oberen unmittelbar geschieht, sondern es auch genügt, daß sie von ihm ausdrücklich oder stillschweigend genehmigt wird (s. auch diese Nachträge zu S. 150 Anm. 3 o. S. 208).

S. 152 hinter Anm. 3 ist einzuschalten:

[3a] **dauernd.** In dem auf Grund des § 23 Abs. 2 eingeleiteten Strafverfahren hat der Strafrichter auch die Frage selbstständig zu entscheiden, ob das Pfarramt dauernd verwaltet sei oder nicht, wenngleich vorher der Ober-Präsident für die von ihm einzuleitenden Maßregeln diese Frage gleichfalls zu prüfen hat, s. Erk. des Ob. Trib. S. f. Str. S. Abth. II v. 16. Juni 1874 (Entscheidungen Bd. 73. S. 390; Oppenhoff, Rechtsprechung Bd. 15. S. 414).

Eine dauernde Verwaltung des Pfarramtes liegt nicht vor, wenn auch der Geistliche, welcher es provisorisch verwaltet, durch die Präsentation des Patrons ein persönliches Recht (jus ad rem) auf die Verleihung des Amtes erlangt hat. Das Gesetz versteht vielmehr darunter ein definitiv und unwiderruflich übertragenes Amt (s. auch Kirchengesetze S. 140 Anm. 6), so daß also noch das Hinzukommen der Institution des Präsentirten (der Erwerb des sog. jus in re) erforderlich ist, s. die citirte Entscheidung.

S. 154 Anm. 3 hinzuzusetzen:

Die Bestimmung des § 26 kommt auch für die Versehung von Hülfsämtern oder Stellvertretungen, die dem Geistlichen vor dem Inkraftreten des Gesetzes übertragen worden sind, zur Anwendung, vgl. S. 153 Anm. 2; dagegen trifft sie nicht zu für Ordensgeistliche, wenn vor dem gedachten Zeitpunkte blos vom Bischof ein genereller Auftrag an den Orden bez. ein Kloster desselben zur Verwaltung der Seelsorge ertheilt worden ist, weil daraus der einzelne Ordensgeistliche für seine Person kein Recht erlangt hat.

S. 155 Anm. 1 zu § 27 am Schl. Die Prüfungskommissionen, welche die Staatsprüfung in Verbindung mit der theologischen Prüfung abnehmen, sind zum erstenmal durch Reskr. des Min. d. geistl. Angelegenh. v. 12. November 1874 gebildet worden. Vgl. auch Erl. des Berl. Konsistor. v. 6. Februar 1875 (Allg. Kirchen-Bl. f. d. evang. Deutschland Jahrg. 1875. S. 451).

S. 156 Anm. 3 v. 155 ist hinzuzusetzen:

Vgl. auch Gesetz vom 21. Mai 1874 Art. 2 Anm. 9 a. E. (o. S. 24).

S. 156 Z. 1 v. u. ist hinter: Bonn 1873 einzuschalten:

Friedberg, der Staat und die Bischofswahlen in Deutschland. Leipzig 1874. 2 Bde.

S. 157 am Schl. des Abs. 1 ist hinzuzufügen: Rosner, Weiteres über die Bischofswahlen in Moy, Arch. f. kath. Kirchenrecht Bd. 33. S. 92. 272; Bd. 34. S. 90.

S. 160 ist Abs. 1 bis 3 zu streichen, da jetzt für diese Fälle das Gesetz vom 20. Mai 1874 (s. S. 43) zur Anwendung kommt.

S. 160 Anm. 6 in Z. 3 v. o. ist hinter „Verordn." einzuschalten:

betr. die ev. militärkirchl. Angelegenheiten im ehem. Königr. Hannover v. 24. Juni 1867 (G. S. S. 919),

S. 161 ist Anlage 1 zu streichen und dafür zu setzen:

Verfügung des Reichskanzlers v. 22. Juli 1874, die Militärdienstpflicht der Theologen betr.: „Gemäß § 22 des Reichsmilitärgesetzes vom 2. Mai d. J. (Reichs-Gesetzbl. S. 45) dürfen Befreiungen der Theologen vom Militärdienst in Berücksichtigung ihres Berufs nicht mehr von den Ersatzbehörden dritter Instanz, sondern nur in der Ministerialinstanz ausnahmsweise bewilligt werden. Von der letzteren ist hierbei als Regel festzuhalten, daß nur solchen Theologen geeigneten Falles die Befreiung zu gewähren ist, welche bei dem Inkrafttreten des Reichsmilitärgesetzes das 23. Lebensjahr bereits überschritten hatten, da alle diejenigen, welche zu dem gedachten Zeitpunkte im Lebensalter noch nicht so weit vorgeschritten waren, der einjährig-freiwilligen Dienstpflicht ohne erheblichen Nachtheil für ihr Studium genügen können. Theologen, welche bisher auf Grund des § 44 Nr. 1 der Militärersatzinstruction zurückgestellt worden sind, darf ohne Rücksicht auf ihr Lebensalter die Berechtigung zum einjährig-freiwilligen Dienste von den Ersatzbehörden dritter Instanz nachträglich ertheilt werden, sofern sie bei dem Ablaufe des ihnen ertheilten Ausstandes die erforderliche Bildung nachweisen".

S. 181 Z. 11 v. u. ist hinter: „Bd. 58 S. 351" einzuschalten:

Erk. v. 28. März 1873, Striethorst, Archiv Bd. 88. S. 345.

S. 184 Z. 2 v. u. ist hinter: „läßt sich" einzufügen: nicht.

S. 186 Anm. 1 zu § 8 Z. 2 v. o. ist hinter: „namentlich" einzuschalten:

die auf Grund des Gesetzes vom 12. Juni 1874 (G. S. S. 238) mit Korporationsrechten versehenen Mennoniten-Gemeinden.

S. 186 Z. 7 v. u. ist hinter: und 3 (G. S. S. 516) einzuschalten:

die Baptisten-Gemeinden, welche auf Grund des Gesetzes vom 7. Juli 1875 (G. S. S. 374) Korporationsrechte erlangt.

S. 187 Z. 2 **bis** 4 v. o. sind die Worte: „die jansenistisch-katholische Gemeinde“ bis „Flensburg 1778 S. 331 ff.“ zu streichen. (Vgl. auch o. S. 197. Nachtrag zu S. 6.)

S. 187 Z. 5 u. 6 v. o. sind die Worte: „Mennoniten, bez. Baptisten“ zu streichen, s. die in den Bemerkungen zu S. 186 citirten Gesetze.

S. 189 Z. 7 v. u. ist zu streichen: „die Mennoniten“ und „Baptisten“, s. die in den Bemerkungen zu S. 186 citirten Gesetze.

S. 192 erledigt sich die Ausführung zu a. über die Mennoniten und ist Nr. 1 ganz zu streichen, weil das im vorigen Zusatz erwähnte Gesetz § 3 „die Vorschriften, nach welchen Mennoniten zu persönlichen Abgaben und Leistungen an evangelische oder katholische Kirchensysteme verpflichtet sind“, insbesondere auch das Edikt vom 30. Juli 1789 aufgehoben hat und die Standesbuchführung und Eheschließung der Mennoniten durch das Gesetz vom 9. März 1874 über die Beurkundung des Personenstandes 2c., bez. das mit dem 1. Januar 1876 in Kraft tretende Reichsgesetz vom 6. Februar 1875, geregelt wird.

Anlage

6. Zu S. 99. §. 5. Abs. 2.

Cirkular-Verfügung der Minister des Innern und der geistlichen rc. Angelegenheiten

zur Ausführung des Gesetzes vom 31. Mai 1875, betreffend die geistlichen Orden und ordensähnlichen Kongregationen der katholischen Kirche vom 26. Juni 1875.

I. In dem §. 1 des Gesetzes, welcher in seinen beiden ersten Absätzen der Fassung des Reichs-Gesetzes vom 4. Juli 1872, betreffend den Orden der Gesellschaft Jesu, entspricht, ist vorbehaltlich der Bestimmung des §. 2 der Ausschluß der Orden und Kongregationen von dem Gebiete der Monarchie (Abs. 1), das Verbot der Errichtung neuer Niederlassungen (Abs. 2) und die Auflösung der bestehenden binnen einer bestimmten Frist (Abs. 3) vorgesehen. Daraus folgt, daß mit dem Ablauf dieser Frist jede fernere Ordens-Thätigkeit, d. h. jede Thätigkeit, welche von dem Orden oder der Kongregation ausgeht, bzw. alle Funktionen, zu welchen ihre Mitglieder berufen oder befugt sind, unterbleiben müssen. Worin diese Funktionen bestehen, hängt von der Verfassung und den Zwecken der betreffenden Genossenschaft ab und wird daher in jedem einzelnen Fall besonders festzustellen sein.

II. Durch den Ausdruck „Orden und ordensähnliche Kongregationen“ soll einmal klar gestellt werden, daß das Gesetz sich auf die zwar nach dem katholischen Kirchenrecht verschiedenen, für den Staat aber in den hier fraglichen Beziehungen ganz gleichstehenden Orden und Kongregationen bezieht, während es solche Verbindungen, deren Mitglieder sich nicht zu einem gemeinsamen Leben verpflichten und nicht ihre ganze Persönlichkeit den Zwecken eines Ordens oder einer Kongregation zur Verfügung stellen, mithin die kirchlichen Bruderschaften oder Vereine, nicht berührt. (Mot. z. §. 1 Reg.-Vorl.)

Das entscheidende Kriterium liegt hiernach nicht sowohl in der Ablegung von mehr oder minder feierlichen bezw. dauernden Gelübden, sondern in der Organisation der Genossenschaft, durch welche die zu einer vita communis vereinigten Mitglieder außerhalb der gewöhnlichen Ordnung der bürgerlichen Gesellschaft gestellt und in der Gesammtheit ihrer Lebensbeziehungen der Direktion von kirchlichen Oberen unterworfen werden.

III. Der Begriff „Niederlassung“ setzt nicht den Besitz von liegenden Gründen und Gütern voraus. Ebensowenig ist er auf eigentliche Ordenshäuser, Klöster, Anstaltsgebäude rc. beschränkt. Vielmehr genügt im Allgemeinen schon der feste Aufenthalt mehrerer Ordens- oder Kongregations-Mitglieder an einem bestimmten Orte. Auch hier wird es indeß auf die konkreten Verhältnisse ankommen und namentlich zu prüfen sein, ob im gegebenen Falle das Requisit eines nach bestimmten Regeln geordneten gemeinschaftlichen Lebens zutrifft.

IV. Die zur Vollziehung des Gesetzes für jetzt erforderlichen Anordnungen sind im Bereich ihres Geschäftsbezirks mit folgenden Maßgaben von der Königlichen Regierung — Landdrostei — zu treffen. Zunächst bedarf es einer genauen Feststellung:

1. welche Niederlassungen von Orden und ordensähnlichen Kongregationen am 3. Juni d. J., als dem Tage der Verkündung des Gesetzes, dortseits vorhanden gewesen sind. Neue Niederlassungen, d. h. solche, deren Errichtung nach diesem Zeitpunkt fällt, sind nicht gestattet. Hiervon machen auch die der Krankenpflege gewidmeten Genossenschaften (§. 2 l. c.) keine Ausnahme.

Sodann ist durch einen geeigneten Kommissarius

2. der Personalbestand jeder Niederlassung an dem zu 1 bezeichneten Tage festzustellen. Das an Ort und Stelle aufzunehmende Verzeichniß hat die Namen sämmtlicher Mitglieder (Vorsteher, Professen, Novizen, Laienbrüder rc.), ihre persönlichen Verhältnisse (Alter, Herkunft, Indigenat, Subsistenzmittel), die Zeit ihres Eintritts und eine Nachweisung des von ihnen hierbei oder sonst der Genossenschaft etwa zugewendeten Vermögens zu enthalten.

Später eingetretene oder aus einer anderen Niederlassung dorthin versetzte Mitglieder sind sofort zu entlassen, und ist dem Vorsteher die Wiederaufnahme derselben zur Vermeidung sofortiger Auflösung der Niederlassung zu untersagen. Wird von einer Genossenschaft, welche sich ausschließlich der Krankenpflege widmet, die Aufnahme neuer Mitglieder beabsichtigt, so ist das betreffende Gesuch mittelst gutachtlichen Berichts an uns zur Entscheidung einzureichen.

Ferner hat der Kommissar

3. den Besitzstand der Niederlassung genau zu ermitteln. Gemäß §. 4 des Gesetzes kann eine Beschlagnahme des Vermögens erst bei Auflösung der Niederlassung erfolgen. Bis dahin unterliegt die Dispositions-Befugniß der Genossenschaft nur denjenigen Beschränkungen, welche in den Staats-Gesetzen und den besonderen Vorschriften des kirchlichen Rechts begründet sind. Da hierdurch die Möglichkeit zu einer Beiseiteschaffung von Korporations-Vermögen nicht ausgeschlossen ist, so wird dieser Umstand bei Festsetzung des Auflösungs-Termins besonders zu erwägen und der Regel nach überall, wo es an einer Gewähr für die Aufrechterhaltung des gegenwärtigen Besitzstandes fehlt, die sofortige Schließung der Niederlassung in Bedacht zu nehmen sein.

Endlich ist von dem Kommissar

4. das für den Auflösungs-Beschluß erforderliche Material durch eingehende Erörterung aller dabei sonst in Betracht kommenden Momente zu beschaffen. Zu diesem Zweck werden die Statuten (Ordensregeln, Haus-Ordnung, Disziplinar-Reglement) einzufordern, die Zwecke, welche die Niederlassung verfolgt und die Art ihrer Wirksamkeit zu konstatiren sein; auch ist zu ermitteln, ob die faktisch bestehenden Einrichtungen den statutenmäßigen Bestimmungen entsprechen. Im Uebrigen bemerken wir Folgendes:

   a. Die im §. 1 Abs. 3 bestimmte 6 monatliche Frist bildet den äußersten Termin, bis zu welchem die Auflösung der Niederlassungen, welche sich nicht mit dem Unterrichte und der Erziehung der Jugend beschäftigen, erfolgt sein muß, und beginnt ihren Lauf mit dem Tage der Verkündung des Gesetzes, also dem 3. Juni d. J. Sie kann nur ausnahmsweise bewilligt werden, während regelmäßig die Auflösung binnen kürzerer Frist, und wo besondere Gründe nicht entgegenstehen, sofort zu erfolgen hat.

   b. Bei Bemessung der Frist ist als leitender Gesichtspunkt festzuhalten, daß den Betheiligten die nöthige Zeit verbleibt, um ihre persönlichen Angelegenheiten zu ordnen und wegen ihres ferneren Unterkommens Vorkehrung zu treffen. Hierbei werden die bei Ausführung des Reichs-Gesetzes vom 4. Juli 1872 gesammelten Erfahrungen zu benutzen, im Allgemeinen kurze Fristen zu bestimmen und wegen etwaiger Weiter-Erstreckung derselben motivirte Anträge abzuwarten sein.

   c. Niederlassungen, welche Unterrichts- und Erziehungs-Zwecke verfolgen, können zwar gleichfalls sofort oder binnen 6 Monaten aufgelöst werden. Mit Rücksicht auf den zur Zeit noch fühlbaren Mangel an weltlichen Lehrkräften, und um das Interesse zu wahren, welches der Staat daran hat, daß jedem schulpflichtigen Kinde der nothwendige Unterricht auch wirklich ertheilt werden kann, ist indeß der Verwaltung die besondere Ermächtigung ertheilt worden, einerseits für Niederlassungen der bezeichneten Art die Auflösungsfrist bis auf 4 Jahre zu verlängern, andererseits auch nach Ablauf dieses Zeitraums einzelnen Genossenschafts-Mitgliedern die Ertheilung von Unterricht zu gestatten. Das Motiv dieser Ermächtigung hat in dem Gesetz selbst bestimmten Ausdruck erhalten. Danach soll eine Erstreckung der Frist über 6 Monate hinaus zu dem Zwecke erfolgen, um für den Ersatz der von kirchlichen Genossenschaften bisher geübten Unterrichts- und Erziehungs-Thätigkeit durch anderweite Anstalten und Einrichtungen Zeit zu lassen. Sie findet mithin überall da keine Anwendung, wo für den Unterricht der Jugend in anderer Weise bereits ausreichend gesorgt ist.

d. Dagegen werden Niederlassungen derjenigen Orden und Kongregationen, welche sich ausschließlich der Krankenpflege widmen, von der Vorschrift des §. 1 nicht betroffen. Sie bleiben vielmehr fortbestehen und können eventuell nur durch Königliche Verordnung aufgehoben werden. (§. 2 Ges.) Diese Ausnahmestellung beruht auf der Erwägung, daß die rühmenswerthen Leistungen jener Genossenschaften, namentlich in den letzten Kriegen, eine besondere Berücksichtigung verdienen, und daß es nach den bisher gemachten Erfahrungen Niederlassungen der gedachten Art giebt, welche sich in den Schranken ihrer eigentlichen Aufgabe gehalten und es vermieden haben, daneben auch der Förderung klerikaler Interessen zu dienen.

Nach der ausdrücklichen Bestimmung des Gesetzes kommt indeß die obige Ausnahmestellung nur den ausschließlich mit der Krankenpflege befaßten Orden und Kongregationen zu. Genossenschaften, welche daneben andere Zwecke verfolgen, haben sich daher, um der Vortheile des §. 2 theilhaftig zu werden, auf jene Thätigkeit zu beschränken. Nur sofern eine Lehr- oder Erziehungs-Wirksamkeit in Betracht kommt, findet der Vorbehalt des §. 1 auch auf sie Anwendung und kann demgemäß der Fortbestand ihrer desfallsigen Einrichtungen auch nach Ablauf von 6 Monaten bis auf 4 Jahre gestattet werden. In wie weit hierzu ein Bedürfniß vorhanden, wird in jedem Falle speziell zu prüfen sein. Ebenso bedarf es einer sorgfältigen Erörterung, ob die bisherige Wirksamkeit der Niederlassung auf dem Gebiete der Krankenpflege denjenigen Voraussetzungen entspricht, von welchen der Gesetzgeber bei dem §. 2 ausgegangen ist, oder ob Gründe vorliegen, welche die Auflösung der Niederlassung auf dem vom Gesetz vorgesehenen Wege gerechtfertigt erscheinen lassen.

Der Ausdruck „Krankenpflege" umfaßt übrigens nicht blos die Wirksamkeit der Orden und Kongregationen in den eigentlichen Kranken-Anstalten, sondern jede Thätigkeit, welche auf Pflege und Wartung von körperlich oder geistig kranken resp. mit Gebrechen behafteten Personen, sei es in besonderen Instituten oder unmittelbar in den Familien, gerichtet ist.

V. Die Feststellung des Termins zur Auflösung bleibt für diejenigen Niederlassungen, welche sich mit dem Unterricht und der Erziehung der Jugend beschäftigen, dem Minister der geistlichen Angelegenheiten vorbehalten. Demselben ist zu diesem Behuf das durch den Kommissarius oder anderweit beschaffte Material unter eingehender Erörterung der Frage einzureichen, ob für diejenigen Personen, deren Unterricht und Erziehung bisher von der Niederlassung besorgt war, ein genügender Ersatz durch anderweite Anstalten und Einrichtungen vorhanden bezw. beschafft ist. In den übrigen Fällen des §. 1 hat die Königliche Regierung — Landdrostei — den Auflösungs-Termin selbst zu bestimmen. Wird die Auflösung einer der Krankenpflege gewidmeten Niederlassung für erforderlich erachtet, so ist an uns gemeinschaftlich zu berichten.

Von der vollzogenen Auflösung einer Niederlassung hat die Königliche Regierung — Landdrostei — sofort an uns Anzeige zu erstatten.

VI. Nach §. 3 des Gesetzes sind die fortbestehenden Orden und Kongregationen der Aufsicht des Staats unterworfen. Diese Vorschrift bezieht sich sowohl auf die im §. 2 genannten Genossenschaften für Krankenpflege, wie auf diejenigen Niederlassungen, welche gemäß §. 1, soweit sie sich dem Unterricht und der Erziehung der Jugend widmen, noch auf die nächsten 4 Jahre erhalten bleiben können. Da die Art und der Umfang der Staatsaufsicht wesentlich von der Organisation und den verschiedenen Zielen abhängt, auf welche die Wirksamkeit der Genossenschaften gerichtet ist, so sind die näheren Bestimmungen über die Ausübung jenes Rechts der Verwaltung vorbehalten worden (§. 5 Abs. 2 des Gesetzes). Selbstverständlich wird es sich hierbei nicht blos um Einsichtnahme der Statuten, Evidenthaltung der in den Niederlassungen aufgenommenen Person und zeitweise Inspectionen der Lokalitäten, sondern vorzugsweise um Ueberwachung der gesammten von der Genossenschaft in Erziehung, Unterricht und Krankenpflege entwickelten Thätigkeit handeln, damit Ausschreitungen jeder Art verhindert und für die Beobachtung der gesetzlichen Vorschriften Sicherheit gewonnen wird. Die Aufsicht wird dagegen selbstredend jeden Eingriff in das Ordensleben als solches zu vermeiden haben. Ueber die hiernach den konkreten Verhältnissen entsprechend zu treffenden Kontrol-Maßregeln sehen wir einem gutachtlichen Bericht der Königlichen Regierung — Landdrostei — binnen 6 Wochen entgegen.

VII. Was schließlich das Vermögen der aufgelösten Niederlassungen anlangt, so fällt dasselbe nicht dem Staat als herrenloses Gut anheim, sondern ist nur einstweilen von den Staatsbehörden in Verwahrung und Verwaltung zu nehmen, während die Regelung seiner definitiven Verwendung einem späteren Gesetze vorbehalten bleibt. (§. 4 des Gesetzes.)

Demgemäß bestimmen wir was folgt:

1. Zur Verwahrung und Verwaltung derjenigen Gütermassen, welche der gesetzlichen Beschlagnahme unterliegen, ist für den Bereich des dortigen Geschäfts ein Staats-Kommissarius zu bestellen. Derselbe wird von dem Regierungs-Präsidenten — Landdrosten — ernannt, welcher zugleich die erforderlichen Maßnahmen — eventuell im Wege des administrativen Zwangsverfahrens — trifft, um das Vermögen der Verfügung des Kommissars zu unterwerfen.
2. In denjenigen Diözesen, für welche ein Kommissar zur Verwaltung des bischöflichen Vermögens fungirt, ist diesem der vorbezeichnete Auftrag zu ertheilen.
3. Die Vermögensmassen der einzelnen Niederlassungen sind gesondert von einander zu verwalten. Soweit es hierzu eines Spezial-Administrators bedarf, fällt die Bestellung desselben dem ad 1 genannten Staats-Kommissarius anheim. Derselbe hat indeß vorher die Genehmigung des Regierungs-Präsidenten — Landdrosten — einzuholen.
4. Die Verantwortung für die Verwaltung und die Rechnungslegung ist vom Gesetz entsprechend dem §. 10 des Gesetzes vom 20. Mai 1874 über die Verwaltung erledigter katholischer Bisthümer geregelt. Die Rechnungslegung erfolgt daher durch den Staats-Kommissarius, welcher zu diesem Behuf die Etats über das Vermögen der einzelnen Niederlassungen aufzustellen hat. Die Etats selbst sind den Ministern zur Vollziehung einzureichen.
5. Die Kosten der Verwaltung werden aus dem Vermögen vorweg entnommen. Wegen etwaiger Bewilligung von Remunerationen an den Kommissar und die Spezial-Administratoren werden näher motivirte Vorschläge erwartet.

   Ebenso ist

6. hinsichtlich derjenigen Unterstützungen, welche den Mitgliedern der aufgelösten Niederlassungen aus dem betreffenden Vermögen nach 4 Abs. 3 des Gesetzes zu bewilligen sein werden, unter Einreichung der Etats an die Minister zu berichten. In dringenden Fällen bleibt indeß dem Regierungs-Präsidenten — Landdrosten — überlassen, schon bei Auflösung der Niederlassung wegen Gewährung derartiger Subventionen vorläufige Anordnung zu treffen.

Anlage

7. Zu S. 167. Anm. 77.

Verordnung
über die Ausübung der Aufsichtsrechte des Staats bei der Vermögensverwaltung in den katholischen Kirchengemeinden.

Vom 27. September 1875.

(Gesetz-Samml. 1875. Nr. 42. S. 571).

Wir **Wilhelm**, von Gottes Gnaden König von Preußen rc.
verordnen in Gemäßheit des §. 55 des Gesetzes über die Vermögensverwaltung in den katholischen Kirchengemeinden vom 20. Juni 1875,[1]) auf den Antrag Unseres Staatsministeriums, für den Umfang der Monarchie, was folgt:

Artikel 1.

Die in den §§. 48. 50 bis 52. 53 und 54 des Gesetzes vom 20. Juni 1875 angegebenen Aufsichtsrechte des Staats werden ausgeübt:

1) von dem Minister der geistlichen Angelegenheiten
   bei dem Erwerb, der Veräußerung oder der dinglichen Belastung von Grundeigenthum (§. 50 Nr. 1), wenn der Werth des zu erwerbenden oder veräußernden Gegenstandes oder wenn der Betrag der Belastung die Summe von zehntausend Mark übersteigt,
   bei der Veräußerung von Gegenständen, welche einen geschichtlichen, wissenschaftlichen oder Kunstwerth haben (§. 50 Nr. 2),
   bei dem Bau neuer, für den Gottesdienst bestimmter Gebäude (§. 50 Nr. 4),
   bei der Anlegung von Begräbnißplätzen (§. 50 Nr. 5);
2) von dem Oberpräsidenten
   in den Fällen des §. 50 Nr. 7;
3) von dem Regierungspräsidenten (Landdrosten)
   in den übrigen Fällen des §. 50, sowie in den Fällen des §. 48 und der §§. 51 bis 54.

Artikel 2.

Dem Kirchenvorstande steht die Berufung zu, und zwar
gegen Verfügungen des Oberpräsidenten — Artikel 1 Nr. 2 — an den Minister des Innern und den Minister der geistlichen Angelegenheiten,
gegen Verfügungen des Regierungspräsidenten (Landdrosten) — Art. 1 Nr. 3 — an den Oberpräsidenten, welcher endgültig entscheidet.

Urkundlich unter Unserer Höchsteigenhändigen Unterschrift und beigedrucktem Königlichen Insiegel.

Gegeben Berlin, den 27. September 1875.

(L. S.) **Wilhelm.**

Fürst v. Bismarck. Camphausen. Gr. zu Eulenburg. Leonhardt.
Falk. v. Kameke. Achenbach. Friedenthal.

---

[1]) Vgl. oben S. 167.

Sachregister.

(Die Zahlen bedeuten die Seitenzahlen)

A.

Abendmahls-Spendung 47.
Abgaben, kirchliche 77. 78, s. auch Kirchensteuern, Umlagen.
Ablehnung der Wahl 149.
Ablehnungsgesuch 200.
Ablösungsverfahren 143.
Absetzung 25. 46, des Bischofs 78. 79, des Bisthumsverwesers 57, Wirksamkeit außer Preußen 55, s auch Amtsentlassung, Deposition, Entlassung, Erledigung, Remotion.
Absetzungsverfahren 60.
Absicht bei Vornahme geistlicher Amtshandlungen 211.
Abstimmung 39. 137. 173 ff.
Abwesenheit, häufige 149.
Administrator, päpstlicher 56. 65.
Administrativ-Exekution 25. 29. 54 ff. 60. 77—79 92 93. 167. 191. 192. 217.
Aebte, Benediktion 47.
Aemter, Aufhebung, Errichtung ꝛc. 46. 207, s. auch Amt und Kirchenamt.
Aemter, öffentliche, Fähigkeit zur Bekleidung 6 25.
Akten, Herbeischaffung 54, 167.
Alterstermin zur Professableistung 100.
Altersversorgungsanstalt 126.
Altkatholiken 147. 171. 179 ff. 194.
Altkatholischer Bischof 46. 70. 180.
Amt, Besetzung 29 ff. 62 ff., bischöfliches 43. 46 ff. Erledigung 25, geistliches 19 ff. 29 ff. 62 ff. 200 ff., öffentliches 146. 193. 200 ff.
Amtmann 33 63. 136. 145.
Amtsanmaßung 3. 8. 9.
Amtsausübung 3. 9.
Amtsbezirk 24.
Amtsblatt 61.
Amtseinkommen 79.
Amtsentlassung 3. 5 ff. 78. 79. 151, s. auch Absetzung.
Amtsentsetzung 202.
Amtshandlungen 9. 10. 70, im Auftrage unberechtigter Bisthumsverweser 52, geistliche 22 ff. 29. 30. 210 ff. Vornahme 203. 208.
Amtshauptmann 33. 136. 145.
Amtsinsignien 46.
Amtsnachfolger 150.
Amtsperiode der Gemeindevertreter 144. 149. 150, der Kirchenvorsteher 135. 149. 150.
Amtssiegel 140.
Amtstitel 8. 46.
Amtswohnung 8.
Androhung der Exkommunikation 198. 199.
Anerkennung, staatliche 43. 46. 47. 56.
Anerkennungsurkunde 46. 48.
Anhalt 56.
Anhörung des Beschuldigten 152.
Anklagesenat 147.
Anleihen 141. 142. 156. 164.
Annexkirchen 123.
Anniversarien 124. 126.
Anordnungen der bischöflichen und Staatsbehörden 158 ff., der Obrigkeit 78.
Anordnungsrecht 46.
Ansprüche, Prozeßverfolgung 167.
Anstaltsgeistliche 70. 72.
Anstaltsgemeinden 167.
Anstellung auf geistliche Aemter 21 ff. 29 ff. 62 ff.
Anstellungsrecht des Geistlichen 30 ff. 62 ff.
Anstifter 22.
Antrag auf Pfarrwahl 33. 38. 39. 63.
Anweisungen über Geschäftsführung 157.
Appellation 152.
Approbation 24. 35. 46. 202 ff.
Armuthsgelübde 88. 89.
Arrestatorium 28.
Arrestlegung 28.
Aufenthalts-Anweisung 3. 8. 10. 11. 12. 15. 16, -Beschränkung 3 ff. 10. 12. 15. 16. 31, -Versagung 3. 8. 10 11. 12. 16. 31.
Aufforderung zur Wahl 53. 57. 172 ff.
Aufhebung landespolizeilicher Maßregeln 12. 13 16.
Auflösung der Gemeinde-Organe 151. 153. 159. 160. 176, klösterlicher Niederlassungen 88. 93. 95. 214 ff.
Auflösungsfrist 88. 93. 215.
Aufnahme von Geldern 60, in klösterliche Niederlassungen 88 93 95. 100.
Aufsicht über klösterliche Niederlassungen 95. 100. 216.
Aufsichtsbehörde, staatliche 157. 163. 166. 169 ff. 218.
Aufsichtsrecht 46. 54. 58. 60 ff. 161 ff. 218., des Patrons 155.
Auftrag, kirchlicher 48. 49, zu Amtshandlungen 52.
Ausgaben, laufende 141, bei Patronatskirchen 157.

Ausgewiesene, Rückkehr 3. 9, Unterhalt 8.
Aushang 39. 172. 173. 175.
Aushülfe 141.
Auslegung des Etats, der Jahresrechnung 144. 157, der Wahlliste 172.
Ausleihung von Kapitalien 156
Ausscheiden des Bisthumsverwesers 57. 73, der Gemeindevertreter u. Kirchenvorsteher 150.
Ausschluß der Orden u. Kongregationen 87 ff. 214.
Außerpreußische Diöcesan-Antheile 46. 48. 53 55. 56.
Ausstattung der Bisthümer 76, neuer Stellen 143.
Austritt aus geistlichen Genossenschaften 92.
Ausübung bischöflicher Rechte 43. 48 ff. 51 ff., unbefugte von Kirchenämtern 3 ff.
Ausweisung 3. 9. 14.
Auszug aus dem Protokollbuch 145.

B.

Baden 6. 7. 8. 10. 13. 48. 56. 58. 186.
Badische Gebietstheile 118.
Baptisten 213.
Bauergemeinden 33.
Baufonds 124. 126.
Bauholz 156.
Baulichkeiten 141. 142.
Beanspruchung des Amtes 3. 7 ff. 12.
Beauftragter, persönlicher des Bischofs 52.
Bedürfnisse, kirchliche 142.
Bedürfnißzuschüsse 76. 77.
Beerdigungsrede 210.
Befolgung der Staatsgesetze 72 ff. 78.
Befugnisse, nicht vermögensrechtliche der Gemeindeorgane 168.
Begräbnißplätze 128. 129. 164. 218, s. auch Kirchhöfe.
Begräbnißstellen 140.
Behörde, bischöfliche 136. 144. 149. 150. 152. 153. 157. 166. 169 ff. 172. 176.
Behörde, kirchliche 29. 74. 75, s. auch Kirchenbehörden.
Beichthören 210.
Beichtväter 46.
Beisitzer 173.
Beitrag zu Kirchenlasten 146.
Beitragsfuß 142. 164.
Beitragspflicht der Altkatholiken 188. 190.
Beitritt zur altkatholischen Gemeinschaft 181 ff.
Bekanntmachung 37 ff., in Betreff der Bisthums-Kommissare 61, des Etats 144, der Wahlen 172. 173. 175. 176.
Belastung, dingliche 140. 164. 218.
Benennung des Kandidaten 19. 22 ff.
Benutzung, außerordentliche 141, des Vermögens durch Altkatholiken 179 ff.
Berg, Großherzogthum 115. 130.
Bericht über den Vermögensstand 135.
Berichtigung der Wahlliste 172.
Berufung bei Aufenthaltsbeschränkung u. Expatriirung 12. 16, Form, Frist, Unterzeichnung, Verfahren 12 ff.
Berufung gegen Einspruch 34. 50.
Berufung gegen Entlassung der Kirchenvorsteher 152.
Berufung gegen Entscheidung des Ober-Präsidenten 191. 192. 218.
Berufung bei Entschuldigungsgründen 149.
Berufung der Gemeindevertretung 144.
Berufung gegen die Kirchenbehörde 163.
Berufung des Kirchenvorstandes 136. 151.
Berufung gegen kirchliche Disciplinarstrafe 74 75.
Berufung gegen den Patron 156. 157.
Berufung zur Wahl 33. 173.
Berufungsfrist 12 13.
Beschaffung der kirchlichen Bedürfnisse 142.
Beschlagnahme 25 ff. 36. 53 ff. 57. 58, provisorische 53 57.
Beschlüsse, Gültigkeit 33 34. 63.
Beschlußfähigkeit 137. 144.
Beschlußfassung der Gemeindeorgane 137. 144, über Wiederbesetzung der Stellen 33. 34. 39 63.
Beschuldigter, Anhörung 152.
Beschwerde an die Verwaltungsbehörde 13. 16 29.
Besetzung geistlicher Aemter 29 ff. 62 ff.
Besetzungsfrist 31. 63.
Besetzungsrecht der Gemeinden u. Patrone 29 ff. 34. 62 ff., Kollision mit dem bischöflichen 35.
Besitzentsetzung 54.
Besitzergreifung der Stelle 25. 27. 36.
Besoldungsfonds 124. 126.
Bestallung der Kommissarien 28. 54.
Bestallungen der Kirchenvorsteher 158.
Bestallungsurkunde 49.
Bestattung von Todten 184.
Bestellung der Kirchenvorsteher 184.
Beträge, aufgesammelte 76, einbehaltene 79.
Beweislast 14 23.
Beweismittel 74. 75. 152.
Beweisverfahren 199.
Bewilligungen aus der Kirchenkasse 143. 157.
Bezirke 3. 8.
Bezirksregierung 157, s. auch Regierungen.
Bischöfliche Rechte u. Verrichtungen 43. 46 ff. 52. 57.
Bischof 136, Befolgung der Staatsgesetze 72, Gehaltssperre 70 ff., staatlich anerkannter 43. 47. 61. 73. 170, staatlich abgesetzter 51. 52. 57, staatlich nicht anerkannter 51. 52, s. auch Altkatholischer.
Bischofseid 48.
Bischofssitz 48. 49.
Bisthümer, Abgaben 77. 78, Amtssitze außer Preußen 46. 48. 53. 55. 56, außerpreußische Diöcesanantheile 46, erledigte 43 ff., Fortgewährung der Ausstattung 76, preußische 70, Sperre der Leistungen 70 ff.
Bisthum 43 ff., Wiederbesetzung 58.
Bisthumsvermögen, Verwahrung u. Verwaltung 53 ff. (Endigung) 61.
Bisthumsverweser 61. 72. 73. 136. 170. 199, Ausscheiden 57, Bestellung 48 ff. 73, Eigenschaften 48 ff. 53.
Brandenburg Mark 125.

Braunschweig 6. 7.
Breslau 56. 70.
Brüderschaften 46. 89. 214.
Bürgermeister 33. 39. 130. 136. 145. 157.
Bullen, päpstliche 69.
Bundesgebiet 3. 9.
Bundesrath 14.
Bundesstaaten 12. 14.
Bußsakrament 47.

C.

Catechumenen-Oel 47.
Caution 135.
Centralbehörde 3. 9. 13. 14.
Centralkirchenfonds, nassauischer 28.
Chambregarnist 146.
Chor-Brüder, -Schwestern 92.
Chrisma 47.
Circumscriptionsbullen 69.
Civilgemeinden 126. 128. 129. 131. 157, s. auch Gemeinden, bürgerliche.
Civilstandsregister 206.

D.

Darmstadt, Oberappellationsgericht 13.
Degradation 47.
Dekane 49. 52.
Deklaration des Gesetzes v. 11. Mai 1873. — 19 ff. 25.
Delegat, päpstlicher 65.
Delegation 53. 64 ff., gesetzliche 65, päpstliche 64 ff. 136.
Delegationsurkunde 49.
Delegaturbezirke 65. 70.
Delegirte, bischöfliche 48. 52.
Demeriten-Anstalten 71.
Dependenz, klösterliche 92.
Deposition 57, s. auch Absetzung.
Depositorien der Regierungskassen 27.
Desservants 32.
Devolutionsrecht 35. 47. 48.
Dienende Brüder, Schwestern 92. 215.
Dienstboten 146.
Dienstverhältnisse 149.
Dienstzeit des Amtsinhabers 140.
Diöcesan-Anstalten 71.
Diöcesan-Antheile, s. Bisthümer.
Diöcesan-Synode 46.
Diöcese, s. Bisthum u. Bisthümer.
Disciplinarbehörde 152. 153.
Disciplinargerichte, kirchliche 5.
Disciplinargerichtsbarkeit 46.
Disciplinargewalt, bischöfliche 60.
Disciplinarstrafe 74. 75.
Dispensationsrecht 46.
Dispositionsfonds 77.
Dokumente des Kirchenvermögens 27.
Domgemeinden 167.
Domherrn-Stellen 21.
Dominium radicale 89.
Domizil, s. Wohnsitz.
Domkapitel 48 ff. 53. 58. 59. 61. 62. 7.
Domkirche 71. 183.
Domvikariat 21.
Dotationen für Bisthümer 59. 60.
Drittberechtigte 21. 25. 29. 30. 62. 130. 147. 154.

E.

Ehefrauen, Wahlrecht 145.
Ehren-Amt 133.
Ehrenbreitstein, Bezirk des Justizsenats 116.
Ehrenrechte 6. 25. 33. 63. 147.
Eid des Bisthumsverwesers 48.
Eigenschaften des Bisthumsverwesers 48 ff., zur Wählbarkeit 148. 151.
Eigenthum der Altkatholiken 182. 192, an Kirchen 30, am kirchlichen Vermögen 123 bis 125. 129.
Eigenthumsrechte der bürgerlichen Gemeinden u. des Staats 128. 129.
Einbehaltung, s. Einstellung.
Einführung der Gemeindevertreter, Kirchenvorsteher 149.
Einführungstermin des Gesetzes vom 20. Juni 1875, Verlängerung 149.
Einladung zu den Sitzungen der Gemeinde-Organe 137. 144. 145, zur Wahl 173.
Einleitung des Verfahrens 79.
Einnahmen, laufende 141.
Einsegnung von Leichen 210.
Einspruch bei evangelischen Geistlichen 24, bei geistlichen Aemtern 19 ff. 22 ff. 34. 38. 40. 64, bei Verwesung von Bisthümern 50, gegen Wahlen 176, gegen die Wahlliste 172.
Einspruchsfrist 19 ff. 22 ff. 49. 50. 172.
Einspruchsrecht des Königs 52.
Einstellung der Staatsleistungen 69 ff. 79. 206. 207.
Einstellung des Verfahrens 200.
Eintragung in den Etat 166. 167.
Eintritt der Nachfolger 150.
Einvernehmen der Staats- und Kirchenbehörden 149. 150. 153. 157. 166. 172. 176.
Einwilligung, s. Genehmigung u. Zustimmung.
Einziehung von Kapitalien 141.
Emeriten-Anstalten 71.
Empfangsberechtigte, einzelne 73 ff.
Encyklika, päpstliche v. 5. Februar 1875—70.
Entlassung, s. Absetzung u. Amtsentlassung.
Entlastung 144.
Entschädigung der Kirchenvorsteher 133. 151.
Entschädigungsforderungen 167.
Entscheidung, richterliche 14, des Ober-Präsidenten 191, der Staats- u. Kirchenbehörden 158 ff.
Entschuldigungsgründe 149.
Entziehung der Wahlberechtigung 152.
Erfurt 48.
Ergänzung der patronatischen Zustimmung 156. 157.
Erhebliche Anzahl 181. 187 ff.
Erklärung der Befolgung der Staatsgesetze 72. 73.
Erlaß der kirchlichen Beiträge 146.
Erledigung der Bisthümer 43. 46. 51. 53. 57, geistlicher Aemter 25. 36. 62 ff., der Pfründen 185. 186.
Ermächtigungsurkunde 49.

Ermland 70.
Ernennung der Kirchenvorsteher 154. 159.
Ernennungsurkunde 58. 61. 97.
Errichtung klösterlicher Niederlassungen 88. 93, von Pfarreien 207.
Ersatzmann 150. 151.
Erscheinen, persönliches vor Gericht 16.
Ersparung zu Gunsten der Staatsfonds 76.
Erträge d. Sammlungen, Kollekten rc. 124. 127.
Erwerb von Grundeigenthum 140. 164. 218.
Erwerbsfähigkeit. 98.
Erzbischof 45. 57. 64. 65. 72.
Erzbisthum 46. 64.
Erziehungsthätigkeit 85. 87. 88. 92. 94. 215.
Erzpriester 49. 52.
Etat 157. 166, Beanstandung 166, Genehmigung 143. 144, s. auch Voranschlag.
Exekration 184.
Exekutivgewalt des Bisthumskommissars 60.
Exekutivische Beitreibung 77.
Exekutivmittel 8, s. auch Administrativ-Exekution u. Geldstrafen.
Exjesuitenfonds 72.
Eximirte 146.
Exkommunikation 196. 198.
Exkommunizirte 147.
Exmission 29. 37.
Expatriirung, s. Staatsangehörigkeit u. Verlust.
Externirung, s. Aufenthaltsversagung.

F.

Fabrikräthe 168.
Fähigkeit zu öffentlichen Aemtern 6. 25.
Familie 146. 193.
Familienhaupt 33. 34. 63.
Filialgemeinde 32. 63. 122. 130. 148.
Filial-Kirche 122.
Firmelung 47.
Förmlichkeiten, wesentliche, der Wahl 176.
Fonds unter Staatsverwaltung 72.
Form, gerichtliche, notarielle 12.
Forstbeamte 59.
Fortfall der Gemeindevertretung 150.
Fortführung der Gemeindeämter 149.
Fortgewährung der Staatsleistungen 76.
Frankfurt a M. 119. 168.
Frauen, Wahlrecht 145.
Freiburg 48. 53. 55. 58. 70.
Freisprechung 28. 79.
Friedrichsstadt 202.
Frist, s. Berufungs-, Einspruchsfrist.
Fürstbischof 72.
Fürstbisthum 46. 64.
Fulda 56. 70. 73.
Funktionen, geistliche 202.

G.

Gebäude 71. 164. 218.
Gebrauchsrechte 134. 183. 190.
Gebrauchstheilung 183 ff.
Gebührentaxe 143. 164.
Gefälle 141
Gefängnißstrafe 51. 52.
Gefahr im Verzuge 23. 212.
Gegenstände, dem Verderben ausgesetzte 29. 59, von geschichtlichem, wissenschaftlichem, Kunstwerth 140. 164. 218.
Gehör richterliches 12.
Gehorsamsgelübde 88. 89.
Gehorsamsverweigerung 73.
Geistliche, entlassene 3, evangelische 24, 30, Gehaltssperre 70 ff., im Kirchenvorstande 130. 135.
Geistlicher 5. 10. 22 ff. 74. 77. 78. 124. 126. 134, 135. 140. 143. 148. 164. 167. 212.
Geldbuße 79.
Gelder, Belegung 79.
Geldmittel für kirchliche Bedürfnisse 142.
Geldstrafen 8. 52. 54. 79. Zahlung durch Dritte 208.
Geleitscheine 16.
Geltendmachung von Ansprüchen 167.
Gelübde 88 ff.; Nichtigkeit 101.
Gemeinde, wahlberechtigte 21.
Gemeindebehörde 130.
Gemeindebezirk 124. 127.
Gemeindemitglieder, wahlberechtigte 33. 39. 63. 145. 150, s. auch Mitglieder.
Gemeinden, bürgerliche 128. 157, s. auch Altkatholiken und Civilgemeinden.
Gemeindevertreter 139. 144 ff. 148 150. 174.
Gemeindevertretung 121. 133. 135 ff. 138 ff. 148. 150. 157. 160. 166. 168. 172. 187. 188. 199.
Gemeinschaft altkatholische 181 ff.
Genehmigung der Amtsübertragung 19. 21. 208, der kirchlichen Aufsichtsbehörden 139, der staatlichen 139. 163. 218, stillschweigende 208, des Patrons 155 ff., der Veräußerungen 47. 58. 60. 140. 164. 218, s. auch Zustimmung.
General-Obere 92.
General-Vikar 47. 48. 50. 51. 136.
General-Vikariat 136.
Genossenschaften, religiöse 83 ff. 214.
Genußrechte der Altkatholiken 179 ff. 190. 191.
Genußtheilung der Pfründen 185. 186.
Geräthschaften, kirchliche 183 ff.
Gericht, höchstes für Strafsachen 12. 13, Zuständigkeit 12, s. auch Kompetenz.
Gerichte, gewöhnliche 46. 47, s. auch Kriminalgerichte
Gerichtsbarkeit 46. 47.
Gerichtshof für kirchliche Angelegenheiten 12. 13. 25. 34. 40. 53. 60. 64. 74. 75. 152. 200. 202.
Geschäft eigenes, der Familie 146.
Geschäftsführung der Gemeinde-Organe 138. 187.
Gesellen 146.
Gesetze, aufgehobene 100 ff. 130. 134. 161. 171.
Gesetzgebungsrecht 46. 193.
Gewahrsam 29.
Gewohnheit 171.
Glatz 48.
Gnadenjahr 28.
Gnesen 54. 60. 70. 73.
Gotha 56.

Gottesdienst, Anordnungen 46, s. auch Hauptgottesdienst.
Großjährige 33. 34, s. auch Volljährigkeit.
Gründe, Angabe 12.
Grundeigenthum 140. 164. 218.
Grundherrn 33.
Grundschulden 140.
Grundstücke für Geistliche u. Kirchendiener 124. 134. 140.
Güterverwaltung 43. 47. 61.

H.

Haft 52.
Handlungen, konkludente 74.
Hannover 116. 122. 149. 157.
Hauptgemeinde 123.
Hauptgottesdienst 183.
Hauptkirche 183.
Hauptverfahren 15. 147.
Hauskapläne 203.
Hausstand 146. 193.
Hausvater, ordentlicher 134.
Hebungen 143.
Hebungen des Stelleninhabers 25. 27 ff.
Heiligenstadt 48.
Heimathsstaat 3.
Hergang, wesentlicher 175.
Hessen, Großherzogth. 6. 7. 10. 13. 48. 56.
Hessen, Kurfürstenth. 117. 125.
Hessen-Homburg 119.
Hessische Gebietstheile 118. 130. 160.
Hildesheim 48. 70.
Hohenzollern 25. 70. 120.
Holstein 120.
Hülfsgeistliche 23. 126.
Hülfskräfte für die Seelsorge 126.
Hülfsleistung 22 ff. 202. 203. 210.
Hypothek 140.

J.

Jahresrechnung 144. 157. 167.
Jansenisten 70. 71. 121. 196. 214.
Jesuiten 89. 90. 92.
Immission 29.
Immobiliar-Qualität 140.
Immobilien 60.
Indigenat, s. Staatsangehörigkeit.
Inhalt, wesentlicher 137.
Inkorporation 30. 142.
Innsbruck, geistliches Seminar 204.
Instanzen, kirchliche 75.
Institute der Bisthümer 70. 71. 77. 78, kirchliche 46. 47. 54. 142.
Institutentheorie 125.
Institution des Präsentirten 212.
Interdikte 184.
Interkalargefälle 28.
Internirung, s. Aufenthaltsanweisung.
Intestaterbrecht der Religiosen 101 ff.
Inventar 28. 135.
Jugend-Unterricht u. Erziehung 88. 94.
jurisdictio episcopalis 46 ff.
us ad rem, in re 212.

K.

Kalenderquartal 76.
Kalkulatoren 59.
Kandidat, Benennung 19 ff., Qualifikation 30.
Kanoniker 21.
Kanzel 172.
Kapelle 32. 123. 183. 185.
Kapellengemeinde 32. 63. 122. 130. 148.
Kapitalien 26. 141. 156, der Patrone und Zehntherrn 129.
Kapitularverweser 47. 48. 53. 61, Ausscheiden 57, s. auch Bisthumsverweser.
Kaplan 22. 126.
Kaplanei 30. 32. 143. 186.
Kaplaneivermögen 58. 60.
Kassation 152, der Wahl 159. 176.
Kathedrale 71.
Kathedralgut 54. 58.
Katscher 48.
Keuschheitsgelübde 88. 89.
Kirche, Mitgebrauch 183, Unterhaltung 188. 190.
Kirche, altkatholische 20. 180, s. auch Altkatholiken.
Kirche, evangelische 20, römisch-katholische 20.
Kirchen-Aemter, unbefugte Ausübung 3 ff. 10.
Kirchenbann s. Exkommunikation.
Kirchenbau 147.
Kirchenbaufonds 124. 126. 187.
Kirchenbauten 60.
Kirchenbeamte 60. 61.
Kirchenbehörde 161. 166, s. auch Behörde, bischöfliche.
Kirchenbücher 206.
Kirchendiener 52. 126. 134. 135. 140. 143. 148. 164. 167, niedere 71.
Kirchenfabriken 125. 129.
Kirchengebäude, Bau 218, Benutzung 126. 183 ff.
Kirchengemeinden, Altkatholiken 181 ff., Vermögensverwaltung 107 ff.
Kirchenkasse 26. 27. 143. 155. 157.
Kirchenkollegien 168.
Kirchenlasten 146.
Kirchenstellen 156.
Kirchensteuern 180. 190, s. auch Umlagen.
Kirchenstühle 140. 156.
Kirchenvermögen, Beschlagnahme 66.
Kirchenvorstand 121. 122. 130 ff. 145. 148. 149. 151. 152. 154. 156. 163. 166. 168. 172 ff. 187. 189. 218.
Kirchenvorsteher 130 ff. 150. 154. 159. 172 ff. 199.
Kirchhof 129. 143. 183. 188. 190.
Kirchmeister 168.
Klausur 91.
Klerus, Aufnahme in denselb. 46.
Kloster 92. 100 ff. 126.
Klosterfonds 72.
Köln 70.
Kollaturen 30.
Kollegiatkapitel 21. 71.
Kollision des bischöflichen und patronatischen Besetzungsrechtes 35.
Kommissariate, bischöfliche 48.

Kommissarius für Bisthümer 53 ff. 58 ff. 136 169 ff., für das Gemeinde-Vermögen 159 ff., Klostervermögen 95 ff. 217, Stellen-Vermögen 25. 28, Stellung als Staatsbehörde 60.
Kommunal-Amt 146.
Kommunal-Kirchhöfe 126.
Kommunal-Steuer 143.
Kompatronat 30. 154.
Kompetenz 52.
Kompetenz-Ueberschreitung 153.
Konfessionswechsel 25. 46.
Konfirmation 47.
Kongregationen 46. 83 ff. 102. 214 ff.
Konkurrenz mehrerer unbefugter Amtshandlungen 211.
Konkurs 147.
Konsekration 47.
Konservationsmaßregeln 29. 59. 97.
Konservator der Kunstdenkmäler 140.
Konsistorium, bischöfliches 136, königl. kathol. 117. 157.
Korporation, öffentliche 139. 146.
Korporationsrechte 96. 102. 190.
Kosten, s. Verwaltungskosten.
Kränklichkeit 149.
Krankenhaus 126.
Kranken-Oel 47.
Krankenpflege 85. 94. 95. 216.
Kreisblatt 39. 61.
Kreisverband 39.
Kriminalgerichte 6. 25. 52. 53.
Kündigung von Kapitalien 141. 156.
Küster 126. 134. 199. 212.
Kulm 70.
Kultusbedürfnisse 124 ff.
Kultuskosten 32 ff.
Kunstwerth 140. 164. 218.

L.

Laienbrüder, Schwestern 93. 215.
Landdekane 49. 52.
Landdrost 149. 152. 158. 159. 160. 172. 176. 217. 218.
Landdrostei 8.
Landespolizeibehörde 3. 8. 9. 12. 13. 14. 16.
Landesvertretung 9.
Landgemeinden 33.
Landrath 29. 31. 33. 39. 54. 63. 136. 145.
Landrecht, preußisches, Vorschriften über Orden 85. 100 ff., über Vermögensverwaltung der katholischen Kirchengemeinden. 109 ff. 168.
Lebensjahr, 30stes 148, 60stes 149.
Legitimation des Bisthumskommissars 54, der Kirchenvorsteher 158, 166. zu Prozessen 29. 60. 97. 134. 166.
Lehrer an geistlichen Anstalten 32, Staatsanstalten 104.
Lehrthätigkeit 104. 215, s. auch Erziehungs- und Unterrichts-Thätigkeit.
Lehrerwohnungen 126.
Leibrente 99.
Leichenhalle 143.
Leistungen, besondere für Nebengemeinden 122. 123, s. auch Abgaben.
Leistungen aus Staatsmitteln 69 ff. an den Stelleninhaber 25. 27 ff.,
Leistungsfähigkeit 164.
Leitungsgewalt bischöfliche 46. 47.
Lesenskunde 146.
Limburg 70.
Lippe-Detmold 56.
Lokalgesetze 171.
Lokalkirchenvermögen 29.
Lokalordnungen 171.
Loos 34. 137. 150. 174.
Lotterien 127.

M.

Magdeburg 48.
Mainz 48. 53. 55. 70.
Mehrheit der unbefugten geistlichen Amtshandlungen 211.
Meinungsverschiedenheit zwischen bischöflichen und Staatsbehörden 158. 159.
Meliorationen 28. 60. 156.
Mennoniten 213.
Mensalgut 47. 54. 58.
Messelesen 47. 126. 202. 210.
Meßner 126. 212.
Meßopfer 184.
Meßstiftungen 26.
Metropolitankapitel 53.
Miether 27.
Militärgeistliche 72.
Militärgemeinden 167.
Militärpflicht der Theologen 213.
Minister der geistlichen Angelegenheiten 9. 53. 54. 57. 58. 59. 61. 65. 73. 76. 79. 80. 88. 94. 97. 158. 171. 188. 191. 193. 214 ff. 218.
Minister des Innern 9. 94. 97. 214.
Ministerium des Innern 8. 9.
Missio canonica 24. 35.
Missionsländer 65. 70.
Missionspfarramt 30.
Missionspfarrgemeinden 122.
Missionsthätigkeit 87. 92.
Mitgebrauch 183 ff.
Mitgenuß der Altkatholiken 179 ff. 187 ff.
Mitgift 98.
Mitglieder der geistlichen Genossenschaften 88. 93. 94. 97. 98. 100 ff. 104. 215, der Kirchengemeinden 133, 145 ff. 172 ff. 181 ff. 192.
Mitgliedschaft im Kirchenvorstande 154.
Mittel, öffentliche 146.
Mittheilung der Strafurtheile 31. 33. 37.
Mitwirkung bei der Vermögensverwaltung 47. 58. 60. 161 ff.
Monarchie, preußische 88. 92.
Mönche, s. Mitglieder.
Mühewaltungen, außergewöhnliche 133. 151.
Münster 56. 70.
Mutterhaus 92.

N.

Nachweis der gesetzlichen Erfordernisse 21. 22. 138.
Nassau 28. 118. 125. 168.

Natural-Einkünfte 143.
Natural-Präſtationen 71.
Nebenkirchen 32.
Neffe 148.
Neubauten 141. 142. 164.
Neuvorpommern 120.
Neuwahlen 153. 159. 187. 188.
Richtigkeit der Anſtellung und Amtsübernahme 24; biſchöflicher Amtshandlungen 51. 52, des Gelübdes 101, von Rechtsgeſchäften des Kirchenvorſtandes 165. 166.
Niederlegung der kirchlichen Gemeinde-Aemter 149.
Niederlaſſungen der Orden u. Kongregationen 88. 92. 214.
Nominationsrecht 29. 30. 33. 62.
Nonnen, ſ. Mitglieder.
Nordſtrand 71. 196.
Normalzahl 133. 139. 151.
Novizen 93. 215.
Novizenhaus 92.
Nutzungen des Stelleninhabers 25. 27 ff.
Nutzungsrechte des Stelleninhabers 28. 29. 71. 134, der Altkatholiken 179 ff. 190. 191.

O.

Ober-Appellationsgericht zu Darmſtadt 13.
Obere, geiſtliche oder kirchliche 21 ff. 30. 35. 204 ff., der Orden u. Kongregationen 84. 98. 127, ſ. auch Behörde, biſchöfliche u. Kirchenbehörden.
Oberfelde 48.
Ober-Präſident 20. 23. 25 ff. 29. 31. 33. 34. 36 ff. 48 ff. 53 ff. 61—64. 74 ff. 93. 97. 133. 139. 150. 153. 157. 158. 163. 169 ff. 182. 183. 188. 191 ff. 218.
Ober-Rechnungskammer 29. 61. 95. 159.
Obrigkeit, Anordnungen 78.
Obſervanz 171.
Oeffentlichkeit der Sitzungen 138. 145.
Oekonom 47. 61. 62.
Oeſterreich 48. 55.
Offizial 48. 51.
Oheim und Neffe 148.
Oldenburg 56.
Olmütz 48. 53. 55. 70.
Omiſſivhandlungen 75.
Orden 46. 83 ff. 214 ff.
Ordensgeiſtliche 46. 213.
Ordination 47. 148.
Ordnung, Aufrechterhaltung 138.
Ordnungsmäßigkeit der Auflegung 164 165, der Beſchlußfaſſung 138.
ordo episcopalis 46.
Organe, kirchliche 124. 127.
Organiſten 212.
Osnabrück 70.

P.

Pächter 27.
Paderborn 48. 55. 60. 70. 73.
Päpſtliche Rechte 65.
Papſt 65. 92.
Parochialveränderungen 169.
Parochien, altkatholiſche 181. 188 ff.
Patron 21. 36. 62. 129. 142. 147. 154 ff. 212, evangeliſcher 30.
Patronat 29. 30. 32 ff. 36. 62. 154 ff.
Patronatsbehörde 25. 36.
Patronatsfonds 129.
Patronatskirchen 125.
Patronatslaſten 155. 156.
Patronatsſtellen, fiskaliſche 72.
Penſion 98. 99.
Penſions-Anſtalten 94.
Perhorrescenz 200.
persona principi grata 50.
Pfarr-Amt 30. 49, dauernde Verwaltung 212.
Pfarreien, Errichtung 207.
Pfarrer 128. 130, Ernennung des Vikars 21, geiſtlicher Oberer 204 ff., rechtsgültig angeſtellter 34. 35.
Pfarreingeſeſſene 166.
Pfarrgebäude 28. 126. 156.
Pfarrgemeinde 32. 63. 121. 148. 157.
Pfarrgrundſtücke 27. 126. 156.
Pfarrhaus 27. 29. 126. 156.
Pfarrhausbaufonds 124. 126.
Pfarrhaus-Unterhaltung 131.
Pfarrvermögen 58.
Pfarrwahl 33. 39.
Pfarrwaldungen 156.
Pflegſchaft 146. 193.
Pflichttheilsrecht der Mönche und Nonnen 101 ff.
Pflichtvernachläſſigung 153.
Pflichtwidrigkeit 151. 152. 167.
Pfründe 27. 185. 186.
Pfründeinhaber 185. 186.
Pfründevermögen 27 ff. 37.
Plenarbeſchlüſſe des Gerichtshofes für kirchliche Angelegenheiten 50. 200. 206.
Pollution der Kirche 134.
Poſen, Erzbisthum 54. 60. 70. 73.
Poſen Wahlreglement 38.
Poſten des Etats, Beanſtandung 166.
Präſentation 30. 35. 212.
Präſentationsrecht 29. 30. 62. 154.
Prävention 35.
Prag 48. 53. 55.
Prediger 202.
Prieſterſeminare 71. 126.
Prieſterweihe 47.
Privatabkommen zwiſchen Pfarrer u. Kaplan 22. 23.
Privatunterricht 94.
Privatunterſtützung 146.
Probezeit 93.
Profeſſen 93.
Protokollbuch 137. 145.
Protokolle 137. 145. 173.
Protokollführer 173. 175.
Provikar 65.
Provinzialgeſetze 171.
Provinzialhaus 92.
Provinzial-Obere 92.
Provinzialrecht, märkiſches 125.
Provinzialſynode 46.
Prozeſſe 141. 156. 166. 167.

Prozeßführung, s. Legitimation.
Prozeßnormen, Festsetzung 12. 14.
Prüfungskommissionen 209. 213.

Q.

Qualifikation des Bisthumsverwesers 48 ff., des Kandidaten 30 31, kirchliche 147.
Quinquennalfakultäten 65.

R.

Rathskammer 147.
Realitäten 71.
Real-Sakrilegium 184.
Rechnungsführer 135.
Rechnungsjahr 135.
Rechnungslegung der Staatskommissare 29. 30. 61. 95. 135. 159. 160. 217.
Rechnungsprüfung 135. 143.
Recht, allgemeines 171, französisches 114 ff. 125.
Rechte, bischöfliche 43. 46 ff. 57, der bischöflichen Behörden 161. 169.
Rechte der früheren kirchlichen Gemeindeorgane 168.
Rechte, päpstliche 65.
Rechte, politische 9.
Rechtfertigung der Berufung 13. 50. 75. 153. 206.
Rechtsgrund der Leistungen 72.
Rechtsmittel 75. 206, vorgängige Einlegung 200.
Rechstitel, besonderer 29. 30. 62. 142. 154.
Rechtsweg 29. 98. 192.
Regierungen 8. 157.
Regierungs-Assessoren 54.
Regierungsgewalt, bischöfliche 46.
Regierungspräsident 149. 152. 153. 158. 159. 160. 172. 176. 218.
Reichsangehörigkeit 9.
Religionsdiener 3. 5. 7. 10.
Religionslehrer 46. 71.
Religions-Unterricht 211.
Rekonciliation 47.
Remonstrantisch-reformirte Gemeinde 202.
Remotion 57, s. auch Absetzung 143.
Remuneration der Kommissarien 28. 37. 59. 96. 217.
Rendant 135. 143. 199.
Rentenbriefe 72.
Reparaturen 28. 141 ff. 156.
Repräsentant für die Amtsübertragung 34. 39. 63.
Repräsentanten 168.
Residenz 92.
Resignation 25. 46. 57.
Rheinprovinz 114 ff. 123. 130 ff.
Richterliche Entscheidung 12. 14.
Richterliches Gehör 12.
Rückstände von kirchlichen Abgaben 78, von Umlagen 147.
Rügen 120.
Ruhen der bischöflichen Rechte 169.

S.

Sachsen-Weimar 56.
Säkularisation 84. 92.
Sakramente 46.
Sakrilegium 184.
Sakristan 212.
Sammlungen 127. 164.
Schenkungen 164.
Schlesien, österreich. 56.
Schleswig 120.
Schleswig-Holstein 71.
Schließung der Abstimmung 174. 175.
Schreibenskunde 147.
Schreiber 59.
Schulen 92. 94. 104.
Schulfonds 72.
Schul-Institute 126.
Schullokal 138.
Schulzwecke 124. 126. 127. 143.
Schwägerschaft 149.
Schwarzburg-Rudolstadt 56.
Sedisvakanz, s. Erledigung.
Seelsorge 46. 85. 87.
Seelsorge-Aemter 48.
Selbstständigkeit 145. 146. 192. 193.
Seminarien 22. 46. 47. 71. 126.
Sequester 29.
Servituten 140.
Sicherungsmaßregeln 28. 60. 66.
Siechenhäuser 126.
Sittlich verwahrloste Kinder, Anstalten 94.
Sittlich verwahrloste Personen 94.
Sitzungen der Gemeinde-Organe 137. 145.
Sitzungstage 136.
Skrutinialverfahren 15. 147.
Sohn, in väterlicher Gewalt 146.
Sorgfalt eines ordentlichen Hausvaters 134.
Spezialvollmacht 58. 97.
Staatsamt 146.
Staatsangehörigkeit 3. 5. 9. 11. 14. 15. 49, Erwerb 14. 15.
Staatsanzeiger 61.
Staatsaufsicht über Ordens- &c. Niederlassungen 95. 100. 216.
Staatsbehörde 158. 169 ff. 172. 176.
Staatsdotationen 59. 60. 70 ff.
Staatsfonds 70. 76. 77.
Staatsgehalt 71.
Staatsgesetze 10. 72. 74. 78.
Staatskommissare, s. Kommissarius.
Staatskosten 8.
Staatsministerium 9. 13.
Staatsmittel 70—72. 78. 206. 207.
Staatsregierung 73.
Staatssteuer 143.
Städte 39.
Stadtkreise 33. 63. 136.
Stammvermögen 125.
Station 92.
Statuten der Domkapitel 50.
Stelle, geistliche 25 ff. 186, neue 143.
Stellenvermögen 25 ff.
Stellvertreter des Vorsitzenden 135.
Stellvertretung 22 ff. 25. 28. 31. 33. 62 ff.
Steuererheber 77. 78.
Stiftungen 26. 124. 127. 128. 143, unter bischöflicher Verwaltung 54. 126, in Verbindung mit klösterlichen Niederlassungen 96. 99.

Stiftungsvermögen 54. 58. 96. 99. 143.
Stimmabgabe 174.
Stimme, berathende 145.
Stimmengleichheit 174.
Stimmenmehrheit 137. 174.
Stimmzettel 172. 173. 175 ff. 176.
Strafentsetzung 25. 46, f. auch Absetzung.
Strafgerichtsbarkeit 46.
Strafurtheil 31.
Strafverurtheilung 10.
Subdelegaten 52.
Subdelegation 53. 65.
Substanz des Bisthumsvermögens 59, des Kirchenvermögens 141. 162, des Stellenvermögens 28.
Substituten der Bisthumsverweser 48.
Suffraganbischof, ältester 48. 53.
Suffraganbischöfe 46. 47.
Sukkursal-Pfarrei 32. 123.
Suspensiv-Effekt 12. 14. 153. 172.

T.

Tafelgut 47. 54.
Techniker 59.
Tenor, Fassung 13.
Termin zur mündlichen Verhandlung 14.
Thatsachen, neue 74. 75.
Theilnahme an unbefugten Amtshandlungen 212.
Theologie-Studirende 203.
Tod des Amtsinhabers 25, Bischofs 46, Bisthumsverwesers 57.
Tridentinum 65.
Trier 70.

U.

Uebergang bischöflicher Befugnisse auf die Staatsbehörde 158. 163. 169 ff.
Uebernahme von geistlichen Aemtern 19 ff. 31, Kirchenämtern 10.
Ueberschüsse 28. 59. 125. 141.
Uebertragung von geistlichen Aemtern 19 ff. 25. 31. 34 40. 60. 212, von Kirchenämtern 10. 11, stillschweigende 23. 212.
Umfang des Sprengels 72.
Umlagen 142. 147. 164.
Umwandlung veränderlicher Einnahmen 143.
Unfähigkeit zur Amtsausübung 79.
Ungültigkeit der Stimmzettel 173 175. 176, der Wahl 173. 176.
Universitäten, preußische, Besuch derselben 203.
Unterhalt der Ausgewiesenen 8, der Mitglieder klösterlicher Niederlassungen 95. 97. 98. 217.
Unterhaltung der Pfarrhäuser 131.
Unterhaltungs-Ausgaben 28.
Unterhaltungspflicht der Altkatholiken 188. 190.
Unterrichts-Anstalten 88. 94.
Unterrichts-Ertheilung, religiöse an Volksschulen 211.
Unterrichts-Thätigkeit 85. 87. 92. 94.
Unterschrift 137. 173. 174. 175.
Unterschrifts-Ergänzung des Patrons 157.
Untersuchung, gerichtliche 15. 147.
Unterzeichnung der Berufung 12. 13, der Protokolle 137.
Unzurechnungsfähigkeit 200.
Urtheil, gerichtliches 3. 5 ff. 53. 64. 78. 79.
Utrechter Kirche 70. 71. 121. 196.

V.

Vakanz, f. Erledigung.
Vater und Sohn 148.
Veränderung von Pfarreien 207.
Veranstaltung von Kollekten rc. 124. 127. 164.
Veräußerung 140. 156. 162. 164. 218.
Veräußerungsbefugnisse der Staatskommissarien 28. 29. 59. 97.
Verbannung 5.
Verbesserung des Einkommens 143, f. auch Meliorationen.
Verbrechen 147.
Vereine, altkatholische 188 ff.
Vereinsgesetzgebung 86.
Verfahren vor den höchsten Strafgerichten 12, vor dem Gerichtshof für kirchliche Angel. 74 79.
Verfügung der Central- und Landespolizei-Behörde 3. 9. 12, Aufhebung u. Vernichtung 147.
Vergehen 147.
Vergleiche 111.
Verhinderung unbefugter Ausübung von Kirchenämtern 3 ff.
Verlängerung, f. Einführungstermin.
Verleihungsrecht 30.
Verletzung der Staatsgesetze 78.
Verlust des Amtseinkommens 79, der Staatsangehörigkeit 3. 9. 11. 12.
Vermiethung 60. 140. 156.
Vermögen des Bischofs 54, des Domkapitels 54, geringes 150, der Kathedrale 54, kirchliches 123 ff. 133 ff. 179 ff. 187 ff., der klösterlichen Niederlassungen 95 ff. 215. 217, der Ordens- und Kongregations-Mitglieder 98 ff., f. auch Beschlagnahme, Bisthums-, Stellen-Vermögen.
Vermögensangelegenheiten, kirchl. 121 ff.
Vermögensrechtliche Befugnisse der Staatskommissare 25. 29. 58 ff. 96.
Vermögensrechtliche Vertretung 58. 59. 97 133. 134. 167. 168.
Vermögensstücke in Benutzung der Altkatholiken 188. 190, besondere 123, für Geistliche u. Kirchendiener 124. 134, kirchliche 124. 126.
Vermögensunfähigkeit der Religiosen 88 ff. 101. 102.
Vermögensverwaltung, bischöfliche Rechte 46. 47. 161. 169, der katholischen Kirchengemeinden 107 ff.
Verpachtung 60. 140. 156.
Verpfändung 60. 140. 156.
Verpflichtung, eidliche 50. 53.
Verpflichtung der Gemeindevertreter und Kirchenvorsteher 149.
Verpflichtung des kirchlichen Vermögens 138.
Verpflichtungsformulare 157.
Verrichtungen, bischöfliche 43. 46. 52. 57.
Versammlungen der Gemeinde-Organe 136 ff. 144 ff.
Versetzung 25. 46.

Vertheilungsmaßstab 142.
Vertreter des Bischofs 51. 52.
Vertretung, einstweilige 25. 29. 31. 33. 34. 62 ff.
Verurtheilung zu Zuchthausstrafe ꝛc. 6. 25.
Verwahrung des Bisthumsvermögens 53, des Klostervermögens 95 ff. 217.
Verwaltung des Bisthumsvermögens 53 ff. 58 ff., erledigter Bisthümer 48 ff. 53. 58 ff., des Kirchenvermögens 107 ff., des Klostervermögens 95 ff. 217, des Staats 128. 129, des Stellenvermögens 25 ff.
Verwaltungsbefugnisse, bischöfliche 58 ff.
Verwaltungsbehörde 13.
Verwaltungs-Exekution, s. Administrativ-Exekution.
Verwaltungsgerichtshöfe 5.
Verwaltungskosten 25. 28. 29. 58. 59. 96. 100.
Verwaltungsnormen, gesetzliche 161.
Verwaltungsorgane 54.
Verwaltungsweg 25. 29. 77. 181. 191. 192.
Verwandlung widerruflicher Anstellungen 22 ff.
Verwandtschaft 149.
Verwendung eingestellter Leistungen 76, des kirchlichen Vermögens 143, des Klostervermögens 95.
Verzicht 57, s. auch Erledigung.
Vierteljahr 76.
Vikar 27. 31. 32, apostolischer 52. 65.
Vikariate, bischöfliche 48.
Vikarie 30. 32.
Visitation 46.
Volksschulen 104.
Volljährigkeit 145, s. auch Großjährige.
Vollzähligkeit der Gemeinde-Organe 137. 192.
Voranschlag 135. 143, s. auch Etat.
Voranschlagsperiode 135. 141. 143.
Vorbildung, wissenschaftliche 49.
Vormundschaft 146. 193.
Vorschlagsrecht 29. 30. 62.
Vorsitzender der Gemeindevertretung 144, des Kirchenvorstandes 135. 136. 138. 173.
Voruntersuchung 200.
vota simplicia, solemnia 88 ff.

W.

Wählbarkeit 148. 149. 154, Verlust 151.
Wählbare 159. 173.
Wahl, Ablehnung 149, Bekanntmachung 175, des Domkapitels 48. 50. 53, Einladung 173, engere 39. 174, erste 176, geheime 173. 174, gültige 33 ff. 39, Kassation 159. 176, der Kirchenvorsteher u. Gemeindevertreter 145 ff. 172 ff., Nichtzustandekommen 159. 160.
Wahlberechtigte 145 ff. 151.
Wahlberechtigung 145 ff., Entziehung 152, Verlust 149.
Wahlgang 174.
Wahlgeschäft 172 ff.
Wahlhandlung 172. 173.
Wahlliste 172.
Wahlordnung 172 ff.
Wahlort 173.
Wahlprotokoll 173. 175. 176.
Wahlrecht, Ausschluß 147 ff., der Kirchengemeinden 32 ff., Verlust 149, Wiederbeilegung 149.
Wahlrechte, politische 9.
Wahltermin 39. 172. 173.
Wahltisch 173.
Wahlurkunde 39.
Wahlurne 173.
Wahlverfahren 149. 172 ff.
Wahlvorstand 173 ff.
Wahlvorsteher 39.
Wahlzeit 172. 173.
Wahlzettel, s. Stimmzettel.
Waisen-Anstalten 88. 94.
Waldeck 56.
Warteschulen 88. 94.
Weigerung der Amtsübernahme 159.
Weihbischof 48. 51. 206.
Weihegewalt 47.
Weihen, Ertheilung 47.
Werthobjekte, Veräußerung 59.
Werthpapiere 27.
Widerspruch des Patrons 157, zwischen Staats- und Kirchenbehörde 158.
Wiederaufnahme der Administrativ-Exekution 78, der Leistungen 72 ff.
Wiederaufnahme-Termin 76.
Wiederbelegung 141.
Wiederbesetzung der Bisthümer 58. 61. 169, der Stelle 25.
Wiedereinstellung der Staatsleistungen 73.
Willensäußerung, ausdrückliche u. stillschweigende 78.
Willenserklärung, verpflichtende 138.
Wohnsitz 146. 151. 152.
Wohnsitze, zerstreute 150.
Wohnung im Pfarrhause 27.

Z.

Zahl der Gemeindevertreter 139. 173, der Kirchenvorsteher 133. 151. 153.
Zahlung von Geldstrafen durch Dritte 208.
Zehntherrn 129.
Zinsbare Anlegung 29, Wiederbelegung 141.
Zinsen 98. 99. 141.
Zinszahlungen 27.
Zuchthausstrafe 6. 25.
Zuschüsse 131.
Zustimmung der Gemeindevertretuug 138 ff., der Kirchenbehörde 161, der Staatsbehörde 163 ff., des Patrons 155 ff.
Zuwendungen, letztwillige 164.
Zwang, unmittelbarer 8.
Zwangsmaßregeln 25. 37. 53. 54 ff. 60 ff.
Zwecke, kirchliche 124. 126. 127. 143. 164, wohlthätige 124. 126. 127. 143. 164.

Zusätze und Berichtigungen.

S. 23 Anm. 9 Z. 11 v. u. ist hinter: „gesetzlich entschieden“ hinzuzufügen:

Die Strafbarkeit eines Geistlichen aus Art. 2 hängt lediglich davon ab, daß er Amtshandlungen vornimmt, ohne den vorgeschriebenen Nachweis führen zu können. Die vorgenommenen Handlungen müssen sich objectiv als geistliche Amtshandlungen darstellen, Erk. des O.-Trib. S f. Str.-S. II. Abth. v. 17. Juni 1875 (Oppenhoff, Bd. 16 S. 460).

S. 48 Z. 2 v. u. hinzusetzen: S. auch Erk. des O.-Trib. S. f. Str.-S. I. Abth. v. 4. Juni 1875 (Oppenhoff, Bd. 16 S. 427):

Ein Suffraganbischof übt bischöfliche Rechte nur im Auftrage des Diöcesanbischofs aus. Seine Befugniß dazu, z. B. zu Firmungen, überdauert daher nicht die Amtsentlassung des Diöcesanbischofs durch den Gerichtsh. f. kirchl. Angelegenh., deren Wirksamkeit nicht vor den ordentlichen Gerichten angefochten werden kann.

S. 134 ist zu §. 10 als Anm. 64a hinzuzusetzen:

Der dem Kirchenvorstand angehörige Geistliche kann nicht zum Rechnungsführer bestellt werden, denn Kirchenvorsteher im Sinne des Gesetzes sind nur die von der Gemeinde, bez. dem Patrone bestellten Mitglieder des Kirchenvorstandes, s. §. 5 Nr. 2 u. 3 u. §. 23.

S. 143 in Anm. 31 l. Z. ist statt: „fallen“ zu lesen: fällt.

S. 160 ist Z. 12 v. o. vor: „Ob eine Gemeindevertretung“ einzuschieben:

36) **anzuordnen.**

S. 185 ist Z. 11 v. o. hinter Frage einzuschieben:

s. Reusch, d. Verfahren deutsch. Bischöfe bez. d. d. Altkatholiken z. Gebrauche eingeräumten Kirchen. Bonn 1875; Hirschel, d. kirchl. Verbot bez. des Mitgebrauches d. d. sog. Altkathol. z. Benutzung eingeräumten Kirchen. Mainz 1875, über dieselbe

S. 198 ist vor der Z. 3 v. u. einzuschalten:

Zu S. 20 der Kirchengesetze v. 1873 S. 14 v. u. hinter: ausgeschlossen ist nachzutragen Erk. des O.-Trib. S. f. Str.-S. I. Abth. v. 18. Juni 1875 (Oppenhoff, Bd. 16 S. 469): Die Verweigerung des Abendmahls wegen erfüllter Kriegsdienstpflicht Seitens eines Mennoniten-Aeltesten ist ein gesetzwidriges kirchliches Zuchtmittel.

Druck von Troitzsch & Ostertag in Berlin.

FSC
www.fsc.org
MIX
Papier | Fördert
gute Waldnutzung
FSC® C083411

Kolibri 360 GmbH
Ferdinand-Jühlke-Straße 7
99095 Erfurt, Deutschland
produktsicherheit@kolibri360.de